문학으로 읽는 문화상징사전

약력 이승훈李昇薰

아호 이강怡江. 강원도 춘천 출생. 1963년 《현대문학》으로 등단. 한양대 국문과 및 연세대 대학원 졸업. 「이상시연구」로 문학박사학위를 받음. 현대문학상, 한국시협상, 시와시학상, 이상시문학상, 백남학술상, 김삿갓문학상, 심연수문학상 등 수상. 현재 한양대 명예교수.

주요 저서로는 시집에 『사물A』, 『당신의 방』, 『너라는 햇빛』, 『비누』, 『이것은 시가 아니다』 등이 있고 시론집에 『시론』, 『모더니즘 시론』, 『포스트모더니즘 시론』, 『한국모더니즘 시사』, 『한국현대시론사』, 『정신분석시론』, 『라캉 거꾸로 읽기』 등이 있고 기타 『탈근대주체이론—과정으로서의 나』, 『이승훈의 현대회화 읽기』, 『아방가르드는 없다』 등 저서 58권을 펴냈다.

문학으로 읽는 문화상징사전

2009년 4월 30일 초판 발행 2011년 4월 25일 재판 발행
엮은이 이승훈 **펴낸이** 한봉숙 **펴낸곳** 푸른사상사
기획 심효정 **편집** 김세영 **디자인** 지순이 **마케팅** 강태미
출판등록 1999년 7월 8일 제2-2876호
주소 서울시 중구 을지로3가 296-10 장양B/D 701호
대표전화 02) 2268-8706(7) 팩시밀리 02) 2268-8708
이메일 prun21c@yahoo.co.kr / prun21c@hanmail.net
홈페이지 http://www.prun21c.com
ⓒ 2011, 이승훈
ISBN 978-89-5640-672-5 01810

가격은 표지 뒷면에 있습니다.
이 책의 전부 또는 일부 내용을 재사용하려면 사전에 저작권자와 푸른사상사의 서면에 의한 동의를 받아야 합니다.

이 도서의 국립중앙도서관 출판시도서목록(CIP)은 e-CIP 홈페이지(http://www.nl.go.kr/cip.php)에서 이용하실 수 있습니다. (CIP제어번호 : CIP2009001190)

문학으로 읽는
문화상징사전

이승훈

A Dictionary of
Cultural Symbols

푸른사상

머리말

이 책은 스페인 시인 씰로트Cirlot가 쓴 『상징사전』 영역본(세이지Sage 역, 1962)을 토대로 이 책에 나오는 중요한 항목들을 요약한 것으로 영역본에 없는 항목, 문학 작품들과 그림들을 삽입한 것은 독자들의 이해를 돕기 위해서다. 이 책은 문학뿐만 아니라 회화, 건축, 음악, 나아가 철학, 종교, 민속에 관심을 두는 분들에게 큰 도움이 될 것이다. 우리가 상징에 관심을 두는 것은 현대 문화가 상징주의 정신을 토대로 하기 때문이다. 그러나 다시 생각하면 현대만이 아니라 고대부터 현대까지 인간의 문화를 지배한 것은 상징이고 특히 예술은 객관적 현실의 재현보다 주관적 정서, 상상력, 상징을 강조했다. 허버트 리드도 지적하듯이 상징적 요소는 심리학적 해석을 요구하는 모든 예술에 존재한다. 어디 예술뿐이겠는가. 인간은 상징적 동물이고 인간만이 상징의 세계에 살고 상징을 창조하고 생산하고 표현하고 결국 상징이 인간의 문명과 문화를 지탱한다.

『문학상징사전』을 펴낸 것은 1995년이다. 그러나 그 후 다시 읽어보니 직역투가 많고 내용이 번잡하고 다시 손대야 할 곳이 많아 이번에 거의 다시 쓰는 심정으로 손을 대고 다듬고 항목들을 보충해서 새롭게 펴낸다. 그

문학으로 읽는
문화상징사전

러니까 이 책은 증보 개정판이 아니라 거의 다시 쓴 책이다. 책 이름을 『문학으로 읽는 문화상징사전』으로 한 것은 이런 까닭에서이다. 중요한 항목의 예문들은 많은 부분을 이어령 선생님이 엮은 『문장대백과사전』을 참고했고 이번에 다시 쓰면서 새로 참고한 것은 『그림으로 보는 세계문화상징사전』(진 쿠퍼, 이윤기 옮김, 까치, 2001)과 『한국문화상징사전』(한국문화상징사전편찬위원회, 동아출판사, 1992)이다. 지면을 빌어 이어령, 이윤기 선생님에게 감사를 드린다. 이틀 후면 새해다. 이 책을 다시 쓰면서 가을이 가고 겨울이 오고 새해가 온다. 새로 쓰는 것보다 다시 쓰는 것이 이렇게 힘들 줄 몰랐다. 오늘은 하루종일 하늘이 흐리고 머리도 집중이 안 되고 또 내가 사막을 헤매나 보다. 끝으로 책을 내주시는 푸른사상 한봉숙 사장님에게 감사를 드린다.

2009년 봄
서초동에서 이승훈

차 례

ㄱ

가을 Autumn • 16
강 River • 17
강철 Steel • 20
개 Dog • 20
개구리 Frog • 23
개미 Ant • 24
개울 Ford • 26
거미 Spider • 27
거북 Turtle • 30
거울 Mirror • 32
건축 Architecture • 36
겨울 Winter • 40
결합 Conjunction • 41
결혼 Marriage • 42
계단 Step • 43
계절 Season • 45
고기잡이 Fishing • 47
고래 Whale • 47
고양이 Cat • 48
곡예사 Acrobat • 50
곰 Bear • 51

공 Globe • 52
공간 Space • 53
공기 Air • 57
공작 Peacock • 59
공허 Emptiness • 60
과일 Fruit • 61
광대 Jester, Fool, Clown • 63
광휘 Radiance • 65
교감 Correspondence • 66
구두 Shoe • 68
구름 Cloud • 69
구멍 Hole • 71
궁전 Palace • 73
귀뚜라미 Cricket • 74
그릇 Vessel • 76
그림자 Shadow • 77
극장 Theatre • 79
근친상간 Incest • 79
금, 황금 Gold • 81
기 Flag • 82
기계 Machine • 84

문학으로 읽는
문화상징사전

기둥Pillar • 84
기사Knight • 86
까마귀Crow • 89
꽃Flower • 91
꿀Honey • 92
꿩Pheasant • 94

ㄴ

나무Tree • 96
나뭇잎, 잎Leaf • 101
나비Burttterfly • 102
나체, 벌거숭이Nudity • 104
낙타Camel • 105
날개Wing • 106
남근Phallus • 109
납Lead • 110
넓적다리Thigh • 111
넝마Rags and Tatters • 113
노Oar • 114
노랑, 노란색Yellow • 115

노인Old Man • 117
농부Farmer • 118
누나, 누님, 누이Sister • 119
눈Eye • 120
님, 임Lover • 123

ㄷ

다리Leg • 126
다리Bridge • 127
다이아몬드Diamond • 129
달Moon • 130
달팽이Snail • 134
담쟁이Ivy • 135
대추Jujube • 136
더위Heat • 137
도끼Ax • 138
도상Graphics • 139
도시City • 151
도장Seal • 153
독수리Eagle • 154

차례

돌Stone • 157
동굴Cave • 159
동물Animal • 160
돼지Hog • 164
두꺼비Toad • 165
두루미, 학Crane • 166
들판Fields • 167
등불Lamp, Lantern • 169
똥, 대변, 배설물Excrement • 170
띠Belt, Band • 171

리라Lyre • 174
리본Ribbon • 175

말Horse • 177
매Hawk • 180
매화Plum tree • 181

머리Head • 182
머리띠Hood • 183
메뚜기Locust • 185
모자Hat • 186
목걸이Necklace • 187
목욕Ablution • 188
무Nothingness • 189
무당Exorcist, Sorceress • 192
무덤Tomb • 193
무지개Rainbow • 195
문Door • 195
문지방Threshold • 197
물Water • 198
물고기Fish • 203
미궁, 미로Labyrinth • 206

바늘Needle • 209
바다Sea, Ocean • 210
바람Wind • 211

문학으로 읽는
문화상징사전

바위Rock • 213
박쥐Bat • 214
반죽Paste • 215
반지Ring • 217
발Foot • 218
밤Night • 219
밤바다 건너기Night—sea Crossing • 221
방Room • 222
방향Orientation • 224
배Ship • 226
배Belly • 228
배꼽Navel • 228
백조Swan • 230
백합Lily • 231
뱀Serpent, Snake • 232
버드나무Willow • 238
벌Bee • 240
벌레Worm • 241
벙어리Dummy • 242
벽Wall • 243
별Star • 244

베일Veil • 246
보물Treasure • 247
보석Jewel • 248
보자기Wrapper • 250
복숭아Almond • 251
봄Spring • 252
봉황Dupe • 253
부엉이Owl • 255
부채Fan • 256
북Drum • 257
분수, 샘Fountain • 258
불Fire, 불꽃Flame • 261
불가능Impossibility • 263
불사조Phoenix • 265
붓Brush • 267
비Rain • 268
비둘기Dove • 269
비밀Secret • 270
비상Flight • 271
빗Comb • 273
빛, 밝음Light • 274

차례

빨강, 빨간색Red • 276
뼈Bone • 277
뿔Horn • 278

4각형Rectangle, Square • 281
사과Apple • 283
사냥꾼Hunter • 284
사랑Love • 286
사막Desert • 289
사슴Stag • 291
사원Temple • 292
사자Lion • 295
산Mountain • 296
산호Coral • 299
상승Ascension • 300
상실Loss • 301
상자Box • 302
새Bird • 303
색, 색깔Color • 308

생명Life • 318
석탄Coal • 320
섬Island • 321
성Castle • 324
성Sex • 326
소Cow, Bull, Ox • 328
소금Salt • 328
소나무Pine • 329
소리Sound • 330
손Hand • 331
솥, 아궁이, 가마, 화덕Oven • 335
수Number • 336
수레바퀴Wheel • 346
수수께끼Enigma • 348
수정Crystal • 349
수탉Cock • 351
순례자, 순례Pilgrim • 353
순환Cycle • 354
술Alcohol • 355
술잔, 잔Goblet • 356
숫양, 염소Goat • 357

숲Forest • 358

시간Time, Hours • 360

시계Clock • 362

시장Market • 363

식물Plant • 364

실Thread • 365

실낙원Paradise Lost • 366

심연Abyss • 368

심장Heart • 369

십자가Cross • 371

십자가에 못 박힘Crucifixion • 375

십자로Cross Road • 375

싸움Fight • 377

싸이프러스Cypress • 378

씨, 씨앗Seed • 379

아카시아Acacia • 385

악마Devil • 386

안개Mist • 387

알Egg • 388

암소, 젖소Cow • 390

암흑Darkness • 391

양, 어린 양Lamb • 393

양말Footwear • 394

어머니Mother • 395

얼음Ice • 398

여름Summer • 399

여우Fox • 400

여자Woman • 401

여행Journey • 403

연기Smoke • 406

연꽃, 연Lotus • 408

열쇠Key • 411

염소 뿔, 풍요의 뿔Cornucopia • 412

영웅Hero • 412

옥수수Maize • 414

왕King • 415

아버지Father • 382

아이, 어린이Child • 383

아침Morning • 384

왕관, 관Crown • 417
요정, 정령Nymph • 419
요정Fairy • 420
용Dragon • 421
우물Well • 426
우산, 양산Umbrella, Parasol • 427
우주 발생Cosmogony • 428
원Circle • 430
원숭이Monkey • 433
원앙새Mandarin duck • 434
원주Circumference • 435
원추, 원뿔Cone • 435
월계수Laurel • 436
위기Crisis • 438
위대한 어머니Great Mother • 439
음악Music • 440
이Teeth • 443
이름Name • 444
이미지Image • 446
이방인Stranger • 448
이브Eve • 449

이슬Dew • 449
인간, 남자Man • 451
입Mouth • 455
입방체, 정육면체Cube • 457
잉어Carp • 458

자, 천칭, 저울Scale • 460
장갑Gloves • 460
장미Rose • 461
장승Devil post • 463
장식Ornamentation • 464
저녁Evening • 465
접목Grafting • 466
정원Garden • 467
제비Swallow • 468
조개, 조개 껍질Shell • 469
조화Concord • 470
좁은 골목Defile • 471
종Bell • 472

문학으로 읽는
문화상징사전

죽음Death • 473
중심Center • 475
쥐Rat, Mouse • 477
지구Earth • 479
지렁이Earthworm • 480
지팡이Stick • 481
진달래Azalea • 482
진주Pearl • 484
집House • 486

참새Sparrow • 490
참수Decapitation • 491
창Window • 491
창Lance • 493
창조Creation • 494
채찍Whip • 495
책Book • 496
천둥, 번개, 우뢰Thunderbolt • 498
천사Angel • 499

천정Zenith • 500
첨탑Minaret • 501
초상Effigy • 502
초생달, 초승달Crescent • 503
초원Meadow • 504
촛불Candlelight • 505
추위Cold • 507
축제Orgy • 508
춤, 무용Dance • 509

칼Sword • 512
코Nose • 515
코끼리Elephant • 517
클로버Clover • 518

ㅌ

탈, 가면Mask • 521
탑Tower • 522

차례

태양, 해 Sun • 524
태풍 Hurricane • 528
털, 머리카락 Hair • 530
토끼 Rabbit • 532

ㅍ

파괴 Destruction • 537
파도 Wave • 538
파랑, 푸른색 Blue • 539
팔 Arm • 541
포도 Grapes • 542
포플러 Poplar • 544
폭풍 Storm • 545
표범 Leopard • 546
풀 Grass, Herbs • 547
풍경 Landscape • 549
풍요 Fecundity • 555
프로메테우스 Prometheus • 556
피 Blood • 557
피라미드 Pyramid • 560
피리 Flute • 561

ㅎ

하늘 Heaven • 564
하마 Hippopotamus • 567
학, 두루미 Crane • 568
항아리 Urn • 568
향기 Perfume • 570
호랑이 Tiger • 572
호박 Pumpkin • 574
호수 Lake • 575
혼돈 Chaos • 578
홍수 Flood, Deluge • 579
화로, 난로 Hearth • 580
화병, 꽃병, 병 Vase • 582
화살 Arrow • 583
화석 Petrification • 584
화장 Cremation • 586
황소 Ox • 587
황제 Emperor • 588
휴일 Day of Rest • 589
흙, 땅, 대지 Earth, Soil • 590

가을Autumn / 강River / 강철Steel / 개Dog / 개구리Frog / 개미Ant / 개울Ford / 거미Spider / 거북Turtle / 거울Mirror / 건축Architecture / 겨울Winter / 결합Conjunction / 결혼Marriage / 계단Step / 계절Season / 고기잡이Fishing / 고래Whale / 고양이Cat / 곡예사Acrobat / 곰Bear / 공Globe / 공간Space / 공기Air / 공작Peacock / 공허Emptiness / 과일Fruit / 광대Jester, Fool, Clown / 광휘Radiance / 교감Correspondence / 구두Shoe / 구름Cloud / 구멍Hole / 궁전Palace / 귀뚜라미Cricket / 그릇Vessel / 그림자Shadow / 극장Theatre / 근친상간Incest / 금, 황금Gold / 기Flag / 기계Machine / 기둥Pillar / 기사Knight / 까마귀Crow / 꽃Flower / 꿀Honey / 꿩Pheasant

가을 Autumn

가을은 1년을 구성하는 봄, 여름, 가을, 겨울 가운데 셋째 국면에 해당한다. 따라서 가을의 상징적 의미는 다른 계절과의 관계를 전제로 한다. 하루의 국면에서 봄이 새벽에 해당하고 여름이 대낮에 해당한다면 가을은 저녁에 해당하고 겨울은 밤에 해당한다. 저녁은 해가 지는 일몰의 시간이고 따라서 가을은 생명이 시드는 노쇠, 전락, 소멸, 고립, 비극을 상징한다. 이런 상징적 의미는 인생의 네 단계인 생로병사生老病死, 혹은 탄생, 성숙, 노쇠, 죽음을 강조할 때도 나타난다. 이때 가을은 질병, 노쇠, 애상, 추억을 상징한다. 그러나 농경 사회에서 가을은 수확의 계절이기 때문에 풍요, 휴식, 결실, 기쁨을 상징한다. 따라서 가을뿐만 아니라 모든 상징은 어떤 문맥에서 읽느냐에 따라 다양한 의미를 나타낸다.

    가을날/ 바이올린의/ 긴 흐느낌./ 단조로운 우울로/ 내 마음 쓰라려//
종소리 울리면/ 숨막히고/ 창백히/ 옛날을/ 추억하며/ 눈물짓는다.
― 베를렌느, 민희식 역, 「가을의 노래」

이 시의 경우 가을은 '바이올린의 긴 흐느낌'과 '단조로운 우울'에 비유되고 이런 비탄과 우울은 다시 추억과 울음으로 물든다. 요컨대 이 시에서 가을은 떠난 님에 대한 애상과 추억을 상징한다.

    여름 하늘 밀리면서 훤해지는/ 가을 높은 하늘에서/ 흰 빛깔이 내리니/ 젊음과 꿈의 푸른 빛이/ 널리 건너편으로 날린다/ 천지 허전하여/ 귀뚜라미 마루 밑으로 기어들고/ 가뭄에 시달린 가마귀들 빈밭에 모여서 운다
― 김광섭, 「가을」

이 시에서도 가을은 기쁨이 아니라 슬픔, 비애, 울음을 상징한다. 그러나 이런 비애는 베를렌느의 시에 나타나는 떠난 님을 동기로 하지 않고 여름을 동기로 한다. 여름이 사라지고 가을 하늘에선 흰 빛깔이 내리고 이 흰색은 공허, 허무를 상징한다. 여름이 '젊음과 꿈의 푸른 빛'이라면 가을은 '흰 빛깔'이고 이 흰색이 '허전한 천지', 공허, 허무를 상징하는 빈밭의 이미지로 제시된다.

강 River

강의 상징적 의미는 두 가지로 나타나는 바, 이는 강이 자연을 창조하며 동시에 시간의 흐름을 암시하기 때문이다. 전자를 염두에 두면 강은 비옥, 풍요를 상징하며, 후자를 염두에 두면 되돌아갈 수 없는 시간의 경과, 곧 상실과 망각을 상징한다. 한편 바다로 흐르는 강은 삶의 과정을 상징하고 바다는 죽음을 상징한다. 문학 작품의 경우 강은 다음과 같이 노래된다.

▲ 모네의 〈강〉

보라/ 강은 흐르고 있다./ 숲과 초원도 헤쳐 가며 흐르고 있다./ 빛 아래서도 그늘 아래서도 흐르고 있다./ 때로는 빠르게 때로는 느리게/ 물결은 물결을 따르면서/ 그 깊은 어디를 향하고/ 변덕 수다한 긴 여로를 가고 있다./ 마치 인간들이 끝없는 잠의 세계를/ 가고 있듯이

— 다이어, 「그롱가 언덕」

다이어의 경우 강은 '그 깊은 어디'를 향해 흐르고 이런 과정은 인간들이 '끝없는 잠의 세계'를 향해 가는 것과 동일시된다. 따라서 강은 '끝없는 잠의 세계', 곧 망각의 세계를 지향하고 이 망각의 세계는 죽음과 통한다. 요컨대 강은 끝없는 잠, 망각, 죽음을 향해 흐르고 이때 강은 되돌아갈 수 없는 삶(과거)이 아니라 죽음(미래)을 상징한다. 그런 점에서 강은 시간적 차원에서는 과거-현재-미래의 상징적 의미가 다르며 과거로서의 강 역시 두 가지 유형이 있다. 하나는 삶의 기원, 삶의 출발(1)을 상징하고, 다른 하나는 흘러간 시간, 망각과 상실(2)을 상징한다. 먼저 삶의 기원으로서의 강(1)은 다음과 같은 시에 나타난다.

> 까마득한 날에/ 하늘이 처음 열리고/ 어데 닭 우는 소리 들렸으랴.// 모든 산맥들이/ 바다를 연모해 휘달릴 때도/ 차마 이곳을 범하던 못하였으리라.// 끊임없는 광음을/ 부지런한 계절은 피어선 지고/ 큰 강물이 비로소 길을 열었다.
> — 이육사, 「광야」

이 시는 천지개벽(하늘이 처음 열리고) 이후 우리의 삶이 시작되는 과정을 '끊임없는 광음을/ 부지런한 계절은 피어선 지고/ 큰 강물이 비로소 길을 열었다'고 노래한다. 말하자면 '큰 강물'에 의해 비로소 삶의 길이 열리므로 강은 삶의 시작, 기원으로서의 과거를 상징한다. 한편 흘러가는 시간, 망각과 상실로서의 강(2)은 다음과 같은 시에 나타난다.

> 저 산에도 까마귀, 들에 까마귀/ 서산에 해진다고/ 지저귑니다.// 앞 강물, 뒷 강물/ 흐르는 물은/ 어서 따라오라고 따라가자고/ 흘러도 연달아 흐릅디다려.
> — 김소월, 「가는 길」

님을 두고 가는 길 위에서 망설이는 화자의 심리적 갈등을 노래하는 시로서 해는 서산에 지고 강물은 흐른다. 그러니까 지는 해와 흐르는 강물은 모두 사라짐과 소멸을 상징한다. '흘러도 연달아 흐르는 강'은 흐름이 표상하는 삶의 덧없음을 상징하고 이런 덧없음은 한번 흘러가면 다시는 그 세계로 되돌아갈 수 없는 망각과 상실의 삶을 상징한다. 이상 두 편의 시에서 강이 과거를 상징한다면 다음 시에서 강은 현재를 상징한다.

> 강은 항상 동시에 있다. 근원에서나, 강 어귀에서나, 폭포에서나, 나무에서나, 여울에서나, 바다에서나, 산에서나 강은 항상 동시에 있다. 강에는 현재만이 있을 뿐이고 과거라는 그림자도 미래라는 그림자도 없다.
> ― 헤세, 「싯다르타」

헤세의 경우 강은 현재를 상징한다. 그러나 엄밀히 말하면 모든 현재는 순간에 지나지 않고 또한 순간은 존재하지 않기 때문에 강이 상징하는 시간성, 곧 과거로부터 미래를 향해 흘러간다는 전통적인 시간관은 부정된다. 그런 점에서 헤세가 강에서 인식하는 것은 흐름/정지, 존재/부재의 경계가 해체되는 깨달음의 경지이다.

> 강이 풀리면 배가 오겠지/ 배가 오면은 님도 탔겠지// 님은 안 타도 편지야 탔겠지/ 오늘도 강가에서 기다리다 가노라.// 님이 오시면 이 설움도 풀리지/ 동지섣달에 얼었던 강물도// 제 멋에 녹는데 왜 아니 풀리까.
> ― 김동환, 「강이 풀리면」

여기서 노래되는 강은 얼음이 풀리는 봄날의 강이다. 시인은 그 강을 보면서 자신의 마음(설움)도 풀리기를 기대한다. 그런 점에서 이 시의 경우 강은 비옥성, 특히 정신의 풍요를 상징한다.

강철 Steel

강철은 정복, 혹은 초월적 난폭성을 상징한다. 이때 초월적 난폭성이란 강철(난폭성)이 지상의 삶을 초월하는 것을 의미한다. 시의 경우 강철은 다음과 같이 노래된다.

> 매운 계절의 채찍에 갈겨/ 마침내 북방으로 휩쓸려오다.// 하늘도 그만 지쳐 끝난 고원/ 서릿발 칼날진 그 우에 서다.// 어데다 무릎을 꿇어야 하나/ 한 발 재겨 디딜 곳조차 없다.// 이러매 눈감아 생각해 볼밖에/ 겨울은 강철로 된 무지갠가 보다.
>
> ― 이육사, 「절정」

이 시에서 강철은 무지개와 대비된다. 무지개가 기체, 희망, 천상, 부드러움을 상징한다면 강철은 고체, 어둠, 지하, 견고함, 난폭성을 상징한다. 그런 점에서 '강철로 된 무지개'는 견고한 물질(강철)과 부드러운 정신(무지개), 현실(강철)과 이상(무지개)이 하나가 되는 시적 공간을 보여준다. 요컨대 이 시에서 시인은 식민지 현실의 고통과 절망(겨울)을 어둠(강철)과 밝음(무지개)의 변증법적 세계로 노래한다.

개 Dog

개는 충성을 상징한다. 중세의 무덤에 새겨진 조각에 개가 연인의 발치에 서 있는 것은 이런 사정 때문이다. 또한 개는 사자와 비슷하게 남성적인 특성과 용기를 상징하고 나아가 남성의 성적 능력, 정력을 상징한다. 그러나 기독교의 경우 개와 양의 기능이 동일시되면서 개는 인간을 보호하고 인도한다는 의미를 띤다.

개가 환기하는 더욱 중요한 의미로는, 이상의 의미와 관련되지만, 밤바다를 항해하는 '죽은 자의 동반자', 곧 죽은 자의 수행인, 저승 세계의 수호자, 영혼을 저승으로 인도하는 자, 현세와 내세의 경계를 지키는 수문장을 상징한다. 개가 사자死者를 저승으로 인도한다는 의미가 발전하면 개는 죽음과 부활을 상징하고 나아가 어머니를 상징할 수도 있다. 특히 검은 개는 암흑, 마술, 저주받은 자, 죽음을 상징한다.

> 어둠 속에 곱게 풍화작용하는/ 백골을 들여다보며/ 눈물짓는 것은 내가 우는 것이냐/ 백골이 우는 것이냐/ 아름다운 혼이 우는 것이냐// 지조 높은 개는/ 밤을 새워 어둠을 짖는다./ 어둠을 짖는 개는/ 나를 쫓는 것일 게다.// 가자 가자/ 쫓기우는 사람처럼 가자.
> ─ 윤동주, 「또 다른 고향」

이 시의 경우 개는 '지조 높은 개'로 주인에 대한 변함 없는 충성을 상징한다. 그러나 이 개는 '어둠을 짖는 개'이고 '나를 쫓는 개'이다. 따라서 이 개는 단순히 충성을 상징할 뿐만 아니라 시인을 다른 세계, 곧 '또 다른 고향'으로 인도하는 보호자의 역할도 한다.

> 찌꺼기를 탐내어 흥얼거리며, 발로 후비는 개들만을 사랑하라.
> ─ 스펜더, 「북극 탐험」

스펜더의 경우 개는 용기를 상징한다. 시의 문맥에 따르면 여기서 개는 일체의 정신적 속성을 상실한 삶의 적나라한 본능을 암시하는 데 이때의 본능은 살아남기 위한 본능을 의미한다.

이 동네의 개들은 짖지도 않는다. 그러면 모두 벙어리 개들인가. 아니다. 그 증거로는 이 동네 사람이 아닌 내가 돌팔매질을 하면서 위험을 하면 십 리나 달아나면서 나를 돌아다보고 짖는다. 그렇건만 내가 아주 그런 위험한 짓을 하지 않고 지나가면 천 리나 먼 데서 온 외인, 더구나 안색이 이처럼 창백하고 봉발의 기이한 풍모를 쳐다보면서도 짖지 않는다. 참 이상하다. 어째서 여기 개들은 나를 보고 짖지 않을까? 세상에도 희귀한 겸손한 겁쟁이 개들도 많다. ─그리하여 개들은 천부의 수위술을 망각하고 낮잠을 탐닉하여 버리지 않을 수 없을 만큼 타락하고 말았다. 슬픈 일이다. 짖을 줄 모르는 벙어리 개, 지킬 줄 모르는 게으름뱅이 개, 바보 같은 개들은 복날 개장국을 끓여 먹기 위하여 촌민의 희생이 된다.

— 이상, 「권태」

이상의 경우 짖지 않는 개는 '천부의 수위술', 곧 인간의 수호와 보호와 인도를 망각한 개로 인식된다. 따라서 이때 개는 인간을 지켜주는 개, 곧 보호라는 상징적 의미를 나타낸다. 한편 이런 개는 용기, 본능을 상실한 개일 수도 있다.

내가 치던 개는 튼튼하대서 모조리 실험동물로 공양되고 그 중에서 비타민 E를 지닌 개는 학구의 미급과 생물다운 질투로 해서 박사에게 흠씬 얻어맞는다. 하고 싶은 말을 개 짖듯이 배앝아놓던 세월은 숨었다. 의과대학 허전한 마당에 우뚝 서서 나는 必死로 금제를 앓는다.

— 이상, 「금제禁制」

여기서 개는 동물적 본능을 상징하고 '비타민 E를 지닌 개'는 특히 비타민 E가 정충 형성 기능을 강화한다는 점에서 더욱 강력한 본능을 상징한다. 의과대학은 문화적인 것, 합리적인 것을 상징한다는 점에서 '나는 필사로 금제를 앓는다'는 말은 합리적 이성, 곧 '의과대학'이 상징하는 정신 세계가 만족스럽지 못하다는 느낌과 동물적 본능의 삶에 대한 금제로 괴로워한다는 것을 의미한다.

개구리 Frog

개구리는 수평의 차원에서는 지상의 요소로부터 물의 요소로의 전환, 혹은 그 역의 상황을 상징하고 수직의 차원에서는 달을 상징하며 비와 관계된다. 개구리가 물, 곧 자연의 풍요, 다산多産, 정욕을 상징하는 것은 양서류적 특성(수평적 차원) 때문이다. 달을 상징하고 비와 관계되는 것(수직적 차원)은 많은 전설에서 달 속에서 놀고 있는 개구리에 대한 이야기와 이 개구리가 비를 불러온다는 믿음에 토대를 둔 많은 의식儀式들과 관계된다.

장수말벌이 꿀벌과 대립되듯이 두꺼비는 개구리와 대립된다. 특히 융은 개구리를 해부학적으로 관찰하면서, 냉혈동물이라는 사실을 초월해 인간의 선조라고 주장한다. 보슈Bosch의 그림 〈성 안토니의 유혹〉에는 흑인 여자가 나이 든 인간의 머리 모습을 한 커다란 개구리를 접시 위에 들고 있다. 이때 개구리는 높은 단계의 진화를 암시한다. 또한 전설이나 민담 속에는 왕자가 개구리로 변형되는 모티프가 자주 나온다.

> 물이 있는 곳엔 어디든 개구리가 있는 것은 아니나 개구리가 있는 곳에선 어디서나 반드시 물을 발견할 것이다.
>
> — 괴테

이 글에서 개구리는 물을 상징한다. 또한 개구리는 땅의 요소와 물의 요소가 전환되는 상황을 상징하며 나아가 개구리가 있는 곳엔 언제나 물이 있다는 말에 의해 개구리와 물이 동일시된다. 따라서 개구리는 물, 곧 풍요와 다산을 상징한다.

봄이 오니 참 좋구나/ 개구리 뛰어 다니는 것 보기가
　　　　　　　　　　　　　　　　　　　　— 양정수, 「지문와」

이 시에서 개구리는 봄의 이미지와 관련된다. 이때 봄은 소생, 부활을 상징한다.

　　　개구리 울음만 들리던 마을에/ 굵은 빗방울 성큼성큼 내리는 밤
　　　　　　　　　　　　　　　　　　　　— 박남수, 「밤길」

이 시의 경우는 개구리는 비와 관련된다. 따라서 개구리는 비, 곧 풍요와 다산을 상징한다. 그러나 다음 시에서 개구리는 어린이들의 글읽기와 관련된다.

　　　가갸 거겨 고교/ 구규 그기 가// 라랴 러려 로료/ 루류 르리 라
　　　　　　　　　　　　　　　　　　　　— 한하운, 「개구리」

한하운은 개구리 우는 소리에서 어린이들의 글 읽는 소리를 연상한다. 그런 점에서 개구리는 인간적 요소를 띠며, 좀 더 과장하면 인간으로 진화하는 과정을 상징한다.

개미 Ant

개미를 뜻하는 한자 의蟻를 풀이하면 의로운[義] 벌레[蟲]라는 의미가 된다. 질서 정연하게 행진하고 순종을 잘한다고 해서 이런 한자가 생겼다. 동양문화권에서 개미는 정의, 근면, 덕행, 애국심을 상징하고 문맥에

따라서는 사리사욕과 부당 이득을 취하려는 검은 마음도 상징한다. 문학 작품의 경우에는 이런 의미 외에 미미한 존재, 삶의 덧없음을 상징하기도 한다.

> 발발 기어가는 개미 한 마리/ 움직여야 눈에 띄는 잔 개미
> — 이광수, 「구더기와 개미」

이 시의 경우 개미는 미미한 존재, 삶의 덧없음을 상징하고 이런 상징적 의미는 다음 산문에서도 나타난다.

> 개미 쳇바퀴 돌듯 자기 집 울타리를 맴도는 타성을 벗어나서 멀리 훨훨 떠나가는 상쾌한 기분을 가져 보고 싶은 것이 우리 인간의 상정이다.
> — 박종화, 「기행문을 쓰려면」

그러나 다음 시는 검은 개미가 아니라 흰개미를 소재로 하며 동시에 그 상징적 의미도 노래한다.

> 뇌신雷神보다 더 사나웁게 사람들을 울리고/ 뮤우즈보다도 더 부드러웁게 사람들의 상처를 쓰다듬어 준다/ 질책의 권리를 주면서 질책의 행동을 주지 않고/ 어떤 나라의 지폐보다도 신용은 있으나/ 신체가 너무 왜소한 까닭에 사람들의 눈에 띄지를 않는다/ 고대 형이상학자들은 그를 보고 「양극의 합치」라든가 혹은 「거대한 희열」이라고 부르고 있었지만/ 19세기 시인들은 그를 보고 「도피의 왕자」 혹은 단순히 「여유」라고 불렀다.
> — 김수영, 「백의白蟻」

백의, 곧 흰개미는 뇌신보다 사납고 뮤즈보다 부드러운 양극성을 상징하고 신용, 믿음을 상징한다. 고대 형이상학자들의 경우 '양극의 합치', '거대한 희열'을 의미하고 19세기 시인들의 경우 '도피', '여유'를

상징한다. 김수영이 이 시에서 강조하는 것은 무서운 백의를 보면서 여유가 생기기 시작한다는 것. 백의는 미국에서 수입된 것으로 '고아'가 되고 그가 백의에서 읽는 것은 '비참'이다.

> 해는 중간에서 쏟아진다/ 땅에는 개미 한 마리/ 지구에는 개미 한 마리/ 바다로 기어가는 개미 한 마리/ 어디로 달려가는 개미 한 마리// 해는 서쪽으로 옮겨간다/ 이제 쏟아지는 햇살 속에/ 개미만 하얗게 불탄다/ 하염없다 아무도 비명을/ 지르진 않는다 모든 사물의/ 정지 속을 해만 흐른다
> — 이승훈, 「개미」

필자의 경우 개미는 우주와 대비되는 미미한 존재, 삶의 덧없음이라는 의미가 좀 더 심화된다. 예컨대 이 시에서 개미는 지구와 대비되는 그지없이 작은 존재를 상징하고 이 개미는 바다를 찾아가지만 서쪽에서 쏟아지는 햇살 속에 하얗게 불탄다. 그러므로 개미는 삶의 덧없음, 고독을 상징하고 이 고독에서 벗어나기 위해 생명을 상징하는 바다를 찾아가나 지는 해 속에 불타 죽는다는 점에서 죽음을 상징하며 따라서 모든 사물의 흐름도 정지하고, 이런 세계는 '해는 개미같은 적막을 고독을 슬픔을 적신다' 혹은 '개미 한 마리의 죽음과 질병과 추억'으로 노래된다. 요컨대 여기서 개미는 미미한 존재, 삶의 덧없음, 고독, 죽음, 정지, 적막을 상징한다.

개울 Ford

개울은 골짜기에서 흘러내리는 물을 뜻하고 여울은 물살이 빠르고 세찬 곳을 뜻한다. 그러나 여울은 개울의 변형이므로 모두 개울에 포함시

킬 수 있다. 골짜기가 무의식을 상징한다면 물은 의식을 상징한다. 그러나 개울의 경우 골짜기와 물의 경계는 분명치 않다. 따라서 개울은 무의식/의식, 수면/각성 같은 두 세계가 해체되는 혹은 전환되는 세계를 상징한다. 개울에서 태어나는 모든 영혼은 악마나 마술사의 무의식의 힘을 상징한다.

> 당신은 무슨 일로/ 그리합니까?/ 홀로이 개여울에 주저앉아서// 파릇한 풀 포기가/ 돋아 나오고/ 잔물은 봄바람에 헤적일 때에// 가도 아주 가지는/ 않노라시던/ 그러한 약속이 있었겠지요.
> — 김소월, 「개여울」

이 시는 표제가 암시하듯이 개울이 아니라 개여울을 대상으로 한다. 개여울은 개울 가운데서도 물살이 세게 흐르는 곳을 뜻한다. 그러나 개여울 역시 개울에 포함된다고 보면 여기서 김소월이 노래하는 것은 님과 이별하고 개여울을 보면서 돋아나는 풀포기, 찾아오는 봄을 슬퍼하는 여인의 심정이다. 그런 점에서 개울, 혹은 개여울은 슬픔(이별)/희망(파릇한 풀포기)의 경계가 모호한 심정을 상징한다.

거미 Spider

거미의 상징적 의미는 세 가지로 나누어지며, 흔히 이 세 가지는 서로 중첩되거나, 어느 하나가 다른 의미를 지배한다. 첫째로 거미는 거미줄을 짠다는 측면에서 창조력을 둘째로 공격성을 셋째로는 거미집이 중심을 향해 나선형으로 수렴한다는 점에서 나선적 운동을 상징한다. 이런 의미를 전제로 거미집에 앉아 있는 거미는 세계의 중심을 상징하며, 인도인들의 경우는 영원히 환상의 직물을 짜는 존재인 마야에 해당된다.

거미가 암시하는 공격성, 파괴성은 또한 현상 세계와 관련된다. 슈나이더가 지적하듯이 거미는 끊임없이 직물을 짜고 다시 없앤다는 점, 곧 집을 지으며 파괴한다는 점에서 우주가 의존하는 힘의 끊임없는 교체(창조와 파괴)를 상징한다. 거미가 '지속적 희생'을 상징하는 것은 이런 이유 때문이다. 그런 점에서 죽음은 새로운 생명을 위해 낡은 생명의 줄을 버리는 행위에 지나지 않는다. 따라서 거미줄 역시 창조와 파괴를 상징하고 특히 후자를 강조할 때 거미줄은 세계를 삼키는 회오리바람으로 인식된다.

한편 거미는 태양이 아니라 달과 관련되는 동물이다. 왜냐하면 달은 스스로 빛을 발산하는 게 아니라 다른 빛을 반사한다는 점에서 수동적 특성을 지니는데 이런 점이 거미와 동일하기 때문이다. 또한 달은 차츰 커지다가 소멸한다는 점에서는 긍정적이며 동시에 부정적인 의미를 내포하고, 현상 세계(지구) 위를 배회한다는 점에서 운명의 실을 짜는 거미와 유사하다. 이때 거미는 운명을 짜는 자, 창조자를 상징한다.

> 거미들아 이곳에 줄을 치지 말아라. 저리 가라 다리 긴 거미들
> ― 셰익스피어, 「한여름 밤의 꿈」

셰익스피어의 경우 '이곳에 줄을 치지 말아라'는 것은 거미가 파괴력을 상징하기 때문이다. 그런가 하면 다음 시에서 거미는 자기 희생을 상징한다.

> 내가 으스러지게 설움에 몸을 태우는 것은 내가 바라는 것이 있기 때문이다.// 그러나 나는 그 으스러진 설움의 풍경마저 싫어진다.// 나는 너무나 자주 설움과 입을 맞추었기 때문에/ 가을 바람에 늙어 가는 거미처럼 몸이 까맣게 타버렸다.
> ― 김수영, 「거미」

김수영의 경우 거미는 '몸을 태우는 삶' 곧 희생과 죽음을 상징하고 그 희생은 '설움'을 동기로 한다. '가을 바람에 늙어 가는 거미처럼 몸이 까맣게 타버린 나'는 자신의 운명의 실을 짜며 살아가는 서러운 시인의 삶을 상징한다. 그런 점에서 거미는 죽음을 상징하지만 이 죽음은 새로운 삶(시)을 빚기 위해 낡은 생명(설움)의 줄을 버리는 행위이다.

> 거미는 도망가고 없었습니다/ 점심을 먹었는지/ 저녁은 어떻게 먹고 무얼 했는지/ 기억이 나지 않습니다// 나는 눈을 감기 전에/ 내 귀여운 방에게 말했습니다/ 나는 거미가 되고/ 너는 개구리가 될 거야// 그리고 나는 불을 질렀습니다/ 그리고 다시 기억이 나지 않습니다
> ― 박상순, 「빵공장으로 통하는 철도로부터―4년 뒤」

시의 문맥에 의하면 시인이 집으로 왔을 때 거미는 도망가고 그 거미 대신 시인이 거미가 되고 방은 개구리가 된다. 그가 거미가 되고 방이 개구리가 된다는 점에서 거미는 방의 주인, 곧 세계의 중심을 상징한다. 따라서 도망간 거미 역시 방의 주인을 상징한다. 그러나 방이 개구리가 된다는 점에서 그를 보호하고 함께 놀아줄 방(귀여운 방)은 없고 존재하는 것은 그가 죽인 개구리(무서운 현실)뿐이다. 개구리가 다시 방이 되고, 이 무서운 현실 속에 그는 거미(주인)가 된다는 것. 여기서 거미는 세계의 중심이지만 상징적 의미는 이중적이다. 곧 '도망간 거미'는 부재하는 공포를 상징하고 '거미가 된 나'는 '개구리'(무서운 현실) 속에서 그 현실과 싸우는 삶을 상징한다. 그런 점에서 거미나 개구리는 모두 현실적 공포, 박해를 상징한다(좀 더 자세한 것은 이승훈 『정신분석 시론』, 문예출판사, 2007, pp.57~163 참고 바람).

거북 Turtle

거북의 상징적 의미는 다양하지만 대체로 기관과 관련된다. 극동의 경우 거북은 우주를 상징한다. 거북은 껍질로 싸여 있고, 껍질은 둥근 하늘을 재현하며, 아래는 편편한 지상(정방형)을 재현하기 때문이다. 한편 나이지리아 흑인들의 경우 거북은 여성의 성기를 암시하며, 따라서 음란함을 상징한다.

그러나 이런 여러 의미들은 한 가지 공통점을 소유하는 바, 그것은 거북이 정신적 초월이 아니라 물질적 현존을 상징한다는 점이다. 거북의 무늬인 원과 정방형의 결합은 창조력, 기원, 중심보다는 현상계 곧 하늘과 땅을 상징하기 때문이다. 거북은 느리게 움직이기 때문에 빠르고 불연속적인 정신의 운동이 아니라 느리고 연속적인 자연의 운동과 둔함을 상징한다.

한편 거북은 장수長壽를 상징하고 거북의 머리는 남근男根을 상징한다. 남근을 귀두龜頭라고 부르는 것은 이런 까닭에서다. 또한 거북은 위험이 닥치면 자신의 껍데기 속으로 들어가기 때문에 신중함과 보호를 상징한다. 동양 민속에서는 거북 껍질을 태워 갈라지는 모양에 따라 점을 친다. 따라서 거북은 예언, 길흉을 상징한다. 이런 사실을 『시경』에서는 다음처럼 노래한다.

> 그리하여 여기서 모두 의논해/ 거북을 태워서 점을 쳤느니/ 여기에 머물러라 여기가 좋다/ 그리하여 이곳에 집을 지었지.
> 爰始爰謀 爰契我龜 日止日時 築室于玆
>
> ―『시경』

> 거북아 거북아/ 네 대가리를 내놓아라/ 네 목을 내지 않으면/ 구워서 먹

으리
龜何龜何 首其現也 若不現也 燔灼而喫也

— 「구지가龜旨歌」 전문

고대의 주술적 노래인 「구지가」의 경우 거북의 대가리는 남근, 곧 남성의 성기를 상징한다. 그러나 고대 가락국 시조 탄강誕降신화에 의하면 「구지가」는 고대 금관金官 지방의 구지봉龜旨峰에서 구간九干에 의해 행해지던 부락 제의祭儀인 신탁의식神託儀式, 점복의식占卜儀式, 등극의식登極儀式 가운데 점복의식, 곧 거북점[龜卜]의 주가呪歌이다. 「구지가」는 가락국 부족연맹장을 선출하기 위해 거북을 구우면서 구간과 함께 많은 사람들이 거북에게 직접 주술을 걸며 부른 노래이고, 따라서 거북은 예언, 길흉을 상징한다.

거북이 한 마리 꽃 그늘에 엎드리고 있었다. 조금씩 조금씩 조심성 있게 모가지를 뻗는다. 사방을 두리번거린다. 그리곤 머리를 약간 옆으로 갸웃거린다. 마침내 머리는 어느 한 자리에서 가만히 머문다. 우리가 무엇에 귀 기울일 때의 그 자세다. (어디서 무슨 소리가 들려오고 있는 것일까.)

— 김춘수, 「꽃밭에 든 거북」

이 시의 경우 거북의 상징적 의미는 두 가지다. 첫째는 꽃 그늘에 엎드려 있다가 모가지를 뻗는다는 점에서 꽃과 대비되고, 그런 점에서 모가지는 꽃을 겨냥하는 남근을 상징한다. 꽃은 일반적으로 여성을 상징하기 때문이다. 둘째는 시의 후반에 오면 모가지가 수직이 되었을 때 '모가지를 뒤틀며 입을 벌리고 하늘을 향해 무수히 도래질을 한다' 는 점에서 거북은 하늘, 신성에의 갈망을 상징하고 '다시 죽은 듯이 땅바닥에 엎드린다' 는 점에서 그런 갈망과 동경의 좌절을 상징한다.

거울 Mirror

▲ 카라밧지오의 〈나르시스〉

거울은 세계를 반영한다는 점에서 의식, 사고, 상상력을 상징한다. 인간의 사고는 세계를 반영하면서 동시에 자아를 성찰하기 때문이다. 거울이 세계를 반영하거나 자아를 반영한다는 이런 관점은 거울의 상징을 물의 상징, 나아가 나르시스 신화와 연결된다. 거울은 물과 동일시되고 나르시스는 호수(물)에 비친 자신의 모습에 매혹되어 호수에 빠져 죽는다. 이때 호수는 거울에 해당하고 따라서 나르시스는 거울에 비친 자아와 만나고 그 자아와 하나가 되기를 열망한다. 나르시시즘(자기애)은 자아를 사랑하는 심리적 태도로 이때 자아는 물, 호수, 거울에 비친 자아다. 그러나 나르시스가 호수(거울)에 빠져 죽는 것은 그런 자기애의 비극을 암시한다.

불교의 경우 맑은 거울은 청정한 영혼, 깨달음을 상징하고 기독교의 경우는 성모 마리아를 상징한다. 도교의 경우는 평안한 성인의 마음을 상징하는데 성인의 마음은 고요하기 때문에 천지만물의 거울이 된다. 무속巫俗의 경우 거울은 무당의 수호신으로 이 거울[明圖]은 신의 영력靈力을 상징하고 그 힘에 의해 인간의 미래를 투시한다. 중국의 경우 사각형 거울은 땅, 둥근 거울은 하늘을 상징한다.

많은 사람들이 관심을 둔 것은 거울의 양가성이다. 거울은 세계를 반영하는 표면이지만 전설과 민담의 경우 거울은 흔히 심층에 있는 것을 불러내는 마술적 속성을 띤다. 그런 점에서 거울은 표면과 심층을 소유하고 이런 견해에 따르면 거울은 과거에 수용한 이미지, 과거에 만났지만 지금은 사라진 사물(심층)을 주문呪文으로 환기하는 신비한 도구로 인식된다.

한편 거울은 달과 관련되며, 따라서 여성을 상징한다. 거울의 상징적 의미가 달과 관련되는 것은 거울과 달이 모두 사물을 반영하는 수동적인 존재라는 점 때문이다. 달이 태양의 빛을 수용하듯이 거울은 사물들을 수용하고 이런 수용성은 여성과 관련된다. 거울은 때로 영혼이 통과하는 문門으로 인식되는 바, 이 문을 통해 영혼은 다른 세계로 나갈 수 있다. 루이스 캐롤의 「거울 나라의 앨리스」가 보여주는 세계가 그렇다. 집안의 누군가가 죽었을 때 거울을 은폐하거나 벽을 향하게 놓는 습관은 영혼이 거울을 통해 나간다는 믿음을 동기로 하고 거울이 깨지면 애인이 죽거나 그에게 불행한 일이 생긴다는 민속적 사고 역시 그렇다. 한편 부부의 이혼과 연인들의 이별을 파경破鏡이라고 부른다는 점에서 거울은 사랑의 믿음, 사랑의 신표信表를 상징한다.

그러나 이상은 거울의 복잡한 상징적 의미들의 일부에 지나지 않는다. 거울은 메아리처럼 명제와 반명제의 대립과 화해를 상징하며 특수한 경우엔 불꽃의 바다, 나아가 변화하는 삶을 상징한다. 뢰플러Loeffler의 경우 거울은 수정으로 된 궁전에 비유되는 무의식적 기억을 상징한다. 특히 손거울은 진리를 상징하며, 중국의 경우 거울은 부부의 행복을 상징하고 악마들로부터 부부들의 행복을 보호하는 것으로 인식된다. 한편 역사의 경우 거울은 후대의 교훈, 본보기를 상징한다.

　　미인이 나를 이별하고 가면서/ 거울 한 개를 남겨 놓고 갔다/ 다시 꽃 같은 얼굴 비추어 볼 수 없으니/ 연꽃 떨어져 버린 가을 호수 같구나/ 몇 해가 되어도 손질 한 번 안 했더니/ 청동에 먼지만 끼어 있네/ 오늘 아침 비로소 먼지를 털고/ 내 얼굴을 비추어 보니/ 초췌만 하여 마냥 쓸쓸하다.
　　　　　　　　　　　　　　　　　— 백거이, 「거울에 대한 느낌」

이 시의 경우 거울은 이별, 여성, 물, 자아 성찰을 상징한다. 이 거울은 미인이 떠나면서 놓고 간 것이므로 이별을 상징하고 미인이 놓고 간 거울은 미인, 곧 그 여성을 상징한다. 한편 '연꽃 떨어져 버린 가을 호수'에 비유된다는 점에서 거울은 물을 상징하고 '내 얼굴을 비추어 보니/ 초췌만 하여 마냥 쓸쓸하다'는 시행을 강조하면 거울은 자아 성찰을 상징한다.

> 거울 속에는 소리가 없소/ 저렇게까지 조용한 세상은 참 없을 것이오.// 거울 속에도 내게 귀가 있소/ 내 말을 못 알아듣는 딱한 귀가 두 개나 있소// 거울 속의 나는 왼손잡이오/ 내 악수를 받을 줄 모르는 악수를 모르는 왼손잡이오// 거울 때문에 나는 거울 속의 나를 만져 보지를 못하는구료마는/ 거울 아니었던들 내가 어찌 거울 속의 나를 만나 보기만이라도 했겠소// 나는 지금 거울을 안 가졌소마는 거울 속에는 늘 거울 속의 내가 있소/ 잘은 모르지만 외로 된 사업에 골몰할 게요
>
> ― 이상, 「거울」

이 시의 경우 거울의 상징적 의미는 크게 세 가지이다. 물론 관점에 따라서는 더 많은 해석이 가능하다. 첫째로 거울은 자아 성찰을 상징한다. 그러나 이런 성찰은 거울 밖의 자아(현실적 자아)와 거울 속의 자아(이상적 자아)의 분열을 동반하고 이런 자아 분열은 극복되지 않는다. 둘째로 거울은 나르시시즘을 상징한다. 거울 밖의 자아가 나르시스라면 거울은 호수가 되고 거울 속의 자아는 호수에 비친 그의 이미지이다. 그러나 나르시스 신화에선 나르시스가 호수(거울)에 빠져 죽음으로써 자신의 이미지와 만나지만 이상의 경우엔 나르시시즘의 실패, 곧 두 자아의 단절이 강조된다. 셋째로 '나는 지금 거울을 안 가졌소마는 거울 속에는 늘 거울 속의 내가 있소'라는 시행을 강조할 때 거울은 절대적인 세계를 상징한다. 일반적으로 거울이 없으면 거울 속의 나는 없다. 따라서 나와 거울의 관계는 상대적이다. 그러나 이 시에서 이상은 거울이 없어도, 거울을

가지지 않아도 거울 속에는 내가 있다고 말한다. 이런 말은 결국 거울이 있든 없든 거울 속에는 내가 있다는 것. 따라서 거울은 있음/없음의 세계를 초월하는 절대적 세계를 상징한다.

  밤이면 밤마다 나의 거울을/ 손바닥으로 발바닥으로 닦아 보자/ 그러면 어느 운석 밑으로 홀로 걸어가는 슬픈 사람의 뒷모양이/ 거울 속에 나타나 온다.

— 윤동주, 「참회록」

  윤동주의 경우 거울은 자아 성찰보다는 의식을 상징한다. 밤마다 '나의 거울'을 닦는 행위는 그런 점에서 잠든 의식을 깨우는 노력이고 이런 의식의 각성은 '운석 밑으로 홀로 걸어가는 슬픈 사람'의 이미지를 불러온다. 이 슬픈 사람은 희생을 감내하는 삶을 상징한다.

  살아 있는 얼굴을/ 죽음의 굳은 곳으로 데리고 가는/ 거울의 이쪽은 현실이지만/ 저쪽은 뒤집은 현실/ 저쪽에는 침묵으로 말하는/ 신처럼 온 몸이 빛으로 맑게 닦아져 있다.

— 박남수, 「거울」

  이 시의 경우 거울의 이쪽과 저쪽이 문제다. 거울 이쪽에 나, 현실이 있고 거울 저쪽에 거울이 있다면 이쪽은 현실, 저쪽은 거울이 된다. 그러나 거울을 중심으로 하면 거울 이쪽은 거울 표면이고 거울 저쪽은 거울 뒤쪽, 심층이 된다. 나는 거울 이쪽을 현실, 거울 저쪽을 거울로 읽는다. 왜냐하면 '거울의 이쪽은 현실이지만/ 저쪽은 뒤집은 현실', 곧 전도된 현실(거울 이미지)이고 저쪽(거울)에는 소리가 없기 때문이다. 그런 점에서 거울은 전도된 현실, 침묵, 맑은 빛의 세계를 상징한다.

  흰 팔들의 여인이 온다/ 먼 앞 바다에 낮이 와서 머문다/ 불모의 나날이 깨어나고/ 안에는 울음처럼 눈뜨는 가을이 부딪친다/ 거울을 손에 든/ 여인들 속에서 아직 말하여지지 아니한/ 말들이 흘러나오고/ 부드러운 먼 앞바다에서 낮처럼 설레이는 나

— 이승훈, 「눈」

필자의 경우 거울은 '여인들이 손에 들고 있는 거울'이라는 이미지에서 손거울이고 그것은 진리를 상징한다. 왜냐하면 거울을 손에 든 여인들 속에서 '아직 말하여지지 아니한/ 말들'이 흘러나오기 때문이다. 이 시는 눈 오는 날의 풍경을 '흰 팔들의 여인'이 오는 풍경에 비유하고 그 설렘을 새로운 진리의 도래라는 관점에서 노래한다. 내가 '부드러운 먼 앞 바다에서 낮처럼' 설레는 것은 새로운 진리를 체험하기 때문이다.

건축 Architecture

건축의 상징적 의미는 복잡하고 다양하다. 추상적인 차원에서 그 의미는 건축과 공간의 관계에 토대를 둔다. 이런 관계가 1차적 상징을 구현함에 비해 건축의 개별적 형태, 색, 질료 등을 중심으로 2차적 상징이 도출되며, 전체 건축의 기능이나 높이 같은 요소들도 중요하다.

가장 기본적인 상징으로는 이집트의 피라미드, 아메리카 인디언의 계단-피라미드 같은 이른바 '산-사원'이 있다. 이런 건축은 산의 상징(하늘을 향해 오름)과 피라미드와 계단을 포함하는 복잡한 기하학적 상징에 토대를 둔다. 이런 상징의 일부는 서양의 종교적 건물, 특히 중세의 고딕식 성당에서 발견되고 기본적 요소들로는 만다라 상징과 수의 상징을 포함하는 수가 많다. 만다라 상징은 사각형과 원을 결합하는 기하학적 형상으로, 그 중간 단계로는 팔각형과 원을 결합하는 형태가 있다. 또한 수

의 상징은 어떤 수가 건물의 기본이 되는 것으로 예컨대 계단-피라미드의 경우에는 7이라는 숫자가 기본이고, 북경의 하늘-사원의 경우에는 3이라는 숫자가 기본이 되어 3층, 세 개의 문 등으로 발전된다. 아테네에 있는 '바람의 탑'은 8각형으로 설계되었고 북경의 하늘-사원이 보여주는 여덟 개의 기둥은 또 다른 보기이다.

산의 상징에 있어서 산 속의 동굴이 기본적인 요소이기 때문에 '산-사원'의 경우 이런 동굴의 형태가 중시된다. 그런 의미에서 인디언들이 바위를 깎아 만든 사원들은 산-동굴의 상징을 나타낸다. 왜냐하면 이 사원은 산을 깎아 그 속으로 들어가는 동굴을 암시하기 때문이다. 동굴은 흔히 정신적인 중심, 심장 혹은 난로를 상징한다. 이타카의 동굴이 그 보기이며 이런 동굴은 산의 중심이 외적인 것에서 내적인 것으로 전환됨을 상징한다. 곧 산정山頂이 외적인 세계의 중심을 상징한다면, 동굴은 내적인 세계의 중심을 상징한다.

기둥이나 중심 같은 건물의 외적 형태는 세계의 중심, 혹은 사물의 중심을 상징하고 건물 자체가 우주를 상징하는 경우도 있다. 그런 점에서 집이나 건물은 작은 우주를 반영한다. 한자로 우주가 집 宇와 집 宙로 되어 있는 것은 집이 우주의 작은 모상模像이라는 것을 암시한다. 서양의 경우 궁륭, 곧 둥근 천장은 푸른 하늘을 상징하고 고대 페르시아인들이 궁륭을 푸른색이나 검은색으로 칠한 이유는 이런 사정 때문이다. 이런 문맥에 따르면 원의 형태는 하늘과 관련되고, 사각형은 땅과 관련되고, 삼각형은 그 정상이 암시하듯이 불 혹은 상승에의 열망과 관련된다. 따라서 삼각형 역시 지상과 천상, 물질과 정신의 교통을 상징한다. 사각형은 네 개의 점에 의해 형성되는 교차 혹은 십자형과 관련되고 피라미드는 사각형을 토대로 삼각형으로 분할된다.

전형적인 중세 교회는 중요한 의미를 띠는 두 개의 새로운 요소를 매개로 궁륭, 원, 사각형의 상징을 결합한다. 여기서 말하는 두 개의 새로운 요소란 건물의 본체를 본당과 두 개의 복도로 나누는 것과 십자형으로 설계하는 것을 의미한다. 전자는 성부, 성자, 성신이 일체라는 이른바 삼위일체 사상을 암시하고, 후자는 팔을 벌리고 누운 인간의 모습을 암시하는 바, 이때 중심은 배꼽이 아니라 심장이 된다. 이 심장은 교회 건물의 좌우 날개와 본당이 교차하는 지점에 해당한다. 반면에 건물 한쪽에 나온 반원형 방은 인간의 머리를 상징한다. 따라서 고딕 건물의 경우, 삼위일체의 상징은 삼중의 문, 삼중의 아치 등으로 반복된다.

수도승들이 머무는 수도원 역시 우주적이며 정신적인 세계를 상징한다. 수도원은 시간의 경과를 공간적으로 표현한다는 점에서 순환하는 해(삶의 경로)를 상징하고 우주를 상징한다. 수도원의 북동향은 10월, 11월 12월을, 남서향은 1월, 2월, 3월을, 북서향은 4월, 5월, 6월을, 남동은 7월, 8월 9월을 상징한다. 1년을 넷으로 나누는 것은 인간의 삶의 경로(예컨대 동양에서는 생로병사)를 비유하며, 인간을 구원하거나 병을 치료하는 네 가지 의식儀式, 곧 죽음, 위험, 고통, 회복의 국면이고 이런 견해는 크게 보면 불교의 사제四諦, 곧 고집멸도苦集滅道와도 통한다. 남향은 따뜻한 바람이 부는 성스러운 정신을 암시하며, 우리의 영혼을 자비와 성스러운 사랑으로 물들인다. 반면에 북향은 찬바람이 부는 악마의 세계를 암시하며, 우리의 영혼을 얼어붙게 만든다.

고딕식 성당이 보여주는 특성, 특히 건물 정면에 있는 두 탑에 대해 슈나이더는 다음과 같이 말한다. 이 두 탑은 로마 신화에 나오는 마르스산, 곧 전쟁을 상징하는 산의 두 봉우리와 관련되며, 따라서 그것은 쌍생아, 야누스, 2라는 수와 관련된다. 반면에 건물의 본당과 좌우 날개를 가로지르는 둥근 천장은 주피터의 산 혹은 통일을 상징한다. 교단 위에는 천국이 있고, 교단 아래에는 지옥이 있으며,

▲ 노트르담대성당

지옥은 처마의 홈통 주둥이로 재현된다. 건물의 외관을 나누고 세 개의 출입구를 정하는 네 개의 기둥은 천국을 상징하는 네 개의 강물과 관련된다. 여기서 세 개의 출입구는 신념, 희망, 자비를 상징하고, 건물 중앙에 있는 장미꽃은 생명의 호수를 상징하며, 여기서 하늘과 땅이 만난다.

교회 건물의 다른 부분들의 우화적·상징적 의미를 해명하려는 여러 시도가 있어 왔다. 예컨대 람페레츠에 의하면 교회의 벽은 구원받은 인간을 의미하고, 벽의 돌출부는 교양과 도덕을 의미하며, 지붕은 자비와 보호를 의미하고, 뾰족탑은 인류의 궁극적 목표를 가리키는 하느님의 손가락을 의미한다. 이상은 건축의 개별적 요소들이 암시하는 특수한 상징적 의미이다.

무속 신앙의 경우 당집은 신이 머무는 거룩한 공간이고 종교적 의례가 집행되는 예배소이다. 우리 문화의 경우 집은 안식처, 수도처, 우주를 상징한다. 이런 의미에 덧붙여 두 가지 사실에 유념할 필요가 있다. 하나는 정신분석학자들에 의해 수행된 해석이다. 이들에 의하면 모든 건물은 인간의 육체나 정신으로 간주되는 바, 문과 창문은 육체 가운데 열리는 기관을, 기둥은 힘을, 지하실은 무의식을, 다락방은 정신이나 상상력을 상징한다. 다른 하나는 여러 상징의 원리를 결합함으로써 복잡한 체계를 다듬는 일이다.

> 오늘도 나의 안주安住의 집은/ 중천에 떠 있고/ 바람 들녘에 빛나고······/ 아아 오늘도 나의 안주의 집은/ 표요하여 천지가 무애한데/ 나는 뉘 모를 한 톨 즐거운 씨앗이어라
>
> ─ 유치환, 「안주의 집」

이 시에서는 집이 우주적 공간으로 노래된다. 이어령 교수에 의하면, 유치환이 안주할 수 있는 집으로서의 우주 공간을 산출하는 것은 나-몸-집-도시-우주의 등식을 따른다. 이 시의 경우 '중천'이라는 말에서 태양은 수직의 정점에 있고, '들녘'은 우주의 하방적 구조에 속하지

만 '바람'과 '빛남'은 하늘과 연결된다. 또한 '표요'와 '무애'의 무한성은 지상의 일상적인 집과의 차이를 암시하면서 안주의 집은 하늘, 산, 들이 암시하는 우주와 동일시된다. 그렇기 때문에 시인은 자신을 '한 톨 즐거운 씨앗'이라고 부른다.

겨울 Winter

겨울은 1년을 구성하는 봄, 여름, 가을, 겨울 가운데 넷째 국면에 해당한다. 따라서 겨울의 상징적 의미는 다른 계절과의 관계를 전제로 한다. 하루의 국면에서 봄이 새벽에 해당하고 여름이 대낮에 해당하고 가을이 저녁에 해당한다면 겨울은 밤에 해당한다. 밤은 태양이 완전히 소멸한 어둠의 세계이고 인생의 국면에선 탄생(봄), 성숙(여름), 노쇠(가을) 다음 단계인 죽음에 해당한다. 따라서 겨울은 혼돈, 암흑, 죽음, 패배, 고난, 불행, 소멸, 은둔을 상징한다. 그러나 죽음의 세계는 우리가 알 수 없기 때문에 신비를 상징하고 죽음은 흑색의 이미지로 제시된다. 한편 모든 자연은 겨울을 맞아 죽음의 세계에 들지만 봄이 되면 다시 소생하기 때문에 죽음은 재생을 상징한다. 요컨대 겨울은 암흑, 죽음, 재생을 상징한다.

침묵이다/ 침묵으로 침묵으로 이어지는 세월/ 세월 위로 바람이 분다// 바람은 지나가면서/ 적막한 노래를 부른다/ 듣는 사람도 없는 세월 위에/ 노래만 남아 쌓인다// 남아 쌓인 노래 위에 눈이 내린다/ 내린 눈은 기쁨과 슬픔/ 인간이 살다 간 자리를/ 하얗게 덮는다/ 덮인 눈 속에서/ 겨울은 기쁨과 슬픔을 가려내어/ 인간이 남긴 기쁨과 슬픔으로/ 봄을 준비한다// 묵묵히
— 조병화, 「겨울」

이 시에서 겨울은 침묵을 상징한다. 침묵은 말, 언어의 죽음이기 때문에 이 시의 경우 겨울은 언어의 죽음을 상징하고 언어가 소멸한 공간엔 바람의 적막한 노래가 들린다. 그리고 눈은 인간이 살다 간 자리, 곧 죽음의 세계를 덮지만 겨울은 이 눈 속에서 봄을 준비한다. 따라서 이 시에서 겨울은 죽음과 재생을 상징한다.

결합 Conjunction

플라톤이 강조한 것은 초월이지만 그의 철학과 다르게 많은 상징들은 이른바 결합이나 통합의 이미지를 보여주고, 이런 이미지는 대립의 조화, 특히 두 성性의 화해를 상징한다. 융에 의하면 결합은 한 개인의 정신 속에서 순수한 심리적 의미를 띠는 바, 그것은 두 존재의 완벽한 종합을 암시하거나, 그런 종합을 구성하는 두 짝을 상징한다. 인간은 남성·여성 두 존재로 분리되기 전의 절대적 통일을 갈망한다. 따라서 결합은 인간이 성취할 수 있는 절대적 평화와 휴식의 유일한 가능성이다. 원시 종교나 점성술에 나타나는 하늘과 땅, 천상과 지상의 결합이 그렇다.

> 정신적인 사랑이 지배하는 만남에 있어서는 육욕이 결코 있을 수 없지만, 그 정신적인 사랑이 가장 숭고한 결합의 표현으로 육욕을 찾을지도 모를 일이오.
> ― 러셀, 「사랑이 있는 기나긴 대화」

러셀의 경우 정신적인 사랑은 육욕을 모르지만 숭고한 결합을 갈망하고 따라서 이때의 육체적 결합은 한 인간의 정신 속에서 순수한 심리적 의미를 상징한다.

혼자서 도시 참을 수 없는 고독이, 제가 살고 있다는 증거를 손으로 몸으로 느끼기 위하여 다른 육체에게 제 살을 얽어 보는 데서 빚어지는 작업이 육체의 행위인 것이다.

— 최인훈, 「광장」

그러나 최인훈의 경우 육체적 결합은 현대인이 고독을 견디는, 삶의 증거를 몸으로 느끼는 실존의 방식이다.

아스팔트와 콘크리트 속에서 흙과 자연을 상실해 가고 있는 현대인은 섹스를 통해 원시의 육체, 자연의 밀어를 듣는 것인지도 모른다.

— 이어령, 「너와 나의 거리」

이어령의 경우 육체적 결합은 단순히 고독을 극복하는 방법이 아니라 '원시적 육체', '자연의 밀어'를 듣는 행위와 동일시된다. 곧 도시 속에서 자연과 만나는 것을 의미하고 따라서 절대적인 통일성의 세계를 상징한다.

결혼 Marriage

연금술의 경우 결혼은 유황과 수은, 태양과 달의 결합을 의미하고 이는 왕과 왕비의 결혼을 의미한다. 융에 의하면 이런 연금술적 의미는 개별화individuation 과정 속에서 인간들이 체험하는 정신과 무의식(여성적 측면)이 내적으로 중재되거나 결합되는 현상으로 수용된다. 개별화 혹은 개인화는 자아가 타자로부터 분리될 뿐만 아니라 자아가 자체로 완전한 통일체를 자각하는 과정을 뜻한다. 결혼은 이 과정 속에서 남성(정신)과 여성(무의식의 여성적 측면)의 결합을 의미한다. 그런 점에서 결혼은 크게 보면 대립의 화해, 상호작용, 합일을 상징하고 신화적으로는 천상과 지상의 결합을 상징한다. 이런 상징을 토대로 결혼은 자연의 풍요, 다산성多産性을 상징한다.

> 금슬은 구구 비둘기—// 열두 병풍/ 첩첩산곡인데// 칠보 황홀히 오롯한 나의 방석// 오오 어느 나라 공주오이까?/ 다소곳 내 앞에 받들었소이다./ 어른일사 원삼을 입혔는데/ 수실 단 향랑이 애릿해라.// 황촉 갈고 갈아 첫 닭이 우는데/ 깨알 같은 정화가 스스로워// 눈을 당기면 고즈넉이 끌려와 혀끝에 떨어지는 이름/ 사르르 휘감기는 비단이라/ 내사 스사로 의의 장검을 찬 왕자
>
> ― 이동주, 「혼야」

이 시에서 노래되는 것은 결혼 첫날밤의 정경이다. 시인은 신랑과 신부를 왕자와 공주에 비유하고 있는 바, 이는 연금술사들이 말하는 결혼의 상징, 곧 왕과 왕비의 결합을 암시한다.

계단 Step

계단은 기본적으로 상승을 상징하고 이때 상승은 물질적인 의미와 정신적인 의미로 나누어진다. 또한 계단의 수가 중요한 상징적 의미를 띠는데 이집트의 경우 계단을 이루는 수는 흔히 아홉이고 아홉 계단은 각각 신들의 자리를 암시하며, 이들은 마침내 10이라는 수가 상징하는 완성된 원, 혹은 통일성의 세계에 도달한다. 많은 이집트 무덤은 사다리 형태로 되어 있고 이 사다리는 '나의 계단은 이제 이루어졌으므로 나는 신을 보게 될 것이다' 라는 말을 암시한다.

엘리아데 역시 이와 비슷한 주장을 한다. 그에 의하면 많은 원시인들의 경우 신성한 세계로의 상승과 초월은 세계의 중심 혹은 축을 상징하는 밧줄, 지팡이, 나무, 산을 수단으로 한다. 따라서 밧줄, 지팡이, 나무, 산은 상승과 초월을 상징한다. 그런가 하면 바다를 소재로 하는 신화에서 영웅들은 환상적인 화살 고리를 수단으로 하늘 나라로 올라 간다. 이슬람의 전통에 따르면 모하메드는 신의 세계에 도달하는 사다리를 본다.

특히 계단과 관련되는 이미지들로는 산-계단 형태로 된 이집트의 피라미드가 있고, 산은 사원을 상징하고 산-계단의 이미지는 정신의 세계(산-사원)로 상승(계단)하는 우주를 상징한다. 고대 페르시아의 경우 빛의 신 미트라를 숭배한 미트라교에서는 계단의 수가 일곱이고 각 계단은 서로 다른 금속으로 되어 있는 바, 이때 각 계단은 상이한 별의 세계를 암시한다.

중세 후기의 연금술사들은 특히 점진적인 상승이라는 관념을 강조하고 따라서 계단은 변용 과정의 단계를 상징한다. 조아에 의하면 야곱이 꿈에서 본 사다리는 일흔두 개의 계단으로 되어 있으며, 그 정상은 구름 속에 소멸한다. 일반적으로 중세의 표상과 우화 속에서 계단은 상승하는 삶을 상징하고 중세의 로마네스크 예술 속에서 계단은 '세계들 상호간의 관계'를 상징한다. 수직성을 강조할 때 계단은 두 세계(지상의 중간 세계와 천상의 상부 세계)가 아니라 제3의 세계(지옥의 하부 세계)가 첨가된 세 개의 세계를 잇는다. 엘리아데에 의하면 이 계단은 천상, 지상, 지옥 혹은 미덕, 수동성, 죄악을 상징하며 새로운 세계로 가기 위해서는 아래 단계의 수준을 차례로 돌파해야 한다. 지하에 존재하는 계단이 언제나 지옥으로 가는 길을 상징하는 것은 이런 사정 때문이다.

완만하게 턱을 이루며 한 발자국 한 발자국 높은 공간을 향해 올라가는 층계의 고민, 어쩌면 그것은 영원으로 향한 단절된 시간과 시간의 턱인지도 모른다.

계단은 오르기 위해서만 있는 것도 아니다. 올라가는 계단은 동시에 내려가는 계단이기도 하다. 같은 계단이면서도 위에서 내려다보는 계단과 아래에서 올려다본 계단은 어쩌면 그렇게 다른 것일까? 땅을 향해 조금씩 하강해 가는 계단은 신을 떠나서 제 스스로의 길을 찾아 내려가는 인간의 뒷모습 같은 것이다.
— 이어령, 「바람이 불어오는 곳」

여기서 계단은 정신적 상승을 상징한다. 그러나 하강하는 계단은 신을 떠나 스스로의 길을 찾아 내려가는 '인간의 뒷모습'을 상징한다. 이런 계단 인식은 특히 '계단으로 상징되는 종교'라는 말이 암시하듯이 계단은 정신적 상승뿐만 아니라 바로 종교적 삶과 동일시된다.

어둠 속을 내려가면 마치 혈관을 흐르는 혈액과도 같은 느낌을 주는 좁은 나선형 계단
— 릴케, 『말테의 수기』

릴케의 경우 강조되는 것은 하강하는 계단이지만 수직선이 아니라 나선형이고 따라서 그가 어둠 속을 내려가 만나는 계단은 미로 같은 지하의 세계, 지옥을 상징한다.

계절 Season

1년을 네 계절로 나누는 것은 태양의 궤도가 보여주는 네 국면을 전제로 하고 음력의 네 계절은 달의 네 국면과 관계된다. 이런 네 계절은 탄생, 성장, 쇠약, 죽음, 혹은 생로병사처럼 인간의 삶이 보여주는 네 단계를 상징한다. 그리스인들에 의하면 계절은 여성의 네 가지 모습으로 재

현되는 바 봄은 화관을 쓰고 무성한 숲가에 서 있는 여인, 여름은 곡식 이삭으로 만든 관을 쓰고 가슴에 곡식 다발을 안고 손에는 낫을 든 여인, 가을은 포도송이를 운반하는 여인으로 과일 바구니를 들고 있으며, 겨울은 나뭇잎이 떨어진 나무 아래 서 있는, 관을 쓰지 않은 여인으로 묘사된다. 계절은 또한 동물의 모습으로 재현되는 바, 봄은 양, 여름은 용, 가을은 토끼, 겨울은 도마뱀으로 묘사된다. 1년을 네 국면으로 나누는 일은 나침반의 네 지점과도 관계되며 4각형과도 관계된다. 중국의 경우 봄은 벚꽃과 복숭아꽃, 여름은 연꽃과 모란, 가을은 단풍과 국화, 겨울은 소나무, 대나무, 매화로 재현된다.

> 봄은 처녀, 여름은 어머니, 가을은 미망인, 겨울은 계모이다.
> ― 폴란드, 무명씨

이 글에서는 계절이 여인의 삶의 네 국면을 상징하지만 겨울을 '계모'로 보는 것이 특이하다.

> 봄은 사람의 기분을 방탕해 흐르게 하고, 여름은 사람의 활동을 게으르게 하고, 겨울은 사람의 마음을 음침하게 하건만, 가을만은 사람의 생각을 깨끗하게 하는 것이다.
> ― 정비석, 「들국화」

정비석의 경우 계절은 인생의 네 국면이 아니라 네 가지 심적 상태를 상징한다. 다음 시에서는 계절은 무, 부재, 없음이라는 인식으로 발전한다. 이런 인식은 이별과 피로를 동기로 한다.

> 창변에 기대어/ 아 계절이 온다/ 가을이어도 봄이어도/ 계절이여// 얼마나 긴 이별이랴/ 창변에 기대어/ 피로한 사람이여/ 나의 출발을 견디어라/ 계절이여 무여
> ― 고은, 「창의 서정」

고기잡이Fishing

한 부유한 어부가 고기를 잡아 굶주리는 사람들을 도와주는 전설이 있다. 이런 전설은 고기잡이와 어부의 상징을 암시하는 바, 예컨대 베드로는 '인류의 어부'로 불리며 이때 물고기는 예수 그리스도를 상징한다. 따라서 베드로는 인류에게 그리스도의 말씀을 전하는 자가 된다.

흔히 고기잡이는 전설 속에 나오는 '획득하기 어려운 보석', 곧 삶의 지혜를 포착하는 행위와 동일시된다. 물고기는 물 속에 사는 신비롭고 동시에 심리적인 동물인 바, 이때 물은 용해와 회복과 소생을 상징한다. 따라서 어부가 물고기를 잡는 것은 의사처럼 병든 사람들을 구원하고 치료하는 행위를 암시한다.

> 뱃머리에 술을 싣고 고기 낚는 저 어옹漁翁아/ 생애는 어디 두고 낚싯대만 잡았는가/ 평생에 부러울 일 없더니 너를 부러워하노라
> — 무명씨

물론 이 시의 경우 고기잡이는 여유와 한가한 삶을 상징하지만 늙은 어부의 무의식을 강조하면 물고기, 곧 삶의 지혜를 포착하는 행위를 암시한다.

고래Whale

고래는 세계, 신체, 무덤을 상징한다. 고래는 큰 우주(세계)와 작은 우주(신체)에 비유되고 나아가 고래는 만물을 삼켜버리기 때문에 무덤

에 비유된다. 따라서 고래는 사물을 내포하고 은폐하는 이미지이고 죽음의 이미지이다. 그러므로 고래의 배에서 나오는 것은 재생, 부활을 상징한다. 그러나 고래는 이런 의미보다는 하늘과 땅의 교차, 실존의 양극성을 상징한다. 바다에 솟아오르는 커다란 고래의 모습은 하늘과 땅(고래)이 만나는 것 같고 고래는 만물을 내포(삶)하고 만물을 삼키기(죽음) 때문이다.

> 큰고래야말로/ 창조물 가운데 최대의 것/ 바다 깊숙이 갑처럼 뻗어 줄며 헤엄치며/ 마치 꿈틀거리는 대지인 양, 그리고 그 입으로/ 바다를 빨아들여 그 숨으로 바다를 내뿜는다.
> ― 밀턴, 『실낙원』

이 시에서 고래는 '꿈틀거리는 대지'이며 죽음(바다를 빨아들이다)과 부활(바다를 내뿜는다)을 상징한다.

고양이 Cat

고대 이집트에서 고양이는 인간을 수호하는 여신으로 나타나고 눈이 여러 모양으로 변하기 때문에 태양의 변화, 달의 차고 이지러짐, 밤의 광채를 상징한다. 고양이의 부드러운 몸은 여인의 관능과 본능을 상징하고 검은 고양이는 불길함, 암흑, 죽음을 상징한다. 시의 경우 고양이의 이미지는 다음과 같이 노래된다.

> 사랑에 들뜬 사내건 의젓한 학자건/ 나이가 차서, 한결같이 사랑하게 되는 것이/ 이 힘차고도 어진 고양이/ 집안의 자랑거리/ 그들처럼 추위타고

> 그들처럼 샌님인 고양이들/ 일락의 벗 과학의 벗인 고양이들은/ 고요와 어둠의 공포를 즐겨 찾느니.
>
> — 보들레르, 「고양이들」

보들레르의 경우 '일락의 벗 과학의 벗인 고양이들은/ 고요와 어둠의 공포를 즐겨 찾느니'라는 시행이 암시하듯이 고양이는 열락과 관능과 동시에 죽음과 공포를 상징한다. 다음 시에서 고양이는 암흑과 죽음을 상징한다.

> 남산골 늙은 고양이를 길렀더니/ 해묵고 꾀 들어 요망하기 여우로세/ 밤마다 싸다니며 비린고기 뒤져 내기/ 독을 뒤집고 항아리를 엎으며 단지를 깨네./ 어둠 속을 쏘다니며 교활한 짓 다 하다가/ 문 열고 소리치면 그림자 없이 사라지네./ 촛불 켜고 둘러봐야 더러운 자국만 널려 있고/ 핥다 남은 찌꺼기만 여기저기 흩어졌네.
>
> — 정약용, 「이노행」

물론 이 시는 사실주의적 특성을 보여준다. 그러나 고양이는 교활함, 공포, 암흑, 죽음의 세계를 상징하고 한 마디로 삶의 어두운 양상, 부정적 양상을 상징한다.

> 꽃가루와 같이 부드러운 고양이의 털에/ 고운 봄의 향기가 어리우도다// 금방울과 같이 호동그란 고양이의 눈에/ 미친 봄의 불길이 흐르도다// 고요히 다물은 고양이의 입술에/ 포근한 봄 졸음이 떠돌아라.
>
> — 이장희, 「봄은 고양이로다」

이장희의 경우 고양이는 삶의 밝은 양상, 특히 봄날의 연정과 관능을 상징한다. 여기서 노래되는 것은 보들레르적인 열락의 세계에 가깝다. 보들레르의 경우 고양이는 귀부인, 여성적 관능, 게으름과 나태, 나른함을 상징할 때도 많고 이장희가 노래하는 '고양이의 눈에／ 미친 봄의 불길이 흐르도다' 같은 시행이 이런 관능, 욕정의 세계를 상징하고 '포근한 봄 졸음이 떠돌아라'는 나태의 이미지다. 다음 시에서 강조한 것은 고양이가 상징하는 이런 삶, 곧 관능적 사랑과 나태이다.

> 고양이처럼 살고 싶어라／ 엎드려 있고만 싶어라／ 고운 피 흘리는 마음／ 복사꽃 복사꽃은 피는데／／ 어디로 가고만 싶어라／ 이 어두운 마음／ 밝아오는 해이고 싶어라／ 아무리 채찍이 갈겨도／／ 그리움은 끝나지 않어라／ 당신 얼굴에 입맞추고 싶어라／ 하아얀 돌이고 싶어라／ 파아란 구름이고 싶어라
> ― 이승훈, 「당신」

그러나 시의 후반에 오면 고양이처럼 살고 싶은 마음(관능, 열정, 나태)은 '어두운 마음'이 되고 다시 이런 마음은 '밝아오는 해', '하아얀 돌', '파아란 구름'처럼 밝은 태양의 세계로 변주된다.

곡예사 Acrobat

손을 땅에 대고 거꾸로 섬으로써 정상적인 육체의 위치를 역전시키는 곡예가 암시하듯 곡예사는 역전 혹은 반전을 상징한다. 이런 역전은 기존 질서를 역전시키거나 뒤집어 엎으려는 위기의 시간, 곧 개인적·사회적·역사적 위기의 시간에 발생한다. 이런 시간에는 관념론이 유물론으로, 온순함이 공격성으로, 고요함이 비극으로, 질서가 무질서로 전환되거나 그 역도 가능하다. 곡예사의 이런 상징은 서커스의 또 다른 양상, 특히 공중에 매달린 사람과도 관련되며, 이것 역시 비슷한 의미를 나타낸다.

곤봉은 사람에게 지면을 떠나는 아크로바티를 가리키는데 사람은 해독하는 것은 불가능인가/ 지구를 굴착하라/ 동시에/ 생리작용이 가져오는 상식을 포기하라

— 이상, 「조 8씨의 출발」

이 시에서 아크로바티는 아크로바틱스, 곧 곡예를 의미하고 '곤봉'은 남성의 성기를 상징하는 바, 첫 행이 말하는 것은 남녀의 성관계가 지상의 삶을 떠나는 곡예라는 점이다. 여기서 '지구'는 여성의 육체를 상징한다. 성행위를 곡예로 표현한 점이 놀랍다.

곰 Bear

연금술에 따르면 곰은 검은 빛(어둠)에 속하고 검은 빛은 모든 시작과 본능을 상징한다. 또한 본능과 관련되지만 곰은 인간의 무의식의 위험한 측면 및 잔인하고 조야한 인간성을 상징한다. 한편 곰은 봄이 되면 동굴에서 새끼들과 함께 나온다는 점에서 부활, 신생, 통과의례를 상징하고 아메리카 인디언의 경우 곰은 초자연적 힘, 꿋꿋함, 강인함, 회오리바람을 상징하고 기독교에서는 악마, 사탄, 잔혹, 탐욕, 육욕을 상징한다. 한국 민속에서는 미련함, 신성함을 상징한다.

시달림 받은 곰의 상처……/ 주인에게 무력한 살가죽을 얻어맞는/ 눈멀고 흐느끼는 곰의 상처

— 시트웰, 「아직도 비가 내린다」

이 시에서 곰은 암담하게 내리는 비의 이미지와 관련되어 검은 본능

및 잔인하고 조야한 인간의 속성을 상징한다.

공 Globe

공은 전체를 상징하고 신플라톤주의 철학에 의하면 영혼이 공의 형태로 인식된다는 점에서 세계의 영혼을 상징한다. 한편 연금술에서는 정신적 운동이나 진화를 암시하기 위하여 날개 달린 공을 제시한다. 공이 환기하는 또 하나의 중요한 상징으로는 완성, 끝없는 행복이 있다. 공에 각이 없고 끝이 없다는 사실은 불편, 장해, 어려움이 없다는 관념을 낳는다.

> 공, 굴러가는 구체, 천체의 운행과도 같은 신비한 의지.
> — 이어령, 「하나의 나뭇잎이 흔들릴 때」

이 글에서 공은 '굴러가는 구체球體sphere'인 '천체'의 운행에 비유된다. 요컨대 공이 굴러가는 것은 그 속에 '신비한 의지', 곧 '신비한 중심'이 있기 때문이다. 따라서 공은 신비한 중심을 상징한다.

> 많은 세월/ 여하한 무차로/ 타의 반/ 자의 반의 눈뜬 고독을 품어 안고/ 허허벌판에 떠 있는가?/ 여하한 자비로도/ 너는 서만 있을 수 없다./ 누적한 사건 속에/ 네가 그처럼 떠 있다는 것은/ 허무하게 너의 둘레를/ 스스로 돌고 있을 때/ 허나 네가 공허하게 그 중심 밖의 둘레를/ 스스로 돌고 있을 때/ 허나 네가 공허하게 그 중심 밖의 둘레를/ 휘어 돌며/ 여하한 수고/ 여하한 너의 자학을 멀미로/ 추월했는가/ 또 지금/ 그로 인해/ 어느 누가/ 쓰린 울음을 씹으며/ 남아돌고 흩어지는 그 흐름의 무료를/ 견디는가/ 참고 견디는가.
> — 이영순, 「구」

이 시가 노래하는 것은 태양이며 시인은 태양을 공에 비유한다. 여기서 공은 '타의 반/ 자의 반'의 고독을 상징하며, 허무하게 자신의 둘레를 스스로 도는 공허를 상징한다.

공간 Space

공간은 혼돈과 질서 중간에 존재하는 영역이다. 따라서 혼돈적이며 동시에 우주적인 양상을 보여준다. 공간 속에서는 어떤 일도 가능하기 때문에 혼돈적이며, 모든 형식과 구조가 그들의 존재를 드러낸다는 점에서 우주적이다.

이와는 달리 공간의 논리적 구조는 일곱 개의 점으로 구성된다. 곧 공간은 기둥이 상징하는 위, 아래, 네 개의 기둥이 점유하는 네 개의 점, 그리고 중심이라는 일곱 개의 점을 소유하고 이런 구조를 강조할 때 공간의 상직적 의미가 분명하게 해명된다. 공간이 점유하는 세 차원, 곧 위, 아래, 중간은 하늘, 땅, 인간을 상징하고 이때 인간의 팔은 위, 아래 그리고 네 방향을 지시한다.

르네 귀에논Rene Guenon에 의하면 이런 인간의 상징은 그 구조적 특성 때문에 신성한 장소, 곧 내적인 장소와 동일시되며, 우주의 중심이 되고 이 중심에서 동서남북, 위, 아래라는 여섯 개의 방향이 투사된다. 하늘과 땅은 위와 아래, 혹은 꼭대기와 바닥에 해당되고, 앞과 뒤는 동과 서에, 좌와 우는 남과 북에 해당된다.

수직의 축을 강조할 때 위는 훌륭함을, 아래는 열등을 상징한다. 한편 상승과 하강의 의미를 설명할 때 높은 곳은 우월성, 중간 영역인 현상계는 양가성, 낮은 곳은 암흑과 열등성을 상징한다. 네 개의 방향이 만나는 중간 영역, 곧 동·서·남·북의 네 방위점이 합치는 사각형이 현상계를 상징한다. 다음 동-서의 축을 따르면 동은 태양이 떠오르는 곳으로 정신적 계시를 상징하고, 서는 태양이 지는 곳으로 죽음과 암흑을 상징한다. 남-북의 축을 따르는 해석에는 일정한 정설이 없다. 동양 문화에서는 하늘 혹은 천상은 하늘, 땅, 인간이 만나는 중심, 곧 공간의 중심(심장)이 되고 따라서 하늘은 확장(폭)과 고양(높이)의 조화를 상징한다.

수평의 공간이 소유하는 네 점을 제대로 해석하기 위한 토대로는 융의 이론을 들 수 있다. 그에 의하면 뒤는 무의식, 앞은 현시 혹은 의식을 상징하며, 왼쪽은 무의식, 바른쪽은 의식과 동일시되기 때문에 결과적으로 뒤와 왼쪽, 앞과 바른쪽은 동일시된다. 이런 등가 관계는 더욱 확장될 수 있다. 예컨대 왼쪽은 과거, 불길함, 억압, 복잡성을 상징하며, 바른쪽은 미래, 행복, 개방성, 진화, 정규성, 합법성을 상징한다.

그러나 이상의 의미들은 수의 상징과 관련시킬 때 모순을 보여준다. 대체로 모든 문화 속에서 기수 혹은 홀수들은 남성을 상징하고, 우수 혹은 짝수들은 여성을 상징한다. 왼쪽은 '기원'을 상징하고, 바른쪽은 그 기원으로부터 '생산된 것'을 상징한다는 점에서 왼쪽은 1, 곧 기수이고 남성이 되어야 하지만 세계의 기원을 상징하는 것은 여성이므로 모순이 발생한다. 그런가 하면 바른쪽은 2, 곧 우수이고 여성이 되어야 하지만 여성은 결과물 혹은 생산물을 상징할 수 없다는 점에서 모순된다. 이런 모순을 해결하기 위해서는 통일성을 상징하는 1이라는 수를 강조하고 이 수는 가시적인 세계나 현실에는 그대로 상응하지 않는 중심을 상징한다고 보아야 한다. 예컨대 이 세계는 1과 2, 홀수와 짝수, 남성과 여성으로 대립되지만 이런 대립을 초월하는 기원, 중심으로서의 1을 가정하는 방법이고 노자 사상이 그렇다. 아무튼 이런 1, 곧 중심을 상징하는 1은 공간 속의 어떤 상태를 점유하지 않는다. 그러므로 2는 왼쪽을 상징하고, 3은 다시 바른쪽을 상징한다고 결론을 내려도 된다.

귀에논은 우주적 질서가 이상의 개념들과 일치한다는 점을 설명하기 위해 힌두 원리에 의존한다. 이 원리에 의하면 바른쪽은 태양의 세계를 상징하며, 왼쪽은 달의 세계를 상징한다. 그의 말을 옮기면 다음과 같다.

> 시간적 조건을 지시하는 이런 상징의 양상에 따르면 태양과 바른쪽 눈은 미래에 상응하고, 달과 왼쪽 눈은 과거에 상응한다. 가운데에 있으며 전면을 보는 눈은 현재에 상응하지만, 현시된 세계의 관점에 의하면 그 현재는 지각될 수 없는 순간으로, 공간 속에서 어떤 차원도 소유하지 않는 기하학적 점에 비교된다. 힌두 원리 속에서 셋째 눈이 바라볼 때 모든 현시의 세계가 파괴되는 이유, 곧 모든 사물들이 재로 환원되는 이유는 이런 사실 때문이며, 또한 이 눈이 어떤 신체의 기관으로도 나타나지 않는 이유 역시 이런 사실 때문이다.

그러나 이런 관점을 뛰어넘을 때 현재는 마치 하나의 점이 모든 공간의 가능성을 포함하듯이 일체의 현실을 포함한다. 그리고 과거-현재-미래의 계기적 질서가 동시성으로 전환될 때 모든 사물들은 '영원한 현재' 속에 머문다. 공간을 규정하는 일곱이라는 개념은 일곱 개로 나타나는 모든 현상을 설명하며, 특히 일곱 개의 유성, 일곱 개의 빛깔 등이 그렇다. 또한 공간이 지향하는 여섯 방향은 이 세계가 창조되던 6일을 암시하며, 이 6일이 동시에 존재한다는 점에서 그것은 '동시적 현재' 혹은 '영원한 현재'를 상징하고 일곱째 날(안식일)은 중심으로의 회귀, 진정한 시작으로의 회귀를 상징한다.

공간의 우주적 의미는 심리학적 의미로 해석될 수도 있다. 방향의 상징을 해석하기 위해서는 정태적인 법칙을 넘어 역동성의 원리를 생각할 수 있다. 예컨대 태양과 극을 상징하는 만자(卍)형은 태양의 운동처럼 바른쪽에서 왼쪽을 향해 움직인다. 신화나 전설 속에서 실을 짜는 여성들 역시 그들의 '운명의 수레'를 이와 같은 방향으로 돌림으로써 자신의 실존을 뛰어넘는다는 상징적 의미를 띤다. 일반적으로 바른손은 자연스러운 삶을 상징하고 따라서 이집트의 상형 문자 체계 속에서 들어가는 것은 바른쪽을 향하고, 나가는 것은 왼쪽을 향한다. 이런 상형 문자를 토대로 할 때 바른쪽은 태양의 떠오름을, 왼쪽은 태양의 소멸을 의미한다. 이와 비슷한 논리로 바른쪽은 탄생과 삶, 왼쪽은 죽음과 관련된다. 모든 우화 속에서 바른쪽이 격정을 상징하고, 왼쪽이 정의를 상징하는 것 역시 이런 이유 때문이다.

이상에서 고찰한 모든 견해들은 어디까지나 경험 심리학을 강조하는 동양적 전통에 근거를 둔다. 그러나 이런 견해들은 또한 인류학자들과 사회학자들에 의해서도 주장된다. 예컨대 아니아 테일라르Ania Teillard에 의하면 바른손과 남성의 등가성을 전제로 할 때, 바른손은 이성의 힘을 상징하고, 왼손은 마술적 능력을 상징한다. 또한 그녀에 의하면 모계 사회에서는 왼쪽이 우월성을 상징하고 바른쪽은 열등성을 상징한다.

또한 많은 인종학자들에 의하면 태양을 숭배하던 시기의 첫 단계에서는 바른쪽이 강조되며, 달의 제식祭式이 존재하던 시기에는 왼쪽이 강조된다. 회화, 부조, 기타 예술적 창조의 경우 왼쪽은 자아(자기 동일성)의 투사, 곧 내적 성찰을 상징하고, 바른쪽은 이와는 달리 외적 세계에 대한 성찰을 상징한다.

> 1층위에 있는 2층위에 있는 3층위에 있는 옥상정원에 올라서 남쪽을 보아도 아무것도 없고 북쪽을 보아도 아무것도 없고 해서 옥상정원 밑에 있는 3층밑에 있는 2층밑에 있는 1층으로 내려간즉 동쪽에서 솟아오른 태양이 서쪽에 떨어지고 동쪽에서 솟아올라 서쪽에 떨어지고 동쪽에서 솟아올라 서쪽에 떨어지고 동쪽에서 솟아올라 하늘 한복판에 와있기 때문에 시계를 꺼내본즉 서기는 했으나 시간은 맞는 것이지만 시계는 나보담도 젊지 않으냐 하는 것보담은 나는 시계보다는 늙지 아니하였다고 아무리해도 믿어지는 것은 필시 그럴것임에 틀림없는 고로 나는 시계를 내동댕이쳐버리고 말았다.
>
> — 이상, 「운동」

시의 원문은 띄어쓰기가 없으나 읽기 편하게 고쳤다. 이 시에서 화자가 말하는 것은 공간의 운동, 곧 역동성과 부동성의 의미이다. 여기서 공간의 운동, 곧 역동성은 상·하, 전·후, 좌·우의 공간성으로 제시된다. '시계를 꺼내본즉 서기는 했으나'라고 하는 것은 '하늘 한복판'이 상·하, 전·후, 좌·우, 곧 수평선과 수직선이 만나는 중심점을 상징하고, 여섯 방향을 수렴하고, 시간적으로는 정오, 곧 영의 시간, 부재의 시간을 상징하기 때문이다. 그러나 '시간은 맞는다'고 하는 것은 정오, 곧 영의 시간, 부재의 시간에 의해 우리가 일상적 삶을 벗어나 초월적 삶과 만나기 때문이고 따라서 이런 시간은 '참된 시간', '진정한 시간'을 상징한다. 결국 이 시는 시간과 공간의 상호관계 및 특수한 시간 인식과 공간 의식을 보여준다. 운동은 공간의 역동성, 혹은 역동적 공간으로 인식되며, 그것은 상·하, 전·후, 좌·우라는 방위 개념으로 제시되고, 이런 역동적 공간이 중심으로 수렴됨으로써 부동성, 혹은 정적인 세계가 드러난다. 그러나 이런 수렴은 더 큰 역동성을 낳는 바 이런 중심은 초월적 공간에 해당하고 시간적으로 무시간, 초월적 시간, 영원한 현재가 된다.

공기 Air

물질을 구성하는 네 요소 가운데 공기와 불은 능동적이며 남성적인 것을, 물과 대지는 수동적이며 여성적인 것을 상징한다. 일부의 우주발생론에 의하면 불이 모든 사물의 기원으로 고려되지만 공기가 1차적 요소라는 것이 일반적인 신념이다. 공기가 압축되면 열이나 불을 생성하고 이로부터 모든 생명들이 나타나기 때문이다. 공기의 상징적 의미는 기본적으로 세 가지이다. 첫째로 공기는 생명을 창조하는 숨결을 암시한다는 점에서 말을 상징한다. 둘째로 공기는 폭풍이 암시하듯 창조를 상징한다. 폭풍은 풍요의 비를 가져온다는 점에서 창조력을 상징하기 때문이다. 셋째로 공기는 생명의 출현과 운동의 수단이 된다는 점에서 공간을 상징한다.

향기, 냄새가 그렇듯이 빛, 비상, 가벼움은 공기와 관계된다. 바슐라르에 의하면 니체가 숭배한 것 가운데 하나는 공기였으며, 이 공기는 다른 물질에 비해 한결 높고 견고하며 인간의 자유 자체를 상징한다. 그에 의하면 공기의 두드러진 특성은 역동성이고 그것은 모든 물질을 변형시키고 파괴하는 이른바 비물질화의 기능을 나타낸다. 니체에 의하면 공기는 산 정상의 공기가 그렇듯이 차갑고 공격적인 특성을 띤다. 바슐라르는 향기를 기억과 관련시키며, 그 보기로 셸리의 시적 특성이 향기의 추억 속에서 망설인다는 점을 지적하고 있다. 시의 경우 공기는 다음처럼 노래된다.

> 태양은 우리들에게 빛으로 얘기하고/ 꽃과 향기와 빛깔로 얘기한다./ 구름과 비와 눈은 대기의 언어./ 지금 자연은 온갖 몸짓으로 가을을 얘기하고 있다.
>
> — 폴랭, 「말」

> 아아 하늘에서 치면 땅이란 얼마나 깊은 곳인가. 이토록 한량없는 깊이에 떨구이는 아득한 낙하와 그리고 이를 두 손으로 받아 주는 지상의 인력이란 이야말로 완벽한 조화이다.
>
> — 김남조, 「심연을 위하여」

폴랭의 시에서 공기는 말을 상징하고 김남조의 경우에는 생명 과정의 매개로서의 공간을 상징한다.

공작 Peacock

공작의 꼬리는 모든 빛깔의 용해와 총체를 상징한다. 기독교 예술의 경우 공작이 불멸성과 타락하지 않는 영혼을 상징하는 것은 이런 까닭에서이다. 흔히 우주를 상징하는 나무 아래 균형을 갖추고 서 있는 두 마리의 공작은 인간의 심리적 이원성을 상징한다. 인도의 신화 속에서 공작의 날개가 보여주는 무늬는 수많은 눈과 유사한 것으로 별들이 반짝이는 하늘을 재현하고 따라서 별이 암시하는 불사不死, 영원, 사랑을 상징한다. 한편 공작은 비가 내릴 때는 침착성을 잃고 안절부절 못하기 때문에 불안과 폭풍우와 관계된다. 근대 이후 공작은 허영, 오만을 상징한다.

▲ 루벤스의 〈아르고스를 잠재우는 헤르메스〉

> 땅에 끌리는 긴 깃을 지닌/ 이 새는 꽁지깃을 둥글게 폈을 때/ 가장 아름답게 보인다/ 그러나 엉덩이는 온통 보이고.
> — 아폴리네르, 「공작」

이 시에서 공작은 아름다움을 상징하고 그 아름다움은 날개와 관련된다. 꽁지깃을 편다는 것은 날개를 펴는 일과 통하며, 따라서 그것은 모든 빛깔의 용해, 혹은 총체성과 관련되는 아름다움이다. 그러나 이 시에서 시인은 또한 이런 아름다움의 아이러니를 노래한다. 그것은 '그러나 엉덩이는 온통 보이고' 라는 시행이 암시한다.

공허 Emptiness

공허와 무無는 대립되는 개념이다. 무는 대상과 형식이 없는 현실이지만 이 무가 모든 사물의 종자를 키운다. 그런 점에서 유 혹은 존재는 무 혹은 부재가 생산한다. 그러나 공허, 텅 빔, 심연은 이런 창조와는 관계없는 존재나 사물의 부정적 양상을 의미한다.

이집트 상형 문자 체계에 따르면 공허, 혹은 텅 빈 공은 실체가 상실된 장소, 곧 하나의 공간으로 정의된다. 공허라는 추상적 관념은 문학 작품의 경우 대체로 허무를 상징한다.

> 자연 속의 인간 존재는 무한에 비하면 허무하고, 허무에 비하면 일체이니, 허무와 일체 사이의 중간물이다.
> ― 파스칼, 『팡세』

파스칼의 경우 인간의 존재는 허무와 일체 사이의 중간물로 인식된다. 허무(공허)는 무한과 대비된다. 무한한 우주에 비하면 인간의 존재는 유한하기 때문에 허무(공허)하다. 그러나 인간의 존재는 이런 허무보다는 일체, 존재이기 때문에 허무와 일체 사이에 있고 따라서 허무(공허)는 반쯤 빈 그릇의 이미지로 나타난다.

> 어째서 마음은 허무한 생각에 동요될까. 어떠한 각도에서 허무한 생각은 동요받게 되는 것일까. 어쨌거나 마음은 허무한 생각에 흔들리고 있는 것이 사실이다. 공기에 지나지 않는 바람이 어떻게 나무를 움직일 수 있을까. 어쨌든 바람은 나무를 움직이고 있는 것이다. 그 점을 잊어서는 안 된다.
> ― 비트겐슈타인, 『반철학적 단장』

여기서 허무(공허)는 바람의 이미지로 나타나고, 바람은 나무(실체)를 움직인다. 바람이 허무를 상징한다면 나무는 나, 실체, 존재를 상징한다. 따라서 허무나 공허는 그 자체로 존재한다기보다는 실체와의 관계 속에서 의미를 띤다. 말하자면 이 글에서도 허무나 공허는 반쯤은 비고 반쯤은 찬 그릇의 이미지로 드러난다.

> 빈손으로 왔다가 빈손으로 돌아가야 할 인생이다. 풀잎 끝에 맺혀 있는 한 방울 이슬, 창망 대해에 일었다 사라지는 한 개 물거품이었다.
> ― 장덕조, 「광풍」

장덕조의 경우 인생의 허무는 '빈손으로 왔다가 빈손으로 돌아가는' 그런 과정으로 기술된다. 이 말은 허무가 절반의 원리, 곧 오고 가는 과정, 그러니까 어떤 실체라기보다는 왔다가 간다는 사실, 혹은 있음과 없음의 중간적 존재라는 의미를 환기한다.

과일 Fruit

과일, 열매는 알egg과 같은 상징적 의미를 나타낸다. 왜냐하면 과일의 중심에는 우주의 기원을 암시하는 씨가 존재하기 때문이다. 우주란宇宙卵은 우주의 기원을 상징하며 이 알은 생명원리, 분화되지 않은 전체성, 세계의 씨앗, 태초의 모계적 혼돈,

▲ 세잔의 〈사과가 있는 정물〉

대립물이 통일된 완전 상태, 발생 초기의 존재 상태를 상징한다. 과일 역시 그런 시초, 기원, 씨앗을 지향하는 인간의 욕망을 상징한다. 시의 경우 과일은 다음과 같이 노래된다.

청과는 비로소/ 묻은/ 햇살의 푸른 먼지!/ 과일 속에 스며들면/ 단맛으로 빚어지는/ 종교가 된다.
― 김광림, 「청과」

이 시에서 과일은 '청과'이다. 과일의 껍질이 '햇살의 푸른 먼지'로 묘사되는 것은 이런 이유에서다. 여기서 과일은 햇살의 이미지와 관련되고 햇살이 과일 속으로 스미면 '단맛으로 빚어지는 종교'가 된다. 결국 과일 속에는 햇살과 동일시되는 성스러움이 존재하고 그런 점에서 과일은 우주의 기원을 상징한다.

과목에 과물들이 무르익어 있는 사태처럼/ 나를 경악케 하는 것은 없다// 뿌리는 박질 고운 황토에/ 가지들은 한날 비바람들 속에 뻗어 출렁거렸으나// 모든 것이 멸렬하는 가을을 가려 그는 홀로/ 황홀한 빛깔과 무게의 은총을 지니게 되는// 과목에 과물들이 무르익어 있는 사태처럼/ 나를 경악케 하는 것은 없다// ―흔히 시를 잃고 저무는 한 해, 그 가을에도/ 나는 이 과목의 기적 앞에 시력을 회복한다
― 박성룡, 「과목」

박성룡의 경우 과일은 '홀로 황홀한 빛깔과 무게의 은총'을 지닌다. 이런 빛깔과 은총은 성스러움을 상징하고 따라서 과일은 우주의 기원과 관련된다.

저 속엔 스스로 트이는 하늘이 있습니다. 해는 한 변두리와 알맞은 빛깔을 던졌고 나는 의미가 익어가는 눈짓을 보내었습니다. 그것은 내가 당신에게로

향하는 사랑이었습니다. 그리하여 가을은 차고 넘치는 바다가 되었습니다.

— 조영서, 「과실은」

조영서의 경우 과일의 내부에는 '스스로 트이는 하늘'이 존재한다. 이런 하늘이 암시하는 것은 우주적 기원이고 그는 이런 기원을 '사랑'으로 인식한다. 결국 과일 속에는 작은 하나의 하늘, 그러니까 작은 하나의 우주가 존재하고, 따라서 '의미가 익어가는 눈짓'은 이런 기원을 향하는 인간의 욕망을 상징한다.

광대Jester, Fool, Clown

광대, 익살꾼, 바보는 왕이 역전된 상황을 상징한다. 그는 세속의 최고 권력자인 왕의 극단에 존재하고 왕이 법, 질서, 힘을 상징한다면 광대는 혼돈의 힘을 상징한다. 그러므로 광대는 제멋대로 말하고 행동한다. 한편 선사 시대에 수행된 의식 속에서 광대는 희생양의 역할을 한다. 그러나 광대는 희화적 인물이 아니라 이중성을 표현한다. 곧 즐거운 일에 대해서는 냉소적으로 말하며, 고통스러운 대상에 대해서는 농담조로 말한다.

▲ 도미에의 〈북치는 광대〉

난쟁이나 불구처럼 비정상적인 존재는 광대와 동일시되거나 광대와 밀접한 관련을 맺는다. 프레이저Frazer는 B.C. 6세기경 소아시아 지방에 존재했던 다음과 같은 의식에 대해 말한다.

페스트, 기아, 혹은 다른 재난이 도시를 휩쓸게 되면 추한 인간이나 불구의 인물을 뽑아 그에게는 도시를 휩쓰는 악을 퇴치하는 일이 부과된다. 그는 적당한 장소로 나가고, 그의 손에는 마른 무화과, 보리빵, 치즈가 주어지며, 그는 이것을 먹는다. 그리고 사람들은 야생 무화과 가지와 다른 가지로 그의 성기를 일곱 번 때리고 그동안 이상한 피리 소리가 연주된다. 그 후 그는 화장용 장작더미 위에서 불태워지고 재는 바다에 뿌려진다.

이상은 광대의 희생, 곧 열등한 인간이 고통과 희생에 의해 악을 추방하는 이미지이다. 고대에는 국가에 악이 휩쓸면 왕을 죽이는 의식儀式이 있었고, 이때 광대는 왕을 대신해 죽는 희생자가 된다. 그런 점에서 왕이 시초를 상징한다면 광대는 최후를 상징한다.

광대의 모습처럼 인간적인 게 없다. 인간은 광대가 될 때만 인간 본연의 자기 모습을 드러낸다.
— 유현종, 『흑색의 기록』

유현종의 경우 광대는 '인간 본연의 자기 모습'으로 인식된다. 이런 인식이 가능한 것은 광대가 희생과 고통을 통해 자신을 승화시킨다는 조건 때문이다. 그리고 이런 고통과 희생은 '인간적인 것'으로 수용된다.

정처 없이 떠돌아다니며 미천한 계집처럼 함부로 노는 남자의 무리라해서 그 이름이 남사당이다. 사당이라는 말 자체가 천한 뜻을 지니고 있다. 순전히 향락적으로 노래나 춤이나, 그리고 몸을 팔아 가며 잡스럽게 노는 여자를 뜻하는 말이 사당이 아닌가. 남사당이라면 남자의 그런 부류를 지칭하는 거니까 천하게 노는 패거리들인 것임.
— 유주현, 『대원군』

나는 얼굴에 분칠을 하고／삼단 같은 머리를 땋아 내린 사나이／초립에 쾌자를 걸친 조라치들이／날나리를 부는 저녁이면／다홍치마를 두르고 나는 향단이가 된다./ 이리하여 장터 어느 넓은 마당을 빌어/ 램프 불을 돋운 포장 속에선/ 내 남성이 십분 굴욕된다.// 산 너머 지나온 저 동리엔/ 은반지를 사주고 싶은/ 고운 처녀도 있었건만/ 처녀야!/ 나는 집시의 피였다./ 내일은 또 어느 동리로 들어간다냐.

— 노천명, 「남사당」

유주현의 소설에 나오는 남사당은 광대에 해당되며, 그들은 '천하게 노는 패거리'라는 말이 암시하듯 사회로부터 소외된 존재이며, 이런 존재는 희생을 상징한다. 이런 의미는 노천명의 시에도 나타난다. 이런 부류는 왕을 대신해 희생되는 광대의 상징적 의미가 세속화된 것이라고 할 수 있다.

광휘 Radiance

바슐라르에 의하면 광휘와 인간의 눈빛과 별빛 사이에는 상관성이 존재한다. 빛이나 광휘는 초자연적인 메시지, 곧 순수한 영성靈性, 신성을 전달한다. 태양 광선, 왕관, 원광, 후광 등이 그렇다. 한편 빛은 불과 햇빛과 관련되며, 이때 빛은 긍정적이고 파괴적인 힘을 상징한다. 시의 경우 광채 혹은 빛은 다음과 같이 노래된다.

아하 빛이여 눈이 시리다/ 눈이 멀을까 눈을 뜨지 못하겠다.

— 김관식, 「신라 소묘」

김관식의 경우 빛은 '눈이 시리다'는 시행을 전제로 할 때 초자연적인 메시지를 상징하며, '눈이 멀을까 눈을 뜨지 못하겠다'에서는 긍정적이고 파괴적인 힘을 상징한다.

교감 Correspondence

    교감은 상징 이론의 기본으로 그것이 암시하는 내용은 매우 넓고, 우주의 궁극적 본질을 연구하려면 반드시 짚고 넘어가야 한다. 이 자리에서는 특수한 보기를 중심으로 간단히 살피기로 한다. 교감의 이론은 모든 우주 현상이 연속되거나 어떤 수준에서 연속되거나 하나의 세계를 형성한다는 가정에 토대를 두고 있다. 따라서 어떤 수준에 존재하는 요소들을 몇 가지 유형으로 나누어 교감 이론의 모델을 만들 수 있다. 예컨대 일곱 색으로 나누어지는 색채 수준을 생각할 수 있고 모든 물질을 일곱 색 혹은 여섯 색으로 환원시키는 것도 가능하다.

    교감의 이론 가운데는 또한 공감각을 강조하는 심리학에 토대를 둔 것도 있다. 루이스 클로드는 다음과 같이 말한다.

> 우리들의 우울한 거처에 살지 않았을 때 사물들의 소리는 다른 소리들과 연결될 수 있었고, 그 색채들은 다른 색채들과 연결되고, 그 실체는 다른 실체와 연결될 수 있었다. 이 세상에 존재하는 일체의 사물들은 그런 점에서 한 종류에 지나지 않았다. 빛은 소리를 내고, 아름다운 소리는 빛을 낳고, 색채들은 살아 있기 때문에 움직인다. 사물들은 동시에 투명해지고, 울려 퍼지며, 움직여 하나가 되고, 모든 공간을 함께 흘러간다.

    슈나이더에 의하면 모든 교감 체계의 열쇠는 음악이다. 그는 13세기 인도의 경전에 관한 논문을 조사하면서 음악과 동물의 신비한 관계에 대해 말한다. 그런가 하면 엘리 스타는 교감의 이론을 다소 거칠게 해명한다. 그는 다음처럼 말한다. '프리즘이 보여주는 색채는 인간 영혼의 일곱 가지 능력과 유사하며, 나아가 일곱 가지 미덕과 악덕, 기하학적 형태, 별들의 형태와 유사하다.'

분명히 물질이 처한 상황과 그 의미 사이에는 교감, 그러니까 서로 조응하는 관계가 존재한다. 예컨대 소리는 멀리 갈수록 혹은 높이 올라갈수록 더욱 예리하게 들리며, 그 역도 진리이다. 추운 느낌을 주는 색들이 퇴행적인 느낌을 준다면 먼 거리는 추위를, 가까운 거리는 따뜻함을 상징한다.

우리는 여기서 과학적인 교감의 이론을 생각할 수 있다. 7이라는 수의 체계를 취하면서 엘리 스타는 색과 음악 사이에 조응 관계가 있음을 주장한다. 예컨대 보라색은 인도음, 적색은 강세음, 오렌지색은 좀 더 높은 강세음, 노란색은 중간음, 초록색은 2차적 지배음, 청색은 지배음, 남색은 2차적 중간음으로 인식된다. 그리스의 신비주의자들은 교감의 이론에 토대를 두고 그들의 철학을 전개했다. 12라는 수의 체계를 이용할 때 이른바 12궁과의 조응 관계가 나타난다.

> 자연은 살아 있는 기둥들로부터/ 이따금 어렴풋한 말들이 새어 나오는 하나의 신전/ 사람은 다정한 눈길로 그를 바라보는/ 상징의 숲을 지난다./ 어둡고 깊은 조화 속에서/ 멀리서 합치는 메아리처럼/ 밤처럼 그리고 광명처럼 한없이/ 향기와 색채와 음향이 서로 화답한다.
> ─ 보들레르, 「교감」

이 시에서 보들레르가 강조하는 것은 교감의 세계, 혹은 만물 조응의 세계이다. 이런 교감의 세계는 앞에서 말한 공감각과 관련되고 그것은 후각, 시각, 청각의 세계가 인간이 모르는 가운데 서로 조응한다는 내용이다.

> A는 흑, E는 백, I는 적, U는 록, O는 청: 모음이여/ 나는 너희들의 잠복해있는 탄생을 언젠가 말하리라:/ A, 지독한 악취 주위에 붕붕대는/ 번쩍거리는 파리들의 털투성이 검은 콜,// 어둠의 만; E, 안개와 천막의 백색,/ 오만한 빙하의 창, 백발의 왕들, 산형화의 전율;/ I, 자주, 토한 피, 분노나/ 참회하는 주정의 아름다운 입술의 웃음
>
> — 랭보, 「모음」

보들레르는 소리와 색과 향기의 교감을 노래하고 랭보는 소리와 색의 교감을 노래한다. 랭보의 교감에 대해 일부 학자는 어렸을 때 읽었던 색칠한 알파벳을 상기했다고 주장하고 일부 학자는 연금술에서 색이 변화하는 과정과 일치한다고 주장한다.

구두 Shoe

모자는 머리와 관계되고 신발은 발과 관계된다는 점에서 모자는 고상한 세계를 상징하고 신발은 저급한 세계를 상징한다. 한편 고대에는 노예가 신발을 신지 않는다는 점에서 신발은 권위와 자유를 상징한다. 또한 신데렐라 이야기가 암시하듯이 구두는 여성의 성적인 기관

▲ 고흐의 〈구두〉

을 상징하고 여성의 구두를 얻는 것은 여성을 얻는 것을 암시한다.

자신이 신지도 않으면서/ 왜 구두를 만드는 것일까?/ 아아! 그것은 자신이 할 바를 하고 있는 것/ 그러니 그의 집 불 켜진 램프에 한 가닥 맑음이 깃들어 있어/ 금과 같이 빛나네.

— 잠, 「가난한 구두 수선공」

이 시에서 구두는 '가난한 구두 수선공'이 암시하듯이 가난한 삶, 저급한 세계를 상징하고 구두 수선공이 구두를 만드는 것은 '자신이 할 바를 하고 있는 것'이며 이런 진술은 가난한 삶에 대한 애정을 암시한다.

구두 속에서 발은 여름 해같이 불타 오른다/ 구두 속에서 삶은 언제나 실감나는 사건/ 구두는 전조등 불빛처럼 욕망을 비추고/ 내가 되고 싶은 사람에게/ 내가 가고 싶은 곳으로 외출시켰다

— 신현림, 「검은 구두 한 켤레」

신현림의 경우 구두는 검은 구두이며, 시의 문맥에 따르면 이 구두는 일상적 삶의 수단이고 욕망을 상징한다. 그러므로 구두를 식고 가는 게 아니라 구두는 '내가 가고 싶은 곳'으로 나를 외출시킨다.

구름 Cloud

구름은 안개처럼 유형과 무형의 중간 세계를 상징하고 따라서 하늘의 진리를 모호하게 만든다. 한편 구름은 하늘의 물과 관계되기 때문에 풍요, 비옥, 다산多産을 상징한다. 이런 사정을 전제로 고대 기독교에서는

구름을 예언자로 인식했으며, 특히 빛나는 구름은 신의 나타남을 상징하는데 그것은 모든 예언이 비옥함, 축복을 내포하기 때문이다. 따라서 바슐라르가 구름을 상징적 전언자傳言者로 인식한 것은 이런 사정과 관계된다. 구름은 또한 쉽게 사라진다는 점에서 공허, 무상, 덧없음을 상징한다. 도교에서는 구름이 초월, 불로장생을 상징하고 우리 고전에서는 고고함을 상징한다.

> 한 조각 구름이 뭉게뭉게 일어나는 것은 나는 것이요, 한 구름이 멸하는 것은 곧 죽는 것이다.
> ─『장자』

장자의 경우 구름은 탄생과 죽음, 생과 사를 상징하고 따라서 우리는 구름을 보면서 생과 사를 초월하는 삶의 세계를 배운다.

> 산중에 있는 것이라곤/ 언덕을 휘감는 흰 구름뿐/ 그러나 나 혼자만의 기쁨/ 그대에게 이것을 보낼 수 없어/그래서 섭섭해라
> ─「도홍경」

여기서 구름은 '기쁨'을 상징하고 그 기쁨은 '언덕을 휘감는' 이미지가 암시하듯 비옥함과 축복을 내포하는 기쁨이다.

> 강나루 건너서 밀밭길을/ 구름에 달 가듯이/ 가는 나그네
> ─박목월, 「나그네」

이 시에서 구름은 삶의 무상, 공허, 덧없음을 상징하고 구름에 비유된 나그네의 이미지 역시 같은 상징적 의미를 나타낸다.

구름은 딸기밭에 가서 딸기를 몇 개 따먹고 '아직 맛이 덜 들었군' 하는 얼굴을 한다. 구름은 흰 보자기를 펴더니, 양털 같기도 하고 무슨 헝겊 조각 같기도 한 그런 것들을 늘어놓고, 혼자서 히죽이 웃어 보기도 하고 깔깔깔 웃어 보기도 하고……어디로 갈까? 냇물로 내려가서 목욕이나 하고 화장이나 할까 보다.

— 김춘수, 「구름」

김춘수의 경우 구름은 유형과 무형의 중간 상태, 따라서 자유로운 변화의 세계를 상징한다.

구멍 Hole

대지의 구멍은 여성의 성기에 비유되고 따라서 생산, 비옥, 풍요를 상징한다. 그런 점에서 구멍은 풍요 의식과 관련된다. 그런가 하면 정신적인 측면에서 구멍은 이 세계가 다른 세계를 향하여 열림을 상징한다. 구멍 뚫린 돌을 숭배하는 것은 이런 사정을 동기로 하고, 엘리아데에 의하면 일부 지역에는 구멍 뚫린 돌 앞에 무릎을 꿇고 자식들의 건강을 기원하는 의식이 있다. 오늘날에도 일부 지역에서는 임신 못한 여인들이 이런 돌의 구멍을 기어가며 임신을 기원하는 풍습이 있다.

원시 인도인들의 경우 구멍은 '세계의 문'을 상징하고 특히 구멍은 여성의 성기와 동일시된다. 여기서 말하는 '세계의 문'은 우리가 업보의 사슬로부터 해방되기 위해 반드시 통과하지 않으면 안 되는 문을 의미한다. 『우파니샤드』에는 다음과 같은 말이 나온다. '인간이 세상을 하직할 때 그는 공기를 통과하며, 그때 공기는 인간에게 매우 거대한 수레바퀴를 열어 보인다.'

중국의 경우 이런 의미로서의 구멍은 하늘을 재현하는 패, 곧 옥으로 만든 띠로 표현되며, 이 패는 가운데 구멍이 뚫린 옥색 비취로 되어 있다. 그러나 이 패가 보이는 중심(구멍)과 밖(고리)은 언제나 변화가 없다. 이런 구멍은 아리스토텔레스가 말하는 '불변의 수단' 혹은 '부동의 동인 動因', 곧 움직이지 않으면서 움직이게 하는 것을 의미한다.

구멍은 비어 있고 허공을 뜻한다는 점에서 하늘을 상징한다. 따라서 구멍은 공간의 세계에서 무공간의 세계로, 시간적인 존재에서 무시간적인 존재로 넘어가는 과정을 상징한다. 성스러운 사원의 찬장에 뚫려 있는 구멍은 천상계로 나가는 입구, 영계靈界로 들어가는 문을 상징한다. 북캘리포니아 인디언들에겐 사람의 등을 발로 차는 통과제의 의식이 있다. 이런 의식은 신참자의 등에 타격을 줌으로써 그의 등에 구멍을 내고, 이 구멍은 그의 죽음과 재생을 상징한다. 옛날부터 모든 상처는 구멍과 관련되며, 이 구멍은 다른 삶의 세계로 넘어감을 의미한다.

이런 상징적 의미들은 상징주의 회화 속에서 확증된다. 예컨대 모로의 회화 〈오르페우스〉의 경우 배경으로는 구멍 뚫린 돌이 나타나고, 이 돌은 새로운 세계로의 초월을 상징한다. 또한 살바도르 달리의 작품 속에는 거의 강박관념에 가까울 정도로 많은 구멍들이 존재하고, 그 구멍은 둥근 모습을 띠지만, 인물들의 등에 마치 창문처럼 뚫려 있다.

▲ 모로의 〈오르페우스〉

구멍은 또한 동굴의 이미지로 나타나며 이런 구멍의 이미지는 여러 상징적 의미를 소유한다. 예컨대 죽음이 거처하는 곳, 기억과 과거가 머무는 곳, 나아가 어머니와 무의식을 상징하기도 한다.

얼마나 많은 날을, 어느 도시 겨울 거리에서나/ 해거름녘, 배나 버스 안에서./ 진한 고독 속, 축제의 밤, 어둠과 종소리/ 인간 쾌락의 굴속에서까지도/ 나는 발을 멈추고 찾고 있었던가. 돌이 부딪는 속/ 입맞춤에서 떨어지는 번개 속에서, 언젠가 손으로 한 번 만진 것 같은/ 그 깊은 영원의 뿌리를.
— 네루다, 민용태 역, 「마추 삐추의 산정」

네루다의 경우 구멍은 굴로 나타나고 다시 그것은 '인간 쾌락의 굴'이 암시하듯이 성적인 의미를 내포하는 쾌락을 상징한다. 여기서 '굴'로 재현되는 구멍은 시간과 공간이 소멸하는 절정의 세계로 '깊은 영원의 뿌리'로 부연된다.

오렌지// 대포// 포복// 만약 자네가 중상을 입었다 할지라도 피를 흘리었다고 한다면 참 멋쩍은 일이다.// 오—// 침묵을 타박하여 주면 좋겠다.
— 이상, 「BOITEUX · BOITEUSE」

이상의 경우 구멍은 '오렌지'의 이미지로 드러나고 이 이미지는 '대포', '포복'이라는 이미지와 관련되어 여성의 성기를 의미한다. 여기서 구멍은 원(오렌지)의 이미지로 나타나며, '대포'는 막대기처럼 생겼다는 점에서 남성의 성기를 의미한다.

궁전 Palace

신비주의의 관점에 따르면 성스런 궁전, 혹은 이른바 '내적 궁전'은 여섯 방향이 교차하는 지점에 위치한다. 따라서 이 궁전을 중심으로 하면 공간은 모두 일곱 방향이 된다('건축', '공간' 참고). 이런 점을 전제로 할 때 궁전은 신비한 중심, 혹은 '움직이지 않으며 움직이는 자'를 상징한다. 한편 이런 의미를 전제로 궁전은 심장과 정신을 상징한다. 전설이나 민담 속에서 늙은 왕이 사는 궁전 속에 보물을 간직한 비밀스런 방이 있는 것은 이런 사정을 전제로 한다. 이때 보물은 정신적 진리를 상징하며 방은 무의식을 상징한다. 궁전들은 유리나 거울로 만들어지며, 마술에 의해 갑자기 나타나는 궁전들은 인류에 대한 고대의 기억, 곧 황금시대에 대한 기본적·원시적 자각을 상징한다.

> 고궁의 뜰 안/ 모란이 웃음짓는 마당에서/ 오늘 나는 천년을 늙어 온/ 불가사리//⋯⋯/고궁처럼 두고 갈/ 미련이 많아/ 벤치에 같이 앉은 여인의/ 한 뼘 치맛자락처럼/ 최후를 가려 우는/ 오늘을 살아 볼까.
> ― 이석

이 시에서 궁전은 고궁으로 노래되는 바, 시의 문맥에 따르면 그것은 '미련'에 비유되고 따라서 좀 더 확대해서 해석하면 여기서 궁전은 버리고 싶지 않은 마음을 상징한다.

귀뚜라미 Cricket

8~10월에 나타나 정원이나 초원, 부엌 등에 살면서 가을을 알리며 밤에 우는 귀뚜라미는 고대부터 현재에 이르기까지 많은 문인들이 즐겨 다룬 소재로 인간의 슬픈 감정과 원망을 상징한다. 고독, 소외, 버려짐, 애상을 상징하고 특히 여인의 외로움을 상징하는 것은 쓸쓸한 가을밤에 숨은 듯이 우는 소리를 동기로 한다. 가을이 상징하는 비창, 고독, 죽음과

도 관계된다.

> 귀또리 저 귀또리 어여쁘다 저 귀또리/ 어인 귀또리 지는 달 새는 밤의 긴 소리 짜른 소리 절절이 슬픈 소리 제 혼자 울어 녜어 사창沙窓 여윈 잠을 살뜰히도 깨우는고야/ 두어라 제 비록 미물이나 무인 동방에 내 뜻 알 이는 너뿐인가 하노라
> ―「무명씨」

여기서 귀뚜라미가 상징하는 슬픔은 님과의 이별을 동기로 하는 바, 애절한 귀뚜라미의 울음소리는 이런 슬픔의 객관 상관물이 된다.

> 찬비 듣는 소리/ 그대가 세상 고락 말하는 날 밤에/ 숯막집 불도 지고 귀뚜라미 울어라
> ― 김소월, 「귀뚜라미」

> 밤이면 나와 함께 우는 이도 있어/ 달이 밝으면 더 깊이깊이 숨어듭니다./ 오늘도 저 섬돌 뒤 내 슬픈 밤을 지켜야 합니다.
> ― 노천명, 「귀뚜라미」

> 가만히 가만히 스며 나는 벽 뒤에서 울어 예는 귀또리의 울음 소리― / 그러한 이웃들이 내게 있다.
> ― 유치환, 「귀또리」

> 귀뚜라미 소리를 들으면 나는 언제나 어머니의 얼굴이 머리 속에 떠오른다. 귀뚜라미 소리와 함께 어머니가 등잔불을 켜들고 내 곁으로 다가오시는 것만 같다.
> ― 김동리, 「귀뚜라미」

이상의 글에서 귀뚜라미는 고독한 밤의 슬픈 심정, 슬픈 밤을 지키는

존재, 소리 죽여 우는 슬픈 이웃들을 상징함으로써 그 전통적인 의미가 지속된다. 그러나 1950년대 이후 귀뚜라미는 다음과 같이 노래된다.

이 기억으로 통하는/ 아름다운 별들의 맑은 공간/ 이런 때 갑자기 자지러지게/ 울음을 토하는 귀뚜라미 소리는/ 단절이 없어 숨이 막힐 뿐
— 고원, 「오늘은 멀고」

늦은 밤 불을 켜니/ 둥근 벽 변기에 빠져 있는/ 귀뚜라미./ 몸뚱이보다 촉수가 긴 게/ 별까나 헛더듬은 시인 같다./ 거품의 밤을 울던 창녀 같다.
— 최승호, 「변기」

고원의 경우 귀뚜라미는 절망을, 최승호의 경우 산업화된 도시의 삶과 대비되는 낭만적 허위나 소외된 비극적 삶을 상징함으로써 전통적인 의미의 변화를 보여준다.

그릇 Vessel

이집트 상형 문자 체계에 의하면 그릇은 일반적으로 수용성과 관계된다. 이는 그릇이 그 속에 여러 사물들을 받아들이고 보존하기 때문이다. 한편 그릇은 여러 힘들이 뒤섞여 새로운 물질을 생성한다는 의미도 띤다. 이런 의미로부터 제2의 의미, 곧 여성적 모태라는 의미가 나오고 따라서 그릇은 여성을 상징하고 보호, 보존, 풍요를 상징한다.

시멘트 바닥에/ 그것은 바싹 깨어졌다./ 중심일수록 가루가 된 접시./ 정결한 옥쇄(터지는 매화포)/ 받드는 것은/ 한번은 가루가 된다./ 외곽일수

록 원형을 의지하는/ 그 싸늘한 질서./ 파편은 저만치/ 하나./ 냉엄한 절규./ 모가 날카롭게 빛난다.

— 박목월, 「사력질」

이 시가 노래하는 것은 시멘트 바닥에 깨어진 접시다. 접시가 가루가 된 것은 그릇이 상징하는 수용성, 보존, 새로운 생성, 나아가 여성적 모태의 상실을 의미한다. 그러나 이런 상실, 파편을 시인은 '싸늘한 질서'로 정의한다.

그림자 Shadow

태양이 빛, 정신 같은 삶의 긍정적 요소를 상징한다면 그림자는 어둠, 육체 같은 부정적 요소를 상징하고 특히 육체가 암시하는 악과 비열한 측면을 상징한다. 원시인들의 경우 그림자는 또 하나의 자아, 혹은 영혼을 상징하고 민담이나 현대 문학 작품 속에도 이런 인식이 드러난다. 프레이저가 말했듯이 원시인들은 물이나 거울에 비치는 그의 그림자를 자신의 영혼, 혹은 살아 숨쉬는 일부로 간주했다.

그림자가 있으면 사람이고 그림자가 없으면 귀신이라는 말이 있다. 이때 그림자는 인간의 실체를 상징하고 나아가 또 하나의 자아를 상징한다. 왜냐하면 그림자가 인간의 실체를 보장하기 때문이다. 그리고 귀신에게 그림자가 없다는 것은 귀신에겐 실체가 없고 실체가 그림자이고 그림자가 실체라는 점에서 그림자는 헛것, 환영을 상징한다. 중국 문화의 경우 그림자는 혼, 귀신을 상징하고 불교에서는 그늘과 번뇌를 상징한다. 현대에 오면 그림자는 그 사람의 분신으로 삶의 중심이자 삶의 힘을 대변한다. 따라서 사람의 그림자를 밟는 행위는 그를 죽이는 행위가 된다.

나는 내 그림자가 미워 달아나면 그림자도 달린다/ 내가 없으면 곧 그림자도 없고, 내가 있으면 그림자도 떠오른다/ 내가 있어도 그림자 없게 하는 방법이 있으련만, 나는 모른다/ 사람들은 말한다. 그림자가 밉거든, 그늘에 있으면 뗄 수 있으리라고./ 그늘도 물건의 그림자거니, 사람의 그 말이 더없이 어리석도다./ 물건이나 나나 있기만 하면 그늘과 그림자는 다시 여기에 있다./ 나도 없고 물건도 없으면 그늘이나 그림자가 어디서 생길까/ 나는 그림자에게 소리내어 물어 보나 그림자는 한마디 말도 없도다/……/ 오 직 나는 말이 많은데 그림자는 이것만은 취하지 않는다/ 그림자는 이렇게 생각함이 아닐까, 말은 몸을 위태롭게 하는 것이라고./ 그림자가 나를 본받는 것 아니고, 내가 그림자를 스승으로 삼는다.

— 이달충

자꾸만 검은 그림자가 밟히는 발바닥에/ 더 검은 눈이 묻은 옷자락 소리가 묻어 오르면/ 나는 가로수 아래로 늘어서서/ 흔히 내 그림자를 지우는 나무줄기에 기댔다.

— 고원, 「가로수」

이달충의 경우 강조되는 것은 '그림자가 나를 본받는 것이 아니라 내가 그림자를 스승으로 삼는다'는 말로 요약된다. 그 이유는 '나'는 말이 많고 '그림자'는 말이 없기 때문이다. 여기서 '나'는 그림자와 대비되는 '몸'을 의미한다. 따라서 그림자는 몸과 대비하는 영혼, 혹은 본능을 상징한다. 고원의 시에서 그림자는 육체의 부정적 측면, 혹은 악을 상징한다. 따라서 시인은 이런 악의 세계로부터 벗어나기 위해 가로수 그늘을 찾는다. 그러나 이달충의 경우에는 '물건이나 나나 있기만 하면 그늘과 그림자는 다시 여기 있다'는 시행이 암시하듯이 그림자는 그늘 속으로 몸을 피한다 해도 결코 사라지지 않는다고 말한다.

극장Theatre

극장은 현상 세계, 곧 현실을 상징하는 바, 이는 극장과 현실 모두가 무대로 인식되기 때문이다. 귀에온은 극장이 지상 세계만을 의미하지 않는다고 주장한 바 있다. 중세의 경우 극장은 지상 세계와 동시에 내세를 상징했기 때문이다.

> 나는 무대 뒤에서/ 가만히 나락의 밑바닥을 지키고 있지만/ 나를 괴롭힌 사나이는 무대 위에서 쓰러진 연기를 보인다/ 내가 괴롭힌 사나이는 관객 속에서 아버지와 어머니처럼 슬프게 늙는다.
> ― 요시모토 타카아키, 「사랑 노래」

▲ 도미에의 〈극장에서〉

위의 시에서 강조되는 것은 무대 뒤, 무대 위, 그리고 관객석이다. '나'는 무대 뒤에 있으며, '나를 괴롭힌 사나이'는 무대 위에 있고, '내가 괴롭힌 사나이'는 관객석에 있다. 이런 관계를 인생에 비유하면 '나'는 죽음을 상징하고 '나를 괴롭힌 사나이'는 아직 건재하며, '내가 괴롭힌 사나이'는 삶의 무대에서 퇴장해 늙어 가는 것으로 인식된다.

근친상간Incest

음악의 경우 근친상간은 예컨대 하프와 피아노가 결합되는 협주곡의 형식으로 나타난다. 그러나 융에 의하면 근친상간은 자신의 고유한 본질과의 결합, 혹은 그가 말하는 이른바 개인화individuation에의 열망을 상징한다. 여기서 말하는 개인화란 내적 자아의 성숙이라는 의미로 사용된다. 프로이트에 의하면 인간은 태어날 때는 완전하지만 사회 생활을 하면서 부패한다. 그러나 융에 의하면 인간은 더욱 완전한 상태의 통일을 향해서 발전한다. 고대의 신들이 흔히 근친상간의 소생인 것은 그것이 융이 말하는 개인화를 상징하기 때문이다. 근친상간은 성교하는 두 사람이 원래는 한 몸이었음을 암시하고 이때 한몸은 나와 어머니의 결합, 동일성, 하나 되기, 미분리를 뜻한다. 그런 점에서 근친상간은 원초적 통일의 회복을 상징한다.

> S는 마악 시작된 미래/ 하늘에서 떨어지는 별/ 하늘에서 떨어지는 벼락/ 하늘에서 떨어지는 이슬/ 그래 S는 하늘에서/ 떨어지는 이슬이다/ 새로운 시작이다/ S는 신성하다/ 신성한 근친상간?/ 그런데 S를 보면 왜 근친상간이라는 말이/ 떠오를까?
>
> — 이승훈, 「S에 대한 생각」

팔자는 이 시에서 S는 신성하면서 동시에 근친상간의 관념을 환기한다. S는 '마악 시작된 미래'라는 시행이 암시하듯이 이제까지의 시인의 삶을 부정하고 전혀 새로운 삶으로 다가가게 한다. 이때의 새로운 삶은 S와의 만남 때문에 가능하지만 그 만남은 '신성한 근친상간'의 관념을 거느린다. 이때의 근친상간은 융이 말하는 그런 개념, 곧 자아의 고유한 본질과의 결합, 혹은 개인화를 상징한다. 따라서 근친상간이라는 말은 여기서 S와의 만남을 통해 시인이 완전한 자아로 발전함을 의미한다.

금, 황금 Gold

　인도의 경우 금은 '광물의 빛'으로 인식된다. 귀에논에 의하면 금에 해당하는 라틴어 aurum은 히브리어로 빛을 뜻하는 aor과 동일한 의미를 지닌다. 연금술사 미카엘 메이에르에 의하면 백만 년 동안이나 지구가 태양의 둘레를 돌고 태양은 지구 주위에 황금 실을 감았다. 따라서 금은 햇살의 이미지이며 성스러운 지성을 상징한다. 인간의 심장이 태양에 해당한다면 지구의 심장은 금에 해당하고 결과적으로 금은 모든 탁월한 것, 명예스러운 것을 상징하며, 검은색은 죄악과 후회, 흰색은 용서와 무지, 붉은색은 승화와 격정을 상징하고 황금색은 넷째 단계로 탁월과 명예를 상징한다. 금으로 된 모든 사물들은 탁월한 기능을 소유하고 금으로 된 마술의 칼은 탁월한 정신적 결의를 상징한다. 금은 또한 정신의 과일이며 보석의 경우엔 탁월한 계시를 암시한다.
　요컨대 금은 태양, 신성, 광명, 예지, 고귀함, 명예, 부, 중심을 상징한다. 한편 금은 가장 순수한 것으로 인식되는 바 한용운의 시에는 '님이여, 당신은 백번이나 단련된 금결입니다'(「찬송」) 같은 시행들이 나오고 「님의 침묵」에선 다음처럼 노래된다.

　　님은 갔습니다. 아아 사랑하는 나의 님은 갔습니다./ 푸른 산빛을 깨치고/ 단풍나무 숲을 향하여 난 작은 길을 차마 떨치고 갔습니다./ 황금의 꽃같이 굳고 빛나던 옛 맹서는 차디찬 티끌이 되어서 한숨의 미풍에 날라갔습니다.

　　　　　　　　　　　　　　　　　　　　— 한용운, 「님의 침묵」

　여기서 금은 '황금의 꽃'이라는 이미지로 부연된다. 이 이미지는 시 속에서도 말하듯이 굳고 빛나는 세계를 암시하고 따라서 가장 탁월한 정신을 상징하는 한편 가장 순수한 마음도 상징한다.

> 엄마야 누나야 강변 살자./ 뜰에는 반짝이는 금모래빛./ 뒷문 밖에는 갈잎의 노래/ 엄마야 누나야 강변 살자.
> — 김소월, 「엄마야 누나야」

이 시에서 중요한 것은 금모래빛이다. 이런 이미지는 3중 구조, 곧 금과 모래와 빛이 하나가 되는 세계이다. 따라서 금은 모래이고 빛이고 공간의 수준에서는 금(지하), 모래(지상), 빛(천상)의 세계가 하나가 되어 반짝이는 세계다.

> 잔디/ 잔디/ 금잔디/ 심심산천에 붙는 불은/ 가신 님 무덤가에 금잔디/ 봄이 왔네, 봄빛이 왔네./ 버드나무 끝에도 실가지에
> — 김소월, 「금잔디」

이 시에선 금이 불을 상징한다. 그러나 이 불 역시 크게 보면 태양, 빛의 이미지다. 금잔디가 암시하듯이 잔디는 금이고 이 금의 세계는 불이기 때문에 봄이 되어 피어나는 금잔디는 '심심산천에 붙는 불'이 되고 버드나무 끝에는 봄빛이 흐른다. 잔디에는 불이 붙고 나무 끝에는 빛이 흐른다.

기 Flag

종이나 헝겊에 글자, 그림, 부호, 빛깔을 그리거나 써서 특정한 뜻을 나타내는 기는 권위, 승리, 자기 주장을 상징한다. 기는 언제나 막대의

상단에 놓인다는 점에서 일종의 고양 혹은 하늘이 표상하는 정신 세계로의 상승 의지를 나타낸다. 기는 국기, 군기 등으로 일반화된다. 시의 경우 기는 다음과 같이 노래된다.

> 여기는 망망한 동해에 다다른/ 후미진 한 작은 갯마을// 지나 새나 푸른 파도의 근심과/ 외로운 세월에 씻기고 바래져/ 그 어느 세상부터/ 생긴 대로 살아온 이 서러운 삶들 위해/ 어제는 인공기, 오늘은 태극기/ 관여할 바 없는 기폭이 나부껴 있다.
> ― 유치환, 「기의 의미」

일제 식민지 시대에는 태극기가 항일 의식을 상징하고, 6·25 전쟁시에는 이 시처럼 남북의 이데올로기를 상징한다. 태극기나 군기가 아닌 일반적인 의미로서의 기는 우리 현대시의 경우 다음처럼 노래된다.

> 이것은 소리 없는 아우성/ 저 푸른 해원을 향하여 흔드는/ 영원한 노스탤자의 손수건/ 순정은 물결같이 바람에 나부끼고/ 오로지 맑고 굳은 이념의 푯대 끝에/ 애수는 백로처럼 날개를 펴다./ 아아 누구던가/ 이렇게 슬프고도 애달픈 마음을 맨 처음 공중에 달 줄을 안 그는.
> ― 유치환, 「깃발」

> 내 마음은 한 폭의 기/ 보는 이 없는 시공에/ 없는 것 모양 걸려 왔더니라//……// 내 마음은 한 폭의 기// 보는 이 없는 시공에서/ 때는 울고/ 때로 기도드린다.
> ― 김남조, 「정념의 기」

유치환의 경우 기는, 이어령 교수의 해석에 의하면, 영원한 초월과 좌절의 양의적兩意的 중간의 매개 공간에 머물러 있는 '슬프고도 애달픈' 마음속에 존재하고 있는 사람을 상징하고, 김남조의 경우엔 울고 기도드리는 인간의 마음을 상징한다.

기계 Machine

　기계의 상징적 의미는 그것을 구성하는 요소들, 곧 운동의 리듬과 방향에 토대를 두고 이런 상징적 의미는 생리학적 구조가 환기하는 섭취, 소화, 재생산과 유사하다.

　　신작로를 바람처럼 굴러간/ 기체의 중추는/ 어두운 외계 절벽 밑으로 떨어지고/ 조종자의 얇은 작업복이/ 하늘의 구름처럼 남아 있었다.// 잃어버린 일월의 선명한 표정들/ 인간이 죽은 토지에서/ 타산치 말라
　　　　　　　　　　　　　　　　　　　― 박인환, 「자본가에게」

　이 시의 경우 기계는 문명을 상징한다. 이런 문명의 세계는 자연의 세계와 대비되는 바 그것은 '바람'과 대비되는 '기체의 중추', '하늘의 구름'과 대비되는 '작업복'의 이미지로 드러난다. 박인환이 여기서 강조하는 것은 문명 속에서 인간이 소멸한다는 인식이며, 따라서 반문명적인 태도를 보여준다.

기둥 Pillar

　홀로 서 있는 기둥은 우주-축을 상징하며 하늘과 대지를 분리시키고 동시에 결합하는 수직 축이고 세계의 중심을 상징한다. 그런 점에서 기둥은 나무의 상징과 관계된다. 또한 기둥은 안정성, 굳게 서 있는 힘을 상징하며 하늘에 닿는 이미지는 나무처럼 신성한 것, 초월을 상징하고

불기둥, 연기 기둥은 신의 출현을 상징한다. 두 개의 기둥은 양극성, 생명의 나무와 죽음의 나무, 남과 여의 대립과 긴장과 평형을 상징한다. 기둥이 세 개 있는 경우 중앙의 기둥은 평형과 통합을 상징한다.

둥근 기둥, 곧 원주column의 상징적 의미 역시 비슷하다. 하나의 원주는 나무, 사다리, 희생목, 돛, 십자가 같은 이른바 우주-축을 상징한다. 그러나 이 기둥은 또한 상부를 지향하는 자기 주장을 상징하고 이것은 기둥이 보여주는 수직적 특성에서 도출된다. 기둥은 물론 남근을 상징하기도 한다. 간단히 말해서 하나의 기둥은 거대한 돌을 하늘로 높이 세우는 의식처럼 나무의 상징과 밀접히 관련된다.

두 개의 기둥이 나타나는 경우 그것은 서로 대립하는 두 힘의 균형을 재현하고 지탱력을 상징한다. 또한 두 개의 기둥은 영원한 안정을 상징하며, 두 기둥 사이에 존재하는 공간은 그런 영원의 세계로 드는 입구를 상징한다. 두 개의 기둥은 또한 솔로몬의 사원이 암시하듯 절대적이고 본질적인 건축 원리를 상징한다. 이런 상징의 여러 변형들은 신비주의적 사고 속에서 발견되며, 그것은 모두 2라는 수의 상징을 적용한다.

예컨대 두 기둥을 각각 독립된 것으로 취급하는 경우 두 기둥은 대립적인 것으로 인식된다. 첫째 기둥이 남성적이고 긍정적이고 진보적인 원리를 암시한다면, 둘째 기둥은 여성적이고 부정적이고 수동적인 원리를 상징한다. 이런 이유로 사원 입구에 서 있는 두 기둥은 진보와 회귀, 혹은 선과 악을 상징한다. 때로 이런 추상적 2원성은 물질적 2원성으로 나타나기도 한다. 예컨대 전설 속에 나오는 헤라클레스 사원의 경우 하나의 기둥은 황금으로 되어 있고, 다른 기둥은 이보다 싼 돌로 되어 있다. 유대인 전통에 따르면 두 개의 기둥은 자비와 엄격성을 상징한다.

그러나 두 개의 기둥을 단일한 하나의 기둥으로 간주할 때도 있는데 예컨대 척추 형태로 된 기둥이 그렇다. 이런 기둥은 신장이나 폐 같은 인간의 육체 기관과도 관련되며, 많은 예술 작품 속에는 좌우 동형의 기둥으로 나타난다. 척추 형태의 기둥은 또한 우주의 축과도 동일시되는데 이는 두개골이 하늘과 동일시되기 때문이다. 이런 상징은 우주라는 거대 우주와 인간이라는 미시 우주의 상관성을 전제로 한다. .

> 자연은 살아 있는 기둥들로부터/ 이따금 어렴풋한 말들이 새어 나오는 하나의 신전/ 사람은 다정한 눈길로 그를 바라보는/ 상징의 숲을 지난다.
> ― 보들레르, 「교감」

이 시에서 기둥은 나무와 동일시되며, 그런 점에서 기둥은 우주의 축을 상징한다. 그러나 보들레르의 경우 기둥은 하나가 아니라 여러 개의 기둥으로 나타나며, 이 기둥들이 모여 숲을 이룬다. 나무를 기둥으로 비유하는 것은 숲, 곧 자연이 하나의 거대한 신전으로 인식되기 때문이다. 그런 점에서 이 기둥은 수직의 차원에선 천상의 세계와 교감하며, 수평의 차원에서는 기둥과 기둥, 곧 자연 현상들 사이에 교감이 존재함을 상징한다.

기사 Knight

기사의 상징적 의미는 말, 특히 군마와 관련된다. 따라서 기사는 물질을 지배하는 정신, 로고스, 지배자를 상징한다. 그러나 이런 의미는 오랫동안의 기사 훈련을 전제하며 기사 훈련은 다른 인간들보다 탁월한 인간을 창조하려는 시도로 간주된다. 기사 훈련은 부분적으로는 기사의 육체적인 강화를 지향하지만, 그보다는 그의 영혼, 정신, 도덕성, 이성적 사고의 발전을 목표로 한다. 이런 목표를 성취함으로써 그는 현실을 인도하고 통제할 수 있으며, 마침내 우주적 위계 질서 속에서 그에 적합한 자리를 차지하게 된다. 여기서 말하는 우주적 위계 질서란 천상의 질서에 따라

배열되는, 백작으로부터 왕에 이르는 봉건적 위계 질서를 의미한다.

전통적인 상징 이론에 의하면, '말'은 육체, 곧 수단을, '기사'는 정신을 상징한다. 그런 점에서 말 탄 기사는 육체를 인도하는 영혼이고 정신이다. 기사의 여행은 이른바 영혼의 여행, 곧 유혹, 장애, 시련, 극복, 완전성을 동반하는 여행을 상징한다.

연금술의 경우 색은 상승하는 범위에 따라 흑색―백색―적색―황금색의 순서로 배열된다. 여기서 황금색은 상승의 마지막 단계에 해당된다. 거꾸로 색은 하강하는 범위에 따라 청색―녹색의 순서로 배열되며 이것은 하늘로부터 지상으로의 하강을 의미한다. 나아가 흑색은 죄, 참회, 퇴각, 은폐, 어둠 속의 재생, 슬픔을 상징하고, 백색은 순결, 계몽, 개방, 즐거움을 상징하며, 적색은 도덕적이거나 물질적인 격정, 곧 사랑과 증오, 피, 상처, 승화와 황홀을 상징하고 황금색은 신성, 광명, 고귀, 부, 명예, 순수를 상징한다.

이런 관점에 의하면 녹색의 기사는 신참자 혹은 새로 세례받은 자를 상징하고, 흑기사는 악령, 죄, 희생, 재생을 상징하고, 백기사는 무구, 청순, 선택받은 자, 계시받은 자를 상징하고, 붉은 기사, 곧 적기사는 피의 세례를 받은 정복자를 상징한다. 마침내 적기사는 자기에게 부여된 일을 완성했기 때문에 황금을 소유하게 된다.

기사가 궁극적인 목표를 성취함에 있어서 실제적인 수단이 되는 것은 육체적인 훈련이다. 이런 훈련은 단순히 육체적·물질적인 의미만 띠지는 않는다. 왜냐하면 기사는 많은 무기를 가지고 훈련하며, 이 무기 또한 상징적 의미를 띠기 때문이다. 따라서 기사 훈련은 결국 기사도의 핵심이라고 할 수 있는 육체적 쾌락에 대한 금욕과 사랑의 신비한 의식을 수행함에 있으며, 이 과정에서 기사가 체험하는 결핍은 위에서 검토한 흑색의 상징적 의미와 관련된다.

그렇지만 다른 설명 역시 가능하다. 예컨대 기사는 보석을 지키는 뱀이나 용 같은 괴물을 퇴치하고 그 대신 '보석을 지키는 존재'도 된다. 그러나 이런 상징적 의미는 앞에서 우리가 주장한 견해와 대립되는 것은 아니다. 오히려 기사가 본질적으로 남들을 돕는다는 사실을 강조함으로써 우리의 견해를 지지한다.

　기사 상징이 보여주는 또 다른 흥미로운 양상은 중세의 설화, 민담, 전설 속에 나오는 '방황하는 기사', 혹은 '순례하는 기사'이다. 이때 기사의 방황 혹은 순례는 그가 '구원받은 기사'와 '저주받은 사냥꾼' 사이에 있음을 암시하고 따라서 이런 기사는 욕망에 사로잡힌 존재로부터 구원받는 과정의 '도중에 있음'을 상징한다. 이렇게 어둡고 고독한 속죄의 길을 택한 자가 보여주는 것은 흑색 기사의 이미지와 관련되며, 그것은 퇴각, 참회, 희생을 상징한다.

　　지금 눈 내리고/ 매화 향기 홀로 아득하니/ 내 여기 가난한 노래의 씨를 뿌려라.// 다시 천고의 뒤에/ 백마 타고 오는 초인이 있어/ 이 광야에서 목놓아 부르게 하리라.

　　　　　　　　　　　　　　　　　　　　　　― 이육사,「광야」

　여기서 노래되는 '백마 타고 오는 초인'은 그동안 여러 가지 시각에서 그 상징적 의미가 해명된 바 있다. 엄격하게 말하면 우리의 경우 서양에서 말하는 기사는 존재하지 않는다. 따라서 '백마 타고 오는 초인'은 기사 상징보다는 '백마'가 환기하는 상징적 의미를 더 강조할 필요가 있다.

　그러나 위에서 기사의 상징적 의미가 '말'을 중시한다는 점에서 이 시에 나오는 '초인'의 상징적 의미 역시 기사와 관련시켜 해명할 수도 있다. '백마 타고 오는 초인'은 물질의 세계를 지배하는 자, 곧 이성, 정신을 상징한다. 그러나 '백마'를 염두에 둘 때 초인은 '백색의 기사'가 암시하듯이 자연스런 정복자, 복음을 전파하는 선발된 존재, 암흑의 시기를 극복한 눈부신 존재를 상징한다고 볼 수 있다. 한마디로 여기서 노래되는 초인은 물질에 대한 정신의 승리, 고통과 혼란과 암흑의 세계를 극복하고 물리친 백기사의 이미지와 관련시킬 수 있다.

까마귀 Crow

까마귀는 그 빛깔이 검기 때문에 시초, 암흑을 상징한다. 왜냐하면 모든 시초는 모성으로서의 밤, 천지 창조의 원시적 어둠을 암시하기 때문이다. 그런 점에서 까마귀는 무질서, 흉조, 불길함, 탐욕, 죽음을 상징한다. 까마귀는 죽은 시체를 파먹는다는 점에서도 그렇다. 포Poe의 시 「까마귀」에서 까마귀는 우울, 절망을 상징하고 셰익스피어의 「오셀로」, 「맥베스」, 「햄릿」에서는 불길한 예언, 죽음, 복수를 상징한다.

한편 까마귀는 죽음의 세계로 가는 사자를 상징한다. 우리 민속에는 제사를 지내고 난 후 젯밥과 나물을 울타리 곁에 놓아두는 관습이 있는데 이것을 까마귀밥이라고 한다. 까마귀가 저승에 있는 조상에게 음식을 가져다 주기를 바라는 마음에서 이런 관습이 생긴 것으로 까마귀는 저승으로 심부름 가는 사자를 상징한다.

아메리카 인디언의 경우 까마귀는 조물주의 역할을 한다. 중국에서 검은 까마귀는 악, 불운을 상징하지만 붉은색이나 금색으로 그려진 까마귀는 태양, 효도를 상징한다. 태양을 상징하는 까마귀는 수탉과 동일시될 때도 있다. 기독교의 경우 까마귀는 고독을 상징하고 눈을 파먹기 때문에 사람을 눈멀게 하여 죄를 짓는 악마로 생각된다. 그리스에선 예언의 신을 상징하고 일본에선 흉조, 불운을 상징하지만 신도神道의 까마귀는 신들의 사자를 상징한다.

중국 회화에는 세 개의 다리로 서 있는 까마귀가 나온다. 이런 까마귀는 중국 제국을 상징하며, 그것은 제왕의 능동적 삶, 혹은 이른바 음/양

▲ 중국 토기의 삼족오

에서의 양을 재현한다. 이때 까마귀의 세 다리는 태양을 받치고 있는 세 개의 다리에 대응한다. 첫째 다리는 떠오르는 태양, 둘째 다리는 정오의 태양, 셋째 다리는 지는 태양을 상징한다.

어미를 여읜 까마귀/ 까악까악 슬피도 운다/ 밤낮 나뭇가지에서/ 그렇게, 그렇게 운다/ 어미가 깃들였던 나무에서/ 한밤에 우는 그 소리에/ 듣는 이 눈물 흘리네/ 그 소리에 아마도 호소할 게 있나 보다/ 못다 한 반포의 마음을/ 어느 샌들 어미 없는 데 있을까마는/ 너 홀로 애원이 깊구나
— 백거이, 「오야제」

검은빛이란 원래 그리 마음에 당기는 빛이 아니다. 흉의 상징에 흔히 이 빛이 쓰인다. 자연도 어둠의 표현을 검은빛으로 나타내거니와 죽음을 표시하는 상징도 이 검은빛으로 택하여졌다. 이런 흉색을 새까맣게 혼자 뒤집어쓰고 태어난 새가 까마귀다.
— 계용묵, 「탐라점철」

백거이의 시에서 까마귀는 한마디로 고독을 상징한다. 그러나 그 고독은 단순히 아름답던 세계에서 소외된 그런 고독이 아니라 어미를 잃은 고독이며, 그것을 시인은 애원이라는 말로 부연한다. 그러나 계용묵의 글에서 까마귀는 흉한 세계를 상징한다. 이 흉을 작가는 까마귀의 검은빛에서 읽는다. 이런 의미는 까마귀가 상징하던 이른바 시초의 암흑이 세속화된 것으로 해석된다. 많은 사람들이 까마귀를 싫어하는 것은 그 울음소리가 불길하고 그 빛이 어두운 공포감을 주기 때문이다. 그러나 한편 이런 불길함의 의미는 이 세계가 생성되기 이전의 암흑에 대한 무의식적 공포감과 관계된다고 할 수 있다.

꽃Flower

꽃의 상징적 의미는 일반적으로 두 가지 관점, 곧 본질과 형태를 중심으로 한다. 꽃은 본질적으로 일시성, 봄, 아름다움을 상징한다. 특히 중국의 경우 꽃은 생명의 짧음, 쾌락의 덧없음을 상징한다. 한편 형태에 의하면 꽃은 그릇 모양이며 따라서 수동적인 여성을 상징하고 중심으로부터 바깥으로 피어난다는 점에서 중심, 곧 영혼을 상징하고 중심에서 방사선 형태로 빛살을 내는 수레바퀴와도 관계된다.

연금술사들은 유성을 '천상의 꽃'이라고 불렀으며, 꽃은 태양의 작품으로 인식된다. 꽃은 또한 빛깔에 따라 그 의미가 새롭게 해명된다. 예컨대 오렌지색이나 황색 꽃은 모든 꽃이 기본적으로 지니는 태양 상징을 강화한다. 붉은 꽃은 생명과 피와 격정을 상징하고 푸른 꽃은 불가능, 손에 넣을 수 없는 것을 상징하고 흰 꽃은 청순함과 무구無垢를 상징한다. 중국의 경우 황금꽃은 신비로운 중심을 상징하고 연금술사들의 경우엔 '존재하지 않는 꽃'으로 인식된다. 불교의 경우 꽃은 육체의 덧없음을 상징하지만 연꽃은 불교를 대표하는 꽃으로 청정한 마음을 상징한다.

> 꽃놀이의 아름다움이여/ 하지만 사흘밖에 계속되지 않는다/ 장미꽃이 시들기 전에/ 사랑하는 사람을 치장시켜라// 서로 술을 나누며 생각하는 것/ 그 기쁨을 노래불러라/ 꽃놀이의 아름다움이여/ 하지만 사흘밖에 계속되지 않는다.
> — 뤼케르트, 「사랑의 봄 편지」

이 시에서 꽃은 아름다움과 그 아름다움의 일시성을 상징한다. '꽃놀이'는 아름답지만 '사흘밖에 계속되지 않는다'는 말이 이런 사정을 반영한다.

꽃이여, 네가 입김으로/ 대낮에 불을 밝히면/ 환히 금빛으로 열리는 가장자리.// 빛깔이며 향기며 화분이며—나비며 나비며/ 축제의 날은 그러나/ 먼 추억으로서만 온다.// 나의 추억 위에는 꽃이여./ 네가 머금은 이슬한 방울이 떨어진다.

— 김춘수, 「꽃의 소묘」

김춘수의 경우 꽃은 영혼을 상징한다. 꽃이 대낮에 입김으로 불을 켜는 이미지는 꽃이 태양과 관계됨을 암시하며, 이 영혼의 세계는 나비로 변용된다. 그러나 이 시에서도 꽃이 상징하는 영혼의 세계는 일시적이다.

처음 인간에게 들킨 아름다움처럼/ 경악하는// 눈, 눈은, 그만/ 꽃이었다.// 애초엔 빛깔보다도/ 내음보다도 안 속으로부터 참아 나오는 울음/ 소리 지른 것이 분명했다.// —수액을 보듬어 잉태하는 생성의 아픔, 아픈/ 개념의 꽃이었다.

— 김광림, 「꽃의 문화사초」

김광림의 경우 꽃은 아름다움을 상징하고 이 아름다움은 처음 인간에게 들켜 놀라는 '눈'으로 노래된다. 한편 눈은 영혼을 상징한다는 점에서 이 꽃 역시 영혼을 상징한다. 그러나 이 꽃은 생성의 아픔을 거느린 영혼의 세계이다.

꿀 Honey

꿀은 불사不死, 재생을 상징하고 그것은 꿀이 정력을 보강한다는 민속과 관계된다. 그런 점에서 꿀은 남자다움, 활력을 상징한다. 신비주의의 원리 가운데는 '벌은 황소에서 태어난다'는 말도 있다. 점성술에서 꿀은 달과 연관되어 밀월蜜月이라는 말이 있지만 밀월은 결혼 초의 달콤한 기간을 의미할 때가 많다.

꿀은 또한 통과제의에 의한 인격의 변화나 재생을 상징하고 인도의 경우에는 불에 비교될 만한 우월한 자아를 상징한다. 신비하고 교묘한 과정을 통해 꿀이 생산된다는 점에서 꿀은 자아 개량을 위한 정신적 훈련을 상징한다.

> 하얀 꿀벌이여, 그대는 꿀에 취하여 나의 영혼 속을 잉잉거리며 맴돈다./ 나는 절망한 사나이, 메아리 없는 언어,/ 모든 것을 잃고 모든 것을 지닌 사나이./ 최후의 연결, 최후의 애탐이 그대 품속에서 꿈틀댄다./ 나의 황량한 대지에서, 그대는 최후의 장미./ 아아 다소곳이 은근한 여인이여!
> ― 네루다, 박봉우 역, 「스물의 사랑의 시와 하나의 절망의 노래」

네루다의 경우 꿀은 달콤함, 쾌락을 상징한다. 여기서 '그대'는 '꿀벌'에 비유되고 꿀벌은 꿀에 취하고 화자인 '나'의 영혼은 그대에게 매혹된다.

> 깊은 밤/ 너를 껴안던/ 나는 시체였지/ 지겨워서 그랬지/ 외로워서 그랬지/ 한 번 더 높은 산에/ 오르려고 그랬지/ 한 번 더 높은 산에/ 고여 있는 꿀을/ 마시려고 그랬지
> ― 이승훈, 「안개 낀 부두」

이 시의 경우 꿀은 '높은 산'에 고여 있으며, 따라서 쉽게 획득할 수 없는 아름다움, 나아가 쾌락을 상징하고 높은 산에 있다는 점에서 꿀은 고통을 수반하는 삶을 상징할 수도 있다.

꿩 Pheasant

▲ 김홍도의 〈노응탐치〉

꿩은 수탉과 비슷한 상징적 의미를 띠며, 중국의 경우에서는 빛, 덕, 행운, 번영을 상징하고 일본에선 보호, 모성애를 상징한다.

장끼가 날아가네/ 날개를 퍼덕이며/ 내가 그걸 생각하면/ 내 마음만 괴롭구나
—『시경』

소년은 멈칫 놀라 섰다. 스무 마리는 넘어 될 꿩 떼가 요란스럽게 푸덕여 날개를 뒤흔들며 비둘기 떼처럼 놀 속에 치솟아 올라갔다. 금방 하늘은 무지개가 섰다가 스러지는 것 같았다.
— 유현종,『비무장 지대』

『시경』의 경우 시인이 꿩이 나는 것을 보고 괴로워하는 것은 그것이 인간과 대비되는 속성을 띠기 때문이다. 특히 꿩은 다른 새와 달리 빛이나 광명의 세계를 암시한다는 점에서 시인의 괴로움은 이중성을 띤다. 말하자면 그것은 비상에의 욕망과 동시에 빛의 세계에 대한 욕망을 동기로 한다. 유현종의 경우 꿩은 한 마리가 아니라 집단으로 드러난다. 그리고 날아오르는 꿩 떼는 비둘기 떼에 비유되며 노을 속에서 무지개가 서는 이미지로 형상화된다. 그런 점에서 꿩은 찬란한 빛의 세계와 평화를 상징한다.

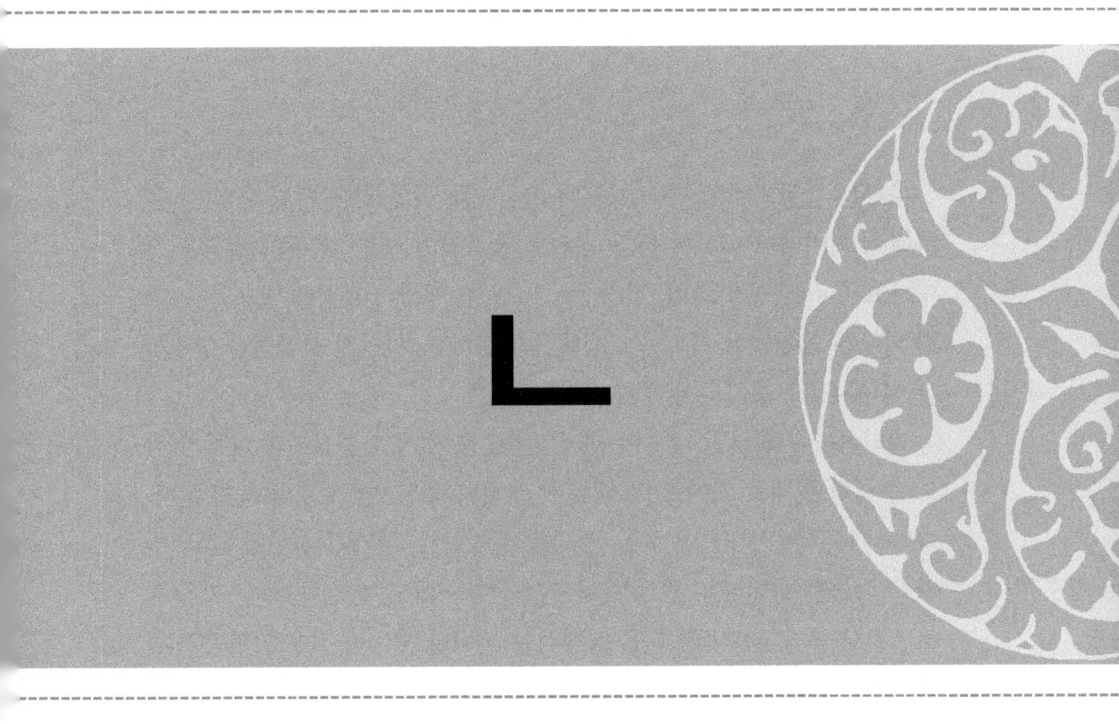

나무Tree / 나뭇잎, 잎Leaf / 나비Burtterfly / 나체, 벌거숭이Nudity / 낙타Camel / 날개Wing / 남근Phallus / 납Lead / 넓적다리Thigh / 넝마Rags and Tatters / 노Oar / 노랑, 노란색Yellow / 노인Old Man / 농부Farmer / 누나, 누님, 누이Sister / 눈Eye / 님, 임Lover

나무 Tree

　나무는 전통적인 상징들 가운데 가장 기본적인 것에 속한다. 가장 일반적인 의미에서 나무는 돌과 대립되는 동적인 생명, 우주의 생명을 상징하고 이런 생명은 조화, 성장, 증식, 생성, 재생의 과정을 내포한다. 또한 나무는 끊임없이 지속되는 생명을 상징하고, 따라서 불멸성을 상징하는 이미지들과 등가의 관계에 있다.
　엘리아데에 의하면 나무는 세계의 축, 곧 세계의 중심이며 나무가 길고 수직의 형태로 되어 있기 때문에 세계의 중심, 곧 세계의 축이 된다. 따라서 나무는 절대적인 현실, 불멸을 상징한다. 뿌리가 지하에 있고, 가지가 하늘을 향한다는 점에서 나무는 상부 지향성을 상징하며, 지옥(지하), 지상(중간), 천상(상부)을 상징하는 산이나 사다리 같은 이미지와 관련된다.
　중세 기독교가 강조하는 것은 상이한 세계들을 연결하는 축으로서의 나무이다. 또한 나무는 속죄의 십자가와 관련되며, 이때의 십자가는 생명의 나무로 기술된다. 물론 이 나무는 십자가가 보여주는 수직의 형태로 된 팔이며, 그런 점에서 '세계-축'을 상징한다. 이런 '세계-축'의 상징은 석기 시대 이전으로 거슬러 올라가는 바, 나무가 우주의 중심이라는 것을 의미한다. 나무가 우주의 중심이라면 나무 혹은 십자가는 위에서 말한 세 가지 세계, 곧 지옥-지상-천상을 잇는 축이 될 수 있다. 또한 나무가 암시하는 세 가지 세계는 나무의 구조, 곧 뿌리-잎-기둥을 반영한다.
　나무의 일반적인 상징적 의미, 곧 세계-축이라는 의미, 그리고 성장과 반전, 곧 끊임없는 생명 과정이라는 의미를 토대로 여러 다른 의미들이 분별된다. 가장 원시적인 수준에서 '생명의 나무'와 '죽음의 나무'

혹은 '지식의 나무'가 있다. 생명의 나무는 낙원의 중심에 있고 재생, 최초의 완전성으로의 회귀를 상징한다. 생명의 나무는 우주적 나무, 곧 우주-축으로서의 나무이며 선과 악을 초월하는 1원론적 존재이다. 한편 지식의 나무는 선과 악에 대한 인식과 관계되는 2원론적 존재이다. 지식의 나무는 최초의 인간, 아담과 이브와 관계되고 낙원 상실과 관계된다. 그러나 생명의 나무는 시작과 끝의 순환을 보여주며 이 나무의 열매를 먹으면 영원한 생명을 얻는다. 예컨대 도교에선 서방 정토 한 가운데 자라는 불사의 복숭아 열매를 먹으면 영생한다.

우주-축으로서의 나무 혹은 우주-나무는 산, 기둥 같은 모든 축과 관계되고 우주 전체를 나타내며 우주-나무는 산 정상에 있는 경우도 많다. 예컨대 단군 신화에 의하면 하느님의 아들 환웅桓雄은 아버지 환인桓因의 도움으로 하늘에서 이 세상으로 내려오고 거기 신의 나무, 이른바 신단수神壇樹가 있다. 이 나무는 신성한 나무이고 생명의 나무이고 세계의 축으로서의 나무이고 우주-축으로서의 나무, 죽음과 재생의 나무, 모성과 남성을 동시에 갖춘 나무, 지혜의 나무이다. 환웅은 무리 3천명을 거느리고 이 나무 아래 내려와 이곳을 신시神市라 부른다. 환웅은 잠시 사람으로 변해 웅녀와 혼인해 아들을 낳았고 그가 단군 왕검이다.

'우주적 나무'와 관련해 관심을 두어야 할 것은 그 뿌리가 하늘을 향하며, 잎들이 지상에 존재하는 거꾸로 선 나무의 이미지이다. 이때 나무는 역으로 된 정신적 세계를 상징한다. 곧 나무의 뿌리는 물질의 수준에서는 지하에 속하지만 정신의 수준에서는 하늘에 속하게 된다. 나무의 뿌리가 하늘에 있는 것은 이런 사정을 의미한다. 그렇게 때문에 블라바스키는 다음과 같이 말한다.

> 최초에 나무 뿌리는 하늘에서 생겼으며, 그것은 뿌리 없는 뿌리에서 성장했고 그 줄기는 자라 마침내 플레로마 평원을 건너질러 눈부신 가지들을 처음엔 제대로 분별되지 않는 평원에 발산하고, 다음 지상을 향해 발산했

다. 따라서 오늘날에도 그 뿌리는 하늘 위에 있고 가지는 하늘 아래, 곧 지상을 향해 존재한다.

이런 개념은 『우파니샤드』에도 나타나는 바, 이때는 나뭇가지들이 에테르, 공기, 불, 물, 땅으로 인식된다. 유대인들의 전통에 따르면 '생명의 나무는 하늘로부터 땅을 향해 퍼지며, 태양의 빛 속에 목욕한다'. 단테 역시 천상의 세계를 나뭇잎으로 묘사하는 바, 뿌리, 기원은 하늘의 세계, 곧 우라누스를 향해 퍼지는 형태로 묘사된다.

『성서』에는 두 개의 나무가 나온다. 앞에서 말했듯이 하나는 생명의 나무, 다른 하나는 선과 악을 알게 된 선악과 나무(지식의 나무)이다. 이 두 나무는 에덴 동산의 중심에 있다. 슈나이더는 다음처럼 말한다.

> 어째서 신은 생명의 나무를 아담에게 알려 주지 않았던가? 이 나무가 지식을 알려 주는 두 번째 나무였기 때문인가? 아니면 생명의 나무를 아담의 시야에서 감추어 놓고, 그가 선과 악이라는 새로운 지식을 발견하게 될 때 알게 하려는 의도에서 그랬던가? 아마도 후자가 그럴듯한 이유라고 생각된다. 생명의 나무는 불멸을 상징한다. 그러나 그 나무를 발견하기란 쉽지 않다. 이 나무는 바다 밑에 있다는 불멸의 우물처럼, 혹은 괴물들이 지키고 있는 우물처럼 숨겨져 있거나, 혹은 헤스페리데스의 황금 사과처럼 숨겨져 있다. 이 두 나무는 우리가 예상하는 것보다는 한결 자주 나타난다. 예컨대 바빌로니아의 동쪽 하늘 문에는 진리의 나무와 생명의 나무가 자란다.

나무의 이런 2중성이 나무의 기본적 의미를 수정하는 것은 아니다. 다만 나무의 기본적 의미에 다른 상징적 의미를 첨가할 뿐이다. 곧 2라는 수를 강조할 때 나무는 생명의 나무가 암시하는 삶과 지식의 나무가 암시하는 앎이 서로 대응되는 세계를 반영한다. 모든 상징이 그렇듯이 나무의 경우에도 일반적인 나무의 상징을 토대로 더욱 특수한 의미들이 나타난다. 예컨대 나무의 3중성을 생각할 수 있다. 슈나이더에 의하면 생명의 나무는 화성의 산까지 자라면 마침내 하늘을 지탱하는 기둥이 된다. 이 나무는 세 개의 뿌리와 세 개의 기둥, 혹은 하나의 중심 기둥과 야누스의 두 얼굴을 의미하는 화성의 두 산봉우리에 상응하는 거대한 두 개의 가지로 구성된다. 이때 중심이 되는 기둥 혹은 축은 두 개의 나무가 암시하는 이른바 2원론을 하나로 통합한다.

달의 국면을 중심으로 할 때 강조되는 것은 생명의 나무이며, 이때 달은 현상의 세계와 동일시되고 태양의 국면을 중심으로 할 때 강조되는 것은 지식 혹은 죽음의 나무이다. 도상학에서 생명의 나무, 혹은 두 개의 나무나 세 개의 나무가 환기하는 달은 꽃의 모습으로 그려진다. 한편 죽음의 나무, 지식의 나무, 혹은 두 개의 나무나 세 개의 나무가 환기하는 태양은 불의 모습으로 그려진다. 심리학에서는 이런 상징적 2중성을 성적인 용어로 해석한 바 있다. 융에 의하면 나무는 양성을 본질로 하고 양성이 하나로 통일된 세계를 상징하고 나아가 분열된 마음의 통일을 상징한다. 그는 로마에선 나무의 성은 여성이지만 흔히 남성적인 것으로 불려진다는 사실도 강조한다. 이런 양성의 결합은 우주적 나무가 보여주는 통일성을 암시한다.

나무와 관련되는 상징들은 이 밖에도 현실적 상황의 유추, 혹은 심리적 이미지의 투사에 의해 드러난다. 예컨대 나무는 바위, 혹은 나무가 자라는 산과 관련된다. 그러나 이와는 달리 생명의 나무는 예루살렘 성지에서 발견되듯이 열두 개의 과일, 혹은 12궁도를 상징하는 태양의 형상을 하고 있다. 많은 이미지들 가운데 태양, 달, 별은 나무와 관련되며, 따라서 우주적 특성이 강조된다. 인도의 경우에는 세 개의 태양과 관련되는 3중의 나무가 나타나며, 중국의 경우에도 12궁도를 상징하는 열두 개의 태양을 지닌 나무가 발견된다.

이와 다른 것으로는 이른바 바다-나무, 혹은 산호가 있다. 이런 나무는 신비한 바다 왕과 관련된다. 그런가 하면 샘, 용, 뱀 등도 나무와 관련된다. 보슈의 상징 예술론에서는 용이 헤스페리데스의 나무 뒤에 거주한다는 사실이 지적된다. 수준의 상징을 고려할 때 이런 사실들은 수직성을 중심으로 유추된다. 예컨대 으뜸가는 힘을 상징하는 용과 뱀은 나무 뿌리와 관련되며, 사자, 일각수, 사슴 같은 동물들은 고양, 공격, 침투라는 관념을 표현하는 바, 이는 나무 기둥과 관련된다. 그런가 하면 새처럼 하늘을 나는 동물들은 나뭇잎과 관련된다. 이에는 또한 색의 상징도 관련되는 바, 뿌리는 흑색, 기둥은 백색, 잎은 붉은색으로 드러난다. 나무를 감고 있는 뱀은 또 다른 상징, 곧 나선형이라는 의미를 환기한다.

불교에서 나무는 깨달음, 지혜, 생명을 상징하고 보리수는 깨달음을 의미한다. 도교에서 나무는 우주 원리를 상징하고 나무는 5행, 곧 화수토목금 가운데 하나이다. 현대에 오면 나무는 재생과 신생을 상징하고 정신적 에너지, 생명력을 상징한다.

> 나는 생각한다. 나무처럼 사랑스런 시를/ 결코 볼 수 없으리라고.// 대지의 단물이 흐르는 젖가슴에// 굶주린 입술을 대고 있는 나무.// 온종일 하느님을 보며/ 잎이 무성한 팔을 들어 기도하는 나무.// 여름엔 머리칼에다/ 방울새의 보금자리를 치는 나무.// 시는 나와 같이 바보가 짓지만/ 나무를 만드는 건 하느님뿐.
>
> ― 킬머, 「나무들」

> 보이지 않는 곳에 깊이 뿌리박고 있기에 항상 정정할 수 있는 나무.
>
> ― 유치환, 「나무」

킬머의 경우 나무는 하느님을 향해 기도할 뿐만 아니라 '하느님을 보'는 나무라는 시행이 암시하듯 상부 지향성, 곧 하늘의 세계를 지향한다. 유치환의 경우 '보이지 않는 곳'이라는 시행은 세계의 중심을 상징하는 나무의 기원, 혹은 근원이 이른바 '뿌리 없는 뿌리'에 있음을 암시한다.

나뭇잎, 잎Leaf

나뭇잎은 중국의 경우 행복을 상징한다. 한편 여러 개의 나뭇잎은 백성을 상징한다. 이런 의미에서 나뭇잎은 인간 존재를 상징하는 풀잎과 밀접히 관련된다. 한편 잎은 풍요, 성장, 탄생을 상징한다. 녹색 잎은 희망, 부활, 탄생을 상징하고 낙엽은 슬픔, 가을, 죽음을 상징하고 나뭇잎으로 엮은 관冠은 신성神聖을 상징한다.

반짝이며 파들대는 잎들의 전율./ 잎잎들의 눈, 잎잎들의 마음, 잎잎들의 영혼의/ 그 푸른, 먼, 미지의 갈망 위의/ 황홀한 몸짓이여.
— 박두진, 「전율의 수목」

이 시에서 잎들은 눈, 마음, 영혼을 지니며 갈망에 몸을 떨고 있다. 그런 점에서 나뭇잎들은 신성한 세계를 갈망하는 인간 존재를 상징한다.

머리를 풀고 흐느끼는 나뭇잎/ 창백한 얼굴이여// 하아얀 꽃잎이 눈 내리듯/ 네 손에 퍼붓는 내 키스처럼/ 가을날 나뭇잎이 비 오듯 한다.
— 아폴리네르, 「출발」

이 시에서도 나뭇잎은 인간 존재를 상징한다. 그러나 여기서 노래되는 것은 낙엽이고 따라서 존재의 슬픔, 죽음을 상징한다. 그 잎이 창백한 인간의 얼굴로 비유되는 것은 이런 사정 때문이다.

하나의 나뭇잎이 흔들릴 때 나는 하나의 공간이 흔들리는 것을 보았다. 조그만 이파리 위에 우주의 숨결이 스쳐 지나가는 것을 보았다. 하나의 나뭇잎이 흔들릴 때 나는 왜 내가 혼자인가를 알았다. 푸른 나무와 무성한 저 숲이 실은 하나의 이파리라는 것을—. 제각기 돋았다 홀로 져야 하는 하나의 나뭇잎. 한 잎 한 잎이 동떨어져 살고 있는 고독의 자리임을 나는 알았다.
— 이어령, 『하나의 나뭇잎이 흔들릴 때』

이어령의 경우 나뭇잎은 우주와 고독을 상징한다. 조그만 이파리 위에 우주의 숨결이 스쳐 지나가지만 잎이 흔들릴 때 그가 깨닫는 것은 고독일 뿐만 아니라 이 세계에 존재하는 모든 것들이 고독한 존재들이라는 사실이다. 여기서 나뭇잎들은 조화의 세계가 아니라 서로 단절된 세계로 나타난다.

나비 Burttterfly

나비는 영혼을 상징하는 바 우리 민속에는 죽은 사람의 영혼이 나비로 환생하는 설화가 있다. 어느 마을의 처녀는 결혼을 앞두고 남자가 죽자 그의 무덤 앞에 엎드려 슬피 울었다. 그때 무덤이 열리고 그녀는 무덤 속으로 뛰어 들었다. 그러자 무덤이 덮이고 미처 들어가지 못한 치맛자락이 나비로 변하여 날아갔다는 설화다. 나비는 또

▲ 김홍도의 〈황묘농접도〉

한 하늘로 난다는 점에서 빛의 세계를 지향하는 아름다움을 상징한다. 나비는 애벌레가 하늘에 사는 나비로 변함으로 재생, 부활을 상징한다. 중국의 경우 나비는 즐거움이나 결혼의 기쁨을 상징하고 꽃과 관계된다

는 점에서 여인을 찾는 남성을 상징하고 불교에서는 나비춤이 불법을 상징한다. 우리나라에서는 기쁨을 상징한다.

별을 쫓는 나비의 염원.
— 셸리, 「—에게」

이리저리 나는 두 마리 나비가 야생의 찔레꽃처럼, 빛나는 해안을 어리석게 바다 위를 선회하다간 반사된 하늘 속으로 빠져드네.
— 스펜더, 「바다 풍경」

셸리의 경우 나비는 '별을 쫓는 나비'가 암시하듯이 빛의 세계를 지향하는 아름다움을 상징하며 스펜더의 경우에도 비슷하다. 바다에 '반사된 하늘' 속으로 사라지는 나비는 하늘의 세계, 곧 천상의 빛을 갈망하는 영혼을 상징하기 때문이다.

나비야 청산 가자 범나비 너도 가자/ 가다가 저물거든 꽃에 들어 자고 가자/ 꽃에서 푸대접하거든 잎에서나 자고 가자
— 무명씨

이 시조의 경우 나비는 여인을 찾는 남성을 상징하고, 그런 점에서 남녀의 만남이나 결혼의 기쁨을 상징한다.

그 나비는 아직 살아서 있다/ 숙영이와 양산이가 날 받아 놓고/ 양산이가 먼저 그만 이승을 뜨자/ 숙영이가 뒤따라서 쫓아가는 서슬에/ 생긴 나빈 아직도 살아서 있다/ 숙영이의 사랑 앞에 열린 무덤 위/ 숙영이의 옷 끝을 잡던 식구 옆/ 붙잡히어 찢어진 치마 끝에서/ 난 나비는 아직 살아서 있다.
— 서정주, 「숙영이의 나비」

서정주는 여기서 우리 민간 설화를 그대로 재현한다. 따라서 나비는 영혼, 혹은 영원한 영혼과 재생을 상징한다.

> 호접이여! 언제나/ 네가 꽃을 탐내어/ 붉어 탈 듯한 화원을 헤매느니// 주검도 잊고/ 향기에 독주에 취하여/ 꽃잎 위에 네 넋의/ 정열이 끝나려 함이// 붉으나 쉬이 시들어질 꽃잎의 헛됨을/ 네가 안다 하더라도// 꿈결 같은 즐거움/ 사라질 이슬 위에 취함은/ 네 삶의 광휘일러라.
> ― 신석초, 「호접」

신석초가 노래하는 나비는 결혼의 기쁨과 동시에 불에 의한 영혼의 순화를 상징한다. '붉어 탈 듯한 화원을 헤매는' 나비는 불에 의한 영혼의 순화를 상징하고, '꿈결 같은 즐거움/ 사라질 이슬 위에 취함'은 남녀의 성적 결합의 허망을 상징한다.

나체, 벌거숭이 Nudity

나체는 순수와 외설, 순결과 불결, 아름다움과 수치를 상징한다. 옷을 벗은 상태는 가식이 없는 순수한 상태이지만 한편 외설스럽고 불결한 느낌을 주기 때문이다. 인간의 나체가 이런 2중성을 띠게 된 것은 중세 기독교에 의해서이다. 이로부터 나체는 양가적인 의미를 소유하게 되었고, 양가적인 정서를 암시하게 된다. 말하자면 나체는 순수한 육체적 미의 정상, 그리고 플라톤적 의미로서의 도덕적·정신적 미를 상징하나 동시에 나체는 의식의 규제를 초월하는 인간의 충동에 뿌리를 둔 비합리적인 매혹을 상징한다.

한편 나체는 세속을 벗어나 낙원의 세계, 무시간의 세계로 회귀함을 상징하고 불교의 경우 공간을 옷처럼 걸치고 있는 것, 곧 원초의 상태, 무형의 단순성을 상징한다.

여성의 나체는 신의 작품이다.
— 블레이크, 「지옥의 격언」

나체는 인간이 '최초의 의상'을 입은 상태다. 순수하고 성스러운 것이 나체이기 때문에 낙원에서 아담과 이브는 벗은 걸 느끼지 못했고 수치감이 없었던 것이다.
— 게오르규, 「키라레사의 학살」

블레이크의 경우 '신의 작품'이라는 말이 암시하듯이 여성의 나체는 완전한 미를 상징한다. 이런 상징적 의미가 더욱 심화된 것이 게오르규의 경우이다. 그에 의하면 나체는 순수와 신성을 상징한다.

낙타 Camel

낙타는 절제, 순종, 위엄을 상징한다. 또한 낙타는 무릎을 꿇고 짐을 싣기 때문에 겸허와 공손을 상징한다. 낙타가 용이나 날개 달린 뱀과 관련되는 것은, 유대교에 의하면, 뱀이 '날아가는 낙타'였기 때문이다. 따라서 낙타는 용이나 뱀처럼 악 혹은 악의 힘을 상징한다.

네 마리 낙타를 친구 삼아/ 포르투갈의 왕자님/ 세계를 고루고루 유람하신다/ 낙타 네 마리가 있기만 하다면/ 나도 그 짓을 하고 싶었다.
— 아폴리네르, 「낙타」

왕자가 네 마리 낙타를 친구 삼아 유람한다는 점에서 낙타는 권위, 힘을 상징한다. 그러나 다음 시에서 낙타는 이런 세계에서 소외된 삶을 상징하고 온순하게 말하기 때문에 겸허와 공손을 상징한다.

열린 창문 틈으로/ 낙타 한 마리가 얼굴을 들이밀고/ "코가 시립니다. 제발/ 당신 곁에서 코가 따뜻하게 해주십시오" 하고 온순하게 말했다.
— 시거니, 「낙타의 코」

낙타는 어린 때 선생님처럼 늙었다./ 나도 따뜻한/ 봄볕을 등에 지고/ 금잔디 위에서 낙타를 본다.
— 이한직, 「낙타」

이한직의 경우 낙타는 쇠약과 불모의 삶을 상징하지만, '선생님처럼 늙었다'는 시행이 암시하듯이 악이 아니라 선량함을 상징한다.

날개 Wing

날개는 하늘로 비상한다는 점에서 세속을 벗어나는 신성神聖과 초월, 자유, 영혼, 정신, 상상력, 사고를 상징한다. 그리스인들은 사랑과 승리를 날개 달린 인물로 묘사하고, 플라톤에 의하면 날개는 지성을 상징하는 바 날개 달린 가공의 동물들이 그 예이다.

기독교의 경우 날개는 정의를 상징하는 태양의 빛으로 인식되는 반면, 연금술의 경우 날개는 능동적인 남성 원리, 날개가 없는 동물은 수동적인 여성 원리를 상징한다. 티베트 불교 승려들은 이른바 '빛나는 발'로 알려진 특수한 신을 신고 공기 속을 여행하는데 이때 빛나는 발은 날개에 해당한다. 중국에서 날개 달린 용은 하늘의 힘, 신성한 힘을 상징하고 기독교의 경우 신의 사자인 천사는 날개가 있다.

고구려 신화에서 시조 주몽의 어머니 유화柳花와 정을 통한 해모수解慕漱는 하느님[天帝]의 아들이다. 해모수는 머리에 까마귀 깃을 쓰고 허리에 용의 검[龍光劍]을 차고 있었다. 그는 아침이면 하늘에서 내려와 정사를 보고 저녁이면 천상으로 올라갔다. 까마귀 깃과 검은 신성한 힘을 상징한다. 우리 민속에서 날개는 영웅, 천상과 지상의 매개를 상징한다. 옛날 평민이 장사나 영웅을 낳으면 잡아죽이던 시절 어느 평민이 사내아이를 낳았다. 어느 날 엄마가 밥을 먹이고 잠시 밖에 나갔다 돌아왔는데 아이가 없어 여기저기 찾아보니 아이가 선반 위에 올라가 놀고 있었다. 놀라서 내려 놓고 보니 아기 겨드랑이에 날개가 자라고 있었다. 부모는 아기 장사로 집안이 망할 것이 두려워 아기를 맷돌로 눌러 죽였다. 용마봉에서 용마龍馬가 나와 하늘로 날아갔다. 이 설화에서 날개는 영웅을 상징한다.

한편 우리 전설 '나무꾼과 선녀'에서 선녀의 옷은 날개에 해당하고 이 날개는 천상과 지상을 매개한다. 어느 날 나무꾼은 은혜를 입은 노루의 말에 따라 목욕하려고 벗어놓은 선녀의 날개옷을 감춘다. 선녀는 천상으로 올라갈 수 없어 나무꾼의 아내가 되어 아이 둘을 낳고 잘 살아간다. 셋째 아이를 갖게 될 때까지 옷에 대해 말하지 말라는 말을 무시하고 나무꾼은 옷을 내준다. 그러자 날개옷을 다시 찾은 선녀는 두 겨드랑이에 두 아이를 안고 하늘로 올라간다.

도교에서 우화등선羽化登仙은 인간의 몸에 날개가 생겨 천상을 날아다니는 신선이 되는 것을 뜻한다. 그런 점에서 동양에서 날개는 신통력, 신성을 상징하고 생명력을 상징한다.

날개가 휘파람을 분다.

— 뒤팽, 「9월의 아이들」

이 시에서 날개는 휘파람에 비유되고 이때 휘파람이 상징하는 것은 정신의 가벼움, 나아가 육체의 비상이다.

> 하늘빛 새파란 하늘빛 푸름 위에, 햇살에서 뿌려진 별빛 같은 것, 그런 것이 번쩍이는 눈이 부신 깃 쪽지—물에서도 안 젖고 불에서도 안타는 나를수록 더욱 빛나 가는 푸른 깃 —
>
> — 박두진, 「날개」

박두진의 경우 날개는 빛과 동일시되며, 그 빛은 깃으로 드러난다. 따라서 날개는 여기서 태양과 관련되는 정의나 정신을 상징하며, 바슐라르 식으로 말하면 물질이 승화되어 공기가 되는 그런 초월성을 상징한다.

> 나는 불현듯이 겨드랑이가 가렵다. 아하, 그것은 내 인공의 날개가 돋았던 자국이다. 오늘은 없는 이 날개—. 나는 걷던 걸음을 멈추고, 그리고 어디 한번 이렇게 외쳐보고 싶었다. 날개야, 다시 돋아라. 날자, 날자, 날자. 한번만 더 날자꾸나. 한번만 더 날아 보자꾸나.
>
> — 이상, 「날개」

이 소설에서 날개는 일상을 벗어나는 탈속의 세계, 혹은 현실의 구속을 벗어나는 자유의 세계를 상징한다. 전설이나 신화에선 인간에게 날개가 돋을 수 있지만 이 소설의 주인공 같은 현대인에겐 그런 날개가 불가능하고 오직 상상력, 지성, 정신의 힘에 의해 그런 날개가 가능하기 때문에 '인공의 날개'라는 말이 나온다. 그러니까 소설의 주인공이 '날개야, 다시 돋아라'고 하는 것은 이런 정신의 힘이 상실되었음을 상징한다.

> 너를 만난 날은/ 날개 달린 날이다/ 현실이 사라지고/ 다른 현실이/ 태어난 날/ 그러니까 그날은/ 초현실의 날이다 훨훨/ 새가 날아오던 날/ ……/ 머리에서 손이 빠져나오고/ 다리에서 얼굴이 튀어나오던/ 허리에서 설탕

이 쏟아지던/ 모조리 일어나 빛이 되던/ 아아 내 겨드랑이에/ 문득 날개가 돋던 날

— 이승훈, 「너를 만난 날」

이 시에서 날개가 돋는 것은 현실이 아닌 천상, 초현실과의 만남을 상징한다. 일종의 우화등선의 세계이고 새로운 생명력의 세계이고 마침내 날개는 빛, 태양과 관계된다.

남근 Phallus

남근은 남성의 능동적 힘, 자연과 인간의 출산 능력, 잠재력을 상징하고 발기한 남근은 생명 부여, 풍요를 상징한다. 검劍, 칼, 창, 화살 등 찌르고 관통하는 이미지는 모두 남근에 속하고 이때 남근은 마귀를 쫓는 힘을 상징한다. 그러나 찌르고 관통하는 것은 죽음, 파괴를 상징하기 때문에 남근는 창조와 파괴를 상징한다.

우리 신화에서 남근은 위대한 남성(왕)을 상징한다. 가락국 시조 김수로왕의 남근은 유난히 거대하였다. 백성이 낙동강 왕래에 불편을 겪는 것을 안 왕은 자신의 남근을 양쪽 강 언덕에 걸쳐놓았다. 하루는 지게를 지고 다리를 건너던 사람이 다리 중간에서 너무 힘이 들어 잠시 앉아 쉬며 담배를 피운 후 곰방대를 바닥에 털었다. 왕은 뜨겁지만 참았고 그후 남근에 검은 점이 생겼다는 말이 있다.

남근의 한글은 좆, 자지이며 좆과 자지의 '잦' 은 같은 뜻이다. ㅈ음은 ㄷ음에서 변한 것으로 '닫' 은 씨를 뜻한다. 만주어의 다림비tarimbi는 '씨를 뿌리다' 의 뜻으로 어근 '달–' 은 씨를 뜻한다. 씹[女陰]은 씨와 입

의 합성어로 남근을 씨로 볼 수 있다.

> 미 8군 후문/ 철조망은 대문자로 OFF LIMIT/ 아이들이 5, 6인 둘러앉아/ 모닥불을 피우고 있다./ 아이들의 구기자빛 남근이/ 오들오들 떨고 있다./ 동국 한 송이가 삼백오십 원에/ 1류 예식장으로 팔려 간다.
> ― 김춘수, 「동국冬菊」

이 시에서 노래되는 것은 겨울 국화이다. 그러나 이 국화가 팔려 가는 배경은 미8군 후문이며, 그 문에는 '아이들의 구기자빛 남근'이 오들오들 떨고 있다. 이런 남근은 어린 생명의 위축, 나아가 능동적인 힘의 위축을 상징한다. 이런 이미지는 미8군을 전제로 새로운 해석이 가능하다.

납 Lead

납은 농사의 신이며, 토성을 의미하는 새턴과 관련되는 금속이다. 연금술의 경우 납을 내포한 흰 비둘기는 물질이 수용한 정신을 상징하지만 이 정신은 무거운 상태의 정신, 따라서 납은 병들어 무거워진 상태의 영혼이나 정신을 상징한다. 납은 질 낮은 금속으로 불투명한 신체, 신앙을 얻지 못한 상태, 변질을 상징한다.

> 새는 울어/ 뜻을 만들지 않고/ 지어서 교태로/ 사랑을 가식하지 않는다.// ―포수는 한 덩이 납으로/ 그 순수를 겨냥하지만/ 매양 쏘는 것은/ 피에 젖은 한 마리 상한 새에 지나지 않는다.
> ― 박남수, 「새」

이 시에서 납은 순수와 대립되는 이미지이다. 그러나 납은 순수 자체를 얻을 수 없고 '피에 젖은 한 마리 상한 새'가 암시하듯 희생된 순수, 파괴된 순수를 얻고 따라서 납은 병든 순수, 무거운 영혼과 동일시된다.

> 내가 먹는 빵은/ 쓰레기/ 입술이 없는 키스// 오 신음 머리칼// 바다 속에/ 들어 있는 장미/ 납 속에/ 들어 있는 바다
>
> — 이승훈, 「내가 먹는 빵」

이 시에서 내가 먹는 빵은 쓰레기(버려야 할 삶), 입술이 없는 키스(불구 혹은 병든 상태의 만남), 신음 머리칼(신음과 혼돈), 바다 속의 장미(의식할 수 없는 아름다움), 납 속의 바다(무거운 정신, 병든 정신이 숨긴 생명, 재생, 무의식)이다. 난 납을 먹고 살지만 이 납 속엔 바다가 들어 있고 따라서 납은 바다와 대립된다. 바다는 유동, 생명, 재생, 무의식을 상징하고 납은 멈춤, 정지, 죽음, 의식을 상징한다. 납 속에 바다가 있고 바다 속에 장미가 있다. 여기서 '바다'와 '장미'는 물질의 속성을 벗어나는 정신적 삶을 상징한다. 그런 점에서 납은 무거운 정신을 상징하고 이런 무거움 속에서 무거움을 뚫고 무거움과 함께 아름다운 정신 세계가 태어난다. '오 신음 머리칼'은 신음과 머리칼, 신음의 머리칼, 신음 혹은 머리칼 등 여러 수준에서 읽을 수 있다.

넓적다리 Thigh

넓적다리는 이집트 상형 문자 체계에 의하면 힘을 상징하는 바, 이는 넓적다리가 신체를 지탱하는 역동적 기능을 하기 때문이다. 이런 상징성이 발전하면 넓적다리는 견고성과 위엄을 상징한다. 특히 넓적다리는

남근과 동일시되어 창조력, 생식, 출산을 상징한다. 한편 넓적다리는 죽음을 상징하는 바 그것은 창조와 생명이 파괴와 죽음을 동반하기 때문이다.

> 가랑이 사이의 촛불은/ 청년의 종자를 데우고 노인의 종자를 굽는다/ 종자가 설레지 않으면/ 인간의 과일이 별들 속에서/ 무화과처럼 찬란하게 빛난다/ 초가 녹으면 그 털만이 나타난다.// 눈 뒤에 동이 튼다/ 머리와 발 끝의 양극에서 바람에 불리는 피는/ 바다와 같이 부드럽게 흐른다/ 울타리도 말뚝도 없는 하늘의 유성은/ 미소 속에 눈물의 기름을/ 점치는 지팡이를 향해서 분출한다.
> ― 딜런 토마스, 「태양이 빛나지 않는 곳에 빛이 돌입한다」

이 시에서 넓적다리는 '가랑이'로 표현된다. 시의 문맥에 따르면 가랑이 사이에 촛불이 있고 촛불은 청년의 종자를 태우고 노인의 종자를 굽는다. 그러니까 가랑이는 여성의 허벅지, 촛불은 남근을 상징하고 남근은 후반에 오면 '지팡이'가 된다. 요컨대 이 시는 섹스를 주제로 하고 '태양이 빛나지 않는 곳'은 여성의 성기, '빛'은 남근을 상징한다.

> 여인의 육체, 새하얀 언덕과 새하얀 허벅지,/ 알몸을 내맡길 때 그대는 어김없이 하나의 우주,/ 나의 우악스런 농부의 몸이 그대를 파헤쳐/ 대지의 밑바닥에서 아이가 튀어나오게 한다.// 나는 터널처럼 외로웠다./ 새들은 내 곁에서 날아가버렸고/ 밤은 맹렬한 기세로 내 안으로 파고들었다./ 살아 남기 위해 나는 그대를 무기처럼/ 다듬었다, 내 활의 화살처럼, 내 투석기의 돌처럼.
> ― 네루다, 「여인의 육체」

이 시에서도 허벅지(넓적다리)는 여성의 성기와 동일시된다. 그러나 여기서는 허벅지가 대지의 이미지인 '언덕'에 비유되어 '우주'가 된다. '우악스런 농부의 몸'은 '그대'를 파헤쳐 아이가 태어나게 한다.

그를 사로잡은 건/ 터진 입술로 웃던 삶/ 번개로 오던 사랑/ 그러나 떠나면 하아얀/ 재로 덮이던 사랑/ 출판사와 대학에서/ 고달팠던 삶/ 거대한 허벅지였던 삶/ 잡초였던 삶/ 해질 무렵 술집이었던 삶/ 꿀꺽꿀꺽 삼키던 삶/ 썩은 냄새가 나던 삶/ 그리스도의 추억이/ 펄럭이던 삶/ 그런 삶/ 안에서 죽어가던 삶

— 이승훈, 「이곳에서의 삶」

필자의 경우 허벅지는 '거대한 허벅지'이고 이 거대한 허벅지는 시의 문맥에 따르면 '그를 사로잡은 것', 말하자면, '터진 입술의 웃음', '재로 덮이던 사랑', '고달팠던 삶' 등과 병치됨으로써 견디기 어려운 삶, 공허, 심연 등 부정적인 의미로서의 힘을 상징하고 '거대한'이라는 관형어를 강조할 때 나(그)의 능력을 벗어나는 여성 혹은 그로테스크한 삶을 상징한다.

넝마 Rags and Tatters

넝마는 영혼의 상처와 균열을 상징한다. 넝마의 상징적 의미는 실제로 누더기 옷을 토대로 한다. 시의 경우 넝마는 다음과 같이 노래된다.

가난이야 한낱 남루에 지나지 않는다./ 저 눈부신 햇빛 속에 갈매빛의 등성이를 드러내고 서 있는/ 여름 산 같은/ 우리들의 타고난 살결 타고난 마음씨까지야 다 가릴 수 있으랴.// 청산이 그 무릎 아래 지란을 기르듯/ 우리는 우리 새끼들을 기를 수밖에 없다.

— 서정주, 「무등을 보며」

이 시에서 넝마, 곧 남루는 가난과 동일시된다. 그러나 여기서 가난은 영혼의 상처나 균열을 상징하지만, 이런 상처나 균열은 '우리들의 타고난 살결, 타고난 마음'을 가릴 수 없고 따라서 언젠가는 벗어 던져야 할 삶의 조건으로 노래된다.

노 Oar

고대 이집트에서 왕이 들고 있는 노는 왕권, 지배, 권력을 상징한다. 이때 노는 고대의 의식儀式에서 왕이 사원의 터를 둥글게 만드는 행위(노 젓기)를 암시한다. 일반적으로 노는 원초의 바다를 젓는다는 점에서 힘, 재주, 지식을 상징하고 나아가 창조적 사고, 원형으로서의 말, 모든 행동의 근원을 상징한다.

> 엘리자베스와 레스터/ 노를 젓는데/ 뱃머리는/ 붉은빛 금빛을 씌운/ 조개처럼—
> — 엘리엇, 「황무지 – 불의 설교」

이 시에서 노는 원형으로서의 말 혹은 모든 행동의 근원을 상징한다. 그것은 이 노가 불의 설교와 관계되기 때문이다. '붉은빛 금빛 뱃머리'는 신성을 상징한다.

> 이 밤의 재 속에／ 그는 노 젓는다／ 그가 노 저으면／ 밤은 더욱 커지고／ 밤이 더욱 커지면／ 그도 더욱 커진다／……／ 그러나 이 노가／ 희망인지 모른다／ 이 밤의 희망／ 이 밤이 있기 때문에／ 이 밤의 재 속에／ 희망이 있다
> — 이승훈, 「타자의 밤」

필자의 경우 노는 창조적 사고, 혹은 모든 행동의 근원을 상징한다. 밤(재) 속에 노를 젓는 것은 새로운 세계를 창조하기 위해서다. 그러나 노 저으면 밤(재)은 더욱 커지고 밤이 커지는 만큼 그도 커진다. 그러나 노가 희망인 것은 이런 노젓기에 의해 새로운 시간과 공간을 만날 수 있기 때문이다. 모든 행동의 근원에는 이런 노젓기가 있고 이런 노젓기에 의해 새로운 세계가 창조된다.

노랑, 노란색 Yellow

대체로 모든 색들이 그렇듯이 노란색 역시 상반된 두 가지를 상징한다. 하나는 따뜻하고 앞으로 나가는 느낌을 주는 밝은 노란색과 황금색으로 태양에 속하며 따라서 태양빛, 지성, 직관, 신앙, 선, 포용을 상징한다. 다른 하나는 차갑고 퇴행하는 느낌을 주는 어두운 노란색으로 배신, 반역, 질투, 야심, 허욕, 변절, 불신을 상징한다. 이들은 대체로 사물들의 분산 과정을 상징한다. 노랑은 전자에 포함되며 태양에서 연상되는 삶에의 조명, 직관, 사물들을 포용하는 힘을 상징한다.

'주역'의 5행[火水土木金]에서 노랑은 흙에 속하고 방위로는 중앙을 나타낸다. 한편 우리나라 풍습에서 노랑은 중요한 부분(병아리 배자胚子), 금, 번영(황금), 건강(대소변 빛깔), 구두쇠(노랑이, 엽전 빛깔), 재수(꿈에 똥을 밟다)를 상징한다. 유교에서 노랑은 임금(임금 옷은 곤룡포에 黃龍을 금실로 수놓다), 불교에선 신성, 부처(불상)를 상징하고 동양 문화에선 부귀, 권위, 명망(제왕), 정신의 성숙, 평화(잘 익은 곡식), 색정(황색 문학)을 상징한다.

나는 황금빛 국화를 사랑한다./ 서리를 업신여겨 빛나는 것을./ 홀로 서 있으니 늦은 것이 다시 좋아/ 외로운 꽃다움이 미약하다 뉘 이르랴./ 바람 서리 아무리 차고 매우나/ 그 위엄도 또한 두려울 것 없어라.

— 정포, 「영국詠菊」

고려 말기 문인 정포의 경우 노랑(황금빛 국화)은 권위, 고고함을 상징한다. 한편 다음 시에선 견고한 삶의 원리를 상징한다.

님은 갔습니다. 아아 사랑하는 나의 님은 갔습니다./ 푸른 산빛을 깨치고/ 단풍나무 숲을 향하여 난 작은 길을 차마 떨치고 갔습니다./ 황금의 꽃같이 굳고 빛나던 옛 맹서는 차디찬 티끌이 되어서 한숨의 미풍에 날아갔습니다.

— 한용운, 「님의 침묵」

노오란 네 꽃잎이 필려고/ 간밤엔 무서리가 저리 내리고/ 내게는 잠도 오지 않았나 보다

— 서정주, 「국화 옆에서」

서정주의 경우 노랑은 삶의 고난을 극복한 지혜, 선, 포용을 상징한다. 그러나 다음과 같은 시에서는 이런 의미가 변절되어 비탄, 분열이나 죽음을 뜻하게 되어 전통적 의미의 변화를 읽을 수 있다.

산수유꽃 노랗게/ 흐느끼는 봄마다/ 도사리고 앉은 채/ 도사리고 앉은 채/ 울음 우는 사람/ 귀밑 사마귀

— 박목월, 「귀밑 사마귀」

노란 꽃을 주세요 금이 간 꽃을/ 노란 꽃을 주세요 하얘져 가는 꽃을/ 노란 꽃을 주세요 넓어져 가는 소란을// 노란 꽃을 받으세요 원수를 지우기 위해서/ 노란 꽃을 받으세요 우리가 아닌 것을 위해서/ 노란 꽃을 받으세

요 우연을 위해서

— 김수영, 「꽃잎」

특히 김수영의 경우 노랑은 균열(금이 간 꽃), 애도와 죽음(하얘져 가는 꽃), 소란, 포용(원수를 지우기 위해서), 타자, 우연을 상징하는데 이런 의미들은 보편적인 상징보다 개인적인 상징에 속한다.

노인 Old Man

유대인들의 경우 노인은 신성한 궁전이나 은의 궁전 같은 신비로운 삶의 원리를 상징한다. 현대의 시각에 따르면 노인은 인간의 오래 된 지혜, 혹은 오랜 집단 무의식을 상징한다. 융에 의하면 노인에겐 특수한 능력이 있다. 한편 노인은 예정된 죽음, 지팡이를 짚고 있는 노인은 죽음의 신, 죽음을 상징한다.

쭈글쭈글한 노파는 그 귀여운 아기를 보자 마음이 퍽 기뻤다. 모두가 좋아하고 뜻을 받아 주는 그 귀여운 어린 아기는 노파처럼 이가 없고 머리털도 없었다.

— 보들레르, 「파리의 우울」

이 시에서 노인은 어린 아기와 대립되면서 동일시된다. '쭈글쭈글한 노파'는 예정된 죽음을 상징하고 '어린 아기는 노파처럼 이가 없고 머리털도 없다'는 말은 노파와 동일시되는 아기에 대한 반어적 풍자이다. 그러나 어린 아기와 동일시된다는 점에서 노인은 삶의 신비를 암시한다고 볼 수 있다.

농부 Farmer

▲ 밀레의 〈이삭줍기〉

농사는 씨앗, 봉오리, 꽃, 열매라는 신성한 세계와 관련될 뿐만 아니라 달력이 예시하는 우주적 질서를 따르고 그런 점에서 농사는 천상적 질서를 따르는 순환 운동을 상징한다. 또한 농부는 이런 순환 운동에 따라 '낡은 해'를 보내면서 '새해'를 맞이하는 농경적 의식儀式의 파수꾼이고 정신적 차원에서는 소생과 구원의 힘을 매개하는 촉매의 역할을 한다. 다시 말하면 농부는 시작을 종말과 결부시키는 바, 이는 계절의 순환을 동기로 하고 따라서 계기적으로 발전하는 시간적 질서가 용해된다. 농사는 원시 경제의 발전뿐만 아니라 인간의 우주적 인식에도 결정적인 역할을 한다. 엘리아데는 다음처럼 말한다.

곡식 속에서 인간이 본 것, 곡식을 취급하면서 인간이 배운 것, 씨앗이 땅 속에서 변하는 모습을 보고 인간이 배운 것은 인간의 삶에 결정적인 교훈을 주었다. …… 농경적 삶이 보여주는 낙관주의의 주요한 근거 가운데 하나는 씨앗이 지하에서 그런 것처럼 죽은 자들이 지상에서와는 다른 형태로 회생할 수 있다는 전역사적·농경적 신념에 있다.

절기에 가장 예민한 것이 농군이다. 풍증 있는 사람이 비 오면 미리 알 듯이 그들은 일자무식이라도 생리로 절기를 안다. 물소리만 듣고도 해빙머리의 물소리인지 여름철의 물소리인지를 용하게 구별하고, 풀 한 잎 나무 한 가지를 만져만 보고도 청명절이니, 곡우절을 알아맞힐 줄 안다. 갖은 짐승의 털만 보고도 못자리를 할 때인지, 갈보리를 심을 때인지를 짐작하고,

또 그것은 정확도 하다.

— 이무영, 『농민』

이 글에서 농부는 우주적 질서와 조화된 삶을 상징한다. 특히 '생리'로 절기를 안다는 말은 인간과 우주의 조화를 강조한다.

농민은 공격적이 아니다. 농민은 공격적인 본능을 '자연'이라는 영구한 적과의 싸움에 의해서 깨끗이 해소시키기 때문이다.

— 김동인, 『농민』

김동인의 경우 역시 농부는 우주와의 조화를 상징한다. 그러나 이 글에서는 인간과 자연, 인간과 우주의 조화보다 인간의 본능이 자연 속에 순화된 삶이 강조된다.

농사를 짓는 것은 마치 신이 우주를 창조하는 것과 닮은 데가 있습니다. 한 톨의 곡식 속에는 작은 우주가 잠들어 있는 까닭입니다.

— 이어령, 『떠도는 자의 우편 번호』

이어령의 경우 농사는 우주 창조에 비유된다. 그것은 '한 톨의 곡식 속에는 작은 우주'가 들어 있기 때문이다. 그런 점에서 한 톨의 곡식이 변하는 모습 및 순환 운동은 우주의 리듬을 따른다.

누나, 누님, 누이 Sister

누이는 어머니처럼 여성 이미지에 속한다. 여성은 융에 의하면 인간의 여성적 영혼(아니마)을 상징하고 그것은 인간의 남성적 정신(아니무스)과 대립된다. 영혼이 무의식에 해당한다면 정신은 의식에 해당하고 모든 인간은 이런 두 가지 정신 상태를 소유한다. 그러나 같은 여성이라도 어머니와 누이의 상징적 의미는 다르다. 어머니가 대지, 탄생, 비옥, 풍요, 무의식을 상징함에 비해 누이는 영혼의 친구, 공주나 미인으로서의 영감, 정신적 충만을 상징한다.

> 엄마야 누나야 강변 살자./ 뜰에는 반짝이는 금모래빛./ 뒷문 밖에는 갈잎의 노래/ 엄마야 누나야 강변 살자.
> ― 김소월, 「엄마야 누나야」

이 시에는 어머니와 누이가 함께 나오지만 그 상징적 의미는 크게 다르지 않다. 왜냐하면 시의 화자가 소년으로 되어 있고 '엄마야 누나야'라는 어조에서 두 이미지가 동일시되고 있기 때문이다. 이 시의 경우 어머니와 누이는 모두 도시 문명(아버지, 형)과 대립되는 자연, 모태, 고향을 상징한다. 그러나 좀 더 찬찬히 읽으면 누이는 영혼의 친구에 가깝고 어머니는 대지, 자연으로서의 모태에 가깝다.

눈 Eye

눈은 태양, 빛과 관련된다는 점에서 빛, 지성, 이성, 정신을 상징한다. 고구려 건국 신화인 동명왕 신화에선 밀폐된 방에 갇힌 유화柳花에게 햇살이 비친다. 그러나 이 햇살은 밀실을 엿본 하느님[天帝]의 아들 해모수의 시선이다. 이렇게 공격적인 시선에 의해 유화는 처녀성을 잃고 잉태하여 고구려 건국 영웅인 동명왕을 낳는다. 눈은 빛과 관계되고 눈으로 사물을 보는 행위는 정신적 행위, 특히 일체를 꿰뚫어 보는 신성神聖을 상징하고 나아가 전지全知를 상징한다. 이는 이집트인들이 말하는 '성스러운 눈'은 '성스러운 불 혹은 지성을 공급하는 사람'인 오시리스를 지시한다. 또한 이집트인들은 눈 혹은 그 중심에 있는 눈동자를 감싸고 있는 홍채를 '입 속의 태양'이라고 부른다. 초현실주의 화가 르네 마그리트는 그의 매혹적인 그림 속에서 태양과 입의 이런 관계를 보여주고 있다.

외눈은 두 개의 눈이 정상적이라는 점에서 인간 이하의 존재를 암시하고 외눈이 이마, 곧 눈들이 모이는 자리에 있다는 점에서 초인간적 능력을 상징한다. 또한 외눈은 파괴적인 괴물이 암시하듯 악을 상징하지만 반대로 각성의 눈은 하나로 열린다는 점에서 신의 눈, 영원의 눈을 상징한다. 중심에 눈이 있는 삼각형의 경우 눈은 만물을 꿰뚫어보는 능력을 상징한다. 일반적으로 인간의 눈은 두 개이고 서양에서는 오른쪽 눈이 태양, 낮, 미래를 상징하고 왼쪽 눈이 달, 밤, 과거를 상징하고 동양에선 반대이다. 눈이 세 개인 경우 세 번째 눈은 초인간적이거나 성스러운 세계를 상징한다.

이상의 의미들은 셋이라는 수의 상징과 관계가 있다. 셋이라는 수는 능동성, 중립성, 수동성을 암시하고 따라서 이런 의미는 창조, 보존, 파괴에 적용될 수 있다. 그런 점에서 두 개의 눈은 능동성/수동성, 창조/파괴를 상징하고 제3의 눈은 중립성, 보존을 상징한다. 한편 신체 여러 부분, 곧 손, 허리, 팔, 머리 등에 있는 눈 역시 사물을 투사하는 능력을 상징한다. 예컨대 눈이 인간의 손에 놓이면 이런 손은 사물을 투시하는 능력을 상징한다. 그러나 많은 수의 눈들은 양가적 의미를 나타낸다. 하나는 이런 눈들이 무수한 별들이 반짝이는 밤을 암시한다는 점, 다른 하나는 사탄이 여러 개의 눈을 지닌 존재로 재현된다는 점이다. 예컨대 어떤 그림에서는 악마가 온몸에 여러 개의 눈을 지닌 존재로 묘사된다.

융에 의하면 눈은 어머니의 젖가슴과 동일시되며 눈동자는 아이에 비유된다. 따라서 위대한 태양신은 다시 아이가 된다. 우리나라 풍습에서 눈은 이성(눈이 뒤집히다), 생명(눈을 감는다), 마음의 창(마음을 보여주다), 기氣(아이들의 눈싸움)를 상징한다.

그 어느 신호등이 반짝이는/ 진창과도 닮은 너의 눈은/ 네 불의 지분에 힘을 얻어/ 지옥 같은 힘을 던지고 있다./ 네 눈은 진창처럼 까맣다.
— 보들레르, 「요괴妖怪」

여기서 노래되는 것은 요괴, 곧 요망스런 마귀의 눈이다. 그 눈은 진창에 비유되고 지옥과 암흑을 상징한다. 한 마디로 악마적 파괴력을 상징한다.

나는 보기 위해서 태어났노라./ 보는 것은 나의 직분/ 탑 위에 올라 보면 세상은 내 마음에 찼어라./ 나는 멀리 본다. 또 가까이 본다. 달과 별을/ 산과 새끼 사슴을 —/ 자연은 모두 신의 영원한 장식이어라.
— 괴테, 『파우스트』

괴테의 경우 눈은 '세상을 마음에 가득 채우는 일'을 한다. 따라서 눈은 사물, 혹은 세상에 대한 이해를 상징한다.

나는 가리라 이 눈물 씻어 줄/ 그대의 마음속 눈으로 가리라./ 그 눈은 영원히 젊어 있어/ 내 혼 탄식의 생에서 구원하리.
— 모윤숙, 「그대 눈으로」

이 시에서 눈은 몸이 아니라 마음 속에 있다. 따라서 마음이 눈이다. 마음의 눈, 심안心眼은 사물을 보는 것이 아니라 영혼을 본다. 그런 점에서 눈은 신비, 영혼을 상징한다.

> 그때처럼 바람이 불고/ 뛰어나가 껴안으면/ 너는 말없이/ 커단 눈으로/ 나를 보는구나/ 오늘 저녁/ 창문을 때리는 너의 목소리/ 뛰어나가 껴안고 싶구나/ 세월이 흘러간 게/ 꿈만 같구나/ 저녁은 너무 짧고/ 세월도 너무 짧아/ 이 가슴 마르는구나
>
> — 이승훈, 「지난 시대의 사랑」

필자의 경우 눈은 '커단 눈', 곧 커다란 눈이 암시하듯이 커다란 빛, 활활 타는 불, 생명을 상징하고 한편 그 눈앞에 서 있는 존재를 삼키는 입, 심연이 된다.

님, 임 Lover

님은 사람 이름이나 명사 밑에 붙여 존경의 뜻을 나타내는 말이고 임은 사모하는 사람을 뜻한다. 그러나 어원을 살피면 15세기 표기로는 님이 먼저고 그후 임으로 변한다. 이때 님은 '주主'를 뜻하고 그 근원적 의미는 사람이다(서정범). 따라서 님과 임은 같은 의미이고 일반적으로 사모하는 사람, 임금, 연인, 애인을 의미한다.

> 님만이 님이 아니라 그룬 것은 다 님이다. 중생이 석가의 님이라면 철학은 칸트의 님이다. 장미화의 님이 봄비라면 마시니의 님은 이태리다. 님은 내가 사랑할 뿐만 아니라 나를 사랑하나니라. —나는 해저문 벌판에서 돌아가는 길을 잃고 헤매는 어린 양이 괴로워서 이 시를 쓴다.
>
> — 한용운, 「군말」

「군말」은 한용운의 시집 『님의 침묵』 머리말로 나온다. 여기서 님은 사모하는 사람, 사랑하는 사람만 님이 아니라 '긔룬 것', 곧 그리워하고 사랑하고 정을 두는 것 일체가 모두 님이다. 따라서 석가의 님은 중생이고 칸트의 님은 철학이고 장미의 님은 봄비이고 이탈리아의 혁명가 마시니의 님은 이탈리아다. 또한 님은 사랑의 대상이며 동시에 주체이다(님은 내가 사랑할 뿐만 아니라 나를 사랑하나니라). 말하자면 사랑은 서로 주고 받는 것. 그리고 한용운의 님은 '해저문 벌판에서 돌아가는 길을 잃고 헤매는 어린 양'이다.

다리Leg / 다리Bridge / 다이아몬드Diamond / 달Moon / 달팽이Snail / 담쟁이Ivy / 대추Jujube / 더위Heat / 도끼Ax / 도상Graphics / 도시City / 도장Seal / 독수리Eagle / 돌Stone / 동굴Cave / 동물Animal / 돼지Hog / 두꺼비Toad / 두루미, 학Crane / 들판Fields / 등불Lamp, Lantern / 똥, 대변, 배설물Excrement / 띠Belt, Band

다리 Leg

▲ 르누아르의 〈산책〉

다리는 일어섬, 걷기, 자리 잡기를 상징한다. 이런 상징적 의미는 발과 관련되며, 발과 다리는 모두 다른 동물들과 비교되는 인간의 형태, 곧 직립을 강조한다. 또한 다리는 축軸을 상징하며, 견고함과 광휘와 위엄을 상징한다.

네 힘줄 굵은 메마른 다리/ 화살 꼭대기라도 기어오를 줄 알아/ 백설과 가난을 무릅쓰고/ 미쳐 날뛰며 깡충깡충 춤춘다./ 네 다린 힘줄 굵어 메말랐다.
— 보들레르, 「요괴」

나는 차라리 고요한 해저를 어기적거리는/ 엉성한 게 다리나 되었을 것을
— 엘리엇, 「프러프록의 연가」

보들레르가 노래하는 것은 '요괴의 다리'로 '화살 꼭대기라도 기어오를 줄 알아'라는 시행이 암시하듯이 위로 올라감을 상징한다. 엘리엇의 경우 노래되는 것은 인간의 다리가 아니가 '게의 다리'이다. 해저海底, 바다 밑을 어기적거리는 다리는 인간처럼 제대로 설 수 없음을 상징한다. 말하자면 이 다리는 곧게 설 수 없을 뿐만 아니라 높은 곳에 있는 이상의 세계를 향해 올라갈 수 없음을 상징한다.

다리 Bridge

다리는 강의 이쪽과 저쪽을 연결하며 동시에 분리한다. 따라서 전자를 강조하면 다리는 이승과 저승, 차안과 피안, 신과 인간의 결합을 상징하고 후자를 강조하면 분리를 상징한다. 성 베르나르에 의하면 로마 성직자는 그 어원에 따를 때, 신과 인간 사이에 다리를 놓는 자를 의미한다. 이런 이유로 무지개는 자연스럽게 성직자를 상징한다. 이스라엘에서는 무지개가 창조자와 국민 간의 계약을 상징하고, 중국에서는 천상의 세계와 지상의 결합을 상징한다. 여러 문화 속에서 다리는 지각할 수 있는 것과 지각을 초월하는 세계의 연결을 상징한다. 이런 신비한 의미가 없는 경우에도 다리는 한 상태에서 다른 상태로의 전환, 혹은 변화나 그런 변화에의 욕망을 상징한다.

우리 민속에는 다리밟기(답교踏橋) 놀이가 있는 바 정월대보름날 다리를 밟으면 일 년 내내 액을 면하고 열두 다리를 밟아 건너면 열두 달 액을 면한다는 속설이 있다. 이런 점에서 다리는 액을 쫓는다는 의미가 있다. 사찰의 다리는 흔히 구름다리 형태이고 이는 속세와 불국佛國의 연결을 상징한다. 중국에서 다리는 만남을 상징하고 근대 서양에서 다리 건설은 문명을 상징한다.

> 다시는 피할 수 없는 심판을 앞에 두고 온갖 영위하는 자의 슬픈 포효를 속으로 지닌 채 영겁을 눈짓하는 다리의 습성에서//……/ 나는 시간의 위촉에서 벗어나 무한을 향해 손을 들어 본다.
> — 박양균, 「다리 위에서 1」

여기서 다리는 '영겁을 눈짓하는 다리의 습성'이라는 시행이 암시하듯 지상적 삶과 무한의 연결을 상징한다. 그것은 지상과 천상을 이어주는 매개의 이미지로 나타난다. '시간의 위촉에서 벗어나 무한을 향해 손을 드는' 삶이 특히 그렇다. 그런 점에서 다리는 지상과 천상의 성스러운 연결을 암시한다.

> 거리의 아우성에 기억을 잃어도/ 목교는 바래는 마음/ 아득히 잊은 여울을 기다리며/ 사뭇 낡아 가는데
> — 박태진, 「목교」

박태진의 경우에도 사정은 비슷하다. 다만 다른 점이 있다면 여기서는 다리가 지상과 천상의 연결이 아니라 바래는 세월과 그 속에 감추어진 '아득히 잊은 여울'을 잇는다는 점이다.

> 현대식 교량을 건널 때마다 나는 갑자기 회고주의자가 된다/ 이것이 얼마나 죄가 많은 다리인 줄 모르고/ 식민지의 곤충들이 24시간을/ 자기의 다리처럼 건너다닌다/ 나이 어린 사람들은 어째서 이 다리가 부자연스러운지를 모른다/ 그러니까 이 다리를 건너갈 때마다/ 나는 나의 심장을 기계처럼 중지시킨다/ (이런 연습을 나는 무수히 해왔다)
> — 김수영, 「현대식 교량」

여기서 노래되는 다리는 '현대식 교량'이라는 말이 암시하듯이 문명, 근대화를 상징한다. 그러나 김수영은 이런 근대화를 비판하는 바 그것은 우리 손으로 건설한 게 아니고 외국의 힘에 의존했기 때문이다. 그러므로 다리는 문명의 모순을 상징하고 우리는 '식민지의 곤충'이 된다.

다이아몬드 Diamond

　다이아몬드의 어원은 '빛나는 존재'를 의미하는 산스크리트어인 dyu이며, 이것은 빛과 광명을 상징한다. '견고한' 이라는 낱말의 어원은 그리스어로 '정복할 수 없는' 이라는 의미가 있다. 일반적으로 다이아몬드는 빛을 발하는 신비한 '중심' 을 상징한다. 다른 보석처럼 다이아몬드 역시 재물과 풍요를 상징하고 빛과 광명은 도덕적·지적 앎을 상징한다. 한편 불교에서 다이아몬드를 뜻하는 金剛은 『금강반야바라밀경』이 암시하듯 가장 단단한 지혜, 일체의 법을 파괴할 수 있는 힘, 단호한 결단, 곧 세상의 일체 고통과 번뇌를 끊는 결단을 상징한다. 반야는 큰 지혜, 바라밀은 '피안에 도달함'을 뜻한다.

　　브라질산 보석은 광택이 푸르렀지. 지중해가 듬뿍 들어 있는 것 같았어.
　　태양이 희롱할 때 푸르고도 푸른 지중해.
　　　　　　　　　　　　　　　　　　　　— 색, 「엘리」

　　오 아름다운 로렐라이/ 그대 눈짓에 빛나는 보석이여.
　　　　　　　　　　　　　　　　　— 아폴리네르, 「요희 로렐라이」

　다이아몬드를 직접 노래한 것은 아니지만 여기서 노래되는 보석은 한결같이 빛을 발하는 신비한 중심을 암시한다. 색의 경우 그 빛은 지중해의 푸른 바다와 관계되며, 아폴리네르의 경우 그 빛은 요희 로렐라이의 눈과 관계된다.

달 Moon

　차고 기울고 다시 차는 달의 순환과 여성의 생리적 순환, 곧 월경 사이에는 신비한 관련이 있다는 점에서 달은 여성 혹은 여성적 힘을 상징한다. 신라 신화에는 연오랑延烏郎과 세오녀細烏女 부부가 바위를 타고 일본을 건너가 왕과 왕비가 된다. 이들은 각각 해와 달의 정령精靈이기 때문에 그후 신라에는 해와 달이 빛을 잃는다. 신라왕은 신하를 보내 그들을 데려오게 하나 오지 않고 세오녀는 자신이 짠 비단을 주고 하늘에 제사를 지내게 한다. 신하가 돌아와 그대로 했더니 해와 달이 빛을 되찾는다. 또한 달의 표면이 주기적으로 변한다는 점, 곧 계속 모습을 바꾸기 때문에 탄생과 죽음, 부활, 재생, 생성의 세계를 상징한다.

　부계 사회가 모계 사회를 지배하게 되자 여성적 특성은 달에 귀속되고, 남성적 특성은 해에 귀속되었다. 따라서 하늘과 땅의 결혼은 해와 달의 결혼과 동일시된다. 오늘날은 시간을 측정함에 있어서 달의 리듬, 곧 달의 순환 과정이 태양의 리듬보다 더욱 효율적이라는 사실이 널리 알려졌으며 달은 또한 강우 곧 비를 분배한다. 따라서 달은 하늘과 지상을 매개하는 매개자의 역할을 한다. 달은 지상의 여러 국면들을 규정하고 결정하지만 자신의 동일성을 고집하지 않으며 오히려 순환하면서 자신의 형태를 수정하는 존재이다. 이런 변화는 계절, 인생의 과정에 상응하며, 달이 모든 생물학적 질서와 친밀한 관계를 띠는 것은 이런 사정 때문이다. 왜냐하면 달은 변화, 성장, 쇠퇴의 법칙에 종속되기 때문이다.

　달의 소멸은 인간의 죽음에 상응하며, 사람이 죽으면 달로 간다는 신화는 이런 사정을 동기로 한다. 따라서 달은 죽음의 땅이며, 혹은 죽은 자의 영혼을 수용하고 재생시키는 공간이 된다. 달은 운명적으로 모든 형상들을 흡수하고 그것들을 재창조한다. 플루타르크에 의하면 죽은 다음 육체는 지상으로 돌아가고 정신은 태양으로 돌아가고 영혼은 달 속에서 순화한다. 그런 점에서 달의 조건은 인간의 조건과 같다. 영원한 여성은 달 위에 서 있는 모습으로 묘사되며, 이는 영원의 세계가 변화와 전환의 세계임을 암시한다. 귀에논은 달 속에서 모든 형식들이 용해되며, 다시 우월한 상태(천상의 여신)와 열등한 상태(지옥의 여신)로 분리된다고 주장한 바 있다.

우주 질서 속에서 달은 태양의 복사물로 인식되지만, 달이 소멸한 경우에는 이 소멸이 모든 유성 체계에 생명을 불러온다는 점 때문에 달은 모든 별들에 영향을 끼친다. 태양으로부터 빛을 수용한다는 수동적 특성 때문에 달은 2라는 수의 상징적 의미, 혹은 여성적·수동적 삶의 원리를 상징한다. 달에 속하는 금속은 은이다. 달은 태양이 현상 세계의 활동에 책임을 지는 것과는 달리 신비한 자연의 세계로 안내하는 역할을 하고 따라서 신비를 상징한다.

연금술의 경우 달은 변화, 변덕, 여성적 원리를 상징한다. 달에서 읽을 수 있는 또 하나의 두드러진 특성은 달이 밤과 관계되고 창백한 빛과 관련된다는 점이다. 달이 밤을 암시한다는 점에서 달은 모성적이고 무의식적이며 양가적인 존재를 상징한다. 이런 양가성은 달(모성)이 보호와 위험을 동시에 내포하기 때문이다. 또한 달은 사물의 전부가 아니라 사물의 절반을 드러내기 때문에 창백한 빛과 관계된다. 이런 이유로 달은 정신적 삶이 지향하는 자기 부정과 태양이 상징하는 직관 사이에 존재하는 중간 영역을 상징한다.

슈나이더에 의하면 달의 형태가 보여주는 점진적 변화, 곧 둥근 원의 형태로부터 가느다란 실의 형태로 변하는 현상은 음악에서 악기를 구성하는 방법의 토대로 신비로운 형식의 시초이다. 다른 이론가들은 달의 형태가 악기의 형태에 영향을 주었을 뿐만 아니라 히브류와 아라비아의 알파벳에 영향을 주었다고 주장한다. 엘리아데에 의하면 모든 2원론의 토대는 달의 국면과 관계된다. 따라서 2원론은 역사적 조건이 아니라 달의 신화와 상징에 의존한다.

달과 관련되는 동물들은 양서류처럼 나타남과 사라짐의 부단한 교체를 보여준다. 갑각을 떠났다가 다시 갑각 속으로 들어가는 달팽이, 겨울에는 숨어 있다가 봄이면 다시 나타나는 곰 등이 그렇다. 달과 관련되는 사물들은 거울처럼 수동적이거나 다른 사물들을 반영하는 특성을 소유하며, 부채처럼 뒤바뀌는 표면이라는 특성을 소유한다. 여기서 유의할 점은 이런 이미지들이 모두 여성적인 특성을 보여준다는 점이다.

한국 민속에서 달은 농업과 관련된 풍요를 상징하고 달의 순환은 삶의 흥망성쇠, 영생, 재생을 상징한다. 한편 달의 차가운 느낌은 외로움, 고독, 소외를 상징한다. 불교에서 달 혹은 달빛은 불법佛法을 상징한다. 『月印千江之曲』과 『月印釋譜』는 부처님의 공덕을 찬양한 책이다. 천 개의 강에 비치는 달[月印]은 밝고 어디나 비치고 자신을 고집하지 않고 언제나 변하는 삶의 원리, 곧 불법을 상징한다. 고전 문학에서 달은 서정, 고독, 절개, 정한情恨, 평화를 상징한다.

> 달하 높이 돋으샤/ 멀리 비치오시라/ 저자에 녀러신고요/ 아아 진 데를 디디올세라/ 어느이다 노코시라
> ―「정읍사」

여인의 한과 기다림을 노래하는 백제 시가 「정읍사」에서 달은 여인의 마음을 상징하고 나아가 떠난 님을 보호하는 빛을 상징한다. 왜냐하면 이 달은 님이 저자를 다닐 때 진 데를 딛지 못하게 하며 무엇이나 다 놓고 오라는 여인의 마음을 암시하기 때문이다.

> 오오 우리 선조들이 조심스럽게 숭배하던 달/ 별들이 꽃다운 치장으로 그대를 뒤따르는/ 푸른 나라 높은 곳의 빛나는 궁전/ 내 늙은 셍티아 우리네 굴의 등불이여!
> ― 보들레르,「모욕당한 달」

보들레르의 경우 달은 숭배의 대상이 된다. 달의 숭배가 태양 숭배보다 더욱 보편적인 이유는 달에 의해 지상의 식물과 동물이 성장한다는 믿음 때문이다. 그러므로 이 시에서 시인은 달을 '등불'이라고 부른다.

> 달아 달아 밝은 달아/ 이태백이 놀던 달아/ 저기 저기 저 달 속에/ 계수나무 박혔으니/ 옥도끼로 찍어내고 금도끼로 다듬어서/ 초가삼간 집을 짓고/ 양친부모 모셔다가/ 천년만년 살고지고/ 천년만년 살고지고.
> ― 청양 지방 민요

이 민요에서 달은 '이태백이 놀던 달'이 암시하듯 지상적 삶의 한계를 벗어나려는 욕망을 상징하고 또한 그런 세계에서 영생하는 삶을 상징한다. 한마디로 여기서 달은 영원을 상징한다.

> 봄가을 없이 밤마다 돋는 달도/ 예전엔 미처 몰랐어요// 이렇게 사무치게 그리운 줄도/ 예전엔 미처 몰랐어요// 달이 암만 밝아도 쳐다볼 줄을/ 예전엔 미처 몰랐어요// 이제금 저 달이 시름인 줄은/ 예전엔 미처 몰랐어요.
> ― 김소월, 「예전엔 미처 몰랐어요」

이 시에서 화자가 남성이라면 달은 여성 혹은 여성 원리를 상징하고 화자가 여성이라면 달은 여성으로서의 자아, 곧 여성의 무의식을 상징한다.

> 순이 벌레 우는 고풍한 뜰에/ 달빛이 밀물처럼 밀려왔구나.// 달은 나의 뜰에 고요히 앉아 있다./ 달은 과일보다 향그럽다.// 동해 바닷물처럼/ 푸른/ 가을/ 밤// 포도는 달빛이 스며 고읍다./ 포도는 달빛을 머금고 익는다.// 순이 포도 넝쿨 밑에 어린 잎새들이/ 달빛에 젖어 호젓하구나.
> ― 장만영, 「달·포도·잎사귀」

장만영의 경우 달은 물, 특히 바다의 조수潮水와 관련되는 바, 이는 달의 인력에 의해 바다 표면이 주기적으로 올라갔다 내려왔다 하기 때문이다. 곧 밀물과 썰물 현상. 이 시에서 달빛은 밀물과 동일시되고 달에 의해 지상의 식물이 풍요로워진다. '포도는 달빛을 머금고 익는다'는 시행이 그렇다. 달은 지상의 식물과 동물을 자라게 하는 신비한 능력이 있기 때문이다.

달팽이 Snail

달팽이는 기어가는 나선형의 운동으로 인식되며 따라서 나선, 미궁, 지하 동굴을 상징한다. 한편 달팽이는 껍질에서 나왔다가 다시 껍질 속으로 사라진다는 점에서 변화하는 삶(달)을 상징한다. 물질의 형태를 연구하는 현대 과학에 의하면 달팽이뿐만 아니라 자연 속에 나타나는 나선형의 체계가 모두 우주의 운동을 표상하고 따라서 달팽이는 소우주의 운동을 상징한다. 한편 달팽이는 느리게 움직이기 때문에 느림, 게으름, 태만, 색욕을 상징하고 진흙을 먹기 때문에 타락을 상징한다.

> 낙엽의 장례식에/ 달팽이 두 마리가 가네/ 검은 껍질을 쓰고/ 뿔 옆에는 상장을 달고/ 저녁 나절에/ 몹시도 아름다운 가을 저녁에/ 그들은 가네/ 오호라 도착해 보니/ 벌써 때는 봄/ 죽었던 나뭇잎들이/ 모두 소생했으니/ 두 마리 달팽이는 너무도 낙담했네
> ― 프레베르, 「장례식에 가는 달팽이의 노래」

이 시에서 달팽이는 '낙엽의 죽음'과 대비되는 삶의 원리 혹은 운동을 상징한다. 낙엽이 죽음을 상징한다면 달팽이는 삶을 상징한다. 그러나 가을 저녁에 떠난 두 마리 달팽이가 도착한 것은 봄이다. 따라서 달팽이

는 느림, 게으름, 나태를 상징한다.

> 난 달팽이가 좋아/ 난 무우도 좋아/ 하얀 무우/ 버석버석 베어먹는/ 너의 입이 좋아/ 너의 코도 좋아/ 웃지 않는/ 너의 눈도 좋아/ 난 기차가 좋아/ 가을 기차는 더욱 좋아/ 너하고 떠나면 더욱 좋아/ 난 룸펜이니까/ 난 알코올 중독자니까
>
> — 이승훈, 「난 달팽이가 좋아」

필자의 경우 달팽이는 사랑의 대상으로 노래된다. 내가 좋아하는 것은 달팽이, 무우, 너의 입, 너의 코, 너의 눈, 가을 기차이고 이런 대상들을 사랑하는 것은 내가 룸펜이고 알코올 중독자이기 때문이다. 이런 사람은 달팽이처럼 하루 종일 집 속에 몸을 틀고 앉아 고독하게 살며 또한 고독이라는 껍질에서 나왔다 다시 껍질 속으로 들어간다. 그러므로 이 시에서 달팽이는 고독한 자아를 상징한다. 한편 시의 후반에는 '그런데 달팽이는 밤에/ 어떻게 사랑을 할까?'라는 시행이 나오고 그런 점에서 달팽이를 사랑하는 이유로는 달팽이의 생리학적 특성, 곧 자웅 동체라는 점도 지적될 수 있다.

담쟁이 Ivy

디오니소스 신이 담쟁이 잎으로 만든 관을 쓴다는 점에서 담쟁이는 신성神聖을 상징한다. 담쟁이는 담에 붙어 있다는 점에서 집착, 변함 없는 애정, 우정을 상징하고 끈질기다는 점에서 불사不死, 영원한 생명을 상징한다. 한편 담을 보호한다는 점에서 담쟁이는 여성 원리, 보호하는 힘을 상징한다.

> 얼음 얼어붙은 절벽 한가운데는/ 상록의 담쟁이덩굴을 뻗고
> ― 카로싸, 「죽음의 찬가」

여기서 담쟁이는 '얼음'이 상징하는 동결, 죽음의 세계와 대비되는 확장, 생명의 세계를 상징한다. 좀 더 부연하면 담쟁이는 죽음의 세계로부터 우리를 보호하는 여성 원리를 상징한다고 볼 수 있다.

대추 Jujube

모든 과일 속에는 씨가 있다. 과일을 세계에 비유하면 씨는 세계의 중심에 해당한다. 따라서 씨는 세계의 중심, 기원을 지향하는 인간의 욕망을 상징한다. 대추는 같은 과일이면서도 작고 단단하며, 붉은색으로 되어 있고 붉은색은 태양과 관련되는 '기원에의 향수'를 상징한다. 고대로부터 대추는 삶의 기원으로서의 태양, 조상에의 향수를 상징했다.

한편 대추는 열매가 많이 열린다는 점에서 풍요와 다산多産을 상징하고 우리 민속에서는 아들과 관계된다. 꿈에 대추나 대추나무를 보면 아들을 낳는다는 속설이 있다.

> 번창한 가지마다/ 자연의 염구인 양/ 주렁주렁 맺힌/ 푸른 대추 알맹이를―// 날마다 깊어만 가는/ 가을 바람 속에/ 핏빛처럼 붉게 익어가거니
> ― 오상순, 「대추나무」

이 시에서 대추는 '핏빛처럼 붉게 익어가거니'가 암시하듯 기원에의 향수를 상징하고 '주렁주렁 맺힌' 대추는 풍요를 상징한다. 이런 향수는 다음 글에도 나타난다.

대추는 향수를 불러일으키는 대낮의 등불.

— 이어령

더위 Heat

융의 경우 더위나 열은 성적 충동을 상징한다. 열을 재현하거나 단순히 열에 대해 말하는 것은 생물학적이거나 정신적인 차원에서 성숙이라는 상징적 의미와 관련된다. 태양을 전제로 할 때 열은 빛을 재현하는 직선과 파동의 선이 교체되는 양식을 취한다. 또한 열과 어조, 목소리, 빛깔, 계절 사이에는 대응 관계가 있다.

아 여름아, 너는 무슨 힘이 있기에 우리를 고생시키면서도 너를 좋아하게 만드는가.

— 베이커

베이커의 경우 더위, 곧 여름은 고통과 쾌락을 동시에 상징한다. 그것은 여름의 더위가 내적 성숙을 상징하고 내적 성숙은 고통과 쾌락을 동반하기 때문이다.

여름은 하나의 꽃다발, 시들 줄 모르는 영원한 꽃다발이다. 왜냐하면 그것은 언제나 자기 상징의 청춘을 취하고 있기 때문이다. 그것은 아주 새롭고 아주 신선한 봉헌물이다.

— 바슐라르, 「유년 시절을 향한 몽상」

사람들은 모두 더위에 괴로워하는데/ 나는 여름 해가 긴 것을 좋아하노라

— 소식

바슐라르의 경우 더위, 곧 여름은 '꽃다발'에 비유된다. 이런 이미지는 여름의 더위가 아름다운 청춘과 관련됨을 암시한다. 소식의 경우 여름의 더위는 고통이 아니라 즐거움을 상징한다. 이런 즐거움은 여름날 해가 길다는 사실을 동기로 하는 바, 긴 해는 만물의 성숙을 촉진하며, 동시에 만물의 성숙은 시인의 내적 성숙과 대응 관계에 있게 된다.

도끼 Ax

도끼는 전통적으로 권력을 상징한다. 도끼는 나무를 쪼개거나 패는 연장이지만, 신무기가 발달되기 전에는 싸움의 도구로도 사용되었다. 나무를 패는 경우도 그렇지만 싸움의 경우 도끼는 힘, 권력을 상징한다. 고대의 전설, 민담, 신화 등에는 도끼가 나무꾼의 도구로 묘사되었으며, 나무가 신성의 세계를 상징한다면 나무를 해치는 도끼는 신성의 희생을 의미한다. 또한 도끼가 보여주는 원추형이 신성을 상징한다는 점에서 도끼는 신성한 힘을 상징한다.

도끼는 태양과 관련되어 힘, 권력, 번개를 상징하고 양날을 가진 도끼는 하늘의 신과 대지의 여신의 결합을 상징한다. 불교에서 도끼는 삶과 죽음의 순환의 고리인 윤회를 끊는 힘을 상징한다. 우리 민속에서 도끼는 사기邪氣를 물리쳐 임신하지 못하는 여인에게 임신하는 힘을 주고 번개, 천둥과 관련된다.

뿔과 뿔 사이의 처량한 박치기다 서로 몇 군데/ 명중되었다 명중될 때마다 산 속에서 아름드리/ 나무 밑둥에 박히는 도끼의 소리다.// 도끼 소리가 날 때마다 구경꾼들이 하나씩/ 나자빠졌다.// 연거푸 나무 밑둥에 박히는 도끼 소리.

　　　　　　　　　　　　　　— 김종삼, 「피카소의 낙서」

　이 시에서 도끼는 투우 장면과 오버랩된다. 소의 뿔은 일반적으로 음악과 희생을 상징한다. 여기서 두 마리 소의 뿔이 부딪치는 소리를 '나무 밑둥에 박히는 도끼의 소리'에 비유하는 것은 이런 사정과 관계가 있다.

　　화장한 문둥이 얼굴을 들고/ 미소짓는 자본주의의 밤에// 붉은 등 싱싱한 정육점에 걸려 있는/ 늙은 창녀의 고깃덩어리/ 피를 흘린다// 도끼를 삼키는 물렁한 상처들

　　　　　　　　　　　　　　— 최승호, 「적신」

　최승호의 경우 도끼는 희생을 강요하는 권력을 상징한다. 시인은 밤의 정육점에 걸려 있는 고깃덩어리에서 늙은 창녀를 연상하고, 다시 고깃덩어리(창녀)를 밤의 정육점에 걸리게 한 도끼를 연상한다. 그런 점에서 도끼는 순수한 삶의 희생을 강요하는 권력이나 사회의 악을 상징한다.

도상 Graphics

　도상적 기호들의 목록은 수없이 많다. 이런 도상들이 암시하는 상징적 의미는 다른 어떤 이미지들보다 풍부하다. 왜냐하면 이런 기호들은 분명한 의미를 표현하려는 의도에서 그려지기 때문이다. 이 분야를 연구하는 학자인 레흐너가 다양한 문화와 시대에 걸쳐 수집한 이런 기호는 6만 개 정도가 된다. 많은 도상들은 동양 문화에 나타나는 것처럼 신비한 형식 원리를 보여준다.

인도인들에 의하면 아름다움은 외적 세계가 아니라 내적·정신적 태도가 투사된 세계이다. 이런 미의식은 방향, 질서, 배열, 혹은 수의 구성 같은 다른 형식들의 경우에도 적용된다. 독일 신비주의자들에 의하면 이런 형식들은 정신을 표현하려는 의도의 산물이다. 따라서 이 세상에 순수한 형식이란 존재하지 않고 모든 형식은 실체와 운동을 나타내며, 기호로 드러난다. 일반적으로 다음과 같은 원리가 도상의 상징적 의미를 생산한다.

- • 통일성과 기원
- — 수동적 정태적 원리
- | 능동적 역동적 원리
- □ 4요소로 된 물질성과 수동성
- ◇ 4요소로 된 물질성과 능동성
- ✧ 두 대립 원리의 상호 작용에 의해 일반화된 물질
- △ 3요소로 된 중립성과 계기성
- △ 3요소로 된 진보성(수직의 축이 넓다)
- ▽ 3요소로 된 퇴행성(위와 대립)

이런 도상의 해석은 교감의 이론에 토대를 둔다. 이상의 원리는 전역사적인 시대로부터 오늘에 이르기까지 부적, 별표로 된 부적, 기타 성스러운 기호들을 만드는 데 토대가 되어 왔다. 이런 원리로부터 인습이 아니라 내적으로 결합된 '공통된 리듬'에 토대를 둔 일정한 형태, 표상, 깃발, 방패꼴 무늬, 징표, 메달 등이 생산된다.

- + 4요소로 된 정신성과 중립성
- † 4요소로 된 정신성에 작용하는 더욱 높은 단계의 3요소
- ↓ 위와는 반대로 열등한 3요소에 작용하는 정신적 4요소
- × 4요소로 된 정신성, 능동성, 역동성
- ∗ 8각형과 등가 관계에 있는 중립성에 작용하는 정신적, 능동적 8요소
- ▱ 두 개의 3각형으로 나누어진 4요소로 된 물질성

- ✡   서로 혼용되는 두 개의 3각형
- ○   무한, 우주, 전체

슈나이더가 설명하듯이 도상의 상징은 통합이나 요약보다는 단순히 기억시키는 힘을 소유한다. 그에 의하면 나선형, 만자(卍)형, 중심에 점이 있는 원, 초승달 모양, 이중으로 된 시그마(§) 등은 매우 다양한 철학적, 연금술적 천문학적 정보들을 전달할 뿐만 아니라 이런 도상들은 이상 세 가지 정보들이 공급하는 것들을 단일한 상징의 수준으로 환원시킬 수 있는 길을 연다.

- ⊙   무한의 중심 – 최초의 원인 혹은 발산
- ⊖   상부 세계와 하부 세계의 일반적인 운동
- ⊕   우주 속의 정신적인 4요소
- ⓵   우주 속의 3요소 – 총체성 속에서의 정신적 원리
- ◌   우주 속의 4요소 – 총체성 속에서의 물질적 원리
- ⊗   총체성 속의 두 개의 4요소 – 정신성과 물질성
- ⊕   우주 속에서 3각형에 의해 영향받는 4요소 – 총체성 속에서의 구성 원리
- ☆   감각적, 인류학적 원리

어떤 기호가 대등하거나 비슷한 의미들을 소유하는 경우 그것은 그 기호를 지배하는 '리듬 – 상징'을 중심으로 하는 관념과 의도를 함축한다. 슈나이더에 의하면 이런 점이 장식적인 예술로 불리는 고대 예술의 지배적 양상 가운데 하나이다. 도상의 상징에 의해 영향을 받은 것들로는 신화의 초상, 천문학, 점성술, 연금술, 마술적·원시적 신비주의, 종교, 징후, 가공적 초상, 괴물, 장식, 다양한 사무용 기호, 화폐, 도자기의 무늬 등이 있다.

이상의 기호 외에 다음과 같은 것들을 첨가할 수 있다. 예컨대 알파벳, 표의 문자, 표상 문자, 만다라 등은 켈트족과 앵글로색슨족과 북유럽의

장식 예술에서 알 수 있듯이 추상 회화를 포함하는 도상적·예술적 구성물들과 함께 모호한 의미를 드러낸다. 이런 점을 좀 더 설명하기 위하여 여러 건축물의 돌에 새겨진 기호들을 고찰하기로 한다. 여러 유형의 표시들을 모아 이들이 환기하는 비밀스런 의미를 유형화하면 다음과 같다.

그것들은 첫 문자나, 아나그람(글자 바꿈 수수께끼, time을 바꿔 써서 emit으로 하는 것), 수로 표시되는 천문학적이고 마술적이고 신비한 기독교적 기호들, 결합을 암시하거나 집단을 암시하는 표시들, 혹은 걸물(傑物)이나 민족이나 종족, 후원자 등을 암시하는 표시들로 나누어진다.

장식물의 경우 그리스식 격자 세공, 파상선, 나선형, 다양한 리듬의 선회, 시그마, X자 형태, 지그재그(Z)형, 다이아몬드 형태, 원, 타원형, 화살 형태, 3각형, 만자(卍)형 등의 상징적 의미는 '우주적 배경'을 토대로 한다. 왜냐하면 이것들은 모두 자연의 힘이나 우주를 형상하는 네 가지 기본 요소를 내포하기 때문이다. 예술의 역사를 탐구하는 학자들은 시대와 인종적·문화적 편견에 따라 다양한 해석을 내리고, 어떤 학자들은 상징의 자율성 원리에 관심을 두지 않기도 하지만, 대체로 위의 도상들은 태양 상징이 아니면 폭풍과 하늘의 상징으로 집단화된다.

여기서 유의해야 할 중요한 사실은 모든 형식들이 보여주는 상징적 의미가 신성의 세계와 관련된다는 점이다. 중국인 복희씨는 『주역』에서 우연 속에는 수없이 많은 기하학적 요소들이 존재한다고 말한다. 이런 주장은 형식의 상징적 의미를 강조하는 세계관을 암시한다. 곧 특수한 존재의 상징적 의미는 점괘로 암시하며 하나의 형태를 수없이 많은 구성 요소로 분열시키고 그 상징적 의미는 수와 그 수가 암시하는 공간에 의해 결정된다. 이런 중국인들의 신념을 프레이저는 다음처럼 설명한다. '한 도시의 운명과 생명은 그 형태에 의해 영향을 받기 때문에 도시의 운명은 그 형태와 아주 유사한 사물의 특성에 따라 변화한다.' 그리고 그는 중국의 경우 오래 전에 그 윤곽이 잉어의 형태로 된 마을이 있었던 바, 이 마을은 주변에 있던 어망 형태로 된 마을로부터 자주 약탈을 당했다는 점을 들고 있다.

융은 도상, 기하학적 도식, 숫자 등이 양적 개념을 중심으로 구성된다는 점에 관심을 두었지만 그가 탐구한 결과들을 체계적인 이론으로 정립하지는 않았다. 예컨대 그는 숫자와 형태의 관계가 요소들의 양에 의존할 뿐만 아니라 그들이 보여주는 개별적 형태와 방향에 의존한다고 말한다. 왜냐하면 방향은 균열이 그런 것처럼 양적 인자에 영향을 주기 때문이다. 이런 명제의 보기로 그는 다음과 같은 사실을 들고 있다. 중심에 있는 Y형태의 기호가 분열되면서 각 요소들의 통일체가 나타난다. 따라서 이 통일체는 세 개의 방향을 취한다.

그에 의하면 또한 비정상적인 4각형 구조는 그것이 강조하는 축의 방향에 따라 상징적 의미가 다르다. 만일 수평선이 지배적이라면 이 4각형의 구조는 합리적 지성의 탁월성을 상징한다. 그러나 이와는 달리 수직선이 지배적이라면 그것은 정신의 비합리성을 상징한다. 네 요소가 결합되어 통일체를 이루는 기로, 곧 십자가나 입방체는 4라는 수와 1이라는 수의 결합, 곧 입방체와 원, 혹은 십자가와 원의 결합을 통해 표현된다. 이때는 두 개의 서로 교차하는 직경과 주변의 관계가 중시되고 그 중심이 이른바 '신비한 중심'이 존재하는 작은 원을 내포하기 때문이다. 이것은 중심이 상징하는 '원초적 하나'를 상징하며, 그로부터 세계가 재현되는 방식, 곧 천국에 있는 '우주수'(우주-나무)의 하단에서 네 개의 강물이 흘러나오듯이 네 개의 선이 방사되는 방식을 표현한다. 그리고 이 네 개의 선은 입방체의 모서리를 부드럽게 흘러가는 원의 운동을 통하여 주변의 세계와 하나가 된다. 이때 입방체의 모서리는 현상계가 보여주는 전환성과 다중성을 상징한다.

이런 형태에 X형 십자가를 첨가하면 수레의 형태가 되고 이 수레는 중심과 변화의 순환을 암시하는 가장 일반적인 상징이 된다. 원과 입방체의 관계가 보여주는 중요성은 매우 특수하다. 세속적인 생산물도 그렇지만 종교적·상징적 예술은 원과 입방체를 결합하는 매우 다양한 형식을 보여준다. 그러나 여기서는 종교적 상징에만 논의를 국한시키기로 한다. 서로 무관하지만 동일한 결과를 생산하는 두 경우가 있다.

첫째로 이른바 '라오스의 5각형', 곧 5각으로 된 별의 형태를 들 수 있다. 이것은 중심에 작은 입방체를 소유하는 하나의 입방체로서 그 각도 속에는 네 개의 원이 있으며, 각각 네 개로 분할된다. 둘째로 스페인의 부르고스 가까이에 있는 카루트 교단의 사원에 있는 '제단 위에 있는 돌 선반'을 들 수 있다. 이 선반 역시 비슷한 유형으로 배열되어 있다. 그러나 그 결합 양식은 매우 다르다. 그러나 이런 형상들의 심층에 존재하는 논리적 · 상징적 의미는 매우 강하다. 이른바 '두 세계'의 내밀하고 집중적인 관계를 표현하는 우주적 질서의 추상적 이미지를 강조할 때, 입방체는 지상을, 원은 하늘을 상징한다. '방사되는 중심'과 관련되는 형상들은 정신의 궁극적 운명, 곧 완성이라는 신비한 관념을 상징한다.

이런 사실을 토대로 융은 별, 장미, 연꽃, 구심적 원, 중심점이 보이는 원 등의 형태 속에서 원과 입방체의 결합이 개성화individuation 과정의 최후 단계를 상징한다고 주장한다. 여기서 말하는 개성화 과정은 이른바 1(완벽함)의 세계를 성취하기 위하여 비정상적인 형태로 재현되는 불완전한 정신, 곧 괴물과 야수로 재현되는 악의 세계인 지상적 욕망이 제거되고, 단테가 그의 『신곡』에서 기술하고 있는 것 같은 천국에서의 비전을 소유하게 되는 과정을 의미한다.

형태의 심리학에 대해 융이 내리는 또 다른 결론은 다음과 같다. 내적 충동을 의미하는 십자형과 4각형은 대립성을 상징하며, 원은 이런 충동이 위로 상승하는 과정을 상징한다. 두 상징이 정확히 쌍의 형태로 나타나는 경우에는 전체성을 상징하지만 두 상징이 서로 대립되는 방향에서 마주하는 경우에는 전체성에 대한 동경, 모든 공간을 정복하려는 욕망을 상징한다. 왼쪽 방향은 의식과 미래를 상징한다. 융은 그 보기로서 같은 방향으로 날아가는 두 마리의 독수리 그림을 들고 있다.

도상의 구성과 그 상징적 의미에 대해 살피면서 우리가 관심을 두어야 하는 것은 이런 구성이 처음에는 장식적이었다는 점이다. 예술가들은 어떤 공간과 만날 때 그 공간을 채우려 하며, 질서, 균형, 논리, 명료성에 의해 이런 욕망을 성취한다. 그러나 인간의 예술적 충동은 우주적 의미를 표현하려는 욕망 다음에 나타나며, 따라서 미의 창조나 미적 쾌락의 창조라는 예술 개념에 앞서 나타나는 것은 정신 상태를 증명하거나 정신 상태를 기호화하는 현대적 예술 개념(추상 예술)이고, 이는 예술가들의 최초의 충동이 상징적 의미를 표현함에 있다는 견해를 암시한다.

전통적 이론에 따르면 예술 속에 보이는 균형적 형태는 인간의 여러 신체 기관들이 보여주는 짝으로 된 균형을 반영하며, 궁극적으로는 인간의 신체가 양측으로 균형을 이루고 있다는 사실을 반영한다. 이런 균형적 형태는 예컨대 중세 로마네스크 미술이나 고딕 미술에 나오는 북, 혹은 방패와 투구의 무늬 속에 나타난다. 그러나 이런 기원이 수용되지 않는 경우 균형을 강조하는 예술은 단순한 해부학적 투사에 지나지 않고, 자연에 대응하거나 자연과 유추적인 관계에 있거나 혹은 자연과 대칭적인 관계에 있는 경우에만 그 원초적 정당성이 확인된다.

양측에 두 팔이 있고 머리가 달린 신체를 소유한 존재는 중앙이 중시되며, 이 중앙을 토대로 2차적인 두 개의 형태가 양측에 놓이는 질서를 지향한다. 지식이 체계화되지 않았고 어떤 경우든 효율적으로 살아야 할 필요성에 항상 쫓기고 있던 구석기 시대에는 이런 기본적인 개념이 나타나지 않는다. 이런 개념이 나타나게 된 것은 역사의 새벽, 그러니까 신석기 시대 후반부터 청동 시대에 걸치는 기간, 곧 B.C. 5000년부터 3000년에 이르는 기간이다. 따라서 이 시기에 문화적 요소들이 처음 나타나면서, 결정적인 발전 단계에 도달한다. 인간이 생명의 일반적인 구성 양식들을 알기 전에는 생명의 구체적인 현실성을 도상으로 나타낼 수 없었으며 특히 바람처럼 구체적인 형태를 소유하지 않는 존재들은 도상으로 나타낼 수 없었다. 이런 존재들의 구체적 현실성은 불이 불꽃으로 간주되고, 물이 파동의 연속으로 간주되며, 비가 눈물과 비슷한 것으로 여겨지고, 번개가 Z형으로 간주될 때 비로소 확인되었다.

 물론 원시 문화나 우주 생물학적 문화 속에서 발견되는 기호들은 말할 것도 없고 모든 그림이나 도상의 기원이 이런 사실을 동기로 한다거나 혹은 유사한 형태론적 발전 과정을 보여준다고 주장하려는 것은 아니다. 여기서 우리는 다음과 같은 이미지들을 분별하지 않으면 안 된다. 첫째로 그림이나 회화에 나오는 사실적 · 모방적 이미지들이 있으며, 둘째로 주어진 초상의 외적 형식과 동시에 내적 · 율동적 의미를 탐구하는 도상적 · 모방적 이미지들이 있으며, 셋째로 흔적으로부터 동물의 기호를 추상하는 순수한 율동적 이미지들이 있다.

 슈나이더가 관찰한 바에 의하면 아직 문화로 분명하게 확립되기 전 단계인 중간 단계의 문화 속에는 동물 상징이 육체적 형태를 재현하는 게 아니라 그 동물의 운동이 보여주는 율동적인 선을 재현한다. 또한 그에 의하면 어떤 지방에서는 동물 상징이 우주를 형성하는 네 요소 가운데 하나에 적용된다. 따라서 파동의 리듬에 비교되는 개구리의 다리는 그 율동적인 운동을 토대로 상징성을 획득한다.

 이런 율동 개념은 무한한 가능성을 소유하는 바, 마침내 정신의 빛이라는 개념에도 적용된다. 모든 인간은 자신의 고유한 리듬, 곧 율동을 소유한다. 이와 똑같이 모든 문화 역시 자신만의 율동을 소유한다. 스타일이나 인간적 특성이라는 것도 결국은 리듬의 표현에 지나지 않는다. 바진Bazin이 『예술의 역사』에서 주장한 바에 의하면 추상 예술은 인간적, 개인적, 집단적 영혼이 숨기고 있는 본질적 리듬을 밖으로 표현하려는 시도에 지나지 않는다.

 결국 도상들이 환기하는 의미를 확정하기 위해 우리는 다음과 같은 요소들에 유념하지 않으면 안 된다. ⑴ 도상과 우주적 존재들의 유사성, ⑵ 그 형태가 개방적인가 폐쇄적인가, 정상적인가 비정상적인가, 기하학적인가 생물학적인가의 문제, ⑶ 형태를 구성하는 요소들의 수와 그 수의 상징적 의미, ⑷ 역동적 잠재성과 그 운동을 재현하는 지배적 리듬, (5) 공간적 배열 혹은 상이한 공간들의 처리, (6) 부분들의 비례, (7) 도상의 색깔 등이 그것이다.

(1)의 경우는 그 의미의 영역이 매우 넓고 또한 명료하기 때문에 새삼스런 언급이 필요 없을 정도이다. (2)의 경우 형태의 의미가 그에 상응하는 기하학적 상징에 의존한다는 사실은 위에서 살펴본 그대로이다. (3)의 경우 형태를 구성하는 수는, 예컨대 일곱 개의 점으로 된 별의 의미가 별의 형태 못지 않게 7이라는 수가 암시하는 상징성으로부터 나오는 것처럼, 형태에 대한 2차적 고찰을 강조한다. (4)의 경우 우리는 이미 도상과 동물의 운동이 맺는 관계에 대해 살펴보았다. 예컨대 그리스 격자무늬, 그네가 유행한 다음 나타나는 부러진 직선의 형태는 흔히 지상을 상징하며, 파동의 선은 공기를 상징하며, 파도, 혹은 일련의 불완전한 나선형은 부러진 직선과 동일하게 물을 상징한다. 이때 물은 불과 관계되는데, 그것은 불꽃이 보여주는 3각형의 형태 때문이다. (5)의 경우 수직의 축은 도덕과 에너지를 암시하며, 수평의 축은 먼저 왼쪽은 회상을 상징하는데 왼쪽이 무의식, 암흑과 연결되는 이른바 '기원'의 영역을 나타내기 때문이다. 다음 바른쪽은 결과를 상징한다. 따라서 왼쪽이 아래를 지향하고 바른쪽이 위를 지향하는 선은 전락을 의미하는 게 아니라 상승을 의미한다. 그리고 역도 진리이다.

이런 이유 때문에 서로 가로지르며 대립하는 두 개의 선으로 전락과 상승을 재현하는 성 앤드류의 교차로는 이상 두 개념의 상호 혼융을 상징한다. 하나의 중심이 이중의 균형을 수반하는 이런 형상은 두 가지 상징적 의미를 나타낸다. 첫째로 이런 형상 속에서 율동적 운동은 내부를 지향하며, 이것은 집중과 공격을 암시한다. 그 보기로는 중심을 향해 불고 있는 네 개의 바람이라는 고전적 상징을 들 수 있다. 둘째로 이런 형상 속에서 리듬은 중심으로부터 네 개의 기본적 점을 향해 분출되며, 그것은 '전체성'에 대한 방어를 암시하며, 4각형과의 관계는 석기 시대 문화에 나타나는 4라는 원형을 함축한다.

빛을 방사하는 형상은 분산, 성장, 선회를 상징한다. 또한 모든 선들이 이런 형태의 속성에 첨가되는 의미, 곧 교통과 결합의 수단이라는 사실에 유념하지 않으면 안 된다. 이런 이유로 모든 형상은 그들이 접촉하는 영역의 본질과 연결된다. 이 세상에는 도상을 지나치게 장황하고 미시적으로 연구하는 이론가들이 있다. 예컨대 엘리 스타는 수평적으로 교차하면서 상승하는 선이 보여주는 다양한 형태를 검토하는 바, 위를 지향하는 선이 능동적 원리와 연결되며, 수평선은 수동적 원리와 연결된다는 단순한 개념을 따르고 있다. 그에 의하면 직선은 언제나 능동성을 표현하고 곡선은 언제나 수동성을 표현한다.

시선을 돌려 이제는 성좌와 관련되는 도상들에 대해 살펴보기로 한다. 이런 기호들에 대한 현대적 관점은 알파벳의 근원이 성좌들에 있다는 이론을 지지한다. 젤링거에 의하면 위대한 곰, 이른바 대웅좌는 결합, 연결, 혹은 지식의 항목들을 재현하는 기호의 근원이 되며, 쌍자궁은 8이라는 숫자와 H라는 문자를 환기한다. 또한 그에 의하면 태양의 주위를 도는 별들의 영원한 순환 법칙, 혹은 지구의 자전이 이른바 만자(卍)형을 환기한다. 중국의 음양 기호는 혼돈의 세계를 대립적인 형태로 만들며, 중심을 가로지르는 수평선에 의해 세계를 드러나게 한다. 끝으로 그에 의하면 태양, 달, 그리고 이들의 교차를 나타내는 기호는 세 가지 법칙들이 결합됨으로써 헤르메스 신을 표상하는 도상을 생산한다. 그는 더 나아가 음양의 기호, 양쪽에 날이 있는 도끼 같은 이중적 균형으로 된 형식과 교차 형식 사이에 유사성이 있다는 사실에 유의한다.

바일레이에 의하면 세 개의 원 혹은 세 개의 클로버 잎과 이와 유사한 형상들은 이른바 3위1체를 상징하며, 여러 선이 교차되는 미궁은 불가사의를 상징하며, 수레바퀴는 변화의 심층에서 이 세계를 움직이는 힘과 순환을 암시하는 태양을 상징한다.

수없이 많은 변형을 내포하는 교차의 상징적 의미를 살피면서 우리는 그 의미가 교차되는 선들의 방향, 그리고 이 방향이 의미하는 율동적 방향에 의존한다는 점을 강조할 필요가 있다. 그 방향은 구심적 교차, 원심적 교차, 중립적 교차, 선회적 교차 등으로 나타난다. 위에 열거한 원칙들에 따를 때 우리는 단순한 기하학적 형상으로 환원될 수 없고 그 구성 요소들의 결합만으로는 설명될 수 없는, 매우 복잡한 유형들을 보여주는 별들 및 이와 유사한 표시들의 상징적 의미를 설명할 수 있다. 예컨대 연금술의 경우 안티몬을 표상하는 기호는 그 미덕과 능력으로 활성화되는 지적인 '영혼'을 상징하는 바, 그것은 원 위에 십자가가 놓인 형태로 되어 있다. 식물의 '영혼', 혹은 생리학적 세계를 지시하는 '초록'의 기호는 원 속에 새겨진 십자가의 형태로 되어 있다. 본능적 행위나 열악한 충동을 재현하는 비너스의 기호는 원 아래 십자가가 놓이는 형태로 되어 있다.

간단히 말해서 모든 도상의 상징적 의미는 제멋대로 설명되는 것이 아니다. 그 의미는 단일한 하나의 점으로부터 발전해서 더욱 복잡한 형식, 곧 그 속에서 형태, 리듬, 양, 위치, 질서, 방향 등이 모두 그 도상을 설명하고 정의하는 데에 도움을 주는 그런 복잡한 형식으로 확장하는 하나의 체계에 종속된다.

> 임의의 반경의 원(과거 분사의 시제)/ 원 내의 일점과 원 외의 일점을 결부한 직선/ 2종류의 존재의 시간적 영향성/ (우리들은 이것에 관하여 무관심하다)/ 직선은 원을 살해하였는가
> — 이상, 「이상한 가역 반응」

이 시에서 '임의의 반경의 원'은 반경이 임의로 된 원이라는 의미이며 이 원이 과거분사의 시제로 인식되는 것은 임의의 반경의 원이 과거 어느 때에 이미 있었음을 의미한다. '2종류의 존재'는 '원'과 '선'으로 표상되는 존재로 이상의 시에서는 원이 여성, 선이 남성을 상징하는 수가 많다. '직선은 원을 살해하였는가'는 성적 이미지이다. 여기서 도상은

원과 선이 기본을 이루며 그 만남은 여성과 남성의 성행위를 상징한다.

△은 나의 AMOUREUSE이다/ 나는 하는 수 없이 울었다/ 전등이 담배를 피웠다/ ▽은 1/W이다/ ▽이여! 나는 괴롭다
— 이상, 「파편의 경치」

여기서는 도상 △과 ▽이 나타난다. ▽은 '나', △은 '나의 연인'을 의미하고 '1/W'는 1와트라는 뜻. 도상 ▽과 △는 남성과 여성의 신체를 추상화한 것이다.

1소대의 군인이 동서의 방향으로 전진하였다고 하는 것은/ 무의미한 일이 아니면 안된다/ 운동장이 파열하고 균열당할 따름이니까/ 3심원
— 이상, 「수염」

'수염'에는 도상 3심원이 나타난다. 3심원은 정상적인 2심원과는 다른 의미를 암시한다. 2심원은 두 개의 중심으로부터 길이의 합이 일정한 도상이다. 지구는 태양을 2심 중의 하나로 하는 궤도를 그린다. 따라서 3심원은 이런 정상적 궤도, 곧 현실의 2심인 지구 운동과 구 위에 자신의 내부라는 1심을 더한 것으로 '1소대의 군인이 동서의 방향으로 전진하였다'는 말은 이 시의 경우 운동장이 여성을 상징하기 때문에 성적 이미지이다.

긴 것/ 짧은 것/ 열 십자/ 추락/ 부득이한 평행/ 그러나 CROSS에는 기름이 묻어 있었다
— 이상, 「BOITEUX · BOITEUSE」

이 시에서는 '긴 것, 짧은 것, 열 십자'가 노래된다. 여기서 긴 것은

'긴 다리'를, 짧은 것은 '짧은 다리'를 의미한다. 다음 열 십자가 오는 것은 -와 -가 놓이고 그 위에 +가 놓임을 의미하고, '부득이한 평행'이란 다시 -와 -를 지시한다. 한마디로 이 시에서 이런 도상들은 =+=라는 숫자, 곧 이상의 나이인 22세를 상징한다.

도시 | City

도시의 상징은 일반적으로 풍경의 상징에 상응한다. 이때 도시는 수준과 공간, 말하자면 높이와 상태가 암시하는 상징적 의미를 나타낸다. 귀에논에 의하면 역사의 여명기에 신성한 지형이 존재했으며, 도시의 위치, 형태, 문 등 일반적인 배치는 결코 우연적이거나 자의적이거나 단순한 효용성만을 강조하지 않았다. 모든 도시는 특수한 원칙에 따라 설계되고 이로부터 도시는 원칙과 그 원칙을 유지하는 사회를 상징하게 된다.

도시의 담은 신비한 능력을 소유하는 바, 그것은 이 담이 특수한 원칙이나 도시의 외적 기호가 되기 때문이며, 중세의 도시, 특히 수도에 있는 장식적 조각은 일종의 천상의 예루살렘을 상징한다. 도시의 문에는 때때로 칼을 들고 있는 천사의 모습이 보인다. 융에 의하면 도시는 어머니를 상징하며, 일반적으로 여성 원리를 상징한다. 말하자면, 도시는 마치 어머니가 자녀들을 보호하듯이 그 거주자들을 보호한다. 구약에서는 도시를 어머니라고 말한다.

> 도시에는 고향도 어머니도 없다. 아이들은 어머니가 야회에 나간 동안 그 옷깃에서 떨어진 장미꽃 냄새를 맡아 가며 고독 속에 잠든다. 마치 등불을 들고 홀로 잠든 어린 노예처럼……
>
> — 릴케, 『말테의 수기』

이 글에서 도시는 어머니, 천상의 아름다움이 아니라 그런 신성과 보호가 상실된 삶을 상징한다. 현대 도시가 그렇다.

> 도회란 속속들이 비밀을 감추고 있는 음침한 굴속이다.
> — 이효석, 「계절」

이효석의 경우 도시는 '음침한 동굴'로 비유된다. 따라서 도시의 상징은 부정적 양상을 띤다. 일반적으로 동굴은 여성, 어머니를 상징한다. 그러나 여기서 그것은 '음침한 동굴'이다.

> 도시에는 많은 집들이 있다. 많은 창과 불빛과 많은 사람과 또 셀 수 없이 많은 골목들이 있다. 이러한 도시는 나를 미아로 만든다. 분명히 그랬었다. 도시는……길이 많아서 길을 잃게 하는 곳이다.
> — 이어령, 「하나의 나뭇잎이 흔들릴 때」

> 유령 같은 도시/ 겨울 새벽 갈색 안개 속에서 런던교 너머로 흐르는 무리,/ 죽음이 그렇게도 많은 이들을 해치운 줄 나는 미처 몰랐다./ 이따금 짧은 한숨을 내쉬며/ 저마다 스스로의 발 밑만을 내려다 보았다.
> — 엘리엇, 「황무지」

> 도시는 진실이 아니라 진실을 속인다./ 낮을, 밤을, 동물과 어린이를/ 도시는 침묵으로 속이고/ 소음과 순종하는 사물로 속인다.
> — 릴케, 「기도집」

엘리엇의 경우 도시는 '황무지'로 인식된다. 이 황무지는 신이나 모성원리가 부재하는 공간임을 뜻한다. 따라서 이런 도시는 죽음을 상징하고 어디로 가는지 모르고 흘러가는 삶을 상징한다. 방향을 잃고 방황하는 이런 삶의 모습을 이어령은 '길이 많아서 길을 잃게 하는 곳'이라고 표현한다. 릴케의 시에서는 도시가 사기의 세계로 노래된다. 이런 이미지는 도시가 우리를 보호하는 어머니가 아니라 오히려 우리를 버리고, 우리를 위협하는 공포의 세계임을 암시한다.

도장 Seal

도장은 권위, 힘, 소유, 개인을 상징한다. 그런 점에서 차별성을 암시한다. 또한 도장은 비밀, 처녀성, 억압, 결론을 상징한다. 한편 우리 민속에서 도장은 주술적 위력(부적)을 상징하고 동양 문화에서는 존재 증명, 신분 표시(옥쇄) 등을 상징한다.

> 식구야 봉한 창구 어디라도 한구석 터놓아 다오. 내가 수입되어 들어가야 하지 않나. 지붕에 서리가 내리고 뾰족한 데는 침처럼 월광이 묻었다. 우리 집이 앓나 보다. 그리고 누가 힘에 겨운 도장을 찍나 보다. 수명을 헐어서 전당 잡히나 보다. 나는 그냥 문고리에 쇠사슬 늘어지듯 매어달렸다. 문을 열려고 안 열리는 문을 열려고.
>
> — 이상, 「가정」

이 시는 '나'와 '가정'의 관계를 노래한 것으로 '나'는 '가정'에서 단절된 상태에서 그 단절을 극복하고 가정과의 결합을 시도한다. '나'는 문 밖에 있으며, 누가 힘에 겨운 도장을 찍는다. 이 도장은 수명을 전당 잡히는 행위와 관계된다. 요컨대 '힘에 겨운 도장'은 가난한 집안을 살리기 위해 전당 잡히는 목숨을 상징한다.

독수리 Eagle

독수리는 태양 상징에 속하고 높이 비상해서 태양에 닿는다는 점에서 정신의 승리, 승천, 영감, 해방, 관조, 권위, 힘, 천둥을 상징한다. 이집트 상형 문자의 경우 문자 A는 독수리의 모습으로 생명의 따뜻함, 우주의 기원, 정오를 상징한다. 독수리는 태양의 빛 속에 사는 새이기 때문에 본질적으로 빛과 동일시되며 공기와 불의 요소를 공유한다. 독수리와 대립되는 새는 부엉이로서 이 새는 암흑과 죽음을 상징한다. 따라서 독수리와 뱀의 싸움에서 독수리는 정신의 승리, 선한 하늘의 신을 상징하고 뱀은 지하에 사는 악한 신, 암흑을 상징한다. 그러므로 이 둘이 함께 있는 것은 우주의 통일, 영혼과 물질의 결합을 상징한다.

독수리는 태양과 동일시되고 여성적인 자연을 비옥하게 만드는 남성적 원리를 상징하기 때문에 또한 아버지를 암시한다. 이런 상징적 의미에서 더 나아가 독수리는 늠름한 비상과 속도가 암시하는 천둥과 불을 상징한다. 이런 사정을 전제로 할 때 독수리는 또한 영웅적 숭고성을 상징한다. 극동으로부터 북유럽에 이르기까지 독수리는 권력과 전쟁을 상징하는 새로 인식되고 있다. 이런 점에서 독수리는 지상의 사자와 동일시되고, 따라서 때때로 사자의 머리를 한 새로 묘사된다.

원시 아메리카의 경우 독수리는 낮은 지상의 세계와 높은 천상적·정신적 세계와의 투쟁을 상징하는데 이런 상징적 의미는 중세 로마네스크 예술에도 나타난다. 고대 시리아의 경우 독수리는 태양 숭배를 상징한다. 이런 의미는 또한 불멸에의 영혼이라는 관념을 낳는다. 이와 비슷하게 기독교의 경우 독수리는 천상으로부터 전해지는 말을 전달하는 전언자의 역할을 하고 있다. 오스트레일리아 원주민의 경우 독수리와 매는 신과 동일시된다. 중국에서 독수리는 태양, 양陽의 원리, 권위, 용기, 예리한 통찰력을 상징한다. 기독교의 경우 독수리는 눈을 감지 않고 태양을 직시하기 때문에 신을 응시하는 예수를 상징한다.

일반적으로 독수리는 다른 새들보다 빠르게 난다는 점에서 제왕의 자리에 오르려는 기도, 그리고 지상의 인간들에게로 내려가는 우아함을 상징한다. 그리스인들의 경우에는 독수리가 강탈하는 새라는 점에서 강탈을 상징한다. 일반적으로 독수리는 다른 새들보다 높이 날며, 따라서 신성한 존엄성을 상징한다. 높이 비상해서 저열한 세력들을 지배하고 파괴할 수 있는 능력은 독수리의 모든 상징적 의미의 기본적 특성을 이룬다. 주피터의 새라는 점에서 독수리는 폭풍을 상징하며, 좀 더 엄격하게 말하면 '폭풍의 새'로 인식된다. 로마 화폐 속에서 독수리는 제국의 힘과 제국의 영역을 상징한다.

연금술의 경우 독수리는 휘발이라는 의미를 띠는데 이는 독수리가 하늘, 공기, 태양과 관계되기 때문이다. 사자를 삼킨 독수리는 모든 견고한 사물들을 휘발시킨다는 상징적 의미를 보여주는데 이것은 연금술에서 날개와 정신 혹은 영혼이 동일시되고 비상과 상상력이 동일시되며, 날개와 비상이 복잡한 과정을 거쳐 물질적 힘을 정신적인 것으로 만들고, 나아가 그것을 승화시키는 힘을 상징하기 때문이다.

창조의 싹이라는 측면에서 독수리는 다른 동물들처럼 이중성이라는 개념을 내포한다. 따라서 두 개의 머리를 가진 독수리가 나타나는 바, 이것은 흔히 위대한 신비를 암시하는 두 빛깔인 붉은빛과 흰빛으로 묘사되는 야누스 상징과 관련이 있다. 많은 도상, 상징, 우화 속에서 독수리는 희생물을 거느린 새로 묘사된다. 이것은 낮은 단계의 존재(본능)를 희생시키고 높은 단계의 힘, 곧 아버지의 원리가 승리한다는 사실을 근거로 한다. 단테는 심지어 독수리를 신의 새라고 부른 바 있다. 융은 독수리가 환기하는 여러 복잡한 상징을 무시하면서 독수리를 단순히 '높이' 혹은 '고양'이라는 말로 정의하면서 다른 상징적 의미는 이 새가 차지하는 공간의 특수한 위치로부터 온다고 주장한다. 이와는 달리 독수리가 인간의 머리 위에 있는 경우 인간은 독수리의 움직임을 따라 움직이고, 따라서 인간과 독수리 사이에는 보이지 않는 끈이 존재하게 된다.

> 불타는 눈./ 오그린 부리./ 갈퀴진 발톱, 어느 하나도/ 무기 아닌 것이 없다./ 독수리는 시시한 싸움은/ 하지 않는다./ 급강 직하 땅에 내렸다가/ 기수를 올리어 날아오르면, 이미/ 발톱은 전리품을 사로잡아/ 승전을 하늘에서 누린다.
>
> — 박남수, 「독수리」

이 시에서 독수리는 파괴와 지배를 상징하며 특히 신성한 존엄성과 승리를 상징한다. 이 독수리가 외적 투쟁을 전제로 한다면 다음 시에서는 내적 투쟁을 전제로 한다.

> 바닷가 햇빛 바른 바위 우에/ 습한 간을 펴서 말리우자// 코카사쓰 산중에서 도망해 온 토끼처럼/ 둘리리를 빙빙 돌며 간을 지키자// 내가 오래 기르던 여윈 독수리야!/ 와서 뜯어먹어라, 시름 없이// 너는 살지고/ 나는 여위어야지, 그러나// 거북이야!/ 다시는 용궁의 유혹에 안 떨어진다.
>
> — 윤동주, 「간」

윤동주의 경우 독수리는 '내적 투쟁'을 암시하며 그런 투쟁 혹은 투쟁력이 쇠약해지는 현상을 시인은 '내가 오래 기르던 여윈 독수리'라고 노래한다. 또한 '너는 살지고 나는 여위어야지'라는 시행은 독수리가 여윈, 쇠약한 힘을 상징하기 때문이다. 그러나 이 독수리는 인간의 세계보다 높은 곳에 있고 따라서 신성의 세계 혹은 그런 세계의 전언을 전달하는 전언자의 역할을 한다고 볼 수 있다. 그러므로 여기 나오는 독수리는 투쟁과 천상의 메신저를 상징한다. 이 시에서 '거북'은 지하의 세계를, '인간'은 지상의 세계를, '독수리'는 천상의 세계를 암시하고 '프로메테우스'는 천상과 지상을 연결한다. 그러나 독수리가 천상의 메신저라면 독수리와 프로메테우스는 동일시된다.

돌 Stone

　돌은 응집, 불멸성, 영원성, 안정을 상징한다. 돌이 보여주는 견고성과 내구성이 암시하는 이런 상징적 의미는 또한 변화, 부패, 죽음의 법칙에 종속되는 생물들과 대립되는 세계를 암시한다. 돌은 통일성과 강한 힘을 상징하고 부서진 돌은 해체, 심리적 분열, 무정형, 죽음, 전멸 등을 상징한다.
　그런가 하면 하늘에서 떨어진 돌은 생명의 기원을 상징한다. 화산이 폭발하는 경우 공기는 불이 되고, 불은 물이 되며, 물은 돌로 변한다. 그런 점에서 돌은 창조적 리듬이 구현된 최초의 견고한 형식, 곧 기본적 운동이 구현된 조각, 음악이 굳어 화석이 된 창조의 돌로 인식된다. 이런 기본적인 의미로부터 한 발 나갈 때 이른바 신화적·종교적 의미가 드러난다. 특히 운석은 숭배의 대상이 된다.
　연금술의 경우 이른바 '철학자의 돌'은 서로 대립되는 세계의 결합, 혹은 남성적·의식적 자아와 여성적·무의식적 자아의 통합을 상징하거나 휘발성의 요소들을 고정시킴을 상징한다. 따라서 돌은 전체를 상징한다. 융이 말했듯이 연금술사들은 물질 속에서 신성을 찾는 게 아니라 오랫동안 진행되는 순화와 변용의 과정을 통해 신성을 생산한다. 에볼라 Evola에 의하면 돌은 방황하는 사고와 대립되는데 그것은 돌이 정신과 욕망을 고정시키기 때문이다. 철학자의 돌에 상응하는 것으로는 부활한 육체가 있고, 이 육체 속에서 두 개의 세계는 하나로 합치게 된다. 에볼라가 지적한 바에 따르면 연금술사들의 경우 철학자의 돌은 영원한 탄생,

재통합을 상징한다.

성지聖地에는 돌과 나무가 나란히 있는 바 이때 돌은 영속하는 닫힌 존재, 나무는 변하며 확장하는 존재를 상징한다. 한편 높이 서 있는 돌은 기둥, 원기둥, 나무, 산처럼 이른바 우주의 축이 되는 우주-나무를 상징한다. 우리 민속에서 돌과 바위는 마을의 수호신이자, 남근을 상징한다. 그런 점에서 암석은 생식력과 수호의 힘을 상징한다. 유교와 도교에서 돌과 바위는 초월성을 상징하고 불교에서 돌은 부처(석불, 석탑)를 상징한다. 일반적으로 돌은 구도, 의지, 거룩한 힘, 강력한 힘을 상징한다.

> 다시 말해서 수석하는 사람이 무변한 돌밭에서 집어 드는 것은 돌이 아니라 신이나 자연이 만들어서 지상에 둔 예술 작품이다.
> ― 전봉건, 「취미」

이 글에서 돌은 신이나 자연이 만든 예술 작품으로 인식된다. 이런 인식은 돌을 '기본적 운동의 조각', 혹은 '창조의 리듬'이 화석화한 것으로 보는 관점에 서 있다.

> 이 세상에는 그 많은 돌이 있어도 하나같이 그 형태와 빛깔은 다릅니다. 똑같은 돌이란 존재하지 않는 법입니다. 그래서 헤르만 헤세는 돌 하나하나는 모두가 완성되어 있는 것이라고 말한 적이 있습니다. 자연은 큰 돌이든 작은 돌이든, 돌 하나하나에 독자성을 부여하고 있기 때문입니다.
> ― 이어령, 『떠도는 자의 우편 번호』

이어령의 경우 돌은 '모두 완성되어 있는 것', 혹은 '독자성'을 지니는 것으로 인식된다. 이런 인식은 돌이 통일체 나아가 전체를 상징한다는 견해와 통한다.

밤보다 깊은 어둠을/ 안으로 닫아걸고/ 그 속에 아직 이름없는/ 무수한 형상들이/ 잠자고 있다// 여기 언제부터인가/ 오직 한 번 있기만 하고/ 목숨도 죽음도 없는/ 차디찬 너 돌이여!

— 김상옥, 「돌」

돌이어라, 나는/ 여기 절정/ 바다가 바라뵈는 꼭대기에 앉아/ 종일을 잠 잠하는/ 돌이어라

— 박두진, 「돌의 노래」

김상옥의 경우 돌은 '목숨도 죽음도 없는'이라는 시행이 암시하듯 생물의 법칙, 곧 변화, 부패, 죽음 같은 법칙과 대립되는 세계, 말하자면 불멸성, 영원성, 안정을 상징하고 박두진의 경우 돌은 '종일을 잠잠하는/ 돌'이라는 시행이 암시하듯이 견고성, 내구성을 상징한다.

동굴 Cave

일반적으로 동굴은 사물들을 내포한다는 점에서 내포, 폐쇄, 은닉을 상징한다. 중세의 동굴은 정신적 '중심'으로서의 인간의 심장을 상징하고 이런 의미를 전제로 동굴은 우주와 세계의 중심, 신과 인간이 만나는 장소를 상징한다. 죽은 신이나 구세주는 동굴에서 태어난다. 우리 단군 신화에는 웅녀(곰)가 굴 속에서 백일 동안 금기를 실행하고 인간이 된다. 따라서 동굴은 격리, 단절, 수용, 은신처를 상징하고 죽음과 재생을 상징한다. 흔히 통과의례는 동굴에서 이루어지며 이때 동굴은 비밀의 장소로 입구는 괴물이나 초자연적 인간이 지키고 동굴로 들어가는 것은 정신적 죽음을 상징하고 동굴을 나오는 것은 재생을 상징한다. 한편 동굴은 여성 원리를 상징한다.

혼자 거닐어 외롭지 않구나/ 이 풍경.// 보람이 무너진 빈 자리/ 길은 아무데나 트여 있는 거리에// 노을이 지는가./ 일모를 알리는/ 적막한 동굴같은 종이 우는가.

— 이형기, 「풍경에서」

이제 그는 누워 있다. 거적을 덮고/ 교회당 그늘 건초 더미 위에 나흘째/ 바람이 반백의 더부룩한 머리를 쓿어 주고/ 진눈깨비가 삐져 나온 발등을 덮어 준다./…… / 신자들이 고개 숙여 기도를 할 때에도/ 그는 누워 있다./ 거적 송장이 되어/ 동굴 안에 죽은 예수처럼/ 나흘째 부활하지도 않으면서.

— 최승호, 「그늘」

이형기의 경우 동굴은 '적막한 동굴같은 종'이 암시하듯이 텅 빈 동굴이고 따라서 아무것도 은닉하지 않은 동굴, 곧 공허를 상징한다. 그런가 하면 최승호의 경우 동굴은 '죽은 예수'와 관련되고 따라서 부활을 상징한다. 그러나 집도 가족도 없이 교회당 그늘에서 죽은 바보 영감은 부활하지 못한다.

동물 Animal

동물의 상징적 의미를 이해하는 데 있어서 중요한 것은 동물의 변별적 자질, 움직임, 형태, 빛깔, 그리고 인간과의 관계이다. 동물 상징의 기원은 토템 사상과 동물 숭배 사상에서 찾을 수 있다. 동물의 상징적 의미는 동물이 상징적 체계 속에 놓이는 위치, 그것이 기술되는 문맥에 따라 달라진다. 예컨대 '길들여진 동물'의 상징은 그것이 야생 동물로 나타날 때는 정반대의 의미를 띤다. 동물은 일반적으로 본능적 삶, 풍요, 다산多

產을 상징한다. 기사와 가상적인 야생 동물과의 싸움에서 기사가 승리하는 것은 그가 본능과 악의 세계를 극복하고 영적 세계로 들어가는 것을 상징한다.

동물에 대한 원시인들의 견해는, 슈나이더에 의하면, 인간이 애매하고 변장을 잘하며 복잡한 존재임에 반하여 동물은 긍정적이거나 부정적인 자질이 항상 유지되기 때문에 분명한 존재라는 것으로 요약된다. 따라서 각 동물을 우주적 현상의 특수한 양상에 속하는 것으로 유형화하는 것이 가능하다. 더욱 일반적인 방법으로는 생물학적 복잡성의 정도에 따라, 곤충과 파충류로부터 포유류의 단계로 나눔으로써 본능의 위계 질서를 세우는 방법이 있다. 아시리아와 페르시아인들은 저급 동물에 대한 고급 동물의 승리가 저급한 본능의 세계에 대한 고급한 삶의 승리라고 믿었다. 이와 유사한 경우가 신대륙 발견 이전의 미국에서도 나타나는 바, 황소와의 싸움에서 사자가 승리하는 것은 밤에 대한 낮의 승리, 암흑에 대한 빛의 승리, 악에 대한 신의 승리를 상징한다.

물질의 네 요소를 전제로 동물들의 상징을 분류할 수 있다. 예컨대 오리, 개구리, 물고기는 비록 서로 다르지만, 모두가 물과 관련되고 따라서 이들은 생명의 기원, 재생의 힘을 상징하게 된다. 반면에 용이나 뱀 같은 동물들은 때로는 물, 때로는 지상, 때로는 불과 관련된다. 그러나 가장 일반적인 분류법은 수중 동물과 도마뱀을 물과 관련시키고, 파충류를 대지와 관련시키고, 새들을 공기와 관련시키고, 포유류를 불과 관련시키는 방법이다. 포유류가 불과 관련되는 것은 이들이 따뜻한 피를 지니기 때문이다.

상징 예술의 논리에 가상적 동물은 무형의 세계와 유형의 세계를 매개하는 역할을 한다. 이 가상적 동물은 태고의 동물들 뼈가 발견됨으로써 유추되었으며, 또한 자연적 동물이기는 하지만 그 외양이 애매한 사람을 잡아먹는 식물, 성게, 날아가는 물고기, 박쥐 등으로부터 암시를 받았다. 이들은 유동성과 변형, 그리고 새로운 형식을 지향하는 목적론적

▲ 모로의 〈키메라〉

진화를 상징한다. 어떤 경우든 가상적 동물은 인간의 심리가 투사된 것으로 인식된다 가장 중요한 가상적 동물로는 그리스 신화에 나오는, 사자 머리에 염소 몸을 하고 뱀 꼬리를 달고 불을 토하는 키메라, 스핑크스, 사람 몸에 소의 머리를 한 괴물, 사이렌, 머리가 아홉 개 달린 뱀으로 머리를 자르면 이내 머리가 자라는 히드라, 반은 사람이고 반은 물고기인 괴물, 외뿔소, 날개 달린 말, 말의 몸에 독수리의 머리와 날개를 한 괴물, 용 등이다. 이들이 암시하는 가장 단순한 상징적 의미는 그 특성이 명시하듯 변화시키는 힘이다. 예컨대 페가소스의 날개는 저급한 힘의 정신화를 상징한다.

그러나 이들의 상징적 의미는 한결 복잡하고 애매한 상상력의 산물로 나타나기도 한다. 따라서 이들은 비정상과 기형이 내포하는 마술적 중요성 및 위대한 힘에 의해 고양되는 다양한 상징성을 띤다. 여기에 덧붙여 말할 것은 외양은 가상적 동물이 아니지만 초자연적인 특성을 보여주는 동물들이 있다는 점이다. 예컨대 펠리컨, 불사조, 불도마뱀 따위가 그렇다. 새턴 시대에는 동물들이 말할 수 있는 능력을 소유한다. 이 시대는 인간, 곧 지성이 출현하기 전의 황금 시대를 말하며, 맹목적인 자연의 힘은 로고스(이성)에 종속되지 않은 상태에서 온갖 종류의 비상한 자질을 소유한다. '말하는 동물'에 대한 언급은 히브류와 이슬람의 전통 속에도 나타난다.

또 하나의 흥미로운 분류법은 '순환적 동물'이라는 유형이다. 모든 동물들의 생존의 궤도는 순환적 교체를 보여주며, 따라서 출현과 소멸이 주기성을 띤다. 이런 동물들은 이른바 달이 암시하는 순환성을 상징한다. 슈나이더에 의하면 원시인들은 코끼리처럼 큰 동물은 소리가 크며 그것은 하늘의 뜻을 전달한다고 믿었고, 벌처럼 작은 동물은 그 억양이 낮다고 믿었다. 반면에 대기, 곧 공기를 상징하는 동물(새)의 경우에는 이와 정반대의 현상이 나타난다고 믿었다.

  동물들을 상징적으로 분류하는 일은 흔히 유추적 유형이나 대수적 유형에 토대를 둔다. 『성서』에 나타나듯이 모든 동물을 네 가지 유형으로 분류하는 것이 그 보기이다. 그러나 일반적인 동물 상징은 주로 세 가지 관념과 연결된다. 첫째는 수송의 수단, 둘째는 희생물, 셋째는 열악한 생명의 형식으로 인식된다. 꿈이나 환영 속에 나오는 동물들은 분별되지 않는, 그러니까 이성적으로 지배되지 않는 힘을 상징한다. 융에 의하면 동물은 인간의 세계를 초월하는 정신, 곧 인간의 심층에 숨어있는 본능, 무의식의 영역을 상징한다. 따라서 자신을 동물과 동일시하는 것은 무의식과 하나가 되려는 마음을 상징하며, 때로는 물에 잠기는 것이 그렇듯이 생명의 근원(물) 속에서 재생하려는 마음을 상징한다. 기독교가 나타나기 전 동물은 인간과 대립되는 세계가 아니라 인간적 삶의 고양을 상징했다. 이런 사실은 위대한 본능의 힘을 나타내기 위해 하늘과 우주를 표상하는 구球와 지구를 표상하는 입체 위에 앉아 있는 독수리와 늑대들이 암시한다.

    비둘기가 곤두박혀 떨어지고 있었다. 노을 물 붉게 젖은 하얀 벽에 하얀 종탑 천년을 침묵해 온 청동 종을 맞받고 어떤 놈은 머리로 어떤 놈은 죽지로 어떤 놈은 부리로 한 마리 또 한 마리 열 마리 백 마리 날아들어 맞부딪곤 떨어지고 있었다.

                                           — 박두진, 「비둘기와 종」

    말들은 열 개의 신들처럼 깨끗한 커다란 발굽으로 걸어 나왔고/ 그들의 갈기는 순결한 은총의 꿈을 연상케 했다./ 그들의 궁둥이는 공이었고 오렌지였다./ 그들의 털빛은 호박색과 꿀색이고 불이 붙어 있었다./ 그들의 목덜미는 거만한 돌에서/ 깎아 낸 탑이고/ 노여움에 가득 찬 그들의 눈에서는/ 이상한 정력이 스스로를/ 그들 속의 죄수를 나타내고 있었다./……/ 말들의 강렬한 출현은 피였고/ 율동이었고 존재의 환호하는 성배였다.
— 네루다, 「말들」

박두진의 시에서 비둘기는 기독교적 평화를 상징하지만 그 평화가 좌절되는 과정을 노래한다. 그런가 하면 네루다의 시에서 말은 신성, 불, 본능, 에너지, 피, 율동을 상징한다. 그런 점에서 이른바 분별되지 않은, 따라서 규제되지 않은 본능의 힘을 상징한다.

돼지Hog

돼지는 불순한 욕망을 상징하며, 고급의 세계를 저급의 세계로 변형시키며, 도덕적 타락을 상징한다. 한편 돼지는 풍요를 상징하고 대식大食, 탐욕, 정욕, 노여움을 상징한다. 그런가 하면 돼지는 신에게 바치는 희생물이고 우리 민속에서는 꿈에 돼지를 보면 복이 온다는 점에서 대길大吉을 상징한다. 돼지꿈을 꾸면 재물이 생긴다. 이는 돼지 돈과 돈[金]의 소리가 같다는 점과도 관계가 있다. 그런 점에서 기표(소리)가 우리의 무의식을 지배하고 기표는 무의식의 언어가 된다. 그러나 기독교에서 돼지는 가장 추악한 동물로 간주된다.

돼지는 목이 짧다. 사뭇 없다고 하여도 과언이 아닐 정도로 짧다. 없기론 생선이 1위요, 포유류에선 아마 돼지가 상석일 것이다. 그러나 목이 짧으니까 반드시 못난 것이요 길어서 잘났다는 논법은 어디 있는가. —돼지는 다행으로 짧아도 곧은 목이다. 고집은 셀지 모르나 좌우안시의 추태는 있을 수 없다. 목표를 향하여 일직선으로 직진할 뿐이다.
— 설의식, 「돼지의 대덕」

저희를 생각해 주는 줄 알고 저희를 위하여 애쓰는 사람에 대하여 감사의 뜻을 표할 줄 아는 돼지—이것을 한갓 주림으로 채우려는 극히 동물적인 본능의 발로라 언하에 물리친다면 문제도 없겠으나, 그러나 찬호는 수년 전 그가 가르치던 학교 생도들의 행장과 비교하여 도리어 동물적 본능을 억압하고 영적 세련을 갖추었다는 것으로 만물의 영장을 자처하는 인간의 심성이 돼지와 더불어 얼마나 나은가 이때에 잠깐 생각하였다.

— 안수길, 「목축기」

설의식의 경우 돼지는 '못난 것'이라는 말이 암시하듯 저급한 존재라는 의미를 띤다. 그러나 작가는 이런 의미를 거부하면서, 고집은 세지만 추태를 모르고 '목표를 향하여 일직선으로 직진하는 돼지'에서 도덕적으로 인간보다 솔직한 삶의 태도를 읽는다. 안수길의 경우 돼지는 '동물적 본능'이라는 말이 암시하듯이 본능의 세계를 상징한다. 그러나 작가는 돼지가 감사할 줄 알기 때문에 동물적 본능을 억압하고 영적인 세련을 자랑하는 인간들의 위선을 비판한다. 따라서 돼지는 인간보다 열악한 존재가 아니라 인간의 삶을 고양시키는 힘을 상징한다.

두꺼비 Toad

두꺼비는 개구리처럼 달에 속하는 지상의 요소로부터 물의 요소로 전환하며 개구리처럼 풍요, 다산, 정욕을 상징하지만 악, 혐오를 상징한다는 점이 다르다. 중국 신화에는 영웅 예羿의 아내 항아姮娥가 약을 훔쳐 먹고 달로 도망가 미운 두꺼비로 변했다는 이야기가 있다. 이런 신화가 우리나라에 전해지면서 두꺼비는 달의 정령精靈이고 달을 상징하게 된다. 우리 민속에서 두꺼비는 집을 지키는 신령한 동물, 가신家神이고 복을 불러온다. 한편 두꺼비는 어눌함, 고집을 상징한다. 신비주의 사상가들은 다음과 같은 말을 하고 있다. '이 세상에는 또한 별빛을 흡수함으로써 그것을 파괴하는 동물들이 있는 바, 두꺼비와 도마뱀이 그들이다.'

> 두꺼비는 결코 썩은 것을 먹지 않아. 파리나 벌레 같은 미물을 먹되 개나 고양이 같이 어금어금 씹어서 미각을 즐긴다거나 혓바닥으로 입 가장을 핥는다거나 하지 않아. 먹이를 뱃속에 넣으면 그만이다. 그렇기 때문에 두꺼비는 이빨이 없어—배부르면 돌아앉아 명상에 잠기고—이 점 생식하는 도사와도 통하고—
>
> — 오영수, 「두꺼비」

이 글에서 두꺼비는 능청스러운 도사, 그것도 생식하는 도사에 비유되고 '배부르면 돌아앉는' 두꺼비는 풍요를 상징한다.

두루미, 학Crane

학이라고도 불리는 두루미의 몸빛은 거의 순백색에 머리 꼭대기에는 붉은 점이 있는데 이를 단정丹頂이라고 한다. 이런 감각적 특성이 환기하는 것은 세속으로부터의 초연성과 기품이다. 서양에서 학은 신의 사자, 신과의 의사소통을 상징하고 동양에서 학은 신선이 학을 타고 날아다님으로 승화, 초월, 장수, 이상향, 고귀함, 신성함을 상징하고 신선과 동일시된다.

> 구름 한 점 없는 하늘에 달빛이 밝은데/ 소나무에 깃들여 자던 학이 맑음을 이기지 못하네/ 산에 가득한 원숭이와 새들이 음飮 아는 이 적어/ 홀

로 성긴 깃 다듬으며 밤중에만 우노라.

― 최자

'맑음을 이기지 못하는' 학은 세속을 초월하는 순수와 기품을 상징하고, '홀로 성긴 깃 다듬으며 우는 학'은 고고한 초연함을 상징한다. 이런 상징적 의미는 현대 문학의 경우에도 나타난다. 황순원의 '학'은 6·25를 계기로 형성된 남/북 이데올로기로부터의 초연성을 상징하고 다음 시에서도 세속으로부터의 초연함을 상징한다.

천년 맺힌 시름을/ 출렁이는 물살도 없이/ 고운 강물이 흐르듯/ 학이 나른다.// 천년을 보던 눈이/ 천년을 파닥거리던 날개가/ 또 한 번 천애에 맞부딪노라.

― 서정주, 「학」

들판 Fields

들판은 광활함, 무한한 잠재력을 상징하고 대지의 어머니, 양육자로 간주된다. 흔히 남자는 씨앗, 여자는 밭에 비유된다는 점에서 들판은 대지라는 어머니 신[母神]을 상징한다.

지금은 남의 땅/ 빼앗긴 들에도 봄은 오는가.// 나는 온몸에 햇살을 받고/ 푸른 하늘 푸른 들이 맞붙은 곳으로/ 가르마 같은 논길을 따라/ 꿈속을 가듯 걸어만 간다./ 입술을 다문 하늘아 들아/ 내 맘에는 내 혼자 온 것 같지를 않구나./ 네가 끌었느냐 누가 부르더냐/ 답답워라 말을 해다오.

― 이상화, 「빼앗긴 들에도 봄은 오는가」

이 시에서 들은 조국을 상징하며 동시에 그것은 조국이 모국과 통한 다는 점에서 대지―어머니를 상징한다. '가르마 같은 논길'이 특히 이런 사정을 증명한다. 한편 시의 후반에 오면 '빼앗긴 들'은 '빼앗긴 봄'과 동일시되고 그것은 '빼앗긴 희망'을 암시한다는 점에서 들은 삶의 잠재력을 상징한다.

> 까마득한 날에/ 하늘이 처음 열리고/ 어데 닭 우는 소리 들렸으랴.// 모든 산맥들이/ 바다를 연모해 휘달릴 때도/ 차마 이곳을 범하던 못하였으리라.// 끊임없는 광음을/ 부지런한 계절이 피어선 지고/ 큰 강물이 비로소 길을 열었다. //……// 다시 천고의 뒤에/ 백마 타고 오는 초인이 있어/ 이 광야에서 목놓아 부르게 하리라.
> ― 이육사, 「광야」

이육사의 경우 들판은 '광야'라는 말이 암시하듯이 광활함, 무한한 잠재력, 어머니를 상징한다. 왜냐하면 이 광야에 무수한 시간이 흐르고 무수한 삶의 길이 존재했기 때문이다. 그러나 이 시가 강조하는 것은 '지금 눈 내리고 매화 향기 홀로 아득한' 광야, 곧 새로운 삶의 잠재력을 내포한 광야이다.

> 저 들판을 바라보며 번민하라.
> ― 고은, 「병실 연가」

고은의 경우 들판은 번민의 계기가 된다. '저 들판을 바라보며 번민하라'는 말은 들판이 상징하는 광활함이나 무한한 잠재력과 대비되는 우리들의 삶의 폐쇄성을 괴로워하라는 의미이다. 한편 다음 시에서 들판은 폐쇄를 모르는 광활함, 삶의 무한한 잠재력, 나아가 어머니―대지를 상징한다.

당신의 방엔
천 개의 의자와
천 개의 들판과
천 개의 벼락과 기쁨과
천 개의 태양이 있습니다

— 이승훈, 「당신의 방」

등불 Lamp, Lantern

태양으로부터 독립된 모든 작은 빛들이 그렇듯이 등불은 생명, 신성한 빛, 영원, 진리, 지혜, 지성을 상징하고 어둠(악) 속에서도 빛을 낸다는 점에서 선행善行과 추억을 상징한다. 태양 숭배와 배화교에서 등불은 태양을 대신한다. 중국 당나라에는 다음과 같은 이야기가 전해져 오고 이는 등불의 마술적 특성을 암시한다.

가을 축제 날 악마는 인간으로 변하여 부인들과 아이들을 유혹해 그들을 도망갈 수 없는 은밀한 장소로 끌고 간다. 이 악마가 백성들을 몹시 박해한다는 사실을 알게 된 법률 고문은 왕에게 이 사실을 알리고 왕을 설득하여 모든 집의 입구에 물고기 형태로 된 종이등을 걸게 한다. 이 종이등이 유행하게 되자 악마는 마을 사람들을 괴롭히지 않게 된다.

타고 남은 재가 다시 기름이 됩니다./ 그칠 줄을 모르고 타는 나의 가슴은 누구의 밤을 지키는 약한 등불입니까?

— 한용운, 「알 수 없어요」

등을 밝히고/ 수목과 더불어 안으로 수럿이 밝는 밤.

— 한성기, 「밤」

한용운의 경우 등불은 '그칠 줄을 모르고 타는 나의 가슴'이고 이 등불은 '누구의 밤'을 지킨다. 이때의 '누구'는 해석하기에 따라 여러 가지 의미를 암시하지만 한마디로 '님'이라 할 수 있고 이 님은 시의 화자가 지향하는 삶의 본질을 상징한다. 한성기의 경우 밤은 등불을 밝히고 밤은 등불을 매개로 '수목과 더불어 안으로 수렷이' 밝아 온다. 그런 점에서 등불은 '안으로 밝아 오는 세계'를 상징한다.

똥, 대변, 배설물 Excrement

프로이트에 의하면 무가치한 것이 곧잘 가치 있는 것과 관련된다. 예컨대 민담과 전설 속에서 우리는 똥과 황금이 놀랍게도 서로 관련된다는 사실을 발견하게 된다. 이런 관련성은 또한 연금술의 경우에도 나타나는 바, 이런 모든 상징은 '가장 높은 단계의 삶은 가장 낮은 단계의 삶에서 나와 그 절정에 도달한다'는 니체의 말로 요약된다.

한편 우리 신화에서 대변은 신성한 것, 산천을 상징한다. 천지창조 신화에서 산천은 거대한 신의 배설물로 이루어졌기 때문이다. 우리 민속에서 대변은 금기(남의 변 보는 것을 보면 안 됨), 부(꿈에 나타나는 변), 황금(대변의 색깔과 비슷함), 부정(더러움)을 상징한다.

5분 후에 그들은 비키면서 하나씩 둘씩 일어선다. 제각각 대변을 한 무더기씩 누어 놓았다. 아 이것도 역시 그들의 유희였다. 속수무책의 그들 최후의 창작 유희였다. 그러나 그중 한 아이가 영 일어나지를 않는다. 그는 대변이 나오지 않는다. 그럼 그는 이번 유희의 못난 낙오자임에 틀림없다. 분명히 다른 아이들의 눈에 조소의 빛이 보인다. 아 조물주여! 이들을 위하여 풍경과 완구를 주소서.

— 이상, 「권태」

이 글에서 대변은 권태의 극한에서 권태와 싸우는 아이들의 유희를 상징하고 그런 점에서 절망의 유희가 된다.

변기에서 검은 혓바닥이 소리친다// 고통은 위에서 풍성하게/ 너털웃음 소리로 쏟아지는 똥이요/ 치욕은/ 변소 밑 돼지들의 울음이라고

— 최승호, 「세 개의 변기」

여기서 똥은 고통의 아이러니로 나타난다. 쏟아지는 똥은 '너털웃음 소리로 쏟아지는 고통'을 암시하기 때문이다. 한편 치욕은 '변소 밑 돼지들의 울음'이 된다.

띠 Belt, Band

허리띠는 기밀을 요하고 함부로 할 수 없는 것을 연상시킨다. 인간의 신체 기관을 머리, 허리, 다리의 3부분으로 나눌 때 허리는 중심에 해당되고 허리띠를 매는 것은 삶의 중심을 흐트러뜨리지 않으려는 의지를 상징한다. 한편 허리띠를 매는 것은 속박을 상징하고 여성의 경우 띠는 정조, 순결을 상징한다. 동양 신화에서 띠는 왕권, 권력을 상징하고 우리 민속에서는 어린 아이 돌 때 돌띠를 매어주면 무병하고 장수한다는 속설이 있다. 그런 점에서 띠는 액막이를 상징한다.

허리띠 매는 시악시 마음실같이/ 꽃가지에 은은한 그늘이 지면/ 흰 날의 내 가슴 아즈랑이 낀다/ 흰 날의 내 가슴 아즈랑이 낀다
— 김영랑, 「4행시」

이 시에서 허리띠는 여성의 순결, 정조를 상징한다. 그러나 이 시의 경우 시인은 여성을 노래하는 것이 아니라, '꽃가지에 그늘이 지면' 자신의 가슴에 아지랑이가 끼는 상태를 허리띠 매는 새악시 마음에 비유한 것이다. 그러나 삶의 중심을 상징하는 허리띠는 중심을 지향하는 행위가 그렇듯이 외부에서 내부로, 형식적인 데서 명상적인 데로, 다중성에서 통일성으로, 공간에서 공간이 소멸하는 지점으로, 시간의 세계에서 무시간의 세계로 이행한다. 현대 문학의 경우에는 허리띠라는 말 대신 혁대라는 말이 자주 사용되며, 또한 목을 조이는 넥타이로 나타나기도 한다.

의관을 바로 하고/ 이제는/ 방황하지 않는다./ 알맞은 위치에 항상 시선을 모은다.
— 박목월, 「넥타이를 매면서」

자세히 보면/ 저고리 속에/ 들어 있는 가슴/ 모자 속에/ 들어 있는 두뇌/ 넥타이 속에/ 들어 있는 섹스
— 이승훈, 「억압」

박목월의 경우 넥타이는 질서 정연한 삶, 나아가 흩어진 정신의 구속을 상징하고, 필자의 경우 넥타이는 뱀을 연상하고 이런 연상을 매개로 남근을 상징한다. 그러나 넥타이 속에 섹스, 남근이 들어있다는 것은 남근의 아이러니다.

리라Lyre / 리본Ribbon

리라 Lyre

　7현금이라고도 불리는 리라는 우주적 힘들의 조화로운 통일을 상징하며, 이런 통일이 혼돈 상태에 있을 때는 한 무리의 양떼로 재현된다. 리라의 일곱 줄은 일곱 개의 유성에 대응된다. 밀레투스의 티모테우스는 리라의 줄을 열두 개로 만들었으며, 이것은 12궁과 관련된다. 슈나이더는 리라와 불 사이에 관계가 있다고 주장한다. 그것은 예루살렘의 사원에 양쪽에 금관 악기로 씌운 뿔로 된 제단이 있으며, 그 사이에는 희생의 연기가 피어오르고 있었다는 사실에 근거한다. 이와 유사하게 리라는 그 구조를 형성하는 뿔을 통해 소리가 나며, 이런 뿔은 지상과 천상의 연결을 상징한다. 네 개의 현은 4대 원소 곧 희박하여 가늘게 움직이는 불, 희박하여 둔하게 움직이는 공기, 농밀하여 예리하게 움직이는 물, 농밀하여 둔하게 움직이는 땅을 상징한다.

　그윽한 죽림 속에 홀로 앉아 거문고 뜯고 다시 휘파람 분다./ 아무도 모른다/ 이윽고 달이 빛을 안고 찾아온다.

— 왕유, 「달」

　고인은 볼 수가 없으나/ 고인의 거문고를 퉁겨 본다./ 옛 곡조를 골라 들으니/ 고인의 말을 듣는 것 같아./ 거문고 소리는 듣지만/ 거문고의 뜻은 누가 아는가.

— 구양수, 「탄금」

　왕유의 경우 '이윽고 달이 빛을 안고 찾아온다' 는 시행이 암시하듯이 거문고 소리는 우주의 조화, 특히 교감의 세계를 상징한다. 그렇다는 것은 위의 시에서 거문고 소리가 달빛과 조화되고, 그런 점에서 청각과 시각의 세계가 서로 조응하기 때문이다. 구양수의 경우 역시 크게 보면 거문고 소리는 우주의 신비한 조화를 상징한다. '거문고 소리는 듣지만/ 거문고의 뜻은 누가 아는가'라는 시행에서 '거문고의 뜻'은 이런 신비한 우주의 이치를 암시한다.

리본Ribbon

둥글게 매듭지어진 리본은 그 형태가 둥글다는 점 때문에 불멸, 불사 不死를 상징한다. 로마인들의 경우 리본은 꽃다발이 그렇듯이 일종의 왕관으로 사용되고 리본은 또한 꽃다발과 왕관이 그렇듯이 영웅적인 의미를 환기하는 바, 이는 왕관을 쓰는 행위 자체가 충만을 의미한다. 따라서 왕관은 절대적 충만을 상징한다.

아침은 분홍 리본으로 치장하는 때/……/ 꽃에게론듯 꽃에게론듯 평화의 리본이 날린다.
— 이우석, 「분홍 리본」

루시 로켓은 지갑을 잃었는데/ 커티 피셔가 그것을 주웠다/ 그 속에 돈은 한푼 없었지만/ 한 개의 리본이 감겨 있었다.
— 무명씨

이우석의 경우 리본은 '분홍 리본'으로 드러나며, 이 리본은 꽃과 관련되는 평화를 상징한다. 시인이 미상으로 되어 있는 시의 경우 '리본'은 '돈'과 대비되고 따라서 리본은 현실을 초월하는 영원성, 혹은 불멸을 상징한다.

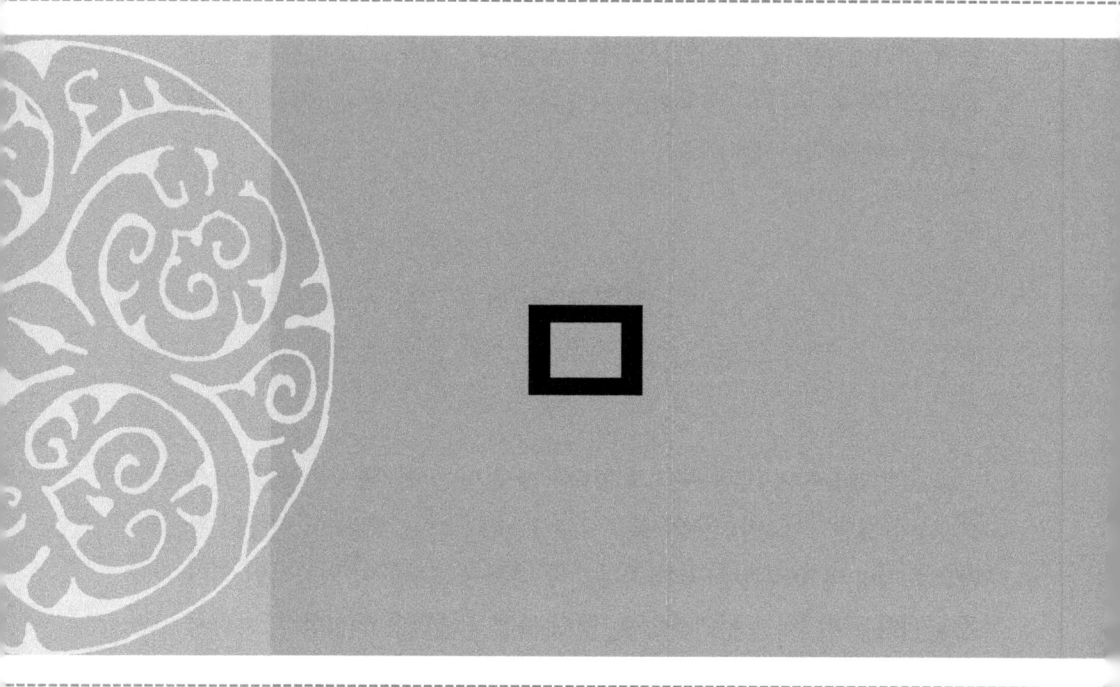

말Horse / 매Hawk / 매화Plum tree / 머리Head / 머리띠Hood / 메뚜기Locust / 모자Hat / 목걸이Necklace / 목욕Ablution / 무Nothingness / 무당Exorcist, Sorceress / 무덤Tomb / 무지개Rainbow / 문Door / 문지방Threshold / 물Water / 물고기Fish / 미궁, 미로Labyrinth

말 Horse

말의 상징적 의미는 매우 복잡하며 모호하다. 엘리아데는 말이 매장의식과 관련된다고 말한 바, 말은 죽음을 상징한다. 한편 다른 학자는 세계 현상이 보여주는 순환 운동을 상징한다고 말한 바 있다. 이런 의미를 근거로 할 때 파도에서 나와 3지창을 들고 난폭하게 달리는 바다의 신인 말들은 원초적 혼돈의 맹목적 힘을 상징한다. 후자의 의미를 강조할 때 말은 군마軍馬와 마차가 환기하는 집중적인 욕망과 본능을 상징한다.

▲ 윤두서의 〈군마도〉

독일과 영국에서는 꿈에 흰말을 보는 것은 죽음의 징조로 간주된다. 그러나 하나는 흰말, 다른 하나는 검은말로 구성되는 한 쌍의 말들이 나오는 경우 전자는 생명, 후자는 죽음을 상징한다. 백마, 황금말, 불의 말은 태양과 관련되고 혼돈의 바다를 나타내는 흑마는 달과 관련되고 전자는 생명, 후자는 죽음을 상징한다. 말은 고귀, 남성적 활력, 정력, 민첩함, 지성, 정신, 이성을 상징하고 고대인들에게 말은 신성한 힘을 상징한다. 우화와 설화 속에서 말은 천리안을 지닌 존재로 나타나며, 이때 말은 주인에게 순간적인 경고를 준다.

융에 의하면 말은 어머니를 상징하며 그것은 말이 인간의 마술적 측면, 곧 우리들의 내부에 존재하는 어머니, 다시 말하면 직관적 이해를 상징하기 때문이다. 반면에 말은 인간의 열등한 힘, 그리고 물과 관련되는 상징적 의미를 띤다. 말이 명부冥府의 신이나 바다의 신과 관련되는 것은 이런 이유 때문이다. 신속하게 달리는 모습에 유의할 때 말은 또한 바람과 폭풍우, 불과 빛을 상징한다. 『우파니샤드』에서 말은 실제로 우주를 상징한다.

우리 신화에서 말은 제왕이 출현할 징조로 태양과 관련되고 천마天馬는 하늘과 교통하는 신성한 영물靈物로 신성을 상징한다. 예컨대 신라 시조 혁거세 신화에서 혁거세는 말이 전해준 알에서 태어난다. 흰말 한 마리가 꿇어앉아 절을 하고 그 말 앞에는 자주색 알이 하나 놓여 있었다. 말은 사람을 보고 길게 소리쳐 울고는 하늘로 올라간다. 그 알을 깨보니 아름다운 동자가 나온다. 한편 우리 풍습에는 신랑이 백마를 타고 신부 집에 가는 풍속이 있다. 이때 백마는 태양, 천마 신화와 관련된다. 백마는 하늘을 상징하는 태양을 상징하고 태양은 남성을 상징한다.

불교에서 말은 수호신, 관세음보살을 상징한다. 구름은 천마의 이미지이고 날개 달린 말은 관음보살의 한 가지 모습이고 법전을 등에 싣고 운반하며 전륜왕轉輪王의 귀중한 말은 사방을 달리며 마귀를 굴복시키고 생사의 바다를 건너 다니며 천마千魔를 항복시키는 위력과 정력을 상징하며 무명無明의 업장을 막는다. 기독교의 경우 말은 태양, 용기, 아량을 상징한다.

    나는 전에 한 필의 억센 준마가/ 입에 물린 재갈을 씹으며/ 우뢰처럼 치
    닫는 것을 보았다.
                                                — 오비디우스

여기서 말은 '우뢰처럼 치닫는 것'이 암시하듯 집중적인 욕망과 본능, 나아가 활기찬 생명력을 상징한다.

    말들은 열 개의 신들처럼 깨끗한 커다란 발굽으로 걸어 나왔고/ 그들의
    갈기는 순결한 은총의 꿈을 연상케 했다./ 그들의 궁둥이는 공이었고 오렌
    지였다./ 그들의 털빛은 호박색과 꿀색이고 불이 붙어 있었다./ 그들의 목
    덜미는 거만한 돌에서/ 깎아 낸 탑이고/ 노여움에 가득 찬 그들의 눈에서
    는/ 이상한 정력이 스스로를/ 그들 속의 죄수를 나타내고 있었다./……/ 말

들의 강력한 출현은 피였고/ 율동이었고 존재의 환호하는 성배였다.
— 네루다, 「말들」

이 시에서 말은 먼저 '열 개의 신'이 암시하듯 신성한 세계를 상징하고 이런 신성은 '순결한 은총의 꿈'으로 부연된다. 그러나 이런 신성은 '그들의 털빛은~불이 붙어 있었다'라는 시행에 의하여 불과 빛의 세계로 전환되며, '피', '율동', '존재의 환호하는 성배'라는 낱말에 의하여 다시 말은 동물적 본능, 우주의 순환성을 상징한다.

나의 안 깊이에는/ 나보다는 빠르고 건강한 말이/ 한 마리 살고 있다./ 샤갈의 말대가리 같은 말이 아니라/ 러시아의 별을 건너질러/ 놋방울을 울리며 달려간 릴케의 말처럼/ 사납게 길들지 않는 말이/ 한 마리 살고 있다./ 네 굽을 들고/ 나의 답답한 가슴을/ 꽝꽝 밟아 주기도 하고/ 세상 제일의 고독을 코 풀며/ 섧디섧게 울기도 하는 말이/ 한 마리 살고 있다./ 서러운 세상에 네 갈기를 쓰다듬으며, 나는/ 한 사람의 말치기이면 그 뿐이다.
— 박남수, 「말」

박남수의 경우 말은 '사납게 길들지 않는 말'이고 또한 시인 내부에 존재한다는 점에서 융이 말하는 이른바 '인간의 내부에 존재하는 것', 곧 어머니의 원리를 상징하며, 그것은 삶이나 사물에 대한 직관적 이해라는 의미로 확장된다.

당신을 위해/ 나는 소가 되고/ 말이 될래/ 하루 종일 죽은 듯이/ 엎드려 있을래/ 그럼 당신은/ 나를 끌고/ 나를 타고/ 펄쩍펄쩍 뛰는/ 기쁨의 나라로 가겠지/ 이 나라는 슬프고/ 더러우니까/ 당신은 나를 타고/ 바다에도 갈 수 있겠지/ 가다가 나는 하얀 물고기를/ 배에서 꺼내/ 당신에게 줄래
— 이승훈, 「당신을 위해」

필자의 경우 말은 순결한 순종의 삶을 상징하고 이런 삶은 '기쁨의 나라'로 인도한다. 그러나 이런 말은 그후 배에서 '하얀 물고기'를 꺼내준다는 점에서 신성한 세계를 상징한다.

> 말이 죽었다. 간밤에/ 검고 슬픈 두 눈을 감아버리고/ 노동의 뼈를 쓰러뜨리고/ 들리지 않는 엠마누엘의 성가 곁으로/ 조용히 그의 생애를/ 운반해 갔다.
> — 이수익, 「말」

이수익의 경우 강조되는 것은 말이 죽었다는 사실이다. 여기서 말의 죽음은 노동의 세계를 떠나 '임마누엘의 성가' 곁으로 가는 삶을 상징한다. 말하자면 말의 죽음은 이승의 고독이나 고통을 하직하고 아름다운 세계로 넘어감을 상징한다. 그런 점에서 말은 이승과 저승을 매개한다는 특수한 상징적 의미를 띤다.

매 Hawk

고대 이집트의 경우 매는 태양이 변형된 것으로 영혼을 상징한다. 그러나 중세에 매는 죄인들의 악한 마음을 상징하고 수도원에는 토끼를 갈기갈기 찢는 매의 그림도 있다. 한편 토끼가 외설을 상징한다는 점에서 매는 외설에 대한 승리를 상징한다. 매는 태양에 속하는 새로서 독수리와 비슷한 상징적 의미를 내포한다. 곧 하늘의 힘, 위력, 왕위, 고귀함을 상징하며 눈을 뜬 채 태양을 응시한다. 매를 동반하거나 매의 머리를 한 신은 태양신이다.

푸른 매 끈에 묶여 오래도록 주리다가/ 숲 속에 들어가서 지루함에 나래 쳤다/ 북풍 거센 속에 끝을 풀고 훨훨 나니/ 푸른 하늘 물 같고 마음은 끝 없네/ 이 어찌 상쾌치 않을소냐.

— 정약용, 「불역쾌재행」

정약용의 경우 매는 '푸른 하늘 물'과 '끝없는 마음'이 암시하듯 세속의 악에 대한 정신적 승리를 상징한다.

매화 Plum tree

고려 시대 이래 우리 미술은 이른바 사군자四君子로 부르는 매梅, 난蘭, 국菊, 죽竹을 묵화로 그린다. 그런 점에서 매화, 난, 국화, 대나무는 군자, 곧 선비의 기품과 절조를 상징한다. 특히 매화는 조선 선비들의 고결한 정신과 순결한 미를 상징한다. 모란이 도교의 미를 상징한다면 매화는 유교의 미를 상징한다.

매화는 본래부터 환히 밝은데/ 달빛이 비치니 물결 같구나/ 서리 눈에 흰 살결이 더욱 어여뻐/ 맑고 찬 기운이 뼈에 스민다/ 매화꽃 마주 보며 마음 씻으니/ 오늘 밤엔 한 점의 찌꺼기 없네.

— 이율곡, 「매화 가지 끝의 밝은 달」

이 시조에서 매화는 달빛과 관련되어 물결의 이미지로 나타나고 그것은 순결한 미와 동시에 '맑고 찬 기운'이 암시하는 고결한 선비 정신을 상징한다.

머리 Head

　유대교의 경우 '마술적인 머리'는 별빛을 상징하고, 중세 예술의 경우에는 인간의 마음을 상징하고, 장식 예술에서는 정신적 삶을 상징한다. 이와는 달리 인간의 머리는 세계를 상징한다는 견해도 있다. 이런 의미를 전제로 두개골은 천체를 상징한다. 여기서 머리의 상징은 원이 상징하는 하나, 혹은 순一性이라는 의미와 연결된다. 이집트 상형문자의 경우에도 이런 상징적 의미가 나타난다. 독수리의 머리는 흔히 태양을 상징하며, 빛을 방사하는 중심점, 곧 우주적인 불꽃과 이 세계의 정신적 화염을 상징한다.

　일반적으로 머리는 심장처럼 육체의 중심으로 생명과 영혼이 머무는 곳으로 지혜, 마음, 지배를 상징한다. 따라서 베일로 가린 머리는 불가해, 비밀, 감추어진 지식을 상징한다. 그러나 제물의 머리에 베일이나 화환을 씌우는 것은 과거의 삶을 버리고 새로운 삶을 시작하는 것을 상징한다. 신부나 수녀가 베일을 쓰는 것은 이런 이유에서다.

▲ 야누스

　두 개 이상의 머리가 병치될 때 그 의미는 이상의 상징적 의미를 토대로 한다. 야누스 신처럼 머리가 두 개인 신이나 이미지는 시작과 끝, 과거와 미래, 어제와 오늘, 태양과 달, 십자로에서의 선택, 운명, 문을 닫기와 열기, 나아가 남자와 여자, 원인과 결과 등 모든 대립물의 통일을 상징한다. 그런 점에서 야누스 같은 두 머리의 신은 문의 수호신이다. 한편 머리가 셋인 신은 천국/지상/지옥, 과거/현재/미래, 아침/정오/저녁을 상징한다. 네 개의 머리 혹은 네 개의 얼굴이 병치되는 경우, 그것은 넷이 암시하는 상징적 의미와 관련된다.

역사가 발생하기 이전의 시대에 시체의 머리를 자르는 것은 머리 속에 존재하는 정신의 힘을 깨달았기 때문이다. 이 정신의 힘은 신체가 전체적으로 재현하는 이른바 생명의 힘과는 대립된다.

감각과 감정과 육체의 구조가 가슴이라면 정신과 영혼과 환상의 구조는 머리라 하겠지요.
— 김내성, 「실낙원의 별」

뇌 속에 골고루 기름을 친다.
— 신동집, 「오전 8시」

김내성의 경우 머리는 정신, 영혼, 환상을 상징하고 신동집의 경우 '뇌 속에 골고루 기름을 친다'는 말은 시간이 오전 8시라는 점에서 밤새 잠들어 있던 사고, 혹은 의식의 새로운 활동을 상징한다. 그런 점에서 뇌, 곧 머리는 사고를 상징한다.

머리띠 Hood

머리띠 혹은 원추형으로 된 모자는 고대나 중세의 그림 속에 자주 나타난다. 머리띠는 어깨에 걸치는 망토와 모자를 결합한다. 이에 덧붙여 그 형태와 빛깔이 머리띠의 상징적 의미를 결정함에 기여한다. 융에 의하면 머리띠는 머리 전체를 가리고 그 형태가 대체로 둥글다는 점에서 가장 높은 영역, 말하자면 천상의 세계를 상징한다. 이런 천상의 세계는 종, 둥근 천장, 모래 주머니의 최상 부분 그리고 해골과 호박의 윗 부분으로 재현된다.

머리를 가리는 행위는 눈에 보이지 않는 세계, 곧 죽음을 의미한다. 이런 이유로 고대의 신비극에는 옷으로 머리를 가린 인물이 나온다. 융은 다음처럼 말한다.

> 동아프리카의 난디족이 수행하는 할례식의 경우 신참자는 오랫동안 기이한 원추 형태로 된 풀잎 모자를 쓰고 걸어야 하며, 이 모자는 그의 몸을 완전히 감싸며 땅에 닿을 정도이다. 따라서 할례 행위는 눈에 보이지 않는 세계, 곧 정신적인 세계와 관련된다. 이렇게 모자로 몸을 가리는 행위는 수녀들이 베일로 얼굴을 가리는 행위와 유사하다.

그런 점에서 이런 모자는 억압을 상징하고, 심리 세계를 보이지 않게 만든다. 머리띠라기보다는 원추형으로 된 모자, 그러니까 일종의 고깔은 시의 경우 다음과 같이 노래된다.

> 얇은 사 하이얀 고깔은/ 고이 접어서 나빌레라// 파르라니 깎은 머리/ 박사 고깔에 감추오고// 두 볼에 흐르는 빛이/ 정작으로 고와서 서러워라
> ─ 조지훈, 「승무」

여기서 노래되는 고깔은 머리를 완전히 가리고 그 형태가 둥글다는 점에서 지상에서 매우 높은 영역, 곧 천상의 세계를 상징한다. 이런 고깔을 쓰고 승무를 추는 행위는 수녀가 베일로 얼굴을 가리는 행위가 그렇듯이 본능을 억압하거나 자신의 심리 세계를 눈에 보이지 않게 한다.

메뚜기Locust

기독교의 경우 메뚜기는 파괴력을 상징하며, 이런 의미는 히브류의 '파라오의 역병Plagues of Pharaoh' 까지 거슬러 올라간다. 「요한계시록」 9장 1절에서 10절 사이에는 다음과 같은 말이 나온다.

그리고 다섯 번째 천사가 소리치자 나는 별이 하늘에서 지상으로 떨어지는 것을 보았다. 그리고 그에게는 바닥이 없는 거대한 구덩이를 열 수 있는 열쇠가 주어졌다. 그는 그 열쇠로 심연을 열었다. 그러자 구덩이로부터 거대한 화덕의 연기가 피어올랐으며, 태양과 공기는 그 구덩이의 연기 때문에 갑자기 어두워졌다. 그리고 연기 속에서 메뚜기들이 뛰어나왔다. 메뚜기들에게는 지상의 풀을 다쳐서는 안 되며, 초록빛 사물도 다쳐서는 안 되며, 나무도 다쳐서는 안 되며, 오직 이마에 신의 표시를 하지 않은 인간들만을 상하게 하라는 명령이 내렸다. 인간들을 죽여서는 안 되고, 다섯 달 동안 괴롭히기만 하라는 명령이었다. 그 고통은 전갈이 인간을 쏠 때 체험하는 그런 고통이었다. 그리고 그동안 인간들은 죽음을 열망할 것이며 죽음은 그들을 피해 달아날 것이다. 메뚜기들은 싸움터로 가는 말들과 같은 형상을 하게 될 것이며, 그들의 이마에는 황금 왕관이 씌워질 것이며, 그들의 얼굴은 인간의 얼굴과 같아질 것이다. 그들은 여인들의 머리칼을 지니게 되며, 사자의 이빨을 지니게 될 것이다. 그들에게는 쇠로 된 단단한 가슴이 주어질 것이다. 그들의 날개가 내는 소리는 싸움터로 달리는 여러 말이 이끄는 전차가 내는 소리와 비슷할 것이다. 그들에게는 전갈과 같은 꼬리가 주어질 것이며, 이 꼬리는 인간들을 찌를 수 있을 것이다. 메뚜기들이 지닌 이런 힘은 다섯 달 동안 인간들에게 상처를 입힐 것이다.

메뚜기는 마침내 온몸이 번쩍이는/ 커다란 눈이 되어 밤마다/ 마루에 엎드린 나를 보고/ 죽으라, 죽으라, 죽으라고 말했네// 두 귀 막고 들판으로 나가면/ 들판에는 가득 찬 녹색 달/ 내 몸도 캄캄한 메뚜기로/ 변하고 있었

네 들판엔 사람들이／ 또 얼굴을 가리고 있었네

— 이승훈, 「피에타 4」

　이 시에서 메뚜기는 무서운 파괴력을 상징한다. 메뚜기가 이런 힘을 상징하게 되는 것은 시의 문맥에 따르면 메뚜기의 눈과 관련된다. 그 눈은 공포를 환기하고, 마침내 한 마리의 메뚜기는 온몸이 공포로 번쩍이는 이미지로 변한다. 「요한계시록」과 관련시켜 설명한다면 이 메뚜기는 신과의 만남을 추구하지만 그런 만남이 순조롭지 않은 화자를 괴롭히는 연기의 이미지, 혹은 고통의 이미지로 읽을 수 있다.

모자 Hat

　융에 의하면 모자는 인간의 머리를 덮고 있다는 점에서 머리 속에 진행되는 것, 곧 사고를 상징한다. 그는 '모든 생각을 한 개의 모자 속에 두라'는 독일인들의 어법을 보기로 든다. 또한 그는 어떤 소설 속에서 주인공이 타인의 사고를 체험할 때 실수로 그의 모자를 쓰게 되는 상황을 제시한다. 그런가 하면 그에 의하면 모자는 '왕관'과 통하고 개인의 정상을 상징한다. 모자가 바뀌는 것은 그 사람의 마음이나 관념이 변함을 의미한다. 특수한 사회적 질서, 곧 추기경의 모자, 사제의 모자, 군인의 모자 등은 그런 사회적 계급적 지위를 상징한다. 테 없는 모자를 쓰는 것은 노예와 다른 고귀함과 자유를 상징한다. 형태를 중심으로 할 때 모자는 특수한 의미를 나타낸다. 예컨대 프로이트에 의하면 모자는 남근을 상징한다. 눈에 보이지 않는 세계, 이를테면 억압을 상징하는 모자도 있다.

나는 썼지. 그래. 모자를 썼어. 이젠 이것을 벗을 수 없어. 비록 생사가 거기 달려 있다 할지라도 모자를 벗을 수 없는 그런 순간이 있다니까.
— 베케트, 「오 행복한 사람」

그가 모자를 벗는다/ 그가 모자를 쓴다/ 착모/ 탈모/ 탈모 착모/ 마음 편할 사이가 없다.
— 타르디외, 「근본적인 난점」

베케트의 작품에 자주 나오는 모자는 여러 가지 상징적 의미를 암시한다. 이 글에서는 모자가 사고, 눈에 보이지 않는 세계를 상징한다. 이런 사정은 타르디외의 경우에도 나타난다. 그것은 시의 표제가 '근본적인 난점'으로 되어 있다는 점과도 관계된다. 이 시의 경우는 모자 자체가 아니라 착모와 탈모의 과정이 중시되고 그런 점에서 착모는 사고의 시작, 탈모는 사고의 중단을 상징하고 이 시는 이런 사고의 단절과 연속의 고통을 노래한다.

목걸이 Necklace

폭넓게 말해서 여러 개의 구슬들을 실로 꿴 목걸이는 다양성 속의 통일성, 혹은 통일성 속의 다양성을 상징한다. 곧 분열과 연속이라는 통일의 중간 상태를 상징한다. 실을 중심으로 할 때 목걸이는 결합과 속박이라는 우주적, 사회적 의미를 띤다. 흔히 목걸이는 목이나 가슴에 건다는 점에서 성적인 의미를 띤다. 또한 많은 수의 구슬은 신의 힘에 의존하는 삶, 신의 힘에 의해 통합되는 삶을 상징한다.

> 구슬이 바위에 떨어져도 그 끈이야 끊어질 일이 있겠는가, 천년을 홀로 지낸들 그 믿음이야 끊어질 일이 있겠는가.
> ―「서경별곡」

이 시에서 노래되는 것은 구슬들이 아니라 그것들을 묶고 있는 끈이다. 그리고 이 끈은 사랑하는 두 사람의 결합과 속박을 상징한다.

목욕 Ablution

목욕은 물로 씻는 행위가 대체로 악의 세계를 정화하거나 순화한다는 상징적 의미를 나타낸다. 그러나 이때 악은 객관적, 외적 악의 세계보다는 이른바 주관적, 내적 악의 세계를 의미한다. 내적인 악의 순화가 외적인 악의 순화보다 더욱 어렵다는 것은 두말할 필요가 없다. 왜냐하면 내적인 악의 세계는 강력한 힘으로 우리들의 존재를 지배하기 때문이다.

인간이나 동물이 죽으면 그 시체는 부패하여 검은색을 띠게 된다. 연금술사들은 시체에서 생기는 물방울들을 응축시켜 천천히 시체에 떨어뜨리고 이런 작업을 통해 그들은 시체를 점진적으로 정화시키며, 검은색은 차츰 회색으로 변하고 마침내 흰색이 된다. 이런 연금술의 원리가 암시하는 것은 참된 도덕적 발전을 위해 자신의 악을 정화하라는 교훈이다. 결국 목욕은 내적 악의 세계를 추방하고 참된 도덕적 자아를 실현한다는 상징적 의미를 나타낸다.

> 희미하게 빛나는 황금색 아지랑이 속에서 목욕한 저 영광스런 날들
> ―딜런 토머스, 「저 흘러간 날들」

이 시에서 목욕은 영광의 세월과 관련되며, 특히 물이 아니라 '황금색 아지랑이' 속에서 목욕하는 이미지로 나타난다. 여기서 목욕은 때묻은 세월이나 시간의 순화를 상징한다.

> 육체의 과실이 어느 생생한 물통에서 목욕한다./······/ 투명한 허무 속에 젖은 흐릿한 팔은// 아무리 해도 꺾을 수 없는 꽃 그늘을 위하여/ 늘어나고 출렁이는 헛된 쾌감에 잠든다.
> ― 발레리, 「목욕하는 여인」

발레리의 경우 목욕은 세속적 삶의 순화, 말하자면 '투명한 허무'의 세계로 드는 행위이다.

무 Nothingness

『우파니샤드』에는 의식의 여러 상태가 나온다. 그것은 객관적 형식으로 활동하는 각성 상태, 주관적 충동으로 넘치는 백일몽 상태로부터 어떤 이미지도 존재하지 않는 내밀한 꿈의 상태에 이르기까지 다양하다. 이때 꿈의 상태에서 경험되는 것은 無라는 신비한 관념이다. 열반을 의미하는 니르바나와 자아 소멸의 황홀을 제대로 이해하기 위해서는 이런 無가 절대적 부정(모든 사물의 죽음)이 아니라 무분별의 세계(갈등과 대립이 없는 상태, 곧 고통과 역동성이 추방된 상태)라는 사실을 인식하는 일이 매우 중요하다. 힌두교의 원리를 설명하면서 귀에논은 다음과 같이 말한다.

이 無의 상태는 내적이면서 동시에 외적인 현상들을 파괴하는 게 아니라 원형의 양식으로 존재한다. 곧 대상들의 세계가 분별되는 2차적인 양상이 아니라 하나로 통합되는 양상을 의미한다. 이런 존재는 필연적으로 자아가 실현하며, 여기서 말하는 자아는 그 자체가 이런 실현 속에서만 인식되는 그런 자아이며 그것은 통합된 앎 속에 드러나는 무분별의 세계로 요약된다.

현상계가 아닌 이른바 비대상의 현실로 인식되는 無라는 개념, 따라서 말로 표현할 수 없는 무라는 개념은 히브류의 신비주의자들에 의해 어느 정도 이해되었다. 13세기 바르셀로나에 살았던 유대인 율사에 의하면 이 '신비로운 무'는 신의 현시를 상징적으로 기술한다. 이런 무는 모든 존재가 열어 보이는 심연의 균열로 드러난다. 그에 의하면 모든 실재들의 형상이 변하거나, 고통의 순간이나 위기의 순간에 무라는 심연이 태어나며 그것은 신비한 순간에 포착된다. 왜냐하면 동양의 신비주의자들이 무라고 불렀던 절대적 존재에 의해 모든 사물들이 변하기 때문이다. 유대교 신비 철학자들의 경우 히브류어로 무는 Ain이며, 이 문자가 '나'를 의미하는 I를 형성한다.

불교의 경우 無는 사물의 존재를 부정하는 不, 혹은 非와 관련된다. 세속의 무는 有와 無를 전제로 하는 무이고 불교에서 말하는 무는 有와 無의 대립을 초월하는 무, 이른바 묘유妙有를 의미한다. 선가禪家에서 無字가 오도悟道의 관문이 된다고 할 때 무는 이런 의미이다. 宋나라 선승禪僧 무문혜개無門慧開가 쓴 「무문관無門關」 제1칙에는 다음과 같은 공안이 나온다.

> 어느 날 趙州 화상에게 한 스님이 묻는다.
> '개에게도 佛性이 있습니까?'
> 그러자 조주 화상은 '없다'고 대답한다.
> 趙州和尙因僧問 狗子還有佛性也無
> ― 무문혜개, 「무문관」

이 공안에 대해 무문혜개 스님은 다음처럼 설명한다. '참선은 반드시

조사관을 뚫어야 하고 묘오妙悟는 심로心路가 끊긴 곳까지 가야 한다[參禪須透祖師關 妙悟要窮心路絕]. 조사관은 조사들의 관문, 곧 조사들이 만들어 놓는 관문으로 참선은 이 관문을 통과해야 하고 묘오, 곧 깨달음은 심로, 사유, 생각이 끊긴 곳까지 가야 하며, 이렇게 마음의 활동이 끊긴 곳이 無의 세계이다. 조사들의 관문이 화두話頭이고 따라서 혜개 스님은 화두를 들고 화두를 깨치는 과정, 곧 간화선看話禪의 경향을 보여준다. 요컨대 조주 화상이 강조한 것은 불성도 없다는 것. 이런 무는 언어를 초월하고 분별을 초월하는 무이다. 선불교가 강조하는 무는 空, 中道, 不二 사상과도 통한다.

유마힐維摩詰 보살이 쓴 「유마경維摩經」에는 다음과 같은 말이 나온다. '제법은 궁극적으로 무소유, 곧 있는 바가 없다. 이것이 공의 의미다[諸法究竟無所有 是空義]. 나와 무아가 둘이 아니다. 이것이 무아의 의미다[於我無我而不二 是無我義].'

> 한 사람은 무자화無字話 속으로 들어가고/ 한 사람은 무자화 밖으로 걸어나오고/ 두 사람 모두 만나보면 둘 다 들여우
> ―조오현, 「들여우」

이 시는 조주 스님의 無字 화두를 소재로 한다. 한 스님이 조주 스님에게 '개에게도 불성이 있습니까?' 라고 묻자 조주 스님은 '없다' 고 대답한다. 그러나 『열반경』에는 일체 중생에겐 불성이 있다고 말한다[一切衆生悉有佛性]. 그렇다면 조주 스님은 왜 없다고 했을까? 오현 스님은 이 시에서 이 무자 화두를 들고 이 화두를 깨닫는 오도悟道의 세계를 노래한다.

무자 화두 속으로 들어가는 건 참선이고 나오는 건 묘오다. 그러나 오현 스님에 의하면 참선하는 스님이나 깨달은 스님이나 모두 들여우다. 들여우란 무엇인가? 여우는 흔히 술책, 교활함을 상징하고 따라서 참선도 깨달음도 술책에 지나지 않는다는 것. 왜냐하면 불성즉무佛性卽無, 곧 불

성도 없기 때문이다.

> 바다의 끝없는/ 물결 위로/ 내 돌팔매질을 하다/ 허무에 쏘는 화살 셈치고서// 돌알은 잠깐/ 물연기를 일고/ 금빛으로 빛나다/ 그만 자취도 없이 사라지다/ 오오 바다여!/ 내 화살을/ 어디다 감추어 버렸나// 바다의/ 끝없는 물결은/ 그냥 까마득할 뿐
>
> ― 신석초, 「돌팔매」

이 시의 경우 바다는 허무를 상징하고, 바다에 던지는 돌은 화살에 비유된다. 그런 점에서 '허무에 쏘는 화살'은 바다에 던지는 돌을 의미한다. 그리고 이 돌은 시인 자신을 비유한다. 따라서 시인이 바다에 돌을 던지는 것은 허무, 곧 무의 세계를 향한 투척으로 해석된다. '오오 바다여!/ 내 화살을/ 어디다 감추어 버렸나'라는 시행은 그런 점에서 자아가 소멸된 황홀의 경지를 암시한다. 이 바다는 무를 상징하고 따라서 모든 갈등과 대립이 해소되는 무분별의 세계를 상징한다고 볼 수 있다.

무당 Exorcist, Sorceress

무당의 어근은 '묻'이고 15세기 국어에는 '묻그리[占]'가 있는 바 이는 '묻'과 '그리'의 합성어로 둘 모두 말을 뜻한다. '묻다[問]'의 묻도 말을 뜻한다. 만주어에 무단mudan이 있고 이 말은 소리를 뜻한다. 그런 점에서 무당은 신과 인간의 중간에서 말의 중개자 역할을 한다(서정범). 이런 어원을 전제로 무당은 이승과 저승의 중개, 신과의 만남, 영매靈媒, 신명, 황홀, 신의 대리, 신내림을 상징한다.

갈부턴 같은 약수터의 산거리엔 나무그릇과 다래나무 지팽이가 많다.// 산너머 십오리서 나무뒝치 차고 싸리신 신고 산비에 촉촉이 젖어서 약물을 받으려 오는 두멧아이들도 있다.// 아랫마을에서는 애기무당이 작두를 타며 굿을 하는 때가 많다.

— 백석, 「삼방」

애기 무당이 작두를 타고 굿을 하는 것은 이 집에 누가 죽었거나 병든 환자가 있기 때문이다. 우리 무속에는 사람이 죽으면 그 넋을 저승으로 인도하는 넋굿이 있고, 이때 무당은 죽은 사람의 넋이 옮겨 붙은 존재가 된다. 신은 무당의 입을 빌려 자신의 뜻을 전한다. 따라서 신과 무당은 하나가 된다. 애기 무당이 굿을 하는 것은 이렇게 죽은 넋을 저승으로 인도하거나 아니면 병든 자를 치료하는 의식이다. 요컨대 여기서 무당은 죽은 넋의 인도 혹은 병의 치료를 상징한다.

무덤 Tomb

무덤은 육체의 죽음을 상징한다. 또한 무덤은 대지의 자궁으로 모성과 여성을 상징한다. 시의 경우 무덤은 다음과 같이 노래한다.

잔디/ 잔디/ 금잔디/ 심심산천에 붙은 불은/ 가신 님 무덤가에 금잔디/ 봄이 왔네, 봄빛이 왔네./ 버드나무 끝에도 실가지에/ 봄빛이 왔네, 봄날이 왔네./ 심심산천에 금잔디에

— 김소월, 「금잔디」

북망이래도 금잔디 기름진데 동그만 무덤들 외롭지 않으이.// 무덤 속

어둠에 하이얀 촉루가 빛나리. 향기로운 주검의 내도 풍기리.// 살아서 설던 죽음 죽었으매 이내 안 서럽고, 언제 무덤 속 화안히 비춰 줄 그런 태양만이 그리우이.// ─봄볕 포근한 무덤에 주검들이 누웠네.

― 박두진, 「묘지송」

 김소월의 경우 강조되는 것은 무덤가의 금잔디이다. 여기서 금잔디는 '심심산천에 붙은 불'이라는 시행이 암시하듯이 '불'의 이미지로 형상화되고, 따라서 금잔디는 타오르는 생명을 상징하며, 이런 의미가 강조될 때 '가신 님 무덤'은 새로운 상징성을 획득한다. 말하자면 여기서 '무덤'은 죽음의 세계이면서 동시에 봄날이 상징하는 재생, 나아가 금잔디가 표상하는 '불', 혹은 생명의 세계라는 독특한 상징성이 드러난다.
 박두진의 경우도 비슷하다. 여기서 무덤은 '동그만 무덤들 외롭지 않으이'라는 시행이 암시하듯이 평화로움을 상징한다. 이런 상징성은 봄날의 무덤, 특히 기름진 금잔디의 이미지를 동기로 한다. 봄날이 재생을 상징한다면 금잔디는 '불'이 암시하는 생명의 세계, 혹은 풍요한 삶을 상징하기 때문이다.

어제는 가보니/ 이 봄에 늘어난 봉분들이/ 아직 성성한 맨흙으로 이 산 저 산 밀봉되고 있었다/ 밀봉을 풀고 밀봉되고 있었다

― 정진규

 정진규의 경우 무덤은 '밀봉을 풀고 밀봉되는' 삶을 상징한다. 여기서 밀봉을 푼다는 것은 일상적 삶의 억압에서 해방됨을 의미한다. 그러나 다시 밀봉된다는 것은 일상적 삶의 억압으로부터 해방된 세계인 죽음의 세계를 지상의 인간들이 무덤을 만듦으로써 다시 억압한다는 의미로 읽힌다. 그런 점에서 이 시의 경우 '봉분', 곧 무덤은 삶의 억압으로부터 해방된 세계를 다시 억압한다는 아이러니를 보여준다.

무지개Rainbow

　무지개는 하늘과 땅이 만난다는 점에서 신의 영광, 신성을 상징하고 나아가 지상과 낙원의 연결을 상징한다. 한편 일곱 가지 빛깔은 인간 의식의 단계를 상징하고 일곱 개의 고운 빛깔은 완전무결한 아름다움을 상징한다. 영국 시인 워즈워드가 '하늘의 무지개를 보면 내 가슴은 뛰누나!' 라고 노래할 때 무지개는 신성을 상징한다.

　　매운 계절의 채찍에 갈겨/ 마침내 북방으로 휩쓸려오다.// 하늘도 그만 지쳐 끝난 고원/ 서릿발 칼날진 그 우에 서다.// 어데다 무릎을 꿇어야 하나/ 한 발 재겨 디딜 곳조차 없다.// 이러매 눈감아 생각해 볼밖에/ 겨울은 강철로 된 무지갠가 보다.

　　　　　　　　　　　　　　　　　　　— 이육사, 「절정」

　고통의 절정에서 시인이 느끼는 것은 '한 발 재겨 디딜 곳조차 없는' 절망감이다. 한 발을 살짝 떼어놓을 수도 없는 상황에서 시인이 꿈꾸는 것은 이런 절망(겨울)이 '강철로 된 무지개' 라는 것. 여기서 무지개는 꿈, 희망, 아름다움을 상징한다. 그러나 그가 꿈꾸는 희망(무지개)은 강철로 되어 있기 때문에 견고하고 단단하다.

문Door

　집 안과 밖을 연결하는 문은 외계와 내계의 연결을 상징한다. 우리 풍속에는 방의 안과 밖을 연결하는 벽에 난 방문, 집의 안과 밖을 연결하는 담에 난 대문, 마을의 경계를 알리는 이문里門, 도시의 경계를 알리는 성문城門이 있다. 한편 입문入門이 암시하듯이 문은 새로운 세계와의 만남을 상징하고, 열린 문은 희망, 기회, 새로운 탄생을 상징한다. 신화에서 문은 창과 함께 하늘로 트인 통로를 상징한다. 우리 민속에서 문을 통과하는 것은 죽음을 통과하는 것, 따라서 새로운 삶과의 만남, 재생을 상징한다. 기독교에서 문은 예수를 상징하고(「요한복음서」, 7: 9), 교회의 세 개의 문은 믿음, 소망, 사랑을 상징한다(「고린도전서」, 13: 13). 불교의 경우 문으로 드는 것은 성역, 불국토에 드는 것을 의미한다. 사찰의 입구에는 一柱門이 있고 이 문은 사역寺域, 곧 성스러운 지역을 의미한다. 정신분석에서 문은 여성, 女根을 상징한다.

산촌에 밤이 드니 먼데 개 짖어온다/ 시비를 열고 보니 하늘이 차고 달이로다/ 저 개야, 공산 잠든 달을 짖어 무삼하리오?
— 천금

여기서 시비, 곧 사립문을 여는 행위는 님과의 만남, 님에의 그리움이 동기가 된다. 따라서 문은 '나'와 '너'의 연결, 새로운 삶의 세계를 상징한다.

피와 빛으로 해일한 神位에/ 폐와 발톱만 남겨 놓고는/ 옷과 신발을 벗어 던지자/ 집과 이웃을 이별해 버리자
— 서정주, 「문」

기울어지는 시각/ 싸늘한 거리에 비가 내린다.// 운명처럼 마련된 내 생존의 길 앞에/ 모든 문들은 잠기어 있다.// 이제는 어쩔 수 없는/ 이 절박한 지대에서/ 나는 몸부림을 치며/ 문을 두드린다.
— 황금찬, 「문」

문을 닫고 방을 나온다./ 밖에 서리가 내리고/ 흰 눈이 쏟아지는 계절의 아침/ 문득 잊었던 방문을 열어/ 화병을 본다.

— 김윤성, 「정물」

서정주의 경우 문은 본능(피)과 신성(빛)이 바다가 되어 넘치는(해일) 신의 세계(신위)로 드는 심리 상태를 상징하고, 황금찬의 경우에는 새로운 삶의 길을 상징하고, 김윤성의 경우에는 아름다운 내면 세계(화병)와의 만남을 상징한다. 문득 잊었던 방문을 연다는 것은 외적 세계와 대립되는 내면 세계로 드는 것을 암시한다.

문지방 Threshold

문지방은 전환과 초월을 상징한다. 곧 속된 것에서 성스러운 것으로, 외부의 세계에서 내부의 세계로의 이동과 전환을 상징한다. 한편 문지방은 이렇게 대립되는 두 세계의 분리와 동시에 연결을 상징하고 이런 상징은 문, 창에도 나타난다. 동양의 경우 문지방은 보호와 경고를 상징하며 이런 의미는 문지방을 지키는 용, 신의 초상들에 의해 강화된다. 로마의 신인 야누스 역시 문지방의 이중적 의미를 암시한다. 문지방이 각성과 수면, 혹은 깨어남과 잠듦이라는 이중성을 상징하는 것은 이런 사정 때문이다.

우리는 두 번 같은 문을 통과하는 것이 아니고 전에 통과한 일이 없는 문에 들어가는 것이다.

—엘리엇, 「가족의 재회」

문이란 칼과 같죠, 세계를 두 쪽으로 자르니까요.

— 작스, 「엘리」

참다운 흔들림 아래/ 배격의, 육체들이 시달릴 때/ 바다는 가장 순수한 문지방/ 육체들의 옷자락에 주름살을 펴면서/ 태초의 곳에 복귀하고 있다.// 명료의, 두근대던 햇빛과/ 이 단순한 지점에까지/ 부딪치는 신들의 끝없는 시선/ 그렇게 어디서고/ 나의 조직을 짜이게 하는/ 지고의 물결, 해체와 축적.

— 이승훈, 「바다」

엘리엇의 경우 문지방 '문'은 '전에 통과한 일이 없는 문'이라는 말이 암시하듯이 삶의 전환과 초월을 상징한다. 그런가 하면 작스의 경우 실제로 노래되는 것은 문이지만, 찬찬히 살펴보면 문지방의 의미를 띤다. 문은 '칼'에 비유됨으로써 전환이나 초월보다는 분리, 경고를 상징한다. 필자의 경우 '바다는 가장 순수한 문지방'이라는 말이 암시하듯 '바다'는 '문지방'에 비유된다. 이때 문지방은 '시달리는 육체'로 상징되는 지상의 인간들이 다른 세계, 곧 신의 세계로 넘어감을 상징한다. 그런 점에서 문지방에 비유되는 '바다'는 여기서 세속과 신성의 세계를 분리하면서 동시에 연결한다는 이중적 의미를 나타낸다.

물 Water

이집트 상형 문자의 경우 물은 작고 날카로운 갈기들을 지닌 물결 치는 선으로 드러나는 바, 이것은 물의 표면을 재현한다. 이런 기호가 세 겹으로 겹치면 거대한 물이 되는 바, 이는 원초적 대양, 혹은 우주의 근원으로서의 물질을 암시한다. 중국의 경우 물은 용이 살고 있는 특수한 거처로 인식되는 바, 이는 모든 생명이 물에서 태어난다고 생각했기 때문이다. 『베다』의 경우 물은 가장 원초적인 모성을 상징하며, 이는 우주의 발생 초기에 우주가 빛이 없는 바다와 같다고 생각했기 때문이다.

인도의 경우 이런 의미는 더욱 일반화되어 물은 생명을 유지시키는 존재로 간주되며, 그것은 비, 수액, 젖, 피의 형태로 자연을 순환한다. 그런 점에서 물은 무한과 불멸을 상징한다. 고대 문화 속에서 물은 '상부의 물'과 '하부의 물'로 구분되고 전자는 잠재력, 가능성을 상징하고, 후자는 현실화, 혹은 창조된 것들을 상징한다.

물론 일반적으로 물은 모든 액체, 곧 바다, 강, 호수, 샘 등을 지시한다. 더욱 원초적인 물, 곧 우주의 으뜸가는 물질로서의 물은 일정한 형태와 견고성을 획득하기 전의 모든 고체를 내포한다. 연금술사들은 물을 변용의 첫 단계에 있는 수은으로 부르며, 이를 토대로 인간의 '유동하는 몸'이라고 부른다. 여기서 말하는 '유동하는 몸'은 정신분석학에 의하면 무의식, 곧 일정한 형태가 없으며, 역동적인 여성적 측면을 의미한다. 물이 직관적인 지혜를 상징한다고 주장하는 견해는 이런 의미를 토대로 한다.

메소포타미아인들의 경우 물의 심연은 깊이를 헤아릴 수 없는 비인격적인 지혜를 상징한다. 역사 이전의 시기에 심연을 뜻하는 낱말은 깊이를 헤아릴 수 없는 신비를 지시했다. 간단히 말해서 물은 우주적 잠재력을 상징하며, 따라서 모든 형태와 창조를 지배한다.

물에 잠기는 행위는 형태가 존재하기 전의 상태로의 회귀를 상징하며, 한편으로는 전멸과 죽음을, 다른 한편으로는 재생과 소생을 의미한다. 왜냐하면 물에 잠기는 것은 생명력을 강화하기 때문이다. 세례의식은 물의 이런 상징적 의미와 관련되는 바, 성 존 크리소스톰St. John Chrysostom은 다음과 같이 말한다. '세례는 죽음과 생명, 매장과 소생을 재현한다. 머리를 물 속에 넣을 때 인간은 완전히 침잠되어 매장된다. 그러나 물을 떠날 때 그는 갑자기 새로운 인간으로 태어난다.'

우주적인 수준에서 물에 잠김, 곧 침수는 홍수의 이미지로 드러나는 바, 홍수는 모든 형태를 용해시키며, 유동의 상태로 돌아가게 한다. 따라서 홍수는 모든 요소들은 해방시켜 새로운 우주적 패턴 속에 다시 배치시킨다는 의미를 띤다.

고대인들이 땅과 물을 여성 원리로 생각하고 경배한 것은 물이 보여주는 투명성과 깊이 때문이다. 바빌로니아 사람들은 물을 '지혜의 집'이라고 불렀다. 인류에게 문화를 가져다 준 신비한 존재는 반은 인간이요 반은 물고기로 묘사된다.

프로이트에 의하면 꿈의 경우 물은 탄생을 상징한다. '파도 속에서의 일어섬', 혹은 '물의 구원'은 풍요와 비옥, 나아가 아이의 탄생을 상징한다. 그러나 이와는 달리 물은 모든 원소들 가운데 전환이 가장 빠른 원소로 간주된다. 곧 물은 불, 공기, 대지 사이에서 쉽게 전환된다. 말하자면 물은 쉽게 증발하여 에테르인 공기가 되고, 굳어 얼음이 된다. 이때 물은 창조(긍정적 흐름)와 파괴(부정적 흐름) 양면성을 상징한다. '투명한 깊이'를 강조할 때 물은 표면과 심연을 연결하고 따라서 물은 이런 두 이미지를 결합한다.

바슐라르는 물이 환기하는 여러 가지 특성을 지적한 바 있으며, 이상에서 열거한 물의 기본적인 의미를 강화하는 2차적 의미를 강조한다. 그것은 물의 엄격한 상징보다는 물이 보여주는 유동성, 변용과 관계된다. 그에 의하면 물에는 명료한 물, 솟는 물, 달리는 물, 흐르지 않는 물, 죽은 물, 신선하고 짠 물, 비치는 물, 정화하는 물, 깊은 물, 몰아치는 물 등이 있다. 물이 집단 무의식을 상징하든, 개인 무의식을 상징하든, 매개나 용해를 상징하든, 분명한 것은 이런 상징이 정신의 잠재적인 활력, 정신적인 투쟁을 상징한다는 점이다. 이때의 투쟁이란 무의식의 메시지가 의식에 전달되는 방식을 찾기 위한 그런 의미로서의 투쟁을 뜻한다.

이와는 달리 물의 2차적 상징은 물을 담고 있는 사물들, 물이 사용되는 방식, 곧 목욕, 세례, 성스러운 물 등으로부터도 도출된다. 또한 물들의 수준과 관련되는 공간적 상징이 있는 바, 이는 현실적·물질적 수준과 추상적·도덕적 수준을 지시한다. 부처가 설교에서 모래, 조가비, 손톱, 물고기들이 비치는 투명한 물을 지닌 이른바 산-호수를 속죄의 길로 간주한 것은 이런 사정 때문이다. 이 호수는 분명히 '상부의 물'의 다른 양상에 해당된다. 잔잔한 연못을 응시하는 신비한 인물은 맹목적인 외적 행위와 대비되는 명상적 행위를 암시한다. 끝으로 '상부의 물'과 '하부의 물'은 안으로 감기는 과정인 비와 밖으로 감기는 과정인 증발을 통해 서로 교통한다. 이때 불이 개입함으로써 물은 변형된다. 태양은 바닷물을 증발시키는 바, 이것은 생명을 승화시킨다는 의미를 띤다. 물과 불은 대립되는 이미지로 궁극적으로 상대방에 침투해 합쳐져 하나가 된다. 서로 싸우는 물과 불은 생명에 필요한 습기와 열이기 때문에 '불타는 물'은 대립의 통합을 상징한다. 물을 섞은 포도주는 인간성과 신성의 혼합, 인간성과 융합된 신성을 상징하고 물에 섞여 부드러워진 진흙은 창조를 상징하고 또한 우주의 창조자로서 도공陶工을 암시한다.

물은 증발하여 구름으로 응축되며, 생명을 부여하는 비의 형태로 다시 지상으로 돌아온다. 이때 물은 물이면서 동시에 하늘이라는 2중의 의미를 내포한다. 말하자면 '하부의 물'이면서 동시에 '상부의 물'이라는 2중의 가치를 내포한다. 노자가 특히 관심을 기울인 부분이 기상의 이런 순환적 과정이다. 이런 과정이 암시하는 것은 우주 만물이 물질적이면서 동시에 정신적이라는 사실이다. 노자는 다음과 같이 말한다.

> 밤이든 낮이든 물은 결코 쉬지 않는다. 위로 올라가면 비와 이슬을 만들고, 아래로 내려와 흐를 때면 시내와 강물을 이룬다. 물은 선善을 상징한다. 댐으로 막으면 그대로 멈추고, 길이 만들어지면 그 길을 따라 흐른다. 따라서 물은 싸우지 않는다. 그러나 견고하고 강한 것을 파괴함에 있어서 물을 따를 것이 없다.

물의 이런 상징적 의미는 홍수 같은 엄청난 변혁을 통해 그 파괴적인 양상이 드러나는 경우에도 변하지 않는다. 다만 물의 여러 상징 가운데 하나인 폭풍의 상징에 종속될 뿐이다. 헤라클리투스가 '우리는 종일 한 물에 두 번 발을 담글 수 없다. 왜냐하면 언제나 새로운 물이 흐르기 때문이다'라고 말하면서 강조한 것도 결국은 흐름이라는 물의 본질이다. 물론 여기서 강조되는 것은 삶의 과정에서 과거로 거슬러 오를 수 없다는 관념이다. 에볼라는 다음과 같이 말한다.

> 성스러운 물이 없다면 이 세상에 어떤 사물도 존재하지 못한다. 여성 원리를 상징하는 것들 가운데 물의 기원으로서의 어머니와 생명을 상징하는 것이 많다. 예컨대 대지로서의 어머니, 물로서의 어머니, 동굴, 어머니의 집, 밤, 깊이의 집, 힘의 집, 지혜의 집, 숲 등을 들 수 있다. 여기서 성스럽다는 말을 오해해서는 안 된다. 물은 지상의 생명과 자연의 생명을 상징할 뿐 형이상학적인 생명을 상징하는 것은 아니다.

우리 신화에서 물은 창조의 원천, 풍요, 생명력을 상징하고 또한 재생을 상징한다. 우리 민속에서 물은 생산력, 생명력, 정화력을 상징한다. 불교와 기독교에서 물은 정화를 상징하고 현대에는 무상無常, 무의미를 상징한다. 서양에서 물은 모든 생명이 시작된 원초적 물질적 바탕을 상징한다. 양수, 침, 피, 정액 등을 전제로 할 때 물은 생명의 액체, 생명의 근원을 상징한다.

> 아침의 물 속에서는 모든 것이 새롭다. 저 카멜레온 같은 강은 무슨 정기를 지녔기에 젊은 빛의 만화경에게 금방 화답을 하는 것인가! 파르르 떨리는 물의 생명만이 모든 꽃을 새롭게 만든다. 은밀한 물의 가벼운 한 가닥 떨림도 꽃의 아름다움이 터지는 도화선이 될 수 있다.
> ─ 바슐라르, 「수련, 저 여름 새벽의 경이」

바슐라르의 경우 물은 생명을 상징한다. 특히 '파르르 떨리는 물의 생명'이라는 이미지가 그렇다. 물은 생명을 상징하되 신선한 생명을 상징하고 이런 물의 떨림이 꽃의 아름다움과 통한다.

결국은 물거품이야/ 물거품 속에서/ 물거품이 되어 살았지/ 앞으로 살아갈 날들도/ 물거품이 될 거야//……// 물거품 속에서/ 물거품 속에서/ 이렇게 떠내려가는 거야
— 이승훈, 「물거품 속에서」

필자의 경우 물이 아니라 물거품을 노래하고 이때 물거품은 덧없음을 상징한다. 물거품이 된다는 것은 영원한 삶의 흐름, 연속, 지속이 파괴된다는 의미를 띠기 때문이다. 또한 이 시에서 필자는 영원히 변치 않고 흐르는 물과 대비되는 우리의 일상적 삶의 허무를 강조한 셈이다.

우리가 물이 되어 만난다면/ 가문 어느 집에선들 좋아하지 않으랴/ 우리가 키 큰 나무와 함께 서서/ 우르르 우르르 비 오는 소리로
— 강은교, 「우리가 물이 되어」

강은교의 경우 물은 불처럼 뜨거운, 격정적인 삶의 내용들이 말끔히 순화된 그런 삶을 의미한다. 따라서 물이 되어 만난다는 것은 비의 이미지가 암시하듯 삶의 갈증, 가뭄이 해소되는 그런 만남을 상징한다.

물고기 Fish

물고기는 남근을 상징하며 따라서 다산多産, 번식, 재생, 생명의 원천, 바다나 강(생명)을 상징한다. 한편 물고기는 물과 관련되어 무의식, 곧

일체를 고양하는 힘이 부과된 심리적 존재를 상징하고 이때 물고기는 달의 여신, 태모신太母神과 관련된다. 물고기를 먹는 것과 물고기를 제물로 바치는 것은 바다나 강(다산)을 담당하는 달의 여신을 숭배하는 행위이다. 기독교의 경우 예수는 어부로 비유되고 물고기는 교인들을 상징한다. 한편 물고기는 예수를 상징하는 경우도 있다. 따라서 포도주와 바구니에 담긴 빵과 함께 그려진 물고기는 성체聖體를 상징한다.

불교의 경우 물고기는 수행과 정진을 상징한다. 어떤 승려가 스승의 가르침을 어겨 죽은 다음 등에 나무가 돋은 물고기가 되었다. 어느 날 스승이 배를 타고 바다를 지나갈 때 이 물고기가 나타나 죄를 참회하면서 등에 돋은 나무를 제거해 달라고 했다. 스승은 제를 지내 그를 인간이 되게 했다. 그후 나무로 물고기 모양을 만들어 사찰에 매달아 놓고 수행자들을 경고했다는 설화가 있다. 이른바 목어木魚가 그것이다. 또한 목어는 밤낮으로 눈을 뜨고 있기 때문에 이를 본받아 정진하라는 의미가 있다.

슈나이더에 의하면 물고기는 때로는 고래, 때로는 새, 혹은 '날아가는 물고기'로 재현되고 이때 물고기는 생명의 신비로운 배로 인식된다.

물고기는 본질적으로 두 가지 특성을 보여준다. 하나는 그 형태가 목관 악기와 비슷하다는 점에서 지하에 살고 있는 새와 동일시되며, 이런 특성은 회생, 그리고 천상과 지상의 연결을 상징한다. 다른 하나는 알을 많이 낳는다는 점에서 삶의 풍요를 상징한다. 동양 문화, 특히 중국에서 물고기는 풍요를 상징하는데 물고기를 뜻하는 魚yu와 남음을 뜻하는 餘yu가 발음이 같고 중국 근해에 물고기가 풍부하기 때문이다.

물고기는 그 특성에 따라 2차적 의미를 보여주는 것들이 있다. 예컨대 칼의 형태를 한 물고기는 일각수와 동일한 의미를 띤다. 또한 물고기 가운데는 고래나 원초적 괴물 같은 이른바 우주적 물고기가 있는데 이런 물고기는 물질적 우주의 총체성을 상징한다. 가장 놀라운 보기로는 번쩍이는 금으로 만들어진 낫의 형태로 된 물고기가 있으며, 이 물고기는 현재 베를린 박물관에 소장되어 있다.

　우주적 물고기는 흔히 서로 대립되지만 결국은 상호 보완적인 관계로 나타나는 두 가지 상징적 형식을 취한다. 하나는 물고기와 다른 형태를 혼합함으로써 드러나는 상징적 형식으로 수평선을 기준으로 물고기의 상체에 해당되는 상부에는 삶의 '우월한 단계'를 상징하는 네 가지 존재, 곧 네 마리의 포유류인 사슴, 말, 돼지, 표범이 놓이고 수평선 하부에는 삶의 '낮은 단계'를 상징하는 심연의 존재들, 곧 물고기와 사이렌 여신이 놓인다. 다른 하나는 물고기의 형태를 혼합함으로써 드러나는 상징적 형식이다. 예컨대 두 개의 양의 머리와 두 개의 꼬리와 두 개의 목으로 구성된 물고기가 있는 바, 꼬리의 중간에는 한 마리의 독수리가 날개를 펴고 있다. 그 눈은 낙지를 닮았으며, 대상을 포착하려는 잠재력과 대상을 향해 뻗친 촉수 역시 낙지와 비슷하다. 따라서 금으로 된 이런 물고기는 무형의 현실 혹은 아직 제대로 형태를 지니지 못한 원초적 바다의 단계를 지나 세계가 발전하는 양상을 상징한다.

　우리 민속에서 물고기는 재액을 예방하는 제물로 사용된다. 옛날부터 고사를 지내거나 굿을 할 때 제물의 하나로 북어를 사용한다. 그러나 고사를 지낸 다음 떡은 이웃과 나누어 먹지만 북어는 광목으로 묶어 집안 벽에 걸어 놓는다. 이 북어는 재액 예방을 상징한다. 한편 유교에서 물고기는 질서를 상징하는데 물고기가 떼를 지어 다니지만 한 마리의 인솔에 따라 질서 있게 움직이기 때문이다. 물고기는 왕을 지키는 수호신을 상징하는 경우도 있다.

　　　이따금 고기는 헤엄치면서/ 흰 배를 물결에 드러내고// 비행선인 양 날
　　치는/ 때때로 구름에 흰 몸을 나타내고
　　　　　　　　　　　　　　　— 자콥, 「이따금 물고기는 헤엄치면서」

　이 시에서 물고기는 비행선에 비유된다. 따라서 날아가는 물고기와

관련되어 물고기는 생명의 신비한 배를 상징한다.

> 또한 온전히 반짝인다 할 뿐인 비늘 싱싱한 물고기 한 마리를 치렁치렁 손에 얻는 기쁨
>
> — 박재삼, 「감나무 그늘에서」

박재삼의 경우 물고기는 삶의 다산성 혹은 풍요한 삶을 상징하며 따라서 기쁨의 세계로 인식된다.

미궁, 미로 Labyrinth

▲ 미로

미궁은 목적이 분명치 않은 건축 구조로 그 속에 들어가면 매우 복잡한 양식 때문에 밖으로 나올 수 없거나 나오기가 힘들다. 따라서 미궁은 복잡함을 상징한다. 그러나 미궁 혹은 미로의 상징적 의미는 다양하다. 곧 미궁은 중심으로의 회귀, 낙원 회복, 고난과 시련에 의한 깨달음, 통과제의 initiation로서의 죽음과 재생, 세속에서 신성으로 가는 통과제의, 들어가기는 쉽지만 나오기는 어려움, 풀리지 않는 매듭 등을 상징한다.

일부 최초의 사원들이 미궁의 형식으로 된 것은 미궁이 악마들을 유

혹하여 가두고 다시는 도망가지 못하게 하려는 목적과 관련된다. 그렇기 때문에 원시인들에게 미궁은 심연, 소용돌이, 기타 이와 유사한 것들을 암시한다. 한편 선사 시대에 존재하는 순환의 형태를 띠는 미궁은 하늘의 도상, 곧 천체의 움직임을 반영한 것으로 간주된다. 이 두 미궁은 동일한 기본적 관념, 곧 창조 과정 속에서의 정신 상실, 혼돈, 어지러움을 상징하고 이런 고난을 통해 '중심'으로 가는 길, 곧 정신으로 돌아가는 길을 추구하기 때문이다.

미로의 중심은 흔히 만자(卍)형으로 되어 있는 바, 이는 미로가 암시하는 기본적인 의미에 회전, 생성, 통합의 의미를 첨가한다. 엘리아데에 의하면 미로의 기본적인 의미는 '중심'을 지키려는 것, 곧 신성, 불멸, 절대적인 세계로의 입문을 암시하며, 이런 의미를 전제로 할 때 미로는 용과의 싸움 같은 '시련들'을 의미한다. 서양 상징 체계에서 미궁은 '잃어버린 말씀'의 탐색과 성배聖杯 찾기를 의미하고 동양 상징 체계에서는 윤회로부터의 탈출과 업業의 법칙을 의미한다.

　　길 잃은 그들의 정신은/ 태양을 저주한 자가 방황하는 미궁을 달린다.
　　　　　　　　　　　　　　　　　　— 발레리, 「나르시스 단장」

여기서 미궁은 먼저 '태양을 저주한 자가 방황하는 곳'으로 노래된다. 그런 점에서 미궁은 엘리아데가 말하는 '중심' 지키기라는 의미를 띤다. 한편 여기서 미궁은 '길 잃은 그들의 정신'이 달리는 곳이고 따라서 창조적 정신의 상실과 그런 정신의 세계에 닿으려는 고난을 상징한다.

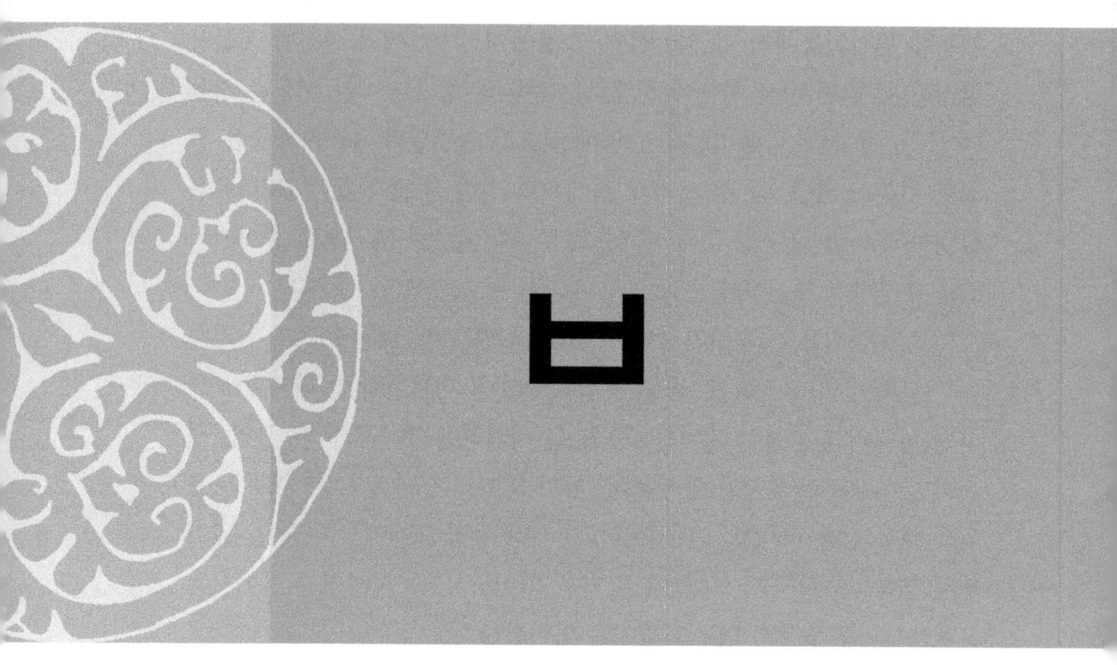

바늘Needle / 바다Sea, Ocean / 바람Wind / 바위Rock / 박쥐Bat / 반죽Paste / 반지Ring / 발Foot / 밤Night / 밤바다 건너기Night—sea Crossing / 방Room / 방향Orientation / 배Ship / 배Belly / 배꼽Navel / 백조Swan / 백합Lily / 뱀Serpent, Snake / 버드나무Willow / 벌Bee / 벌레Worm / 벙어리Dummy / 벽Wall / 별Star / 베일Veil / 보물Treasure / 보석Jewel / 보자기Wrapper / 복숭아Almond / 봄Spring / 봉황Dupe / 부엉이Owl / 부채Fan / 북Drum / 분수, 샘Fountain / 불Fire, 불꽃Flame / 불가능Impossibility / 불사조Phoenix / 붓Brush / 비Rain / 비둘기Dove / 비밀Secret / 비상Flight / 빗Comb / 빛, 밝음Light / 빨강, 빨간색Red / 뼈Bone / 뿔Horn

바늘 Needle

바늘은 못이나 창처럼 인간이나 사물을 날카롭게 찌른다는 특성을 나타내지만, 한편 이와는 다른 독특한 상징적 의미를 나타낸다. 그것은 우리나라의 경우 전통적으로 여인들의 삶과 관계가 있고, 실과 관련되기 때문이다. 이런 점에서 유의하면 바늘은 조각난 사물들을 잇는 결합성, 자수가 암시하듯 일상적 삶의 고통을 미로 승화시키는 여성들의 심리 세계를 상징한다. 한편 바늘 구멍은 음성陰性을 상징하고 바늘 끝은 양성陽性을 상징한다는 점에서 바늘은 음과 양이 함께 존재하는 세계를 뜻한다. 유씨 부인은 「조침문」에서 인력의 한계를 초월하는 바늘의 아름다움과 신기함을 다음처럼 글로 쓴 바 있다.

> 아깝다 바늘이여, 어여쁘다 바늘이여, 너는 미묘한 품질과 특별한 재치를 가졌으니, 물중의 명물이요, 철 중의 쟁쟁錚錚이라, 민첩하고 날래기는 백대의 협객이요, 굳세고 곧기는 만고의 충절이라, 추호 같은 부리는 말하는 듯하고, 뚜렷한 귀는 소리를 듣는 듯한지라, 능라와 비단에 난봉鳳과 공작을 수놓을 제, 그 민첩하고 신기함은 귀신이 돕는 듯하니, 어찌 인력이 미칠 바리오.
>
> — 유씨 부인, 「조침문」

바늘의 신기함은 자수를 통해 드러난다. 자수의 이미지는 고전 문학이나 현대 문학에 두루 나타난다. 그것은 여성들의 삶의 방식과 섬세한 미의식을 환기하며 현대의 경우 그 보기는 다음과 같다.

> 누이의 어깨 너머/ 누이의 수틀 속의 꽃밭을 보듯/ 세상을 보자// 울음은 해일/ 아니면 크나큰 제사와 같이
>
> — 서정주, 「학」

바늘의 길은 안방으로 향해 있습니다. 그 길에는 아이를 낳고 기르며 끝없이 갈라지는 것, 떨어져 나가는 것, 그 마멸과 단절을 막아내는 결합의 의지가 있습니다. 바느질은 칼질과 달리 두 동강이가 난 것을 하나로 합치게 하는 작업입니다. 바늘의 언어는 융합과 재생의 언어로 구성되는 것이지요.

— 이어령, 『떠도는 자의 우편 번호』

바다 Sea, Ocean

바다는 흔히 유동하는 물, 공기 같은 무형적인 존재와 대지 같은 유형적인 존재를 매개하는 이미지로 드러난다. 거대한 바다는 혼돈, 끝없는 운동, 생명의 원천을 상징하는 바 이는 생명의 원천이 물이고 바다가 원초의 물을 뜻하기 때문이다. 하늘이 수직의 극단으로 피안을 상징하듯이 바다는 수평의 극단으로 피안을 상징한다. 바다는 물의 상징이 그렇듯이 풍요와 다산多産을 상징하지만 동시에 죽음을 상징한다. 그런 점에서 바다는 신성한 곳(피안)이고 불교의 경우 성역을 의미한다. 「심청전」의 경우 바다는 죽음과 재생을 상징하고 최남선의 「해에게서 소년에게」의 경우엔 새 시대, 희망과 힘을 상징한다.

나 돌아가리/ 위대하고 상냥스런 어머니/ 인간의 어머니이며 애인인 바다로

— 스윈번, 「바다」

아— 스스로이 푸르른 정열에 넘쳐/ 둥그런 하늘을 이고 웅얼거리는 바다, 바다의 깊이 위에/ 네 구멍 뚫린 피리를 불고— 청년아/ 애비를 잊어버려/ 에미를 잊어버려/ 형제와 친척과 동무를 잊어버려/ 마지막 네 계집을

잊어버려// 아라스카로 가라 아니 아라비아로 가라/ 아니 아메리카로 가라 아니 아프리카로 가라/ 침몰하라 침몰하라 침몰하라!
— 서정주, 「바다」

모발을 날리며 오랜만에/ 바다를 바라고 섰다/ 눈보라가 걷히고/ 저 멀리 물거품 속에서/ 제일 아름다운 인간의 여자가/ 탄생하는 것을 본다.
— 김춘수, 「봄바다」

스윈번의 경우 바다는 어머니를 상징한다. 이때의 어머니는 우리가 태어난 곳, 궁극적인 장소를 의미한다. 서정주의 경우 바다는 죽음을 상징하는데 '침몰'의 이미지가 특히 그렇다. 그런가 하면 김춘수의 경우 바다는 죽음이 아니라 탄생을 의미한다. 이 시의 경우 그것은 비너스 신화를 모티프로 하고 있다.

바람 Wind

바람은 능동적이고 격렬한 상태에 있는 공기로 영靈, 우주의 호흡, 창조적 숨결을 상징하고 우주를 지배하는 1차적 요소가 된다. 융에 의하면 아랍인들의 경우 바람이라는 낱말은 숨결과 정신이라는 두 가지 의미를 소유한다. 고도의 활동 단계로 들어갈 때 바람은 태풍이 되며 태풍은 회오리바람과 함께 파괴, 폭력, 황폐를 상징한다.

바람은 또한 기본적인 방위, 곧 동서남북에 상응하는 몇 가지 형태로 나누어지며 상징적 의미 역시 다양하다. 이집트와 그리스의 경우 바람은 악의 힘을 소유하는 것으로 인식된다. 바람은 무형無形이라는 점에서 손에 잡히지 않는 것, 옮겨가는 것, 실체가 없는 것을 상징한다. 한편 역동적인 바람은 삶의 역동성(신바람), 야성적이고 충동적인 힘(바람 피우다)을 상징한다.

한편 풍파風波라는 낱말을 전제로 하면 바람은 고난을 상징하고 '바람 따라 흐르는 삶'에서는 정처 없음, 허무, 무정견無定見을 상징한다. 그러나 시인의 풍류風流 정신에서 바람은 자연의 섭리와 도道를 상징하고 월명사月明師는 「제망매가祭亡妹歌」에서 '어느 가을 이른 바람에/ 여기저기 떨어지는 잎처럼/ 한 가지에 나고도/ 가는 곳 모르는구나'라고 노래한다. 이때 바람은 불교적 무상無常을 상징한다.

　　불이 켜질 무렵/ 잠드는 바람/ 바람 같은 목마름/ 진실로 겨울의 해질 무렵/ 잠드는 바람 같은 적막한 명목冥目.
　　　　　　　　　　　　　　　　　　　　　　　― 박목월, 「소곡」

　　바람이여.// 풀 섶을 가던, 그리고 때로는 저기 북녘의 검은 산맥을 넘나들던/ 그 무형한 것이여,/ 너는 언제나 내가 이렇게 한낱 나뭇가지처럼 굳어 있을 땐/ 와 흔들며 애무했거니,/ 나의 그 풋풋한 것이여.// 불어 다오,/ 저 이름 없는 풀꽃들을 향한 나의 사랑이/ 아직은 이렇게 가시지 않았을 때/ 다시 한 번 불어 다오, 바람이여/ 아 사랑이여.
　　　　　　　　　　　　　　　　　　　　　　　― 박성룡, 「교외」

　　뛰어나가 껴안고 싶구나/ 지나가는 바람/ 지나가며 낮은 소리로/ 나를 부르는 바람/ 그건 너의 목소리/ 물끄러미 쳐다보면/ 너는 울고 있구나/ 옛날을 생각하고 있구나/ 옛날 아아 병든 남자를/ 사랑했던 저녁을 생각하고 있구나
　　　　　　　　　　　　　　　　　　　　　　　― 이승훈, 「지난 시대의 사랑」

박목월이 노래하는 것은 겨울 저녁 불이 켜질 무렵 잠드는 바람이다. 여기서 바람은 불과 대립된다. 왜냐하면 불이 켜질 때 바람이 잠들기 때

문이다. 한편 바람은 목마름, 갈증을 상징하고 따라서 불이 켜질 때 갈증이 해소되고 이런 해소가 적막한 명목, 눈감음, 죽음으로 발전한다. 박성룡의 경우 바람은 '한낱 나뭇가지처럼 굳어있을 때' 찾아와 흔들며 애무하던 무형의 것으로 인식되고 따라서 바람은 죽음을 극복하는 생명, 혹은 사랑을 상징한다. 필자가 노래하는 것은 창 밖을 지나가는 바람이고 그 바람소리는 너의 목소리와 중첩되어 비탄, 울음소리, 안타까움을 상징한다.

바위 Rock

바위는 영속성, 견고성, 통합성, 경직성, 차가움을 상징한다. 바위는 전통적으로 돌이 그렇듯이 신이 거주하는 자리로 인식된다. 코카서스 지방에는 '최초에 세계는 물로 덮여 있었으며, 그때 위대한 창조자인 신은 바위 속에 살고 있었다'는 말이 전해 온다. 돌과 바위는 인간적 삶의 근원, 무의식과 분리되기 이전의 자아를 상징하고 이와는 달리 바위와 돌이 분해된 땅은 열등한 존재로 식물과 동물적 삶의 근원을 상징한다. 바위가 신비하게 느껴지는 것은 그것이 깨질 때 나는 소리 때문이며, 또한 바위가 보여주는 통일성, 곧 견고성과 응집력 때문이다.

여기는 물이 없고 오직 바위뿐/ 바위는 있고 물은 없는 모래밭길/ 산 속을 굽이굽이 돌아 오르는/ 물이 있다면 발을 멈춰 목을 축이련만/ 그 바위에선 멈춰지고 생각지도 못한다.
— 엘리엇, 「번개의 말」

내 죽으면 한 개 바위가 되리라/ 아예 애련에 물들지 않고/ 희로에 움직이지 않고/ 비와 바람에 깎이는 대로/ 억년 비정非情의 함묵緘默에 안으로 안으로만 채찍질하여/ 드디어 생명도 망각하고/ 흐르는 구름/ 머언 원뢰遠 雷/ 꿈꾸어도 노래하지 않고/ 두 쪽으로 깨뜨려도/소리하지 않는 바위가 되리라

— 유치환, 「바위」

엘리엇의 경우 바위는 현대의 불모성을 상징한다. 이 시에서 바위는 물과 대비되는 이미지로 드러난다. 한편 물이 없고 바위만 있는 세계란 최초에 우주가 물로 덮여 있었고, 창조자인 신이 바위 속에 있었다는 신화를 염두에 둘 때, 새로운 세계의 창조를 암시한다. 말하자면 바위가 상징하는 현대의 불모성은 새로운 세계의 창조를 지향한다. 이런 인식은 죽음이 재생을 상징하는 것과 같은 이치이다.

유치환의 경우 바위는 영속성, 견고성, 통합성을 상징한다. 바위는 여기서 '애련', '희로'에 움직이지 않는 견고성과 영속성이 인내와 함묵의 삶을 불러오며 삶의 통합성을 환기한다. 왜냐하면 이 시에서 바위는 의지, 그러니까 분열된 삶을 통합하려는 의지와 관련되기 때문이다. '꿈꾸어도 노래하지 않고/ 두 쪽으로 깨뜨려도/ 소리하지 않는 바위가 되리라'는 시행은 분열에 저항하는 통합에의 의지를 보여준다.

박쥐 Bat

박쥐는 새와 쥐의 성질을 동시에 지닌다는 점에서 밝음과 어둠, 명민과 몽매를 상징한다. 한편 박쥐는 밤에 활동하기 때문에 야행성을 상징하고 생식력이 강하기 때문에 다산多産, 풍요를 상징한다. 박쥐가 행복을

상징하는 것은 이런 사정 때문이다. 동양 민속에선 박쥐는 오복五福을 가져다 주는 동물로 인식된다. 오복은 오래 살고, 부자가 되고, 건강하고, 덕이 있고, 좋게 죽는 것이다.

> 친정엘 간다는 새댁과 마주앉은/ 급행열차 밤찻간에서도/ 중년신사는 나비 넥타이를 찾고/ 유복한 부인은 물건을 온종일 고르고/ 백화점 소녀는 피곤이 밀린 잡답雜畓 속에서도// 또 어느 조고만 집 명절 떡 치는 소리를/ 들으면서도// 기댈 데 없는 외로움이 박쥐처럼 퍼덕이면/ 눈감고/ 가다가/ 슬프면 하늘을 본다
> ─ 노천명, 「창변」

이 시에서 박쥐는 백화점 소녀의 외로움을 상징한다. 소녀는 피곤이 밀리는 잡답, 곧 사람이 붐비는 곳에서 명절 떡 치는 소리를 들으며 기댈 곳 없는 외로움을 느낀다. 이때 외로움이 박쥐처럼 퍼덕인다. 따라서 퍼덕이는 박쥐는 외로움을 극복하려는 은밀한 몸짓, 어둠의 세계에서 달아나고 싶은 심정을 상징한다.

반죽 Paste

바슐라르에 의하면 물질은 반죽과 매우 밀착된 상태로 드러난다. 모든 물질은 물에 의해 형태를 지며 이때 물은 물질의 무의식이 된다. 진흙은 물의 먼지로 인식되며, 재는 불의 먼지로 인식된다.

더 나아가 바슐라르는 진흙, 먼지, 연기는 서로 조화되는 이미지라고 말한다. 왜냐하면 이들은 모두 변화된 형식이며 양지의 이미지가 아니라 음지의 이미지이고 모두 물질의 기본 요소인 물, 불, 공기, 흙의 네 요소

의 잔재이기 때문이다. 진흙, 먼지, 연기는 모두 사이비–물의 상태에 속하고, 이로부터 용해와 재생이라는 상징적 의미가 가능하게 된다. 재와 먼지는 사물이나 생명의 종말을 의미하지만 모든 종말은 또한 새로운 시작을 의미하기 때문이다.

> 내적 존재가 정욕을 공격하는 모습을 들여다보아야 한다. 이전에 어느 빵 굽는 직공이 그의 반죽 통에 그 거대한 손을 처넣었던가? 어느 빵 굽는 직공이 밀가루 반죽으로 빚어진 움직이고, 기어오르고, 무너져 가는 산 같은 반구에 짓눌린 것을 본 적이 있는가? 반죽은 천장으로 올라가 그것을 뜯어버릴 것이다.
>
> — 미쇼, 「펜」

이 시에서 반죽은 내적 존재가 정욕을 공격하는 이미지이고 그것은 구체적으로 움직이고, 기어오르고, 무너져 가는 산의 이미지로 형상화된다. 그러나 이런 산 같은 반죽의 이미지는 마침내 천장으로 올라가 그것을 뜯어버릴 것이라고 말함으로써 물과 흙의 몽상이 투쟁, 분해, 흡수, 나아가 사디즘과 마조히즘의 끊임없는 상호작용을 상징하게 된다.

> 나의 영혼은 진흙과 애정과 우울로 되어 있다.
>
> — 로자노프, 「고독」

로자노프의 경우 진흙은 애정, 우울과 의미론적으로 등가 관계에 있다. 따라서 진흙은 우울한 심정을 상징하며 동시에 애정과 관련된다. 진흙이 우울과 관련되는 것은 그것이 보여주는 점액질의 속성 때문이며, 애정과 관련되는 것은 바슐라르의 해석이 의하면, 진흙이 '보드라운 대지'의 이미지이기 때문이다. 그에 의하면 '원시적인 흙탕 속을, 자연의 흙탕 속을 맨발로 걷는 것은 원시적인 감촉, 자연의 감촉을 되찾게 한다.' 이때 진흙은 인간과 자연의 결합을 가능케 하는 이미지가 된다.

반지Ring

반지는 모든 원이 그렇듯이 영원, 연속, 신성, 생명, 순환적 시간을 상징하고 또한 권위, 힘을 상징한다. 반지는 인간적 구속, 연결, 결속, 결연을 상징한다. 따라서 결혼식 때 신랑이 신부에게 반지를 끼어 주는 것은 두 사람의 결속, 연속성과 전체성을 상징한다. 목걸이 역시 그 상징적 의미는 같다. 결혼식 때는 쌍가락지를 준다. 반지는 한 짝으로 된 것이고 두 짝(쌍)으로 된 것이 가락지이다. 반지班指의 班은 한 쌍을 나눈다는 뜻이다. 한편 우리 민속에서 태몽에 나타나는 반지는 딸을 상징하는 바 이는 반지가 여성이 끼는 장식물이고 동그란 모습이 여성을 상징하기 때문이다.

반지는 때로 자신의 꼬리를 삼키는 뱀 같은 동물의 형태로 나타나며, 일부의 전설 속에서 반지는 긴 사슬의 마지막 부분으로 간주된다. 따라서 반지는 긴 사슬(법)에 복종됨을 의미한다. 또 다른 반지의 유형은 우주적 춤을 수행하는 시바를 감싸는 불꽃의 원으로 나타난다. 이런 불꽃-반지는 12궁도와 관련되고 이때 반지는 밖으로 확장하는 능동성과 안으로 확장하는 수동성을 소유하며, 이는 우주와 우주 속의 개별적 존재들이 보여주는 생의 순환을 상징한다. 곧 창조와 파괴라는 영원한 과정 속에 순환하는 자연의 춤을 상징한다.

> 보라, 나의 반지가 그대의 손가락을 어떻게 싸고 있는가. 그리하여 그대의 가슴은 나의 가난한 마음을 에워싼다.
>
> ― 셰익스피어, 『리처드 3세』

이 비인 금가락지 구멍에/ 끼었던 손가락은/ 이 구멍에다가 그녀 바다를 조여 끼어 두었지만/ 그것은 구름 되어 하늘로 날아가고―// 이 비인 금가락지 구멍에/ 끼었던 손가락은/ 한 하늘의 구름을 또 조여서 끼었었지만/ 그것은 또 우는 비 되어 땅으로 뿌려지고—

— 서정주, 「비인 금가락지」

셰익스피어의 경우 반지는 '그대'와 '나'를 잇는 연속성을 상징한다. 그런가 하면 서정주의 경우 반지는 순환성과 전체성을 상징하며, 나아가 우주와 우주 속의 개별적 존재들이 보여주는 생의 순환성을 상징한다. 그것은 '비인 금가락지'가 '손가락', '바다', '구름'의 이미지로 순환되며, 또한 '구름', '비'로 순환되기 때문이다.

발Foot

발은 남근을 상징하고 발에 끼는 신발은 여성을 상징한다. 이는 발에 낀다는 동작이 성교를 상징하기 때문이다. '콩쥐팥쥐'나 '신데렐라' 이야기에서 신발은 자아와 여성을 상징한다. 한편 발은 인체를 비유하는 바 이는 발이 손처럼 신체의 본질적인 부분이며 인간을 지탱하기 때문이다. 인간은 발로 움직이기 때문에 발은 삶의 근거이고 자살하는 사람이 최후로 지상에 남기는 신발은 최후의 자아를 상징한다. 여성의 경우 발은 미의 척도이다. 그러나 발은 지상과 관계된다는 점에서 비천함을 상징히고 일반적으로 발은 남에게 드러내지 않는다는 점에서 자아의 비밀을 상징한다.

흔히 태양 광선은 인간의 발에 비유된다. 우리나라의 경우 태양 광선을 '햇살' 혹은 '햇발'이라고 부르는 게 그 보기이다. 그러나 디엘에 의하면 발은 영혼을 상징한다. 그것은 발이 인간의 신체를 하늘로 향해 서게 하기 때문이다. 그런 점에서 그리스 전설 속에서 절름발이는 흔히 정신적 결핍과 오점을 상징한다. 융은 대장장이 블랙스미스Blacksmith, 마니Mani 등이 불완전한 발을 소유했다는 사실을 근거로 이런 주장을 지지한다. 슈나이더에 의하면 발꿈치는 발 가운데 '공격적이며 또한 공격받기 쉬운 부분'이다. 아킬레스가 그랬듯이 발꿈치는 뱀에게 상처를 줄 수 있으며, 동시에 뱀으로부터 상처를 입기도 쉬운 부분이다. 에이그레몽은 다음과 같이 말하고 있다. '구두 역시 발이나 발자국처럼 죽음을 암시한다.' 생각하기에 따라서 죽어 가는 사람은 멀리 떠나는 사람이다. 그런 점에서 발은 길 떠남, 죽음(발자국)을 상징한다.

> 연꽃 같은 발꿈치로 가이없는 바다를 밟고, 옥 같은 손으로 끝없는 하늘을 만지면서, 떨어지는 해를 곱게 단장하는 저녁놀은 누구의 시입니까?
> — 한용운, 「알 수 없어요」

한용운이 노래하는 것은 발이 아니라 발꿈치이다. 이 발꿈치는 '연꽃'에 비유되고 따라서 이 발꿈치는 아름다운 발꿈치이며 동시에 가벼운 발꿈치이다. '가이없는 바다'를 밟고 가는 발꿈치는 아름다운 삶의 길을 상징한다.

밤Night

밤은 어둠과 마찬가지로 우주 창조 이전의 암흑, 탄생 전의 암흑을 상징하고 혼돈, 죽음, 광기, 붕괴 나아가 태아 단계의 삶을 상징한다. 그런 점에서 밤은 여성적이고 무의식적인 수동성의 원리를 상징한다. 헤소이드에 의하면 밤은 '신들의 어머니'로 위대한 모성을 상징하고 그리스인들의 경우 밤과 어둠은 모든 창조에 앞서 존재한다. 이런 인식을 토대로 밤은 물이 그렇듯이 비옥, 잠재력, 발아를 의미한다. 전통적인 관점에서 밤은 죽음이나 흑색의 상징적 의미와 동일시된다.

동짓달 기나긴 밤을 한 허리를 베어내어/ 춘풍 이불 아래 서리서리 넣었다가/ 어른님 오신 날 밤이거든 굽이굽이 펴리라.
― 황진이

언제나 우주로만 창을 열어 주는 밤/ 그리고 모든 착각에서 벗어나게 해 주고/ 사랑하는 사람에겐 지극히 편안한 마음을 안겨 주는 밤/ 지금 대지는 그늘도 없이 어둡고 묵묵하나/ 우주는 대낮보다 크고 환하다.
― 김윤성, 「연주자」

나는 낳는다/ 킬킬대는 밤/ 떠돌다 익사하는 밤/ 떡과 고기인 밤/ 혹은 피인 밤// 나는 낳는다/ 이토록 스산하고/ 커다란 머리인 밤/ 루비처럼 빠알간 밤/ 형님처럼 시커먼 밤// 나는 낳는다/ 나는 낳는다/ 눈부신 추억의/ 털투성이 밤을
― 이승훈, 「내가 낳는 밤」

황진이의 경우 밤은 여성 원리를 암시한다. 그것은 여기서 밤이 어른님 오시는 날 밤 펼치고 싶은 시인의 마음을 상징하기 때문이다. 김윤성의 경우 밤은 우주와의 만남을 상징한다. 이런 우주는 '대낮보다 크고 환하다'는 시행이 암시하듯 의식이 아니라 무의식, 남성 원리(의식)가 아니라 여성 원리(무의식)를 의미하고 나아가 모든 삶의 모태를 의미한다.

필자의 경우 밤은 비옥함이 아니라 불모성, 생명이 아니라 죽음을 상징한다. '킬킬대는 밤'은 모성이나 여성 원리에 대한 풍자와 해학 혹은 광기를, '떠돌다 익사하는 밤'은 죽음을, '떡과 고기인 밤'은 먹이나 희생을, '피인 밤'은 희생을 상징한다. 또한 '스산하고 커다란 머리인 밤'

은 이성의 거대한 황량함을, '루비처럼 빠알간 밤'은 피가 암시하는 희생의 격정을, '형님처럼 시커먼 밤'은 흑색이 암시하는 죽음을 상징한다. 요컨대 여기서 밤은 모성의 죽음, 삶의 불모성을 상징한다.

밤바다 건너기 Night-sea Crossing

고대인들에 의하면 태양은 밤에 죽음의 세계를 거치는 심연을 통과한다. 따라서 이 죽음의 세계는 재생을 상징하고 여기서 심연은 물로 가득한 제3의 세계, 곧 지옥을 암시하고 바다의 심층이나 지하의 호수와 동일시된다. 요컨대 밤바다 건너기는 재생을 꿈꾸는 죽음의 여행으로 프로베니우스는 이런 여행의 원형에 대해 다음과 같이 말한다.

> 바다-괴물이 영웅을 삼키고 동쪽으로 여행을 떠난다. 여행을 하는 동안 영웅은 괴물의 뱃속에서 불을 밝히고 있으며, 배가 고픈 나머지 괴물의 심장한 조각을 베어먹는다. 그리고 잠시 후 그는 괴물이 육지에 닿았음을 알고는 그 속에서 뛰어나오기 위해 괴물의 살을 베기 시작한다. 괴물의 뱃속은 너무나 뜨겁기 때문에 영웅의 머리칼은 모두 떨어진다. 때로 이 영웅은 자기보다 앞서 먹힌 사람들을 해방시키고 그들과 함께 괴물로부터 도망친다.

이런 기본적인 상황은 여러 전설이나 민담 속에서 다양한 형식으로 변주되지만 '삼켜지다→감금되다→마술을 걸다→도망치다'라는 기본적인 양상은 언제나 동일하다. 융의 경우 이런 여행은 버질과 단테가 묘사한 것처럼 지옥으로의 여행을 의미하며, 또한 정신의 땅, 무의식의 세계로의 여행을 의미한다. 그러나 융에 의하면 암흑과 심층의 물은 무의식을 상징하며 동시에 죽음을 상징한다. 이때의 죽음은 총체적인 부정이 아니라 삶의 다른 측면, 혹은 잠재적 삶을 지향한다. 따라서 여행의 끝은 죽음의 극복과 재생을 상징한다. 형제들에 의해 구덩이에 던져진 요셉의 이야기나 고래 뱃속에 들어가게 되는 요나의 이야기는 모두 밤바다 건너기의 상징과 관련된다.

> 귀기울여도 있는 것은 역시 바다와 나뿐,/ 밀려왔다 밀려가는 무수한 물결 위에 무수한 밤이 왕래하나/ 길은 항시 어데나 있고, 결국 아무데도 없다.// 아— 반딧불만한 등불 하나도 없이/ 울음에 젖은 얼굴을 온전한 어둠 속에 숨겨 가지고— 너는/ 무언無言의 해심海心에 홀로 타오르는/ 한낱 꽃 같은 심장으로 침몰하라.
>
> — 서정주, 「바다」

이 시에서 밤바다는 절망을 상징하고 시인은 이런 바다에 '꽃같은 심장으로 침몰하라'고 절규한다. 이런 절규가 암시하는 것은 단순한 죽음이 아니라 죽음을 통한 재생에의 열망이다. 따라서 여기서 노래되는 침몰–죽음은 총체적인 부정이라는 의미가 아니라 죽음의 극복과 재생을 상징한다.

방 Room

방은 외부 세계에서 나를 보호한다는 점에서 개인적인 사상이나 개별성을 상징한다. 한편 창은 외부 혹은 개별성을 초월하는 세계로의 통과나, 그런 세계에 대한 이해를 상징하며, 따라서 교통의 가능성을 상징한다. 그런 점에서 방은 외부 세계로 열린 창과 타자들의 영역으로 통하는 문을 소유한 개인을 상징한다. 이런 사정을 전제로 할 때 창이 없는 폐쇄적인 방, 밀실은, 프레이저에 의하면 처녀성을 상징하며 일종의 교통 부재를 의미한다.

시베리아의 전설에는 쇠로 된 암흑의 집이 나오는 바, 이것 역시 위의 상징과 관련된다. 또한 중국인들의 경우 '눈꺼풀이 있는 꽃병'이 있는 바 이때 꽃병은 방에 해당되고 눈꺼풀은 창과 문에 해당되지만 그것이 눈꺼풀로 되어 있다는 점에서 외부 세계로의 떠남을 규제한다는 의미가 있다.

▲ 고흐의 〈방〉

시인의 방은 말, 어둠 속을 돌아다니는 말들로 가득 차 있다.
— 바슐라르, 『몽상의 시학』

방이란 한량없이 신비로운 것이니 그 속의 생활은 언제든지 외부에 대해서는 닫혀진 비밀이다. 세상에는 수십 억의 방이 있겠으나 그 많은 방들은 그 속의 공기와 채광과 색조가 다르듯이 감정과 성격과 인생도 각각 스스로 다르며 동시에 비밀인 것이다.
— 이효석, 「호텔 부근」

당신의 방엔/ 천 개의 의자와/ 천 개의 들판과/ 천 개의 벼락과 기쁨과/ 천 개의 태양이 있습니다/ 당신의 방엘 가려면/ 바람을 타고/ 가야 합니다/ 나는 죽을 때까지/ 아마 당신의 방엔/ 갈 수 없을 것/ 같습니다/ 나는 바람을 타고/ 날아가는 새는/ 될 수 없기 때문입니다.
— 이승훈, 「당신의 방」

바슐라르가 말하는 방은 시인의 방이다. 이 방은 '어둠 속을 돌아다니는 말들'이 가득 차 있다는 진술에서 알 수 있듯이 시인만의 개인적 사고나 사상을 상징한다. 이효석의 경우 방은 '한량없이 신비로운 것'이 암시하듯이 외부와 차단된 개인적인 삶을 상징한다. 필자의 경우 방은 '당신'이 살고 있는 방이다. 그 방에는 천 개의 의자, 들판, 벼락과 기쁨, 태양이 있다. 이런 이미지들은 무한한 휴식과 행복, 막힘이 없는 삶, 망각과 황홀, 그리고 희망을 의미한다. 따라서 '당신의 방'은 이런 의미들을 거느리는, 외부와 차단된 유토피아를 상징한다.

방향 Orientation

이슬람 사상에 의하면 방향은 인간의 의도가 물질화되는 것을 의미한다. 예컨대 동방 혹은 동양은 태양이 떠오르는 곳이기 때문에 정신적 계몽 혹은 삶의 원천을 상징한다. 동쪽을 지향하는 것은 정신이 지니고 있는 빛의 초점을 지향하는 일을 의미한다. 방향의 상징적 의미는 전 세계의 의식儀式과 예식에 영향을 주며, 특히 사원이나 도시를 세우는 경우에 그렇다. 그러나 모든 신비주의자들이 동쪽을 중심으로 여기지는 않는다.

하늘을 기준으로 하면 북극성이 중심이 되고 이 별은 '움직이지 않으며 움직이는 자' 혹은 시간-공간의 공허를 상징한다. 이탈리아 서부에 있던 옛 나라인 에트루리아 사람들은 신들을 북쪽에 거주케 했으며, 예언자들은 예언을 하게 되는 경우 얼굴을 북쪽으로 향해야 했다. 이런 위치는 이념적으로 자신들을 신과 동일시함을 암시한다. 한편 서쪽은 죽음을 상징한다. 왜냐하면 서쪽은 태양이 잠기는 곳이고 이곳은 물이 있는 심연으로 간주되기 때문이다.

3차원으로서의 공간 개념과 관련시킬 때 방향은 공간을 상징적으로 조직한다는 의미를 띤다. 인간의 신체 구조가 환기하는 균형, 신체가 앞과 뒤의 양측을 소유한다는 사실을 토대로 우리는 앞과 뒤의 방향을 알게 된다. 그리고 이에 덧붙여 팔 혹은 어깨의 위치가 고려될 때 이른바 네 방향이 확정된다. 표면상으로는 네 개의 방향이지만 이에 3차원을 포함하면 일곱 방향, 곧 동서남북(수평)과 높이 곧 정상, 중심, 바닥(수직)으로 규정되는 일곱 방향이 확정되고 이런 방향에 대한 상징적 의미는 그동안 인류학적, 경험적인 기준에 의해 해석된 바 있다. 또한 신체의 운동과 몸짓은 어느 방향을 지향하느냐에 따라 그 상징적 의미가 달라진다. 모든 집중적인 태도는 중심을 지향하며, 이는 그의 심장이 중심을 소유한다는 의미를 띤다.

> 넓은 벌 동쪽 끝으로/ 옛이야기 지즐대는 실개천이 휘돌아 나가고/ 얼룩배기 황소가/ 해설피 금빛 게으른 울음을 우는 곳// 그곳이 참하 꿈엔들 잊힐리야/ 질화로에 재가 식어지면/ 비인 밭에 밤바람 소리 말을 달리고/ 엷은 졸음에 겨운 늙으신 아버지가/ 짚벼개를 돌아 고이시는 곳// 그곳이 참하 꿈엔들 잊힐리야
>
> — 정지용, 「향수」

> 매운 계절의 채찍에 갈겨/ 마침내 북방으로 휩쓸려오다.// 하늘도 그만 지쳐 끝난 고원/ 서릿발 칼날진 그 우에 서다.
>
> — 이육사, 「절정」

정지용의 경우 그리움의 공간은 '넓은 벌 동쪽 끝'이다. 이때 동쪽은 삶의 원천, 정신의 중심, 깨달음을 상징한다. 고향을 그리되 '동쪽'을 그린다는 것은 고향이 삶의 원천이고, 자신의 삶을 지탱하는 중심이고, 나아가 자신의 잠든 의식을 깨우쳐 준다는 의미를 띤다. 뿐만 아니라 이 시의 1연만 놓고 보면 중심적인 이미지가 모두 동쪽의 이미지, 곧 태양과 관련됨을 알 수 있다. 예컨대 '얼룩배기 황소', '금빛 게으른 울음' 등이 그렇다. 이런 이미지는 비록 게으른 울음을 울고는 있지만, 한결같이 태양, 나아가 태양의 빛이 암시하는 삶의 원천을 상징한다.

그런가 하면 이육사의 경우 강조되는 방향은 '북방'이다. 북방은 남방과 대비되는 상징적 의미를 띠지만, 하늘을 기준으로 하면 북극성이 암시하듯 시간-공간의 '공허', 곧 시간과 공간을 초월하는 무의 영역을 상징한다. 뿐만 아니라 북방은 하늘의 중심, 곧 '움직이지 않으면서 움직이는 자'를 상징한다. 그런 점에서 이 시는 현실의 원리를 초월하는 공간을 지향하며, 그것을 시인은 '하늘도 그만 지쳐 끝난 고원'이라고 부연한다. '하늘'이 끝난 지점에 태어나는 것은 그 하늘을 존재케 한, 혹은 하늘이 거기서 태어난 '중심'이다.

배 Ship

바닷물을 가르며 지나가는 배는 기쁨과 행복을 상징한다. 그러나 배가 암시하는 가장 중요한 상징적 의미는 '항해'라는 말 속에 드러난다. 배는 태양과 달을 태우고 바다를 횡단한다. 이때 배는 다산多産, 바다의 생명, 생산력을 상징한다. 한편 배는 여성, 그릇, 구제, 보호를 상징하고 바다를 여행하는 배는 모험, 탐험, 인생행로를 상징하고 동시에 죽음의 바다를 건너는 삶을 상징한다. 그런 점에서 배는 이 세계에서 다른 세계로 건너가는 것을 상징한다. 오디세이의 항해는 그의 아내, 고향, 보금자리로의 귀환을 의미한다. 이런 회귀는 인간의 영혼이 실존의 물질적 측면으로 전락한다는 의미 혹은 출발점으로 돌아간다는 의미를 띤다. 영혼이 이렇게 회귀한다는 것은 이른바 폐쇄적 우주관과 관련되고, 모든 현상이 순환하면서 유기적 질서를 소유한다는 관념과 연관된다. 그러나 절대를 강조하는 철학의 경우에는 영웅이 고향으로 돌아간다는 이런 원리가 거부되고, 영웅은 끝없는 푸른 바다를 헤매는 영원한 순례자로 인식된다.

　기독교의 경우 교회는 배, 구원의 배, 방주로 유혹으로부터의 안전 지대이고 십자가는 배의 돛이고 돛대는 우주의 중심, 곧 우주-축을 상징한다. 한편 불교에선 배나 수레에 의해 존재와 전생의 바다(고해)를 건너 피안에 도달한다.

　　나는 아직도 조그만 배를 타고 있습니다./ 나는 그것을 살그머니 정박시
　　켰지요./ 당신 곁에.
　　　　　　　　　　　　　　　　　　　　　　— 릴케, 「눈 먼 여인」

　　멀리 떠도는 씨앗과도 같이/ 배들은 저마다 바쁜 걸음으로 흩어지고
　　　　　　　　　　　　　　　　　　　　　— 오든, 「보라 길손이여」

　　나는 나룻배/ 당신은 행인// 당신은 흙발로 나를 짓밟습니다/ 나는 당신
　　을 안고 물을 건너갑니다/ 나는 당신을 안으면 깊으나 얕으나/ 급한 여울
　　이나 건너갑니다// 만일 당신이 아니 오시면/ 나는 바람을 쐬고 눈비를 맞
　　으며/ 밤에서 낮까지 당신을 기다리고 있습니다.
　　　　　　　　　　　　　　　　　　　　　— 한용운, 「나룻배와 행인」

　릴케의 경우 배는 '조그만 배'로서 자신의 몸을 운반하는 기능을 띤다. 따라서 이때 배는 육체, 혹은 신체 기관을 상징한다. 그러나 이 배는 '당신' 곁에 정박한다. 이런 점을 전제로 하면 이 배는 항해가 내포하는 이른바 '영혼의 회귀'를 상징한다. 오든의 경우 배는 씨앗의 이미지와 관련되고 따라서 풍요나 행복한 삶의 예감이나 약속이라는 의미를 드러낸다. 한용운은 '배'와 '당신'의 관계를 노래하고 배는 나와 동일시된다. 따라서 배는 그릇이라는 의미, 나아가 몸이라는 의미를 거느린다. 그러나 '나는 당신을 안고 물을 건너갑니다' 같은 시행이 암시하듯이 배는 기쁨, 행복도 상징한다.

배 Belly

뱃속은 연금술의 과정을 상징하며, 따라서 뱃속에서는 사물들이 변형되거나 변질된다. 이런 변형은 자연적 질서에 속하기 때문에 배는 정신적 과정을 의미하는 뇌와 대립된다.

> 이따금 고기는 헤엄치면서/ 흰 배를 물결에 드러내고
> ― 자콥, 「이따금 물고기는 헤엄치면서」

> 우리의 배를 채워 주소서/ 우린 성좌 사이에 감동에 굶주리고 있습니다.
> ― 아르토, 「기도」

자콥의 시에서 노래되는 '물고기의 흰 배'는 정신적인 세계와는 무관한 자연의 질서를 상징하고, 아르토의 경우 역시 비슷한 의미를 상징한다. '우리의 배를 채워 달라'는 것은 관점에 따라서는 외부의 사물들을 내부로 흡입하고 싶은 욕망을 의미하기 때문이다.

배꼽 Navel

배꼽은 탯줄을 끊은 자리로서 배의 한가운데 있다. 따라서 배꼽은 인체의 중심, 생명의 중심을 상징하고 도교에서는 인체를 작은 우주로 본다는 점에서 우주의 중심을 상징한다. 이른바 우주-나무에 해당한다. 또한 배꼽은 자궁 안에서 탯줄로 모태와 맺어진 매듭이라는 의미에서 생

명의 근원이고 탄생의 흔적을 상징한다. 고전 문학의 경우는 예컨대 '배꼽에 노송나무 날 때'라든지 '배꼽에 어루쇠를 붙인 것 같다' 같은 속담에서 알 수 있듯이 배꼽은 삶의 중심이나 예지를 상징한다. 전자는 사람이 죽어 땅에 묻혀 그 배꼽에서 노송나무가 날 때라는 의미로, 기약할 수 없는 일을 뜻하지만 굳이 배꼽이라고 한 것은 그것이 죽은 다음에도 탄생과 관련되는 인체의 기관이기 때문이다. 또한 후자는 배꼽에 거울을 붙이고 다니는 것 같다는 의미로 사물의 핵심을 재빨리 알아차리는 능력을 뜻한다. 이때는 탄생의 흔적이라기보다는 삶의 중심을 상징한다.

나는 그동안 배꼽에/ 솔방울도 돋아/ 보았고// 머리 위로는 몹쓸 버섯도 돋아/ 보았습니다. 그러다가는 맥웰이라는/ 노의老醫의 음성이// 자꾸만/ 넓은 푸름을 지나/ 머언 언덕 가에 떠오르곤 하였습니다.
— 김종삼,「그리운 안니로리」

배꼽에 솔방울이 돋는 것은 새로운 탄생을 상징한다. 우리 민속엔 아이가 태어나면 금줄에 숯, 고추, 솔가지를 끼워 놓는 풍습이 있다. 따라서 배꼽에 솔방울이 돋는 것은 새로운 생명이 태어남을 상징한다. 그러나 다음 시에서 배꼽은 생명이 사라진 삶을 상징한다.

이 밤을/ 너는 깨문다/ 차가운 밤/ 말이 없는 밤/ 수염만 있는 밤/ 추억만 있는 밤/ 배꼽만 있는 밤/ 밤 속에 계속되는 밤/ 떨어지는 밤/ 휘날리는 밤/ 허기를 아는 밤
— 이승훈,「말라 가는 밤」

'배꼽만 있는 밤'은 '차가운 밤', '수염만 있는 밤', '떨어지는 밤', '허기를 아는 밤'과 의미상 등가 관계에 있고, 따라서 여기서 배꼽은 생명의 중심이나 근원이 아니라 그런 중심이 소멸하는 세계를 상징한다.

백조 Swan

　백조의 상징적 의미는 매우 복잡하다. 백조를 시인에 비유하는 것은 백조가 죽는 순간 아름다운 노래를 부른다는 신화적 신념에 근거한다. 백조는 4대 원소 가운데 바람과 물이 결합된 것으로 생명, 새벽, 태양을 상징하고 또한 고독, 은둔을 상징한다. 대체로 백조의 상징은 흰 백조, 곧 신성한 비너스와 관련되고, 시와 문학 속에서 나체가 된 여인의 이미지, 순결한 나체, 때묻지 않은 순백을 상징한다는 바슐라르의 주장은 이런 사실에 토대를 두고 있다.

　그러나 바슐라르에 의하면 백조는 이보다 더욱 깊은 상징성을 띠는 바, 양성 동물의 특성을 지닌다. 백조는 그 움직이는 모습, 특히 긴 목이 암시하는 남근적 느낌을 강조하면 남성적인 특성을 보여주지만, 한편 둥글고 은빛으로 빛나는 몸은 여성적인 특성을 보여주기 때문이다. 따라서 백조는 욕망의 완전한 민족을 상징한다.

　백조가 암시하는 이런 양가적 의미는 연금술사들에게도 널리 알려진 것으로 그들은 백조를 '철학적 머큐리 신'에 비유하는 바, 이때 머큐리 신은 신비한 중심, 대립성의 통일, 원형적인 의미와의 완벽한 조화를 상징한다. 한편 슈나이더의 견해에 의하면 백조는 하프와 희생당한 배와 관련되고 따라서 화장용 장작더미의 의미를 환기한다. 왜냐하면 백조와 하프는 죽음의 배를 타고 다른 세계로 가는 신비한 여행을 상징하기 때문이다. 죽어 가는 백조의 노래가 신비로운 것은 이런 문맥을 거느린다.

　백조는 또한 공작과 관련된다. 백조/하프의 관계는 세계의 축이 되는 물/불의 관계에 상응하는 바, 이때 백조는 우울, 격정, 자기 희생, 비극, 순교의 방법을 상징한다. 이와는 달리 공작/기타 악기의 관계는 대지/공간의 관계에 상응하는 바, 이때 공작은 논리적 사고를 상징한다. 이런 해석은 우주를 구성하는 4대 요소인 물, 불, 대지, 공기를 전제로 하고 백조/하프는 물/불에 대응하고 공작/기타 악기는 대지/공기에 대응한다. 따라서 백조와 공작은 물과 대지를 암시한다. 자크 드 모르간이 지적했듯이 말이 한낮에 태양-신의 마차를 끌고 간다면 백조는 한밤에 그의 돛배를 끌고 간다.

아직도 지칠 줄 모르고 사랑하는 짝끼리/ 백조들은 다정한 물결 속을/ 헤엄치거나 공중을 난다/ 그들의 마음은 늙지 않았다/ 정열과 정복심은 그들이 어딜 헤매든/ 항상 그들을 따른다.
— 예이츠, 「쿨호의 백조」

이 세계의 야생 백조는 사냥꾼의 것은 아니다/ 그대의 총알보다 나은 총알도 그 흰 가슴팍엔 맞지 않을 것이며/ 그대의 거울보다 나은 거울도 그 광채에는 금이 가리라.
— 제퍼스, 「야생의 백조를 사랑하라」

예이츠의 경우 백조는 욕망의 만족을 상징한다. 이런 의미는 '지칠 줄 모르고 사랑하는 짝'이라는 시행이 암시한다. 그런가 하면 제퍼스가 노래하는 것은 야생의 백조로, 사냥꾼의 총알도 맞지 않는 흰 가슴팍이 암시하듯이 순결한 나성裸性, 혹은 삶의 신비한 중심을 상징한다.

백합Lily

백합은 청순, 평화, 순결을 상징하고 기독교에서는 청순, 순수, 성모 마리아를 상징한다. 서양의 백합은 동양의 연꽃과 동일한 상징적 의미를 나타내며 재생, 부활, 불사不死를 상징한다. 특히 꽃병이나 물병에 꽂혀 있는 백합은 여성 원리를 상징한다.

    임은 나의 것, 나는 임의 것/ 임은 나리 꽃밭에서 양을 치시네
                                        — 『구약성서』,「아가」 2:16

    저기 저 백합 꽃잎/ 이 마음을 깊이 묻고 싶다/ 그때 백합은 얄밉게도/ 그이의 노래를 부르리라// 노래는 파르르 떨리라/ 언젠가 즐겁던 그 한때에/ 나를 위해 입맞춰 주던/ 그 입술처럼—
                                        — 하이네,「저기 저 백합 꽃잎 속에」

    백합꽃은 하얀 기하학이다.
                                        — 조향,「1950년대의 사면斜面」

『구약성서』에서 노래되는 것은 임과 백합의 관계이다. '임'은 '나리 꽃밭', 곧 백합이 만발한 꽃밭에서 양을 키운다. 여기서 임, 백합, 양은 모두 청순하고 순수한 세계를 상징한다. 하이네의 경우 '백합 꽃잎'은 '나를 위해 입맞춰 주던/ 그 입술'에 비유되고 따라서 여성 원리를 상징한다. 끝으로 조향의 경우 백합은 '하얀 기하학'이라는 말이 암시하듯이 투명한 순수를 상징한다.

뱀 Serpent, Snake

뱀은 원초적 본능, 생명력, 에너지, 영적 활력을 상징하고 용처럼 하늘과 대지, 대지와 지하계의 중개자이고 하늘, 대지, 물과 관련된다. 따라서 뱀은 태양과 지상에 속하고 어떤 차원에도 존재하는 힘, 영혼과 육체

의 가능성을 상징한다. 한편 뱀은 남성도 여성도 된다. 따라서 뱀은 남근을 상징하고 동시에 여신(여성)을 상징한다. 여신의 몸에 감긴 뱀이나 여신이 쥐고 있는 뱀은 비밀, 모순, 직관이라는 여성적 특질을 상징한다. 이런 양가성이 발전하면 뱀은 태양과 달, 생과 사, 빛과 어둠, 선과 악, 지혜와 맹목, 치료와 독, 보존과 파괴를 동시에 상징한다. 또한 다리와 날개가 없이 움직인다는 점에서 뱀은 모든 것에 침투하는 영혼을 상징한다. 또한 주기적으로 허물을 벗는다는 점에서 뱀은 재생과 부활을 상징하고 똬리를 튼 뱀은 현현顯現의 순환을 상징한다.

또한 뱀은 전체를 강조할 때와 중요한 특성을 강조할 때 그 상징적 의미가 달라진다. 후자의 경우 뱀은 꾸불꾸불한 운동, 나무 뿌리나 가지와의 유사성, 껍질을 벗는 모습, 혓바닥을 내미는 모습, 몸 전체가 물결치는 모습, 쉬잇 소리, 혁대와의 유사성, 희생물을 둥글게 감으며 공격하는 방식 등이 강조된다. 뱀의 상징은 또한 다양한 거주 방식과 관련된다. 뱀들은 나무, 숲, 모래, 물 속, 호수, 연못, 우물, 샘 등에 걸쳐 다양하게 존재한다. 인도의 경우 뱀은 바다와 관련되는 바, 이때 뱀은 생명의 샘의 수호자, 그리고 불멸성을 상징하며, 숨어 있는 보석처럼 풍요를 상징한다.

뱀은 꾸불꾸불한 형태가 파도를 암시한다는 점에서 깊은 지혜, 위대한 신비를 상징한다. 한편 디엘의 경우 뱀은 이 세계의 모든 사물들 속에 내재하는 악의 원리를 상징한다. 이와 같은 관념은 북구의 뱀에 관한 신화에 나타나는 바, 이때 뱀과 여성 원리는 서로 밀접하게 관련된다. 엘리아데가 관찰한 바에 의하면 이브는 지하에 사는 원형으로서의 여신을 의미하며, 그녀는 자신을 유혹하는 뱀과 동일시된다고 해석되기도 하지만, 좀 더 엄격하게 말하면 뱀으로 인격화된다. 이런 사실을 토대로 엘리아데는 그리스 아르테미스처럼 한 손에, 혹은 두 손에 뱀을 들고 있는 수많은 지중해의 여신들에 대해 말하며, 이 여신들은 황금이나 상아로 조각된 수녀들과 관련되며 또한 머리에 뱀을 두르고 있는 신화적 이미지와 관련된다. 나아가 그는 중부 유럽에는 달의 영향을 받아 아래로 흘러내린 여성의 머리칼이 뱀으로 변한다는 믿음이 있다는 점을 강조한다.

이집트에는 뱀이 매우 흔하다. Z라는 문자는 뱀의 운동을 재현한다. 이 상형 문자는 원초적 발생 단계의 힘이나 우주적 힘을 상징한다. 일반적으로 여신들의 이름은 뱀과 관련되는 기호로 결정되는 바, 이는 뱀이 물질과 악의 세계로 전락한 정신, 곧 여성과 동일시되기 때문이다. 다른 파충류가 그렇듯이 뱀은 또한 원초성, 곧 생명의 가장 원시적인 단계를 상징한다. 흔히 악령은 뱀의 이미지로 재현된다. 이런 뱀들은 인류의 발전을 위해 정복되고 규제되고 승화될 때 새로운 힘을 상징하게 된다.

요컨대 뱀의 상징적 의미를 결정하는 것은 뱀이 소유하는 기본적 특성이다. 뱀은 주기적으로 껍질을 벗는다. 이런 특성은 고대의 많은 작가들의 관심을 끌었다. 알렉산드리아의 필로에 의하면 뱀이 껍질을 벗는 것은 자신의 오랜 나이를 떨쳐 버리는 것이고, 자신을 죽이면서 치료하는 행위이며, 그렇기 때문에 그것은 세계를 지배하는 공격력, 말하자면 긍정적이며, 동시에 부정적인 힘을 상징한다. 페르시아의 신비주의자들에 의하면 뱀은 동물들 가운데 가장 정신적인 동물로 간주된다.

융에 의하면 초기 기독교 신비주의자들은 뱀을 가시로 된 밧줄과 관련시켰다. 그런 점에서 뱀은 정수를 암시하며, 따라서 무의식이 갑자기 스스로를 표현하는 현현顯現의 순간을 투사하는 이미지로 간주된다. 그에 의하면 뱀은 심리학적으로 무의식의 비정상적인 혼란, 곧 파괴적 잠재력에 대한 반동을 표현한다. 하인리히 짐머의 경우 뱀은 탄생과 재생을 결정하는 생명력을 상징하며, 따라서 생명의 수레와 관련된다. 불교 전설에는 뱀이 고타마의 몸을 일곱 번 감음으로써 해를 입히지만, 이런 행위가 그를 죽이지는 못하기 때문에 고타마 앞에 절을 하는 젊은이로 변한다는 이야기가 있다.

뱀과 수레가 관련된다는 점은 오로보로스의 신비한 상징이 보여주는 도상적 형식, 혹은 자신의 꼬리를 물고 있는 뱀의 형태로 나타난다. 이런 신비한 형태는 중국의 음양 상징이 그렇듯이 전반은 어둡고, 후반은 밝은 모습을 띠며, 그것은 뱀의 본질적 양가성, 곧 순환이 내포하는 양면성, 그러니까 능동과 수동, 긍정과 부정, 건설과 파괴의 양면성을 상징한다. 이런 사실은 '고대의 뱀이 세계의 버팀목으로 이성과 상상력으로 전개되며 동시에 암흑의 힘을 상징하는 물질과 에너지를 분배한다'는 설명을 가능케 한다. 뱀은 초기 기독교 시대의 신비 철학자들에게는 매우 중요한 상징이었다.

그러나 히폴리투스는 이런 원리를 비판하면서 뱀은 모든 사물 속에 두루 존재한다고 주장한다. 뱀을 내적 힘의 이미지로 간주하는 요가의 개념은 이런 주장을 동기로 한다. 요가는 자신의 몸을 반지 형태로 틀고 있는 뱀의 형상으로 재현되며, 이런 형태는 정신적 삶을 지향한다. 그러나 이런 요가의 훈련은 결국 뱀이 스스로 감은 몸을 풀고 육체의 다양한 그물에 상응하는 수레의 이미지로 상승하게 된다. 그리고 이때 뱀의 몸은 시바의 셋째 눈에 상응하는 이마의 영역에 당도한다. 따라서 인도인들의 신념에 의하면 인간은 영원에 대한 감각을 회복하게 된다. 이때 뱀이 암시하는 것은 성적인 기관이 지배하는 영역으로부터 사고의 영역으로 상승하는 힘이며, 그것은 또한 인간의 중심을 심장에 둔다는 해석을 정당화한다. 요컨대 뱀은 '인격의 승화'를 상징한다.

순환적 입장 혹은 우주적 입장을 포기할 때 뱀은 이상에서 설명한 것과는 다른 상징들과 관련되는 바, 가장 흔한 것이 나무의 이미지이다. 나무와 관련되는 뱀은 통합적인 존재로 이른바 남성 원리를 상징한다. 나무와 뱀은 신화 속에서 아담과 이브의 원초적인 초상으로 간주된다. 나아가 나무를 칭칭 감고 있는 뱀은 도덕적 이중성, 혹은 도덕적 이원론을 상징한다. 이런 주장을 옹호하는 이론가인 디엘에 의하면 어떤 물건을 칭칭 감고 있는 뱀, 혹은 의술의 신이 끼고 있는 장갑의 이미지는 기본적으로 뱀이 둥글게 감고 있는 생명수라는 『성서』적 상징을 환기하며, 악의 원리를 의미한다. 그것은 나무를 감고 있는 뱀의 형태가 악의 근원으로서의 생명과 부패가 서로 밀접한 관계에 있음을 암시하기 때문이다.

이런 견해를 더욱 발전시켜 디엘은 정신의 이런 전복이 영혼의 죽음을 불러오며, 의술이 무엇보다 먼저 착수해야 할 것은 이런 죽음과의 투쟁이라고 주장한다.

순환의 형태, 혹은 승리하는 뱀과 대립되는 것은 이른바 십자가에 못 박힌 뱀이다. 십자가에 묶인 뱀은 정신에 의해 정복된 여성 원리를 상징하는 바, 신화 속에서는 뱀에 대한 독수리의 승리라는 이미지로 나타난다. 짐머는 『일리아드』 속에서 그리스인들에게 나타난 독수리가 그 발톱으로 상처난 뱀을 운반한다는 사실에 대해 말한 바 있다. 이 독수리를 본 칼카스라는 사람은 그것이 그리스인들의 승리를 암시한다고 생각한다. 말하자면, 이것은 아리안족들이 표상하는 남성적 가부장적 질서가 앞선 시대의 지배적 질서인 여성적·모계적 질서를 무력화시킨다는 사실을 암시한다.

모든 투쟁은 일종의 '결합', 곧 사랑의 형식이기 때문에 콜럼버스에 의해 발견되기 이전의 아메리카인들의 경우 '깃털 달린 뱀'의 이미지는 천상과 지상처럼 서로 대립되는 힘들의 종합을 상징한다. 이런 뱀은 머리에 깃털이 달려 있으며, 혹은 꼬리나 때로는 신체에 깃털이 달려 있다.

▲ 헤르메스의 지팡이

서로 균형을 이룬 두 마리의 뱀은 헤르메스의 지팡이에 있는 두 마리의 뱀이 그렇듯이 힘의 균형, 길들지 않은 뱀과 길든 뱀의 대립, 혹은 힘의 승화를 상징하며, 따라서 선과 악, 건강과 질병의 훌륭한 조화를 상징한다. 융이 주장했듯이 이런 이미지는 동종요법, 곧 질병에 의한 질병의 치료, 혹은 이열치열의 방법을 암시한다. 뱀이 『신약복음서』를 지은 성聖 존을 상징하는 것이나, 뱀이 굽이 달린 큰잔과 관련되는 것도 이런 사정 때문이다.

바다뱀은 심연이 그렇듯이 무의식을 상징한다. 뱀의 머리가 하나 이

상인 경우 그것은 이런 기본적 상징에 무언가를 더 첨가할 뿐이다. 이때 첨가되는 의미는 머리의 수와 관련된다. 일곱 개의 머리를 가진 용이나 뱀은 민담, 신화, 전설 속에 자주 나타나는 바, 이는 일곱이라는 수가 통일성을 상징하며, 파충류가 우주 질서의 중심으로 존재하기 때문이다. 또한 일곱 개의 머리를 지닌 뱀은 공간의 일곱 방향, 일주일, 신을 암시하는 일곱 개의 유성, 나아가 일곱 가지 죄와 관련된다.

그런가 하면 세 개의 머리를 가진 뱀은 능동성, 수동성, 중립성이라는 세 가지 원리를 상징하며, 연금술의 경우 날개 달린 뱀은 휘발의 원리를, 날개가 없는 뱀은 고착의 원리를 상징한다. 따라서 십자가에 박힌 뱀은 휘발성의 고착, 곧 승화의 고착을 상징한다. 연금술사들은 또한 뱀이 '인간 속의 여성 원리' 혹은 습기를 예시한다고 생각했으며, 수성水星을 표상하는 헤르메스 신과 관련시켰다. 이는 이 신이 시바 신처럼 양성을 소유하며, 따라서 선과 악 양자를 지향한다고 보았기 때문이다.

또한 흔하지 않은 모습으로 나타나는 뱀, 이를테면 양의 모습을 한 뱀이 있는 바, 이는 로마의 무덤에 조각된 형태로 나타난다. 양이 봄, 통과제의, 불을 상징한다는 점을 염두에 둘 때 이런 이미지는 정신화의 단계를 암시한다.

끝으로 슈나이더에 의하면 희생된 뱀은 상징적으로 백조의 목, 나아가 백조와 등가 관계에 있다. 생명력을 상징하는 뱀의 희생은 죽음의 세계를 새롭게 수용케 하는 바, 이 때 죽음은 백조처럼 아름다울 뿐만 아니라 지상보다 높은 영역에 있는 것으로 수용된다.

물을 마시다가 그놈은 흡사 마소가 그러듯이 대가리를 쳐들고/ 물끄러미 나를 보았다./ 그리곤 그 입술로부터 두 갈래로 찢어진 혓바닥을 날름거리고는 잠시 가만히 있다가/ 대가리를 숙이고 조금 더 물을 마셨다./……/ 그놈은 흡족히 물을 마시고 나서/ 흡사 취한 사람같이 꿈꾸듯 대가리를 쳐들고는/ 입술을 핥는 것과도 같이 허공에 찢어진 밤과도 같이 그렇게도 새까만 혓바닥을 날름거렸다./ 그리곤 흡사 신과도 같이 보이지도 않으면서

공중을 두루 살피고는/ 천천히 머리를 돌려/ 천천히 아주 천천히 세 겹 꿈 속에나 잠긴 듯이

— 로렌스, 「뱀」

사향 박하의 뒤안길이다./ 아름다운 배암—/ 을마나 크다란 슬픔으로 태어났기에/ 저리도 징그러운 몸뚱아리냐// 꽃다님 같다./ 너의 할아버지가 이브를 꼬여내든/ 달변의 혓바닥이/ 소리 잃은 채 낼룽그리는 붉은 아가리로/ 푸른 하늘이다—물어뜯어라 원통히 물어뜯어.

— 서정주, 「화사」

로렌스의 경우 뱀은 물과 관련된다는 점에서 생명력을 상징하지만 '찢어진 혓바닥'의 이미지를 염두에 두면 부패, 분열, 암흑과 관련된다. 따라서 이 시의 경우 뱀은 생명과 부패의 근원으로서의 악을 상징한다.

서정주의 경우 뱀은 표제인 '화사花蛇'가 암시하듯이 힘의 균형, 곧 선과 악, 미와 추, 여성과 남성, 정신과 관능의 균형을 상징한다. '꽃'이 밝은 정신의 세계나 승화를 암시한다면 '뱀'은 이와는 대립되는 어두운 관능의 세계나 타락을 상징하기 때문이다. 그러나 여기서 뱀은 이런 대립이 종합되는 균형의 세계로 드러난다.

버드나무 Willow

수양버들은 봄 또는 청춘을 상징한다. 가지가 가늘기 때문에 세류細柳라고도 한다. 늘씬하게 늘어진 모습은 아름다운 여인의 몸매나 허리에 비유되는데 사내를 상대로 살아가는 여인을 화류花柳라고 한다. 수양버들은 집 근처 연못가나 개울둑에 심는 바, 이는 그 뿌리가 왕성하여 둑을

보호하기 때문이다. 버드나무는 물가 어디서나 잘 자라기 때문에 생명력, 번식력을 상징한다. 불교의 경우 버드나무는 대자대비의 관세음보살을 상징한다. 이 보살은 세상의 모든 소리를 관찰하고[觀世音] 중생의 고난을 자유자재로 보살피는[觀自在] 보살이다. 한편 자라는 속도가 빠르기 때문에 인생의 속절없음, 무상을 상징한다. 우리 고전 문학의 경우 버들은 대체로 섬세함, 가벼움, 아름다움이라는 상징적 의미 외에 섬세한 여성의 심정, 님을 보내는 마음을 상징한다.

연기 엉기면 유달리 한들거리고/ 비를 띠면 더 늘어지네/ 강남은 나무도 하고하건만/ 봄바람은 여기만 불어오누나
― 정도전,「영류詠柳」

묏버들 가려 꺾어 보내노라 님의 손대/ 자시는 창 밖에 심어 두고 보소서/ 밤비에 새잎 곳 나거든 날인가도 여기소서
― 홍랑

나무가 많건만 봄바람이 버드나무로만 불어온다는 말에서는 버들과 봄바람의 친화성이 암시되고, 홍랑의 경우에는 버들은 여성의 마음을 상징한다. '버들가지를 꺾는다' 는 말은 한나라 때부터 유행했다. 중국 서울 동북쪽에 파교라는 다리가 있었는데, 친구를 전송하게 되면 한나라 사람들은 언제나 이 다리에 나와 버들가지를 꺾어 주면서 이별을 아쉬워했다. 이로부터 버들을 꺾는다는 말은 송별의 뜻을 지니게 되었다고 한다.

현대 문학의 경우에는 송별의 의미보다는 그 감각적 특성이 강조되면서 섬세한 아름다움을 상징할 때가 많다.

머리에 석양을 받은 수양버들만이 실바람에 흐느적거렸다.
― 최서해,「그믐밤」

가까이 보아서는 느낄 수 없건만, 멀리서 바라보면 파아란 빛깔이 완연히 돌아 어느 나무도 아직껏 깨어날 줄 모르고 장님같이 눈감고 있는데, 수양버들만이 누구 먼저 이렇게 움터 나는 것은, 그것이 가늘고 섬세하기에 기다리던 봄기운을 가장 예민하게 감촉할 수 있는 때문인지도 모른다.
— 유치환, 「나는 고독하지 않다」

벌 Bee

꿀벌은 재생, 불사不死, 근면, 질서, 순결, 혼을 상징한다. 또한 꿀벌은 천상계와 관련되며 신들에게 바치는 헌상품이다. 이집트의 경우 벌은 왕의 명령에 순응하는 삶을 상징한다. 이런 의미는 벌들의 생태가 군주를 중심으로 하는 조직에 비유되기 때문이다. 그러나 산업 사회에서는 벌은 꿀을 생산한다는 점에서 창조적 행동과 부를 상징한다.

그리스인들의 경우 벌은 순종과 노동을 상징하고 오르페우스의 교리에 따르면 벌은 꿀과 관련되며, 무리를 지어 이동한다는 점에서 인간의 영혼을 상징한다. 인간의 영혼은 성스러운 통일성의 세계로부터 마치 벌들이 떼를 지어 날 듯 이곳저곳으로 난다고 생각되기 때문이다. 한편 중세 기독교의 경우 벌은 근면과 우아함을 상징한다.

거기 외 엮어 진흙 바른 조그만 집을 짓고/ 아홉 이랑 콩을 심고 꿀벌 통도 하나 두고/ 벌 잉잉거리는 숲 속에서 홀로 살리
— 예이츠, 「이니스프리 호」

아카시아 철에는 아카시아/ 밤꽃 철에는 밤꽃/ 싸리꽃 철에는 싸리 사방 십리를/ 윙윙 꿀물을 따는 암펄
— 박용래, 「사역사」

예이츠의 시에서 벌은 창조적 행위와 부를 상징하고 박용래의 경우 벌은 특히 '윙윙 꿀물을 따는 암펄'이라는 이미지에 유의할 때 부와 우아한 삶을 상징한다.

벌레 Worm

벌레, 특히 땅을 기어가는 벌레는 죽음, 용해, 대지를 상징한다. 융에 의하면 벌레는 생명을 파괴하는 본능적 충동의 세계를 상징한다. 그것은 벌레가 지하의 세계와 관련되고, 저급하고, 죽음과 관련되고, 생물의 1차적 단계를 암

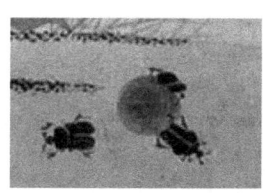

▲ 신사임당의 〈화충도〉

시하기 때문이다. 따라서 벌레는 죽음을 상징하고 뱀처럼 기어가는 힘, 혹은 엉킨 힘을 상징한다. 뱀은 위대한 벌레로 부른다.

> 진짜 파먹는 자, 어쩔 수 없는 벌레는/ 조금이라도, 제단 밑 잠자는 그대들을 위해 있는 것은 아니다./ 그 벌레는 삶을 살아가며 나를 떠나지 않는다.
> ― 발레리, 「해변의 묘지」

> 벌레들이 좀먹는/ 옛날 탁자 앞에서/ 사람들은 가짜 사랑을 말하고 있다.
> ― 폴랭, 「언어」

발레리의 경우 벌레는 '파먹는 존재', 곧 생명을 서서히 파괴하는 존재로 노래된다. 그러나 그는 이러한 존재가 묘지 속이 아니라 지상의 삶을 지배한다고 말한다. 폴랭의 경우 역시 벌레는 '좀먹는 존재'로 노래된다.

벙어리 Dummy

　창조의 초기엔 말, 언어가 없었기 때문에 벙어리는 이런 단계를 상징하거나 이런 단계로의 회귀를 상징한다. 그렇기 때문에 많은 전설 속에서 벙어리를 때리는 자는 커다란 죄를 짓게 되고 벌을 받는다. 난쟁이처럼 벙어리는 원시적 신념을 소유하는 영혼의 이미지이다. 이런 영혼의 이미지로는 허수아비, 인형, 그 밖에 인간과 유사한 모습을 띠는 형상들이 있고 이들은 마술적 특성을 소유한다.

　　시간은 재빨리 앞으로 달려가고 우리의 입술은 벙어리가 된다.
　　　　　　　　　　　　　　　　　　　— 테니슨, 「연꽃을 먹는 사람」

　　말없는 데 말 있어/ 미어질 듯한 가슴의 이런 무언가/……/ 아아 애초에 우리들은 꼭 저랬으리라/ 벙어리 벙어리 귀머거리/……/ 돌아가자 영원이란 다만/ 손에서 입에서 가슴에서/ 손으로 입으로 가슴으로 옮아가느니
　　　　　　　　　　　　　　　　　　　— 김광회, 「벙어리 극단」

　　수수깡 울타리에 이는 바람/ 이제는 없는 퍼어런 보리밭/ 퍼어런 바다/ 퍼어런 하늘// 하늘 같은 사랑아/ 나는 실컷 살고 싶었다/ 나는 실컷 웃고 싶었다/ 너하고 사랑아/ 싱싱하게 입맞추고 싶었다
　　　　　　　　　　　　　　　　　　　— 이승훈, 「벙어리」

　테니슨의 경우 벙어리는 달려가는 시간 앞에서 아무 말도 할 수 없는 인간의 무력감을 상징한다. 김광회의 경우 벙어리는 '아아 애초에 우리들은 꼭 저랬으리라'는 시행이 암시하듯 창조 이전의 단계, 혹은 창조의 초기 단계를 상징한다. 또한 '돌아가자'는 말은 그런 세계로의 회귀를

암시한다. 필자의 경우 벙어리는 사라지는 푸름의 세계, 곧 보리밭, 바다, 하늘의 세계를 갈망하고 그런 사랑과 입맞추고 싶은 삶, 그러니까 싱싱한 사랑을 갈망하는 답답한 삶, 혹은 말 못하는 심정을 상징한다.

壁 Wall

벽의 상징적 의미는 다양하다. 이집트의 상형 문자 체계에 따르면 벽은 일상의 세계를 초월한다는 의미를 띠는데, 벽이 높기 때문이다. 한편 벽은 외부와 내부의 경계로 벽 외부에서 내부로 들어가는 것은 세속의 세계(밖)에서 성스러운 세계(안)로 이행함을 상징하고 또한 벽은 외부에서 내부를 보호하고 동시에 제약한다는 것을 의미한다. 도시를 둘러싼 성벽(둥근 원)은 중심이나 자궁을 상징한다.

한편 일정한 공간을 감싸는 벽은 이른바 '비탄의 벽'이 암시하듯이 동굴로서의 세계, 곧 바깥 세계로 나갈 수 없음을 상징한다. 따라서 벽은 불능, 연기, 제약을 상징한다.

그러나 벽은 공간을 감싼다는 의미에서 정신분석의 경우 마을이나 집이 그렇듯이 '어머니'를 상징한다. 베일레이에 의하면 벽은 집처럼 인류의 여성적 요소를 상징하고 이때 여성적 요소는 정신과 대립되는 물질의 세계를 암시한다. 물질이 수동적인 여성적 원리를 암시한다면 정신은 능동적인 남성적 원리를 암시하기 때문이다.

창백한 빛깔과 아무 장식 없는/ 이 네 벽 안에서 나는/ 얼마나 지루한 것이냐

— 아폴리네르, 「옥중에서」

하루 종일 나는 그것과 만난다/ 피하면 피할수록/ 더욱 접근하는 것/ 그것은 너무도 불길을 상징하고 있다/ 옛날 그 위에 명화가 그려졌다 하여/ 즐거워하던 예술가들은/ 모조리 죽었다// 지금 거기에 파리와/ 아무도 읽지 않고/ 아무도 바라보지 않는/ 격문과 정치 포스터가 붙어 있을 뿐/ 나와는 아무 인연이 없다

— 박인환, 「벽」

벽이란 한계점이다.

— 김수영, 「벽」

아폴리네르의 경우 벽은 표제가 암시하듯이 비탄, 절망, 권태를 상징하고 박인환의 경우 벽은 피할 수 없는 불길함을 상징하며 삶을 제약하는 격문, 정치 포스터와 동일시된다. 김수영이 경우 벽은 '한계점'이라는 말이 암시하듯이 삶의 제약, 한계를 상징한다.

별 Star

별은 밤 하늘에 빛난다는 점에서 신, 지고至高의 존재, 영원한 것, 죽지 않는 자, 희망, 정신을 상징한다. 별은 밤의 눈에 비유된다. 북극성은 언제나 변하지 않는 것을 상징한다. 한편 별은 그 형태, 숫자, 배열 양식에 따라 상징적 의미가 달라진다. '불타는 별'은 신비한 중심, 곧 우주로 확장하는 세계의 힘을 상징한다. 이집트의 상형 문자를 염두에 두면 별은 세계의 기원을 향해 떠오르는 힘을 상징하고 기독교의 경우 별은 신의 인도와 호의, 예수의 강림을 상징한다.

별 하나에 추억과/ 별 하나에 사랑과/ 별 하나에 쓸쓸함과/ 별 하나에 동경과/ 별 하나에 시와/ 별 하나에 어머니, 어머니,//……// 나는 무엇인지 그리워/ 이 많은 별빛이 나린 언덕 위에/ 내 이름자를 써보고, 흙으로 덮어 버리었습니다//……// 그러나 겨울이 지나고 나의 별에도 봄이 오면/ 무덤 우에 파란 잔디가 피어나듯이/ 내 이름자 묻힌 언덕 우에도/ 자랑처럼 풀이 무성할 게외다.

— 윤동주, 「별 헤는 밤」

별을 노래하는 마음으로/ 모든 죽어 가는 것을 사랑해야지/ 그리고 나한테 주어진 길을/ 걸어가야겠다// 오늘밤에도 별이 바람에 스치운다.

— 윤동주, 「서시」

저렇게 많은 별 중에서/ 별 하나가 나를 내려다본다/ 이렇게 많은 사람 중에서/ 그 별 하나를 쳐다본다/ 밤이 깊을수록/ 별은 밝음 속에 사라지고/ 나는 어둠 속에 사라진다/ 이렇게 정다운 너 하나 나 하나는/ 어디서 무엇이 되어 다시 만나랴

— 김광섭, 「저녁에」

윤동주의 「별 헤는 밤」에서 별은 추억, 사랑, 쓸쓸함, 동경, 시, 어머니를 상징한다. 이런 상징적 의미들은 모두 고향에 대한 그리움을 동기로 하고, 그런 점에서 식민지 현실의 어둠과 대비되는 과거의 고향, 밝음, 순수한 정신을 상징한다. 「서시」의 경우 별은 '죽어 가는 것을 사랑하는 마음'을 상징하고 또한 미래의 삶, 곧 희망과 사랑으로 가득 찬 세계를 상징한다. 김광섭의 경우 별은 지상의 '나'와 대비된다. 지상의 '나'는 어둠 속에 사라지고 천상의 '별'은 밝음 속에 사라진다. 따라서 별은 지상의 '나'를 사로잡는 어둠과 대비되는 밝음의 세계를 상징한다.

베일 Veil

베일은 가리고 은폐한다는 점에서 진리, 혹은 신성의 은폐를 상징한다. 또한 베일은 암흑, 광명 이전, 여명, 비밀을 상징한다. 그러나 베일은 은폐하며 동시에 드러낸다는 점에서 진리 혹은 신성의 계시를 상징한다. 귀에논은 '드러내다 reveal'의 이중적 의미, 곧 '드러내다'와 '다시 감추다 re-veil'라는 의미에 유의한 바 있다. 따라서 베일은 벗기거나 다시 감춘다. 『성서』에는 다음과 같은 말이 나온다. 모세가 시나이 산으로부터 돌아왔을 때 그의 얼굴 피부는 매우 빛이 났다. 따라서 그는 사람들과 이야기를 나눌 때 자신의 얼굴을 베일로 가려야 했다. 왜냐하면 사람들이 그의 빛나는 얼굴을 보아서는 안 되었기 때문이다. 베일은 권위에 복종한다는 의미로 수녀나 신부가 쓰고 이때 베일은 또한 희생, 과거의 생활과의 단절을 나타낸다. 따라서 기독교의 경우 베일은 진실, 정결, 세속과의 단절을 상징한다.

> 나는 시방 위험한 짐승이다./ 나의 손이 닿으면 너는/ 미지의 까마득한 어둠이 된다.//……/ 나의 울음은 차츰 아닌 밤 돌개바람이 되어/ 탑을 흔들다가/ 돌에까지 스미면 금이 될 것이다.// —얼굴을 가리운 나의 신부여.
> — 김춘수, 「꽃을 위한 서시」

이 시에서 '꽃'은 이 세계에 존재하는 사물을 의미하고 시인이 위험한 것은 사물의 의미를 알 수 없기 때문이다. 그는 아무리 손을 대도, 그러니까 사물의 의미를 찾아도, 그 의미를 알 수 없게 된다. 이런 절망이 '울음'을 낳고 이 울음은 마침내 '금', 곧 소중한 가치를 지니게 된다. 그러나 '꽃' 그러니까 사물은 '얼굴을 가리운 나의 신부'가 되고 따라서 베일은 사물의 존재, 진리를 은폐한다. 요컨대 여기서 베일은 '신부'로 치환되는 꽃의 진리, 사물의 진리 혹은 신성을 은폐한다.

보물 Treasure

보물은 태양을 상징하는 금빛이 승화된 것으로 인식된다. 그러나 이런 황금은 화폐로서의 황금, 곧 지상적 욕망에 의한 타락이 아니라 그런 욕망의 승화를 상징한다. 신화, 전설, 민담의 경우 보물은 흔히 동굴 속에서 발견되고 이런 보물은 동굴이 상징하는 어머니, 혹은 무의식을 전제로 '잡기 어려운 것'을 상징하고 융에 의하면 인간 정신의 내부에 있는 신비한 '중심', 그가 단순한 에고와 구별하면서 부르는 '자아'에 해당된다.

보물을 찾으며 겪는 시련과 고난은 사물의 변용을 추구하는 연금술사들의 실험과 동일시된다. 융에 의하면 고통스러운 노력을 통해서만 획득하는 보물은 내향성과 퇴행 속에 감금된 '자아'가 동굴 속에서 재생함을 상징하는데 이때 감금되었던 자아는 이전의 자아를 정복하는 자가 된다. 모든 투쟁과 고통은 삶의 단계를 표상하며, 엘리파스 레비는 '고통받는 다는 것은 투쟁한다는 것'이라고 말한 바 있다.

한편 화폐로서의 황금, 예컨대 돈이 가득한 지갑은 '손쉽게 획득하는 보물', 곧 지상적 욕망, 관능적 쾌락, 자기애로서의 사랑 등을 상징하며 손쉽게 얻었기 때문에 결과적으로 '손쉽게 잃는 보물'이 된다.

> 나는 세 가지 보물을 소유하여/ 그것을 귀하게 여기며 지키노라/ 그 하나는 사랑이요/ 그 두 번째는 분수에 만족함이요/ 그 세 번째는 겸양의 덕이니라
>
> — 크라이너, 「지붕 밑의 무리들」

> 아이야 이 책을 집어 던지지 마라/ 모든 그림을 없애 버리는/ 무서운 쾌락을 삼가라/ 그리고 그 책을 너의 가장 귀중한 보물로 간직하라
> ― 벨록, 「나쁜 아이의 동물책」

크라이너의 경우 보물은 '잡기 어려운 보물'에 해당한다. 잡기 어렵다는 것은 여기서 말하는 세 가지 덕목, 곧 사랑, 분수에 만족함, 겸양이 정신적 상승, 혹은 도덕적 완성을 위해 보물처럼 지녀야 할 것들이지만 말처럼 그렇게 쉽게 지켜지지 않기 때문이다. 벨록의 경우도 비슷하다. '책'이 보물로 인식되는 것은 그것이 정신적 고양, 자아의 정복을 가능케 하기 때문이다.

보석 Jewel

보석은 심장, 태양과 달, 빛과 열을 상징하고 동굴 속에서 뱀, 용, 괴물들이 지키는 보석은 감추어진 진리를 상징한다. 보석을 자르고 일정한 형태로 세공하는 것은 신들이 발하는 영혼의 빛을 만드는 일에 해당한다. 일반적으로 보석은 정신적 진리를 상징한다. 공주들의 옷, 목걸이, 팔찌에 부착되는 귀금속은 은폐된 장소에서 빛나는 보석과 같은 진리를 상징하고 남자를 기다리는 숙녀나 공주가 소유하는 보석들은 융이 말하는 '아니마', 곧 영혼을 상징한다. 또한 용이 지키는 보석들은 지식을 위한 힘겨운 투쟁을 상징하며 우리들의 무의식 속에 자리잡고 있는 직관적 지식을 상징한다.

보석이 환기하는 또 다른 흥미로운 상징적 의미는 때때로 신화적 형식으로 나타나며, 오늘날에도 미신 속에 살아 있다. 이런 신화나 미신에 의하면 지식을 상징하는 보석은 뱀과 관련된다. 그 훌륭한 보기로는 '뱀

의 돌'이라는 전설을 들 수 있다. 많은 민담들이 예시하는 것은 귀금속이 뱀이나 용의 머리에서 떨어졌다는 신념이다. 이런 신념에 의하면 다이아몬드에는 독이 있으며, 그것은 뱀의 턱에서 발견되었다. 마찬가지로 모든 귀금속은 뱀들의 침에서 생겼다. 이런 신화들이 강조하는 것은 보석을 보호하는 '괴물'과 보호받는 '보석'이 극도로 접근함으로써 동일시된다는 사실이다. 대립되는 두 요소는 대립의 종합을 성취하며 두 요소는 하나로 병합되며, 공통적인 의미를 토대로 양가 심리적 영역에서 동일시된다. 엘리아데는 뱀이나 용이 보호하는 보석들이 이들의 이마나 입에 자리잡는다는 점에 유의한 바 있다.

동시에 돌과 관련되는 귀금속들은 좀 더 완벽해지면서 보석의 아름다움으로 승화한다. 특히 운석은 천상과 관련된다는 점에서 지상으로 내려온 신의 옷이나 그가 사는 대저택으로 인식된다. 화살처럼 달리는 별들은 천사를 상징한다. 귀금속에는 이런 천상적인 의미 외에 지옥과 관련되는 부정적인 의미가 있다. 이때 귀금속은 그 견고성, 빛깔, 투명성이 암시하는 물질적 풍요에 대한 혐오감을 상징한다.

불교의 경우 보석은 깨달음과 지혜를 상징하며 삼보三寶는 佛, 法, 僧을 나타낸다. 모든 귀금속들은 각각 나름대로의 마술적인 능력을 소유한다. 대표적인 보석들을 열거하면 다음과 같다.

자수정-마음의 평안, 본질을 명확히 볼 수 있는 능력, 치유력.
수정-순결, 단순, 마력.
다이아몬드-빛, 생명, 태양, 영속성, 불후성, 지조, 성실, 순수.
에메랄드-불사不死, 희망, 봄, 청춘, 성실, 차 오르는 것.
옥(비취)-지극히 높고 뛰어난 것, 양陽의 힘.
오팔-충절, 종교적 열정.
진주-여성 원리, 달, 바다, 정숙, 청순.
루비-왕위, 위엄, 열의, 힘, 사랑, 장수, 불사.
사파이어-진실, 성스러운 덕, 천국에의 명상.

그대 풍요한 추억의 보석 상자를 보여다오/ 별과 에테르로 된 그 불가사의한 보석들을

— 보들레르, 「여행」

오 아름다운 로렐라이/ 그대 눈짓에 빛나는 보석이여.
— 아폴리네르, 「요희 로렐라이」

보들레르의 경우 보석은 '별', '에테르'와 동일시된다. 그런 점에서 보석은 천상의 세계를 상징한다. 아폴리네르의 경우 보석은 사랑하는 여인의 눈빛과 동일시된다. 이 눈빛은 영혼을 상징하며, 따라서 이 시에서 노래되는 보석은 융이 말하는 아니마, 나아가 그런 세계에 대한 직관적 지식을 상징한다.

보자기 Wrapper

물건을 싸는 보자기는 푸는 행위보다는 싸는 행위가 강조된다는 점에서 간직과 비밀을 상징한다. 한편 조선 시대부터 우리나라에는 물건을 보자기에 싸서 메고 다니며 파는 봇짐장수가 있었다. 흔히 보부상이라고 불리는 이들은 고전 문학에 두루 나타난다. 그러나 현대 문학의 경우에는 보부상의 이미지가 아니라 봇짐을 이고 다니며 행상을 하는 여인들의 이미지가 자주 나타나며 이때 보자기는 가난을 상징한다.

고대 신화의 경우 보자기는 나라의 시작과 국조國祖의 탄생을 상징한다. 예컨대 「가락국기」에 의하면 개벽한 이후 나라 이름도 없고 군신도 없을 때 구지봉龜旨峰 쪽에서 이상한 소리가 나고 얼마 안 되어 하늘에서 자주색 끈이 내려온다. 줄 끝에는 붉은 보자기에 금합이 싸여 있었는데,

그 안에 여섯 개의 커다란 황금알이 있고 이것이 여섯 동자로 변하여 각각 6가야의 시조가 되었다. 그중 으뜸 되는 이가 수로왕首露王이다.

이렇게 시작을 상징하는 보자기는 지금도 혼례의 사주보四柱褓 풍습으로 계승된다. 결혼의 시작은 남자의 사주 단지를 보자기에 싸서 여자에게 전달하며 시작되고 따라서 이때 보자기는 결혼의 시작을 상징한다. 한편 우리 무속과 민속 신앙의 경우 보자기로 물건을 싸거나 감추는 것은 신성神聖을 상징한다. 기우제를 지낼 때 보자기로 제단을 치는 것은 속된 공간을 차단하고 신성한 공간을 만드는 것으로 이때 역시 보자기는 신성을 상징한다.

> 점심때가 되었습니다./ 어머니가 가져온 보자기 속엔 신문지에 싼 도시락과 삶은 고구마 몇 개와 사과 몇 개가 들어 있었습니다./ 먹을 것을 옮겨 놓는 어머니의 손은 남들과 같이 즐거워 약간 떨리고 있었습니다.
> ─ 김종삼, 「5학년 1반」

이 시에서 보자기는 가난을 상징한다. 어머니가 가져온 보자기 속엔 신문지에 싼 도시락과 삶은 고구마와 사과 몇 개가 들어 있기 때문이다.

복숭아 Almond

복숭아는 예쁘고 귀엽기 때문에 좋아하는 물건이나 사람을 상징하고 복숭아의 형태는 여근女根, 곧 여성의 음문陰門을 상징한다. 이런 의미를 토대로 복숭아는 아름다운 여인, 향기로움, 우아함, 처녀성을 상징한다. 도색桃色은 복숭아꽃의 연분홍색을 뜻하지만 남녀 사이의 색정色情 혹은 성행위를 상징한다. 핑크빛이 남녀의 사랑을 상징하는 것도 비슷한 문맥이다. 한편 도교의 경우 천도天桃 복숭아는 불사不死의 선과仙果로 통하고 중국의 경우 무릉도원武陵桃源은 세속과 떨어진 선경仙境으로서 전설 속의 유토피아다. 도잠陶潛의 「도화원기桃花源記」에는 다음과 같은 이야기가 나온다. 동진東晉의 한 어부가 배를 타고 강을 따라 가다가 복숭아꽃이 만발한 곳에 이른다. 그곳에는 진秦나라 때 전란을 피해 사는 사람들이 있었는데 그들은 한漢, 위魏, 진晉에 걸친 수백 년의 세월이 흐른 것도 모르고 있었다. 여기서 현세와 유리된 무릉도원, 별천지, 유토피아는 복숭아와 관련되고 이때 복숭아는 불로장생不老長生의 선과仙果로 드러난다.

> 저무는 늦봄날에 실비는 내려오고/ 복숭아꽃 하늘 돌다 이리저리 지는고야/ 아가씨는 얼굴 야윈다 탄식탄식하더라.
> ― 삼의당 김씨, 「지는 복사꽃」

> 울타리에 복사꽃만 구름같이 피어 있었다.
> ― 조지훈, 「절정」

앞의 시에서는 복사꽃이 아름다운 아가씨의 얼굴에 비유되고, 뒤의 시에서는 구름에 비유된다. 전자가 아름다움, 향기로움을 상징한다면, 후자는 우아함을 상징한다.

봄 Spring

봄은 만물이 소생하는 계절이다. 영어로 spring은 샘, 원천이라는 뜻도 있고 용수철이 튀쳐오른다, 도약한다는 뜻도 있다. 그런 점에서 봄은 시작, 탄생, 도약, 소생을 상징한다. 봄은 1년을 구성하는 봄, 여름, 가을, 겨울 가운데 첫째 국면에 해당한다. 하루의 국면에서 봄은 새벽에 해당하고 인생의 국면에서 봄은 탄생에 해당한다. 새벽은 밤, 어둠, 암흑이 물러가는 시간이고 겨울이 상징하는 죽음에서 부활하는 시간이다. 그러므로 봄은 생명, 아름다움, 출발, 희망, 청춘을 상징한다. 한편 봄은 사춘기思春期, 춘정春情이라는 말이 있듯이 이성에 대한 그리움, 만남과 사랑을 상징한다. 그러나 일장춘몽一場春夢이라는 말을 강조하면 봄은 삶의 덧없음, 허무, 슬픔을 상징한다.

어여쁨이야/ 어찌/ 꽃뿐이랴// 눈물겹기야/ 어찌/ 새 잎뿐이랴// 창궐하는 역병/ 죄에서조차/ 푸른/ 미나리 내음 난다/ 긴 봄날엔-// 숨어 사는/ 섦은 정부/ 난쟁이 오랑캐꽃/ 외눈 뜨고 내다본다/ 긴 봄날엔-

— 허영자, 「긴 봄날」

이 시에서 봄은 아름다움과 슬픔을 상징한다. 시인에게 꽃은 어여쁘고 새 잎은 눈물겹다. 요컨대 봄은 아름답고 슬픈 계절이다. 그러나 이런 이중적 의미는 악성 유행병, 인간의 죄에서 희망과 순수(푸른 미나리 내음)를 읽는 서러운 사랑, 정념, 그리움(난쟁이 오랑캐꽃)을 상징한다. 요컨대 이 시에서 봄은 아름다움/슬픔, 순수/비밀의 사랑(정부)을 상징한다.

봉황Dupe

봉황은 상상의 새로 그 모습에 대해서는 여러 학설이 있다. 『한국문화상징사전』(동아출판사, 1992, p.356)에는 「한시외전韓詩外傳」을 인용하면서 다음처럼 말한다. 봉황새는 열 가지 동물의 모습을 갖추었다. 앞모습은 기러기, 뒷모습은 기린, 턱은 제비, 입부리는 닭, 목은 뱀, 꼬리는 물고기, 이마는 황새, 뺨은 원앙새, 몸의 무늬는 용, 등은 거북이의 모습으로 되어 있고, 깃털은 빨강, 파랑, 노랑, 흰색, 검정의 5색으로 되어 있다.

이 열 가지 동물들이 가지는 상징성은 왕이 갖추어야 할 열 가지 덕목과 밀접한 관련이 있기 때문에 봉황은 왕, 태평성대, 평화, 상서로움을 상징한다. 기러기는 임금과 신하, 친구, 부부간의 신의를 상징하고, 기린은 슬기와 재주를 상징하고, 제비는 재주, 부귀, 장수를 상징한다. 닭은 암흑 퇴치, 악귀를 쫓고 신선을 부르는 힘을 상징하고, 뱀은 풍년과 다산을 상징한다. 물고기는 병권兵權을 상징하는 바 이는 물고기가 잘 때도 눈을 뜨고, 장수의 갑옷과 물고기 비늘이 닮고, 떼지어 다니는 것이 행군하는 모습과 닮았기 때문이다. 황새는 새들의 연장자로 고결, 고귀, 장수를 상징하고, 원앙새는 부부애를 상징하고 원만한 가정이 국가와 사회의 발전에 바탕이 됨을 나타낸다. 용은 뛰어난 인물을 상징하고, 거북은 불의의 재앙을 막아주는 물의 신이다. 이상의 요소들은 제왕이 갖추어야 할 구비 요건이다. 요컨대 봉황은 이런 열 가지 요소를 전제로 다시 요약하면 왕, 태평성대, 평화, 상서로움을 상징한다.

> 오색찬란한 새가 있는데/ 그 이름이 봉황이다./ 옛적 周나라의 덕이 한창 성할 때/ 봉황이 높은 뫼에서 울었다./ 그 울음소리 멀리 메아리쳐 온 세상이 평화로웠다.
>
> ― 한유, 「기산하岐山下」

이 시조에서 봉황은 주나라 왕의 덕과, 그 덕에 의한 나라의 평화로움을 상징한다. 봉황이 울어서 주나라 왕이 덕이 있는 것이 아니라 왕이 덕이 있어서 봉황이 운다는 것은 이 새가 상상의 새라는 것을 상대적으로 암시한다.

부엉이 Owl

부엉이는 야행성夜行性 동물이기 때문에 어둠, 암흑, 죽음, 불길한 예언, 저주를 상징한다. 한편 부엉이 울음소리가 죽음을 예언한다는 점에서 부엉이는 예고, 지혜를 상징하고 태양이 사라질 때 움직인다는 점에서 죽은 태양을 상징한다. 유교의 경우 부엉이는 불효를 상징한다.

울적한 부엉이가 달을 향해서 불평을 한다.
― 그레이, 「만가」

부엉이는 조류이건만 부엉이 울음소리는 음악은 아니다. 달빛 아래 우는 새소리건만 시정詩情도 없고 낭만도 없다. 뭐라고나 할까? 지각을 뚫고 지옥에서 들려오는 망령의 울부짖음 같은 소리가 이런 것일까? 배창자를 갈기갈기 쥐어뜯는 듯한 궁상맞은 울부짖음이 月下의 잔치에 만족하는 부엉이의 독창인가 보다.
― 최신해, 「달빛 아래 부엉이」

그레이의 경우 부엉이는 어둠과 죽음을 상징한다. 특히 이 시의 표제가 '만가'로 되어 있다는 점이 이런 해석을 뒷받침한다. 그리고 여기서 '부엉이'가 '달'을 향해 불평을 하는 것은 달이 어둠이나 죽음과 대비되는 밝음과 삶의 순환을 상징하기 때문이다. 최신해의 경우 부엉이는 '지각을 뚫고 지옥에서 들려오는 망령의 울부짖음'이라는 표현이 암시하듯이 죽음과 암흑의 세계를 상징한다.

부채 Fan

부채는 공기, 바람과 관련되며, 따라서 움직이는 공기의 정령精靈을 상징한다. 또한 부채는 바람을 일으키고 먼지를 날린다는 점에서 악마를 쫓는 벽사辟邪와 신명을 부르는 초신招神을 상징한다. 한편 왕이 들고 있는 부채는 통치, 힘, 위엄을 상징하고 불교에서는 道의 전수를 상징한다. 고려 말 조선 초 양반집 부녀자들은 외출 때 부채로 얼굴을 가렸기 때문에 부채는 신분의 은폐를 상징한다.

서양 부채의 특성은 접히고 펼쳐진다는 점에 있으며, 이로부터 부채는 달의 변화와 관련되고, 따라서 변화, 여성의 변하기 쉬운 마음을 상징한다. 부재→나타남→증대→충만→소멸이라는 달의 변화에서 읽을 수 있는 것처럼 부채가 변화하는 모습은 성적이다. 한편 부채의 이런 변화는 영원한 유동이라는 헤라클리투스적인 개념을 상징한다.

그리곤 그의 부채와 깃털은/ 곱고 보드라운 소란으로/ 바람이 종이 재를 장난삼아 날릴 때의/ 소리를 내며 떤다.
— 월버, 「터키의 검은 11월」

부채 보낸 뜻을 나도 잠깐 생각하니/ 가슴에 붙는 불을 끄라고 보냈도다/ 눈물도 못 끄는 불을 부채라서 어이 끄리
— 무명씨

저 여자 입은 치마는/ 달 뜬 부채로도 못 벗겨
— 이규호, 「버들 독나방 여자」

월버의 경우 부채는 깃털의 이미지와 함께 이른바 바람과 천체를 상

징한다. 깃털의 이미지가 특히 그렇다. 시인은 부채에서 '곱고 보드라운 소란'으로 부는 바람소리를 듣는다. 무명씨의 시조에 나오는 부채는 '가슴의 불'을 진정시킨다는 의미를 띠지만 그런 능력을 상실한다. 그것은 시인의 가슴에 타오르는 '불'이 매우 거세기 때문이다. 가슴의 불을 끈다는 점에서 부채는 여기서도 바람을 상징한다. 그러나 이규호의 시에 나오는 부채는 위의 의미와는 다르다. 여기서 노래되는 부채는 여자의 치마와 관련되며, 특히 '달 뜬 부채'라는 표현에서 이른바 여성의 원리, 혹은 달의 국면을 상징한다. 그것은 성적인 내용을 거느린다.

북 Drum

북은 태초의 소리, 신성한 진리, 계시, 우주의 리듬을 상징한다. 무당은 북을 치며 황홀의 상태에 든다. 원시인들의 경우 북이 중요한 의미를 지니는 것은 그 리듬과 음색 때문만이 아니라 북이 이른바 '세계-수樹' 곧 우주의 중심을 상징하는 나무로 만들어진다는 믿음 때문이고 따라서 북은 신비한 의미를 내포한다. 슈나이더에 의하면 음악적인 도구 가운데서 북은 가장 신비한 관념을 소유한다. 아프리카에서 북은 심장과 관련된다. 원시적인 희생의 의식儀式에서 사람들이 북을 치는 바, 이때 북은 천상과 지상을 매개하는 역할을 한다. 그러나 사발 모양과 겉이 피부로 되어 있는 북은 지상을 상징한다.

북의 상징적 의미는 그 형태에 따라 다양하다. 물시계의 형태로 된 북은 전환과 두 세계, 곧 상부 세계와 하부 세계의 관계를 상징한다. 한편 둥근 형태로 된 북은 천둥과 빛을 상징한다.

구름 같은 북소리

— 고은, 「심곤부」

북소리는 심장의 고동소리와 가장 닮았다. 그러므로 북을 두드리면 생명이 약동한다. 어째서 인간들이 전쟁터에서 북을 두드렸는지를 생각해 보라.

— 이어령, 「북」

고은의 경우 북소리는 구름에 비유된다. 구름은 천상의 세계에 존재한다. 따라서 북소리는 천상의 세계와 지상의 세계를 매개한다는 특성과 동시에 신비를 상징한다. 이어령의 경우 북은 심장과 관련되고 이때 북은 고동치는 심장을 지닌 삶, 곧 지상의 세계를 상징한다.

분수, 샘Fountain

천국에는 생명을 상징하는 나무로부터 나와 네 방향으로 흐르는 네 개의 강물이 있다. 이 강물들은 공통적인 근원, 곧 모든 행동의 '중심' 혹은 '기원'을 상징하는 근원으로부터 솟아나온다. 이런 사실을 근거로 분수에서 솟아오르는 물은 인간과 모든 사물의 생명력을 상징한다. 신비한 분수라는 주제가 예술에 자주 사용되는 것은 이 때문이다. 건축의 설계도에 나오는 분수는 신비한 중심을 상징하고 수도원의 정원에 있는 분수는 로마네스크 건축이나 고딕 건축 같은 상징주의의 전통을 따르는 시기에 만든 것으로 수도원의 중심을 차지한다. 분수가 서 있는 연못은 흔히 원형 혹은 팔각형으로 되어 있으며, 때로는 두 개의 연못으로 이루어진 경우도 있다.

융에 의하면 분수는 내적 생명과 정신적 에너지의 근원, 곧 영혼을 상징한다. 그는 또한 개인의 삶이 억압되거나 고갈될 때 무엇보다도 분수가 솟아오르기를 바란다는 사실을 지적함으로써 분수는 무의식의 메시지를 받아들이는 유년의 땅과 관련된다. 이런 해석은 주로 정원의 중심에 놓이는 분수와 관련될 때 정당성을 획득한다. 이때 중심은 자아의 본질 혹은 개인성을 재현한다. 융에 의하면 보슈의 미술 속에 나오는 폐쇄된 정원의 중심에 있는 분수는 자아의 본질 혹은 개인성을 재현하는 바, 이 분수는 역경을 헤치고 살아가려는 힘을 상징하고 그 중심은 텅빈 영역으로 나타난다.

그런 점에서 샘 혹은 분수는 생명의 근원, 어머니, 영원한 생명을 상징하고 솟아나는 샘은 생명력을 상징한다. 한편 샘과 우물은 고대 여러 종교에서 여성을 상징했다.

▲ 보슈의 〈천국〉

　무상한 행위는 때마침 떨어지는/ 연약한 분수와도 같이/ 무한한 동경에서 솟아오른다/ 하지만 그밖에는 말없는 분수/ 우리의 기꺼운 힘은 이 춤을 추는/ 눈물 속에서 나타나는 것이다.

— 릴케, 「이니시알」

　발돋움하는 발돋움하는 너의 자세는/ 왜 이렇게/ 두 쪽으로 갈라져 떨어져야 하는가/ 그리움으로 하여/ 왜 너는 이렇게/ 산산이 부서져서 흩어져야 하는가/ 모든 것을 바치고도/ 왜 나중에는 찢어지는 아픔만을/ 가져야 하는가

— 김춘수, 「분수」

　분수야 쏟아져 나오는 정열을 그대로 뿜어도/ 소용이 없다/ 차라리 따스한

입김을 다오/ 저녁 노을에/ 무지개 서는/ 섬세한 네 수줍은 모습을 보여다오
— 조병화, 「분수」

분수는 물이 새로 변한 것이다. 그것은 날개를 가지고 하늘을 날면서 지저귄다. 분수는 물이 나무로 변한 것이다. 하나의 머리에서 수많은 가지를 치고 너울거린다. 물방울은 투명한 잎새가 된다. 분수는 물이 불로 변한 것이다. 그것은 열정을 갖고 한 공간을 태운다. 물방울은 얼어붙은 불꽃으로 흩어진다. 분수는 불이 영혼으로 변한 것이다. 그것은 쉬지 않고 움직이는 맑은 영혼이다.
— 이어령, 「폭포와 분수」

릴케의 경우 분수는 '무한한 동경'을 상징한다. 이 동경은, 그것이 무한하다는 점에서 삶의 중심이나 기원을 지향한다. 그런가 하면 삶의 기꺼운 힘이 이 말 없는 분수에서 나타난다는 점에서 분수는 또한 생명의 에너지를 상징한다. 결국 이 시에서 분수는 중심을 향한 동경과 생명의 에너지를 상징한다. 김춘수의 경우 역시 분수는 비슷한 상징적 의미를 거느린다. 여기서 분수는 그리움을 상징하지만, 그것은 동경과 비슷한 의미를 담고 있다. 그리움이 있기 때문에, 그것도 하늘이 보여주는 아름다운 세계에 모든 것을 바치는 헌신적인 자세를 내포하는 그리움이 있기 때문에 분수는 마침내 '선연한 무지개'로 다시 솟아오른다. 조병화의 경우 분수는 '쏟아져 나오는 정열'이 암시하듯이 생명의 에너지를 상징한다. 이어령의 경우 분수는 새, 나무, 불로 변형되며, 그것들은 각각 영혼, 생명의 나무, 생명력을 상징한다. 그러나 이 모든 상징적 의미는 결국 항상 '쉬지 않고 움직이는 맑은 영혼', 곧 신선한 정신적 에너지라는 일반적·상징적 의미를 토대로 한다.

불Fire, 불꽃Flame

불의 어원은 '붉다'이고 풀의 어원은 '푸르다'이다. 그런 점에서 불은 타오르는 힘, 강함, 활력, 性의 힘, 파괴, 격정을 상징하고 사물을 변화시킨다는 점에서 변화, 이행을 상징한다. 붉은 빛은 또한 태양과 관계되고 따라서 태양을 상징한다. 한편 불이 性과 관계되는 것은 나무를 비벼 불이 발생하는 것이 남녀의 성행위를 암시하기 때문이다.

상부를 지향하는 불인 불꽃은 영적인 힘, 초월, 명상, 신성한 힘, 깨달음을 상징한다. 촛불이 신성한 것은 이런 이유에서다. 중국인들이 태양을 기리는 제의祭儀에서 붉은 玉을 사용하는 것은 이 옥이 불을 암시하기 때문이다. 이집트 상형 문자 속에서도 불은 불꽃 같은 태양과 관련되며, 특히 신체의 열과 관련될 때는 생명과 건강을 상징한다. 한편 불에 의해 사물들은 소멸하고 다시 소생한다는 점에서 불은 재생과 순환을 상징한다. 횃불을 드는 행위는 불의 생성력을 상징한다.

크리스마스 때 나무에 불을 켜는 것은 두 가지 해석을 낳는다. 하나는 이런 불의 축제가 태양으로부터 빛과 열을 공급받는다는 모방적 마술의 관점이고 다른 하나는 이런 불의 축제에 의해 악의 세력을 순화시키고 파괴한다는 벽사辟邪적 축귀逐鬼적 관점이다.

불(태양)이 보여주는 활력과 사물을 제패하는 힘은 암흑이 암시하는 악의 힘에 대한 승리를 의미한다. 정화나 순화는 태양의 승리를 성취하는 수단이다. 그러나 슈나이더는 그 기능이나 방향을 중심으로 두 종류의 불을 구별한다. 하나는 에로티시즘, 태양열, 물질적 에너지를 재현하는 지상의 불이고, 다른 하나는 신비주의, 순화나 승화, 정신적 에너지를 재현하는 천상의 불이다. 이런 특성에 의해 불은 물질적 파괴와 정신적 결정結晶을 상징하는 칼과 같은 양가적 의미를 소유한다. 곧 불은 동물적 격정과 정신적 힘을 동시에 상징한다.

헤라클리투스에 의하면 불은 파괴와 소생을 상징하고 이런 상징은 인도의 성전 『푸라나』나 『묵시록』 속에 드러난다. 바슐라르에 의하면 연금술사들의 견해에 따라 불은 사물들을 통합하고 안정시키는 인자로 모든 사물들의 중심에서 움직이는 기본적인 요소로 인식된다. 프로메테우스처럼 불을 훔치거나 엠페도클레스처럼 불 속으로 뛰어드는 행위는 인간적 곤경이 보여주는 기본적 이원론을 암시한다. 이 두 가지 삶의 길 중간에 있는 것은 이로운 불을 물질적으로 사용하는 삶의 방식이다. 그러나 불은 극단적인 생명력을 상징한다. 한편 뜨거운 활력으로서의 불은 善을 상징하고 파괴와 화재로서의 불은 惡을 상징한다.

우리 신화의 경우 불은 탄생과 관계된다. 예컨대 주몽은 천상의 불이 여체女體에 내려 잉태되는 바 유화柳花의 알에는 항상 햇빛이 비친다. 박혁거세가 강림할 때는 번갯불이 땅에 드리우고 김알지의 강림에는 궤에서 불빛이 쏟아진다. 한편 제단의 성화聖火는 성스럽고 순결한 것으로 지상의 인간을 정화하고 속죄한다.

가장 늙은 맹인, 파묻힌 인간이/ 가장 옛날의 횃불에 불을 켤 때에
— 페기, 「이브」

불붙어 다한 정열의 잔재
— 오상순, 「해바라기」

제삿날 큰집에 모이는 불빛도 불빛이지만/ 해질녘 울음이 타는 가을강을 보겠네.
— 박재삼, 「울음이 타는 가을 강」

보라, 바다 위에서 타는 불이 하늘을 사른다.

— 성찬경, 「태극」

페기의 시에서 불은 사물을 소생시키는 힘을 상징한다. 이런 소생은 불에 의해 사물이 소멸하고 다시 새로운 사물이 소생한다는 이른바 순환과 재생의 이미지이다. 오상순의 경우 불은 해바라기와 관련되며, 이 해바라기는 태양의 활력이 암시하는 인간적 격정을 상징하는데 해바라기는 타버린 태양의 이미지로 노래된다. 따라서 시든 에로티시즘, 지상에 머무는 쇠약한 태양의 힘, 소멸하는 물질적 에너지를 상징한다.

박재삼의 경우 불은 물의 이미지와 관련된다. 그러나 그 물은 햇살이 타는 가을 강으로 구체화된다. 따라서 이 시의 경우 불은 특히 물과 결합됨으로써, 사물을 순화하는 힘을 상징한다. 성찬경의 경우 '바다 위에서 타는 불'은 태양을 암시하고 이런 태양은 하늘을 사르며 이런 세계는 태극을 암시한다.

불가능 Impossibility

불가능성은 '바다 너머로 산토끼가 뛰어가고 산 위로는 정어리가 뛰어가네'라는 스페인 노래에도 드러나듯이 이른바 상식의 역전 혹은 상식의 전복을 의미한다. 라 빼나 신부는 인간이 먹지 않고도 살 수 있는 방법, 새처럼 날 수 있는 방법에 대해 논한 바 있다. 요컨대 불가능성은 '혼돈에의 유혹'이라고 할 수 있고 이런 유혹은 초현실주의의 두드러진 특성으로 인간의 퇴행적이고 광적인 욕망을 상징한다. 한편 라캉에 의하면 불가능성은 무능력impotence와 다르다. 불가능은 인간의 힘으로 미치지 못하는 것이고 무능은 재능, 능력이 없는 것. 불가능은 처음부터 할 수 없는 것이고 무능은 할 수 있지만 능력이 없는 것. 주인 담론의 경우 주인 기표(S1)는 지식(S2)을 지배하지만 아무리 주인이 지배하고 통제해도 지식의 일부는 도망가고 이것이 잉여 향락, 대상 타자(a)를 생산한다. 이런 지배의 불가능성은 담론의 아래 항목의 관계, 곧 대상 타자(a)와 진리로서의 분열된 주체($)가 단절되기 때문에 나타난다. 곧 대상 타자(a)는 진리($)에 대해서 무력하다.

사랑하는 것과 현명해지는 것은 불가능하다.
― 베이컨, 『수필집』

어차피 불가능할 것이라면 꿈이라도 찬란하게 꾸자
― 이어령, 『하나의 나뭇잎이 흔들릴 때』

달팽이가 바다를 건너간다.
― 한국속담

비로 바다를 쓴다.
― 한국속담

위의 글들에서 읽을 수 있는 것은 모두가 상식을 초월하는 사고, 그러니까 상식을 전복시킴으로써 이른바 혼돈의 세계를 맛보게 한다. 속담이기 때문에 도덕성이나 교훈성이 강조되지만, 그런 특성을 무시할 때 위의 속담은 선禪불교의 화두나 초현실주의적인 이미지와 유사한 느낌을 준다.

불사조 Phoenix

전설에 따르면 불사조는 죽음이 임박할 때 향기로운 나무와 수지로 둥지를 만들고, 그 속에 많은 태양 광선을 넣고 죽음을 맞이한다. 이 둥지 속에서 불사조는 불꽃에 타죽어 재로 화한다. 그러나 이 재 속에서 다른 불사조가 태어난다. 불사조는 스스로 자신을 희생시켜 죽는 가공의 새로 3일 동안 죽어 있지만 3일째 되는 날 재에서 다시 태어난다. 그런 점에서 불사조는 부활, 죽음과 재생을 상징하고 기독교의 경우 수난의 불 속에 죽었다가 3일만에 다시 태어난 예수를 상징한다.

한편 불사조는 우아, 고결을 상징하는 바, 이는 불사조가 어디에 내려 앉든 흔적을 남기지 않고 어떤 생물도 먹기 위해 죽이지 않고 이슬만 먹기 때문이다.

오스발트 비르트 Oswald Wirth는 이 가상적인 새를 심리학적으로 해석하면서 불사조가 우리 인간들이 내면에 감추고 있는 것, 곧 매순간을 살게 하는 힘, 부분적 죽음(꿈, 변화)을 극복케 하는 힘을 상징한다고 주장한다. 꿈이나 변화는 총체적인 죽음이 아니라 살아가면서 그때그때 맞이하는 부분적인 죽음이라고 할 수 있다.

중국의 경우 봉황鳳凰이 불사조에 해당하며 봉황은 용처럼 양陽과 음陰을 동시에 나타낸다. 봉은 양, 수컷, 태양에 속하고 황은 음, 암컷, 달에 속한다. 따라서 봉황은 완벽한 화합, 다양한 요소들이 조합된 우주를 상징한다. 용과 봉황이 분리되어 나타나면 용은 황제, 봉황은 왕비를 상징하고 용과 봉황이 함께 드러나면 봉황은 황제의 권력으로서의 음양, 곧 권력(양)과 섬세한 감성, 미, 평화(음)를 상징한다. 연금술의 경우 불사조는 붉은 빛(태양)에 상응하며, 우주적 생명의 재생, 어떤 과정의 계기적 완성을 상징한다.

너는 죽음을 위해 태어난 것이/ 아니도다 불사조여!/ 어떤 굶주린 세대도/ 너를 짓밟아 버릴 수는 없도다
— 키츠, 「나이팅게일에 부치는 송시」

너는 모방할 수도 없도다/ 너는 날지 않는 새/……/ 스스로 불탄 자리에서 나래를 펴는/ 오 오 비애!/ 너는 불사조 나의 불사조 나의 눈물이요!
— 정지용, 「불사조」

피닉스, 오오, 너는 되살아나서/ 불과 같은 나래를 펴고/ 죽은 줄만 여긴 네 부리에/ 매혹의 힘은 다시 살아나서/ 나를 물고 나를 쪼으고/ 연애보다도 오히려 단 오뇌로 나를/ 또 이끌어 가누나.
— 신석초, 「멸하지 않는 것」

키츠의 경우 불사조는 영원한 재생을 상징한다. 그러나 정지용의 경우 불사조는 '비애'를 상징한다. 불사조가 비애를 상징하는 것은 시의 문맥에 따르면 비애가 죽음이 아니라 그런 죽음을 극복하고 새로운 생을 태어나게 하는 정신적 힘을 상징하기 때문이다. 그렇기 때문에 비애는 불사조와 동일시된다. 비애는 삶의 부정적 속성, 곧 죽음이나 패배를 환기하지만 이 시에서는 궁극적으로 그런 부정적 속성이 매개가 되어 삶의 긍정적 속성이라 할 영원한 생명, 승리가 확보된다고 노래한다.

신석초의 경우 불사조는 '나를 물고 나를 쪼으고/ 연애보다도 오히려 단 오뇌로' 시인을 이끌고 가는 존재로 심리적 양가성을 상징하며, 그것은 '단 오뇌'라는 말로 요약된다. 단 오뇌라는 것은 불사조가 죽음이면서 동시에 그 죽음을 매개로 태어나는 새로운 생명을 상징하기 때문이다.

붓 Brush

붓은 전통적으로 동양에서 선비들이 갖추어야 할 네 가지 벗인 종이, 붓, 먹, 벼루 가운데 하나로 연필이나 펜이 사용되기 전 대표적인 글쓰기의 도구다. 따라서 붓은 문필, 문장을 상징하고 문필이 훌륭하고 문장이 뛰어난 것은 바로 학문이 뛰어남을 증명하기 때문에 붓은 학문, 나아나 벼슬을 상징한다. 한편 형태를 강조하면 붓은 남근을 상징하는데 일본에서는 '붓을 처음 사용한다'는 말은 동정童貞인 남자가 혼인을 하거나 여자와 관계를 가져 동정을 상실하는 것을 의미한다(차주환).

> 붓 한 자루/ 나와 일생을 같이 하란다.// 무거운 은혜/ 인생에서 받은 갖가지 은혜/ 어찌나 갚으리/ 무엇해서 갚으리 망연도 해// 쓰린 가슴을/ 부듬고 가는 나그네 무리/ 쉬어나 가게/ 내 하는 이야기 듣고나 가게.
> — 이광수, 「붓 한 자루」

이 시에서 붓은 일생을 같이 하는 벗으로 그것은 문장의 개념을 넘어 문학을 상징한다. 인생의 은혜를 못 갚아 괴로워하는 나그네에게 붓 한 자루(문학)는 위안이 된다. 그런가 하면 다음 글에서는 생명을 상징한다.

> 옛날 사람들은 붓으로 글씨를 썼습니다. 그 보드라운 모필 끝에서 묵향 墨香과 함께 하나씩 태어나는 글씨들은 작은 풀잎, 작은 꽃잎과도 같습니다. 잘 쓰는 글씨든 못 쓰는 글씨든 붓으로 씌어진 글씨에서는 생명의 흐름을 읽을 수가 있지요. 붓은 끝이 부드럽기 때문에 쓰는 사람의 영혼을, 의지를, 그리고 그 생명적인 리듬을 글씨의 한 획마다 옮겨 놓을 수가 있는 것입니다.
> — 이어령, 『떠도는 자의 우편번호』

붓으로 글을 쓰는 것과 연필, 펜, 볼펜으로 쓰는 것은 다 같이 글을 쓴다는 점에서는 같지만 그 상징적 의미는 다르다. 이 글에서 붓은 생명을 상징하는 바 그것은 부드러운 붓 끝에 글 쓰는 사람의 영혼, 의지, 생명의 리듬이 나타나기 때문이다.

비 Rain

비는 세상을 비옥케 한다는 점에서 풍요, 생명력, 다산多産을 상징하고 하늘에서 내린다는 점에서 신의 축복, 영적 계시를 상징한다. 이런 점에서 비는 태양 광선이나 빛과 동일한 의미를 지닌다. 그러나 비는 하늘과 땅의 만남이라는 점에서 성교를 상징하고 하늘의 정액에 해당한다. 한편 비가 내리면 세상이 깨끗해지기 때문에 정화淨化를 상징한다. 빗방울이 눈물에 비유될 때 비는 눈물, 비애, 이별을 상징한다.

아직도 비가 쏟아지고 있다. 인간의 세계처럼 어둡게, 우리들의 상실처럼 검게……아직도 비가 쏟아지고 있다.
— 시트웰, 「아직도 비가 쏟아지고 있다」

비가 옵니다./ 밤은 고요히 깃을 벌리고/ 비는 뜰 위에 속삭입니다.……/ 몰래 지껄이는 병아리 같이// 비가 옵니다./ 다정한 손님같이 비가 옵니다./ 창을 열고 맞으려 하여도/ 보이지 않게 속삭이며 비가 옵니다.
— 주요한, 「빗소리」

진종일 비는 내리는데/ 비에 막혀 그대로 어둠이 되는 미도파 앞을/ 비는 내리는데/ 서울 시민들의 머리 위를 비는 내리는데
— 조병화, 「비는 내리는데」

> 아아 하루 더 살고/ 하루 더 죽자 가을 밤/ 비는 내리는데/ 용기의 죽음/
> 그 하아얀 빛깔에게/ 파스를 먹이자// 수척한 가슴에게/ 절망한 에스프리에
> 게/ 파스를 먹이자/ 광활한 땅에 비는 내리는데/ 한없이 나는 불빛이 그리워
> ― 이승훈, 「파스」

시트웰의 경우 비는 전쟁의 재앙과 삶의 재난을 상징한다. 그러나 주요한의 경우 비는 '몰래 지껄이는 병아리'의 이미지가 암시하듯이 새로운 생명을 상징하고 조병화의 경우는 '비에 막혀 그대로 어둠이 되는 미도파'라는 시행이 암시하듯 어둠과 절망과 차단을 상징한다. 필자의 시에서 노래되는 것은 가을밤에 내리는 비이다. 그러나 이 비는 '용기의 죽음', '수척한 가슴', '절망한 에스프리' 등이 암시하듯이 무력감과 수척한 정신과 불모의 에스프리를 상징한다. 따라서 이런 비와 대비되는 것은 '불빛'이다.

비둘기 Dove

비둘기는 날개 달린 짐승들의 일반적 상징, 곧 정신, 영혼, 빛, 순수를 상징한다. 이런 상징적 의미를 토대로 비둘기는 빛, 우아, 평화 등을 상징한다. 특히 영혼의 모티프는 중세 초기 로마네스크 예술에 공통적으로 드러난다. 기독교의 경우 일곱 마리 비둘기는 성령의 일곱 가지 선물을, 올리브 가지를 입에 문 비둘기는 평화, 해방을 상징한다. 노아의 방주에서 비둘기는 신과 인간의 화해를 상징하는 올리브 가지를 가지고 돌아오는 바, 비둘기에게 방주 외에 쉴 곳이 없다는 것은 기독교인들에게 교회 외에 쉴 곳이 없음을 상징한다.

비둘기여, 예수를 낳게 한 사랑이여/ 티 없는 마음이여/ 나도 그대와 같이/ 한 사람의 마리아를 사랑하고 있다./ 아아 나는 그 여인과 한 쌍이 되고 싶다.

— 아폴리네르, 「비둘기」

예전에는 사람을 성자처럼 보고/ 사람 가까이/ 사람과 같이 사랑하고/ 사람과 같이 평화를 즐기던/ 사랑과 평화의 새 비둘기는/ 이제 산도 잃고 사람도 잃고/ 사랑과 평화의 사상조차/ 낳지 못하는 쫓기는 새가 되었다.

— 김광섭, 「성북동 비둘기」

아폴리네르의 경우 비둘기는 예수의 사랑을 상징한다. '예수를 낳게 한 사랑'이란 시행이 이를 강조한다. 그러나 김광섭의 경우 이런 사랑과 평화의 새 비둘기는 이제 쫓기는 새가 되고 따라서 사랑과 평화를 상징하지 못한다.

비밀 Secret

비밀은 초자연적인 능력을 상징하며, 인간들이 비밀을 지닐 때 불안에 떠는 것은 비밀의 이런 힘 때문이다. 그런 점에서 비밀이 환기하는 불안과 긴장을 극복할 수 있는 능력은 탁월한 능력으로 그것은 법을 무시하는 사람들, 스파이, 왕이나 거물들과 상담하는 사람의 이미지로 나타난다. 신비한 사상, 문학, 예술이 매혹적인 것은 비밀이 환기하는 이런 관념들 때문이다.

나의 비밀은 눈물을 거쳐서 당신의 시각으로 들어갔습니다./ 나의 비밀은 한숨을 거쳐서 당신의 청각으로 들어갔습니다./ 나의 비밀은 떨리는 가슴을 거쳐서 당신의 촉각으로 들어갔습니다. / 그 밖의 비밀은 한 조각 붉은 마음이 되어서 당신의 꿈으로 들어갔습니다. / 그리고 마지막 비밀은 하나 있습니다. 그러나 그 비밀은 소리 없는 메아리와 같아서 표현할 수가 없습니다.

— 한용운, 「비밀」

위의 시에서 비밀은 암호와 같다, '나'는 비밀을 눈물, 한숨, 떨리는 가슴, 한 조각 붉은 마음으로 보여주고 '당신'은 이런 비밀을 보고(시각), 듣고(청각), 만지고(촉각), 꿈에 만난다(꿈). 그러나 마지막 비밀은 '소리 없는 메아리' 같기 때문에 이런 몸짓으로도 표현할 수 없고 따라서 당신도 마지막 비밀을 눈치 챌 수 없다. '소리 없는 메아리'는 언어나 형상으로 표현할 수 없는 세계, 곧 상상계(이미지)와 상징계(언어)를 초월하는 세계이고 따라서 초자연적인 세계를 의미한다.

비상 Flight

비상의 상징적 의미는 다양하다. 가장 기본적인 의미는 중력에 구속되지 않는 세계, 곧 자유, 해방이고 날아갈 때 느끼는 쾌락이다. 한편 이런 비상은 스스로의 고양高揚을 상징하고, 따라서 도덕적 가치나 힘의 세계를 초월하는 정신적 가치를 상징한다. 디엘은 이카루스의 신화가 예시하듯이 위대한 작가들이 '상승과 추락'의 이미지를 중시한 점에 대해 강조한 바 있다. 바슐라르는 다음과 같이 지적한다. '은유 가운데 가장 기본이 되는 것은 높이, 상승, 깊이, 하강, 추락을 내포하는 것들이다. 이런 은유를 설명할 수는 없고, 오히려 이런 은유들이 모든 사물들의 비밀을 설명할 수 있다.'

비상은 '초월'을 상징하는 바 투세넬은 다음과 같이 말한다. '우리는 새의 행운을 부러워하며, 새의 날개를 사랑한다. 왜냐하면 우리는 본능적으로 완전한 기쁨의 영역에서 우리의 육체가 마치 새들이 공기를 뚫고 가듯이 공간을 선회할 수 있다는 사실을 알기 때문이다.'

비상의 이미지는 공간이나 빛과 관련되고 심리학적으로는 사고와 상상력을 상징한다.

날개가 휘파람을 분다.
— 뒤팽, 「9월의 아이들」

이때 뚜—하고 정오의 싸이렌이 울었다. 사람들은 모두 네 활개를 펴고 닭처럼 푸드덕거리는 것 같고 온갖 유리와 강철과 대리석과 지폐와 잉크가 너글너글 끓고 수선을 떨고 하는 것 같은 찰나, 그야말로 현란을 극한 정오다. 나는 불현듯이 겨드랑이가 가렵다. 아하, 그것은 내 인공의 날개가 돋았던 자국이다. 오늘은 없는 이 날개. ……날개야, 다시 돋아라. 날자, 날자, 날자. 한번만 더 날자꾸나. 한번만 더 날아 보자꾸나.
— 이상, 「날개」

뒤팽의 경우 비상은 '휘파람'과 관련되며, 따라서 그것은 공기, 상승의 기쁨, 중력을 벗어나는 삶의 가벼움을 상징한다. 이상李箱의 경우 강조되는 것은 비상에의 열망이다. 이런 열망은 '현란을 극한 정오', 곧 의식의 영점을 동기로 하고 '오늘은 없는 이 날개'라는 말을 전제로 하면 날개, 비상은 사고와 상상력을 상징한다. 그런 점에서 날고 싶다는 것은 단순히 현실을 초월하려는 욕망보다는 잃어버린 사고와 상상력의 회복을 열망하는 심리적 태도를 상징한다.

빗 Comb

빗의 형태는 보트와 유사하고 따라서 빗과 보트는 하나로 융합된다. 한편 빗은 빛, 태양 광선과 관계되고 보트는 물과 관계된다는 점에서 빗은 불과 물의 화해를 상징한다. 또한 빗은 살이 없는 물고기 꼬리와 유사하다는 점에서 여성을 상징하고 대체로 여인들과 관계된다. 살이 없는 물고기 꼬리를 강조할 때 빗은 희생, 삼켜짐, 매장을 상징한다.

> 그녀는 머리를 빗는다. 마치 시체의 머리를 빗기듯이/ 그녀는 속옷 안에 푸른 파편을 가지고 있다.
> ― 첼란, 「그녀는 머리를 빗는다」

> 갸우듯이 고개를 뒤로 제끼고 머리를 빗는 여인의 이마에는 흐르는 물소리가 소복한 등성이를 이루며 삼월에 온다./ 온전히 이 한때를 귀기울이고 겸허히 빗을 잡은 손이 이따금 가벼운 원을 그리며 거기 무늬로 퍼지는 곳에 여인의 모은 눈은 무엇을 새기는가.
> ― 박양균, 「머리를 빗는다」

첼란의 경우 빗에서 '시체의 머리'를 연상하는 것은 나치의 유대인 학살이라는 개인적 경험이 동기가 될 수도 있지만 빗과 '살이 빠진 물고기'의 유사성이 무의식적 동기가 된다고 할 수도 있다. 그녀가 속옷 속에 지니고 있는 '푸른 파편'은 정신적 상처, 불구감, 나아가 죽음 의식과 관련된다. 그런가 하면 박양균의 경우 빗은 물의 이미지로 나타난다. 머리를 빗는 여인의 이마에 물소리가 흐르고 3월이 온다. 그런 점에서 빗은 물(물소리)과 불(3월의 빛)의 이미지가 하나로 통합된 이미지로 읽을 수 있다.

빛, 밝음 Light

▲ 렘브란트의 〈명상 중인 철학자〉

빛은 하늘에서 온다는 점에서 신성, 우주 창조, 말씀(로고스), 지성, 진리, 정신, 광명을 상징한다. 정신의 탁월성은 집중과 광휘에 의존한다. 흰빛은 모든 빛의 종합이고 빛이 색채와 관련되는 경우 빛은 그에 상응하는 색채의 의미와 관련되며, '중심'으로부터의 방사라는 의미가 첨가된다. 왜냐하면 빛은 창조력, 우주적 에너지, 빛남이라는 의미를 암시하기 때문이다. 빛은 동방으로부터 온다. 그러나 빛을 받는다는 것은 심리학적으로 빛의 근원을 자각한다는 것, 곧 정신적 힘의 자각을 의미한다.

빛남, 밝음은 빛이 내포하는 세 감각, 곧 빛남, 투명함, 움직임을 포함하고 공기는 이런 빛의 감각에 상응한다. 정신분석이나 문학적 관점에 의하면 빛남에의 열망은 니체가 그랬던 것처럼 비상보다는 춤의 이미지로 묘사된다. 비상이 자신이나 타인을 뛰어넘으려는 의지를 상징한다면, 춤은 도피에의 충동을 상징한다. 빛은 최초의 창조물이고, 최초의 창조가 어둠, 혼돈의 질서화라는 점에서 악이나 어둠을 쫓아내는 힘을 상징한다. 한편 빛은 하늘에서 내린다는 점에서 비와 관련된다. 빛을 경험하는 것은 궁극적 실재와 만나는 것이다. 그러므로 불교의 경우 빛은 진리, 해방, 직접적 지知를 상징하고 깨달음을 얻은 부처, 현세와 제약으로부터의 초월을 상징한다.

푸른 숲과 형제 같은 팔들 저 너머/ 막연한 시간의 따사한 빛이 존재한다./……/ 비단 같은 너희들 긴 눈썹의 얼씬거리는 그물 속에/ 그의 우아한 빛은 생각하는 너를 붙든다.

— 발레리, 「나르시스 단장」

빛이여 이 빛 세상을 채우는 빛/ 눈에 입맞추는 빛/ 마음을 부드럽게 해주는 빛이여!/ 아 빛은 춤을 춥니다 사랑하는 사람이여/ 이 내 목숨 한가운데 빛은 울립니다/ 사랑하는 사람이여/ 이 내 사랑의 거문고 줄을.

— 타고르, 「기탄잘리 57」

사라지는 흰빛은 거의 희다 사라지는 흰빛은 거의 흰빛으로 사라진다 거리의 창들이 흔들린다 흔들리는 창에 물드는 아아 사라지는 흰빛 어떤 중얼거림이 무한히 와서 머문다

— 이승훈, 「공포」

발레리의 경우 빛은 정신과 지성을 상징한다. 그렇다는 것은 '따사한 빛'이 물질 요소를 승화시키는 신비한 정신을 암시하고, '우아한 빛은 생각하는 너를 붙든다'는 시행에서 빛과 사고, 빛과 지성이 동일시되기 때문이다. 타고르의 경우 빛은 '춤'의 이미지로 드러난다. 이런 이미지는 앞에서도 말했듯이 빛남에의 열망을 상징하지만 '비상'과는 달리 도피 충동을 암시한다. 그러나 이때의 도피는 사랑 속으로의 도피이다.

필자의 경우 빛은 색채와 관련되고 그 색은 흰빛이다. 전통적으로 흰빛은 모든 빛을 종합한다는 의미를 띤다. 그런 점에서 흰빛은 모든 빛의 총화, 혹은 관점에 따라서는 모든 빛의 죽음을 상징한다. 한편 백색은 광기, 정신분열증, 편집증을 상징하고 예컨대 프로이트가 분석한 분열증 환자 슈레버 박사의 경우가 그렇다. 이 시의 경우 빛은 '사라짐'과 관련되며, 그 사라짐은 '어떤 중얼거림'과 관련된다. 이 중얼거림의 내용은 분명치 않다. 결국 이 시에서 흰빛은 사라짐과 중얼거림이 암시하는 심리적 공포를 상징한다.

빨강, 빨간색Red

빨간색은 태양과 불과 피를 나타낸다. 태양을 강조하면 빨간색은 신성, 남성 원리, 왕의 위엄을 상징하고 불을 강조하면 열정, 활력, 광포성, 성적 흥분, 건강을 상징하고 피를 강조하면 생명, 희생, 범죄, 격정, 노여움, 증오, 복수, 순교를 상징한다. 중국의 음양오행 사상에 의하면 불은 여름, 남쪽, 기쁨, 행복을 뜻한다. 기독교의 경우 빨간색은 예수의 수난, 골고다 언덕에서 흘린 예수의 피를 상징하고 추기경의 옷이 붉은 것은 위엄, 사랑, 신앙에의 열의, 사제의 힘을 상징한다.

우리 민속의 경우 빨강이 악을 쫓는 벽사辟邪의 기능이 있는 것은 이 색이 태양, 신성을 상징하기 때문이다. 『동국세시기』에는 붉은 팥죽을 쑤어 문짝에 뿌려 액운을 제거한다는 말이 나온다. 유교와 불교의 대표적 건물인 왕궁과 사찰이 단청丹靑을 하는 것은 단청의 붉은 빛과 푸른 빛이 이 건물들이 성역聖域임을 상징하기 때문이다. 또한 불교에서 승려가 입는 홍가사紅袈裟는 불성과 정법안장을 상징한다. 이 옷은 장삼 위에 왼쪽 어깨에서 오른쪽 겨드랑이 밑으로 걸쳐 입는 옷이다. 한편 현대에 오면 빨강색은 혁명, 사회주의 공산주의를 상징한다.

거룩한 분노는/ 종교보다도 깊고/ 불붙는 정열은/ 사랑보다도 강하다/ 아! 강낭콩꽃보다도 더 푸른/ 그 물결 위에/ 양귀비꽃보다도 더 붉은/ 그 마음 흘러라

— 변영로, 「논개」

진한 회색 종이 위에/ 빨간 크레용을 마구 문대긴 상철이의 그림처럼/ 붉은 태양이 솟아 오는 긴장한/ 구도 속에서

— 조병화, 「무수한 태양」

변영로의 시에서 붉은 빛은 정열을 상징하고, 조병화의 시에서는 생명을 상징한다. 붉은 빛이 생명을 상징하는 것은 피와 태양이 계기가 된다.

뼈 Bone

뼈는 신체를 지탱한다는 점에서 본질, 불멸의 생명 원리를 상징하고 죽은 다음 뼈만 남는다는 점에서 죽음, 재생, 생명의 덧없음을 상징한다. 뼈를 부수는 것은 부활을 상징한다. 히브류어로 뼈는 나무와 그 속에 숨어 있는 단단한 중심 두 가지를 동시에 상징한다. 그러나 유대인의 전통에 따르면 뼈는 단단한 뼛조각이 보여주듯 파괴되지 않는 신체의 일부를 상징하고, 따라서 소생을 상징한다.

> 나는 보았습니다/ 나는 전장을 보았습니다/ 나는 전장에서 죽음을 보았습니다/ 전장에서 죽는 죽음은 죽어서도 죽지 못하여 터진 살에서 불거져 나온 하얀 뼈를 들어 밤새껏 검은 바람을 할퀴는 시체 곁에 쭈그리고 앉은 것을 보았습니다/ 쭈그리고 앉아서 꿈을 꾸는 것을 보았습니다/ 나는 그 꿈을 보았습니다/ 나는 그 꿈속을 보았습니다/ 꿈속의 뼈를 보았습니다
> — 전봉건, 「꿈속의 뼈」

> 뼈가 말을 하네/ 뼈가 노래를 하네/ 뼈만 남은 시대에/ 뼈가 오늘도 치욕에 떠네/ 치욕에 흔들리네/ 흔들리며 삭아 가네/ 뼈는 한 여자를 사랑했네/ 뼈는 갑자기 부끄럽네
> — 이승훈, 「그는 사랑의 감정을 잃어버렸네」

전봉건의 경우 뼈는 파괴되지 않는 신체의 일부, 따라서 소생에 대한

신념을 상징한다. '밤새껏 검은 바람을 할퀴는 시체 곁에' 쭈그리고 앉아 있는 뼈의 이미지가 이런 사정을 암시한다. 그런가 하면 필자의 경우 뼈는 인간의 내부에 숨어 있는 파괴되지 않는 단단한 중심을 상징한다. '뼈만 남은 시대'에 '뼈만 남은 인간' 이 말을 하고, 노래를 한다는 이미지는 자코메티의 조각이 암시하듯 실존의 핵심, 더 이상 파괴될 수 없는 생명의 씨앗을 암시한다.

뿔 Horn

전설 속의 동물 일각수—角獸는 말처럼 생긴 사나운 짐승으로 이마 한가운데 뿔 하나가 돌출해 칼의 역할을 하고 모든 힘이 그 뿔 속에 있기 때문에 잡을 수 없다. 그런 점에서 뿔은 강력한 힘, 정신적 힘, 권력을 상징한다. 선사 시대로부터 중세까지 가죽옷과 투구는 뿔로 장식되어 있었다. 한편 뿔의 형태는 남근을 상징하고 따라서 뿔은 남성적 힘, 무기, 생식력, 풍요를 상징한다. 또한 뿔은 내구성이 있기 때문에 영원한 생명을 상징한다. 뿔이 벽사辟邪를 상징하는 것은 뿔이 힘, 신성을 상징하기 때문이다.

뿔이 힘, 신성, 초자연적 힘을 상징하는 것은 그것이 머리에서 나오는 힘을 암시하기 때문이다. 투구나 머리 장식에 뿔을 사용하는 것은 뿔의 이런 힘을 믿기 때문이고 이때 뿔은 사람의 힘을 두 배로 늘여준다. 머리에 뿔이 달린 신들은 군신軍神이며 이 신은 동물의 주인, 다산성, 위엄, 명예를 상징한다.

뿔은 또한 아시아의 경우 사원을 장식하는 미적 기능을 떠맡고 이때 뿔은 신성한 것으로 간주된다. 뿔의 정확한 상징적 의미를 이해하기 위해서는 고대 이집트 시대까지 거슬러 올라가야 한다. 이집트의 상형 문자 체계에서 뿔의 기호는 '인간의 머리 위에 존재하는 것'을 지시하며, 이런 의미가 확장되어 '자아에의 길을 여는 것'을 의미하고 고양, 명성, 영광 등을 의미하는 낱말들과 관련된다.

가상적인 코뿔소의 뿔은 외뿔소가 그렇듯이 번영, 강력한 힘을 상징한다. 이런 신념은 신비주의자들에게도 나타나며, 이들에 의하면 뿔은 이중의 의미를 나타낸다. 하나는 뿔의 형태가 사물을 찌르는 모습이기 때문에 능동적이고 남성적인 세계를 상징하고 다른 하나는 뿔의 형태가 사물을 수용하는 모습으로 되어 있기 때문에 여성적인 세계를 상징한다. 음악의 도구, 곧 피리나 나팔로 사용되는 뿔은 전쟁에의 참여를 호소하는 정신적 부름을 상징한다. 이런 특수한 의미에 의해 십자가, 네 잎으로 된 토끼풀, 분꽃 등은 모두 뿔과 연관된다. 뿔은 농업의 신이 소유하고 그의 손에는 풍요를 상징하는 낱알들이 가득 들어 있다.

> 늙은 소와 젊은 소의 꼬부라진 뿔 사이에라도/ 노래 부르며 씨를 뿌린다.
> ― 카로싸, 「피난」

> 뿔이 아무리 향 높은 관이라 해도/ 뿔은 결국은 받아서 피를 흘리는/ 어쩔 수 없는 무기에 지나지 않았습니다.
> ― 박남수, 「사슴의 관」

카로싸의 경우 뿔은 '노래 부르며 씨를 뿌린다'는 시행이 암시하듯이 농업의 신과 관련되어 풍요와 번영을 상징한다. 박남수의 경우 뿔은 '향 높은 관'을 전제로 할 때는 천상의 세계, 신성을 상징하지만 '어쩔 수 없는 무기'라는 시행이 암시하듯 다시 전쟁과 관련되는 무기라는 의미를 지닌다.

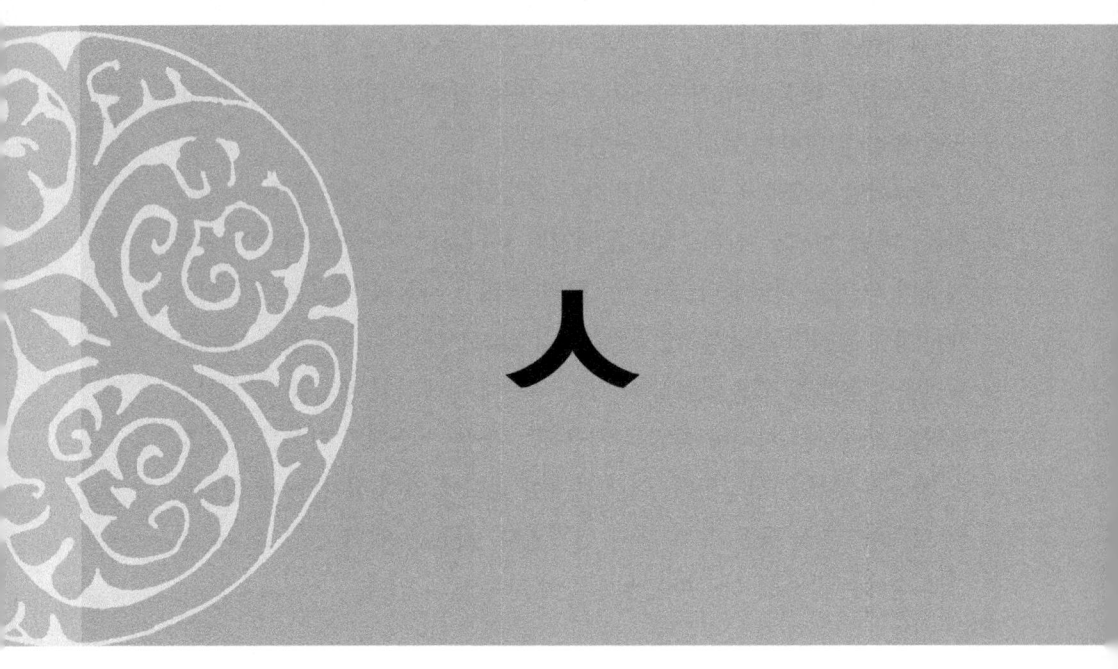

4각형Rectangle, Square / 사과Apple / 사냥꾼Hunter / 사랑Love / 사막Desert / 사슴Stag / 사원Temple / 사자Lion / 산Mountain / 산호Coral / 상승Ascension / 상실Loss / 상자Box / 새Bird / 색, 색깔Color / 생명Life / 석탄Coal / 섬Island / 성Castle / 성Sex / 소Cow, Bull, Ox / 소금Salt / 소나무Pine / 소리Sound / 손Hand / 솥, 아궁이, 가마, 화덕Oven / 수Number / 수레바퀴Wheel / 수수께끼Enigma / 수정Crystal / 수탉Cock / 순례자, 순례Pilgrim / 순환Cycle / 술Alcohol / 술잔, 잔Goblet / 숫양, 염소Goat / 숲Forest / 시간Time, Hours / 시계Clock / 시장Market / 식물Plant / 실Thread / 실낙원Paradise Lost / 심연Abyss / 심장Heart / 십자가Cross / 십자가에 못 박힘Crucifixion / 십자로Cross Road / 싸움Fight / 싸이프러스Cypress / 씨, 씨앗Seed

4각형 Rectangle, Square

4각형은 모든 기하학적 형상 가운데 가장 합리적이고 확실하고 정상적인 형상으로 인식된다. 이는 인간이 삶을 영위하기 위하여 어떤 공간이나 대상을 사용하는 경우 애호하는 형태이기 때문이다. 예컨대 집, 방, 탁자, 침대 등이 그렇다. 원이 천상의 세계를 상징한다면 이에 대립되는 4각형은 지상의 세계를 상징하고 원이 역동성과 개방성을 상징한다면 4각형은 정적 안정과 폐쇄를 상징하고 나아가 죽음을 상징한다. 한편 4각형은 정착 농경 민족의 집터가 그렇듯 고정, 한정을 상징하고 완전한 폐쇄, 영원과 안전(정원, 수도원의 회랑)을 상징한다.

원을 4각형으로 만드는 것은 천구를 대지로 변화시키는 것이고 거꾸로 4각형은 원으로 만드는 것은 그 역을 상징한다. 중국의 경우 4각형은 대지, 부동을 상징하며 4각형과 원의 조합은 음과 양, 땅과 하늘의 결합을 상징하고 또한 완벽한 인물, 곧 중용의 덕을 갖춘 인물을 상징한다. 4각형이 왜곡되는 경우는 고통과 내적 비합리성을 상징한다.

> 4각형의 내부의 4각형의 내부의 4각형의 내부의 4각형의 내부의 4각형./ 4각이 난 원운동의 4각이 난 원운동의 4각이 난 원./ 비누가 통과하는 혈관의 비눗내를 투시하는 사람.
> — 이상, 「신기성의 백화점에서」

이 시의 경우 노래되는 것은 4각형과 원운동의 관계이다. 1행에서는 4각형이 무한히 축소되는 과정을 노래하고, 2행에서는 그런 과정이 마침내 한 점에 가까워짐을 말한다. 곧 4각형은 무한소의 원, 말하자면 '4각이 난 원'이 된다. 결국 이 시에서 4각형은 합리성의 세계를 상징하고, 이런 세계가 무한히 내부를 향해 반복된 결과 원이 상징하는 신성한 세계에 도달함을 말한다. 그러니까 모든 합리성의 세계의 중심에는 비합리성의 세계가 자리한다는 것, 쉽게 말하면 4각형의 중심에는 원이 존재함을 암시한다.

또한 4각형은 상이한 네 요소가 결합됨으로써 견고성과 안정성을 상징하며, 흔히 4각형이 조직과 구성에 응용되는 것은 이런 이유 때문이다. 융의 경우 네 부분으로 나누어지는 운동과 형태는 세 부분으로 나누어지는 그것보다 더욱 중요한 가치를 나타낸다. 3이나 5 같은 홀수 혹은 3각형이나 5각형 같은 기하학적 형태가 환기하는 역동성에 비해 4나 6 같은 짝수 혹은 4각형이나 8각형 같은 기하학적 형태는 더욱 안정되고 견고한 특성을 보여준다. 3이라는 수가 순수한 정신, 행동, 역동성을 암시함에 반해 4라는 수가 순수한 합리적 지성이나 물질 세계를 상징하는 것은 이런 사정 때문이다.

물질의 4원소, 4계절, 인간의 생애가 밟는 4단계, 네 개의 점은 모두 세계의 질서와 안정의 근원이 된다. 중국이나 인도에서는 4각형을 여성적인 것으로 인식하는 바, 이는 4각형이 대지와 관련되고, 이와는 달리 원 혹은 3각형은 남성적인 것으로 인식된다. 이집트의 상형 문자에서 4각형은 성취를 상징하며, 4각형의 형태로 진행되는 나선 운동은 구성적인 힘, 혹은 물질화하는 힘을 상징한다.

> 4각형의 내부의 4각형의 내부의 4각형의 내부의 4각형의 내부의 4각형.
> — 이상, 「신기성의 백화점에서」

4각형의 내부에 4각형을 그리고 다시 4각형을 그리는 방식으로 계속 그려 나가면 마침내 한 점에 가까워진다. 그런 뜻에서 4각형은 무한소, 즉 '4각이 난 원'을 의미한다. 그러나 이런 축어적 의미보다 상징적 의미를 강조하면 여기서 4각형은 견고성과 안정성, 혹은 지상적인 삶을 상징한다고 볼 수 있다. 따라서 '4각형의 내부의 4각형……'은 이런 견고성과 안정성, 혹은 지상적 삶의 극한까지 파고들 때 만나게 되는 한 점, 곧 '원'으로 표상되는 순수한 정신, 혹은 천상의 세계를 암시한다. 말하자면 '4각형의 내부의 4각형의 내부……'에서 이상이 찾는 것은 4각형이 상징하는 물질성에 대비되는 '원', 곧 삶의 역동성과 순수 정신이라고 할 수 있다.

사과 Apple

사과가 보여주는 둥근 형태는 총체성을 상징한다. 일반적으로 사과는 지상적 욕망, 혹은 그런 욕망에 탐닉하는 심리적 세계를 상징한다. 그렇기 때문에 금단의 열매인 사과를 먹어서는 안 된다는 경고는 신이 내리는 물질적 욕망에 대한 경고로 이해된다. 붉은 사과는 흔히 사랑, 풍요, 기쁨, 지식, 예지, 호사를 상징하는 바 이는 태양과 관련이 있다. 사과를 주는 것은 사랑한다는 고백이다. 기독교의 경우 사과는 두 가지 의미가 있다. 금단의 과일이 암시하듯 사과는 악, 유혹을 상징하고(라틴어로 사과는 malum이고 악은 malus임), 예수 혹은 성모 마리아와 함께 있는 사과는 새로운 아담, 구원을 상징한다.

나는 가보고 싶다/ 황금빛 능금이/ 주렁주렁 열린 나라에
— 스티븐슨, 「여행」

시월의 소녀는/ 사과 속에 숨어 있다.// 순이는 달음박질쳐 가서 숨었고/ 은하는 사뿐히 걸어가서 숨었다……// 선하는 어물어물 새도 몰래 숨었고/ 춘하는 화병 곁에 잠자다가 숨었다./ 저 사과나무 밭의 울타리/ 저 가시 돋친 쇠사슬을 넘어서/ 저 무서운 총알 오고 가던/ 저 사과나무 가지에 오늘

기적 같은 안으로// 그럼/ 사과나무 밭으로 가볼까나
— 전봉건, 「시월의 소녀」

능금을 먹는 어버이들의 죄를 가져/ 오히려 빛나게 뵈는 태양 아래
— 조병화, 「무수한 태양」

나는 쟁반 위에 담겨져 있는 사과를/ 식욕이라는 둘레 밖에서/ 생각해 본다.
— 황금찬, 「밤 열두시 삼십분」

스티븐슨이 노래하는 '황금빛 능금이/ 주렁주렁 열린 나라'는 지상적 욕망이 실현된 공간을 상징하고, 전봉건이 노래하는 사과는 지상적 삶의 한계를 초월하는 '기적'을 상징하며, 조병화의 경우에는 금단의 열매를 표상한다. 그런가 하면 황금찬의 경우에는 사과가 단순한 물질적 욕망의 차원을 벗어나 순수한 정신성을 환기하는 그런 의미로 노래된다.

사냥꾼 Hunter

루도비코 돌체Ludovico Dolce가 쓴 『변형』에는 다음과 같은 풍경이 묘사된다.

숲 속의 개간지에는 작은 호수가 있으며, 한 남자가 무릎을 꿇고 호수 표면을 응시하고 있다. 이 모습은 명상을 상징한다. 그 뒤로는 말을 탄 사냥꾼이 한 무리의 개를 끌고 먹이를 찾고 있다. 이 모습은 그 자체의 행동, 곧 반복, 무상함의 추구, 인도인들의 용어에 따르면 '새로운 육체로 다시

태어나게 만드는 운명의 수레바퀴'에 머물려는 의지를 상징한다.

노자의 경우 경주와 사냥은 인간을 미치게 하는 데에만 기여함으로써 내부에 있는 적, 곧 욕망을 상징한다. 이와 비슷한 문맥에서 도취의 신인 디오니소스의 다른 이름 자그리우스는 '위대한 사냥꾼'을 의미하며, 이는 탐욕스럽고 무절제한 욕망을 상징한다.

줄리오 카로 바로야는 다음처럼 말한다.

> 피레네산맥 지방에는 수도원장의 개에 대한 이야기가 전해온다. 사냥에 빠진 수도원장은 미사를 보면서 산토끼 한 마리가 방금 지나갔다고 말한다. 그러자 수도원장이 키우고 있던 개들이 산토끼 냄새를 맡으며 달려나가더니 산토끼 뒤를 따라 울부짖으며 따라간다. 수도원장 역시 성례식을 그만둔 채 서둘러 사원을 빠져나가 먹이를 쫓는 그의 개들의 뒤를 따라 달린다. 그 벌로 수도원장은 끊임없이 추적하라는 저주를 받고, 따라서 그는 울부짖는 개들을 따라 평원을 질주하지만 그가 찾는 목표는 끝끝내 획득할 수 없게 된다.

이 이야기는 이른바 '한계상황', 곧 현상의 운동을 암시하는 수레바퀴의 중심으로부터 끊임없이 주변으로 전락하거나, 그렇게 되려는 경향을 상징한다. 이런 상황이 끝날 수 없는 것은 자기 기만이 세계의 사물들을 추구하겠다는 무익한 충동의 계기가 되기 때문이다. 또한 여기서 토끼는 변장된 악의 세계를 상징한다. 저주받은 사냥꾼이라는 주제는 '검은 사냥꾼', '사악한 사냥꾼', '왕의 개'로 다양하게 변주된다.

> 포수는 한 덩이 납으로/ 그 순수를 겨냥하지만/ 매양 쏘는 것은/ 피에 젖은 한 마리 상한 새에 지나지 않는다.
>
> — 박남수, 「새」

사냥을 얼마간 해보면 보리의 인상이나 위치, 지질만 보고도 꿩이 있음 직한 곳은 대개 짐작이 간다. 이러한 새로운 발견이 신기해서 오랫동안 산야를 헤매고 다녔다. 사냥도 사냥이려니와 개와 더불어 스스로의 고독을 위해서—자기 자신과 대화하는 시간을 더 많이 갖고자 한 자루의 엽총을 벗하여 수많은 산야를 쏘다녔다.

— 김규동, 「흙에 대하여」

박남수의 경우 사냥은, 그 목표가 '피에 젖은 한 마리 상한 새' 라는 말이 암시하듯, 무상함의 추구, 혹은 무익한 욕망을 상징한다. 쉽게 말하면 여기서 강조되는 것은 사냥이 환기하는 욕망의 덧없음이다. 그런가 하면 김규동의 경우 사냥은 욕망의 아이러니를 상징한다. 여기서 강조되는 것은 '사냥도 사냥이려니와 개와 더불어 스스로의 고독을 위해서' 라는 말이 암시하듯, 욕망과 대조되는 고독이기 때문이다. 사냥 길에서 느끼는 고독은 사냥이 탐욕스런 인간의 욕망을 상징한다는 점에서 아이러니, 곧 욕망의 아이러니가 된다.

사랑 Love

▲ 루벤스의 〈사랑의 정원〉

전통적으로 사랑은 대립되는 짝이 화해하는 2원성의 세계를 상징한다. 따라서 중국의 음과 양, 서양의 십자가는 사랑을 상징하며, 십자가의 수직선은 세계-축을 상징하고, 교차선은 현실을 상징한다. 환언하면 이런 이미지는 결합 혹은 참된 사랑의 궁극적인 목표를 상징한다. 2원적인 현상이나 서로 분리된 상태를 신비한 '중심' 속에 결합시키려는 것이 동양 철학의 주제이기도 하다. 흔히 장미, 연꽃, 심장, 빛나는 점은 이런 '숨은 중심'을 상징한다. 중심이 숨어 있다는 것은 비록 이런 중심이 상상 속에 존재하는 것 같지만 실제로는 어떤 공간에도 존재하지 않으며 오직 2원성 혹은 서로 분리된 상태를 제거함으로써 성취되는 이미지이기 때문이다.

육체적인 사랑의 행위는 사랑하는 대상 속에서 죽으려는 욕망, 하나가 된 세계 속에 녹아 버리려는 욕망을 상징하고 이때 사랑이 추구하는 것은 '숨은 중심'이다. 『구약』의 「에레미야서」에는 다음과 같은 말이 나온다.

성적 욕망과 그 만족은 세계의 기원을 푸는 열쇠이다. 실연과 그것이 깨우치는 복수는 이 세계의 이기심과 악의 근원이다. 모든 역사는 사랑의 수행에 지나지 않는다. 서로 결합되는 것은 서로를 발견하는 것이며, 서로 분리되는 것은 서로에게 상처를 주는 것이다. 이런 분리는 마침내 체념으로 인도하는 참을 수 없는 고통을 몰고 온다.

오 사람들의 피여, 얼어붙은 피여!/ 어리석은 일, 시끄러움, 죄악에 물든 많은 세기들, 언제나 다름없는 지상의 되풀이/ 그것들은 그 승리, 그 영광, 그 밖의 모든 것들과 함께/ 덧없이 땅속에 묻히나니/ 이 세상에서 가장 좋은 것은 오직 사랑뿐

— 브라우닝, 「폐허 속의 사랑」

사랑받는 것은 타버리는 것, 사랑하는 것은 어둔 밤에 켠 램프의 아름다운 빛, 사랑받는 것은 꺼지는 것, 그러나 사랑하는 것은 긴긴 지속.

— 릴케, 『말테의 수기』

마돈나, 뉘우침과 두려움의 외나무다리 건너 있는 내 침실 열 이도 없느니/ 아 바람이 불도다. 그와 같이 가볍게 오려무나 나의 아씨여 네가 오느냐?// ……마돈나, 언젠들 안 갈 수 있으랴. 갈 테면 우리가 가자 끄을려 가

지 말고……/ 너는 내 말을 믿는 마리아, 내 침실이 부활의 동굴임을 네 알
려만……

— 이상화, 「나의 침실로」

이제 난 그대를/ 너라고 부르리라/ 문이라고 부르리라/ 길이라고 부르
리라/ 아니 마약이라고 부르리라/ 불타는 은빛 강/ 쏟아지는 이슬/ 비 오던
작은 방에/ 켜져 있던 램프/ 타버린 삶/ 영원한 현재/ 나를 데리고 가라 그
대/ 흐린 가을 저녁/ 그대 속에 있는 따뜻한 길로/ 나를 데리고 가라/ 피의
어둠 속에서/ 만난 그대

— 이승훈, 「그대」

　　브라우닝의 경우 '이 세상에서 가장 좋은 것은 오직 사랑뿐' 이라는 시
행이 강조하는 것은 성적 욕망과 그 만족이 세계의 기원이라는 인식이
다. 지상의 영광과 승리는 분리를 강조하고 사랑은 결합을 강조하기 때
문이다. 릴케의 경우 강조되는 것은 '사랑받는 것' 과 '사랑하는 것' 의
차이이다. 전자는 '타버리는 것' 을, 후자는 '램프를 켜는 것' 을 의미하
고 다시 전자는 '꺼지는 것' 을, 후자는 '긴긴 지속' 을 의미한다. 물론 릴
케가 여기서 강조하는 것은 후자이다. 그러나 전자와 후자는 찬찬히 살
펴보면 서로 주고받는 관계에 있을 뿐더러 모든 사랑이 타버리면서 빛나
고 꺼지면서 지속된다는 의미로 읽을 수 있다.
　　이상화의 경우 강조되는 것은 님과의 결합이 '뉘우침과 두려움의 외
나무다리' 를 건너 성취된다는 사실, 그리고 그런 결합이 '부활' 을 환기
한다는 사실이다. 전자는 참된 결합이 무서운 고독을 완성한다는 점을
암시하고, 후자는 그런 결합에 의해 우리가 새롭게 거듭난다는 점을 암
시한다. 필자의 경우 강조되는 것은 참된 사랑 속에서 '그대' 라는 말이
'너' 라는 말로 바뀌고, 그런 '너' 는 새로운 삶을 여는 '문' 이 되고 '길'
이 된다는 사실이다. 그리고 강, 이슬, 램프, 영원한 현재가 사랑을 상징
한다. '그대 속에 있는 따뜻한 길' 이 있다는 것은 '그대' 속에서 죽고 싶

은 욕망과 그런 죽음을 통해 거듭나고 싶은 욕망을 상징한다.

사막 Desert

사막은 초목이 없고 버려진 곳이기 때문에 황량과 방기를 상징한다. 그러나 세속에서 멀리 떨어진, 버려진 곳이기 때문에 묵상의 장소이고 신의 계시가 내리는 장소를 상징한다. 베르텔롯Berthelot에 의하면 성서 속의 예언자들은 풍요 의식에 토대를 둔 농경 사회의 종교에 반대하기 위하여 사막과 황야를 강조한다. 곧 이스라엘인들의 종교가 순수한 것은 황야 속을 헤맬 때이고 이때 사막은 신성이 나타나기에 가장 알맞은 장소. 이런 이유 때문에 '일신교는 사막의 종교' 라는 말이 전해져 온다. 이런 말이 가능한 것은 부정적 풍경인 사막이 존재의 영역을 초월하는 '추상의 영역' 이기 때문이고 이런 영역은 현실로부터의 초월을 가능케 한다.

더욱 사막은 태양과 관련되고 이때 사막은 지상의 에너지를 창조하는 자가 아니라 신의 현시와 결합된 순수하고 축복받은 빛을 상징한다. 이와는 달리 불타는 가뭄, 혹은 사막은 영혼의 구원을 위해 육체를 소모하는 순수한 금욕의 정신을 상징한다. 한편 히브류인들의 경우 이집트에 잡혀 있었던 삶은 모욕적인 것이었으며, 따라서 사막으로 나온 것은 이집트로부터의 탈출을 의미한다. 끝으로 사막이 태양을 상징하는 것은 사막이 사자와 관계되고 사자가 태양을 상징하기 때문이다.

여기는 물이 없고 다만 바위뿐/ 바위만 있고 물이 없다. 그리고 모래 길/ 길은 산 사이로 꾸불꾸불 돌아 오르는데/ 그 산들도 물이 없는 바위만의 산/ 물이 있다면 우리는 멈춰 마실 것을/ 바위 사이에 선 사람들이 멈추어 생각할 수도 없다./ 땀은 마르고 발은 모래 속에 빠져/ 바위 사이에 물만 있다면/ 침도 못 뱉는 이빨이 썩은 산의 아가리/ 여기서는 서지도 눕지도 앉지도 못한다./ 산 속엔 정숙조차 없다./ 오직 메마른 불모의 뇌성뿐/ 산 속엔 고독조차 없다./ 오직 갈라진 토벽집 문에서 빨간 성난 얼굴들이 냉소하며 으르렁거릴 뿐/ 물이 있고 바위가 없다면……

— 엘리엇, 「황무지」

오! 저 사막이 나의 안주지였더라면……

— 바이런, 「차일드 헤럴드의 순례」

'사하라'. 그것은 우리 마음속에 제 모습을 나타내는 것이다. '사하라'를 가까이 한다는 것은 결코 오아시스를 찾아가는 것이 아니고, 샘물을 가지고 우리 종교를 삼는 것이다.

— 생텍쥐페리, 「인간의 대지」

사방 허허 사막에/ 낙타의 등이랑 뜨거운 사철

— 고원, 「운하」

엘리엇의 경우 사막에는 '메마른 불모의 뇌성'만 들린다. 따라서 거기에는 정숙도 고독도 없다. 한마디로 이 시에서 사막은 육체적·정신적 불모 상태를 상징한다. 다만 어떤 변혁이 오리라는 막연한 기대감만이 있을 뿐이다. 바이런의 경우 사막이 안주지로 인식되는 것은 그것이 세속적 삶과 유리되고 이런 유리에 의해 실존이 추상화된 영원한 정신을 상징하기 때문이다. 한편 생텍쥐페리의 경우 사막은 '샘물을 가지고 우리 종교를 삼는 것'이라는 말이 암시하듯이 신성이 도래하는, 신의 계시가 내리는 아름다운 공간을 뜻하고 따라서 사막은 신성, 정신적 초월을 상징한다. 끝으로 고원의 경우 사막은 '뜨거운 사철'이라는 시행이 암시하듯 태양을 상징하며, 또한 그것은 순수한 금욕의 정신을 의미한다.

사슴 Stag

사슴의 뿔과 나뭇가지가 유사하다는 점에서 사슴은 이른바 생명의 나무가 암시하는 생명력을 상징하고 또한 사슴의 뿔은 떨어져 나간 후에도 거듭해 돋아나기 때문에 재생, 영원한 생명을 상징한다. 한편 녹용이나 사슴의 피가 정력에 좋다는 것 역시 이런 사정을 동기로 한다. 독수리와 사자가 그렇듯이 사슴 역시 뱀과 대립된다. 곧 사슴과 뱀은 긍정과 부정, 빛과 어둠을 상징하고 뱀을 밟고 있는 수사슴은 물질에 대한 정신, 영혼의 승리, 악에 대한 선의 승리를 상징한다. 뱀이 밤과 지하의 삶을 상징한다면 사슴은 빛과 천상의 삶을 상징한다. 은하수의 경우 독수리, 사슴, 말들의 형상이 죽음의 다리와 재생의 다리에 있는 것은 이들이 천상과 지상을 매개함을 상징한다.

서양의 경우 특히 중세에는 사슴이 고독과 순수를 상징했으며, 이때 뿔은 십자가 형태로 드러난다. 그런 점에서 나무, 십자가, 뿔은 비슷한 상징적 의미를 지닌다. 또한 사슴은 정신적 고양을 상징한다. 그리스인들과 로마인들은 사슴 속에 '신비한 선물'이 있다고 생각했다. 예컨대 이런 선물 가운데 하나로 그들은 약초를 본능적으로 지각할 수 있는 능력을 들었다. 사슴에 대한 이런 인식은 부분적으로 사슴의 외양과 관계된다. 곧 사슴이 보여주는 아름다움, 우아함, 민첩함 때문이다. 특히 암사슴은 신들의 심부름꾼이라는 역할 때문에 수사슴과 대비된다. 수사슴은 태양에 속하며 병의 치유, 풍요, 남성적 활력을 상징한다. 도교의 경우 사슴은 학이 그렇듯이 신선의 벗이고 따라서 신성을 상징한다. 우리 민족은 사슴을 상상의 동물인 기린처럼 신성시하고 전래 동화나 전설에는 인자하고 어진 짐승으로 나온다.

난 오래 전에 무리를 떠난 부상당한 사슴이었다.

— 쿠퍼

모가지가 길어서 슬픈 짐승이여/ 언제나 점잖은 편 말이 없구나/ 관이 향기로운 너는/ 무척 높은 족속이었나 보다

— 노천명, 「사슴」

저는 목마른 사슴/ 육칠월 해으름에/ 산길을 헤매는/ 은은한 물소리를 찾아/ 당신을 갈구하며/ 길을 헤매는 목마른 사슴

— 박목월, 「사슴」

이상의 세 편의 시에서 사슴은 모두 고독과 순수를 상징한다. 쿠퍼의 경우에는 무리를 떠난 사슴, 노천명의 경우에는 외양, 특히 모가지가 길다는 점이 강조되며, 박목월의 경우에는 '목마른 사슴'으로 드러난다.

사원 Temple

사원은 신성이 머무는 곳, 대지, 바다, 지하가 하늘과 만나는 곳, 육지에서 가장 높은 곳으로 신과 인간이 만나는 곳이다. 나무나 산이 그렇듯이 사원은 신성을 상징한다. 네 개의 기둥으로 떠받치는 삼각형의 사원은 4대 원소, 곧 흙, 물, 공기, 바람을 지배하는 신의 세 가지 모습을 재현하고 원형의 사원은 원이 암시하는 완전성, 나아가 신의 완전성을 상징한다.

사원은 일반적인 건축물들이 보여주는 상징적 의미 외에 특수한 의미

가 있는 바 그것은 중심이라는 신비한 의미다. 특히 제단은 천상과 지상의 세계가 만나는 곳으로 신성과 동일시된다. 솔로몬의 사원은 우주를 비유적으로 재현하며, 그 내부는 우주의 질서에 따라 배치된다. 곧 향이 타오르는 탁자는 감사를 상징하고, 일곱 개의 촛대는 일곱 개의 유성을 상징하고, 성스러운 책상은 천상의 질서를 상징한다. 또한 열두 개의 빵은 1년, 곧 12개월에 해당한다. 꼭대기가 둥근 중세의 로마네스크 건축 양식, 고딕 건축 양식, 르네상스 시대의 건축 양식은 모두 이런 사원을 원형으로 한다.

사원은 또한 우묵한 산, 계단, 산정(희생을 암시) 등 세계-축, 곧 세계의 중심을 환기하는 다양한 상징들의 종합이다. 한편 메소포타미아의 사원은 일곱 개의 테라스를 지니는 피라미드 형태로 구성되고 이때 각 테라스는 일곱 개의 유성에 해당한다. 바빌로니아의 이른바 '천상과 지상의 일곱 방향을 지닌 집' 역시 사정은 비슷하다. 베르텔롯에 의하면 이 집은 그 질량과 위치를 중심으로 할 때 산과 중심이라는 신비를 상징하고 그 형태를 중심으로 할 때는 계단이 암시하는 상승을 상징하고, 그 테라스에 식물들이 꽃핀다는 점에서는 낙원을 상징한다.

이런 구조는 유프라데스 하구에 있던 고대의 수메르인들에게서 시작되었으며, 그 보기들은 이집트, 인도, 중국, 미국(콜럼버스에 의해 발견되기 이전) 등에서 발견된다. 엘리아데에 의하면 메소포타미아나 인도의 사원-산의 정상에 오르는 것은 세계의 '중심'을 향한 황홀한 여행이 된다. 일단 여행자가 가장 높은 단계에 있는 테라스에 도달하면 그는 자유로워지며, 세속의 공간을 초월하는 순수의 지역에 들게 된다. 산이 속세를 떠난 선택된 거처라는 점에서 산을 오르는 것 역시 궁극적으로는 이와 동일한 의미를 띤다.

사원-산이 암시하는 또 다른 중요한 상징적 의미는 인도 문화의 영향을 받은 인도차이나의 경우 8세기경 자바 섬의 중앙에 세워진 보로부두르의 사원에서 읽을 수 있다. 보로부두르Borobudur란 말은 '신비한 계

▲ 보로부두로 사원

시가 있는 자리'라는 의미다. 그런가 하면 그리스 사원들은 호수의 상징과 동일한 의미를 띤다. 곧 이 사원들은 지하, 지상, 천상 사이의 상호 교통을 상징한다. 지하는 물과 땅으로 재현되고, 지상은 토대와 기둥으로 재현되고, 천상은 건물의 박공벽(∧형태)으로 재현된다.

기독교 성당은 거대한 우주보다는 소우주로서의 인간과 관련되는 바, 동쪽 끝으로 나온 반원형의 일부는 인간의 머리를 상징하고, 십자가와 십자 형태로 된 성당 좌우의 회랑은 팔을 상징하고, 본당과 그 옆의 방들은 몸을 상징하고, 제단은 심장을 상징한다. 고딕 사원의 경우 위를 향한 계단은 수직적 축을 상징하며, 전체적으로 이 건물의 구조는 거대한 우주와 소우주의 상징을 종합하면서 사원─산의 상징적 의미를 내포한다.

> 황량한 언덕길 가도 가도 끝이 없고/ 눈 쌓여라 산 깊어라 해는 져서 바람이네/ 종소리를 듣고서야 절 있는 줄 알았으니/ 푸른 구름 저 가운데 법당이 숨었구나
>
> — 정도전, 「삼봉집」

정도전의 경우 절은 지상과 천상을 이을 뿐만 아니라 '푸른 구름 저 가운데 법당이 숨었구나'라는 시행이 암시하듯 천상의 중심을 상징한다. 그러나 이런 세계로 가는 길은 가도 가도 끝이 없는 '황량한 언덕길'로 인식된다.

사자 Lion

　사자는 황금털 사자가 암시하듯이 황금, 태양과 관련되며, 이로부터 미트라 같은 태양신을 상징한다. 사자와 태양을 동일시하는 믿음은 원시 문화와 천문 기상학에 근거를 둔 것으로 중세를 거쳐 기독교 상징으로 수용된다. 태양에 속하는 사자는 작열하는 태양의 힘, 불, 용기, 강함, 정의, 짐승의 왕, 잔인, 난폭성, 전쟁을 상징한다. 한편 사자는 달과도 관련되는 바 이는 암사자를 전제로 한다. 암사자는 모성 본능을 상징하고 스파르타의 여신들은 암사자로 재현된다. 암사자는 인도와 티베트에서 대지와 모성을 상징한다.

　기독교의 경우 사자는 상반된 의미, 곧 예수의 전능과 악마 사탄을 상징한다. 연금술의 경우 사자는 유황, 남성 원리를 상징하고 일각수와 수은은 여성 원리를 상징한다. 한편 불교의 경우 사자는 법과 부처의 수호자이고 영적 정열, 지고의 권위를 상징한다. 부처는 사자좌에 앉아 있는 모습을 하고 있다. 사자 새끼는 깨달은 보살을 상징하고 발치에 새끼 사자를 데리고 있는 사자는 현세를 지배하는 부처의 자비를 상징한다.

　그러나 이른바 교감 이론에 의하면 '동물의 왕'인 사자는 독수리가 하늘을 지배하듯이 지상을 지배한다. 그런 점에서 독수리와 사자는 상응한다. 그리고 이런 의미에서 사자는 '영적인 지배자 혹은 왕'을 표상하고 '강력한 힘, 남성적 원리'를 상징한다. 슈나이더에 의하면 사자는 지상적 요소를 상징하며, 날개 달린 사자는 불을 상징한다.

　사자가 환기하는 다른 상징적 의미들은 모두 그것이 나타나는 문맥이나 위치로부터 도출된다. 예컨대 젊은 사자는 떠오르는 태양을 상징하고, 늙거나 병든 사자는 저무는 태양을 상징한다. 승리한 사자는 고양된 남성다움을 상징하고, 길들여진 사자는 현실적인 생활에의 순응을 상징한다. 융의 경우 사자는 그 야생적인 특성 때문에 잠재적인 격정을 상징하고, 존재를 삼키는 위험한 무의식을 상징한다. 그러나 후자는 일반적인 사자의 상징을 넘어 '삼켜짐'이라는 상징의 문제로 나간다. 이런 '삼켜짐'의 상징은 또한 시간의 상징과 관련된다. 왜냐하면 시간이 지나면 모든 것이 사라지고 이런 소멸은 시간이 모든 것을 삼킨다는 말과 같기 때문이다.

> 사자의 분노는 신의 지혜.
> ─ 블레이크, 「천국과 지옥의 결혼」

위의 시에서 사자는 태양신을 상징한다. '사자의 분노'가 '신의 지혜'라는 말은 역설이지만 지상을 지배하는 사자와 하늘의 신이 동일시될 수 있는 것은 사자가 태양을 상징하고 나아가 신적인 능력을 소유하기 때문이다.

산 Mountain

산의 상징적 의미가 다양한 것은 산을 구성하는 요소들, 곧 높이, 수직성, 질량, 형태 등이 환기하는 다양한 암시성 때문이다.

첫째 요소인 높이를 강조할 때 산은 정신의 내적인 고양을 상징한다. 둘째 요소인 수직성을 강조할 때 산은 천상, 신과 만나는 신성한 곳을 상징하고 세계-축을 상징한다. 대지에서 가장 높은 곳이라는 점에서 산은 낙원을 상징한다. 단군 신화의 경우 환웅이 태백산에 하강하여 신단수를 중심으로 신시神市를 열 때 산은 신의 하강처이자 세계의 중심을 상징한다. 그런 점에서 산은 하늘과의 교통, 신과의 교통을 상징하고 성스러운 산을 오르는 것은 세속의 욕망을 버리고 신성한 곳에 오르는 여행을 상징한다. 산은 우주의 힘을 상징하고 바위는 뼈, 시냇물은 피, 수목은 머리털, 구름은 호흡을 상징한다.

셋째 요소인 질량을 강조할 때 산은 거대하기 때문에, 중국의 경우 제왕의 위대성과 관용을 상징한다. 그러나 존재를 표현하는 질량과 수직성의 개념을 결합할 때는 신성함이라는 상징적 의미를 나타낸다. 유교의 경우 산이 지조, 절개를 상징하는 것은 바위나 소나무를 전제로 하고 도교의 경우 산, 특히 구름에 가린 산, 구름 저편의 산은 신선의 세계, 이상향을 상징하고 도사나 신선은 산에 살면서 영생을 누린다. 그런 점에서 동양에서 산은 은둔처, 이상향을 상징한다. 산은 움직이지 않는다는 점에서 확고함을 상징하고 우주의 생명이라는 점에서 생명력을 상징한다.

넷째 요소인 형태를 전제로 할 때 산은 아래로 내려갈수록 차츰 넓어지는 형태이며, 그런 점에서 거꾸로 선 나무의 형태와 비슷하다. 이런 형태는 가지가 땅을 향하지만 뿌리는 하늘을 향한다. 따라서 이런 형태로서의 나무는 다중성, 팽창하고 선회하고 물질로 화하는 우주를 상징한다. 엘리아데가 '우주를 상징하는 산봉우리는 지상으로부터 높은 곳일 뿐만 아니라 지상의 배꼽, 곧 우주 창조가 시작된 뿌리'라고 말하는 것은 이런 이유 때문이다.

산봉우리가 신비를 상징하는 것은 그것이 지상과 하늘이 서로 만나는 지점, 혹은 세계의 중심이 되는 이른바 세계-축이 통과하는 중심이기 때문이다. 산의 신비성과 관련되는 것으로는 이른바 '흰 산'이 있다. 이런 산의 경우에는 위에서 살핀 기본적인 산의 상징적 의미와 흰색이 상징하는 지성과 순수라는 의미가 결합된다. 올림포스 산을 지배하는 것이 그렇다. 올림포스 산은 슈나이더가 지적하듯이 제우스에 상응하며, 1이라는 수의 원리와 동일시되는 탁월성과 지극한 행복을 상징한다.

또한 2라는 수와 관련되는 산들이 있으며, 이런 산은 쌍자궁을 상징한다. 곧 이런 산은 하나의 산이 보여주는 상이한 양상을 재현하는 바 서로 대립되는 두 세계를 하나로 융합하거나, 창조가 보여주는 두 개의 기본적인 양상, 곧 빛과 암흑, 삶과 죽음, 멸망과 불멸 등을 혼용한다는 의미를 띤다. 이런 산은 두 개의 산봉우리를 소유한다.

일반적으로 언덕이나 산정은 모두 명상, 정신적 고양, 지복 등을 상징한다. 총체적으로 볼 때 산은 희게 빛나며, 이는 모든 것을 포괄하는 총체성을 상징하고, 산봉우리가 암시하는 1이라는 수, 곧 전일성을 지향한다.

> 왜 산에 사느냐기에/ 그저 빙긋이 웃을 수밖에/ 복사꽃 띄워 물은 아득히—/ 분명 여기는 별천지인 것을
>
> — 이백, 「산중문답」

> 산은 자유요 바람이요 고요일세/ 커서 좋고 깊어서 더욱 좋네
>
> — 김광섭, 「세상」

> 산은 양지바른 쪽에 사람을 묻고 높은 꼭대기에 신을 뫼신다.// 산은 사람들과 친하고 싶어서/ 기슭을 끌고 마을에 들어오다가도/ 사람 사는 꼴이 어수선하면 달팽이처럼 대가리를 들고 슬슬 기어서/ 도루 험한 봉우리로 올라간다.
>
> — 김광섭, 「산」

이백의 경우 산은 '별천지'로 인식된다. 이렇게 인식되는 것은 산이 일상적 현실과는 동떨어진 공간, 혹은 은둔처, 이상향을 상징하고, 좀 더 부연하면 분별이 있기 전의 공간, 따라서 세계의 중심으로 느껴지기 때문이다. 김광섭의 「세상」에서 산은 자유, 바람, 고요를 상징하고 「산」이라는 시에서는 관용과 신비와 신성을 상징한다. 산이 양지바른 쪽에 사람을 묻는다는 것은 관용이고 높은 꼭대기에 신을 뫼신다는 것은 신비와

신성을 암시한다. 특히 산꼭대기는 신성을 상징하는데 그것은 산봉우리가 하늘과 땅의 만남을 암시하기 때문이다.

산호 Coral

산호는 바다 속에서 자라는 나무이다. 따라서 산호는 한편으로는 '세계의 축'이라는 나무로서의 상징적 의미를 띠고, 다른 한편으로는 바다 밑이 환기하는 심연의 의미를 띤다. 이런 사정을 토대로 산호는 지상에 존재하는 나무들의 근원으로 인식된다. 바다 속의 나무는 생명을 주는 달과 관련되고 바다의 풍요를 상징한다. 이와는 달리 그 색채가 붉다는 점에서 산호는 피와 관련되고 산호는 바다-심연을 함축하는 외에 연금술의 경우 내장을 상징한다. 그리스 전설에 따르면 산호는 고르곤의 핏방울로부터 성장한다. 「벽암록」 제100칙에는 다음과 같은 공안이 나온다.

어떤 남자가 파릉巴陵 화상에게 물었다.
어떤 것이 미세한 털도 자르는 취모검吹毛劍입니까?'
화상이 말했다.
'산호 가지마다 달이 걸려 있구나.' 珊瑚枝枝撑着月

이 공안에서 산호는 달과 관련되고 따라서 바다 속 나무인 산호는 바다의 풍요를 상징하고 산호, 달, 바다는 하나가 된다.

이 다수굿이 흔들리는 수양버들 나무와/ 벼갯모에 뇌이듯한 풀꽃 데미로부터/ 자잘한 나비 새끼 꾀꼬리로부터/ 아조 내어밀듯이, 향단아// 산호도 섬도 없는 저 하늘로/ 나를 밀어 올려다오/ 채색한 구름같이 나를 밀어 올려다오/ 이 울렁이는 가슴을 밀어 올려다오!
— 서정주, 「추천사−춘향의 말 1」

이 시에서 산호는 바다의 제유로 사용된다는 점에서 바다를 상징한다. 그리고 이 바다는 하늘과 대비된다.

상승 Ascension

상승의 이미지는 두 가지 주요한 양상을 나타낸다. 하나는 외적 현상으로 숭고한 가치를 상징하고 다른 하나는 내적 현상으로 내적 삶, 곧 상부를 지향하는 충동을 상징한다. 엘리아데에 의하면 종교적 문맥과 관계없이 산이나 계단을 오르는 행위 혹은 하늘로 날아오르는 행위 같은 모든 상승은 인간이 초월적 존재라는 사실, 그리고 보다 높은 우주적 단계를 지향한다는 사실을 의미한다. 그러나 에너지의 개념을 중심으로 할 때 상승은 음악의 경우처럼 집중의 증대를 상징하며, 이런 증대는 권력에의 충동이나 지배욕과 관계된다. 산, 사다리, 나무, 덩굴식물, 밧줄, 거미의 실, 창 같은 모든 세계−축의 상징은 상승과 연결된다.

나무는/ 실로 운명처럼/ 조용하고 슬픈 자세를 가졌다.// 홀로 내려가는 언덕길/ 그 아랫마을에 등불이 켜이듯// 그런 자세로/ 평생을 산다.// 철 따라 바람이 불고 가는/ 소란한 마을 길 위에// 스스로 펴는/ 그 폭넓은 그늘// 나무는/ 제자리에 선 채로 흘러가는/ 천년의 강물이다.
— 이형기, 「나무」

산아, 우뚝 솟은 푸른 산아. 철철철 흐르듯 짙푸른 산아. 숱한 나무들 무성히 무성히 우거진 산마루에 금빛 기름진 햇살은 내려오고,//……// ……네 가슴 향기로운 풀밭에 엎드리면, 나는 가슴이 울어라.

— 박두진, 「청산도」

이형기의 경우 상승을 암시하는 나무는 삶의 숭고한 가치를 의미한다. 그것은 나무의 수직적 높이가 강물의 수평적 유연성과 화해하는 그런 삶을 지향한다. 박두진의 경우 상승을 암시하는 산은 하늘의 세계를 지향하는 신선한 내적 충동을 상징한다. '철철철 흐르듯 짙푸른 산'의 이미지가 특히 그렇다.

상실 Loss

상실은 순례나 여행, 혹은 궁극적인 정신적 순화가 실현되지 않는 심리 상태와 관련되는 죄의식이 동기를 이루며, 한편 죽음과 부활 같은 개념을 전제로 하는 자아 상실과 자아 회복, 혹은 고통스런 '대상 상실'이 동기를 이룬다. 무엇을 상실했다는 감정은 죽음의 감정과 통하고 이런 감정은 주위의 환경에 투사된다. 상실감의 참된 원인은 언제나 존재의 기원을 망각함에 있으며, 외적 삶을 강조하고 내적 삶, 곧 정신이 암시하는 영원성을 무시함에 있다. 상실감, 목적 없음, '대상 상실'이라는 개념에 배후에 있는 것은 정신이 암시하는 영원성에 대한 망각이다.

우리 현대인은 내장 없는 허수아비/ 텅 빈 인간들/ 우리 현대인은 내장을 빼버린/ 박제된 짐승 같은 인간들/ 지푸라기 꽉 채운 대가리를/ 한데 모아 비비대는, 오 슬프다/ 우리들의 메마른 목소리는/ 사악을 누르지 못하

는 까닭으로/ 신을 되찾지 못하는 까닭으로/ 모여서 수군거릴 때는/ 두려움에 조용해지며/ 마냥 무의미하구나

— 엘리엇, 「텅 빈 인간들」

소유한다는 것, 그것은 자기를 구속하는 일이다. 가장 자유로운 자는 아무 것도 소유하고 있지 않는 자이다.

— 이어령, 『하나의 나뭇잎이 흔들릴 때』

엘리엇의 경우 '텅 빈 인간들'은 많은 것을 상실한 존재로 인식된다. 그것을 시인은 '지푸라기 꽉 채운 대가리'라는 말로 요약한다. 이렇게 현대인들이 상실감에 빠진 것은, 시의 문맥에 따르면, '신'을 되찾지 못했기 때문이다. 결국 여기서 상실감은 정신적 순화의 불가능, 나아가 '기원'에 대한 망각이 동기가 된다. 이어령의 경우 강조되는 것은 소유가 아니라 상실이다. 이런 주장이 가능한 것은 소유가 외적 삶, 외적 사물만을 지향하는 현상이기 때문이다.

상자Box

상자는 사물을 담는다는 점에서 여성 원리, 자궁을 상징한다. 우리나라의 경우 함은 혼인 때 신랑측에서 채단과 혼서지를 넣어 신부측에 보내는 나무 궤짝을 뜻한다. 그러나 일반적으로 상자는 귀중품이나 옷을 넣어 두는 나무 상자로 주된 기능은 귀중품을 간직하는 것이며, 정신분석의 이론에 의하면 여성과 무의식을 상징한다. 고대 설화에는 보물 상자가 많이 나오며, 이것은 시간의 흐름으로부터 우리의 삶을 보호하고자 하는 욕망을 상징한다. 상자의 이미지가 이런 의미를 초월해 새로운 의

미를 획득하는 것은 현대 문학에 오면서부터이다.

> 언젠가/ 나는 나를/ 움직이는 상자라고 생각해 본 적이 있다.// 한때는/ 몹시도 찬란턴/ 보석들이 가득히 고여 있다 비워진/ 그런 허전한/ 한낱 상자와 같은 것이라고/ 생각해 본 적이 있다.
> ― 박성룡, 「결론」

> 연탄재 담은 상자를 안고/ 문을 나선다 죽음의 경계선을/ 넘은 뒤에 누가 내 불 꺼진 뼈들을 절굿공이로 빻을 것인지/ 눈구멍에 겨울해 불타고 혀 없는 석양천이/ 분홍색 뱀꼬리 햇살을 삼키는 저녁/ 상자에서 식은 해골들이/ 굴러떨어지면서/ 부스스 먼지를 일으킨다.
> ― 최승호, 「저녁의 상자」

박성룡의 경우 상자는 자신의 육체를 비유한다. 그러나 이 육체는 보석이 사라진 공허한 육체이다. 그것은 꿈이 사라진 삶의 허전함을 상징한다. 그런가 하면 최승호의 경우 상자는 이런 공허한 삶의 한 극단으로 간주되는 죽음을 상징한다. 전통적으로 많은 문인들이 노래한 보석 상자라는 아름다운 이미지가 이 시에 오면서 '연탄재 담은 상자' 혹은 '식은 해골을 담은 상자'로 변주되는 것은 오늘의 사회적 특성과 관계가 깊다고 본다.

새 Bird

날개 달린 모든 존재들은 정신적 승화를 상징한다. 새는 하늘로 비상한다는 점에서 초월, 영혼, 공기의 정령, 승천, 신과의 교류, 의식의 고양을 상징한다. 큰 새는 태양신, 천둥신, 바람신을 상징한다. 융에 의하면 새는 정신 혹은 천사, 초자연적 도움, 사고, 환상적 비상을 나타내는 이로운 짐승이다. 힌두 전통에 따르면 새는 존재의 높은 상태를 상징한다. 『우파니샤드』에는 다음과 같은 구절이 나온다.

하나의 나무 위에 서로 떨어질 수 없는 두 마리의 새가 살고 있었다. 한 놈은 나무에 열린 과일을 먹지만 다른 한 놈은 그 과일을 보기만 할 뿐 먹지 않는다. 과일을 먹는 첫째 놈은 바트마이며, 먹지 않는 둘째 놈은 순수 지식을 의미하는 아트마이다. 아트마는 자유롭고 어디에도 구속되지 않는다. 그들이 하나로 결합될 때 첫째 놈과 둘째 놈은 구별되지 않으며, 혹시 구별되는 경우가 있다면 그것은 환상이다.

새를 영혼의 상징으로 해석하는 이런 전통은 전 세계에 걸쳐 있는 여러 민담에 두루 나타난다. 프레이저는 전승되는 힌두 민담에 대해 말한다. 그 이야기는 사람을 잡아먹는 귀신이 자신의 영혼이 거주하는 곳을 그의 딸에게 들려주는 내용으로 되어 있다.

여기서부터 16마일 떨어진 곳에 나무가 있다. 나무 주위에는 호랑이, 곰, 전갈좌, 뱀들이 있다. 나무 꼭대기에는 아주 크고 살찐 한 마리 뱀이 있으며, 그의 머리에는 조그만 둥지가 있다. 그 둥지 속에는 한 마리 새가 있으며, 내 영혼은 그 새 속에 있다.

이런 이야기는 새에게 인간의 머리를 부과한 이집트인들의 사고를 반영한다. 이집트인들의 상형 문자에서 새는 영혼을 상징하며, 혹은 죽은 다음 영혼이 육체로부터 날아간다는 관념을 상징한다. 인간의 머리와 짐승의 몸을 한 이런 새는 그리스 시대와 중세 예술 속에 나타나는 바, 그 의미는 언제나 위와 비슷하다. 그러나 새가 영혼을 상징하는 것이 아니라 거꾸로 영혼이 새로 상징될 때 영혼은 언제나 선량한 것은 아니다. 이로부터 「요한계시록」에는 바빌론을 '더러운 정신을 소유한 땅, 불결하고 증오스러운 새의 둥지'로 기술하는 구절이 나온다.

뢰플러에 의하면 물고기가 그렇듯이 새는 원초적으로 남근을 상징하고 이런 남근은 새처럼 승화와 정신화와 고양을 상징한다. 동화 속에는 이야기하고 노래하는 여러 새들이 나오는 바, 이 새들은 화살, 미풍과 같은 부류에 속하며 한마디로 호색적인 열망을 상징한다. 새는 또한 변형된 연인을 대신한다. 뢰플러에 의하면 신화와 민담에서 새들은 흔히 인간과 협동하는 존재로 인식되며, 인간에게 행복의 메시지를 전달하는 존재로 인식된다.

새들의 특수한 빛깔은 그 2차적 상징적 의미를 결정하는 인자가 된다. 바슐라르에 의하면, 푸른 새는 공기의 움직임과 관념을 상징한다. 그러나 이와는 다른 상징적 의미, 곧 '푸른 장미'가 그렇듯이 푸른 새는 불가능을 상징한다. 연금술의 경우 새들은 활성화 과정의 여러 힘들을 상징한다. 이때 그 정확한 의미는 새가 자리하는 위치에 의해 결정된다. 예컨대 하늘을 향해 날아오르는 새는 발산과 상승을 상징하고, 지상을 향해 날고 있는 새는 낙하와 응축을 상징한다. 이 두 가지 상징적 운동이 결합되는 경우 새는 증류를 상징한다. 날개 없는 존재들과 대비할 때 날개 달린 존재들은 공기를 상징하며, 고정된 삶과 대비되는 이른바 휘발성의 원리를 상징한다.

그렇지만 디엘이 지적했듯이 새떼는 '악'을 상징한다. 왜냐하면 곤충의 무리가 그렇듯이 새떼는 충만되고 지칠 줄 모르고 모호한 분산의 힘을 암시하기 때문이다. 따라서 헤라클레스의 전설 속에서 정신의 마비와 영혼의 침체를 대신하는 스팀팔러스 섬으로부터 날아오르는 새들은 복잡하고 사악한 욕망을 상징한다.

한편 '거대한 새'는 신성한 창조를 상징한다. 베다 시대의 힌두인들은 태양을 독수리나 백조 같은 거대한 새의 형태로 묘사했다. 거대한 새는 또한 폭풍을 상징한다. 스칸디나비아 신화에는 라스벨그 혹은 라에스베글러라고 불리는 거대한 새가 나는데 이 새는 날개를 퍼덕여 바람으로 말한다. 북아메리카에서도 숭고한 존재는 때때로 거대한 새와 동일시되며, 이 새는 빛과 천둥을 의인화한다.

새들은 인간의 영혼을 상징하기 위하여 자주 사용되는 바, 고대 이집트 예술 속에 이런 새들이 나타난다. 한편 악을 행하는 자들의 영혼은 먹이가 되는 새로 나타난다. 일반적으로 천사 같은 새들은 사고, 상상력, 정신적 과정 같은 유연성을 상징하고 이런 새들은 공기와 관련되며 독수리와 연결시킬 때 '높이', 곧 '정신의 고양'을 상징한다. 또한 이런 일반적 상징은 특수한 의미로 세분된다. 이를테면 여러 종류의 새들의 특성을 통해 인간들의 상이한 정신성이 기술된다. 예컨대 비둘기는 교활하지 않지만 앵무새는 교활하고, 매는 인간의 친구로 함께 즐길 수 있지만 까마귀는 고독과 황폐함을 상징한다. 낮게 나는 새들은 지상에 구속되는 삶을 상징하고, 높이 나는 새들은 정신적 동경을 상징한다.

중국의 경우 수탉, 황새, 공작은 태양에 속하는 양陽이며 장수, 행운을 상징한다. 이집트의 경우 인간의 머리를 한 새는 혼이 육체에서 빠져나오는 능력을 상징한다. 불교의 경우 새는 진리의 수호자가 된다. 대승불교 경전에는 가루다garuda라는 새가 나오고 이 새는 흔히 금시조金翅鳥로 번역된다. 머리는 매와 비슷하고 몸은 사람 같고 날개는 금빛이고 머리에 여의주가 박혀 있고 입으로 화염을 토하고 용을 먹고 산다고 한다. 우리나라에는 만다라曼茶羅나 탑에 법을 수호하는 새로 나온다.

> 우선 문 열린/ 새장을 하나 그릴 것/ 다음에는 새를 위해/ 무언가 예쁜 것을/ 무언가 간단한 것을/무언가 유용한 것을 그릴 것/ ……새가 날아올 때는. 혹시 새가 날아오면/ 가장 깊은 침묵을 지킬 것/ 새가 새장에 들어가기를 기다릴 것/ 새가 새장에 들어가면/ 살며시 붓으로 새장을 닫을 것/ 그리고 차례로 모든 창살을 지우되/ 새의 깃털을 다치지 않게 조심할 것/ 그리고는 가장 아름다운 가지를 골라/ 나무의 초상을 그릴 것/ 푸른 잎새와 싱싱한 바람과/ 햇빛의 가루를 또한 그릴 것/ 그리고는 새가 결심하여 노래하기를 기다릴 것.
>
> ― 프레베르, 「어느 새의 초상화를 그리려면」

새는/ 나뭇가지에서나/ 돌 위에서나 지붕 위에서나/ 뒤꿈치에 힘을 주고/ 크게 한번 차기를 기다리고 있다/ 깃을 벌릴 준비를 하고 있다// 깃을 칠 하늘이 있고/ 바다 위에 무한의 공간이 있고/ 숲 위에 앉을 자리도 있다/ 죽지에 힘이 다하지만 않으면/ 그것은 누리는 자유다/ 부두에 앉아서 새는/ 날아갈 자세를 굳히고 있다.

— 박남수,「새」

　　새야/ 어디선지 날아오는/ 한 마리 새야/ 너는 네 무게껏/ 나뭇가지를 흔들다가/ 나뭇가지나 흔들다가/……/ 그 다음에는 파열한 네 심장의/ 새봄의 꽃 같은/ 피를 몇 방울 쏟아 보아라/ 새야 저녁이면 날아오는/ 한 마리 새야

— 김춘수,「속 나목과 시」

　　이른 새벽마다/ 나의 뜨락엔/ 한 마리씩의 새들이/ 어김없이 날아와 앉는다/ 그 가운데서 내가 알 수 있는/ 새의 이름은/ 참새와 까치밖에 없지만/ 하얀 꽁지를 단 아주 아름다운 새도 있다.

— 정진규,「새가 되는 길」

　　당신의 방엘 가려면/ 바람을 타고/ 가야 합니다/ 나는 죽을 때까지/ 아마 당신의 방엔/ 갈 수 없을 것/ 같습니다/ 나는 바람을 타고/ 날아가는 새는/ 될 수 없기 때문입니다.

— 이승훈,「당신의 방」

　　일일이 열거하기도 힘들 정도로 새를 노래하는 시는 많다. 위에 인용한 시행들만 놓고 보더라도 시의 이미지는 시인들마다 다양한 상징적 의미를 나타낸다. 프레베르의 경우에는 새가 공기와 관련되어 '푸른 잎새와 싱싱한 바람과/ 햇빛의 가루'가 암시하듯이 아름다운 정신의 세계를 상징한다. 박남수의 경우 새는 높은 단계의 삶을 상징하고, 김춘수의 경우 새는 영혼의 세계를 상징하며, 따라서 '파열한 네 심장의~피'는 그런 영혼의 세계에 도달하기 어려운 심적 공간을 의미한다. 정진규의 경우

새는 아름다운 소식을 전하는 존재이며 순수한 몸의 세계, 그러니까 세속의 관념을 초월하는 신성한 경지로 드는 삶을 암시한다. 필자의 경우 새는 지상적 삶의 구속에서 벗어나 '당신의 방'이 암시하는 청산의 세계로 갈 수 있는 힘을 상징한다.

색, 색깔 Color

색은 가장 보편적인 상징 가운데 하나로 기도문, 도상, 연금술, 예술, 문학 등에 폭넓게 사용된다. 그동안 색의 상징적 의미에 대해서는 여러 가지 견해가 제기된 바, 여기서는 그 가운데 일부를 요약하기로 한다. 우선 광학과 실험 심리학에 토대를 둔 색의 분류가 있다. 이런 견해에 따르면 색은 두 가지로 분류된다. 하나는 동화 과정, 능동성, 집중성을 암시하는 활동적이고 따뜻한 느낌을 주는 이른바 '전진적인 색들'이다. 여기에는 빛을 반사하는 오렌지색, 노란색, 빨간색이 포함되며, 이런 색들이 확장된 회색이 포함된다. 다른 하나는 이화 과정, 수동성, 쇠약을 암시하는 수동적이고 차가운 느낌을 주는 이른바 '퇴행적인 색들'이다. 여기에는 빛을 흡수하는 푸른색, 보라색이 포함되며, 이런 색들에는 확장된 검은색이 포함된다. 이 두 가지를 합친 것이 녹색이다.

이런 색의 상징을 토대로 여러 색들이 도상이나 디자인에 사용되며 이때 모든 색들은 일정한 계열적 순서를 따르고 비록 추상적이긴 해도 질서 있는 색의 집단을 형성한다. 색의 상징은 흔히 다음 세 가지 원리로부터 도출된다. (1) 각 색들이 내포하고 있는 특성을 중심으로 한다. 이런 특성은 객관적인 것으로 거의 직관적으로 지각된다. (2) 색과 별들의 관계를 중심으로 하는 원리가 있다. 별들의 상징은 전통적으로 색과 관련된다.

(3) 논리학과 색의 관계가 존재한다. 현대 심리학과 정신분석학은 이상의 세 원리 가운데 첫째 원리와 셋째 원리를 잇는 역할을 한다. 예컨대 야코비는 융의 심리학을 연구하면서 다음과 같은 말을 하고 있다.

> 색과 그 기능의 관계는 상이한 문화, 집단, 심지어 개인들 사이에서도 다르게 드러난다. 그렇긴 해도 일반적인 규칙에 의하면 청색은 투명한 하늘이 환기하는 순화된 분위기를 암시하며 인간의 사고를 상징한다. 노란색은 멀리 보이는 태양과 관계가 있으며, 이 태양은 불가사의한 암흑의 세계에서 태어나는 빛으로 다시 암흑의 세계로 사라진다. 이로부터 노란색은 직관이라는 상징적 의미를 띠며, 계시의 섬광 속에 세계의 근원과 우연히 발생하는 일체의 경향들을 포착하는 기능을 발휘한다. 적색은 고동치는 피와 불의 색으로 격동적이고 비통한 정서를 상징한다. 반면에 초록색은 지상적인 색이며, 우리가 손으로 만질 수 있고 직접 지각할 수 있는, 모든 성장하는 사물들과 관계된다. 따라서 초록색은 관능이나 감각을 상징한다.

위의 세 가지 원리를 전제로 하면 색의 중요한 상징적 의미는 다음과 같다.

> 적색 – 피, 상처, 죽음의 고통, 승화.
> 오렌지색 – 불, 불꽃.
> 노란색 – 태양의 빛, 조명, 확산.
> 초록색 – 식물 또는 죽음과 검푸른 남빛. 초록색은 광물의 세계를 상징하는 흑색과 피와 동물의 세계를 상징하는 적색을 연결하며 동시에 동물적인 유기체의 세계와 죽음과 해체의 세계를 이어주는 기능을 함.
> 청색 – 밝은 청색은 낮의 하늘, 고요한 바다, 어두운 청색은 밤하늘, 폭풍우 치는 바다.
> 갈색, 황토색 – 땅.
> 황금색 – 태양의 신비로운 양상.
> 은색 – 달의 신비로운 양상.

한편 신비론자들의 견해에 의하면 색의 세 가지 계열, 곧 색조, 색의 구성적 요소, 색에 대한 감정과 반응이라는 세 계열은 현실의 심층에서 작용하는 조건들을 산출한다. 이런 이유 때문에 엘리 스타를 위시하여 여러 학자들은 다음과 같이 주장한다.

> 일곱 가지 색은 우리 영혼의 일곱 가지 능력에 그대로 상응하며, 긍정적인 시점에서는 일곱 가지 덕목에, 부정적인 시점에서는 일곱 가지 악덕에 상응한다. 또한 일곱 색은 기하학적 형식, 일주일, 일곱 개의 항성에 상응한다.

이런 주장은 '교감交感의 이론'으로 발전한다. 원시인들은 현실 세계의 여러 상이한 양상들 사이에는 상호 밀접한 관계가 있음을 직관적으로 알고 있다. 예컨대 서부 아메리카의 인디언들은 그들의 제의祭儀에서 연례적으로 '일곱 색의 곡식'을 바치는 바, 이 일곱 색은 그들이 신으로 모시는 일곱 개의 별과 관련이 있다. 그렇지만 이런 교감의 이론에서 가장 본질적인 것에 유념할 필요가 있다. 예컨대 불은 적색과 오렌지색으로 나타나고, 공기는 노란색으로 나타나고, 물은 초록색과 보라색으로 나타나고, 땅은 흑색과 황토색으로 나타난다. 매우 중요하다고 간주되는 색의 상징을 요약하면 다음과 같다.

> 청색-푸른 하늘이 암시하는 높이와 푸른 바다가 암시하는 깊이의 세계를 상징하고 높이와 깊이는 수직의 세계이고 따라서 청색은 바다에서 하늘에 이르는 공간을 상징한다. 이런 의미를 전제로 청색은 또한 종교적 감정, 곧 헌신과 순결을 상징한다.
> 녹색-자연에 상응하는 녹색은 들판의 비옥, 동정심과 적응성을 상징한다.
> 보라색-헌신을 의미하는 청색과 격정을 의미하는 적색으로 구성되기 때문에 향수를 상징한다.
> 노란색-아폴로와 태양신의 속성을 나타내며 도량, 직관, 지성을 상징한다.
> 오렌지색-자존심과 야망을 상징한다.

적색 – 화성의 속성을 나타내며 격정, 감상, 생명의 원리를 상징한다.
회색 – 중립, 에고이즘, 심리적 침체, 무기력, 무분별을 상징하며, 이런 의미는 모두 잿빛에서 유추된다.
자주색 – 로마 제국을 표상하는 자주색은 보라색이 역전된 것으로 힘, 정신성, 승화가 종합된 세계를 상징한다.
분홍색 – 살색인 분홍색은 관능성과 정서를 상징한다.

이런 해석은 무한히 계속될 수 있다. 그러나 이런 작업은 상징의 덫에 걸릴 위험이 있다. 말하자면 도식적인 체계로 전락할 가능성이 크다. 왜냐하면 색과 정서의 관계는 이렇게 단순하지만은 않기 때문이다.

이제는 위에서 분류한 방식에 따라 색의 상징을 현실에 실제로 적용하는 문제에 대해 살피기로 한다. 보몽에 의하면 중국의 상징 체계에 있어서 색은 매우 중요한 의미를 지닌다. 왜냐하면 색은 사회적 지위와 권위를 표상하기 때문이다. 예컨대 노란색은 태양과 관련되기 때문에 왕족의 신성한 권리를 상징한다. 이집트의 경우 청색은 진리를 상징한다. 그런가 하면 중국 예술을 지배하는 색은 녹색인 바, 그 이유는 이 색이 적색과 청색을 잇는 교량 역할을 하기 때문이다. 인도에서는 어머니를 표상하는 여신이, 흔히 여성을 표상하는 백색이 아니라 적색으로 상징된다. 그 이유는 이 여신이 창조의 원리와 관련되며, 적색이야말로 있는 그대로 능동적인 활동성을 표상하기 때문이다. 또한 적색은 피의 색이다. 그렇기 때문에 역사가 전개되기 이전의 인간들은 어떤 사물에 생명을 부여하려고 할 때면 그 사물에 피를 칠했다. 중국에서는 적색으로 된 길고 좁은 삼각기가 부적으로 사용되고 또한 로마 장군이 전쟁에서 승리했을 때 네 마리의 흰말이 끄는 마차를 타고 태양을 상징하는 금박된 갑옷을 입고 그의 얼굴에 붉은 칠을 하는 것도 이런 이유에서이다.

슈나이더는 연금술의 과정에 있어서 적색은 불과 순화와 관련된다고 결론을 내린다. 한편 불꽃, 난폭성, 잔인, 에고이즘을 상징하는 오렌지색이 불길하며 비극적인 특성을 보여주는 흥미로운 증거는 짐머가 인용하는 다음과 같은 말에 나타난다.

> 미래의 부처는 그의 머리칼을 자르고 자신이 입고 있던 왕족의 옷을 고행하는 거지들이 입고 있던 노란 오렌지색 옷으로 바꿔 입었다. 이 거지들은 인간 사회의 경계 밖에 살며 처형장으로 끌려가는 저주받은 죄인들이 입는 노란 오렌지색 옷을 자발적으로 걸치고 있었다.

색이 암시하는 심리적 의미에 대한 이런 견해들을 정리하기 위해 색과 연금술의 관계에 대해 지적할 필요가 있다. 정신적 진화를 상징하는 '위대한 작업'의 세 가지 주요 국면은 (1) 흑색의 국면(1차적 질료), (2) 백색(수은)의 국면, (3) 적색(유황)의 국면으로 발전하고 적색은 최후에 황금색 돌을 생산한다. 여기서 흑색은 발효, 화석, 소멸, 참회의 상태를 상징하고, 백색은 계시, 상승, 폭로, 용서의 상태를 상징하고, 끝으로 적색은 고통, 승화, 사랑의 상태를 상징하고 황금색 돌은 영광의 상태를 상징한다. 따라서 흑색→백색→적색→황금색의 계열은 정신이 상승하는 과정을 지시한다. 이와는 달리 정신이 하강하는 과정은 노란색→청색→초록색→흑색의 계열로 나타난다. 이때 노란색은 도착점이 아니라 해방 혹은 출발점이라는 부정적 의미로서의 황금색에서 출발하며, 청색은 하늘의 세계를 상징하고 초록색은 자연의 삶을 상징하고, 흑색은 전락을 상징한다. 진 쿠퍼는 흑색에서 노란색까지 13색의 상징적 의미에 대해 말하는 바 간단히 요약하면 다음과 같다(진 쿠퍼, 이윤기 옮김, 『세계문화상징사전』, 까치, 1994, pp.74-80).

흑색-세계가 창조되기 이전의 원초적 암흑, 무, 죽음, 절망, 파괴, 부패, 비애, 자기 비하, 냉엄하고 부조리한 시간.
청색-진실, 지성, 지혜, 경건, 명상, 냉정.
갈색-대지.
황금색-태양, 신의 힘, 광명, 불사, 최고 가치, 영광, 남성 원리.
녹색-싱싱한 녹색은 생명, 검푸른 녹색은 죽음.

따라서 생명과 죽음을 동시에 상징하며 젊음, 희망, 환희와 동시에 변화, 무상, 질투를 상징한다. 녹색은 하늘(청색)과 땅(노란색)이 혼합된 신비의 색이다. 또한 지성(청색)과 따뜻함(노란색, 태양)이 혼합된 예지, 희망, 재생, 부활을 상징한다.

회색-중성, 죽은 자에 대한 애도, 환멸, 재, 겸손, 참회.

오렌지색-불꽃, 사치.

자주색-왕권, 황제나 성직자의 권위, 자존심, 정의, 절제.

적색-색의 극치로 태양, 전쟁의 신, 활동적인 남성 원리, 불, 사랑, 기쁨, 축제, 열정, 성적 흥분, 건강, 유혈, 노여움, 복수, 순교, 희생. 빨갛게 칠하거나 염색하는 것은 생명의 재생을 상징한다. 빨간색으로 그려진 신은 태양, 초자연적 힘, 성스러움을 상징하며 중국 五行에서는 불에 해당하고 여름, 남쪽, 기쁨, 행복을 상징한다.

은색-달, 여성 원리, 처녀성.

보라색-지성, 지식, 종교적 헌신, 신성, 금주, 겸허, 참회, 비련, 향수, 비통, 애도, 노년.

백색-미분화 상태, 초월적 완전성, 단순, 빛, 대기, 계몽, 순수, 속죄, 영적 권위.

노란색-밝은 노란색이나 황금색은 태양, 지성, 직관, 신앙, 선, 어두운 노란색은 배신, 반역, 질투, 야심, 허욕, 비밀, 변절, 불신. 노란색 깃발이나 검은색과 함께 있는 깃발은 검역檢疫이나 격리를 상징한다. 불교 승려가 입는 장삼의 황색은 버림, 무욕, 겸허를 상징한다.

일반적으로 백색과 흑색은 흔히 긍정과 부정이라는 대립되는 상징적 의미를 소유한다. 백색과 흑색에 대한 이런 개념은 동시적으로 나타나든 계기적으로 나타나든 혹은 교체되면서 대립되든 언제나 일반적인 것으로 간주되어 왔다. 모든 2원적 상징 체계가 그런 것처럼 백색과 흑색의 관계도 2라는 수와 쌍생아에 의한 발생이라는 위대한 신화와 관련된다.

이런 상징의 특수한 적용은 많은 관심을 끈다. 예컨대 타로 신화에는 두 개의 스핑크스가 나오는데 한 스핑크스는 백색이며, 다른 스핑크스는 흑색으로 묘사된다. 많은 원시 의식, 예컨대 질병 치료의 춤에 있어서 춤추는 사람들은 흰옷을 입고 얼굴을 검게 칠한다. 쌍생아 상징의 주제인 두 세계의 대립은 인도 아리안 신화에도 나타난다. 여기서는 두 마리 말로 표현되며, 한 마리는 흰색, 다른 한 마리는 검은색으로 되어 있다. 스페인 민담에 나오는 '물의 소녀'는 오른편 손가락에 백색 반지를 끼고, 왼편 손목에는 검은색으로 칠해진 황금색 팔찌를 두르고 있다. 티베트의 경우에는 희생양의 역할을 맡은 한 남자가 선택되고, 그의 얼굴이 반은 흰색, 반은 검은색으로 칠해지는 의식이 있다.

융은 검은 옷을 입은 하얀 마술사가 제자가 된 꿈에 대해 언급하며 '검은 옷을 입은 하얀 마술사'가 가르쳐 주었다고 생각되는 지점을 초월하라고 말한다. 그런가 하면 전설과 민담에는 백색 기사와 흑색 기사가 싸우는 이야기가 자주 나온다. 페르시아에는 흑색 기사가 백색 기사의 공격으로부터 자신의 성을 방어하는 노래가 있다. 백색 기사는 마침내 용감히 싸워 성 속에 있는 보물을 소유하게 된다. 그림 동화에는 긍정적 원리와 부정적 원리가 전개하는 우주적 투쟁을 예시하는 신화가 나온다. 융은 이 신화를 다음과 같이 번역한 바 있다.

> 옛날에 어린 물푸레나무가 있었으며, 그 나무는 자랐지만 숲 속에서 좀처럼 눈에 띄지 않았다. 매해 새해가 되면 저녁에 흰말을 탄 백색 기사가 그 나무의 어린 가지를 자르러 온다. 그러나 똑같은 시간에 흑색 기사도 같은 장소에 도착하게 되어 두 기사는 싸우게 된다. 오랜 시간 끝에 백색 기사가 흑색 기사를 이기게 되어 마침내 그 나무를 자른다. 그러나 어느 날 백색 기사는 그 나무를 자르는 일에 실패하고, 따라서 그 물푸레나무는 훌륭하게 자란다. 마침내 가지에 말을 매달 수 있을 정도로 나무가 자라자 힘있는 왕이 그 나무를 찾아와 다시 나무와 왕의 무서운 싸움이 시작된다. 이 싸움은 시간과 세계의 파괴를 암시한다.

일반적으로 흑색은 연금술의 경우처럼 모든 과정의 시초, 싹을 상징한다. 노아가 흰 비둘기를 날려보내기 전 그의 방주에서 검은 까마귀를 해방시킨 것은 이런 문맥에서 해석할 수 있다. 많은 전설에는 검은 까마귀, 검은 비둘기, 검은 불꽃의 이미지가 나온다. 이들은 모두 검고 신비로운 무의식(1차적 지혜)과 관련되는 상징적 의미를 지닌다.

또한 빅토르 위고와 바그너의 경우 암흑은 모성을, 빛은 암흑에서 태어나는 수정을 상징한다. 융 또한 이런 문맥에서 인간의 유기체를 구성하는 지배적인 원소인 탄소가 숯이나 흑연처럼 검은색임을 지적한다. 그러나 이것이 다이아몬드, 곧 결정화된 탄소가 될 때 그것은 '수정 같은 물'로 인식된다. 융에 의하면 검은색은 모든 예비적인 단계를 상징하며, 이 단계는 '지옥으로의 하강'을 나타내며, 그에 앞서는 모든 단계들을 요약하거나 연기한다. 따라서 어두운 지상의 어머니인 에베소스의 다이애나는 검은 손과 검은 얼굴을 하고 있으며, 검게 열리던 동굴을 회상한다.

원시인들의 경우 검은색은 지하나 내부의 영역과 관련된다. 검은색은 또한 흰색이 무시간과 황홀을 재현함에 비해 시간을 상징한다. 흰색의 기능은 태양의 기능으로부터 도출되는 바 동방으로부터의 신비한 조명이라는 기능을 나타낸다. 흰색이 순화된 노란색으로 간주될 때는 직관을 상징한다. 흰색이 순화된 노란색과 동일시되는 것은 검은색이 깊은 바다의 푸른색과 동일시되는 것과 비슷한 이유에서이다. 말하자면 흰색-태양의 노란색은 흑색-바다의 푸른색과 대비된다.

그리스, 로마 켈트족, 그리고 독일 문화 속에 나오는 신성한 말들이 흰색인 것은 이런 사정 때문이다. 심지어 오늘날에도 일부 지역에는 아직도 흰말을 탄 기사에 대한 향수를 즐긴다. 이런 말들은 초자연적인 세계에서 나오는 눈부신 빛과 관련이 있다. 이와는 달리 부정적인 속성이 강조될 때 흰색은 죽음을 상징하며, 달과 관계된다. 엘리아데는 얼굴을 희게 칠한 여인들에 의해 수행되는 달밤의 춤에 유의한 바 있다. 흰색이 보여주는 이런 대립적 상징은 많은 우화와 상징에 나타난다. 모든 사물의 어머니로 인식되는 밤은 '별들의 베일을 감고 있으며, 팔에는 두 아이를 안고 있는 바, 한 아이는 희고, 한 아이는 검다. 슬라브 신화에는 흰색의

신과 검은색의 신이 자주 나온다. 이 두 신은 우주의 싹을 상징한다.'

중국의 음양 체계 역시 이런 원리에 기대고 있으며, 다른 모든 도상적 상징 체계도 대부분 이런 원리에 기대고 있다. 따라서 전통적 상징 체계 가운데 가장 기본적인 이런 대립적 상징은 모든 현상들을 지속시키는 삶/죽음, 빛/어둠, 생성/소멸이라는 무한한 교체를 설명함에 도움을 준다. 『베다』 속에는 매우 아름다운 상징이 나오는 바, 이 상징은 위에서 말한 상호 교체하는 2원론의 역동성을 예시한다. 이 상징에 따르면 불은 비록 하늘이나 공기 속에서는 맑고 눈부시지만 지상에서는 검은 흔적을 남기고 곧 타버린 사물이 된다. 그런가 하면 비는 비록 비를 머금은 구름처럼 하늘에서는 검지만 지상에서는 맑게 된다. 이렇게 얽히고 풀리는 모든 대립의 짝들이 보여주는 특성은 백색/흑색이 암시하는 긍정적/부정적 양상의 중요한 단서가 된다. 모든 사물을 2항 대립적 체계로 변화시키고 그 둘을 서로 모순되게 만드는 자연의 필연성을 상징하는 이런 싹은 흰색과 검은색으로 재현된다.

그러나 인류는 음양 상징에서 읽을 수 있는 S자형으로 양분되는 고통스러운 원으로부터 벗어나는 길을 추구해 왔다. 그 길은 백색/적색 혹은 적색/황금색의 축을 전제로 색들의 상승 체계가 흑색→백색→적색임을 회상할 때 가능하다. 뢰플러는 전설에 나오는 신화적 새들을 연구하면서 검은 새들은 영감과 관련시키고, 흰 새들은 관능과 관련시키고, 붉은 새들은 초자연적인 세계와 관련시킨다. 또한 중세 기독교 예술의 경우 흑색은 참회를, 백색은 순수를, 적색은 자비와 사랑을 상징한다. 따라서 인간은 사랑을 통해 폐쇄된 2중성을 벗어나는 길을 발견할 수 있다.

연금술의 경우 백색과 적색은 대립되면서 동시에 결합된다. 두 개의 머리를 가진 독수리와, 두 개의 머리를 가진 인간은 흔히 백색과 적색으로 재현되며, 이는 위에서 말한 흑색/백색의 대립이 승화된 것으로 인식된다. 또한 연금술에는 백색과 적색으로 된 이상한 장미가 나오는 바, 이는 물과 불이 결합되었음을 상징한다. '애인이여, 그대는 희고 붉도다'

라는 노래가 암시하듯이 백합과 장미는 모든 신화적 사고 속에 숨어 있는 백색/적색의 개념을 상징한다. 두 색이 대비될 때 우월한 색은 남성적인 세계를, 열등한 색은 여성적인 세계를 상징한다. 여기서 말하는 '열등'이란 연금술의 순서나 계열 속에서 낮은 자리에 있음을 의미한다. 그 순서는 노란색→청색→초록색→흑색으로 나타나며, 적색/황금색의 경우에는 황금색이 우월하며 남성적이다. 공간의 수준에서는 이런 질서에 부합되지 않는 상징적 체계가 있을 수 있다. 예컨대 정상적인 상징 유형에 따르면 적색은 백색보다 우위에 놓이고 백색은 흑색보다 우위에 놓인다. 이상에서 색의 상징적 의미를 상세히 다룬 것은 문학 작품, 특히 시의 경우 색의 상징이 많은 문제점을 낳기 때문이다.

청색은 자극하는 무다.

— 괴테

지구 표면적의 백분의 구십구가 이 공포의 초록색이리라. 그렇다면 지구야말로 너무나 단조무미한 채색이다. 도회에는 초록이 드물다. 나는 처음 여기 도착하였을 때 이 선선한 초록빛에 놀랐고 사랑하였다. 그러나 닷새가 못되어서 이 일망무제한 초록색은 조물주의 몰취미와 신경의 조잡성으로 말미암은 무미건조한 지구의 여백인 것을 발견하고 다시금 놀라지 않을 수 없었다. 어쩔 작정으로 저렇게 퍼러냐.

— 이상, 「권태」

청색은 모순의 색채인 것이다. 자극과 정지라는 모순하는 양면성을 함께 통일시켜 버린 모순의 색채이다.

— 이어령, 「흙 속에 저 바람 속에」

초록색 방에서/ 느닷없이 검은 파라솔인지/ 흰 피아노인지도 모를 그림자에 부딪힌다.

— 기타조노 가츠에, 「화려한 여름의 단추」

본래의 흑색과 백색은 생명 이전 혹은 생명 이후의 절대 세계의 색깔이다. 단테는 천국을 백색 빛의 나라라고 묘사하였고, 시인들은 영원의 세계를 묘사할 때 흰색으로 표현한다. 한편 죽음의 세계는 동서를 막론하고 검은색이다. 그러니까 백색의 축복과 흑색의 죽음은 다 같이 초월적인 경험의 세계이다.

— 이창배, 「색」

　괴테의 경우 청색은 천상의 세계, 곧 정신성, 승화된 삶의 세계를 상징한다. 이상의 경우 초록색은 생명이나 성장이 아니라 죽음과 정지를 상징한다. 이런 상징적 의미는 초록색이 보여주는 두 가지 특성 때문이다. 초록색은 흑색으로 표상되는 광물의 세계와 적색으로 표상되는 동물의 세계를 이어 주는 매개적 특성을 지닌다. 여기서는 광물의 세계를 상징하는 바 '신선한 초록'이 성장과 동물을 상징한다면, '공포의 초록'은 이와 대비되는 정지와 광물인 죽음을 상징한다.
　이어령의 경우 청색이 모순의 색채로 인식되는 것은 청색이 지니는 양극성, 곧 밝은 청색과 검은 청색이 전제되기 때문이다. 전자는 낮의 하늘, 고요한 바다와 관련되고, 후자는 밤의 하늘, 폭풍이 치는 바다와 관련된다. 가츠에의 경우 초록색 방은 지상의 삶을 상징하고 그런 삶 속에서 시인은 그런 삶의 근원, 혹은 모태로 흰색과 검은색을 체험한다. 이창배는 백색과 흑색이 암시하는 이런 상징적 의미를 자세히 설명한다.

생명 Life

　초기 종교에 의하면 흐르고 성장하는 모든 사물은 생명을 상징한다. 불은 자라기를 열망하는 활력을 보여준다는 점에서, 물은 비옥하게 만든다는 점에서, 식물은 녹색의 푸름 때문에 생명을 상징한다. 그러나 모든 생명은 죽는다는 점에서 또한 죽음을 상징한다. 따라서 불은 파괴력을, 물은 다양한 형식으로 드러나는 용해를 상징한다. 많은 민담과 전설에서 생명의 기원, 혹은 모든 생명/죽음이 보여주는 재생의 기원은 동굴의 형식을 취하며, 이 동굴 속에는 솟아오르는 물과 샘이 흐른다.

우리가 가슴을 맞대고 숨을 모을 때마다/ 태어나지 않은 영혼이 우리에게 자꾸만 접근해 온다./ 우리들의 정욕의 물결과 함께/ 그들의 생명을 부여받고자 한다./ 장난과 입맞춤과 그리고 진정한 향락으로/ 무진장의 하룻밤은 꿈속같이……/ 밝은 아침은 산뜻한 기쁨을 불러온다./ 그러나 새로운 생이 잠깨어……

— 헤세, 「수태」

쓰레기통과/ 쓰레기통과 나란히 밤을 새운다/ 눈 깜박하는 사이에/ 죽어 버리는 것만 같았다/ 눈 깜박하는 사이에 아직도 살아 있는 목숨이 꿈틀 만져진다……/ 아 하나밖에 없는/ 나에게 나의 목숨은/ 아직도 하늘에 별처럼 또렷할 것이냐

— 한하운, 「목숨」

뜨겁게 살아나는 생명의 줄기에는/ 꽃이 열리고 너는 내 팔을/ 나는 네 가슴을 갖는다.

— 정한모, 「아름다운 부끄러움은」

목숨은 때묻었나./ 절반은 흙이 된 빛깔/ 황폐한 얼굴엔 표정이 없다./ 나는 무한히 살고 싶더라/ 너랑 살아 보고 싶더라/ 살아서 죽음보다 그리운 것이 되고 싶더라/ 억만 광년의 암현을 거쳐 나의 목숨 안에 와닿는/ 한 개의 별빛.

— 신동집, 「목숨」

헤세의 경우 노래되는 것은 '수태'이며, 이 수태는 '우리들의 정욕의

물결'과 관련된다. '정욕'은 불의 이미지와 관련되고, '물결'은 물의 이미지와 관련된다. 그런 점에서 생명은 여기서 불과 물의 이미지를 거느린다. 불은 성장하는 힘을, 물은 흐르는 힘을 표상한다. 공간적으로는 불이 수직을, 물이 수평을 상징한다. 한하운의 경우 강조되는 것은 죽음과 삶의 관계이다. 그 관계는 시의 문맥에 따르면 '눈 깜박하는 사이'의 일로 노래된다. 그러니까 여기서 생명과 죽음은 동일시되고 있다. 정한모의 경우 생명은 '생명의 줄기에는/ 꽃이 열리고'라는 시행이 암시하듯이 식물과 관련된다. 그것은 세계를 비옥하게 하는 힘을 표상하면서 싱싱한 녹음의 이미지와 관계된다.

끝으로 신동집의 경우 노래되는 것은 '절반은 흙이 된' 생명이다. 따라서 '황폐한 얼굴엔 표정이 없다'는 시행이 나오며, 이런 생명, 곧 죽음은 '억만 광년의 암현'을 거쳐 다시 한 개의 '별빛'으로 시인의 목숨 안에 와닿는다. 결국 여기서 강조되는 것은 생명/죽음/재생의 연관성이다. 그 연관성은 '암현'이 암시하는 동굴의 이미지를 매개로 한다. 재생하는 목숨은 동굴 속에서 솟아오르는 물이 표상하며, 이 물은 마침내 하늘에 빛나는 별빛의 이미지로 확장된다. 그러니까 여기서 동굴 속의 물은 밤하늘의 별빛과 동일시된다.

석탄 Coal

석탄의 상징적 의미는 숯이 그렇듯이 불의 상징적 의미와 관계된다. 그러나 석탄은 양가적 의미를 소유하는 바, 그것은 석탄이 불과 동시에 검고 억압된 신비한 에너지를 암시하기 때문이다. 석탄과 불꽃, 검은색과 붉은색의 이미지는 많은 신화와 전설에 드러난다. 오스트레일리아의 전통에 의하면 불을 내포하는 새는 등이 검고, 그 검은 등에는 붉은 점이 있다.

> 출발을 앞둔 부둣가나/ 마지막 여량을 푼 종착역에서/ 사람이여, 당신도 딸기밭./ 나도 빠알간 불타는 딸기밭.// 당신이 나를 태우던 불타는 도가니에/ 내가 당신을 태우니까// 우리가 돌아갈 고향은/ 온통 딸기밭으로 빨갛게 불타 오르는/ 강렬하게 딸기가 완전히 익는 밭……연옥이다.
> ― 정공채, 「석탄」

위의 시에서 석탄은 '불타는 딸기밭'에 비유된다. 따라서 석탄은 여기서 검고 신비한 에너지가 아니라 불을 상징하고 이 불은 연옥을 암시한다.

섬 Island

섬은 육지에서 떨어져 있다는 점에서 격리와 고독을 상징하는 한편, 혼돈의 바다로부터 안전한 피난처를 상징한다. 융에 의하면 섬은 무의식을 상징하는 바다의 위협적인 공격으로부터 인간을 지켜 주는 피난처, 곧 의식과 의지를 상징한다. 짐머에 의하면 인도인들의 경우 섬은 넓은 바다가 표상하는 무한한 비논리적인 힘이 증류된 형이상학적 힘을 상징한다. 동시에 섬은 또한 고립, 고독, 죽음을 상징한다. 오디세우스를 유혹한 바다의 요정 칼립소의 이야기가 암시하듯이 섬이 환기하는 신성은 죽음, 장례의 의미를 내포한다. 이런 점을 전제로 섬과 여성이 동일시되고 괴물(섬)과 영웅이 대립된다.

힌두교의 경우 '보물섬'은 '본질적 섬'을 뜻하고 이 섬은 황금으로 덮였으며, 둥근 섬을 막는 제방은 보석가루로 되어 있다. 그 섬에는 향기로운 나무들이 자라고, 섬의 중심에는 궁전이 있다. 궁전 내부에는 보석으로 된 별장이 있으며, 그 별장 속에 왕이 산다. 크라페에 의하면 그리스어로 '축복의 섬'은 '죽음의 섬'으로 번역되며, 이 섬은 '중심 자체'를 상징한다. 크라페는 계속해서 이 섬이 환기하는 상징적 의미에 대해 말한다. '축복의 섬'이 존재한다는 신념은 여러 가지 근거에 토대를 두고 있다. 발라바트스키는 다음과 같이 말한다.

>여러 기록에 의하면 오늘날 소금 호수가 있는 황폐한 불모의 사막 속에는 한때 광활한 바다가 있었으며, 이 바다는 확장되어 중앙아시아 지역을 덮고 있었다. ……그리고 그 바다에는 비교할 수 없는 아름다운 섬이 있었다.

끝으로 '축복의 섬' 혹은 '행복의 섬'은 고전 작가들의 경우 지상 낙원을 상징한다. 슈나이더는 중세의 전설에 나오는 섬에 대해 말한다. 이 섬에는 크기가 산과 같은 거대한 나무가 자라며, 그 가지에는 여러 새들이 살고 있다. 두 개의 강이 이 섬을 가로지르는 바, 하나는 젊음의 강이며, 다른 하나는 죽음의 강이다. 여기서 우리가 발견하는 것은 천상의 본질이 상징에 의해 우주적 유형으로 통합되는 풍경이다.

> 바다 위 떨고 있는 섬들의 대열
> ― 퐁뵈르, 「인상과 확실성」

> 아! 수많은 꽃핀 섬들이/ 넓은 고뇌의 바다에 누워 있구나.
> ― 셸리, 「유가니언 언덕에서 씌어진 글들」

> 그리운 마음이/ 섬처럼 많이 떠 있다/ 저 섬에 소리가 있다/ 오점 같은 눈빛이 있다/ 그림자가 있다/ 뜨거운 꿈이 있다/ 섬은 옆으로 부풀다/ 세로 겹친다/ 하늘이 점점 몸을 굽혀/ 섬은 이제 새떼처럼 다만 수가 는다.
> ― 후바다코, 「발자국」

얼마는 저승 쪽에 기울고/ 남은 얼마는 이승 쪽에 기운/ 눈부시어라/ 섬은 사랑의 모습이네.

— 박재삼, 「섬」

시퍼런 남빛으로 설치며, 파도는/ 작은 섬을 핥고 있지만// 실의의 낯익은 섬은/ 고독의 귀를 세워/ 어둠을 나는 갈매기의 절규를/ 조용히 듣고 있었다.

— 박남수, 「섬」

섬은 사람에게/ 꿈 혹은 임을 낳는다/ 그리고/ 꿈이나 임을 묻어 버리기도 한다// 바다는 대지 이상이다/ 죽음은 대지를 낳고/ 사람은 섬을 낳는다.

— 고은, 「섬을 위하여」

퐁뵈르의 경우 섬은 '떨고 있다'는 말이 암시하듯이 바다의 공격으로부터 도피하는 피난처로서의 위기를 상징한다. 그런 점에서 바다는 무의식의 힘을, 섬은 그 힘에서 벗어나려는 의식을 표상한다. 셸리의 경우 섬은 '넓은 고뇌의 바다'와 대비되는 '꽃핀 섬'이라는 점에서 형이상학적 힘을 상징한다. 왜냐하면 여기서 바다가 '고뇌'를 표상하고, 그것은 바다가 내포하는 비논리적 힘이 동기를 이루기 때문이다. 쉽게 말하면 이 시의 경우 꽃핀 섬은 '고뇌의 승화'를 상징한다.

후바다코의 경우 섬에 소리, 눈빛, 그림자, 뜨거운 꿈이 있다는 점에서 섬은 고독과 그리움을 상징한다. 그리고 '섬은 움직이지 못하는 것'이라는 말에 의해 이 고독은 죽음과 관련된다. 그렇기 때문에 '새떼처럼 수가 느는 섬'은 해소될 수 없는 고독의 극한에서 시인이 갈망하는 정신적 비상, 아니면 시인이 체험하는 정신분열을 상징한다.

박재삼의 경우 섬은 죽음과 삶을 넘나드는 '눈부신 사랑'을 상징한다. 왜냐하면 여기서 섬은 '얼마는 저승 쪽'에 기울고, '남은 얼마는 이승 쪽'에 기우는 모습으로 노래되기 때문이다. 그리고 이때 '저승'은 죽음을 상징하는 바다로, '이승'은 삶을 상징하는 대지로 읽을 수 있다. 그의 경우 사랑은 이렇게 삶과 죽음이 동시에 있는 공간으로 인식된다.

박남수의 경우 섬은 '고독의 귀'가 암시하듯이 고독을 상징한다. 여기서 '귀'라는 이미지가 나오는 것은 시의 문맥에 따르면 섬이 '어둠을 나는 갈매기의 절규'를 듣고 있기 때문이다. 고은의 경우 섬은 '꿈이나 임'을 낳으면서 동시에 묻어 버린다. 따라서 섬은 탄생과 죽음을 상징한다. 이런 상징적 의미는 섬의 신성이 죽음을 내포한다는 관념과 관계된다. 그러나 고은은 이런 관념, 그러니까 섬이 탄생과 죽음을 상징한다는 관념 역시 인간이 생산한다고 주장한다. '사람은 섬을 낳는다'는 시행이 이런 판단을 불러온다.

성 Castle

집과 성과 도시는 에워싸인 장소라는 점에서 비슷한 상징적 의미를 지닌다. 그러나 성은 높은 곳에 벽으로 둘러싸였다는 점에서 고립과 폐쇄성을 상징하고 이런 폐쇄성에 의해 은밀하고 보호받는 공간이 되기도 한다. 중세 예술의 경우 벽으로 둘러싸인 도시는 초월적 영혼과 천상의 예루살렘을 상징하고 성 역시 비슷하다. 일반적으로 성은 산이나 언덕 위에 자리잡고 있다는 점에서 정신적 높이를 암시하고 또한 진을 치고 망을 보는 정신적 능력을 상징한다.

이런 점을 전제로 성은 피안의 영역, 혹은 지상과 다른 세계를 상징한다. 그러나 '검은 성'은 많은 전설에서 '검은 기사'가 살고 있는 곳으로 이 성으로 들어가는 것은 신비한 지옥 여행을 의미하고 이런 성은 흔히 민담의 경우 '돌아올 수 없는 성'으로 불린다. 스칸디나비아의 전설에도 이와 비슷한 성이 나온다. 크라페에 의하면 중세의 민담이나 전설에 나오는, 자신의 영역에 접근하려는 사람들을 포로로 만드는 '사악한 기사'가 소유하고 있는 성은 지하의 왕이 사는 불길한 성이라는 의미로 해석된다.

이와는 달리 '빛의 성'은 구원을 상징한다. 흔히 방랑자의 오랜 방황 속에 갑자기 나타나는 성은 갑자기 깨닫게 되는 정신적 자각을 의미한다. 따라서 이 매혹적인 풍경 앞에서 모든 피로는 사라지고 방랑자는 그 성 속에 보석이 감추어져 있다고 믿는다. 눈부신 성은 지각할 수 없는 세계를 지상에 실현하며, 전혀 기대하지 못했던 세계를 물질화한다. 이런 성은 정신적 풍요를 표상하는 보석, 융이 말하는 아니마, 곧 영혼을 표상하는 소녀와 함께 우리 인간이 지니고 있는 구원에의 욕망을 표현한다.

한편 성은 외부와 격리된 내부, 곧 자아의 세계를 상징하고 또한 높은 곳에 있기 때문에 남들이 도달하기 힘든 자기만의 세계, 곧 자아를 상징한다. 카프카의 『성』은 일상적인 세계와 격리된, 우리가 알 수 없는, 영원히 도달할 수 없는 신비한 세계를 암시하고 해석하기에 따라 이 신비한 성은 신, 어머니, 법, 권위 같은 세계의 중심을 상징한다. 정신분석에 의하면 성은 여성, 여근, 정절을 상징한다.

> 그러한 성들은 멀리서 볼 때에 성곽처럼 완강하게 보이지만 가까이서 친밀하게 보는 사람에게는 맑은 꽃밭이 있는 정원으로 안내하는 것처럼 밝게 보이는 것이다.
>
> — 츠바이크, 『황혼의 이야기』

츠바이크의 경우 성은 이른바 두 가지 성, 곧 암흑의 성과 빛의 성을 암시한다. 성은 멀리서 볼 때는 접근하기 어려운 '다른 세계', 곧 암흑의 세계를 상징하고 가까이서 보면 '꽃밭이 있는 정원', 곧 밝고 아름다운 빛의 세계를 상징한다.

성 Sex

　플라톤에 의하면 성은 우리가 생각하는 것처럼 남성과 여성의 존재를 강조하는 게 아니라 이런 존재로부터 자유로운 세계로 인식된다. 아프리카의 고대 도시 국가나 초기 기독교 신비 철학에 나오는 머리에 붙은 발의 모습이나, 중세 우화에 나오는 발의 모습을 한 얼굴들이 이런 사정을 시각적으로 보여준다.

　그러나 오늘날 프로이트의 정신분석은 성을 사물들의 특성, 곧 그것이 담기는 것인가, 아니면 담는 것인가에 따라 여성적인 것과 남성적인 것으로 분류한다. 한편 고대 중국의 음양 상징은 모든 사물이 대립되면서 하나가 되는 성적 2원론을 강조한다. 따라서 중요한 것은 남성과 여성의 관계가 의식과 무의식, 하늘과 지상, 불과 물 같은 성적 원리를 상징한다는 점이다. 성적 결합은 이런 대립의 승화와 하나가 되는 세계를 상징한다. 따라서 연금술사들의 경우 융이 말하듯이 성적 결합의 이미지는 생물학적 법칙을 초월하는 최초의 진리를 표현한다.

　혼자서 도시 참을 수 없는 고독이, 제가 살고 있다는 증거를 손으로 몸으로 느끼기 위하여 다른 육체에서 제 살을 얽어 보는 데서 빚어지는 작업이 육체의 행위인 것이다. 그것은 일종의 확인 행위였다. 단세포 동물은 자신의 고독을 확인할 길이 없었으리라. 그는 혼자였으므로. 그래서 그는 분열했다. 둘이 되어 손을 잡아 보기 위하여 수없는 셀(작은 방)이 모여서 서로의 부피와 체온을 만져 보는 데서 그들은 고독을 해소하려고 한 거다. 그래서 다세포 동물이 생겼다. 고독의 방들이 빼곡히 들어찬 고독의 성, 그게 인간이었다.

— 최인훈, 『광장』

사랑은 현실의 이성을 환상으로 만들지만 섹스는 환상의 대상을 현실로 만든다. 그렇기 때문에 사랑이 지배하던 세기에는 낭만주의가 꽃을 피우고, 섹스가 범람하는 세기에는 건조한 리얼리즘의 자갈밭이 있다.
— 이어령, 「너와 나의 거리」

나는 넥타이를 푼다./ 여자는 옷을 벗는다./ 나는 권총이 달린 가죽띠를/ 여자는 네 개의 속옷을/ 달콤한 소나무도/ 조개 껍데기도/ 이렇게 매끄러운 살결을 갖지 않았다.//……/ 진주 조개빛 젊은 암말을 타고/ 멋진 길을 달렸다.
— 로르카, 「부정한 사랑」

아아 무서운 단순성. 톱니바퀴. 피로 뒤덮인 너와 나의 톱니바퀴, 하늘은 능금이 되어 떨어지는데, 어떻게 죄에서 벗어날 것인가. 무한한 종말을 씹으며, 피로 뒤덮인 나라에서 눈으로 뒤덮인 나라에 어떻게 닿을 것인가.
— 이승훈, 「성」

최인훈의 경우 섹스는 고독을 해소하는 방법으로 서술된다. 그 고독은 '수없는 셀이 모여서 서로의 부피와 체온을 만져 보는' 방법으로 해소된다. 이어령의 경우 섹스는 사랑과 대비되는 개념으로 드러난다. 사랑은 현실의 이성을 환상으로 만들고, 섹스는 환상의 대상을 현실로 만든다. 로르카의 경우 강조되는 것은 섹스의 황홀이며, 그것은 '진주 조개빛 젊은 암말을 타고/ 멋진 길'을 달리는 것으로 노래된다. 필자의 경우 섹스는 '무서운 단순성'의 세계로 인식되며, 이성 간의 결합은 '톱니바퀴'의 이미지로 노래된다. 그리고 이런 결합은 '피'가 상징하는 관능의 세계로부터 '눈'이 상징하는 정신의 세계, 혹은 순수한 세계로의 초월을 지향한다.

소Cow, Bull, Ox

소는 암소cow, 젖소bull, 황소ox의 상징적 의미가 다르다. 이 사전의 '암소' 항목과 '황소' 항목을 참고하기 바람.

소금Salt

소금은 부패를 막고 썩지 않는다는 점에서 생명, 불사不死, 영속, 혼을 상징하고 지혜의 소금이란 말이 있듯이 지혜, 예지를 상징한다. 한편 소금은 사물을 정화시키기 때문에 정화, 순화를 상징하고 우리 민속에선 악귀를 쫓는 힘을 상징한다. 무속에서 굿을 할 때 소금물을 떠놓는 것이나 부정不淨 탄다고 소금을 뿌리는 행위가 그렇다. 아이를 낳지 못하는 부인이 깨끗한 소금을 먹으며 치성을 드리면 아이를 낳는다는 믿음은 소금이 생명력을 상징하고 액막이를 상징하기 때문이다. 한편 소금은 맛이 짜기 때문에 기지, 신랄함을 상징한다.

양치질하여/ 먼 산을 바라본다/ 이날 아침의/ 나의 미소//……// 짭짤한 산酸의 천성/ 우리네 調味의 원소/ 아! 한 줌 소금을 손바닥에 올려놓고/ 먼 산을 바라본다/ 이날 아침의/ 나의 미소.
— 구경서, 「소금」

이 시에서 소금은 정화와 순화를 상징한다. 소금 양치질로 입안을 정화하고 이런 정화에 의해 아침은 아름답게 느껴진다. 따라서 소금 한 줌

이 정화된 삶을 환기하고 아침의 미소를 낳는다.

소나무 Pine

소나무는 비바람, 눈보라 같은 자연의 역경 속에서도 변함 없이 언제나 푸른 모습을 간직한다는 점에서 꿋꿋한 절개와 의지를 상징한다. 강원도 영월 장릉 주위에 있는 소나무들은 장릉을 향해 굽어져 있는데 이 모습은 억울한 단종의 죽음을 애도하고 그에 대한 충절을 상징한다고 한다. 또한 추위에도 잘 견디고 엄동설한에도 잎이 떨어지지 않는 상록수라는 점에서 불멸, 불사不死, 장생長生을 상징한다. 한편 소나무는 곧다는 점에서 곧바름, 강한 성격, 침묵, 고독을 상징하고 남근을 상징한다. 소나무는 신성한 나무로 잡귀와 부정을 막는다. 우리나라 세기 풍속의 하나로 정월 대보름 전후에 소나무 가지를 문에 걸어 놓는 것은 이런 의미이고 동지 때 팥죽을 쑤어 삼신에게 빌고 병을 막기 위해 솔잎과 팥죽을 사방에 뿌리는 것도 그렇다. 출산 때 금줄에 숯, 고추, 백지, 솔가지를 끼워 놓는 것 역시 잡귀와 부정을 막는 상징적 행위이다.

침엽수는 그 형태 때문에 또한 파라미드와 같은 상징적 의미를 나타내고 원추형의 소나무는 비옥을 상징하고 솔방울은 그 모습이 불꽃, 남근과 비슷하기 때문에 남성적 창조력, 풍요, 행운을 상징한다.

큰 소나무는 변하지 않는 마음이요/ 나는 긴 노래 부르며 푸른 물가에 앉았나니/ 푸른 물은 맑고 빈 마음이다.
— 서산대사, 「청허가」

> 남산 위에 저 소나무 철갑을 두른 듯/ 바람 서리 불변함은 우리 기상일세
> ― 「애국가」

서산대사의 경우 소나무는 '변하지 않는 마음'을 상징한다. 이런 의미는 「애국가」의 경우에도 드러난다. 다만 후자의 경우에는 '불변하는 마음'이 아니라 '불변하는 기상'이 강조된다.

소리 Sound

인도의 경우 크리슈나의 피리 소리는 세계의 탄생을 알리는 마술적인 힘을 소유한다. 헬레니즘 이전의 문화 속에서 여신들은 모두 현금을 들고 있는 모습으로 묘사되며, 이 현금 소리 역시 비슷한 의미를 지닌다. 또한 다른 전통에 따르면 소리는 이 세상의 사물 가운데 최초로 창조되었으며, 이 소리에 의해 다른 사물들, 곧 빛, 공기, 불이 생겨났다고 주장한다.

> 끝없는 소리/ 소리는 마신다/ 소리는 마신다/ 끝없는 소리 소리 그 소리는 입입이 마신다/ 소리는 입입이 마신다/ 입입은 마신다//……/ 이 무를 위한 끝없는 소리/ 수의를 위한 소리/ 우리들의 주춧돌을 붕괴시키기 위한 소리
> ― 미쇼, 「끝없는 소리」

햇살 바른 곳에 눈을 꼬옥 감고 서 있으면/ 귀가 환하게 열려 온다// 환히 열리는 귀 속에 들려 오는 소리는/ 화안한 빛을 지닌 노랫소리 같다// 지금 마악 눈 덮인 앞산을 넘어/ 밭고랑으로 개울가로/ 퍼져 가는 바람 소

리는 연둣빛이다

— 조지훈, 「소리」

그렇다 대나무가 죽은 뒤/ 이 세상의 가장 마르고 주름진 손 하나가 와서/ 죽은 대나무의 뼈 단단하고 시퍼런/ 두 뼘만큼을 들고/ 바람 속을 간다/ 그렇다 그 뒤/ 물빛보다 맑은 피리 소리가 땅 끝에 선다/ 곧바로 선다

— 전봉건, 「피리」

미쇼의 경우 소리는 '끝없는 소리'라는 말이 암시하듯이 멈추지 않는 세계를 상징한다. 이런 세계는 '무'와 '수의囚衣'를 위한 소리로 부연된다. 따라서 이 시에서 노래되는 소리는 죽음, 파괴, 무의 세계를 지향한다. 말하자면 그것은 새로운 삶의 세계를 위한 보이지 않는 비밀의 소리이며, 새로운 우주의 탄생을 위한 에너지를 상징한다. 조지훈의 경우 소리는 자연의 개시를 상징한다. 이런 사정은 '화안한 빛을 지닌 노랫소리', '바람 소리는 연두빛이다' 같은 시행들이 뒷받침한다. 전봉건의 경우 소리는 '피리 소리'로 '물빛보다 맑은 피리 소리가 땅 끝에 선다'는 시행이 압축해서 보여주듯 '물', '빛', '땅'이 하나로 조화되는 새로운 우주적 질서를 상징한다.

손 Hand

손은 인간을 대표하는 신체 기관으로 나그네를 길손, 손의 존대 말인 손님은 방문객을 뜻하고 밤에 든 도둑을 밤손님이라고 한다. 이렇게 손이 인간을 상징하는 것은 인간과 동물의 차이가 손에 있기 때문이다. 동물에겐 손이 없고 발만 있지만 인간에겐 손과 발이 있고 손은 머리(정신

세계)와 발(육체적 물질적 세계)를 매개하는 역할을 한다. 그런 점에서 손은 사고와 노동을 매개한다. 예컨대 손으로 글을 쓰는 것은 정신 세계이며 동시에 노동이다. 손으로 글을 쓰거나 물건을 만들 때 우리는 생각하며 움직이기 때문이다. 그러나 발로는 물건을 만들 수 없고 발로 걸을 때 생각하며 걷지만 이때는 손으로 글을 쓰거나 물건을 만들 때와는 다르다. 손이 있기 때문에 창조가 가능하고 예술이 가능하고 지적 작업이 가능하다.

그런 점에서 손은 도구 중의 도구이고 손은 또한 손짓이 그렇듯이 언어이다. 예컨대 인간은 손짓으로 요구, 협박, 거부, 공포, 의문을 나타낼 수 있고 기쁨, 슬픔, 참회, 길이, 시간, 수도 나타낼 수 있고 흥분, 금지, 시인, 부끄러움도 나타낼 수 있고 힘, 강함, 축복도 나타낼 수 있다. 진 쿠퍼는 손의 상징적 의미를 다음처럼 열거한다(진 쿠퍼, 앞의 책, pp.156~157).

두 손을 가슴에 얹음-복종, 하인이나 노예.
악수-결합, 신비적 결혼, 우정, 충성.
손으로 눈을 가림-부끄러움, 공포.
두 손목을 엇갈리게 함-결합.
손이 닿음-힘과 은총을 받거나 치유함.
손을 목에 갖다 댐-희생.
손을 폄-은혜, 풀려남, 정의.
주먹을 쥠-위협, 공격.
두 손을 펴서 열어 보임-축복, 보호, 환영.
다른 사람의 손 안에 자신의 손을 놓음-봉사의 맹세.
두 손을 뒤집어 보임-무방비, 군주에 대한 신하의 복종, 낮은 지위를
　　　감수함, 공격하지 않음, 충성.
두 손바닥을 합쳐서 위로 향함-명상, 수용.
두 손을 위로 올림-숭배, 예배, 기도, 항복.
손바닥을 바깥쪽을 향한 채 들어올림-축복, 신의 은총.
손을 머리에 올림-사념, 마음을 감싸줌.
손을 씻는 것-정화, 죄가 없음.

불교의 경우 부처는 오른손을 땅에 대고 있는 바 이는 땅에 대한 절대적 지배와 땅이 이를 증언함을 상징하고 왼손은 바라를 잡고 있거나 손바닥을 위로 향하고 있는데 이는 일체의 수용과 몸을 맡기는 것을 상징한다. 한편 두 손을 가슴에 대고 합장하는 것은 반야와 방편의 합일을 상징한다. 이집트인들의 경우 손은 지탱이나 힘을 상징하는 기둥이나 종려나무와 관련된다. 슈나이더는 손이 맡는 중요한 역할을 주장하는 바, 그것은 손이 인간 존재의 내적 상태를 드러내기 때문이며, 목소리가 아닌 몸짓으로 정신의 태도를 표현하기 때문이다. 그에 의하면 치켜올려진 손은 목소리와 노래를 상징하고, 가슴에 놓인 손은 현명함을 상징한다. 목에 놓인 손은 희생을 상징하고, 결합된 두 개의 손은 신비한 결혼을 상징하고 눈을 가린 손은 죽음의 순간에 행하는 투시를 상징한다.
　손의 상징에서 중요한 것은 손이 다섯 손가락을 소유한다는 사실이다. 첫째로 다섯 손가락은 인간의 초상과 관련되는 바 인간은 사지와 머리로 구성되며 따라서 다섯 손가락은 이런 신체적 구성을 상징한다. 둘째로 5라는 수는 사랑, 건강, 인간성을 상징한다. 이집트의 상형 문자에 의하면 벌린 손은 자석의 힘과 동일한 기능을 의미한다.
　융의 견해에 의하면 손은 생성을 상징하고 이때 왼손과 오른손의 차이는 무시된다. 그러나 왼손과 오른손은 공간의 상징적 의미를 전제로 오른손은 합리성, 의식, 남성을 상징하며, 왼손은 비합리성, 무의식, 여성을 상징한다. 연금술의 경우 자신의 왼손으로 여왕의 왼손을 꽉 잡고 있는 왕의 이미지들이 있다. 융에 의하면 이런 이미지는 그들의 결합이 보여주는 무의식적 특성을 암시한다.
　동양 민속에서 두 손바닥을 마주 대고 비비는 것은 신령에게 비는 소원을 상징하고 손에 나타난 모습은 운명을 상징한다.

　　아이린의 손은 길고 희었다. 어느 날 저녁 술래잡기를 하다가 아이린은 손으로 그의 눈을 가린 일이 있었다. 길고, 희고, 차고, 부드러웠다. 그것은 상아다. 차고 흰 것. 그것은 상아탑의 뜻이다.
— 조이스, 『젊은 예술가의 초상』

우리들은 앉아 있으나/ 우리들의 팔뚝에서/ 손이 돋아나/ 몇 개이고 돋아나/ 그것이 뻗어나간다.
— 기타가와 후유히코, 「호우」

전보다 더 가까운 사람이었다./ 그저 손을 잡는 것만은 할 수 없는 처지였다./ 나는 헤어져 가며 부끄러운 손을 내려다보았을 뿐이었다./ 조국을 지키던 그 자리에/ 두 손을 그는 두고 온 것이었다./ 그에게는 손이 없었던 것이다.
— 박남수, 「손」

한때는 영영/ 내게서 떠나가던 사람에게까지/ 잡히지도 못하고 아끼웠던 손./ 한때는 또/ 내가 소유할 태양을 위하여/ 기를 쥐고 앞장서 흔들었던 손./ 그 손에서 지금은 자꾸만/ 낙엽이 질 뿐이다./ 손은 이제 차라리 절규보다는/ 독한 술잔을 높이 든다.
— 박성룡, 「손」

오늘도/ 꿈꾸는 손/ 헤매는 손/ 떨리는 손/ 마르는 손/ 바람에 날리는 손/ 주머니에 들어가는 손/ 가슴을 때리는 손/ 시멘트를 치는 손/ 우산을 펴는 손/ 아귀 같은 손/ 늘어지는 손
— 이승훈, 「손」

조이스의 경우에는 '눈을 가린 손'이 나온다. 이런 손은 죽음의 순간에 행하는 투시력을 상징하고, 여기서는 현실과 단절되는 학문의 세계, 곧 상아탑의 세계를 지향하는 삶을 상징한다. 후유히코의 경우 손은 팔뚝에서 뻗어나오며, 그것은 시의 문맥에 의하면 호우, 그러니까 줄기차게 내리퍼붓는 비를 비유한다. 그런 점에서 여기서 노래되는 손은 힘, 나

아가 새로운 세계를 생성하는 힘을 상징한다. 박남수의 경우 손은 두 가지 의미를 나타낸다. 하나는 화자의 손으로 남과의 교통을 암시한다. 다른 하나는 화자가 만나는 사람의 손으로 전장에서 그가 잃어버린 손이다. 그런 점에서 이 손은 조국을 지키던, 이른바 방어와 힘을 상징한다.

박성룡의 경우 손은 인간 존재의 내적 상태와 심리적 태도 및 힘과 권위를 상징한다. '아끼웠던 손'은 전자를 의미하고, '기를 쥐고 앞장서 흔들었던 손'은 후자를 의미한다. 필자의 경우 손은 인간 존재의 내적 상태와 심리적 태도를 상징한다. 시의 문맥에 의하면 여기서 손은 바로 인간을 상징하고 따라서 손은 인간적 존재로서의 자아에 대한 심리적 갈등을 노래한다. 그것은 자아의 존재론적 허망, 나아가 상처를 입는 삶을 상징한다.

솥, 아궁이, 가마, 화덕 Oven

아궁이는 무엇을 만드는 여성의 힘, 자궁, 탄생을 상징하고 아궁이에 있는 솥 역시 어머니, 여성의 힘을 상징한다. 연금술사들의 경우 도가니는 신체를 상징하며 증류기는 신비를 표현하지만 솥은 이런 의미를 넘어 순수하고 정신적인 임신을 상징한다. 불타는 화로가 여러 연금술의 논문에 나오는 것은 이런 의미에서이다.

우리 민속에서 솥은 부엌의 대표적인 도구로 살림살이를 상징한다. 한편 고대 중국의 경우 솥은 왕권을 상징한다. 夏나라 우왕禹王은 천하 9주의 금속을 거둬들여 아홉 개의 솥을 주조하여 왕권을 상징하는 귀중한 그릇으로 후대에 전했다. 한편 솥의 3개의 발은 안정과 협력을 상징하고 켈트족에게 솥은 뿔이나 병, 단지처럼 풍요를 상징한다.

방 거죽에 극한이 와 닿았다. 극한이 방 속을 넘본다. 방안은 견딘다. ……화로를 꽉 쥐고 집의 집중을 잡아당기면 유리창이 움푹해지면서 극한이 흑처럼 방을 누른다. 참다 못하여 화로는 식고 차갑기 때문에 나는 적당스러운 방안에서 쩔쩔맨다. 어느 바다에 조수가 이나 보다. 잘 다져진 방바닥에서 어머니가 생기고 어머니는 내 아픈 데에서 화로를 떼어 가지고 부엌으로 나가신다.

— 이상, 「화로」

이 시의 경우 화로는 불, 곧 정신적 활력을 상징한다. 그러나 식은 화로는 이런 활력이 소멸한 세계를 상징하고 시인이 쩔쩔매는 것은 이런 사정 때문이다. 방바닥에 어머니가 생기는 것은 바다의 조수를 매개로 한다. 어머니가 식은 화로를 들고 부엌으로 가는 것은 새로운 불, 곧 새로운 정신적 활력을 회복시키기 위해서다. 따라서 어머니는 식은 화로에 불을 넣는 역할을 하고 이때 어머니와 화로는 여성의 힘, 자궁, 탄생을 상징한다는 점에서 동일시된다.

수 Number

수는 단순히 양을 표현하는 것이 아니라 자체의 고유한 관념을 상징한다. 따라서 아라비아 수는 그 속에 의미를 감추고 있는 겉옷과 같다. 그러나 바빌로니아, 힌두교, 피타고라스 학파의 경우 수는 객관 세계를 성립시키는 기본 원리이다. 수는 만물의 기원이고 우주의 근저에 있는 조화이다. 연금술의 경우 수의 세계는 이성의 세계이다. 모든 수는 통일성을 상징하는 신비한 수 1에서 나오고 이 세계에서 멀어질수록 그 수는 물질, 뒤얽힌 과정, 이른바 '세계' 속에 포함된다. 그리스 체계 속에 나오는 최초의 10의 수, 혹은 전통적으로 동양에서 사용되는 12의 수는 모두가 정신을 의미한다. 곧 이 수들은 실체이면서 원형으로서의 상징적 의미를 거느린다. 나머지 수들은 이 기본적인 수들을 결합한 산물에 지나지 않는다.

그리스인들은 특히 수의 상징에 집착했다. 예컨대 피타고라스는 모든 사물들이 수에 의해 전개된다고 생각했으며, 플라톤은 수는 본질적인 조화의 세계라고 간주했으며, 조화는 우주와 인간의 토대라고 생각하면서 조화의 운동은 정상적인 영혼의 운동과 비슷하다고 주장한 바 있다. 이와 같은 기본적이고 보편적인 상징은 동양 사상, 예컨대 노자의 경우에도 발견된다. 그에 의하면 하나에서 둘이 나오며, 둘에서 셋이 생긴다. 그리고 다시 셋에서 하나가 나온다. 그런 점에서 넷은 새로운 통일성, 혹은 새로운 질서로 간주된다.

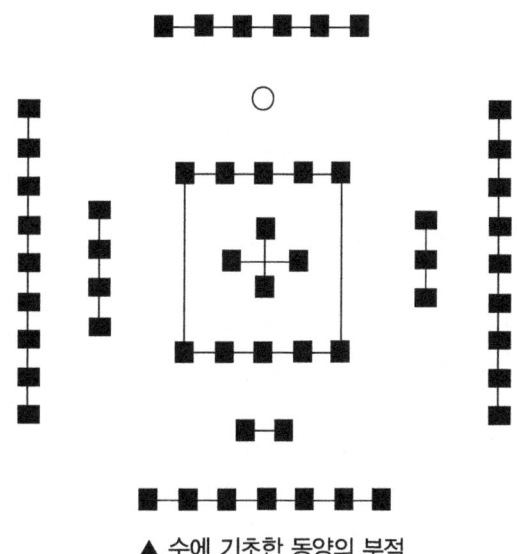

▲ 수에 기초한 동양의 부적

퍼스에 의하면 자연과 인간 정신의 법칙은 수가 보여주는 원리와 동일한 원리에 토대를 두며, 이 법칙들은 수가 전개되는 방향에 따라 질서를 획득한다. 수가 암시하는 통일성과 다중성이라는 이런 기본적 상징 외에 또 하나의 일반적인 상징으로는 홀수와 짝수의 상징이 있다. 전자는 긍정적이며 능동적인 원리를 표현하고, 후자는 부정적이고 수동적인 원리를 표현한다. 더욱 수의 계열들이 상징적 역동성을 소유한다는 사실에 유의하지 않으면 안 된다. 곧 하나가 둘을 낳고, 둘이 셋을 창조한다는 관념은 모든 실체들이 자신의 한계를 뛰어넘으려는 경향이 있으며, 혹은 자신과 대립되는 실체와 마주치려는 경향이 있다는 가설에 토대를 둔다.

예컨대 두 개의 요소가 있다면, 셋째 요소는 이 둘의 결합으로 나타나며, 따라서 3이 된다. 이 3은 또한 셋을 연결하는 방식으로 4라는 수를 창조한다. 통일성을 상징하는 1 다음에 갈등, 반향, 원초적 겹침을 상징하는 2가 온다. 3과 4는 1과 2를 기본 요소로 하는 최초의 집합이다. 이들의 총화, 곧 3과 4가 합해 7이 된다. 그리고 이들의 중첩에 의해 12가 나온다. 3은 7과 관련되는 바, 이는 두 수가 홀수이기 때문이다. 그런가 하면 4는 12와 관련되는 바, 이는 두 수가 짝수이기 때문이다. 수가 암시하는 보편적인 상징적 의미를 진 쿠퍼의 견해를 참고하면서 요약하면 다음과 같다(진 쿠퍼, 앞의 책, pp.233-252).

- 0 : 비존재, 무, 신비한 통일성의 세계를 상징한다. 신비하다는 것은 0이 통일성과 반통일성의 세계를 동시에 연결하기 때문이다. 그런 점에서 0은 숨어 있는 잠재력을 상징하고 따라서 '아름다운 달걀'로 간주된다. 0은 원의 형태로 되어 있기 때문에 영원을 상징하고 질이나 양을 초월한 것을 나타낸다. 불교에서 0은 空, 무를 상징한다.
- 1 : 원초의 통일, 태초의 시작, 창조자, 정신적 본질, 중심, 나눌 수 없는 것을 상징한다. 또한 1은 파괴되는 경우 다중성의 세계를 불러온다는 점에서 능동적 원리를 상징하며, 신비로운 중심, 빛을 발산하는 중심점, 탁월한 힘을 상징한다. 1은 또한 모든 사물들의 토대인 정신적 통일성을 상징한

다. 그러나 이슬람의 신비 사상가들의 경우 1과 통일성의 세계는 구별되는 바 통일성의 세계는 그 자체로 절대적이고 완벽하다는 점에서 1과는 다르며, 2 혹은 2원론의 세계를 용납하지 않는다. 그런 점에서 통일성의 세계는 신성한 세계를 암시한다. 중국의 경우 1은 양陽, 남성, 하늘, 길吉을 상징하고 도교의 경우 道가 1을 낳고 1이 2를 낳는다.

2 : 2원성, 차이, 갈등, 반향, 반영, 갈등, 균형, 대립을 상징하고 평형 상태 속에서 힘들이 보여주는 순간적인 고요를 상징한다. 또한 2는 시간의 경과, 곧 1에서 2로 나가는 방향을 상징하며, 그런 점에서 1은 점, 2는 거리를 상징한다. 그런가 하면 2는 물질을 구성하는 최초의 핵들, 서로 대립되는 창조자와 자연, 서로 대립되는 해와 달을 상징한다. 중국의 경우 2는 음陰, 여성, 지상, 흉凶을 상징한다. 한편 불교에서 2는 남과 여, 이론과 실천, 지혜와 방편을 상징한다. 신비주의 사상에서 2는 불길함을 상징한다. 곧 2는 그림자, 사물의 양성兩性을 상징하고, 혹은 불멸과 죽음, 영원과 변화를 연결시킨다는 점에서 쌍자궁 신화로 재현되는 2원론을 상징한다. 석기 시대 문화에 나타나는 풍경을 중심으로 할 때 2는 편도 나무 형태로 된 산과 관련되며, 이는 생명의 가혹한 시련을 상징하며, 서로 대립되는 두 기둥은 선과 악, 삶과 죽음을 상징한다.

3 : 정신적 종합, 창조력을 상징하고 2원성을 극복한다는 점에서 전진, 통합, 갈등 해결을 상징하고 탄생 – 절정 – 소멸의 과정을 암시하는 반원으로 형상화된다. 기하학적으로 3은 세 개의 점이나 삼각형의 모습을 띤다. 3은 이중성을 통일하는 조화의 세계를 상징하고, 충족성, 자체 속에서의 통일을 상징한다. 끝으로 3은 천상의 개념, 그리고 삼위일체의 개념과 관련된다. 3은 '모든'이라는 말이 붙을 수 있는 최초의 숫자이다. 3은 또한 하늘 – 땅 – 바다로 이루어진 세계의 3중성을 상징하며 나아가 탄생 – 삶 – 죽음, 처음 – 중간 – 끝, 과거 – 현재 – 미래, 초생달 – 반달 – 보름달을 상징한다. 4는 육체를 상징하고 3은 정신을 상징한다. 불교에서 3은 삼보三寶, 곧 불교를 구성하는 佛, 法, 僧을 상징한다.

4 : 사면체가 암시하듯 4는 최초로 구현된 공간, 질서, 동적인 원에 대립되는 정적인 상태, 지상, 인간적 상황, 외적·자연적 한계, 합리적 조직을 상징한다. 4는 4각형, 4계절, 나침반의 점들이 재현하는 십자로와 동일시된다. 수많은 물질적·정신적 형식들의 모형은 4를 기준으로 한다. 4는 구체적인 성취, 곧 손으로 만져서 알 수 있는 성취와 관련되는 수이며, 또한 기본적인 요소들, 예컨대 물, 불, 공기, 대지 같은 네 요소와 유

사한 요소들을 상징한다.

5 : 소우주로서의 인간, 곧 네 개의 사지와 이것들을 규제하는 머리로 된 인간의 모습을 상징하고 5각형 별 모양이 암시하듯 끝나는 점이 없기 때문에 완전성과 힘, 건강, 사랑, 물질에 작용하는 본질을 상징한다. 5는 또한 네 개의 손가락에 엄지가 합해진 형식이고 유기체의 공통적인 특성인 5각형이 암시하는 균형, 피타고라스 학파가 강조했던 황금률, 인간이 지니고 있는 다섯 개의 감각에 상응한다. 네 방향과 중심(하늘과 땅의 접점)을 합한 형식이기 때문에 완전성을 상징하고 여성-짝수 2와 남성-홀수 3의 결합으로 성스런 결혼을 상징한다.

6 : 평형, 조화, 양가성과 균형을 상징하는 바, 이는 6이 두 개의 삼각형, 혹은 불과 물로 구성되기 때문이다. 따라서 6은 인간의 영혼을 지시한다. 그리스인들에 의하면 6은 양성 동물이나 양성 소유한 꽃을 상징한다. 6은 또한 공간을 구성하는 여섯 방향에 상응하며, 기독교에서 6은 완전, 완성, 우주의 창조에 필요한 6일을 뜻하고 따라서 모든 운동의 휴식을 상징한다. 이런 사정을 토대로 6은 시련과 노력을 상징하게 된다.

7 : 3(하늘, 정신)과 4(지상, 육체)의 결합이라는 점에서 완전, 전체성, 완벽한 질서, 완전한 순환이나 주기를 상징한다. 7은 공간을 구성하는 일곱 방향, 곧 기본적인 여섯 방향에 중심이 첨가된 방향, 일곱 개의 별, 4각형과 3각형의 화해, 곧 지상을 표상하는 4각형과 천상을 표상하는 3각형이 결합된 화해의 개념을 상징한다. 7은 악보의 기본적인 계열, 기본적인 색채, 기본적인 유성들, 그리고 이 유성에 상응하는 신들을 구성하는 수이다.

8 : 두 개의 4각형, 혹은 8각형과 관련된다는 점에서 지상의 질서를 상징하는 4각형과 영원한 질서를 상징하는 원을 매개하는 형식이 되며, 성인 의식의 일곱 단계를 통해 도달하는 최종 지점으로 재생, 부활, 지복을 상징한다. 형태를 중심으로 할 때 8은 서로 대립되는 힘들의 균형, 혹은 정신적 힘과 자연적 힘의 균형을 상징하고 두 마리의 카두사가 서로 맞물린 형태와 관련된다. 카두사는 그리스 신화의 헤르메스 신의 지팡이에 나오며, 이 지팡이에는 두 마리의 뱀이 감기고 꼭대기에 날개가 있으며, 평화, 의술, 상업을 상징한다. 8은 또한 그 형태를 중심으로 할 때 영원히 선회하는 하늘의 운동을 상징하며, 이는 무한을 표상하는 이중으로 된 S자형으로 나타난다.

9 : 세 개의 3각형, 혹은 3의 거듭 제곱(3×3) 형식으로 완성, 성취, 달성,

처음과 끝, 전체를 상징하고 천상, 지상, 지하, 혹은 동양의 天, 地, 人 세 영역을 상징한다. 9는 1이 암시하는 통일성의 세계로 다시 돌아가기 전 모든 수들이 전개하는 계열의 종점을 뜻한다. 이는 9 다음에 10이 오기 때문이며, 10은 다시 통일성의 세계가 되기 때문이다. 중세의 의식에서 9는 특히 돋보이는 상징적 수로 간주되는 바, 이는 9가 3의 종합, 말하자면 육체, 지성, 정신이라는 세 영역을 상징하기 때문이다.

10 : 십진법 체계에 따르면 10은 통일성의 세계로 회귀함을 상징한다. 또한 10은 모든 수를 상징하고 따라서 모든 사물과 모든 사물의 가능성을 상징하고 모든 것을 포함한다는 점에서 법, 질서, 지배를 상징한다. 또한 10은 정신적 성취, 동시에 짝수 혹은 양가적인 수로서 통일성, 새로운 다중적인 수의 계열이 시작됨을 상징한다. 일부 이론에 따르면 10은 물질과 형이상학 양자를 포함하는 우주의 총체성을 상징하는 바, 이는 10이 모든 사물들을 통일시키기 때문이다. 고대의 동양적 사고로부터 피타고라스 학파까지 10은 가장 완벽한 수로 간주되었다.

11 : 10이 완전과 법을 상징한다는 점에서 11은 이런 법을 어기는 과실, 전환, 위험, 과잉, 갈등, 순교를 상징한다. 슈나이더에 의하면 11은 지옥이나 악마적인 특성을 내포한다. 왜냐하면 11은 완전을 상징하는 수인 10을 초월하는 수이며 따라서 자제심의 결여를 상징하기 때문이다. 그러나 이와 동시에 11은 2가 그렇듯이 역전과 반대 명제를 상징하는 바, 이는 11이 2처럼 1과 1로 구성되기 때문이다.

12 : 3(신)과 4(인간)의 거듭 제곱 형식으로 완전한 주기周期, 우주 질서, 신성과 세속을 상징한다. 또한 12는 12궁도와 관련되며, 12를 기준으로 하는 모든 집단의 기초가 된다. 이와 관련되는 것으로는 1년은 12개월, 주야의 시간 수(24시), 크리스마스 축제(12일 동안), 고대 근동의 경우 혼돈과 우주(질서) 사이의 전쟁(12일 동안) 등이 그렇다.

13 : 죽음과 탄생, 그리고 새롭게 시작되는 삶을 상징한다. 기독교의 경우 부활절 직전 일주일 간 행하는 의식인 성주간聖週間에 쓰이는 촛대는 13개(보통 15개)로 의식에서는 촛불을 하나씩 끄고 이때 실내가 차차 어두워지는 것은 예수의 죽음으로 지상이 어두워짐을 상징한다. 한편 13은 최후의 만찬 때 가룟 유다가 예수와 12사도와 함께 있을 때의 숫자로 불길함을 상징한다.

20 : 손가락과 발가락의 수를 합치면 20이 된다. 따라서 20은 인간 전체를 상징한다.

40 : 4의 10배가 되는 수로 시련 기간, 시험, 이니시에이션, 죽음을 상징하고 죽음을 강조하면 완전 무결, 완전성을 상징한다. 기독교의 사순절四旬節 40일간은 예수가 황야에서 고통을 당한 기간이고 부활절에서 승천축일까지가 40일이고, 모세가 시나이 산에 머문 기간, 대홍수 기간, 유대인이 황야에서 방랑한 기간, 다윗의 통치 기간, 솔로몬의 통치 기간 등이 40일이다. 이슬람교의 경우 40은 변화와 죽음의 숫자이며 동시에 화해와 원칙 복귀의 숫자이다.

60 : 1시간은 60분, 1분은 60초이다. 60은 20(스코어의 수)의 3배로 나머지가 없는 수이다.

그러나 파네스가 행한 수에 관한 연구는 이상에서 살핀 것과 달리 강박 관념이나 망상, 혹은 꿈에 나타나는 현상을 중심으로 하는 이른바 심리학적 관점에 서 있다. 그의 해석을 간추리면 다음과 같다.

1 : 자주 나타나지 않는 수이다. 그러나 나타나는 경우 1은 선과 악, 곧 2원론의 세계에 우선하는 낙원의 상태를 상징한다.

2 : 대립이나 평형, 혹은 분리된 실존에 대한 경험, 그리고 이런 경험에 수반되는 문제들, 불가피한 분석, 양분, 내적인 분열과 투쟁을 상징한다.

3 : 생물학적 종합, 아기의 탄생, 갈등의 해결을 상징한다.

4 : 2와 2로 나뉘는 이중적 분리를 암시하는 수로 2가 상징하는 분리가 아니라 분리되는 질서적 배열, 곧 공간의 질서를 상징하며, 이로부터 유추되어 훌륭한 질서를 갖춘 모든 사물들의 구조를 상징한다.

5 : 때때로 살아 있는 자연 속에 나타나며, 따라서 봄의 성장에 상응하는 활기를 상징한다. 5는 또한 죽음과 견고성과 대립되는 생명의 유기적 충만을 상징한다. 이와 동시에 5에는 에로틱한 의미가 있다.

6 : 2처럼 특히 다의성을 내포하는 수이다. 6은 2×3 혹은 3×2처럼 2원론의 세계를 표현한다. 그러나 6은 5가 표상하는 자유와 7이 표상하는 신비나 갈등과 대립되는 가치를 상징하며, 이런 점에서 4와 비슷하다.

7 : 환원할 수 없는 세계, 갈등, 복잡한 통일성의 세계를 상징한다. 여기서 복잡한 통일성이란 근본적인 수, 예컨대 1과 7의 관계가 암시하듯이 같은 통일성을 상징하는 수라 하더라도 그 단계가 높아지면 그만큼 복잡성이 강화됨을 의미한다.

10 : 도형 10이 암시하듯이 결혼을 상징한다. 이때 1은 남성을, 0은 여성을 상징한다.
0 : 십진법에 따르면 0은 수 상징의 양적 능력을 고양한다. 말하자면 0이 첨가됨으로써 많은 수가 존재하게 된다. 무수히 반복되는 0은 거대한 사물들을 향한 격정을 상징한다.

파네스는 또한 대수적인 수와 상징적 수를 구별한다. 전자는 대상을 양으로 정의하지만 그 본질에 대해서는 말하는 바가 없다. 그러나 후자는 대상의 수와 수 자체의 신비한 관계에 유념하면서 대상을 정의한다. 따라서 후자의 경우 대상과 수 사이에는 내적인 연관성이 강조된다. 대수의 경우 1+1+1은 3이 되지만 이른바 3이 환기하는 통일성이라는 개념은 존재하지 않는다. 그러나 상징의 경우 위의 세 개의 1 가운데 둘째와 셋째의 1은 첫째의 1과 다른 특성을 보여준다. 왜냐하면 첫 번째 1은 능동적 요소이고, 두 번째 1은 수동적 요소이며, 세 번째 1은 중립적 요소 혹은 이 둘의 결과, 말하자면 능동적 요소와 수동적 요소의 종합이라는 의미를 띠기 때문이다. 요컨대 이 세 개의 1은 이른바 3이 환기하는 내적 통일성의 질서를 따르고 있다.

파네스는 높은 단위의 수들을 중심으로 다음과 같이 말한다. '하나의 수가 높은 단위로 증가한다는 것은 그 수의 능력이 증가함을 의미한다. 따라서 25와 15는 모두 에로티시즘을 상징한다. 두 개의 아라비아 수로 구성되는 수들은 왼쪽에서 바른쪽으로 가면서 상호 관계를 표현한다. 예컨대 23은 2가 갈등을 상징하고 3은 그 결과로 해석된다.'

둘 이상의 수로 구성되는 수들은 여러 방법으로 그 수들을 분리해서 해석할 수 있다. 예컨대 338은 300+2×19 혹은 3+3+8로 분석된다. 3이라는 수가 암시하는 역동성과 상징적 풍요성은 이처럼 많은 예외성을 띤다는 점에 유의할 필요가 있다. 3이라는 통일성의 세계에서 화해적인 기능을 하는 세 번째 요소로서의 1은 긍정적인 의미를 암시하지만 이와는 반대로 부정적인 의미를 암시할 수도 있다. 예컨대 신화와 전설에는 세 형제나 세 자매, 세 명의 동행인, 세 번에 걸친 시도, 세 가지의 소원 따위가 나타나는 바, 이때 첫 번째 요소와 두 번째 요소는 이미 소유된 세계를 암시하고, 세 번째 요소는 이런 세계를 획득하려는 노력이나 마술적이고 신비한 방법에 의한 해결을 암시한다. 그러나 이 세 번째 요소는 또한 위에서 말한 것처럼 부정적인 의미를 함축할 수도 있다.

따라서 첫째와 둘째가 실패하고 셋째가 성공하는 일부 전설에서는 때로 최초의 여섯 요소가 실패한 다음 일곱 번째 요소가 등장하여 성공하기도 한다. 따라서 이런 경우에는 최초의 두 요소는 바람직한 상태, 특히 두 번째 요소가 첫 번째 요소보다 더욱 나은 상태를 암시하지만, 세 번째 요소는 파괴적이거나 부정적인 상태를 암시함으로써 이제까지 우리가 보아온 전통적인 상징성이 역전되는 결과를 낳는다.

예컨대 신화나 전설에서 세 명의 왕은 각각 황금을 상징하는 나이 어린 예수, 긍정적인 의미를 환기하는 유향, 부정적인 의미를 환기하는 몰약을 신에게 바친다. 세 개의 잔, 세 개의 상자, 세 개의 방에 대해 이야기하는 이런 신화나 민담에서는 대체로 세 번째 요소는 죽음과 관련된다. 왜냐하면 인간의 생명의 주기는 두 요소, 곧 유년과 사춘기, 그리고 청춘과 성숙기라는 상승하는 두 요소로 구성되며, 세 번째이자 마지막이 되는 요소는 노년과 죽음을 상징하기 때문이다.

히브류인들에겐 '참된 행복'이라 불리는 민담이 있는 바, 이는 우리가 말한 세 번째 요소의 상징적 의미를 그대로 보여준다. 뢰플러의 번역을 옮기면 다음과 같다.

한 농부가 아내와 함께 살고 있었다. 이들은 궁정에서 살고 있는 신분 높은 사람들을 생각하면서 자신들의 운명을 저주했다. 어느 날 농부와 그의 아내가 들에서 일을 하고 있을 때 한 남자가 쇠로 된 세 개의 상자를 주고 간다. 첫째 상자에는 '나를 여는 사람은 부자가 될 것이다'라고 쓰여 있었다. 둘째 상자에는 '황금이 당신을 행복하게 만든다고 여긴다면 나를 열라'고 쓰여 있었다. 마지막 상자에는 '나를 여는 사람은 그가 소유한 모든 것을 잃을 것이다'라고 쓰여 있었다. 부부는 즉시 첫째 상자를 열었다. 상자 속에서 많은 은화들이 쏟아져 나왔고, 부부는 이 은화로 화려한 잔치를 열고 비싼 옷과 노예들을 샀다. 둘째 상자를 연 다음 이 부부는 고상하고 아름다운 생활을 할 수 있게 되었다. 그러나 세 번째 상자를 열자 무서운 폭풍이 불며 그들이 소유한 것들을 순식간에 파괴해 버렸다.

이 이야기는 봄-여름-가을 다음에 겨울이 온다는 1년의 순환, 특히 비대칭적인 순환과 관련된다. 1년의 순환이 비대칭적이라는 것은 봄-여름-가을이 단계적으로 상승하는 생명을 상징함에 반해 유독 겨울만이 죽음을 상징하기 때문이다. 한편 이런 이야기는 이른바 '탁월성'을 상징하는데 그것은 '탁월성'의 세계가 언제나 위험을 내포한다는 사실을 암시한다.

끝으로 수의 상징적 의미로는 수가 보여주는 형태를 중심으로 하는 시각적 해석이 있다. 그러나 이런 해석은 그 토대가 분명치 않고, 따라서 특수한 경우에 해당된다.

　　　4각형의 내부의 4각형의 내부의 4각형의 내부의 4각형의 내부의 4각형./
　　　4각이 난 원운동의 4각이 난 원운동의 4각이 난 원.
　　　　　　　　　　　　　　　　　— 이상, 「신기성의 백화점에서」

　　　13인의 아해가 도로로 질주하오./ (길은 막다른 골목이 적당하오.)/ 제1의 아해가 무섭다고 그리오./ 제2의 아해도 무섭다고 그리오./ 제3의 아해도 무섭다고 그리오.
　　　　　　　　　　　　　　　　　— 이상, 「오감도 시 제1호」

　　　진단 0:1/ 26. 10. 1931/ 이상 책임의사 이 상
　　　　　　　　　　　　　　　　　— 이상, 「오감도 시 제4호」

첫째 시에서 노래되는 것은 4각형이다. 그러나 이 4각형은 내부를 행하여 계속 축소되는 과정에 있다. 그런 점에서 이 시의 경우 4각형은 마침내 원이 된다는 인식과 관련된다. 이때의 원은 4각형의 내부로 무한히 축소되면서 전개되는 무한소의 원, 그러니까 하나의 점을 암시한다. 결국 이 시행은 4각형과 원의 관계를 노래하는 바, 여기서 4각형은 지상의 삶을 상징하고 원은 그런 지상적 삶의 세계가 귀착되는 궁극의 세계, 혹은 비존재나 무를 상징한다고 해석할 수 있다.

「오감도 시 제1호」에서 강조되는 것은 13이라는 수이다. 이 수는 그동안 여러 가지로 해석되었지만 앞에서 말한 수의 상징에 의하면 불길함을 상징한다. 「오감도 시 제4호」에서 유의해야 할 부분은 '진단 0:1'이라는 시행이다. 수의 상징에 따르면 여기서 1은 존재를 상징하며 0은 비존재를 상징한다. 말하자면 1은 유의 세계, 0은 무의 세계를 상징한다. 그러나 1과 0이 결합되어 10이 되며, 이 수가 결혼을 상징한다는 시각에 따르면 이때의 1은 남성을, 0은 여성을 상징할 수 있다.

수레바퀴 Wheel

수레바퀴는 태양을 상징한다. 수레바퀴의 중심은 태양이고 수레바퀴의 살은 태양의 빛에 해당한다. 따라서 수레바퀴는 세계 지배, 생명의 순환, 재생, 고귀함을 상징하고 이런 순환을 강조할 때 시간, 운명을 상징하고 빛이 지성을 암시한다는 점에서는 지성, 정신적 계몽을 상징한다.

중세의 민속 축제에는 동짓날 '불의 수레바퀴'를 언덕 아래로 굴리는 의식이 있는데 이때 '불의 수레바퀴'는 태양을 상징하고 따라서 수레바퀴를 굴리는 것은 태양에 의해 겨울과 죽음을 추방한다는 의미이다. 또한 이런 수레바퀴는 우주적 힘의 활력과 시간의 경과를 종합한다는 상징적 의미를 나타낸다.

그러나 여기서 유념해야 할 점은 바퀴를 태양의 상징으로 보는 견해와 단순한 구체球體로 보는 견해가 있다는 사실이다. 물론 이 두 가지 견해는 모든 순환 과정이 회전한다는 점을 강조한다. 십자로와 수레바퀴의 중간단계를 표상하는 기호인 卍 역시 일부에서는 태양과, 일부에서는 구체와 관련시킨다. 그러나 어느 쪽을 강조하든 이런 이미지는 세계의 질서가 기본적으로 주변과 그 고요한 중심으로 구성된다는 것을 상징한다. 그리고 이때 고요한 중심이란 아리스토텔레스가 말하는 이른바 '움직이지 않으면서 움직이는 자'를 의미한다.

수레바퀴의 이런 특성은 신비주의 사상에서 핵심적인 주제가 되며, 연금술의 경우 고정성과 휘발성, 고체와 기체의 대립으로 인식된다. 수레바퀴가 암시하는 이런 2중적 구조는 흔히 기하학적 장식에도 사용된다. 귀에논에 의하면 켈트족이 수용한 수레바퀴 상징은 중세까지 지속되어 중세 초기의 로마네스크 교회의 장식, 고딕 건축에 보이는 장미로 장식된 창은 이런 수레바퀴의 상징을 응용한 것으로 인식된다. 그는 또한 서양에서 장미, 동양에선 연꽃에 해당하는 이런 장식적인 꽃들과 수레바퀴 사이에는 분명한 관계가 있다고 덧붙인다.

연금술의 경우에는 순환 과정을 암시하는 수레바퀴를 표상하는 여러 가지 상징들이 나오는 바, 대체로 상승의 시기와 하강의 시기로 양분된다. 이런 연금술적 단계는 또한 하늘로 높이 날아가는 새와 땅을 향해 내려오는 새로 재현되기도 하며, 이때 전자는 승화, 후자는 응축을 상징한다. 뿐만 아니라 이런 이미지는 밖으로 감김과 안으로 감김, 혹은 정신적 진보와 퇴행을 상징한다.

불교의 경우 수레바퀴는 윤회하는 환영의 세계, 곧 환상을 벗어나 중심으로 가는 길을 상징한다. 귀에논에 의하면 도교의 경우 선택된 인간인 현인은 수레바퀴의 중심을 볼 수 없을 때면 움직이지 않고 자신의 몸을 일으키지 않는 가운데 수레바퀴의 중심을 향해 나아간다. 그가 인용하는 도교의 일부는 다음과 같다. '현인이란 수레바퀴의 중심을 획득하여 이른바 「불변의 수단」을 깨우친 사람을 말한다. 그는 만물의 기원과 굳게 결합되어 있으며, 그 움직이지 않으면서 움직이는 양상을 모방한다. 또한 그는 최상의 無에 도달한 사람으로 휴식 속에 안주한다.' 요컨대 현인은 모든 것을 우연성과 전환성에 맡김으로써 사물의 굴레로부터 벗어나는 사람이라고 할 수 있다.

> 어제의 바람과/ 오늘의 돌./ 간밤 꿈에 나의 수레를 몬/ 구릿빛 윤나는 말과/ 오늘의/ 갈기가 바스러지는 구름의 말.
> ― 박목월, 「어제의 바람」

이 시에서 노래되는 것은 수레바퀴라기보다는 수레이다. 그러나 이 수레는 '구릿빛 윤나는 말'이 몬다는 점에서 두 개의 수레바퀴가 달린 마차를 암시한다. 따라서 이런 수레는 빛의 근원, 지성, 정신적 계몽을 상징한다. 빛의 근원이자 정신적 계몽을 상실한 상태를 시인은 '오늘의/ 갈기가 바스러지는 구름의 말'이라는 이미지로 노래한다.

수수께끼 Enigma

수수께끼는 사물이 은폐하고 있는 신비한 양상을 뜻하고 이런 양상은 그 사물의 초월성을 상징한다. 말하자면 수수께끼는 사물의 물질적 차원을 벗어나는 것을 상징한다. 그러나 수수께끼가 어떤 점에서는 상징과 동일시되기 때문에 이런 의미보다는 모든 상징의 형이상학적 본질을 의미한다고 보는 것이 좋다.

네 머리가 간직한 것은/ 수수께끼와 비밀의 몸가짐.

— 보들레르,「오후의 노래」

그렇지만 여기서는 모두가 수수께끼이다. 사파이어도 수수께끼, 성모 마리아도 수수께끼, 사이펀도 수수께끼, 수부의 저고리 깃도 수수께끼, 눈부신 파란 햇빛도 수수께끼, 그리고 내 가슴을 꿰뚫는 너의 파란 눈도 수수께끼이다.

— 콕토,「파란색의 비밀」

그렇다면 나는 어디서 왔는가? 아 정말 어디에서? 이것은 풀기 어려운 괴상한 수수께끼이다.

— 스턴,「합리주의적인 아이의 독백」

보들레르의 경우 수수께끼는 비밀과 통하며, 이것은 이 지상의 한계를 뛰어넘는 이른바 초월성을 의미한다. 이런 의미는 콕토의 경우에도 해당된다. 그러나 스턴의 경우에는 이런 초월성보다는 이른바 형이상학적 본질이라는 의미로 수수께끼가 사용된다.

수정 Crystal

수정은 투명하고 순수하다는 점에서 청순, 스스로 빛나는 자, 영적 완성, 투명한 정신, 지성을 상징한다. 신비주의자나 초현실주의자 모두가 수정을 숭배하는 것은 흥미로운 일이다. '투명한 상태'란 서로 대립되는 세계가 아름답게 결합된 것으로 인식된다. 이때 물질은 존재하지만 마치 존재하지 않는 것 같다. 왜냐하면 우리는 존재하지 않는 세계를 통해 존재를 볼 수 있기 때문이다. 수정은 견고한 것도 아니고, 저항하는 것도 아니고, 고통을 주는 것도 아니다. 불교의 경우 수정은 마음의 투명한 상태, 맑고 깨끗한 정신, 투철한 통찰력을 상징하며 육체와 정신의 오온五蘊, 곧 자아를 구성하는 色受想行識 다섯 가지 요소를 상징하는 다섯 가지 색을 비춘다. 기독교의 경우 수정의 구球는 신의 빛의 세계를 상징한다.

그가 춤추면서 자기의 생생하고 경멸적인 고함을 던졌을 때/ 금속과 돌의 광채나는 세계는/ 나를 열광 속에서 황홀하게 하였다.
— 보들레르, 「보석들」

오 아름다운 로렐라이/ 그대 눈짓에 빛나는 보석이여.
— 아폴리네르, 「요희 로렐라이」

스스로 불에 타서 소멸을 선택하는/ 지상의 별들이여/ 묻혀라 화석에/ 영원히 죽는 것은 이미/ 죽음이 아니다.
— 오세영, 「보석」

보들레르가 보석들을 보면서 황홀을 체험하는 것은 그 세계가 존재하면서 존재하지 않는 이른바 존재의 아이러니를 보여주기 때문이다. 이런 아이러니는 「여행」이라는 시에서 보석이 '별과 에테르'로 되었다는 진술로 부연된다. '별'은 광물이며 '에테르'는 공기이다. 전자는 눈에 보이는 물질의 세계이지만 후자는 눈에 보이지 않는다. 그런 점에서 보석은 가시적인 세계와 불가시적인 세계가 섬세하게 결합된 매우 신비로운 물질이다. 아폴리네르의 경우 로렐라이의 눈빛에서 보석을 느끼는 것은 그녀의 눈이 보석과 같은 신비를 담고 있기 때문이다. 오세영의 경우 보석은 생명과 죽음이 동시에 존재하는 세계로 노래된다. 보석은 화석이 되어 이미 죽음의 세계에 있지만 시인은 이것이 영원히 반짝인다는 점에서 영원히 살아 있다고 노래한다. 여기서 보석은 서로 대립되는 두 세계의 아름다운 결합이라는 상징적 의미를 나타낸다.

수탉 Cock

수탉은 태양에 속하는 새로 남성 원리, 최고의 권리, 용기, 새벽, 활력을 상징한다. 싸우는 두 마리 수탉은 생명의 전쟁을 상징하고 한편 검은 수탉은 악마를 상징한다. 중국의 경우 수탉은 양陽의 원리, 용기, 자비, 성실을 상징하는데 붉은 수탉은 태양, 불을 상징하는 바 액厄을 막는 부적으로 사용되고 흰 수탉은

▲ 신윤복의 〈닭〉

마귀를 상징하는 바 이것 또한 액을 쫓는 부적으로 사용된다. 중국의 민속의 의례에서 오래된 생명을 죽이고 새로운 생명의 순수성을 보여주기 위해 흰 수탉을 잡는다. 중국에서는 수탉이 일몰을 상징하기도 한다.

서양의 경우 신에게 바쳐진 수탉은 질병을 치료한다는 상징적 의미를 나타낸다. 중세기에 수탉은 매우 중요한 기독교적 이미지로 드러나는 바, 교회 첨탑과 기둥의 바람개비로 그려지며, 이런 이미지는 경계와 부활의 알레고리로 간주된다. 이때 경계는 데비에 의하면 '영원을 지향하며, 정신을 표상하는 사물의 최상에 위치하며, 깨어 있는 존재로, 동쪽에 떠오르는 태양, 곧 예수를 맞이한다'는 의미로 읽어야 한다.

닭은 새벽을 고하는 나팔수, 그 드높고 날카로운 목청이 하늘을 찔러서 태양신을 일깨운다. ……그 울림소리에 천지간을 방황하던 온갖 헛것들이

자기 처소로 허둥지둥 달려간다.

— 셰익스피어, 「햄릿」

홰를 치며 새벽을 알려 주는, 어둠 속에 잠들어 있는 모든 생명을 깨워 주는 그 수탉의 울음소리였다. 닭은 아침의 메신저였고, 모든 암흑을 닮아 버리는 광명의 예언자이다.

— 이어령, 「차 한잔의 사상」

까마득한 날에/ 하늘이 처음 열리고/ 어데 닭 우는 소리 들렸으랴.// 모든 산맥들이/ 바다를 연모해 휘달릴 때도/ 차마 이곳을 범하던 못하였으리라.

— 이육사, 「광야」

사나이의 팔이 달아나고 한 마리 흰 닭이 구구구 잃어버린 목을 찾아 달린다. 오 나를 부르는 깊은 명령의 겨울 지하실에선 더욱 진지하기 위하여 등불을 켜놓고 우린 생각의 따스한 닭들을 키운다. 닭들을 키운다. 새벽마다 쓰라리게 정신의 땅을 판다.

— 이승훈, 「사물 A」

셰익스피어의 경우 닭은 태양, 곧 신을 맞이하는 존재로 인식된다. 이어령의 경우 역시 비슷한 상징적 의미가 드러난다. 그러나 이육사의 경우 닭은 천지의 개벽을 상징한다. '어데 닭 우는 소리 들렸으랴'는 어디에도 닭 우는 소리가 들리지 않던 시간, 그러니까 천지가 개벽되기 이전의 시간을 의미하기 때문이다. 쉽게 말하면 하늘이 처음 열렸지만, 태양으로 상징되는 신이 존재하기 이전의 시간을 의미한다. 그런 점에서 닭 우는 소리는 이른바 태양신을 맞이하는 이미지로 읽을 수 있다. 그런가 하면 필자의 경우 목이 달아난 닭은 생명, 남성 원리, 활력을 상실한 삶을 상징하고, '생각의 따스한 닭들'은 이런 삶이 추구하는 새로운 정신, 생명, 활력을 상징한다.

순례자, 순례Pilgrim

순례자는 목적지가 있다는 점에서 목적지가 없는 방랑자와 대립되는 존재이다. 순례자의 목적지는 성스러운 세계, 낙원, 중심이고 기독교의 경우 성지聖地이다. 그러므로 순례자는 신성한 세계를 탐구하는 자이고 진정한 고향을 찾아가는 자이다. 요컨대 순례는 인간의 신성한 기원과 그 전략, 다시 신성한 영역에 회귀하려는 인간의 희망을 상징하고 순례 신화가 강조하는 것은 지상에 머무는 동안 인간은 나그네이며, 그의 발걸음은 삶의 전환을 상징한다는 것, 인간은 그의 기원에서 떠나 다시 그의 기원으로 돌아간다는 것이다. 기독교의 경우 순례가 특수한 가치를 띠는 것은 이렇게 인생을 순례로 보는 견해 때문이다.

순례를 상징하는 사물로는 조개 껍질, 굽은 지팡이, 구원의 물을 담은 물병, 우물, 길, 외투, 차양이 넓은 모자 등이 있다. 이런 사물들의 상징적 의미는 미로가 암시하는 것과 비슷하다. 그런 점에서 순례를 계속한다는 것은 미로의 본질을 이해하게 된다는 것을 의미하며 미로의 세계를 지배하여 마침내 삶의 '중심'으로 돌아가게 됨을 의미한다.

> 흐름 위에/ 보금자리 친/ 오 ······흐름 우에/ 보금자리 친/ 나의 혼// 바다 없는 곳에서/바다를 그려 보다/ 가만히 앉아서 때를 잃고/ 옛 성 위에 발돋움하고/ 들 너머 산 너머 보이는 듯 마는 듯/ 어릿거리는 바다를 바라보다/ 해지는 줄도 모르고/ 바다를 마음에 불러일으켜/ 가만히 응시하고 있으면/ 깊은 바다 소리에/ 나의 피의 조류를 통하여 울도다
> ─ 오상순, 「방랑의 마음」

이 시의 경우 '나의 혼'은 '흐름' 위에 보금자리를 친 것으로 노래된다. 흐름 위에 보금자리를 친다는 말은 어디에도 정착하지 않으려는 삶의 태

도를 의미한다. 이런 마음은 인간의 기원으로부터 끝없이 떠나려는 심적 상태를 상징한다. 그러나 이런 혼은 '바다 없는 곳'에서 바다를 연모하는 나머지 눈을 감고 마음 속에 바다를 그려본다. 이 '바다'는 시인의 '피의 조류'를 통하여 울기 때문에 삶의 기원을 암시한다. 결국 이 시에서 방랑하는 마음은 시인의 내면 깊숙이 존재하는 삶의 기원으로 돌아간다는 의미를 암시하고 따라서 마음의 방랑은 마음의 순례와 같은 의미를 띤다.

순환 Cycle

순환은 원, 나선형, 소멸 같은 형태로 나타나고 그것은 순환적 과정이 최초의 상태를 지향하는 최후의 단계, 곧 최후의 단계가 최초의 상태를 암시하는 운동으로 나타난다. 그런 점에서 시간적 경과, 형태나 조건의 변화 등은 모두 순환적이다. 이들은 한 해, 한 달, 한 주, 하루라는 단위를 반복하기 때문이다. 12궁도의 상징이나 어떤 대상을 12로 나누는 것 역시 순환의 상징적 의미와 관련된다. 완벽한 순환을 도해하면 그것은 서로 대립되는 방향에서 마주치는 이미지로 재현되고 이는 감과 옴, 떠남과 돌아옴을 상징한다. 서로 대립되는 방향을 지시하는 두 개의 발자국이 있는 로마의 비석이 상징하는 것이 그렇다.

> 손을 들어/ 당신을/ 부르리라/ 먼 사람아// 당신을/ 부르는/ 내 손 끝에/ 일월의 순조로운 순환/ 아아/ 연한 채찍처럼/ 채찍이 운다/ 먼 사람아
> ─ 박목월, 「먼 사람에게」

이 시에서 시인이 노래하는 것은 시간적 경과이다. 그것을 시인은 '일월의 순조로운 순환'이라고 노래한다. '일월의 순조로운 순환'은 순환하

는 자연의 질서, 시간의 질서에 순응하는 태도를 암시한다. 그러나 이런 태도는 '당신'이 개입함으로써 '연한 채찍처럼' 우는 소리, 안타까움을 내포한다.

술Alcohol

연금술에 의하면 술은 불과 물이 결합된 생명수로, 대립되는 것의 일치와 결합, 예컨대 남성과 여성, 창조와 파괴, 능동과 수동의 결합을 상징한다. 따라서 창조하면서 동시에 파괴하는 유동적이며 전환적인 관계를 보여준다. 특히 술이 불탈 때 그것은 자연의 위대한 신비를 상징한다. 바슐라르에 의하면 불타는 술은 '여성적'인 물이 부끄러움을 잊고 흥분 상태에서 그녀를 지배하는 불에 온몸을 바치는 것을 상징한다.

한편 우리 신화의 경우 미혹, 혼돈, 일체화를 상징한다. 천제天帝의 아들 해모수는 하백의 딸 유화를 술로 유혹해 결합한다. 이런 결합은 태초의 우주적 혼돈을 상징한다. 우리 민속의 경우 술은 사람과 사람 사이의 화합, 신명, 흥, 멋을 상징한다. 한편 술은 현실 도피와 풍류를 상징하고 그리스 신화의 포도주신 디오니소스는 도취, 황홀을 상징하고 포도주가 붉다는 점에서 피, 생명, 불멸성을 상징한다.

꽃 사이에 앉아 혼자 마시자니/ 달이 찾아와 그림자까지 셋이 된다./ 달도 그림자도 술이야 못 마셔도/ 그들과 더불어 이 봄밤 즐기리/ 내가 노래하면 달도 하늘을 서성거리고/ 내가 춤추면 그림자도 춤춘다./ 이리 함께 놀다가 취하면 서로 헤어진다/ 담담한 우리의 우정, 다음에는 은하수 저쪽에서 만날까

— 이백, 「월하독작」

여보게, 나는 이제/ 이 호박빛 액체가 주는 마술을 빌어/ 나의 새끼손톱
으로/ 요놈 지구 덩이를 튀겨 버리려네

— 김동명, 「술노래」

이백의 시에서는 나/달의 대립성이 와해되는 황홀의 경지가, 김동명의 시에서는 술의 마술성이 노래된다.

술잔, 잔 Goblet

중세 로마네스크 시대에 받침 달린 큰잔에 뚜껑이 달려 있는 것은 인간의 심장을 상징했다. 광의로 잔은 금고나 돈궤처럼 그 속에 무엇인가를 넣어 두는 용기를 뜻한다. 또한 잔은 신비한 중심을 감싼다는 의미가 있다. 이런 1차적 의미에 덧붙여 술잔이 암시하는 2차적 의미는 잔 속에 있는 액체와 관련된다. 말하자면 술잔이 그 경우인 바, 이때 잔은 형태가 분명치 않은 가능성의 세계를 상징한다. 따라서 유리로 된 술잔은 부적의 힘을 소유하며 신비한 힘을 상징한다.

술은 입으로 들고/ 사랑은 눈으로 든다/ 우리가 늙어 죽기 전에 참이라
깨달은 건 이것뿐/ 나는 왜 입에 잔을 들면서/ 그대를 바라보고 한숨짓는가.

— 예이츠, 「술노래」

둘이서 마시노라니 산에는 꽃이 피고/ 한잔 한잔 기울이면 끝없는 한잔./
취했으니 자려네. 자넨 갔다가/ 내일 아침 맘 내키면 거문고 안고 오게나

— 이백, 「산중대작」

유리잔에 가득히/ 호박빛 액체를 따르라./ 진주같이 붉은 것 술통에서 철철철 넘쳐흐르고/ 용을 삶고 봉황을 구우면 기름이 우는데/ 병풍 치고 장막 드리우니 우리들 마실 자리/…… / 봄도 어느덧 기울려 하느니 / 보라 붉은 비처럼 붉은 빗방울처럼 지는 복사꽃!

— 이하,「장진주」

예이츠의 경우 술잔은 술을 담는 용기에 지나지 않지만 술과 사랑, 입과 눈의 대조를 통해 무형의 가능성과 그 가능성이 제대로 실현될 수 없다는 안타까움을 상징한다. 이백의 경우 술잔은 봄날의 풍경과 연결된다. 술을 마시노라니 산에는 꽃이 핀다는 말은 술잔이 아름다운 삶의 가능성, 그러나 인간의 이성으로는 이해할 수 없는 그런 가능성을 상징하기 때문이다. 이하의 경우 역시 비슷하다. 다만 여기서는 기우는 봄이 배경을 이루며, 지는 복사꽃이 '붉은 빗방울'에 비유됨으로써 잔 속의 술과 지는 복사꽃이 모두 액체의 이미지로 드러난다.

숫양, 염소 Goat

염소는 남성적 특성, 활기, 창조적 에너지를 상징하고 높은 지대에 산다는 점에서 걸출함을 상징한다. 한편 암염소는 여성적 생식력, 풍요를 상징한다. 그러나 숫양은 속죄양이 암시하듯 타자의 죄를 대신한다는 의미가 있다. 말하자면 인간은 자신의 죄

▲ 프란스 할스의 〈염소 수레와 세 아이〉

를 양에게 투사기 때문에 숫양은 양심의 억압을 상징한다. 그런 점에서 숫양은 전통적으로 심부름꾼, 악마를 상징한다.

> 서글픈 생각을 부둥켜안고 돌아오노라면 풀밭에 매인 산양이 애잔히 우는 것이다. 제법 뿔을 세우고 새침하게 흰 수염을 드리우고 독판 점잖은 체는 하나 마음은 슬픈 것이다. 이 세상에 잘못 태어난 영원한 이방의 나그네같이 일상 서먹서먹하고 마음 여리게 운다.
>
> ― 이효석, 「청포도의 사상」

여기서 양은 '점잖은 체하나 슬픈 마음'을 가진 존재로 묘사된다. 이런 묘사가 암시하는 것은 남성, 아버지의 이미지이고 '영원한 이방의 나그네'는 속죄양을 암시한다.

숲 Forest

숲은 신화, 전설, 민담에 자주 나타나며 그 상징적 의미는 복잡하다. 그러나 일반적으로 숲은 어둡고 신비하다는 점에서 여성 원리를 상징하고 어머니와 동일시된다. 한편 어둠을 강조하면 숲은 암흑, 미지의 세계를 상징하고 따라서 숲으로 들어간다는 것은 미지의 탐험, 새로운 세계를 탐험한다는 점에서 영적 세계를 상징한다.

한편 숲은 식물이 번창하며 화려하게 개화하고 어떤 규제나 경작에도 자유로울 수 있는 공간이다. 그리고 무성한 잎이 햇볕을 가리기 때문에 태양의 힘과 대립되는 암흑을 상징한다. 서양 신화에 의하면 숲은 결혼식 때 태양에 바쳐지는데 이때 숲은 여성 원리를 상징하고 인간의 무의식과 동일시되기 때문에 또한 무의식을 상징한다. 이런 이유로 융에 의하면 '무성한 나무가 있는 영역'은 이성적 사고를 위협하는 무의식의 위기를 상징한다. 짐머에 의하면 안전한 지대인 도시, 집, 경작된 땅과 대조적으로 숲 속에서는 위험과 악마, 적과 질병이 거주한다. 숲이 모든 자연 가운데 신들의 예식에 바쳐지는 최초의 장소가 되는 것은 이런 사정 때문이다.

아주 뒷날 숲 속에서/ 기억의 숲 속에서/ 뜻밖에 나타나서/ 손을 뻗쳐서/ 나를 구해 주오

— 프레베르, 「이 사랑」

이 숲이 누구의 숲인지 알 듯도 하여라/ 하지만 그의 집이 마을에 있으니/ 숲이 눈에 쌓이는 것을 보리/ 내 여기 멈춤을 그는 보지 못하리// 내 작은 말은 반드시 이상하게 여기리라/ 한 해 중에서 가장 어두운 저녁에/ 숲과 얼어붙은 호수 사이/ 가까이 농사도 없는 곳에 멈추는 것을// 말은 방울을 흔든다/ 무슨 잘못이나 있나 하고/ 오직 소리라곤 느린 바람과/ 솜털 같은 눈송이가 휩쓰는 소리// 숲은 아름답고 어둡고 깊다/ 그러나 나는 지켜야 할 약속이 있어/ 잠들기 전에 여러 마일을 가야만 한다.

— 프로스트, 「눈 내리는 저녁 숲가에서」

가지들이야 서로 정들어 숲은 그 자체로는 하나인데/ 사람이 가면/ 몇만 개의 숲이 되어서/ 사람이 외롭다/ 그러므로 작은 노래 태어난다.

— 고은, 「숲 속의 소야곡」

프레베르의 경우 '기억의 숲', '나를 구해 주오'라는 말이 암시하듯이 숲은 일상의 고통을 구원할 수 있는 세계이고 기억과 동일시된다는 점에서 무의식과 관련된다. 프로스트의 경우 숲은 먼저 집과 대비된다. 따라서 숲은 문명과 대비되는 자연의 세계를 상징한다. 그러나 여기서 집과 대비되는 숲은 위험이 아니라 아름다움을 상징한다. 둘째로 여기서 숲은 '한 해 중에서 가장 어두운 저녁'과 관련된다는 점에서 태양의 세계와

대립된다. 그러나 숲은 '아름답고 어둡고 깊은' 세계로 노래된다. 따라서 숲은 어둠, 자연의 세계이고 이런 세계는 아름다움을 내포한다. 그러나 시인은 이런 아름다움의 세계를 떠나야 한다고 고백한다. 왜냐하면 그에게는 현실적인 삶을 수행해야 할 의무가 있기 때문이다. 그것을 그는 '나는 지켜야 할 약속이 있어'라고 말한다. 고은의 경우에는 숲이 '서로 정든 세계', 곧 투쟁이 없는 세계를 상징한다. 숲이 이렇게 인식되는 것은 숲 속의 나무가 이른바 희생목과 관련되기 때문이지만 시인은 그것을 '가지들이야 서로 정들어'라고 표현한다. 그러나 이런 평화의 세계에 인간이 들면 그 평화는 몇 배로 증대한다. 따라서 숲을 보는 인간은 외롭고 이 외로움이 '작은 노래'를 낳는다.

시간 Time, Hours

시간은 흐름이기 때문에 시작과 끝이 없다. 인간은 시간의 지배를 받기 때문에 시간은 인간의 삶을 창조하고 한편 시간 속에서 죽기 때문에 시간은 창조의 힘과 파괴의 힘을 상징한다. 그러나 불교의 경우 시간의 정지는 깨달음의 세계, 열반, 영원을 상징한다.

시간의 유형은 공간이 분할되는 방식을 따르며, 예컨대 일주일처럼 시간을 일곱 단위로 유형화하는 것은 공간이 보여주는 일곱 방향과 관련된다. 이때의 일곱 방향이란 동, 서, 남, 북, 상, 하 그리고 중심을 의미한다. 따라서 일요일은 휴식의 날로 중심에 해당하고 모든 중심은 성스러운 근원을 상징한다. 일요일이 성스러운 느낌을 주는 것은 이런 사정과 관계된다. 한편 휴식이 부동성을 표현함에 반해 다른 여섯 방향은 역동성을 표현한다.

동시에 시간과 공간의 '중심'은 또한 정신적인 의미, 곧 순환 속에 존재하는 '신비한 영역'을 상징한다. 그런 점에서 '중심'은 무공간, 무시간, 무형의 세계, 말하자면 '신비한 무'를 상징한다. 이런 무의 세계는 중국인들의 경우 '구멍'으로 나타나며 그것은 하늘의 세계를 재현한다. 결국 이런 점을 전제로 하면 시간, 특히 일주일은 공간으로부터 도출된다기보다는 시간과 공간이 동일한 원리, 곧 '중심'이라는 개념에서 나온다고 할 수 있다.

시간은 만유를 만든다. 만유를 돌아서 행진한다./ 시간은 아버지로 있으면서 만유의 아들이 되었다. 그보다 위력이 앞서는 자는 없다. / 시간은 저 하늘을 낳았고, 또 여기 땅도 낳았다./ 과거도 미래도 한가지로 그때부터 나와서 그곳을 얻는다./ 시간은 국토를 만들어 내었다. 시간에 의하여 해는 빛나고/ 만물은 시간에 의존하고, 눈은 시간에 의하여 알아본다.
— 『베다』

만약 시간이 없어진다면/ 모두 알 수 있거나 볼 수 있으련만
— 예이츠

『베다』에서 강조되는 것은 만유의 원리가 시간에 있고 따라서 시간은 이른바 '중심'을 상징한다. '과거도 미래도 한가지로 그때부터 나와서 그곳을 얻는다'는 말은 시간과 공간이 모두 '중심'에서 나온다는 것을 암시한다. 예이츠의 경우 시간은 우리의 인식을 방해하는 것으로 노래된다. 따라서 시간이 현상을 상징한다면 무시간은 본질, 혹은 '중심'을 상징한다. 예이츠의 경우 강조되는 것은 시간의 소멸이고 이때 알고 보게 되는 것은 '신비한 무'이다.

시계 Clock

▲ 세잔의 〈검정마블시계〉

모든 순환적 형태와 동일하게 시계는 일종의 만다라로 해석된다. 시계의 본질은 시간을 가르쳐 줌에 있기 때문에 시계의 기본적인 상징은 수와 관계된다. 기계로서의 시계는 '영원한 운동'이라는 개념, 자동성, 기구와 관련되며, 자율성을 강조하는 존재의 마술적 창조와 관련된다.

밤에 듣는 시계 소리는 왜 슬픈가? 무의식적으로 죽음을 향해 다가가는 시간의 발자국 소리를 듣고 있기 때문이다.
— 이어령, 『하나의 나뭇잎이 흔들릴 때』

조용한 한밤중에 나는 깨닫는다./ 어둠 속 내 곁의 숨소리를./ 그리하여 그 숨소리가 시계인 것을 알고 또/ 그 숨소리는 절대로 늦지 않는 시계라는 것을 알 때/ 죽음의 공포는 우리를 위협한다.
— 워렌, 「변주곡」

시계를 꺼내본즉 서기는 했으나 시간은 맞는 것이지만 시계는 나보담도 젊지 않으냐 하는 것보담은 나는 시계보다는 늙지 아니 하였다고 아무리해도 믿어지는 것은 필시 그럴 것임에 틀림없는고로 나는 시계를 내동댕이 쳐버리고 말았다.
— 이상, 「운동」

이어령의 경우 시계는 시간에 대해 말하는 기계로, 그 기계는 속절없이 흘러가는 삶의 종점이 죽음임을 암시한다. 따라서 시계는 슬픈 소리로 인식된다. 워렌의 경우 역시 시계는 비슷한 상징적 의미를 띠지만, 좀더 찬찬히 읽어보면 여기서 시계는 흘러가는 삶이라는 의미 외에 '영원한 운동'을 상징한다. '어둠 속 내 곁의 숨소리'는 단순한 기계가 아니라 자율성을 지니는 신비한 기계로 인식되기 때문이다. 그런가 하면 이상의 경우 시계는 '신비한 존재의 마술적 창조'를 상징한다. '시계는 섰지만 시간은 맞는다'는 점에 유의할 때 시계는 일상적 시간을 초월하는 시간을 암시하며, '시계를 내동댕이쳐버리고 말았다'는 시행은 일상성을 벗어난 존재에 대한 부정과 파괴를 상징한다.

시장 Market

시장은 상품을 팔고 사는 곳이기 때문에 상업, 돈, 상품, 생존을 위한 싸움, 적나라한 삶을 상징한다. 그러나 시장의 상징적 의미는 장이나 백화점과는 다르다. 한마디로 시장은 장터와 백화점의 중간 단계에 해당하고 따라서 장터의 인간적인 요소와 백화점의 비인간적 요소가 공존하는 삶의 풍경이 나타난다.

> 여기는 서울이 아니다./ 팔도 각 고장에서 못살고 쫓겨온/ 뜨내기들이 모여들어 좌판을 벌인 장거리/ 예삿날인데도 건어물전 앞에서는 한낮에/ 윷이냐 삼이냐 윷 놀이판이 벌어지고/ 경로당 마당에서는 삼채굿가락의/ 좌도 농악이 흥을 돋군다/ 생선장수 아낙네들은 덩달아 두레삼도 삼고/ ……/ 싸구려 소리가 높아지면서/ 길음시장은 비로소 서울이 된다
> ― 신경림, 「길음시장」

이 시가 대상으로 하는 것은 길음시장이다. 이 시장이 보여주는 것은

옛날 장터같은 소박한 장사꾼들의 삶이고 따라서 서울이 상징하는 비인간적이 도시성이 아니다. 그러나 길음시장이 서울이 되는 것은 상업성, 돈을 지향하는 '싸구려 소리'를 매개로 한다. 요컨대 여기서 시장은 서울이 아니면서 서울이라는 아이러니를 보여준다.

식물Plant

　식물은 죽음과 부활, 생명, 생명의 순환을 상징하고 수액이 많은 식물은 모성과 관련된다. 특히 水中 식물은 생명의 초기 형태, 곧 발생 초기의 생명을 상징한다. 인도의 경우 연꽃의 이미지는 우주를 상징한다. 한편 인간은 동물과 관련되지만, 동물과 다른 생리 구조, 곧 위를 지향하는 몸짓은 식물, 나무, 관목, 풀잎과 관련된다. 그런 점에서 인간은 하늘을 나는 새를 제외하고는 동물보다 우월하다. 말하자면 인간은 동물의 생리 구조가 보이는 수평성이 아니라 수직성을 지향하기 때문에 동물보다는 식물과 밀착된 존재로 인식된다.

　토템 사상이 인간과 동물과의 관련성을 강조함에 반해 천문-생물학의 영역에서 인간과 식물의 관련성을 강조하는 것은 이런 사정 때문이다. 특히 격렬한 죽음을 맞이할 수밖에 없는 존재들은 죽어서 식물의 형태로 변형된다. 신성을 상징하는 오시리스, 아도니스 등은 식물과 밀접한 연관성을 띠고 있다. 식물이 환기하는 또 다른 상징적 의미로는 이른바 1년 주기라는 점에 있고 이것은 죽음과 재생을 상징한다. 일반적으로 식물이 가득한 풍요한 들판은 우주적·물질적·정신적 비옥함을 상징한다.

우리들은 공간을 침식하는 식물/ 바람이 흔들면서 불고 지나가는 하나의 나무인 것이다./……// 오늘 아침 나는 엽록소를 몸에 두른 너를 본다/ 네 의복은 그 올과 날로써 4계절을 누비고 있고/ 살아 있는 올가미 속에 생동하는 자연을 포착하고 있다.

— 도브잔스키, 「초록의 의복」

오 위대한 식물/ 당신의 그림자는 빛을 어둡게 하고

— 고은, 「마리아 테레사」

도브잔스키의 경우 인간은 식물과 동일시된다. '나'는 사람인 너를 보는 것이 아니라 '엽록소를 몸에 두른 너'를 본다. 이런 동일시는 인간의 신체가 환기하는 수직성이 식물의 그것과 유사하다는 사실을 토대로 한다. 그런가 하면 고은의 경우 노래되는 대상은 마리아 테레사 수녀이다. 그러나 이 시에서 그녀는 '위대한 식물'에 비유된다. 이런 비유가 가능한 것은 그녀가 정신적 비옥을 상징하기 때문이다. 따라서 '당신의 그림자는 빛을 어둡게 하고'라는 시행은 그녀가 상징하는 정신적 비옥이 현실의 빛보다 강함을 의미한다. 여기서 강조되는 것은 '그녀'가 아니라 '그녀의 그림자'이며, 이런 표현은 그녀가 표상하는 정신적 빛이 아니라 그 빛의 그림자가 현실의 빛보다 강함을 의미한다.

실 Thread

실은 사물들을 하나로 합친다는 점에서 우주를 묶어 우주를 짜는 것을 뜻하며 염주와 화환의 상징이 그렇다. 염주의 경우 여러 개의 진주가 실로 연결된 것은 서로 연결된 세계를 상징한다. 모든 사물들을 연결한다는 점에서 실은 바람, 생명의 호흡을 상징한다. 요컨대 실은 사회적, 정신적, 생물학적 수준에서 상이한 요소들을 결합한다는 의미를 지닌다.

> 구슬이 바위에 떨어진들/ 구슬이 바위에 떨어진들/ 끈이야 끊길 것입니까/ 천년을 홀로 살아간들/ 천년을 홀로 살아간들/ 믿음이야 끊길 것입니까
> ―「정석가」

이 시의 경우 강조되는 것은 님에 대한 믿음이다. 님과 '나'는 영원히 헤어질 수 없다는 심정을 노래하는 이 시에서 님에 대한 믿음은 실, 곧 '끈'은 끊어질 수 없다는 말이 암시하듯 님과 '나'의 결합을 상징한다.

실낙원 Paradise Lost

실낙원은 잃어버린 낙원이다. 낙원은 우주의 중심, 지복至福의 세계, 신과 인간과 자연의 교류가 있는 곳, 완전성을 상징한다. 흔히 낙원은 둘러싸인 정원으로 나타나며 중국인은 낙원이 '지혜의 용들'이 사는 중앙아시아에 있다고 믿었으며, 이 지역에는 '용들의 호수'로 불리는 하나의 중심이 있다. 그러므로 실낙원은 이런 완전성의 세계로부터 이원성과 다양성으로 하강, 이탈, 분산을 상징한다.

인간이 낙원으로부터 추방된 다음 다시 그곳으로 회귀하는 이야기는 다양한 상징적 표현을 통해 서술되며, 가장 특징적인 것으로는 미로의 이미지를 들 수 있다. 사우니어는 다음과 같이 말한다.

> 잃어버린 낙원에 대해 생각하는 경우 인간은 더 이상 평화롭지 않다. 왜냐하면 일련의 극복할 수 없는 장애와 마주치게 됨으로써 그의 정신은 혼

란에 빠지며, 그의 심장, 영혼, 신체는 격정과 절망으로 가득 차기 때문이다. …… 강렬한 욕망에 의해 그는 우주의 작은 단편들, 물질들 속에 숨어 있는 정신을 탐구하고 또한 과학의 미로 속에서 헤매는 자신을 구원하려고 한다. 오직 무한히 작고 무한히 큰 세계를 파악하는 경우에만 인간은 다시 우주적 조화의 세계, 낙원에 들 수 있으며, 지상과 천상에 존재하는 모든 사물들과 하나가 될 수 있다.

'지복의 섬'은 공간적으로 낙원을 상징하고 '일요일'은 시간적으로 낙원을 상징한다. 실낙원의 접두사 '실失' 곧 '잃어버린'이라는 말은 낙원에 특수한 상징적 의미를 부여하는 바, 그것은 포기와 전락을 의미하고 이런 의미는 현대 실존주의 철학에서 인간을 구성하는 기본적인 요소로 강조된다.

우리들이 쫓겨나지 않아도 되는 유일한 낙원은 그리움이다.
— 장 파울, 「눈에 안 보이는 회관」

낙원이란 아름다운 색깔들의 세계이다.
— 바슐라르, 「꿈꿀 권리」

지상에 낙원이 오리라는 희망은 없다. 다만 그 마지막 날까지 수인처럼, 고뇌의 낙인을 찍힌 몸으로, 서로 공감하고 서로 아끼고 사랑해 보자는 것이다. 이미 던져진 삶이니 슬프고 괴로워도 같이 참으면서 살아 나아가자는 것이다. 화려한 꿈은 없다. 겸허한 이해에 선 조그만 계획이 있을 뿐이다.
— 이어령, 「전후 문학의 새 물결」

오 낙원이여! 휴식을 원치 않는 자 누군가? 사랑하는 사람들이 축복받는 행복한 땅을 누가 구하지 않겠는가?
— 파퍼, 「낙원」

장 파울의 경우 강조되는 것은 인간이 추방된 낙원에 대한 현대적 아이러니다. 우리의 유일한 낙원이 '그리움'이라는 것은 결국 낙원에 다시 돌아갈 수 없는 인간들의 조건을 암시한다. 그런가 하면 바슐라르에 의하면, 낙원은 '아름다운 색깔들의 세계'로 서술된다. 이런 색깔들의 세계란 우주적 조화, 혹은 지상과 천상에 존재하는 사물들의 신비한 결합을 의미한다. 이어령의 경우 실낙원, 곧 낙원을 상실한 삶은 전락과 포기를 의미한다. 말하자면 인간은 낙원으로부터 추방되었을 뿐만 아니라 그런 추방을 운명으로 수용해야 한다는 실존주의적 관념을 드러낸다. 끝으로 파퍼의 경우 낙원은 '휴식', '축복받는 행복한 땅'으로 기술된다. 이런 서술은 낙원의 시간적·공간적 이미지로 수용된다.

심연 Abyss

심연의 이미지는 상반되는 두 가지 의미를 띠는 바 하나는 깊이로 깊고 먼 세계를 상징한다. 깊은 해저海底가 그렇다. 다른 하나는 열등을 상징한다. 그러나 심연의 이미지가 매혹적인 것은 이 두 의미가 결합되어 나타나기 때문이다. 대체로 고대인이나 원시인들은 지구 표면이나 바다 속에 보이는 균열을 심연으로 인식했다. 켈트족은 심연이 산 속에 존재한다고 믿었으며, 아일랜드나 일본 같은 섬나라 국민들은 심연이 바다나 호수 밑바닥에 있다고 믿었다. 그런가 하면 지중해 사람들은 심연이 수평선 너머에 있다고 믿었고, 오스트레일리아 토착인들은 은하수를 심연으로 인식했다. 심연은 흔히 '죽음의 땅', 지하의 세계로 인식되기 때문에 '위대한 어머니'나 대지의 신과 관계된다.

많은 전설에서 바다나 호수 밑의 세계는 지하의 세계, 곧 죽음의 세계와 관련되며, 물의 심연으로부터 궁전이나 새로운 존재가 나타난다. 아서왕이 죽은 다음 그의 칼은 그의 명령에 따라 호수에 던져진다. 그러나 호수 밑바닥에 가라앉기 전에 물에서 솟아오른 손이 그 칼을 휘두른다.

연기 나는 바닥에 쓰러진다/ 연기 나는 바닥에 쓰러지며/ 그러나 이제는 웃는다/ 무를 향한 추락은 계속된다
— 이승훈, 「연기 나는 바닥」

나는 피에 젖어 쓰러져 있는/ 한 무더기의 고요를 본다/ 고요는 한때 빛이었고 고요 자신이었고/ 침묵의 사랑하는 전우였다.
— 정현종, 「소리의 심연」

필자의 경우 심연은 '연기 나는 바닥'이 암시하듯 열등, 조악함을 상징하고, 후자의 경우는 '소리의 심연'이 암시하듯 '소리의 깊이'를 노래한다. 전자에서 노래되는 '무를 향한 추락'은 '죽음의 땅'을 향한 추락과 동일시되며, 후자에서 노래되는 '한 무더기의 고요'는 '피에 젖어 쓰러져 있다'는 점에서 죽음의 세계를 상징한다.

심장 Heart

수직적 구조로서의 인간 신체는 세 개의 중심으로 구성된다. 곧 뇌, 심장, 성기가 그것들이다. 그러나 이 가운데 가장 중요한 것은 심장이며, 따라서 심장은 다른 두 요소의 의미를 공유한다. 이집트의 미라 속에 내장의 유일한 부분으로 이 심장을 남겨 두는 것은 심장이 신체에 반드시

있어야 할 중심으로 간주되기 때문이다. 그리고 모든 중심은 영원을 상징한다. 왜냐하면 시간은 아리스토텔레스가 말하는 이른바 '부동의 동력' 주위를 도는 수레바퀴의 주변을 따라 움직이기 때문이다.

전통적인 사고 방식에 따르면 심장은 지성을 상징하며, 뇌는 단순히 그 도구로 인식된다. 따라서 고대에는 달이 뇌에 상응하며 태양은 심장에 상응한다. 중심을 재현하는 모든 사물들은 관점에 따라, 예컨대 받침 달린 잔이나 금궤나 동굴의 경우가 그렇듯이, 상응의 형식이나 대치의 형식으로 심장과 관련되어 왔다.

연금술사들의 경우 심장은 금이 지상의 태양을 상징하는 것처럼 인간 속에 있는 태양의 이미지로 인식된다. 사랑의 상징적 의미는 심장의 상징적 의미와 매우 밀착되는 바 이는 누군가를 사랑한다는 것은 애인의 중심으로 들어가려는 힘을 경험하는 것이기 때문이다. 따라서 심장은 빛과 행복의 중심을 상징하며, 심장이 불꽃, 십자가, 혹은 왕관 위에 놓이는 것은 이런 이유 때문이다. 감정의 중심인 심장은 이성의 중심인 머리와 대비된다. 생명의 중심으로서의 심장은 태양을 상징한다.

심장은 이성이 인식하지 못하는 이성을 갖고 있다.
— 파스칼, 『팡세』

별도/ 하늘도/ 밤도 치웁다/ 얼어붙은 심장 밑에 흐르던/ 한 줄기 가는 어느 난류가 멈추고/ 지치도록 고요한 하늘에 별도 얼어붙어/ 하늘이 무너지고 지구가 정지하고/ 푸른 별이 모조리 떨어질지라도/ 그래도 서러울 리 없다는 너는/ 오, 너는 아직 고운 심장을 지녔거니/ 밤에 이대로 억만년이야 갈라구
— 신석정, 「고운 심장」

너를 만나면/ 우선 타버린 심장을/ 꺼내 보여야지/ 다음 식당으로 들어가/ 식사를 해야지/ 잘 익은 빵을/ 한 바구니 사야지/ 너를 만나면/ 우선

웃어야지/ 그럼 나는/ 두 배나 커지겠지

— 이승훈, 「너를 만나면」

파스칼의 경우 심장은 이성을 초월하는 이성을 소유한다. 그런 점에서 심장은 여기서 뇌의 상징적 의미를 공유하는 신체의 중심으로 인식된다. 신석정의 경우 심장은 '밤'과 대비되는 '고운 심장'이라는 점에서 인간 속의 태양, 그러니까 빛과 지성을 상징한다. 필자의 경우 심장은 삶의 중심과 사랑을 상징한다. 따라서 '타버린 심장'은 '너'와 헤어진 다음 중심을 상실한 삶, 나아가 어떤 대상에 대한 사랑도 불가능하게 되었음을 상징한다.

십자가 Cross

십자가는 세계의 중심, 하늘과 땅의 만남, 우주의 축을 상징한다. 그런 점에서 생명의 나무를 뜻한다. 기독교의 경우 십자가는 두 가지로 구분된다. 하나는 있는 그대로의 십자가이며, 다른 하나는 예수가 못 박힌 십자가이다. 전자는 낙원의 나무, 생명의 나무로부터의 이탈이나 전환을 상징한다. 따라서 중세 우화의 경우 십자가는 매듭, 가지, 때로는 가시가 있는 Y형태로 된 나무로 묘사된다. 물론 '생명의 나무'와 마찬가지로 이런 십자가 역시 '세계의 축'을 상징한다. 이런 십자

▲ 엘 그레코의
〈십자가를 짊어진 그리스도〉

가는 우리의 영혼을 신의 세계에 도달케 하는 사다리나 다리의 역할을 한다. 십자가를 일곱 단계로 묘사하는 수도 있는 바, 이는 우주를 형성하는 나무들이 일곱 개의 하늘을 상징한다는 사실과 관련이 있다. 결국 십자가는 천상의 세계와 지상의 세계의 연결을 상징한다. 한편 십자가는 수직적인 정신 세계와 그에 대립되는 수평적인 현상 세계의 결합을 추구하는 시도이고 따라서 고뇌, 투쟁, 순교를 상징하게 된다. 예수가 못 박힌 십자가는 이런 순교, 희생을 상징한다.

 때때로 십자가는 T자 형태로 묘사되며, 이때는 서로 대립되는 위의 원리들이 균형 상태에 접근한다. 융에 의하면 일부의 역사 속에서 십자가는 불과 존재의 고통을 상징한다. 그것은 T자에서 읽을 수 있는 두 팔의 모습이 원시인들이 불을 생산하기 위해 서로 마찰시키는 두 개의 나뭇가지와 유사하며, 이 두 나뭇가지는 남성과 여성을 상징하기 때문이다. 십자가는 이런 형태를 중심으로 여러 형태로 변주된다.

  ✛ 평면 위에서 방향을 지시하는 단순하고 원초적인 모양
  ✕ 상부 세계와 하부 세계의 결합
  ⳨ 원심력을 지시하는 화살 모양의 십자가
  卍 주변의 힘들이 나가는 길을 지시하는 감마 형태의 십자가. 감마는 그리스어 알파벳의 제3자 모임
  ☩ 서로 균형 상태에 있는 힘들을 상징하는 이중적 십자가
  ✤ 구심력을 지시하는 여덟 개의 점으로 된 십자가

 그러나 십자가의 지배적인 의미는 '결합'이다. 플라톤은 성 앤드류의 십자가 형태로 된 두 개의 실이 파괴된 세계의 영혼을 결합한다고 말한다. 그런가 하면 베일레이는 불의 상징성을 강조한다. 그는 '십자가'를 뜻하는 모든 낱말들, 예컨대 crux, cruz, crowx, croaz, krois, krouz 등은 '위대한 불빛'을 의미하는 −ak, −ur, −os 등을 공유한다고 설명한다. 십자가는 기독교의 영향이 크고 기독교적 의미 때문에 도상으로 폭넓게 사용

되어 왔다. 레흐너는 이 세상에 존재하는 상이한 형태의 수백 가지 십자가를 그의 '상징, 기호, 의미'에서 간결하게 요약했으며, 이 가운데 많은 것들은 군대의 훈장이나 메달의 형태를 보여주며, 만자(卍)형이 가장 흔한 십자가의 형태로 나타난다.

- ⚜ 힘들이 원주 둘레에 배치되는 성당 기사들의 십자가
- ✠ 네 개의 삼각형이 중심을 향해 모이는 게르만족의 십자가
- ✢ 힘들이 움직이는 방향을 재현하는 하나의 지속적인 선으로 구성된 원형의 십자가
- ⸭ 공간의 네 중심점을 재현하는 끝이 매듭의 형태로 된 십자가
- ☪ 달의 변화 국면을 재현하면서 동시에 주변에 네 개의 접선을 재현하는 초승달 형태의 십자가

한편 진 쿠퍼에 의하면 다음과 같은 형태가 있다(진 쿠퍼, 앞의 책, p.90).

- ⊕ 원 안에 들어 있는 십자. 태양의 동적 성질, 변화의 수레바퀴, 운명의 수레바퀴. 기독교 교회는 원형의 경내의 중심이 십자가 형태로 건축되기도 한다.
- ⊞ 사각형 가운데 들어 있는 십자. 중국에서는 대지, 안정.
- ✕ X형 십자. 완전성. 로마 숫자 10.
- T T형 십자. 생명의 나무, 재생, 감추어진 지혜, 신적인 힘, 내세, 복수하는 자.
- ☪ 초승달이 그려진 십자. 초승달은 달 모양의 조각배로 여성적 수용 원리를 상징하고 십자는 돛대로 남성 원리를 상징. 따라서 이런 십자는 남자와 여자, 하늘과 땅의 결합을 상징. 성찬식 때 쓰이는 둥근 빵에는 십자형의 표지가 있다.

요약하건대 십자가가 보여주는 가장 일반적인 상징적 의미는 대립되는 세계의 결합이다. 그것은 긍정적인 것과 부정적인 것, 수직적인 것과

373

수평적인 것, 우월한 것과 열등한 것, 생명과 죽음의 결합을 상징한다. 십자가에 처형하는 행위의 배후에는 반항이 존재하고 이런 반항은 우리의 삶이 보여주는 고뇌, 가능성과 불가능성의 교차, 구성과 파괴의 교차를 암시한다. 에볼라에 의하면 십자가는 공간과 시간이 보여주는 일곱 가지 양상의 종합으로 인식된다. 왜냐하면 그 형태가 자유롭게 움직이면서(공간) 동시에 자신을 파괴하기 때문이다(시간). 따라서 십자가는 우주의 창조에 앞서는 원초적이고 무정부적인 역동성을 지시하는 뱀(오로보로스)이나 용과 대립되는 삶의 원리를 상징한다. 그렇기 때문에 십자가와 칼은 다 같이 원초적 괴물을 처단한다는 상징적 의미를 띤다.

지금 주는 십자가 위에 매달려 있고/ 우리는 죄에 묻혀 우러러본다.
— 개스코인, 「이 사람을 보라」

쫓아오던 햇빛인데/ 지금 교회당 꼭대기/ 십자가에 걸리었습니다.// 첨탑이 저렇게도 높은데/ 어떻게 올라갈 수 있을까요.// 종소리도 들려 오지 않는데/ 휘파람이나 불며 서성거리다가,// 괴로웠던 사나이/ 행복한 예수 그리스도에게처럼/ 십자가가 허락된다면// 모가지를 드리우고/ 꽃처럼 피어나는 피를/ 어두워 가는 하늘 밑에/ 조용히 흘리겠습니다.
— 윤동주, 「십자가」

위의 시에서는 십자가가 기독교의 원리와 관련된다. 개스코인의 경우 십자가는 예수의 처형과 관계되는 바, 시인은 그것을 보면서 죄의식을 느낀다. 이 죄의식은 예수의 희생이 동기를 이룬다. 윤동주의 경우 역시 십자가의 세계에 도달하기 어려운 내적 고뇌와 그에 뒤따르는 죄의식을 노래한다. 여기서 십자가는 희생과 인간이기 때문에 겪을 수밖에 없는 내적 고뇌를 상징한다.

십자가에 못 박힘 Crucifixion

　십자가에 못 박히는 행위는 역사적 사실을 전제로 하되 좀 더 발전시켜 설명하는 경우, 특히 균형을 이룬 두 개의 나무로 된 십자가에 못 박힌 예수를 염두에 둘 때, 모순과 양가 심리에 근거한 인간의 고통을 상징한다. 십자가를 이루는 두 개의 나무는 실제적인 상황에 근거하고 그런 점에서 십자가는 해와 달, 선한 도둑과 악한 도둑, 창과 컵, 혹은 성찬의 술잔, 나아가 천상과 지상 사이에 존재한다.
　수평적인 가지는 수동성의 원리, 곧 현상 세계에 대응하고, 수직적인 가지는 능동성의 원리, 곧 초월적 세계 혹은 정신적 진화를 지시한다. 해와 달은 이런 2원론을 우주적으로 재현하며, 또한 성적으로 대립되는 '성스러운 어머니'와 그녀의 '사랑을 받는 도제'가 균형을 이루고 있음을 반영한다. 선한 도둑과 악한 도둑은 도덕적 국면에서의 2항 체계, 곧 우리 인간이 선택해야 할 삶에 대한 두 가지 잠재적 태도를 재현한다. 그 두 가지 태도란 구원으로 이끄는 참회와 타락으로 이끄는 도피이다.

십자로 Cross Road

　융에 의하면 십자로는 어머니를 상징한다. 그는 다음과 같이 말한다. '십자로에는 '어머니'가 있다. 십자로에 들어가는 것은 서로 대립되는 세계가 하나로 결합되는 경지를 상징하며, 그것은 모든 결합의 궁극적인 인자이며 대상인 어머니를 상징한다.'

고대인들 가운데는 십자가를 양가적인 상태에서의 신의 출현으로 인식한 경우가 있다. 왜냐하면 그들이 인식한 세 요소의 결합은 언제나 삶의 세 원리, 곧 능동적 원리, 중립적 원리, 수동적 원리의 결합을 전제로 하기 때문이다. 이 세 원리는 또한 이로움, 도구성, 해로움이라는 세 가지 삶의 원리에 해당된다. 따라서 십자로는 그들의 경우 3이라는 수가 갖는 신성함과도 관계된다. 개들이 희생되는 장소도 십자로이며 교수형을 받는 인간들을 버리는 장소도 십자로였다.

> 네가 지금 간다면 어디를 간단 말이냐?/ 그러면 내 사랑하는 젊은 동무,/ 너, 내 사랑하는 오직 하나뿐인 누이동생 순이,/ 너의 사랑하는 그 귀중한 사내,/ 근로하는 모든 여자의 연인……/ 그 청년인 용감한 사내가 어디서 온단 말이냐?// 눈바람 찬 불쌍한 도시 종로 한복판에 순이야!/ 너와 나는 지나간 꽃피는 봄에 사랑하는 한 어머니를/ 눈물나는 가난 속에서 여의였지!/ 그리하여 너는 이 믿지 못할 얼굴 하얀 오빠를 염려하고/ 오빠는 가냘픈 너를 근심하는/ 서글프고 가난한 그날 속에서도/ 순이야, 너는 마음을 맡길 믿음성 있는 이곳 청년을 가졌었고/ 내 사랑하는 동무는……/ 청년의 연인 근로하는 여자 너를 가졌었다.
> ― 임화, 「네거리의 순이」

> 지금도 거리는/ 수많은 사람들을 맞고 보내며/ 전차도 자동차도/ 이루 어디를 가고 어디서 오는지/ 심히 분주하다.// 네거리 복판엔 문명의 신식 기계가/ 붉고 푸른 예전 깃발 대신에/ 이리저리 고개를 돌린다/ 스톱―주의―고―/ 사람, 차, 동물이 똑 기에 배우듯 한다. / 거리엔 이것 외에 변함이 없는가?/…… 오오, 그리운 내 고향의 거리여! 여기는 종로 네거리/ 나는 왔다, 멀리 낙산 밑 오막살이를 나와 오직 네가/ 보고 싶은 마음에……/ 넓은 길이여, 단정한 집들이여!
> ― 임화, 「다시 네거리에서」

앞의 시는 화자의 누이동생 순이와 그가 찾고 있는 '용감한 사내'의 관계를 노래한다. 네거리, 그러니까 십자로는 여기서 두 사람의 결합 의지를 상징하는 공간이 된다. 그러나 그것은 위에서 말한 서로 대립되는 세계의 결합이라기보다는 새로운 삶을 찾아 떠나는 누이동생의 심적 공간을 상징한다. 그런 점에서 십자로는 기대와 좌절, 희망과 절망의 양가적 심리 상태를 암시한다. 뒤의 시에서 노래되는 것 역시 문맥은 다르지만 비슷하다. 여기서는 희망과 절망의 대립이 아니라 과거와 현재의 대립, 곧 새로운 희망을 찾아 이 거리를 떠나겠다는 다짐이 강조된다. 그런 점에서 여기서도 십자로는 융이 말하는 그런 의미보다는 고대인들이 지녔던 의미, 곧 과거의 청산, 부정적인 것의 포기, 따라서 새로운 삶의 세계로 들기 위한 양가적 심리 상태를 의미한다. 그것은 새로운 신의 출현에 대한 심적 갈등일 수도 있다.

싸움 Fight

모든 투쟁은 갈등을 상징한다. 많은 위대한 싸움과 춤은 일종의 제의祭儀로 갈등의 상황을 표현한다. 엘리아데에 의하면 스웨덴의 경우 이런 투쟁의 제의는 말을 탄 두 기사에 의해 수행되며, 여기서 두 기사는 겨울과 여름을 상징한다. 한편 싸우는 두 인물은 삶의 긍정적인 면과 부정적인 면, 선과 악, 아름다움과 추함을 상징한다. 이와는 달리 투쟁은 원초적·우주적 희생을 상징하기도 한다. 식물의 신과 가뭄의 신, 혹은 선의 신과 악의 신 사이에 전개되는 투쟁은 이런 갈등의 양상을 새롭게 수정한다. 폭넓게 말해서 모든 투쟁은 세대간의 투쟁이거나 서로 대립되는 요소들간의 투쟁에 지나지 않는다.

세상의 모든 것은 서로 끌고 밀고 하는 성질이 있는 까닭에 항상 그 사이에 마찰이 생기며, 이 성질은 가까운 것일수록 더욱 심하다.
— 플루타르코스, 「플루타르크 영웅전」

가장 악질적인 악의 유혹 수단의 하나는 투쟁의 요청이다.
— 카프카, 「죄, 고뇌, 희망, 진실의 길에 대한 고찰」

정상을 향한 투쟁 그 자체가 인간의 마음을 충분히 만족시키는 것이다. 행복한 시지포스를 부러워하지 않으면 안 된다.
— 카뮈, 「시지포스 신화」

「플루타르크 영웅전」에서 강조하는 것은 싸움이 존재하게 되는 이유이고 카프카가 강조하는 것은 싸움에 대한 부정적 인식이며, 카뮈는 이와는 달리 승리 없는 싸움, 언제나 반복되는 싸움을 삶의 조건으로 긍정하고 있다.

싸이프러스 Cypress

그리스인들은 이 나무를 성스러운 지옥에 바쳤다. 로마인들 역시 이런 행위를 강조했지만 그들은 여기서 한 걸음 더 나가 이 나무에 '장례'라는 명칭을 첨가했다. 싸이프러스나무의 이런 상징적 의미는 오늘날까지 지속되고 있다.

너의 입은/ 타오르는 불/ 오늘도 나타나/ 엉터리 시와 문학/ 엉터리 바다를 삼킨다/ 저쪽에 나타나/ 이쪽을 삼킨다/ 오늘도 삼키는/ 너의 입은/

까욱까욱 울면서/ 처박히는/ 밤을 삼키고/ 나를 삼키고/ 아직
도 나를/ 성큼성큼 삼킨다/ 아아 싸이프러스나무여
　　　　　　　— 이승훈, 「고흐의 싸이프러스나무」

이 시에서 싸이프러스나무는 이 세상에 존재하는 모든 사물을 죽인다는 이미지로 노래된다. 이 나무가 일체의 사물을 삼키기 때문이다. 그런 점에서 싸이프러스나무는 '장례'라는 상징적 의미를 나타낸다. 이 시는 싸이프러스나무에 대한 콤플렉스에 시달린 화가 고흐의 그림을 모티브로 한 것으로, 그의 경우 이 나무는 또한 '타오르는 불'의 이미지와 결합된다.

▲ 고흐의 〈싸이프러스〉

씨, 씨앗 Seed

씨앗은 겉으로 드러나지 않는 잠재력, 가능성, 성인 남자의 정자, 남성 원리를 상징한다. 이런 잠재력이 예기치 않은 상태에서 실현되는 경우 그것은 희망을 정당화한다. 이런 잠재력은 또한 신비한 중심을 상징하는 바, 이 중심은 분명치 않은 하나의 점으로 인식되며, 이 점으로부터 빛이 방사함으로써 이른바 '세계-나무'의 가지가 생긴다. 힌두교의 경우 씨앗은 존재의 중심, 핵심을 상징한다.

씨는 언제나 뵈지 않는 곳에 있다. 씨가 피어 나온 것이 잎이요 꽃이지만, 잎과 꽃이 그 씨가 품었던 전부는 아니다. 씨가 품은 것은 영원이요 무한이다. 그러므로 꽃마다 잎마다 열매를 내기 위하여 떨어져야 하고, 그 씨

는 더 많은 더 새로운 씨를 위해 땅속에 들어가야 한다.

— 함석헌, 「야인 정신」

그 작고 단단한 씨앗 속에서 어쩌면 이렇게도 연연한 나풀거림들이 뚫고 나올 수 있었던가 생각하면 기가 막히도록 신기한 것이다.

— 이영도, 「배추밭에서」

씨앗은 당장 먹을 수 있는 것은 아닙니다. 아무리 배가 고파도 슬기로운 농부는 씨앗을 먹지는 않습니다. 씨앗은 간직하는 것이고, 개량하는 것이고, 내일을 위해 뿌리는 것입니다.

— 이어령, 『떠도는 자의 우편 번호』

함석헌의 경우 씨는 '영원'과 '무한'을 상징한다. 그것은 씨가 죽음이면서 동시에 생명을 내포하고 있기 때문이다. 이영도의 경우 강조되는 것은 배추 씨앗이다. 이 씨앗에서 배추가 피어나는 모습을 관찰하면서 그는 신비하다고 말한다. 그런 점에서 여기서 씨는 신비로운 잠재력을 상징한다. 이어령의 경우 씨는 '간직하는 것'으로 기술된다. 그런 점에서 씨는 겉으로 드러나지 않는 잠재력, 신비한 중심을 상징한다.

아버지Father / 아이, 어린이Child / 아침Morning / 아카시아Acacia / 악마Devil / 안개Mist / 알Egg / 암소, 젖소Cow / 암흑Darkness / 양, 어린 양Lamb / 양말Footwear / 어머니Mother / 얼음Ice / 여름Summer / 여우Fox / 여자Woman / 여행Journey / 연기Smoke / 연꽃, 연Lotus / 열쇠Key / 염소 뿔, 풍요의 뿔Cornucopia / 영웅Hero / 옥수수Maize / 왕King / 왕관, 관Crown / 요정, 정령Nymph / 요정Fairy / 용Dragon / 우물Well / 우산, 양산Umbrella, Parasol / 우주 발생Cosmogony / 원Circle / 원숭이Monkey / 원앙새Mandarin duck / 원주Circumference / 원추, 원뿔Cone / 월계수Laurel / 위기Crisis / 위대한 어머니Great Mother / 음악Music / 이Teeth / 이름Name / 이미지Image / 이방인Stranger / 이브Eve / 이슬Dew / 인간, 남자Man / 입Mouth / 입방체, 정육면체Cube / 잉어Carp

아버지 Father

아버지는 남성 원리, 태양, 법과 질서를 상징하고 어머니가 무의식을 상징함에 반해 의식을 상징한다. 아버지의 이런 상징적 의미는 공기, 불, 하늘, 빛, 천둥, 무기 등에 의해 재현된다. 아들의 정신적 능력이 영웅주의라면 아버지의 능력은 지배력이다. 이런 의미와 함께 아버지는 전통적으로 힘을 상징하고 도덕을 상징하며 본능과 파괴의 세력을 규제한다는 상징적 의미를 띤다.

> 내 기억에 새겨진 최초의 인간의 모습은 요람 옆에 서 계신 아버지였다. 그때부터 아버지를 바라볼 때마다 나는 그 성상 같은 인품에 경의와 감탄을 금할 수 없었다. 그래서 나는 늘 성화를 보는 기분으로 아버지를 우러러보곤 했다.
> ― 게오르규, 「25시에서 영원의 시간으로」

> 아버진 없다 어머니와 누이의/ 우릴 불러 희멀젛던 얼굴들도/ 살구꽃 구름의 그 마을과 함께/ 하루아침 포연 속에 사라진 지 오랜데
> ― 유정, 「형제」

> 아버지는 쓸쓸한 집안에서 돌부처같이 침묵하였다. 반백의 머리에 턱에 주름살을 접고 늙은 앵무새만큼도 말이 적고 서툴렀다. 돌같이 표정이 없고 차다. 개차반의 소행에 대하여조차 한마디의 책망도 없었다. 모든 것을 긍정하고 굽어만 보는 조물주의 의지와도 같이 엄연하였다.
> ― 이효석, 「석류」

게오르규의 경우 아버지는 성상 혹은 성화의 느낌을 준다. 따라서 아버지는 천상의 신성한 힘을 상징한다. 유정의 경우 노래되는 것은 아버

지의 부재이고 이때 아버지는 도덕의 원리를 상징한다. 아버지가 없는 세계는 도덕적 원리가 사라진 세계요, 이 시의 경우 이렇게 된 것은 전쟁 때문이다. 이효석의 경우 아버지는 '모든 것을 긍정하고 굽어만 보는 조물주'에 비유된다. 따라서 아버지는 지상의 삶을 규제하는 도덕적 원리라기보다는 그런 원리를 초월하는 조물주 혹은 신과 동일시된다.

아이, 어린이 Child

노인이 과거를 상징한다면 아이는 미래의 가능성, 잠재력, 단순함, 순진무구를 상징한다. 그러나 아이는 또한 니체가 『차라투스트라는 이렇게 말했다』에서 강조한 '세 가지 변형', 곧 노인이 새로운 단순성을 획득하게 되는 생의 단계를 상징하고 이때 아이는 '신비한 중심'과 '다시 깨어나는 젊은 힘'을 상징한다. 기독교의 도형에서 아이는 천사의 모습으로 자주 나타난다. 그런가 하면 전통적인 상징 속에선 아이들은 난쟁이의 모습으로 그려진다. 융에 의하면 아이들은 자비롭게 우리를 보호하는 무의식을 상징한다. 한편 심리학의 경우 아이는 영혼을 상징하며, 이 영혼은 무의식과 의식이 결합될 때 태어난다. 흔히 위대한 정신적 변화가 일어날 때 인간들은 아이에 대한 꿈을 꾸게 된다. 이와 같은 의미를 소유하는 원형적인 인물로는 수수께끼를 풀고 삶의 지혜를 가르쳐주는 신비한 아이가 있다. 그러나 이런 아이의 이미지는 일반적·집단적 심리학의 경우에 해당된다. 이런 아이 중에는 괴물로부터 세계를 해방시키는 영웅적 아이도 있다. 연금술의 경우 왕관을 쓰고 제왕의 옷을 입은 아이는 철학자의 돌, 곧 우리의 내부에 있는 신, 그리고 영원의 세계와의 신비한 동일시를 실현하는 돌을 상징한다.

13인의 아해가 도로로 질주하오./ (길은 막다른 골목이 적당하오.)/ 제1
의 아해가 무섭다고 그리오./ 제2의 아해도 무섭다고 그리오./ 제3의 아해
도 무섭다고 그리오./ 제4의 아해도 무섭다고 그리오./……/ 13인의 아해는
무서운 아해와 무서워하는 아해와 그렇게뿐이 모였소. / (다른 사정은 차라
리 없는 것이 나았소.)

— 이상, 「오감도 시 제1호」

이 시에 나오는 아이의 의미에 대해서는 여러 가지 견해가 있다. 시의 전체 문맥이 아니라 아이만 강조하면 여기서 노래되는 아이는 미래, 새로운 단순성을 획득하는 생의 단계, 신비한 중심, 무의식, 혹은 무의식과 의식의 산물인 영혼, 나아가 신비한 아이, 철학자의 돌을 상징한다고 볼 수 있다. 중요한 것은 어떤 의미로 읽든 이 아이가 무서움의 세계에 있다는 점이고, 따라서 심리적 불안이나 충동적 반복의 세계를 상징한다는 점이다.

아침 Morning

아침은 하루를 구성하는 새벽, 대낮, 저녁, 밤 가운데 첫째 국면에 해당한다. 그런 점에서 아침의 상징적 의미는 새벽과 비슷하다. 일반적으로 새벽은 하루가 시작되고 해가 뜬다는 점에서 천지창조의 시작, 어둠이 상징하는 악, 암흑의 세계를 물리친다는 의미가 있고, 이런 의미는 아침에도 해당한다. 인생의 국면에서 아침은 탄생에 해당하고 따라서 소생, 부활, 광명, 재생을 상징한다.

어둠은 새를 낳고 돌을/ 낳고 꽃을 낳는다./ 아침이면/ 온갖 물상을 돌려 주지만/ 스스로는 땅 위에 굴복한다./ 무거운 어깨를 털고/ 물상들은 몸을 움직이어/ 노동의 시간을 즐기고 있다/ 즐거운 지상의 잔치에/ 금으로 타는 태양의 즐거운 울림./ 아침이/ 세상은 개벽을 한다.
— 박남수, 「아침 이미지」

이 시에서 아침은 만물의 탄생, 노동의 시작, 개벽을 상징한다. 어둠이 새, 돌, 꽃을 낳는 것은 아침을 동기로 하고 어둠은 아침이 되면 자신이 감추고 있던 사물들을 돌려주고 지상의 밝음에 굴복한다. 어둠이 사라지는 지상은 금빛 태양이 암시하는 축제로 물든다. 그런 점에서 아침은 천지창조의 시작, 부활, 노동의 시작을 상징한다.

아카시아 Acacia

아카시아 꽃잎은 분홍빛과 흰빛이 있고 전자는 생명, 재생, 후자는 죽음을 상징하고 이런 이중적 색깔은 이집트인들에 의하면 신성한 것으로 인식된다. 흰빛과 분홍빛은 신비를 내포하기 때문이다. 연금술의 원리에 의하면 아카시아는 '우리는 영원의 세계 속에서 다시 살기 위해 어떻게 죽어야 할 것인가를 알아야만 한다'는 교훈을 상징한다. 기독교 예술, 특히 중세기 유럽 예술 속에 이런 의미, 곧 영혼과 불멸이라는 상징적 의미가 나타난다. 지중해 국가에서는 아카시아가 생명, 불사不死, 플라토닉한 사랑, 은둔을 상징한다.

금빛 물방울이여 한 잎 또 한 잎/ 높은 아카시아나무에서 떨어집니다.
— 헤세, 「9월」

아카시아 잎은 타계로 떨어져 가듯 온종일 소리도 없이 내린다./ 아카시아 잎은 안타까운 듯 상냥하게 내린다./ 먼 곳으로부터 몰래 와서는 다시 주저하면서 돌아가는 것처럼

— 히시야마 슈조, 「아카시아나무는」

헤세의 경우 아카시아는 '금빛 물방울'이 암시하듯 신성을 상징하고, 슈조의 경우에는 '타계로 떨어져 가듯'이 암시하듯 영원의 세계를 지향하는 죽음의 의미를 나타낸다.

악마 Devil

▲ 악마카드의 악마

15세기의 신비한 카드에는 머리와 발은 숫양의 모습이며, 가슴과 팔은 여인의 모습으로 그려진 악마가 있다. 그리스의 스핑크스처럼 악마는 네 요소로 구성된다. 검은 다리는 땅과 지하 세계를 암시하며, 초록빛 옆구리는 물과 해체를 상징하며, 푸른 날개는 공기의 요정과 동시에 박쥐를 상징하는 바, 이것은 날개가 얇은 막으로 되어 있기 때문이다. 끝으로 붉은 머리는 불, 나아가 불도마뱀과 관련된다. 악마가 노리는 것은 모든 삶을 파편, 열등한 것, 다양한 것, 단절적인 것으로 부패시키거나 퇴행시키는 데에 있다. 또한 15세기의 카드에서 읽을 수 있는 것으로는 악마가 격정적 형태, 마술적 예술, 무질서와 도착에의 욕망과 본능을 상징한다는 점이다.

오오 나는 진정 애가 탄다./ 악마가 유황을 방귀 뀔 때/ 그때 네가 어떻게 그와 입맞추는가 보러/ 악마의 밤 잔치에 가지 못함을/ 오오 나는 진정 애가 탄다.

— 보들레르, 「요괴」

털이 숭숭한 악마의 손톱이/ 나의 목덜미를 잡아 젖혀/ 등을 휘어잡는 것을 느낀다.

— 크롤로프, 「럼주 병을 가진 자화상」

보들레르가 이 시에서 강조하는 것은 악마의 세계에 대한 갈망이다. 이때 악마는 지상의 인위적 질서에 대한 반역과 마술적 예술, 무질서, 도착된 삶에의 열망을 상징한다. 크롤로프는 술 마시는 자신의 모습을 악마의 이미지와 관련시킨다. 털이 숭숭한 악마의 손톱이 자신의 목덜미를 잡아 젖히고 등을 휘어잡는 것 같다는 진술은 술을 마실 때 그가 악의 세계, 격정, 분산과 퇴행을 체험하고 있다는 사실을 암시한다.

안개 Mist

안개는 물질의 네 요소 물, 불, 바람, 공기 가운데 공기와 물이 혼합된 상태로 윤곽이 모호한 모습이나 발전 과정을 상징한다. 한편 이런 상태는 혼란, 착오를 암시하고 영혼은 안개의 어두움과 혼란 상태를 통과해 정신적 광명에 도달한다. '불의 안개'는 혼돈에 뒤따르는 우주적 삶의 단계, 곧 가장 단단한 요소인 지상에 앞서 존재하는 세 요소 물, 불, 공기에 상응한다. 동양에서 안개는 구름과 함께 신비한 사건이 전개될 전조이고 우리 민속의 경우 짙은 안개는 귀기鬼氣가 감도는 분위기를 암시한다. 일반적으로 안개는 혼미, 막연함을 상징하고 아일랜드에서는 이승과 저승의 중간, 죽음의 전조를 상징한다.

> 유리창에 등을 비비는 안개……
> ― 엘리엇, 「프러프록의 연가」

> 안개로 가는 사람/ 안개로 오는 사람/ 인간의 목소리에 잠적한/ 이 새벽/ 이 적막
> ― 조병화, 「안개로 가는 길」

엘리엇의 경우 안개는 윤곽이 모호한 발전 과정, 나아가 모호한 심리 상태, 무력감에 빠진 심리 상태를 상징한다. 조병화의 경우 안개는 불확정적인 존재, 모호한 존재를 상징한다. '안개로 가는 사람'이나 '안개로 오는 사람'은 오고 가는 사람들의 실체가 분명치 않다는 의미 외에 삶과 죽음의 세계를 확정할 수 없다는 인식을 거느린다.

알 Egg

알은 생명의 근원을 상징한다. 우리나라 신화에는 동명왕, 박혁거세, 탈해왕, 수로왕 등이 모두 알에서 태어난다. 한편 총체적이고 완벽한 살아 있는 원이기 때문에 생명의 근원, 생명 자체의 무한한 동력과 발전을 상징한다. 알은 우주의 근원이기도 하다. 힌두교 성전 『우파니샤드』에는 다음과 같은 이야기가 나온다.

최초에 이 세상에는 아무 것도 없었다. 그러나 세계는 존재했으며 이것이 발전하여 알이 되고 1년이 지나자 알이 갈라져 껍질 중 하나는 은으로 땅이 되고 다른 하나는 금으로 하늘이 되었다. 바깥의 막은 산이 되고 안의 막은 구름과 안개가 되었다. 핏줄은 강이고 그 안의 액체는 바다이다. 그 안에서 하늘의 태양이 생겨났다.

이런 이야기로부터 알은 소우주, 자연계의 역동성을 상징한다. 또한 알이 부화된다는 점에서 알은 부활, 재생을 상징한다.

러시아와 스웨덴에서 발견된 많은 고대의 무덤 속에는 진흙으로 만든 알이 나타났다. 이 알은 불멸을 상징한다. 이집트 상형 문자로 알을 나타내는 기호는 잠재력, 생식의 종자, 생명의 신비를 상징한다.

둥근 천장은 하나의 알로 인식되며, 중국인들은 최초의 인간이 하늘로부터 떨어져 원초적인 물 위를 떠돌았다고 믿고 있다. 부활절의 경우 알은 불멸을 상징한다. 인도의 경우 최고 계급인 브라만이 태어나게 된 황금의 알은 중심점 혹은 가운데 구멍을 지닌 피타고라스의 원과 동일시된다. 그러나 이런 상징이 가장 빈번하게 나타나는 곳은 이집트이다. 이집트인들의 자연주의, 곧 생명 현상에 대한 이집트인들의 자연스런 호기심은 다음과 같은 사실로 확인된다. 곧 폐쇄된 조가비 속에 비밀스런 동물이 성장한다는 사실을 토대로 그들은 신비 혹은 존재하지 않는 것이 현실적으로 존재할 수 있다고 믿는다.

이집트의 의식에서 우주는 '이중의 힘이 위대한 하나가 되는 알' 과 동일시된다. 그들의 신 라Ra는 알 속에서 광채를 드러낸다. 어떤 기록에 보면 미라 위로 떠도는 알이 나타나는데, 이 알은 부활을 상징한다. 날개 달린 공과 그 공을 밀고 있는 방망이 역시 유사한 의미를 띤다. 부활절 때 행하는 분수에서 쏟아지는 물 속에 놓여 있는 '춤추는 알' 은 태양이 하늘에서 춤추고 있다는 믿음에 근거한다.

풀과 깃을 모아 두툼하게 만든 둥우리 안에는 아직까지 남은 알이 서너 알 들어 있다. 아롱아롱 줄이 선 풋대추만큼씩한 새알. 막 뛰어나려는 생명을 침착하게 간직하고 있는 얇은 껍질 금시에 딸깍 두 조각으로 깨뜨려질 모태 창조의 보금자리.

— 이효석, 「들」

별들이 알을 까기 시작한다/ 기일게 늘어진 어둠의 혈관이/ 파열되면서 흐르는 현란한 밀알들/ 자욱한 바다로 내가/ 알을 까며 지나간다

— 이승훈, 「비명」

이효석의 경우 알은 잠재력, 생식의 종자, 생명의 신비를 상징한다. 그렇기 때문에 '둥우리'는 '창조의 보금자리'로 기술된다. 알은 여기서 '막 뛰어나려는 생명'을 간직한 얇은 껍질로 인식된다. 필자의 시에서도 알은 위와 비슷한 상징적 의미를 보여준다. 어둠 속에서 별들이 태어나는 모습이 여기서는 '별들이 알을 까기 시작한다'고 노래되며, 그 별들이 태어나는 것처럼 자아 역시 삶의 심연을 암시하는 '자욱한 바다'에서 새로 태어난다고 말한다.

암소, 젖소 Cow

암소는 위대한 어머니로서의 달의 여신과 관계된다. 따라서 암소는 생산력, 풍요, 생식, 모성 본능을 상징한다. 암소의 뿔은 초승달이며 달의 여신과 대지의 여신을 상징하고 많은 달의 여신들은 암소의 뿔을 쓰고 있다. 이집트의 경우 암소는 생명의 열기와 관련되며, 인도의 최고 승려 계급인 브라만을 중심으로 한 브라만교에서는 여성적인 것이 '조화로운

암소', '풍요로운 암소'로 알려진다. 힌두교에 의하면 황소와 암소는 우주를 생성하는 힘의 두 유형, 곧 능동적 힘과 수동적 힘을 상징한다.

> 붉은 바윗가에/ 암소 잡은 손을 놓으시고/ 나를 아니 부끄리시면/ 꽃을 꺾어 바치오리다.
> ― 견우 노인, 「헌화가」

여기서 '암소'는 어머니를 상징하거나 브라만교에서 말하는 삶의 여성적 양상, 곧 '조화로운 암소'와 '풍요의 암소'가 보여주는 상징적 의미가 좀 더 세속화된 것으로 읽을 수 있다. 한편 암소는 농경 사회의 삶의 기본을 상징하며, 나아가 그런 시대의 삶의 원리를 상징한다. 따라서 노인이 손에 잡았던 암소를 놓고 수로 부인에게 꽃을 꺾어 바치겠다는 것은 암소(생업)보다 부인이 표상하는 아름다움을 더 높이 평가하는 삶의 양식을 보여준다.

암흑 Darkness

암흑은 태초의 혼돈, 태어나기 전의 태아의 상태, 빛이 나오는 기반을 상징한다. 모든 발생과 창조는 암흑 속에서 일어나기 때문에 암흑은 창조의 근원이고 따라서 원초적 모성, 우주 생성의 싹으로 인식된다. 곧 모든 현상이 분별되기 이전의 상태를 암시한다. 빛과 암흑이라는 2원론은 원초적인 암흑이 빛과 어둠으로 분열된 다음에야 도덕적 원리로 수용된다. 따라서 암흑은 어둠과 동일시되지 않고, 오히려 그 반대로 우주 생성의 싹으로서의 혼돈을 의미하게 된다. 또한 암흑은 '신비로운 무'를 상징하며, 결과적으로 풍요한 신비를 거느린 우주적 기원의 상태로 돌아가는 길이 된다.

귀에논에 의하면 빛은 분별성과 위계 질서의 기본 원리이다. 따라서 어둠은 암흑이 표상하는 혼돈으로부터 태어나는, 아직 발전하지 않은 잠재력을 상징한다. 빛에 의해 사물들이 분별되기 시작하면서 암흑은 사라진다. 그러나 암흑은 악과 저급한 삶의 원리를 암시하면서 승화되지 않은 힘을 상징한다.

진흙투성이인 캄캄한 하늘을 밝힐 수 있으랴?/ 아침도 없고 밤도 없는/ 별도 음산한 번개도 없이 송진보다 더 빽빽한/ 어둠을 찢어 버릴 수는 없는가/ 진흙투성이인 캄캄한 하늘을 밝힐 수는 없는가?
— 보들레르, 「고쳐 못할 일」

나는 단지 하나의 그림자다. 나는 너와 헤어져 암흑 속에 잠겨 보고 싶다. 그러나 암흑도 역시 나를 삼키려고 한다. 광명도 또한 나를 소멸하려고 한다. 하지만 나는 암흑 속을 방황하고 싶지 않다. 나는 암흑 속에 잠기고 싶다.
— 노신, 「초야, 그림자의 고백」

어둠이여/ 너의 무명의 암흑 속에는/ 어두운 짐승이 한 마리 누워 있다/ 불 같은 눈을 하고/ 상한 간잎을 핥고 있는/ 어두운 짐승이 한 마리 누워 있다/ 살이 터져 그 진물 때문에/ 앞이 보이지 않는 나의 영혼은/ 어둠이여/ 가다가는 너의 유암의 암흑 속/ 어두운 짐승의 울음이나 듣고 있다가/…… 너의 보이지 않는 깊이 속으로/ 내려간다.
— 권국명, 「무명고」

어둠은 너그러워라/ 어느 나쁜 비유로도 써서는 안되지/ 어둠은 너그러워라/ 허물이 번진 하루를 말아 간다.
— 민재식, 「불협화음」

보들레르의 경우 어둠(암흑)은 아침, 밤, 별, 번개 같은 사물들이 제대로 분별되지 않는 혼돈의 공간으로 인식된다. 따라서 암흑은 우주 생성의 싹을 상징한다. 그러나 시인은 이런 공간을 찢어 버리려 한다. 이런 심적 태도는 혼돈으로부터 분별의 세계로 나가고자 하는, 그러니까 질서를 희구하는 그의 내적 갈등을 보여준다. 그런가 하면 노신의 경우 '암흑 속의 방황'이 아니라 '암흑 속에 잠기고 싶다'고 말함으로써 빛도 어둠도 없는, 아니 그런 분별이 존재하지 않는 '신비로운 무' 혹은 '우주적 혼돈'을 갈망한다.

권국명의 경우 암흑이 '무명'으로 인식되는데 그 속에는 '어두운 짐승'이 누워 있다. 이 어두운 짐승은 본능을 상징하고, 따라서 시의 화자는 그런 '보이지 않는 깊이'의 세계로 들기를 희망한다. 그것은 올라가는 세계가 아니라 내려가는 세계이다. 그런 점에서 암흑은 우주적 기원이 암시하는 풍요로운 신비와 통한다. 민재식의 경우 어둠(암흑)은 너그러운 세계로 인식되며, 그것은 어떤 비유로도 말할 수 없는 세계이다.

양, 어린 양Lamb

양, 특히 어린 양은 순수, 결백, 온순함, 희생 등을 상징한다. 우화의 경우 양은 순수한 사고나 공정한 인간을 상징한다. 따라서 양과 사자의 상징적 의미는 반대이고 마법사는 어린 양의 순진무구함 앞에서 무력해진다.

우리는 길 잃은 불쌍한 어린 양이다. 매애! 매애! 매애!
— 키플링, 「패잔병들」

나는 한 마리의 암산양에게 말을 건다./ 암산양은 혼자서 목장에 매어 있었다./ 풀을 먹는 것도 지쳐 가지고, 비에/ 젖어 울고 있었다.

— 사바, 「암산양」

키플링의 경우 양은 '길 잃은 불쌍한 어린 양'이라는 시행이 암시하듯이 희생을 상징하고 사바의 경우 양은 '목장에 매어 있었다'는 시행이 암시하듯이 온순함을 상징한다.

양말 Footwear

고대인들의 경우 양말은 자유를 상징하는데, 그것은 당시의 노예들이 맨발로 다녔기 때문이다. 일반적으로 양말의 상징적 의미는 발의 상징적 의미와 관련되며, 이로부터 양말의 일반적·상징적 특성이 드러난다. 발이 암시하는 세 가지 상징적 의미는 첫째로 남근(프로이트), 둘째로 영혼(디엘), 셋째로 육체와 지상이 접촉하는 지점이다.

비둘기 가슴 같은 옥양목 버선발

— 김용제, 「백설부」

사뿐히 푸른 섬들을 딛고 보면 버선발은 희고 차가우나 버선코는 그 무슨 감촉으로 부화되어 가는 체중을 받드는 것인가.

— 이성교, 「버선」

버선발로 달려온/ 나의 아씨여/ 네 이마에 솜털을 재우는/ 저녁 종이 울었다.

— 유안진, 「노을」

김용제의 경우 노래되는 대상은 '백설'이다. 그러나 이 흰 눈을 그는 '비둘기 가슴 같은 옥양목 버선발'에 비유한다. 그런 점에서 '버선'은 순수한 영혼을 상징한다. 이성교의 경우 버선은 '부화되어 가는 체중'을 받드는 것으로 노래되며, 따라서 그것은 육체를 승화시키는 일종의 초월적 힘을 상징한다. 그런가 하면 유안진의 경우 버선, 좀 더 정확하게 말하면 '버선발로 달려온/ 나의 아씨'는 저녁 노을을 비유한다. 그러나 '네 이마에 솜털을 재우는/ 저녁 종'이 운다는 표현을 강조할 때 그것은 지상적 삶의 고뇌를 잠재우는 신성을 환기한다. 여기서 버선은 결국 신의 세계와의 만남을 가능케 하는 계기가 된다.

어머니 Mother

어머니, 특히 위대한 어머니는 우주, 자연, 모든 원소를 지배하는 여주인으로 생명의 기원, 원동력과 포용 원리를 상징한다. 그러나 흔히 어머니의 상징적 의미는 양가성을 띤다. 곧 일반적인 어머니는 자연의 이미지로 나타나지만 공포의 어머니는 죽음을 상징하기 때문이다. 연금술에서 '어머니로 돌아가는 것'이 죽음을 상징하는 것은 이런 까닭에서이다. 이집트인들의 경우 독수리가 어머니를 상징하는 것은 독수리가 시체를 잡아먹기 때문이다.

▲ 뭉크의 〈어머니와 딸〉

융은 16세기에 어머니의 이미지가 운명의 여신의 형상으로 재현된다는 점에 유의한 바 있다. 그는 이런 사실을 더욱 발전시켜 '공포의 어머니'가 피에타(죽은 예수를 안고 있는 성모 마리아)와 대립된다는 점을 강조한다. 이때 공포의 어머니는 죽음뿐만 아니라 인간들의 고통에 대해서 무관심한 자연의 잔인한 측면을 상징한다. 그에 의하면 어머니는 또한 존재의 황홀한 차원, 생명수의 근원을 상징하고 이른바 아니마(여성적 영혼)의 이미지를 보유한다. 일반적으로 남성들은 무의식적으로 근원적인 여성의 이미지를 지니는 바, 이 이미지는 차츰 어머니에게서 누이에게로, 마침내 애인에게로 옮겨간다. 아니마란 그런 점에서 근원적인 여성의 이미지이다.

여성들이 지배하는 사회 형태, 곧 모계 사회는 혈연 관계, 협동, 자연의 수동적 수용을 강조한다. 그러나 남성들이 지배하는 부계 사회는 자연이 아니라 인간들이 만들어 놓은 법칙을 숭배하고, 예술과 기술의 세계를 사랑하고, 위계 질서에의 종속을 강조한다. 서구의 경우 사회학적인 측면에서 모계 사회는 오늘날 존재하지 않는다. 그러나 심리학적인 시각에 의하면 모든 남성들은 본질적으로 여성 원리에 지배받는 단계를 통과한다. 이 단계를 성공적으로 통과하고, 자신의 삶의 법칙으로 남성 원리를 설정케 되는 것, 곧 부계 사회적 특성을 익히게 되는 것은 이른바 '달의 작업'으로부터 '태양의 작업'으로 변형되는 과정을 상징한다. 에볼라는 다음과 같이 말하고 있다. '지상을 상징하는 어머니는 물, 바위, 동굴, 모성으로서의 고향, 밤, 깊이를 간직한 집, 지혜나 힘의 집을 상징한다.'

  하고픈 이야기도 많았습니다./ 나는 몹시도 오랫동안 타향에서 지냈습니다./ 그래도 나를 가장 잘 이해해 주시는 이는/ 언제나 어머님 당신이었습니다.
              — 헤세,「나의 어머님께」

  가장 가깝고, 가장 정답게 가장 사랑하면서도 가장 먼 것……
              — 바커,「어머님께」

어머니/ 먼 관모봉 산마루에/ 다시 이 해의 눈이/ 쌓여서 은으로 빛나옵니까/ 물길으시는 당신의/ 붉으신 손도 보이는 듯하옵니다.
— 유정, 「관모봉 아랫마을」

도대체 내가 그 나라에 간 것이 오류였다. 그 나라엔 사람들이 살고 있지 않았다. 나는 꽝꽝한 얼음 속에서 처음으로 어머니를 불렀다. 어머니는 한 토막 흐린 나무가 되어, 그래도 나를 보자 웃으셨다. 좀 더 살아 보라, 살아 보라고 어머니는 외치셨다. 땅도 하늘도 없는 저 얼음 나라에서 그러나 나는 따스하게 존재했다.
— 이승훈, 「어머니 말씀」

헤세의 경우 어머니는 고향을 상징한다. '나는 몹시도 오랫동안 타향에서 지냈습니다'라는 시행이 이런 사실을 뒷받침한다. 그러나 동시에 '나를 가장 잘 이해해 주시는 이'라는 시행에 유의할 때 어머니는 너그러운 관용을 상징한다. 그런가 하면 바커의 경우 어머니는 '가장 사랑하면서도 가장 먼 것'이라는 시행이 암시하듯 양가적인 의미를 지닌다. 그것은 집단 무의식으로서의 어머니, 존재의 황홀한 아니마를 상징하면서 동시에 공포의 어머니, 곧 죽음을 상징한다.

유정의 경우 어머니는 '물길으시는 당신'이 암시하듯이 물의 이미지, 곧 생명수의 근원을 상징한다. 그러나 필자의 경우 어머니는 '한 토막 흐린 나무'에 비유된다. 화자는 '꽝꽝한 얼음 속'에서 어머니를 부른다. 얼음이 암시하는 것은 물의 동결, 곧 존재의 근원으로서의 모성이 동결된 상태이다. 따라서 화자는 모성이 상실된 상태에서 어머니를 부른다. 그 어머니 역시 건강한 어머니가 못된다. '싱싱한 한 그루 나무'가 아니라 '한 토막 흐린 나무'라는 이미지가 이런 사정을 암시한다. 쇠약한 어머니, 병든 어머니이지만 그 어머니는 시인인 아들을 보자 그래도 '좀 더 살아 보라'고 말한다. 그런 점에서 쇠약하고 병든 상태이긴 하지만 어머니는 지혜나 힘을 상징한다.

얼음 Ice

얼음의 상징적 의미는 물과 관련된다. 물은 형태가 있는 세계와 형태가 없는 세계의 교통, 만남을 상징하고, 자연의 원리에 따르는 물질들의 순환 체계 속에서 새로운 물질로의 전환을 가능케 하는 요소이고 지상의 풍요를 상징한다. 이런 물의 상징을 전제로 얼음은 크게 두 가지를 상징한다. 하나는 물이 변하여 얼음이 된다는 점에서 얼음은 응결, 동결, 차가움, 경직을 상징한다. 다른 하나는 물이 내포하는 잠재력인 죽음을 상징한다. 이런 상징적 의미를 토대로 얼음은 의식과 무의식, 혹은 상이한 역동적 수준의 견고한 경계를 상징한다. 얼음에는 비록 부정적인 의미가 지배적이기는 하지만 견고함이 거친 세계에 대응하고, 차가움이 열등한 세계에 대한 저항을 암시하는 긍정적인 의미 역시 존재한다. 이런 후자의 이미지는 니체가 말하는 '산정의 생명을 얼어붙게 하는 적의로 가득 찬 공기'로 나타난다.

> 얼음은 우리의 분노의 변형인가?/ 싸늘한 부동의 하늘, 이는 정신의 기아인가?
> ― 스펜더, 「북극 탐험」

> 세계는 불로 끝난다는 사람도 있고 얼음으로 끝난다는 사람도 있다/ 내가 맛본 욕망을 두고 말하면 파손을 위해서는 얼음도 또한 위대하며……
> ― 프로스트, 「불과 얼음」

> 그가 꿈꾸는 빙산은/ 하아프의 빙산/ 하여튼 빙산/ 하염없는 빙산/ 하마터면 그를/ 삼킬지도 모르는/ 빙산엔 빙산엔/ 펭귄이 없네/ 정신병도 없네/ 불안도 없네/ 쓰다 만 편지도 없네/ 물론 욕망도 없네/ 할 일 없는 그가/ 꿈

꾸는 빙산은/ 꿈의 빙산/ 사람 없는 빙산/ 굴욕과 치욕을 넘어/ 태어나는 빙산/ 광기도 없는 빙산

— 이승훈, 「그가 꿈꾸는 빙산」

스펜더의 경우 얼음은 '분노의 변형'과 '정신의 기아'라는 말이 암시하듯이 물의 잠재력을 파괴한다는 상징적 의미를 지닌다. 물은 분노가 아니라 관용, 정신의 기아가 아니라 정신적인 풍요를 상징하기 때문이다. 프로스트의 경우 얼음은 '파손을 위해서는 얼음도 또한 위대하며'라는 시행이 암시하듯이 파손, 곧 파괴의 이미지로 노래된다. 이 파괴 역시 물이 함축하는 상징적 의미나 잠재력을 파괴한다는 의미로 읽힌다. 필자의 경우 얼음은 산의 이미지로 나타난다. 그런 점에서 빙산은 단순히 얼음이라는 의미보다는 산의 상징적 의미와 관련된다. 여기서 강조되는 것은 '그가 꿈꾸는 빙산'엔 펭귄도, 정신병도, 불안도, 쓰다 만 편지도, 그 어떤 욕망도 없다는 사실이다. 그런 점에서 이런 얼음의 세계는 의식과 무의식의 경계에서 시인이 체험하는 '모든 열등한 것에의 저항', 곧 니체가 말하는 '생명을 얼어붙게 하는 적의로 가득 찬 공기'의 세계라고 할 수 있다.

여름Summer

여름은 1년을 구성하는 봄, 여름, 가을, 겨울 가운데 둘째 국면에 해당한다. 따라서 여름의 상징적 의미는 다른 계절과의 관계를 전제로 한다. 하루의 국면에서 봄이 새벽에 해당한다면 여름은 대낮에 해당한다. 대낮, 특히 정오는 태양이 절정에 이르는 시간이고 따라서 여름은 절정, 낙

원, 축복을 상징하고 인생의 국면에서는 탄생(봄) 다음 단계인 성숙, 성장, 충만, 활기를 상징하고 봄이 이성과의 만남을 상징한다면 여름은 결혼, 승리, 완성을 상징한다.

내 고장 칠월은/ 청포도가 익어 가는 시절// 이 마을 전설이 주저리 주저리 열리고/ 먼 데 하늘이 꿈꾸며 알알이 들어와 박혀// 하늘 밑 푸른 바다가 가슴을 열고/ 흰 돛단배가 곱게 밀려서 오면
— 이육사, 「청포도」

이 시에서 여름은 성숙(청포도가 익어 가는 시절)을 상징하고 이런 성숙은 역사(전설)와 우주(먼 데 하늘)가 청포도가 된다는 점에서 낙원과 축복을 상징한다.

여우 Fox

여우는 교활, 위선, 음험함을 상징한다. 우리 민속에서 여우의 울음은 죽음을 의미하고 간사하거나 약은 사람을 '여우같은 인간'이라고 한다. 한편 여우는 무덤을 파서 송장을 먹기 때문에 요물이고 해물害物로 인식된다. 우리 민속에서는 교활하고 변덕스럽고 요염한 여자를 여우라고 부른다.

오오 나의 착한 짐승들이여/ 우두커니 시선을 옮기는 나의 얼굴도/······/ 너의 것이다. 오오 나의 늑대들이여 피투성이의 여우들이여/ 어느 손도 얼굴도 너의 것이다.
— 콰지모도, 「나의 착한 여우들이여」

암 여우가 와서 해골의 텅 빈 눈을 바라보면/ 왼쪽 눈엔 천국, 오른쪽 눈엔 지옥이 보인다./ 수여우가 와서 다시 살펴보면 반대로/ 왼쪽 눈엔 지옥, 오른쪽 눈엔 천국이 보인다고 말하며 고집한다./ 도대체 어떡하면 이 두 세계의 핀트를 맞출 것인가고/ 부부 여우가 생각에 잠긴다.

— 등원정, 「사랑의 해골」

콰지모도의 경우 여우는 '착한 짐승'으로 노래된다. 여우가 이렇게 노래될 수 있는 것은 삶의 원리로 간주되는 이른바 선악의 개념이, 생각하기에 따라서는, 우리의 삶을 억압하기 때문이다. 그런가 하면 등원정의 경우 여우는 선과 악 사이에서 방황하는 짐승으로 노래된다. 암여우의 눈에 보이는 천국은 수여우의 눈엔 지옥으로 보인다. 이런 불균형은 결국 여우들의 세계에서는 천국과 지옥에 대한 분별이 매우 자의적임을 뜻한다.

여자 Woman

여자는 달과 관련되는 여성 원리, 대지와 바다를 암시한다. 남성적 이성과 대립되는 본능적 직관을 상징하고 수동성, 수용, 보호, 양육을 상징하고 일반적으로 비어 있는 것, 가운데가 들어간 것, 물결, 동굴, 다이아몬드 형태, 계란 형태, 벽으로 둘러싸인 정원, 우물, 입구, 문, 잔, 도랑, 덮개, 방패, 바다, 샘, 배, 조개, 물고기, 진주의 이미지로 나타나고 초승달, 달빛, 별은 여성 이미지의 부수물이다.

인류학의 관점에 따르면 여자는 자연이 보여주는 수동성의 원리에 상응하고 일반적으로 세 가지 기본적 양상을 소유한다. 첫째는 아름다운 노랫소리로 뱃사람을 유혹하여 난파시킨 그리스 신화에 나오는 사이렌 여신, 혹은 사람을 잡아먹고 어린애의 피를 마시는, 반은 사람이지만 반은 뱀의 형태로 된 마녀이다. 이때 여자는 일을 하는 남자를 유혹하고 위로하는, 매혹적이지만 위험한 존재로 인식된다. 둘째는 어머니로서의 여자로 이때 여자는 어머니일 뿐만 아니라 조국, 고향을 상징하며, 물이나 무의식과 관련된다. 셋째는 신비한 소녀로서의 여자이다. 융의 심리학에서 이런 여자는 애인, 혹은 아니마(여성적 영혼)로 인식된다. 융은 『변형의 상징』에서 고대인들은 여자를 이브, 헬렌, 소피아, 마리아로 보았으며, 이런 존재는 각각 충동, 정서, 지성, 도덕을 상징한다. 아니마로서의 여자를 상징하는 대표적인 이미지는 단테의 『신곡』에 나오는 베아트리체이다.

위에서 언급한 세 가지 양상은 여자의 성격을 다루는 우화 속에 자주 나타난다. 여자가 동물의 모습과 관련되는 상징들 가운데 가장 흥미로운 것으로는 켈트족과 독일 신화에 나오는 백조의 모습을 한 여자이며, 이런 존재는 서인도 제도의 민담에 나오는 양의 발굽을 가진 여자와 관련된다. 이상의 두 경우 여자는 어머니로서의 의무를 완성하면 사라진다. 도상에서는 흔히 여성이 사자와 결합된 경우가 많다. 무서움, 파괴력을 상징하는 이집트의 여신 세크메트는 몸은 여자이지만 머리, 즉 정신은 사자의 모습을 하고 있다. 이와는 달리 몸은 사자이며 머리는 여자인 경우도 있다.

스핑크스 같은 상징들 속에 나타나는 여성적 요소는 우주적 직관의 복합물, 혹은 개념이 투사된 자연을 배경으로 한다. 곧 여자는 거대한 복합물의 원형으로 인식되는 바, 이때 결정적인 요소가 상징적 의미를 나타낸다. 예컨대 소피아나 마리아로서의 여자가 보여주는 탁월성은 과학, 혹은 탁월한 덕목을 상징하며, 아니마로서의 이미지가 드러날 때 여자는 가장 숭고하며 순수한 인간의 특성을 반영하기 때문에 남자보다 탁월한 존재가 된다. 그러나 이브나 헬렌처럼 저급하고 본능적이며 정서적인 양상을 보여주는 경우 여자는 남자보다 열등한 지위에 놓인다. 이때 여자는 남자를 유혹하는 요부, 연금술에서 말하는 휘발성, 곧 변덕스럽고 일관성이 없고 믿을 수 없으며 속이기 잘하는 존재로 드러난다.

여자란 하룻밤을 위한 것/ 예쁘면 다시 하룻밤도 좋소./ 오 그리곤 다시 혼자 되는 법/ 벙어리 존재. 이 씻겨 내리는 마음.
— 벤, 「급행 열차」

여인은 아직도 젊었거니! 그 달뜬 넋과/ 권태에 좀먹힌 관능이/ 걷잡지 못할 정욕에 목마른 사냥개 떼 위해/ 열려졌더란 말인가?
— 보들레르, 「순교의 여인」

벤의 경우 여자는 이브의 이미지, 곧 본능을 상징하며, 보들레르의 경우 역시 비슷하다.

여행 Journey

정신적인 관점에서 여행은 단순히 공간을 경과한다는 의미가 아니라 새로운 세계를 발견하고 자신의 삶을 변화시키려는 격렬한 욕망을 상징한다. 따라서 새롭고 풍요한 경험을 통해 집중적으로 세계를 연구하고 탐구하고, 그런 세계를 추구하는 삶의 양식들은 모두 여행의 범주에 든다. 환언하면 이런 삶의 양식들은 여행의 정신적·상징적 등가물이 된다. 영웅들은 잠시도 쉬지 않는다는 점에서 언제나 여행자들이었다. 영웅의 여행은 생명의 바다를 건너면서 위험을 극복하고 완전성에 도달함을 상징한다. 또한 잃어버린 낙원 찾기, 죽음에서 불사不死로의 행, 영적 중심의 발견을 상징한다.

융에 의하면 여행은 그 대상이 무엇인지 알 수 없는 열망, 결코 충족되지 않는 그리움으로 정의된다. 그는 이렇게 알 수 없는 대상이나 목표가 사실은 '잃어버린 어머니'라는 점을 강조한다. 그러나 이런 주장은 비판의 여지가 있다. 왜냐하면 이와는 달리 여행이란 어머니로부터의 떠남, 혹은 비상이라고도 말할 수 있기 때문이다.

비상, 헤엄치기, 달리기는 모두 여행과 동일시되며, 또한 꿈꾸기, 백일몽, 상상하기 역시 그렇다. 강을 건너는 행위는 삶의 한 국면에서 다른 국면으로 넘어가는 단계를 상징한다. 여행은 또한 1년의 완전한 주기를 따르거나, 그런 주기로부터 도피하려는 노력을 상징한다. 이런 의미는 여행이 암시하는 2차적 특성, 곧 일종의 현실 도피라는 의미와 관련된다. 그러나 진실한 여행이 의미하는 것은 도피도 아니고 순종도 아니다. 참된 여행이 의미하는 것은 자아의 발전, 혹은 진보이다. 통과제의의 시련이 자주 속세, 무의식, 어머니의 암흑 속에서 출발하여, 빛의 세계로 나가는, 일종의 '상징적 여행'의 형식을 취한다는 주장이 가능한 것은 이런 사실 때문이다.

여행의 원형은 '중심'을 찾아가는 순례, 혹은 성지를 찾아가는 순례, 아니면 미궁에서 벗어나려는 행동으로 드러난다. 밤바다를 건너는 행위는, 지옥으로의 여행과 동일시되면서, 아직도 충분히 해명되지 않은 여행 상징의 기본적 양상으로 수용된다. 여행의 상징적 의미에 있어서 무엇보다도 중시되는 것은 여행이 무엇인가를 찾는다는 점이다. 끊임없는 여행은 보다 높고 승화된 세계, 혹은 그런 삶을 지속적으로 탐구함을 의미한다.

「지옥으로의 여행」은 단테의 『신곡』에 나오며, 이런 이미지는 버질의 『에이네이드』 속에서의 에이네아스Aeneas의 행동, 그리고 유리디체를 찾아 죽음의 세계로 내려가는 오르페우스의 이미지에 의해서도 드러난다. 상징적 관점에서 지옥으로의 여행은 무의식의 세계로의 하강, 혹은 우주적이며 심리적인 존재의 모든 잠재성에 대한 각성을 상징한다. 이런 각성을 통해 우리는 높은 곳에 있는 낙원에 도달하게 된다. 정신적 순수를 유지하는 소수의 인간들만이 이런 상태에 도달하는 바, 그렇지 않은 사람들은 모두 지옥으로의 여행을 통해 이런 상태에 도달하게 된다. 연옥이 참회와 용서라는 관념을 내포하듯이 지옥은 죄와 벌이라는 관념을 하나로 융합한다.

'지옥으로의 여행'이라는 말이 있듯이 '영혼의 여행'이라는 말도 있다. 인도인들에 의하면 외적 세계의 구속으로부터 자유로워진 개인은 이제까지 걸어온 길이 역전되는 길로 들어선다. 이때 그가 선택할 수 있는 길은 두 가지이다. 하나는 신들의 길이라고 불리는 자유로운 길이며, 다른 하나는 선조들의 길이라고 불리는 길이다. 이 길에는 아직도 '개성화'의 단계, 곧 내적 성숙을 통해 자아를 실현하는 과정에 있는 사람들이 있다.

> 내 사랑, 내 누이야/ 꿈꾸어 보렴 거기 가서/ 단둘이 사는 달콤한 행복을!/ 한가로이 사랑하며 사랑하다 죽을 것을/ 너를 닮은 그 나라에서!/ 흐린 하늘의/ 안개 서린 태양은/ 내 영혼에 신비로운 매력을 지니고 있다/ 눈물을 통해 반짝이는/ 변덕스런 네 눈처럼/ 그곳은 모두가 질서와 아름다움/ 호사, 고요, 그리고 쾌락
>
> — 보들레르, 「여행에의 초대」

> 세계는/ 나의 학교/ 여행이라는 과정에서/ 나는 수없이 신기로운 일을 배우는/ 유쾌한 소학생이다.
>
> — 김기림, 「태양의 풍속」

참된 여행자에게는 항상 방랑하는 즐거움, 모험심과 탐험에 대한 호기심이 있기 마련이다. 여행한다는 것은 방랑한다는 뜻이고, 방랑이 아닌 것은 여행이라고 할 수 없다고 생각한다. 여행의 본질은 의무도 없고, 일정한 시간도 없고, 소식도 전하지 않고, 호기심 많은 이웃도 없고, 환영회도 없고, 이렇다 할 목적지도 없는 나그네 길인 것이다. 좋은 나그네는 자기가 이제부터 어디로 갈 것인가를 모르는 법이고, 나무랄 데 없이 훌륭한 여행자는 자기가 어디서 왔는지조차 모르는 사람이라고 할 수 있다. 그는 심지

어 자기의 성명이 무엇인지도 모르는 것이다.
― 임어당, 『생활의 발견』

　보들레르의 경우 여행은 '한가로이 사랑하며 사랑하다 죽는 삶'을 지향한다. 그의 경우 여행은 현실 도피이고 좀 더 찬찬히 살펴보면 이 지상을 초월하는 공간으로의 떠남을 상징한다. 그러나 이런 떠남에의 욕망은 이 시의 경우 몽상, 백일몽, 상상의 세계로 드러난다. 그런 점에서 여행은 여기서 몽상, 백일몽, 상상과 동일시된다. 김기림의 경우 여행은 외적 세계의 배후에 숨어 있는 진리를 탐구하고 배우는 삶을 상징한다. 그런 점에서 여행은 여기서 새로운 삶의 창조와 발견을 의미한다.
　임어당의 경우 궁극적으로 노리는 것은 이른바 '영혼의 여행'이라고 할 수 있다. 왜냐하면 비록 여행의 본질이 방랑에 있다고는 하지만 그가 이 글에서 강조하는 것은 참된 여행자는 '자기가 어디서 왔는지조차 모르는 사람'이며, 심지어 '자기의 성명'도 모르는 사람이라고 말하기 때문이다. 자기가 온 곳도 모르고, 자기의 이름도 모른다는 말은 외적 자아를 포기하고, 그런 자아를 지배하던 삶의 양식과는 다른 새로운 삶의 세계로 듦을 의미한다. 그것은 융이 말하는 이른바 개성화의 과정을 의미한다. 그런 점에서 임어당이 이 글에서 강조하는 것은 일종의 '영혼의 여행'이라고 할 수 있다.

연기 Smoke

　연기는 진흙과 대립되는 이미지이다. 흙과 물이 결합되어 진흙을 구성함에 비해 연기를 구성하는 것은 공기와 불이다. 그런 점에서 연기, 특히 연기 기둥은 불처럼 영혼의 승천, 시공을 벗어나 영원한 무한에 드는 것을 상징한다. 기독교에서 연기는 인생의 덧없음, 분노의 허망함을 상징한다. 일부 민담에서 연기는 인간, 동물, 식물의 불행을 퇴치하는 마술적 능력이 있는 것으로 기술된다. 한편 기둥 모습을 한 연기, 곧 기둥 연기는 불에 의한 구원을 상징한다. 연금술에 의하면 연기는 육체를 떠나는 영혼을 상징한다.

유령 같은 연기가/ 건초 더미에 솟지만/ 오 바람이 없어/ 흩어지지 않고
— 바커, 「바다의 노래」

그 거룩한 연기는 아침의 맑은 대기 속을/ 뭉게뭉게 훈향 피우며 천천히 올라간다/ 처음엔 시커먼 이랑에 지나지 않았다/ 이윽고 그 증기는 푸른빛을 띠고 점점 짙어져/ 마침내 희어졌다
— 보들레르, 「평화의 파이프」

거리의 저편 화장장 굴뚝에서 검은 연기가 피어오른다/ 슬픔과 웃음을 태우는 연기
— 이경순, 「오후의 정경」

바커의 경우 연기는 '유령 같은 연기'라는 말이 암시하듯 마술적인 능력을 상징한다. 그런가 하면 보들레르의 경우 연기는 물질, 혹은 육체가 지니는 물적 속성이 승화되는 세계로 노래된다. 그렇다는 것은 이 시에서 연기가 처음엔 '시커먼 이랑', 다음엔 '푸른빛', 마침내 '흰빛'으로 변용되기 때문이다. 이경순의 경우 연기는 '화장장 굴뚝'에서 피어오른다. 이런 연기는 말 그대로 육체를 떠나는 영혼을 상징한다.

연꽃, 연Lotus

▲ 김홍도의 〈하화청정도〉

동양의 연꽃은 서양의 백합이나 장미와 유사한 상징적 의미를 나타낸다. 연은 태양과 달 양자에 속하며 따라서 삶과 죽음, 재생을 상징한다. 이집트의 경우 연꽃은 초기의 생명, 혹은 생명이 최초로 나타나는 현상을 암시한다. 사우니어에 의하면 연꽃은 생명이 발전하는 모든 형식을 자연스럽게 상징한다. 중세에는 연꽃이 신비한 '중심', 따라서 심장과 동일시되었다. 예술적 창조물로서 연꽃은 만다라와 관련되며, 그 의미는 꽃잎의 수에 따라 다양하다.

연꽃은 혼돈의 바다를 떠다니다가 솟아나온 우주를 상징하고 태양의 모형으로서의 수레바퀴와 관련된다. 연꽃은 안식의 물에 떠서 고요하게 피어나기 때문에 벌어진 꽃은 깨달음, 존재의 현현顯現, 창조를 상징한다. 한편 연꽃은 흙탕물에서 피어나기 때문에 세속을 매개로 하는 청순한 초인적 존재, 신적 존재의 탄생을 상징한다. 연꽃은 연에서 솟아오르는 불꽃에 해당한다. 연(물)이 달이라면 연꽃은 태양이다. 인도의 경우 여덟 개의 꽃잎으로 된 연꽃은 브라만이 거주하는 중심을 상징하며, 그의 신비한 활동이 구체적으로 드러나는 모습을 상징한다. 8이라는 형상은 중세 로마네스크 예술의 경우에 그렇듯이 지상과 천상, 혹은 사각형과 원의 만남을 의미한다. 천 개의 꽃잎으로 된 연꽃은 최후의 계시를 상징한다. 이런 연꽃의 중심에는 흔히 삼각형이 있고, 삼각형 내부에는 무형을 상징하는 '위대한 공허'가 있다.

귀에논은 연꽃의 상징적 의미에 대해 폭넓은 연구를 하면서 존재의 잠재력이 언제나 내적인 활동에 의해 실현된다는 사실을 강조한 바 있다. 왜냐하면 모든 존재의 잠재력이 실현되는 것은 그 존재의 중심으로부터 시작되기 때문이며 형이상학적 관점에 의하면 외적 활동은 총체적 존재와 연관될 수 없기 때문이다. 따라서 이런 활동은 각 존재의 상대적이고 특수한 수준에서만 가능하다. 이때 존재의 잠재력이 실현되는 양상은 물의 표면에서 연꽃이 개화하는 여러 가지 모습으로 묘사된다.

일반적으로 동양에서는 연꽃이, 서양에서는 장미가 이런 의미를 나타낸다. 연꽃과 장미 사이에 깊은 관계가 있다는 사실은 그 꽃잎이 '우주적 순례'를 암시하면서 동시에 본질이 실현된 세계를 상징하기 때문이다. 이때 본질이 실현된다는 말은 존재의 잠재력이 외적으로 드러남을 의미한다. 이런 상징적 의미는 다양한 방식에 따라 여러 형식으로 나타나지만 언제나 수의 상징, 말하자면 꽃잎의 수에 의존한다. 고대에 연꽃은, 예컨대 중국, 일본, 인도, 이집트 등의 경우에 알 수 있듯이 만장일치의 선택을 의미했다. 연꽃은 태양이라는 중심, '움직이지 않으면서 움직이는 자' 혹은 중심점에서 자라는 우주를 상징한다. 연꽃은 신성의 여러 속성을 지닌다. 연꽃에는 '숨어 있는 중심'의 발산과 그런 중심의 실현이라는 의미가 있다.

연꽃은 더러운 물 속에 있어도 항상 맑은 본성을 유지하기 때문에 청정, 순수, 완전 무결을 상징하고 불교의 경우 연꽃은 오랜 수행 끝에 번뇌의 바다에서 벗어나 깨달음에 이른 수행자를 상징한다. 빛의 상징이고 생명의 근원인 연꽃 하나하나에 부처가 탄생한다는 점에서 연꽃은 부처를 상징한다. 한편 보리수 아래서 깨우친 부처는 연꽃에서 고해를 헤매는 중생들의 모습을 본다. 곧 어떤 중생은 진창 속에 있고, 어떤 중생은 진창을 벗어나려 하고, 어떤 중생은 간신히 머리를 물 위로 내밀고, 어떤 중생은 꽃을 피우려고 애쓴다.

　　물결은 가슴어리에 젖을 물리고/ 연꽃 싱싱한 못물!/ 몽롱한 눈에 사랑의 눈길을 보내어/ 목숨에 채워 주었다.
　　　　　　　　　　　　　　　　　　　　— 판트, 「매혹하는 이」

떠나시던 그 날에 꺾어 준 연꽃 송이/ 처음엔 발갛더니 얼마 안 가 떨어지고/ 이제는 시드는 빛이 사람과도 같아라
— 이가남

연꽃 같은 발꿈치로 가이없는 바다를 밟고, 옥 같은 손으로 끝없는 하늘을 만지면서, 떨어지는 해를 곱게 단장하는 저녁놀은 누구의 시입니까?
— 한용운, 「알 수 없어요」

허전히 무너져 내린 내 마음 한구석 그 어느 그늘진 개흙밭에선/ 감돌아 흐르는 향기들을 마련하여/ 연꽃이 그 큰 봉오리를 열었다.
— 김관식, 「연」

판트의 경우 물결은 연꽃에 젖을 물리고 있는 모습으로 노래된다. 이런 이미지는 연꽃이 갓 태어난 생명임을 암시한다. 따라서 여기서 연꽃은 초기의 생명, 혹은 존재가 최초로 드러나는 모습을 상징하며, 그것은 '목숨에 음악을 채워 준다'는 점에서 완성된다. 이가남의 경우 연꽃은 '이제는 시드는 빛이 사람과도 같아라'라는 시행이 암시하듯이 사람의 목숨, 그러니까 생명에 비유된다. 이런 비유는 연꽃이 '신비한 중심'이나 심장을 상징한다는 중세적 해석과 관련된다. 한용운의 경우 연꽃은 '가이없는 바다를 밟고 가는 발꿈치'에 비유된다. 그런 점에서 연꽃은 인도의 경우처럼 브라만이 거주하는 중심, 혹은 그의 신비한 행위가 구체적으로 드러나는 모습을 암시한다. '가이없는 바다를 밟고 가는 발꿈치'야말로 신비한 행위이기 때문이다. 한편 '연꽃같은 발꿈치', 연보蓮步는 미인의 걸음걸이를 뜻한다. 김관식의 경우 연꽃은 생명, 순수, 청정을 상징한다. 그것은 연꽃이 '허전히 무너져 내린 내 마음 한구석 그 어느 그늘진 개흙밭'에서 '봉오리'를 열기 때문이다.

열쇠 Key

열쇠는 여는 도구이고 자물쇠는 잠그는 도구이다. 그러나 열쇠는 열고 잠그는 기능을 동시에 지니기도 한다. 닫힌 문이나 사물을 연다는 점에서 열쇠는 해방, 비밀스런 의식, 모르던 것을 아는 지혜, 지식을 상징하고 또한 열고 닫는다는 점에서 두 얼굴의 신 야누스를 상징한다. 한편 열쇠는 신비나 수수께끼를 해명하고 지상의 한계를 초월하는 세계, 무의식, 천상의 세계를 의미한다. 정신분석의 시각에서 열쇠는 남근, 자물쇠는 여성을 상징한다. 따라서 열쇠는 생산성을 상징하고 행운의 열쇠를 전제로 할 때는 행운을 상징한다.

열쇠여./ 아무리 열어 보아도/ 공허한/ 동굴의 어둠만이 깃든/ 썩은 개펄의 바람만이 풍겨 나오는/ 지상의 생활 속에서/ 비로소 아차 하고/ 저 자신의 열쇠/ 꾸러미를 새삼 만져 본다.
— 박목월, 「순금의 열쇠」

우스워라 Q가 밖에서 자물쇠를 잠그자/ K는 안에서 자물쇠를 잠갔다/ 문짝이 벽으로 둔갑하는 순간이다/ 카타콤베 같은 K의 방/ 어둠 속에 나타나는/ 또 다른 묵직한 자물쇠에 얻어맞고/ K의 생각은/……/ 심연 속으로 굴러 떨어진다
— 최승호, 「자물쇠」

박목월의 경우 열쇠는 지상의 생활을 영위할 수 있는 방법을 상징하며, 시의 후반에서 그것은 '하늘의 문'을 열게 하는 베드로의 이름으로 발전한다. 최승호의 경우 열쇠가 없는 삶은 벽과 만나는 삶, 마침내 심연으로 전락하는 삶을 상징한다.

염소 뿔, 풍요의 뿔 Cornucopia

그리스 신화에 의하면 어린 제우스에게 우유를 먹인 것은 마알테아라는 염소였다. 염소 뿔은 일반적으로 강력한 힘, 풍요를 상징하며, 뿔은 남근을 상징하고 뿔 안이 비어 있다는 점에서 여성을 상징한다.

서글픈 생각을 부둥켜안고 돌아오노라면 풀밭에 매인 산양이 애잔히 우는 것이다. 제법 뿔을 세우고 새침하게 흰 수염을 드리우고 독판 점잖은 체는 하나 마음은 슬픈 것이다. 이 세상에 잘못 태어난 영원한 이방의 나그네같이 일상 서먹서먹하고 마음 여리게 운다.

— 이효석, 「청포도의 사상」

이 글에서 염소는 영원한 이방인에 비유된다. 아무리 뿔을 세우고 있어도 그 뿔은 고유한 기능을 상실한다. 따라서 여기서 묘사되는 염소 뿔은 정신적 풍요를 상실한 현대인들의 고독을 상징한다.

영웅 Hero

영웅은 구세주의 원형으로 대체로 자신의 출생 신분을 모르고 어려서 시련을 겪고 악과 싸우다가 최후에는 배신당해 죽는다. 그런 점에서 영웅의 삶은 영혼의 여행을 상징한다. 우리가 영웅을 숭배하는 것은 전쟁 때문만이 아니라 영웅 속에 내재한 미덕 때문이다. 이 미덕은 선사 시대부터 인식되었고 흔히 악과의 싸움, 자기 희생, 구원, 시련과의 싸움 등으로 나타난다. 영웅의 투쟁은 인간의 외부에 있는 물질적인 적들과 싸우는 '사소한 성전'과 인간의 내부에 있는 정신적인 적들과 싸우는 '위대한 성전'으로 나누어진다.

모든 영웅의 특성은 혼돈의 세계를 정복하고, 악의 유혹을 극복하는 미덕으로 요약된다. 여러 신화에서 태양이 영웅과 동일시되는 것은 이런 이유 때문이다. 알렉산더 대왕의 초상에는 주피터의 뿔이 그려져 있으며, 이것은 그가 봄날의 태양과 동일시됨을 의미한다. 이런 이유를 근거로 융은 다음과 같이 말한다. '우리가 폭넓게 수용하는 리비도, 곧 성충동의 모든 상징은 영웅의 모습을 한 인간이다. 그리고 이런 인간은 많은 신화, 전설, 민담의 주제로 등장한다.' 그는 여기에 덧붙여 영웅의 삶 속에서는 역사적인 것과 상징적인 것이 동일하게 된다고 말한다. 영웅이 처음 싸워야 할 대상은 자기 자신이며, 독일 전설에 나오는 영웅들이 흔히 뱀의 눈으로 그려지는 것은 이런 이유 때문이다. 신비한 영웅인 케크로프스는 반은 인간이고 반은 뱀의 모습으로 되어 있다.

> 영웅이란 시종일관해서 자기를 집중하는 인간이다.
> — 보들레르, 「들라크루아의 작품과 생애」

> 진정한 영웅적 행위의 특성은 그 일관성에 있다. 사람은 누구나 떠돌고 싶은 충동을 일으키며 배포 크게 놀고 싶은 발작을 느낀다. 그러나 일단 위대하려고 작정하였으면 네 자신에게 충실하라. 마음을 약하게 먹고 바깥 세상과 타협하지 말라. 영웅은 평범할 수 없고 평범한 사람은 영웅이 될 수 없다.
> — 에머슨, 『수필집』

> 영웅적인 행위는 육체에 대한 승리이다.
> — 아미엘, 『일기』

보들레르가 말하는 영웅은 자기를 집중하는 인간이며, 이런 인간은 정신과의 투쟁을 상징한다. 그런 점에서 그가 말하는 영웅은 자기와의 싸움에서 승리하는 인간, 혹은 내적 투쟁에서 승리하는 인간이다. 이런 상징적 의미는 에머슨의 경우에도 나타나며, 아미엘의 경우에는 직접 육체에 대한 혼의 승리라는 말로 드러난다.

옥수수 Maize

중국인들이 애용하는 여덟 개의 표상 가운데 하나로 옥수수는 번영을 상징하며, 장식적 예술에 폭넓게 사용된다. 대체로 모든 곡물은 생성의 이미지를 내포한다. 페루인들은 옥수숫대로 만든 여인의 초상으로 풍요를 상징하며, 이 여인을 '옥수수의 어머니'라고 부른다.

옥수수에 붉은 솔이 늘어진 것이 꼭 등에 업힌 어린아이와 같다. 언제 보아도 그것이 어린애 같았다. 옥수숫대는 어린 것이 잠이 깰 새라 하고 고이고이 업고 있었다.

— 이광수, 「여름의 유머」

옥수수 밭은 일대 관병식입니다. 바람이 불면 갑주 부딪치는 소리가 우수수 납니다.

— 이상, 「산촌여정」

아이는 옥수수를 좋아했다. 옥수수를 줄줄이 다음다음 뜯어먹는 맛이 참 재미도 있다. 알이 배고 줄이 곧은 자루면 엄지손가락 켠의 손바닥으로 될수록 여러 알을 한꺼번에 눌러 밀어 얼마나 많이 붙은 쌍둥이를 떼어 내나 누이와 내기도 했었다.

— 황순원, 「별」

이광수의 경우 옥수수는 '옥수숫대는 어린 것이……업고 있었다' 라는 표현이 암시하듯이 어린 것, 곧 자라는 생명을 상징한다. 이상의 경우 옥수수는 병정들에 비유된다. 옥수수의 전통적인 상징과는 다소 동떨어지는 것 같지만 '관병식'이 암시하는 것 역시 크게 보면 번창하는 힘을 상징한다는 점에서 궁극적으로는 일반적인 상징의 범주를 크게 벗어나지 않는다. 황순원의 경우 옥수수는 그야말로 풍요하고 행복한 삶을 상징한다. 그것은 이 소설에서 옥수수 알을 먹는 장면이 풍요와 행복을 표상하고 있기 때문이다.

왕 King

왕은 지고至高의 권력을 나타낸다는 점에서 신, 태양, 남성 원리를 상징한다. 신화와 전설에는 민족과 국가의 번영이 왕의 생명력과 관계된다. 따라서 국가가 위기에 처하는 것은 왕의 생명력이 쇠약하기 때문이고 국가의 부흥을 위해서 쇠약한 왕은 살해되어 희생물로 바쳐진다. 후기에는 왕 대신 동물, 특히 양을 희생양으로 하여 제물로 바친다. 인도와 아일랜드에 확산된 물활론적·천체 생물학적 사고 방식에 따르면 왕은 마술적이며 초자연적인 능력을 소유한다. 그는 또한 지배 원리나 통치 원리, 탁월한 의식, 명백한 판단과 자기 통제라는 미덕을 상징한다. 동시에 왕의 대관식은 성취, 승리, 완성을 상징한다.

황금, 태양, 제우스가 왕과 동일시되는 것은 이런 사정을 전제로 한다. 이런 이미지들이 왕과 동일시되는 것은 왕이 태양, 이상적 상황, 곧 '황금기의 상황', 말하자면 구원받은 영원한 존재가 되기 때문이다. 불멸성이라는 관념은 신에서 군주로, 후기에는 영웅에게로, 그리고 더욱 내려와서는 일상인들에게로 옮겨간다. 왕은 '왕권' 혹은 인간으로서의 웅대함을 상징한다.

사랑 역시 왕권의 상징적 의미에 매우 중요한 역할을 담당하는 바, 그것은 사랑이 인간의 삶의 역정에 있어서 하나의 절정으로 간주되기 때문이다. 그리스의 경우 결혼식장에서 신랑과 신부가 귀금속으로 된 왕관을 쓰는 것은 이런 사정 때문이다. 왕과 왕비의 결합은 천상과 지상, 해와 달, 금과 은, 유황과 수은의 완벽한 결합을 상징한다. 융의 견해에 의하면 이들은 또한 무의식과 의식의 조화로운 결합을 상징하면서 개성화 과정, 곧 내적 성숙을 통해 참된 자아를 발견하는 과정인 정신적 결합을 상징한다.

왕이라는 이름은 그가 속한 부족들을 대표하는 자에게만 부여된다. 따라서 사자는 동물들의 왕이며, 독수리는 새들의 왕이며, 황금은 쇠들의 왕이라고 할 수 있다. '병든 왕'은 고통받는 영웅들처럼 한편으로는 육체의 그림자로서의 죄에 대한 형벌과, 다른 한편으로는 정신적 불모를 상징한다. 이른바 '바다-왕'은 바다를 대표하는 왕을 뜻하며, 따라서 우리의 삶을 비옥하게 만드는 구름, 비, 신선한 물 같은 '상부의 바다'와 대립되는 퇴행적이고 사악한 무의식의 심층을 상징한다.

왕은 또한 아버지와 영웅의 특성들을 상징한다. 이런 왕은 사물을 지배하는 시간적 질서를 역전시키고, 따라서 과거는 우리가 '통과해야 할 것'이 되며, 죽은 왕은 유령처럼 기이한 존재로 생존하며, 나라에 중대한 위기가 발생하는 경우 다시 돌아온다고 생각된다.

　　그의 전신은 국토와 한 몸이 되어 있다./ 이 사람의 순수하고 세심한 고통은/ 이 가계보의 희고 조용한 빛이다.
　　　　　　　　　　　　　　　　　　　　　　— 그리그, 「국왕」

　　밝고 밝은 덕 세상에 있으며/ 혁혁하게 하늘에 계시도다/ 덕 없이 하늘은 믿기 어려워/ 보존하기 어려울손 임금의 자리
　　　　　　　　　　　　　　　　　　　　　　—『시경』 대아 대명편

그리그의 경우 왕은 '국토'와 동일시되며, 특히 그의 고통은 '희고 조용한 빛'으로 인식된다. 이런 인식을 토대로 할 때 여기서 왕은 명료한 판단과 자기 통제를 소유하는 미덕을 상징한다. 이러한 미덕은 또한 '조용한 빛'이 암시하듯이 탁월한 의식과 관련된다. 왜냐하면 일반적으로 빛은 의식을 상징하기 때문이다. 『시경』에서 노래되는 왕 역시 '밝고 밝은 덕'이 암시하듯이 미덕을 상징한다. 그러나 여기서는 '혁혁하게 하늘에 계시도다'라는 말에 유의할 때 왕은 태양과 동일시된다.

왕관, 관Crown

왕관은 기능의 수준에서 지고의 권력, 승리, 명예를 상징하고 형태의 수준에서는 빛을 발하는 태양을 상징한다. 또한 왕관은 머리와 관계된다. 모자 역시 머리와 관계되지만 왕관과는 사정이 다르다. 모자는 대체로 어떤 필요에 의해 사용되지만 왕관은 그렇지 않기 때문이다. 왕관은 어디까지나 상징적 양식이다. 왕관은 단순히 신체의 정상에 위치하는 게 아니라 그 정상을 초월함으로써, 폭넓고 심오한 의미에서, 탁월성을 상징한다. 우리가 삶을 영위하면서 최상의 성취를 '왕관 획득'이라고 말하는 것은 이런 이유 때문이다. 이로부터 왕관은 성공의 기호가 된다.

무엇보다 우리가 유념해야 할 것은 왕관이 다양한 나뭇가지로 만들어진다는 점이다. 이런 사실로부터 왕관은 일반적으로는 나무의 상징적 의미와 관련되고 이때 왕관들은 모두가 신의 속성을 띠고 또한 이들은 장례를 상징하기도 한다.

그러나 햇살 모양으로 장식된 금관은 빛, 정신적 고양을 상징한다. 일부 연금술사들은 인간이 왕관을 쓰게 될 때 그는 천체의 정신을 나타낸다고 말한다. 천체의 정신을 상징하는 것은 태양이다. 그리고 태양은 왕 중의 왕이라고 할 수 있으며, 그런 점에서 왕관은 천상의 태양으로부터 지상의 왕들에게 전해진다. 태양으로부터 인간들이 받는 빛은 그 집중도에 있어서 태양의 그것과 동일하지는 않고 등급에 따라 상이하다. 말하자면 위계 질서를 소유하는 바, 그 질서는 왕의 지위에서 남작에 이르기까지 다양하다.

일부에서는 일곱 가지 저속한 쇠가 노예를 상징하며 이들은 아무것도 쓰지 않은 채 머리를 굽혀 왕의 발에 인사한다. 이때 왕은 금을 상징한다. 그러나 그들의 신분이 변하면 그들에게도 왕관이 허용된다. 이런 변신은 그들이 본능의 저속한 원리를 물리치고 정신의 고상한 원리를 획득하게 되는 정신적 발전을 상징한다. 눈부신 왕관이 진화의 가장 높은 목표에 도달했음을 상징한다는 융의 주장은 이런 사정에 근거를 두고 있다. 왜냐하면 자기 자신을 정복하는 사람은 영원한 생명의 왕관을 획득하기 때문이다.

왕관의 특수한 의미는 왕관의 형태나 그 물질로부터 발생한다. 이런 의미는 위에서 말한 의미와는 다를 때가 많다. 예컨대 고대 이집트 파라오의 왕관은 흔하지 않은 형태로 된 전형적인 보기로서 흰 왕관과 붉은 왕관이 있다. 전자는 오랫동안 동방에서 주교가 썼던 모자와 유사하고 후자는 상형 문자에서 차용해 발전시킨 양식으로 간주된다. 부인들은 아마도 수건 대신 유리컵을 머리에 썼을 것이며, 그 곡선은 성장을 상징한다. 그러나 솔디는 곡선 형식이 태양의 둥근 형태를 암시하며 지상의 모든 종자를 비옥하게 만드는 나선형 불꽃에서 태어난 것이라고 주장한다.

　　금관은 살아 있다 ―죽음의 바다, 피와/ 눈물로도 물들지 않은 휘황한 위엄이여./ 태양의 중심으로 이룩된 조각이여. 땅속 깊숙이/ 파묻혔어도, 홀로 오롯한 천년의 꿈이었지/ 너는 되살아 너는 그 처음의 모습을 보이는

가/ 으리으리해라. 너를 보노라면 우리의 눈동자도/ 실은 진흙의 그것임을 깨닫는다. 어느 고독한/ 제왕의 머리 위에 너는 의젓이 씌워졌느뇨./ 아 비상해라, 금관 꼭대기의 세 마리 봉황이여.

— 박희진, 「금관」

이 시에서 왕관, 특히 금관은 영원히 살아 있는 '휘황한 위엄'을 상징하며, 그것은 '태양의 중심'으로 만들어졌기 때문이다. 이런 특성 때문에 금관 앞에서 우리의 눈은 '진흙'에 지나지 않는다. 나아가 금관 꼭대기에는 '세 마리 봉황'이 달려 있고, 이런 양식은 금관이 바로 천상을 향해 비상하는, 그러니까 왕 중의 왕인 태양이 되는 심적 공간을 상징한다. 결국 이 시에서 금관은 탁월성, 정신적 고양, 세속적 삶의 승화를 상징한다.

요정, 정령 Nymph

요정은 우주의 여성적 생산력을 상징하고 주로 숲, 샘물, 산을 지키는 수호 정령으로 묘사된다. 그리스어로 요정은 '신부'와 '인형'을 의미한다. 엘리아데에 의하면 요정은 달리는 물, 분수, 샘, 억수로 쏟아지는 물, 폭포와 관련된다. 요정은 물과 관련된다는 점에서 양가적인 의미를 지니는 바 한편으로는 탄생과 비옥을 다른 한편으로는 소멸과 죽음을 상징한다. 융에 의하면 요정은 무의식이 보여주는 여성적 특성을 단편적으로 혹은 독립적으로 표현한다. 따라서 이른바 '요정의 영역'은 개성화 과정에 있어서 상대적으로 발전되지 않은 단계에 속하며, 이 단계는 유혹, 전환, 다중성, 용해라는 관념과 관련된다.

> 장미색 요정이/ 그대에게 두려움과 사랑을 항아리째 쏟았단 말인가.
> ─ 보들레르, 「병든 시신」

> 오케스트라 소리 드높은 그 속에서/ 한 요정이 지옥 같은 하늘에다/ 기적의 새벽을 불켜는 것을/ 나 가끔 보았나니……
> ─ 보들레르, 「고쳐 못할 일」

「병든 시신」에서 노래되는 요정은 양가적인 의미를 거느린다. 곧 요정은 '두려움'과 '사랑'을 동시에 상징한다. 그런가 하면 「고쳐 못할 일」에서 요정은 신성을 상징한다. 왜냐하면 여기서 요정은 '기적의 새벽'을 불켜는 존재로 노래되기 때문이다.

요정 Fairy

요정은 인간 영혼의 비범한 능력을 상징한다. 요정의 본질은 모순적인 양상을 띠는 바 그것은 요정이 비천한 임무를 띠지만 비상한 능력을 소유하기 때문이다. 요정들은 새로 태어나는 존재에게 선물을 준다. 그들은 엷은 공기로부터 인간, 궁정, 놀라운 사물들을 태어나게 하며, 그들에게 풍요한 삶을 나누어준다. 그런 점에서 요정은 지혜를 상징한다. 그러나 요정의 힘은 단순히 마술적이라기보다는 잠재적 가능성이 갑자기 실현된다는 특성을 보여준다. 이런 이유 때문에 전설에 나오는 '잊혀진 요정'은 프로이트가 말하는 '좌절된 행동'과 연결된다.

더욱 전통적인 의미에서 요정들은 실 짜는 여인들로 나타난다. 뿐만 아니라 그들은 또한 빨래하는 여인들로도 나타난다. 요정들은 백색 숙녀, 초록색 숙녀, 흑색 숙녀 등 다양한 이름으로 불려 왔다. 이런 이름들은 중세의 기사들에 적용되는 관용어로 사용된다. 간단히 말해서 요정들은 정신적 삶이나 풍경들이 내포하는 영혼의 발전 단계를 의인화한다. 따라서 메소포타미아의 경우 요정들은 들판의 숙녀, 산의 숙녀, 물의 숙녀라는 형식을 취한다. 요정들은 순간적이지만 완벽하게 자신들의 모습을 변화시키며, 그리스 신화에서 아름다운 목소리로 뱃사람들을 유혹한 사이렌 여신 같은 다른 신비한 존재들과 유사한 모습을 띠기도 한다. 이런 모습은 요정들이 보여주는 악마적인 양상이라고 할 수 있다.

> 흐릿한 봄밤을/ 문득 맺은 인연의 달무리를/ 타고 먼 나라에서 나들이를 온/ 눈물의 훼어리, 손아귀에 쏙 드는 하얗고 가벼운 손// 그도 나를 사랑했다./ 옛날에, 흔들리는 나리꽃 한 송이―/ 긴 목에 울음을 머금고 웃는/ 눈매, 그 이름/ 눈물의 훼어리
>
> ― 박목월, 「눈물의 훼어리」

여기서 요정은 이중적 의미로 사용된다. 요정은 옛날에 사랑했던 여인의 이미지이다. 그러나 이 이미지는 시에서 눈물과 관련된다. 다시 말하면 이 시에서 요정은 과거의 순수했던 연인을 암시하면서 동시에 지금은 눈물이 되어 떨어지는 추억 속의 연인으로 묘사된다. 한편 이 요정은 인간의 영혼만이 느낄 수 있는 순수한, 그러나 비상한 능력을 상징한다.

용 Dragon

용은 동양과 서양의 원시 문화는 말할 것도 없고 고대 문화 속에 두루 나타나는 우화적 동물이다. 전설 속의 용에 대한 형태론적 연구에 의하면 용은 뱀, 악어, 사자처럼 공격적이고 위험한 동물들의 여러 요소가 혼

합된 동물로 인식된다. 따라서 용은 복잡한 의미를 가진 보편적 상징이다. 날개 달린 뱀인 용은 뱀(물질)과 새(정신)가 결합된 동물로 뱀은 생명을 부여하는 바다와 관계되고 새는 생명의 숨결을 암시하고 따라서 하늘의 신이나 지상의 황제와 동일시된다. 동양에서 용은 하늘에 속하는 선의 세계를 상징하고 서양에서는 지하에 속하는 악의 세계를 상징한다.

　많은 전설에서 용은 나라를 망치는 재난, 혹은 개인을 망치는 재난을 상징한다. 벌레, 뱀, 악어는 모두 용과 관련된다. 프랑스의 경우 용은 거인이 그렇듯이 사람을 잡아먹는 귀신과 관계되고 슈나이더의 견해에 의하면 용은 질병을 상징한다. 그러나 이런 의미를 좀 더 깊이 파고들기 전에 용이라는 괴물에 대한 언급들을 먼저 살펴보기로 한다.

　고전 작품들과 『성서』는 용에 대해 자주 언급하는 바, 여기서 우리는 용의 외양, 본질, 습관 등에 대한 정보를 얻을 수 있다. 그러나 여기서 묘사되는 용은 하나가 아니라 여러 종류이며, 이런 사실을 피네도는 다음과 같이 말하고 있다.

　　일부에서는 용이 날개 달린 뱀의 형태라고 말한다. 용은 공기와 물 속에서 살며, 턱은 무한히 길고, 거대한 꼬리로 사람과 동물을 죽인 다음 그들을 삼켜 먹는다고 한다. 이와는 달리 일부에서는 용이 지상에 살고, 턱은 매우 짧고, 거대하고 강력한 꼬리가 파괴의 수단이 되며, 또한 공중을 날아다니고, 그가 죽인 동물들의 피를 먹고 산다고 믿는다. 용이 양서류라고 믿는 작가들도 있다. 이 경우 용의 머리는 길게 물결치는 머리칼을 지닌 아름다운 여인의 형태이며, 이런 용의 모습은 앞에 나온 것들보다 더욱 무서운 것으로 나타난다.

　『성서』에는 용에 관한 여러 가지 언급이 나오고 많은 학자들이 용에 대해 말한다. 이 가운데 드러나는 용의 특이한 모습으로는 다음과 같은 것이 있다. 곧 용은 강하며 예민하고 아주 예리한 시선을 소유하며, 용이라는 명칭은 그리스어 derkein, 곧 '보다'에서 온 것 같다는 지적이다. 이런 사실을 전제로 하면 용은 공포의 대상이 아니라 사원과 재보를 지켜주는 기능, 따라서 예언과 지혜의 알레고리가 된다. 「성서」에는 이런 특성의 부정적인 측면이 강조된다.

때로 용은 수많은 머리를 지닌 동물로 묘사되며, 그 머리는 수없이 증대함으로써 퇴행과 얽힘을 상징한다. 「요한계시록」에 나오는 '일곱 개의 머리와 열 개의 뿔, 그리고 머리에 일곱 개의 왕관을 쓴 거대한 붉은빛 용을 보라'는 말이 이런 사실을 암시한다.

또 다른 경우 용은 모든 동물에 앞서 존재한 동물의 형태로 인식된다. 예컨대 자신의 꼬리를 물고 있는 용이 그러하며, 이 형태는 모든 순환적 과정, 특히 시간의 순환적 과정을 상징한다. 연금술의 경우 용은 '화농', 곧 기본적 요소들로의 분리 혹은 심리적 분열을 상징한다. 그리고 날개 달린 용은 휘발성을 상징하며, 이와는 달리 날개 없는 것들은 고정성을 상징한다.

용이 실용성을 띠며 극도로 변형되는 것은 중국에서이다. 중국의 경우 제왕은 다섯 개의 발톱을 가진 용을 장식으로 달며, 반면에 궁정 관리들은 네 개의 발톱을 가진 용을 장식으로 단다. 디엘에 의하면 중국에서 사용되는 일반적인 용은 사악한 세력을 지배하고 승화시킨다는 상징적 의미를 나타낸다. 고대 중국인들은 가뭄에 처해 비를 원할 때 나무나 종이로 거대한 용을 만들어 기우제를 지내고, 그래도 비가 오지 않으면 그 용을 파괴한다. 이런 사실은 용과 뱀이 풍요하고 포괄적인 우주적 의미를 지님으로써 이른바 '율동적인 삶'을 상징하기 때문이라는 게 장자의 주장이다.

또한 고대 중국에서는 용이 빛, 비, 비옥과 관련된다. 그것은 용이 천상의 물과 지상의 세계를 연결한다는 믿음을 토대로 한다. 그러나 용에 대한 중국인들의 신화를 일반화하기란 쉽지 않다. 왜냐하면 중국의 경우 지하에 사는 용, 공중에 사는 용, 그리고 물 속에 사는 용이 있기 때문이다. '용에 의해 지상을 결합시킨다'는 말은 비가 내린다는 것을 의미한다. 따라서 용은 세 가지 상징적 층위를 기본적 특성으로 하는 우주적 힘의 두 극단을 매개하는 중요한 역할을 한다. 이때 세 가지 상징적 층위란 가장 높은 층위가 정신성, 중간 층위가 현상적 삶, 가장 낮은 층위가 열등한 세력을 뜻하며 용은 이들을 매개하는 강한 힘을 발휘한다. 또한 고대 중국인들이 용과 말을 비슷하다고 생각한 것은 용이 힘과 속도를 상징하기 때문이다. 중국의 신비 사상에 의하면 붉은 용은 태양, 남성, 지성, 과학과 관련되고 흰 용은 달, 여성과 관련된다.

중세 서양에서는 용이 독수리의 목과 다리, 거대한 뱀의 몸뚱이, 박쥐의 날개를 지니며 원래 시작된 자리를 향해 꼬인 꼬리의 모습을 하고 있다. 피옵에 의하면 이런 모습은 용을 구성하는 여러 부분들이 암시하는 상대적인 잠재력을 혼합시킨 것으로 인식된다. 곧 독수리는 용이 지닌 훌륭한 잠재력, 뱀은 비밀과 지하 동물적 특성을, 날개는 지적 고양을, 꼬리는 이성에의 종속을 상징한다. 그러나 오늘날의 심리학에 의하면 용은 '극복하기 어려운 공포'를 상징한다. 왜냐하면 용을 정복할 수 있는 자만이 영웅이 되기 때문이다. 융에 의하면 용은 여기서 더 나아가 어머니의 이미지, 곧 모성 원리나 무의식을 상징하고 근친상간에 대한 혐오 및 근친상간에 대한 공포를 상징한다.

유대인의 신비 사상에 의하면 용은 '더럽혀지지 않은 것', 혼돈을 상징하고 이런 혼돈은 모든 사물을 정복하는 격렬한 용과 동일시되기 때문에 '모든 사물을 관통하는 길 혹은 방법'을 상징한다. 혼돈은 신비의 세계이다. 혼돈이나 용해라는 의미와 관련해 해석학에서는 다음과 같이 용을 정의한다.

에볼라에 의하면 용은 독, 독사, 용해, 철학적 식초Philosophical Vinegar 등을 상징하며 이때 철학적 식초는 분별되지 않는 것 혹은 용해를 뜻한다. 여기에 덧붙여 용과 황소가 미트라, 지그프리트, 헤라클레스, 아폴로 같은 태양을 상징하는 영웅들에 의해 격파된 동물이며, 용은 부인, 심부름꾼인 헤르메스 신, 물과 동일시된다. 그리고 용이 보여주는 초록빛은 소화되지 않는 것을 상징하며, '만일 용이 철학자들의 요새의 중심에 다시 나타난다면 반드시 정복되고 살해되어야 할 것'이라고 말한다. 또한 용은 자신을 영원히 삼키는 존재이며, 만족을 추구하는 맹목의 충동, 타오르는 갈증이나 허기의 이미지라는 점에서 헤르메스 신과 동일시된다. 요컨대 용은 자연에 의해 정복된 세계, 혹은 변화를 상징하는 달이 보여 주는 신비를 상징하며, 우라누스가 지배하는 불변의 세계와 대립되는 존재이다. 이때 용은 만족을 추구하지만 자신을 빼고는 그 어떤 것에도 만족할 수 없는 의지, 곧 '자신으로 허기를 태우는 능력'으로 정의된다.

그러나 동양 신화에서 용은 못이나 강, 바다같은 물 속에 살며 비나 바람을 일으키거나 몰고 다닌다는 점에서 물의 신을 상징한다. 민간 신앙에서 용은 비를 가져오는 우사雨師이고 물을 관장하는 수신水神이고 악을 물리치고 복을 가져다 주는 벽사辟邪의 선신善神이다. 용은 여러 동물이 가진 최상의 무기를 갖추고 구름과 비를 만들고 땅(바다, 강)과 하늘에서 자유롭게 활동한다는 점에서 천지 조화를 상징한다. 현대 사회에서도 용은 길상吉相으로 큰 희망, 성취, 행운을 상징한다.

> 몸통을 틀며 꼬리를 튀기며 하늘을 나는 비늘 돋친 용./ 시기하는 눈알을 하고 천길 낭떠러지를 뛰며 오르나리는 성난 호랑이./ 허나 이젠 용이 너에게 늘어져서 흥을 빌린다.
>
>   — 성찬경, 「추사의 글씨에게」

> 용의 뿔이 그려지고 용의 눈이 그려졌다. 붓은 비호같이 달렸다. 용의 몸이 꿈틀꿈틀 그려진다. 붓은 나는 듯이 뛰었다. 구름이요 안개였다. 용 수염이 그려지고 발톱으론 여의주를 안았다. 용 꼬리가 하늘을 향하여 구름을 박차고 펄럭 뛰었다. 다시 용의 대가리가 그려졌다. 구름 밖에 허리가 꿈틀 보였다. 길고 긴 용 허리가 구름 속에 숨바꼭질을 했다. 단룡이 아니고 쌍룡이었다. 청룡 한 쌍이 만길 운무 속에서 여의주를 희롱하면서 허리를 들고 엇맡겨 구만리 장천을 휘이휘이 감돌았다.
>
>   — 박종화, 「다정불심」

성찬경의 경우 용은 추사의 글씨와 관계된다. 추사의 글씨가 보여주는 느낌을 용의 모습에 비유한 것으로, 여기서 용은 천상과 지상을 잇는 매개자의 이미지이면서 또한 호랑이에 비유됨으로써 어떤 사악함도 물리칠 수 있는 용기를 상징한다. 그런가 하면 박종화의 경우 용은 승화, 힘, 속도, 나아가 심리적 혼돈, 용해, 분해를 상징한다.

우물 Well

우물은 여성, 자궁을 상징하고 뚜껑이 덮인 우물은 처녀성을 상징한다. 한편 우물은 지하, 어둠과 접촉한다는 점에서 마력과 치유력을 상징한다. 기독교의 경우 우물은 순례로서의 삶, 나아가 구원을 상징한다. 우물의 물은 신생과 순화를 암시하기 때문에 우물은 숭고한 열망을 상징하고 '은빛 동아줄'은 중심에의 접근을 상징한다. 농업의 여신인 디메테르나 다른 신들이 우물 곁에 서 있는 것은 이런 사정을 동기로 한다.

슈나이더에 의하면 많은 고대 의식, 특히 병을 치료하는 의술 의식이 행해지는 곳은 우물이나 호수이며, 환자는 그 물로 손, 가슴, 머리를 씻는다. 우물이나 호수 가장자리에는 갈대가 자라며 조가비가 발견되는 바, 이 두 사물은 구원을 상징하는 물의 기호로 인식된다. 특히 우물을 들여다보는 행위는 명상이라는 신비한 심리적 태도를 상징한다. 그런 점에서 우물은 영혼을 상징하며, 사물이 지니는 여성적 속성을 상징한다.

산모퉁이를 돌아 논가 외딴 우물을 홀로 찾아가선 가만히 들여다봅니다.// 우물 속에는 달이 밝고 구름이 흐르고 하늘이 펼쳐지고 파아란 바람이 불고 가을이 있습니다.

— 윤동주, 「자화상」

길어 내어도 길어 내어도/ 마르지 않는/ 우물물처럼 날마다/ 새록새록 새로운/ 우물가의 아침/ 싱싱한 아침.

— 박경용,「우물가의 아침」

윤동주의 경우 화자, 혹은 시인은 우물을 찾아가, 그것도 논가 외딴 곳에 있는 우물을 찾아가 들여다본다. 이런 이미지는 앞에서 말한 명상을 상징한다. 거울이나 호수를 들여다보는 행위가 그렇듯이 여기서 강조되는 것은 자아 성찰, 혹은 나르시시즘의 세계이다. 그런가 하면 박경용의 경우 우물은 신생, 혹은 순화를 상징한다. '마르지 않는 우물'은 영원히 새로워지는 생명을 상징한다.

우산, 양산 Umbrella, Parasol

우산은 형태가 둥글다는 점에서 태양과 관련되며 우산살은 빛살, 광선을 상징하고 중심은 우주-축軸을 상징한다. 한편 우산은 정치, 종교적 권력의 보호, 자아의 보호를 상징한다. 그러나 정신분석에 의하면 우산은 남근을 상징하며, 우산이 아버지를 상징하는 것은 이런 사정 때문이다. 그러나 우산이 비로부터 자아를 보호한다면 양산은 태양, 우주의 중심으로부터 자아를 보호한다. 우산은 태양을 지향하고 양산은 비를 지향한다. 그런 점에서 둘 모두 보호와 비탄을 상징한다.

▲ 르누아르의 〈우산〉

우산은 비가 나리는 때에만 받는 것이 아니라 젖어 있는 마음은 언제나 우산을 받는다. 그러나 찢어진 지우산 같은 마음은 아무래도 젖어만 있다. 더구나 웃음이나 울음의 표정으로 인간이 누전되어 몸 속으로 배어 올 때는 손 댈 곳 발 디딜 곳 없어 마음이 저려 온다. 저리 눈으로 내다보는 앙상한 우산 살 사이의 하늘은 비가 오나 안 오나 간에 언제나 회색진 배경인데 그런 기상이 벗겨지지 않는 것은 떨어진 마음을 우산이 받고 있는 것이라 내 손도 누구의 손도 어쩔 도리가 없다.

— 신동문, 「우산」

이 글의 경우 우산은 보호와 비탄을 상징한다. 여기서 우산은 비만이 아니라 '젖어 있는 마음'을 보호한다. 그러나 '찢어진 지우산 같은 마음'을 우산은 보호할 수 없다. 우산을 받고 가는 심정은 그렇기 때문에 '어쩔 도리가 없다'는 비탄에 젖는다.

우주 발생 Cosmogony

우주 발생론은 '우주적 희생'이라는 관념을 기초로 하는 바, 이 관념에 의하면 우주는 원초적 에너지를 수정(희생)함으로써만 창조된다. 이런 수정은 훼손, 투쟁, 희생이라는 고통스런 형식으로 나타난다.

바빌로니아의 경우 용을 뜻하는 타이아마트로 불리는 원초적 어머니를 살해함으로써 우주가 발생하며, 이때 어머니의 신체가 하늘과 땅이 된다. 힌두 전통에 의하면 신들은 아수라스로 불리는 악마들, 혹은 다른 종류의 괴물들과 투쟁한다. 『리그베다』에 의하면 신들은 거인 푸르시아로 불리는 원초적 존재를 희생시킨다. 페르시아의 경우 아흐리만 혹은 미트핫으로 불리는 신에 의해 희생되는 것은 황소이다. 스칸디나비아의 경우 거인 이미르는 신들에 의해 희생되며, 그의 신체는 세계를 창조하는 재료가 된다.

이상의 우주 발생론은 심리학에 기대고 있다. 왜냐하면 이들은 희생이 없으면 창조가 불가능하며, 죽음이 없으면 생명이 불가능하다는 관념을 표현하기 때문이다. 그리고 이런 관념은 모든 전환 상징 혹은 이른바 싹의 상징의 토대가 된다. 여기서 우리는 세계 종교가 어째서 그 기원을 피 흘리는 희생에 두는가를 알 수 있게 된다.

이보다 좀 더 발전한 우주 발생론은 중국에서 나타나는 바, 이때는 위의 관념들이 결합되면서 원초적 혼돈에 새로운 질서를 부여함으로써 우주가 발생한다. 중국인들의 이런 견해를 빌헬름은 다음과 같이 말하고 있다.

> 처음 하늘이 붕괴하였지만 명확한 형태를 띠지 않았다. 그것은 유동하는 거대한 빛으로 알려졌다. 거기 거대한 구름들이 혼돈의 형태로 나타나자, 이 구름의 혼돈 상태는 공간과 시간을 생성했다. 공간과 시간은 힘을 생성했고, 이 힘은 분리되었다. 순수하고 투명한 힘은 위로 흘러 하늘을 형성했으며, 무겁고 진흙 같은 힘은 아래로 흘러 땅을 형성했다. …… 투명한 힘과 어두운 힘이 결합되어 하늘과 땅을 형성했다. 이 두 가지 힘이 더욱 심화되면서 네 계절이 생겼다. 이 네 계절을 형성하는 힘이 분화되면서 모든 사물들을 형성했다. 투명한 힘의 한 유형인 뜨거운 힘은 불을 낳았고, 격렬한 힘은 태양이 되었다. 그런가 하면 어두운 힘의 한 유형인 차가운 힘은 심화되어 물이 되었고, 더욱 차가운 냉기는 달이 되었다. …… 하늘은 둥글고 땅은 네모꼴이다. 둥근 것의 본질은 투명함에 있다.

모든 종말론은 우주의 재생과 관련되며, 그것은 우주적 과정, 따라서 희생의 과정을 취한다. 이와 비슷하게 인간의 영혼 역시 희생을 전제로 하지 않고는 변형될 수 없다.

까마득한 날에/ 하늘이 처음 열리고/ 어데 닭 우는 소리 들렸으랴.// 모든 산맥들이/ 바다를 연모해 휘달릴 때도/ 차마 이곳을 범하던 못하였으리라.// 끊임없는 광음을/ 부지런한 계절이 피어선 지고/ 큰 강물이 비로소 길을 열었다.

— 이육사, 「광야」

여기서 '까마득한 날'은 하늘이 붕괴되고 아직 명확한 형태를 띠기 전의 상태, 그러니까 공허한 구름들의 혼돈 상태를 의미한다. 이 혼돈 상태는 그후 힘을 낳고, 그 가운데 한 힘, 곧 맑고 투명한 힘이 위로 올라가 '하늘'을 형성한다. '하늘이 처음 열리고'라는 시행이 이런 사정을 반증한다. 그런가 하면 어두운 힘은 땅, 여기서는 '산맥'을 형성하고, 이 두 힘이 네 계절을 낳는다. 이 시에서 그것은 '끊임없는 광음을/ 부지런한 계절이 피어선 지고'라고 노래된다. '큰 강물이 길을 연다'는 것은 어두운 힘의 한 유형이 심화되어 물이 되었음을 암시한다.

원 Circle

원은 하늘과 태양을 상징한다. 전자를 강조하면 원은 천상의 세계, 완벽성을 상징하고 후자를 강조하면 신성, 남성 원리를 상징한다. 한편 시작과 끝이 같다는 점에서 시간의 소멸과 회귀, 곧 무시간을 상징하고 사물을 둘러싼다는 점에서 포용, 여성 원리를 상징하고 안이 밖이고 밖이 안이라는 점에서 공간의 소멸, 곧 무공간을 상징한다. 원은 완전한 형태이기 때문에 전체성, 통일성, 완벽성을 상징하고 안이 비어 있기 때문에 무, 공을 상징한다. 원은 태양과 동일시될 때 남성 원리를, 둘러싸는 형태일 때 여성 원리를 상징한다.

융에 의하면 지상과 관련되는 4각형은 내적 통일성, 곧 완벽성을 성취하지 못한 인간의 복잡한 심리 상태를 상징함에 비해 원은 하나라는 궁극적인 심리 상태를 상징한다. 4각형과 원의 중간 단계로 8각형이 존재한다. 원과 4각형의 관계는 인도, 티베트, 중국의 표상물들, 특히 만다라 속에

▲ 음양도

자주 나타나며, 그것은 보편적·정신적 세계를 상징한다. 중국의 음양도는 가운데 음양으로 나뉘인 원이 있고 이 원을 여덟 개의 3괘가 둘러싸고 이 괘들의 원을 다시 작은 구슬 같은 원들이 둘러싼다.

초코드의 견해에 따르면 중국의 경우 양은 능동성, 남성 원리를 암시하며 천상을 상징하는 흰 원으로 재현된다. 그런가 하면 음은 수동성, 여성 원리를 암시하며 지상을 상징하는 검은 4각형으로 재현된다. 흰 원은 에너지와 천상의 영향을 상징하고 검은 4각형은 지상의 세력을 상징한다. 이 두 힘의 상호 작용은 음-양이라는 유명한 상징을 형성하며 내부를 직선으로 관통하는 S자형으로 양분되는 원으로 재현된다. 여기서 위의 흰 부분은 양을 표상하며 그 속에 검은 점을 소유한다. 이 두 개의 점은 남성 속에 여성적인 것이 존재하며, 또한 여성 속에 남성적인 것이 존재함을 암시한다. S자형은 음과 양의 대화를 상징하며, 그 둘의 역동적이고 상호 보완적인 특성을 부여하는 이른바 회전을 의도한다.

이런 양극성 개념은 많은 중국 철학자들이 다룬 사상의 주제였다. 이들은 이런 양극 상징으로부터 일련의 원리를 도출한다. 그 원리를 요약하면 다음과 같다. (1) 우주가 소유하는 에너지의 양은 변하지 않는다. (2) 우주는 대등한 두 가지 에너지의 총화로 구성되는 바, 하나는 긍정적이고 능동적인 에너지이며, 다른 하나는 부정적이고 소극적인 에너지이다. (3) 우주 현상의 본질은 모든 창조가 소유하는 이 두 가지 에너지의 다양한 비례에서 찾을 수 있다. 예컨대 1년을 구성하는 12개월 가운데 6개월은 양의 에너지로, 나머지 6개월은 음의 에너지로 구성된다.

원은 추상적 공간으로 구체적으로는 하늘, 태양, 달, 알, 짐승의 눈, 잎새 등 자연 현상에 나타나고 그릇, 구슬, 거울 등 인공물에 나타난다. 우리 풍습에 아이들의 놀이가 그리는 원, 매스 게임의 원, 야외에서 불을 피우고 둘러앉는 원 등은 단결, 완성, 완전을 상징한다. 불교에서 원은 이상형으로 원융자재圓融自在라는 말이 있듯이 원은 불법佛法과 불성佛性을 상징한다.

하늘이 만든 것 치고 어떤 물건이건 모진 것은 없다고 생각됩니다. 비록 저 모기 다리, 누에 궁둥이, 눈물, 침 같은 것이라도 둥글지 않은 것은 없다고 생각됩니다.

— 박지원, 『열하일기』

무수한 원의 교향, 만상은 원주의 일부라는 것이다. 그러니 대립이 없다. 양적인 차이만 있고 질적인 차이가 거기에는 없다.

— 장용학, 「원형의 전설」

나는 내가 끌고 다니는 하얀 원 위에 몸을 굽히며 여전히 암흑 가운데를 전진한다.

— 생텍쥐페리, 『인간의 대지』

4각형의 내부의 4각형의 내부의 4각형의 내부의 4각형의 내부의 4각형./ 4각이 난 원운동의 4각이 난 원운동의 4각이 난 원./ 비누가 통과하는 혈관의 비눗내를 투시하는 사람./ 지구를 모형으로 만들어진 지구의를 모형으로 만들어진 지구.

— 이상, 「신기성의 백화점에서」

박지원의 경우 원은 모질지 않은 삶의 세계를 상징한다. 이런 상징적 의미 역시 원이 상징하는 완벽성과 관계된다. 장용학의 경우 원은 대립이 없는 세계를, 생텍쥐페리의 경우 '하얀 원'은 그의 삶을 지탱하는 원리를 상징하며, 이 원리는 암흑의 중심으로 나갈 수 있는 힘을 준다.

이상의 시에서는 4각형과 원의 관계가 노래되는 바, 4각형은 원과 대비되는 삶의 세계를 상징한다. 따라서 그것은 내적 통일의 세계를 성취하지 못한 불완전한 삶, 복잡한 인간의 내면을 상징한다. 특히 이 시에서 '4각형의 내부의 4각형의 내부의'라는 시행은 이런 4각형의 의미가 더욱 심화되는 공간을 암시한다. 또한 원주가 상징하는 원운동은 여기서 4각이 난 것으로 노래되며, 이런 사정은 순환 운동이나 완벽성의 세계가 불완전함을 암시한다. 4각이 난 원운동이란 원이 상징하는 통일성의 세계에 대한 반어로 인식된다. 그런가 하면 이 시에서 원은 구와 관계된다. 지구의 이미지가 그렇다. 지구는 여기서 지구의와의 관계 속에서 새롭게 노래된다. 지구는 이상에 의하면 '지구를 모형으로 만들어진 지구의를 모형으로 만들어진 지구'로 노래된다. 따라서 이상의 시에서는 원이 상징하는 완벽성의 세계를 풍자하거나 현상과 본질, 모델과 현상의 관계가 모호해지는 이른바 해체 의식이 나타난다.

원숭이 Monkey

원숭이는 꾀가 많고 영리하다는 점에서 저열한 힘, 호기심, 암흑, 무의식적 행위를 상징한다. 그러나 이런 상징적 의미는 두 가지 의미를 내포한다. 하나는 이런 무의식적 힘이 개인을 격하시킬 수도 있다는 점에서 위험을 상징하고, 다른 하나는 모든 무의식적 힘이 그렇듯이 우리의 삶에 도움을 준다는 의미이다. 중국에서 원숭이가 건강, 성공, 보호를 상징하면서 요정이나 마법사와 관련되는 것은 이런 사정 때문이다.

흰 원숭이가 이곳엔 많아/ 뛰노는 걸 보면 마치 눈이라도 내리는 듯/ 새끼를 가지에서 끌고 내려와/ 물 속의 달을 마시기도 하고

— 이백, 「추포가」

이 시에서 원숭이는 '물 속의 달'을 마시며 눈처럼 뛰어내린다는 시행이 암시하듯이 은혜로운 존재로 노래된다. 뿐만 아니라 이 시의 경우 원숭이는 요정에 비유된다.

원앙새 Mandarin duck

원앙새의 원鴛은 수컷을 뜻하고 앙鴦은 암컷을 뜻한다. 암수 중에 한 마리가 죽으면 다른 한 마리도 따라 죽는다는 전설이 있고 잠잘 때 서로 목을 꼬며 다닐 때에도 항상 함께 있다는 점에서 원앙새는 부부의 사랑, 금실과 화목을 상징한다. 부부뿐만 아니라 원앙새는 다정한 연인, 정다운 친구, 남녀의 사랑을 상징한다.

한 그루 배나무 외로움을 달래주나/ 휘영청 달 밝으니 허송하니 괴롭구나/ 젊은이 홀로 누운 들창가로/ 어느 집 예쁜 님이 통소를 불어주네// 외로운 저 비취새는 홀로 날아가고// 짝 잃은 원앙새는 맑은 물에 노니는데/ 바둑을 두며 인연을 그리다가/ 등불로 점치고는 창가에 시름하네

— 김시습, 「만복사저포기」

이 시는 달이 밝은 밤에 님을 그리는 젊은이의 외로움을 노래한다. 젊은이 홀로 누운 들창가로 어디선가 예쁜 님이 통소를 불고 외로운 비취새(물총새)는 홀로 날고 원앙새는 짝을 잃고 물에 논다. 여기서 원앙새는 짝을 잃은 슬픔을 상징한다.

원주 Circumference

원주는 우주의 조화, 모든 사물의 내적 통일성, 적절한 한계, 세계의 현현, 정확성, 정상성을 상징한다. 원주로 감싸인 사물, 원주 속에 있는 대상들은 외부로부터 위협받는 영혼의 위기를 방어하는 질적·심리적 세계를 상징한다. 따라서 원주 밖의 세계는 존재를 위협하는 혼돈의 세계, 통합성의 해체, 한계를 소유하지 않는 삶으로도 인식된다.

원주가 암시하는 순환 운동은 신비학자들에 의하면 자신의 꼬리를 물고 있는 물고기, 뱀, 혹은 용이 암시하듯이 시간의 순환을 상징한다. 자신의 꼬리를 물고 있는 용의 그림은 기원전 2세기에 나타나며, 그리스 민담에도 나타나는 바, 이것은 원주의 의미가 모든 순환 체계를 포괄하고 있음을 말해 준다. 곧 이 그림이 암시하듯 원주는 통일성으로의 회귀, 진화와 회귀, 탄생-성장-쇠퇴-죽음이라는 순환적 체계를 포괄한다. 연금술사들은 이런 신비한 상징을 인간의 운명을 설명하는 도구로 사용한다. 좀 더 자세한 것은 원의 상징을 참고하기 바란다.

원추, 원뿔 Cone

원뿔은 남근, 다산多産을 상징한다. 또한 원뿔의 상징적 의미는 3각형과 원의 결합이라는 점에 유의함으로써 도출될 수 있다. 프레이저에 의하면 시리아의 경우 원뿔은 태양과 관련되지만, 다른 지역에서는 피라미드로부터 그 상징적 의미를 찾기도 한다. 원뿔은 심리적 통일성(3각형과 원의 결합)을 상징할 수도 있다. 원뿔은 솔방울과 비슷하고 돌아가는 팽이와 비슷하다. 따라서 원뿔은 나선 운동, 소용돌이, 곧 생성력과 창조력을 상징한다.

> 잔 들고 혼자 앉아 먼 뫼를 바라보니/ 그리던 님이 온다 반가움이 이러하랴/ 말씀도 웃음도 아녀도 못내 좋아하노라.
> ─ 윤선도, 「고산유고」

> 산은 양지바른 쪽에 사람을 묻고 높은 꼭대기에 신을 뫼신다.
> ─ 김광섭, 「산」

산봉우리나 산정은 솔방울이 그렇듯이 원뿔의 형태이다. 윤선도의 경우 '먼 뫼'는 님과 '나'가 하나가 되는 심리적 통일성의 세계를 암시하고, 김광섭의 경우 높은 산정은 '신을 뫼시는 곳'으로 노래된다. 산정이 신의 세계를 암시하는 것은 그것이 하늘 가까이 있기 때문이다.

월계수 Laurel

월계수는 아폴로에게 바쳐진 신성한 나무로서 승리를 상징한다. 월계수 잎은 흔히 축제 때 화환과 왕관을 만드는 데에 사용된다. 월계수 잎으로 된 왕관을 쓴 시인, 예술가, 정복자는 외적이고 가시적인 봉헌 행위를 재현하는 게 아니라 바람직하지 못하고 방탕한 세력들을 물리치는 내적 승리를 상징한다. 투쟁과 승리가 없는 성취란 존재하지 않는다. 따라서 월계수는 승리라는 목표를 지향하는 영웅과 동일시된다. 또한 월계수는 상록수로서 영원, 불사不死, 그리고 모든 식물들이 암시하는 일반적 풍요를 상징한다. 그리스 신화에는 월계수가 다음과 같이 기술되고 있다.

오비디우스의 『변형담』에는 올림포스 12신의 하나인 음악과 시의 신 아폴로와 요정 다프네와의 불행한 사랑의 이야기가 있다.

천상에서 아폴로는 활과 화살을 들고 나체로 싸다니는 사랑의 어린 신 에로스를 우연히 만나 놀려 주었다.
'조그만 녀석이 활은 무엇하러 들고 다니는 거야. 활은 나 같은 어른이 쏘는 거야.'
에로스는 아폴로를 쳐다보며 '큰소리 말아요. 이 화살도 마땅치 않아요. 어디 당신을 쏘아 볼까요?' 라고 말했다.
파르나소스 산까지 날아간 에로스는 잔등의 화살통에서 화살 두 개를 꺼냈다. 하나는 날카로운 황금 살촉이 달린 것으로, 이것을 맞으면 연모의 정이 불타오른다. 다른 하나는 무딘 납으로 된 화살로, 이것을 맞으면 세상이 싫어지고 만사가 귀찮아진다. 에로스는 납으로 된 화살로 페이노스 강의 소녀 다프네를, 황금 화살로 아폴로를 쏘았다.
제우스 신에게 벌을 받고 목동 신세가 된 아폴로는 가끔 들에 나와 노는 다프네의 청초한 미모에 마음에 끌렸다. 샛별처럼 반짝이는 눈동자, 아름다운 두 뺨, 천진한 교태, 붉은 입술, 보드라운 손가락, 하얀 목덜미, 부드러운 어깨의 곡선, 볼록한 젖가슴, 아폴로는 다프네를 부르며 따라갔으나 그녀는 뒤도 돌아보지 않고 숲 속으로 달아났다. 철없는 다프네의 눈에는 아폴로 신도 시골 목동으로밖에 보이지 않았다.
하루는 계속 다프네의 뒤를 쫓아갔다.
'무서워할 것 없어. 난 네가 예뻐서 이렇게 쫓아가는 거야. 내 말을 들어 봐. 난 델포이의 왕자야. 제우스가 우리 아버지야.'
달아나면 달아날수록 그녀의 뒷모습은 아름답기만 했다. 아폴로는 이제 아무리 말로 달래도 소용없음을 깨달았다. 그럴수록 가슴은 더욱 타오르고 발걸음은 더 빨라졌다. 이제 몇 발짝 안 남아 겁에 질린 소녀는 겨우 눈앞에 나타난 자기 아버지 페네디오스 강의 신을 향해 살려 달라고 고함을 쳤다.
흥분한 아폴로의 손길이 막 다프네의 허리에 가 닿으려는 순간이었다. 다프네의 발이 짜릿해지면서 감각을 잃었다. 날씬한 허리는 굳은 나무 껍질로 뒤덮였다. 초여름 햇볕을 받고 휘날리던 금발은 초록빛 잎사귀로 변하고 어여쁜 두 팔은 날씬한 나뭇가지로 변했다. 아폴로의 사랑도 그대로 꺼지지는 않았다. 나무 줄기를 어루만지는 그의 손바닥에는 소녀의 심장의 고동이 그대로 느껴지는 듯했다. 아폴로는 나뭇가지를 껴안고 키스했다. 그리고 이렇게 외쳤다.

'다프네여, 이제 너를 아내로 삼을 수도 없게 되었구나. 하지만 이제 내 나무가 되어 주렴. 이제부턴 내 리라와 화살 둘과 내 머리를 네 가지로 장식하고 다닐 테야. 다프네! 그리고 화려한 경기 대회에서 우승한 청년의 머리에, 그리고 눈부신 전공을 세우고 돌아온 장군들의 머리에 네 잎사귀를 둘러 주게 하겠다.'

월계수는 그리스 말로 다프네이다.

위기 Crisis

인간들은 위기의 순간에 자신의 운명에 대해 질문을 한다. 이 순간에는 예컨대 감정이나 격정, 비정상적인 충동, 타당치 않은 감각 같은 내적인 흐름, 혹은 장애나 의사 소통의 좌절 같은 외적인 흐름을 막론하고 모든 생명의 흐름이 자신을 배반하거나 자신이 추구하는 세계로부터 빗나간다는 느낌에 사로잡힌다. 따라서 이때 인간에게는 '전환'에의 욕망, 말하자면 자신의 삶을 전혀 다른 방향으로 변형시킬 수 있는 삶의 방법을 발견하고자 하는 욕망이 생긴다.

예컨대 질병을 건강으로, 증오를 사랑으로, 고독을 만남으로, 무지를 지혜로, 불화를 협동으로, 분노를 용서로, 슬픔을 행복으로, 적의 승리를 패배로, 가뭄을 비옥으로 전환시키려는 욕망 등이 그렇다. 이런 전환은 처음 십자로의 이미지, 곧 잠재성으로 나타나고 다음 희생이라는 상징적 형식을 취한다. 끝으로 이런 전환은 그에 알맞은 전환의 상징을 취하고 또한 재생의 상징을 취한다.

> 학문과 직업과/ 또는 애정과 죽음/ 그 모든 세상의 위기를 한 몸에 지니고/ 가장 좁은 길을 찾는—/ 그것은 언제 어디서라도 가까운 웃음 머금고 행할 수 있는/ 가장 어리석은 휴머니티일 것이다/ 그것은 또한 얼마나/ 건강한 체격을 요하는 사상일 것인가
> ― 김규동, 「위기를 담은 전차」

이 시에서 시인은 위기 속에서의 전환을 '가장 좁은 길'로 인식한다. 그 길을 찾는 행위는 '피에 젖은 정신의 쇠잔한 흐느낌'을 요구한다. 이 흐느낌은 일종의 희생 의식을 동반하며, 따라서 우리가 읽게 되는 것은 이상한 죄의식이다. 그러나 시인은 이런 죄의식에서 벗어난다. 그것은 죽음을 꿈꾸는 일이 '어리석은 휴머니티'라는 사고와 '건강한 사상'이라는 역설적 세계관에 의존함으로써 가능하다.

위대한 어머니 Great Mother

위대한 어머니의 원형은 바빌로니아의 이시타르, 이집트의 이시스, 페키니아의 아스탈테, 그리스의 데메테르 같은 신성한 여성과 관계된다. 위대한 어머니는, 고대 우주 발생론에서 바다가 그렇듯이 비옥한 지상을 상징한다. 융의 경우 위대한 어머니는 어머니다운 여성, 미녀, 여신의 모습으로 변장하거나 육화되지만, 때로는 교회나 일정한 지역에 재현되는 자연의 진리를 상징한다. 그는 이런 원형적 이미지를 '마나 성격'이라고 부르며, 이런 존재는 고대의 마술사, 현인에 대응한다. 좀 더 자세한 것

은 어머니의 상징을 참고하기 바란다.

음악 Music

　음악의 상징적 의미는 매우 복잡하기 때문에 여기서는 일반적인 개념들만을 간단히 개관하기로 한다. 음악은 악기, 리듬, 음조, 음색, 악보, 계열적 형태, 표현 기법, 멜로디, 조화, 형식 등 소리를 구성하는 여러 요소들을 포괄하는 용어이다. 음악의 상징적 의미는 두 가지 기본적 관점에서 확정된다. 하나는 고대 석기 문화나 천체 생물에 관심을 두던 시대의 시각으로 음악을 질서화된 우주의 일부로 간주하는 관점이며, 다른 하나는 음악을 표현과 교통의 시각에서 '만물 조응'의 현상으로 간주하는 관점이다.

　음악이 환기하는 기본적·상징적 의미는 피타고라스 이론에 토대를 둔 율격과 수를 근거로 한다. 쿠르트 사크 같은 이론가에 의하면 음악의 상징적 의미에 있어서는 악기들의 우주적 의미가 강조된다. 예컨대 그는 악기의 형태와 음색을 구별하며, 전체로서의 음악과 악기 사이에는 모순이 존재한다고 주장한다. 왜냐하면 악기, 곧 도구는 본질적으로 역동적인 존재로 목소리나 말하기의 경우처럼 교통이나 관례의 형식에 지나지 않기 때문이다. 예컨대 피리는 남성적이며 남근의 형태로 되어 있지만 예리한 억양과 밝은 음색을 띠며 은빛, 그러니까 달빛의 음조를 띤다. 그런가 하면 북은 외적 세계를 수용하는 여성적 형태로 되어 있으나 그 음조가 깊다는 점에서 남성적인 음조를 거느린다.

　음악의 상징적 의미가 자기 표현과 관련된다는 사실은 원시인들의 경우 분명히 드러난다. 이들은 동물들의 리듬과 운동, 모습, 심지어 그 형태를 직접 모방함으로써 음악을 창조했다. 슈나이더는 일부 세네갈인들이 부르는 「황새의 노래」를 들으면서 자신이 어떻게 그 노래를 '들으면서 동시에 볼 수 있었던가'에 대해 기술한 바 있다. 왜냐하면 그 노래는 정확히 황새의 움직임에 일치하고 있었기 때문이다. 여기서 우리는 이런 표현적인 세계가 상징적인 세계로 전이된다고 유추할 수 있다. 곧 총체적인 음률의 전개는 어떤 통일된 감정의 세계를 표현하며, 그것은 또한 내적으로 통일된 상징적 형식에 조응한다. 그런가 하면 깊고 고양된 음조의 교체는 도약, 격통, 역전에의 욕망을 표현한다.

슈나이더에 의하면 이런 사실들은 모두 골짜기와 산, 곧 지상과 천상의 공간을 정복하려는 관념을 내포한다. 그에 의하면 유럽의 경우 고양된 음조인 '높은 음악'과 하강 음조인 '낮은 음악'이 띠는 신비한 의미는 르네상스 때까지 지속된다. 악보를 색채나 유성과 관련시키는 문제, 특히 그 조응 관계는 그다지 분명치 않다. 그러나 현상적으로 드러나는 연속 관계는 지적할 수 있다. 예컨대 음계와 유성의 관계가 그렇다.

프랑스 신비주의자인 파브르 올리베는 음계와 유성 사이에 다음과 같은 조응 관계가 있다고 주장한다. 미-태양, 파-신의 심부름꾼인 수성, 솔-사랑의 여신인 금성, 라-달, 시-농사의 신인 토성, 도-제우스의 신인 목성, 레-군신인 화성 등이 그렇다.

『동물 상징의 음악적 기원』이라는 책에서 슈나이더가 발전시킨 음악의 상징적 의미는 매우 광범위하기 때문에 모두 소개할 수는 없지만, 요컨대 그에 의하면 모든 상징적 의미의 뿌리는 음악에 있거나, 적어도 소리와 관련된다. 이런 사실은 음악이 연속적이며 율동적인 요소들을 조화시키며 노래부르는 행위가 모든 사물들을 자연스럽게 연결시킨다는 점, 그 내적인 관계를 전달하고 확장하며 고양시킨다는 점을 상기할 때 쉽게 이해된다. 플라톤이 한 국가의 음악적 특성은 그 국가의 관습이나 제도를 바꾸지 않는 한 결코 바꿔서는 안 된다고 주장한 것은 이런 까닭에서이다.

음악은 하늘을 꿰뚫는다.
— 보들레르, 「내밀의 일기」

음악이야말로 가장 순수한 영혼의 데생이다.
— 최인훈, 「회색인」

현은 땅과 하늘에서/ 감미로운 노래 짓는다/ 버드나무들이 만나는 강가의 현/ 강을 따라 음악이 들린다.
— 조이스, 「실내악」

음악처럼 나를 눈뜨게 한 것이 있었던가./ 가을 산이 전라로 솟은/ 푸른 하늘의 인내인 음악/ 오 나는 저주받으며 눈떴네/ 지는 잎새의 음악까지도/ 가을 전체가 음악인 나의 음악까지도/ 남해 섬과 섬 사이의 사랑인 음악까지도/ 내 눈에서 다시 음악이었네.
— 고은, 「가을 노래」

　보들레르의 경우 음악이 하늘을 꿰뚫는 것으로 인식되는 것은 음악의 기원이 하늘과 지상을 정복하려는 인간들의 욕망에 토대를 두고 있다는 점을 상기시킨다. 최인훈의 경우 음악이 '가장 순수한 영혼의 데생'으로 인식되는 것은 음악이 모든 사물의 자연스런 조응 상태를 암시하기 때문이다. 조이스의 경우 음악은 특히 현을 중심으로 노래되는 바, 이 현은 '땅과 하늘'에서 노래를 짓는다. 그러니까 여기서 음악은 지상과 천상의 조화를 암시한다. 뿐만 아니라 이 현은 강가의 버드나무들을 암시하고 있다. 고은의 경우 음악은 생명의 고양, 혹은 자아 각성을 상징한다. 이런 상징적 의미는 '높은 음악'과 '낮은 음악'과의 관계, 나아가 음악의 본질에 해당되는 리듬과 관계된다.

이 Teeth

이는 공격과 방어를 상징한다. 이는 이가 공격의 원초적 무기이기 때문이다. 따라서 이가 빠지는 것은 거세, 인생의 완전한 실패, 금지에 대한 공포를 상징한다. 미개 문화의 성년식에서는 이를 뽑아 삼키는 의례가 있다. 이는 육체 중 가장 딱딱한 부분으로 죽음과 재생을 상징하기 때문이다. 원시인들이 그들이 죽인 짐승의 이빨과 발톱으로 자신들을 치장한 것도 이와 비슷한 의미이다. 일부에서는 이를 성적인 힘으로 해석하지만, 초기 기독교의 신비 철학자들에 의하면 이는 성벽, 담장, 요새를 상징하는 바, 눈과 응시가 정신의 보호를 상징하는 것과 비슷하다. 이가 부서지거나 빠지는 것이 부정적인 상징성을 띠는 것은 이런 사정과 관련이 있다.

박씨 같은 흰 이가 가지런히 빛나네.
— 『시경』

이 빠진 웃음으로 손을 잡으면/ 꿈결 같을라 스쳐간 바람
— 이동주, 「산조 4」

절망은 희고 튼튼한 이빨이다. 이빨이 깨무는 하늘, 하늘 속의 하늘이다. 절망은 두 팔을 저으며 내 앞에서 넘치는 바다다. 기나긴 탄식이여, 압력의 별들이여, ……그리고 밤은 광희, 수탈 속의 수탈, 붉은 포도보다 더욱 붉은 것은 아니었다. 오늘 흐리고 배암들이 내린다. 한 줌의 겨울 얼음 배이는 땅에서 우리는 살건만 절망은 그래도 튼튼한 이빨, 소리를 깨무는 이빨이다. 튼튼한, 원망 속에 이빨이 익는 걸 본 것은 어제였다. 어제는 이빨이 완성한 대지였다.
— 이승훈, 「이빨」

『시경』에서 이는 '가지런히 빛나네'라는 말이 암시하듯이 순수하고 완전한 삶의 행복, 그리고 모든 것을 허용하는 아름다움을 상징한다. 이동주의 경우 노래되는 것은 빠진 이이다. 따라서 '이 빠진 웃음'이란 어떤 활력도 상실한 웃음을 의미한다.

　필자의 경우 이는 '절망'을 상징한다. 따라서 절망은 무기가 된다. '절망은 그래도 튼튼한 이빨'이기 때문에 여기서 이빨은 절망을 상징하지만 이 절망은 절망을 이기게 하는 힘을 지님으로써 이른바 절망의 아이러니를 보여준다. 그것은 삶에 절망하면 할수록 오히려 그 속에서 삶에 대한 공격이 가능하다는 명제로 요약된다.

이름 Name

　이름의 상징적 의미를 구성하는 것들로는 문자들의 형상과 소리, 직유, 유추 등이 있다. 예컨대 나폴레옹이라는 이름은 프랑스 코르시카 사람들이 아폴로를 발음할 때 내는 소리 O'N'Apolio를 의미한다. 이름과 그 사람의 운명의 관계는 이 자리에서는 피하고 여기서 우리가 강조하는 것은 이름이 보여주는 상징적 의미의 합리적 토대와 에드거 앨런 포가 시에서 노래한 바 있는 '낱말들의 힘'이다. 개인의 이름을 지으면서 이집트인들은 이름이 그의 영혼을 반영한다고 믿었다. 이름이 다른 사람에게 마술적 힘을 발휘하는 것은 이런 신념과 관계된다.

　이름과 성격 혹은 운명의 동일시는 명명에 영향을 준다. 예컨대 오시리스Osiris라는 이름은 '계단 꼭대기에 서 있는 사람'을 의미하며, 이때의 계단이란 발전의 단계를 뜻한다. 그런가 하면 아라비아Arabia는 '침묵 속에 걷고 있는 사람'을 의미한다. 의성법은 언어의 발생이나 표의 문자에 있어서 또 하나의 중요한 근거가 된다. 이런 이름은 명명되는 대상의 특성과 관련되는 소리를 사용한다. 예컨대 사자Lion는 '포효하는 소리 roar'가 근거가 되며, 이런 소리는 사자의 특성을 규정한다. 신비주의자들의 경우 고유 명사가 암시하는 상징적 의미는 전통적인 상징에 뿌리를 두지만 우리가 말하는 상징의 범위를 크게 벗어난다. 언어는 그동안 매우 복잡한 단계로 발전했기 때문에 어원을 중심으로 그 상징적 의미를 찾는 일은 힘들게 되었다.

이름이란 그토록 이상한 것이지요, 마르탱 위고 빅토르는 이름/ 보나파르트 나폴레옹은 이름/ 왜 저렇게가 아니고 이렇게 부르지요?/ 한 떼의 보나파르트가 사막을 지나갑니다/ 황제의 이름은 낙타라고 불립니다/ 그에겐 금고와 경마 서랍이 있답니다/ 저 멀리는 세 개의 이름뿐인 한 남자/ 그의 이름은 탱탕통일 뿐 거창한 존함 따윈 없습니다
— 프레베르, 「나의 집에」

산산히 부서진 이름이여!/ 허공 중에 헤어진 이름이여!/ 불러도 주인 없는 이름이여!/ 부르다가 내가 죽을 이름이여!
— 김소월, 「초혼」

아가는 아직 이름이 없습니다/ 갓난 어여쁜 병아리며 강아지에게 이름이 없듯이/ 아가도 아직 이름이 없습니다// 새벽이라 밤이라 으스름 저녁이라/ 허구 많은 글자 속에 찾고 또 찾았건만/ 아가를 부를 아가처럼 귀여운 글자가 없습니다.
— 김남조, 「아가」

내가 그의 이름을 불러 준 것처럼/ 나의 이 빛깔과/ 향기에 알맞은/ 누가 나의 이름을 불러 다오/ 그에게로 가서 나도/ 그의 꽃이 되고 싶다
— 김춘수, 「꽃」

벌판에는 산산히 부서진 이름/ 어디로 가버린 이름/ 뜨겁게 타오르던 이름/ 세월의 질주 끝에는/ 너의 이름만 남는다/ 지구의 끝에는/ 재와 모래 속에는

— 이승훈, 「산산히 부서진 이름」

프레베르가 강조하는 것은 이름의 아이러니다. 이 시에서 이름이란 그 사람의 특성과는 관계없이 그저 우연히 지어진 것일 뿐만 아니라 무슨 영혼을 환기하는 것도 아니다. 특히 그는 '탱탕퐁'이 암시하듯이 거창함이 없는, 아름답고 착한 이름을 사랑한다. 김소월의 경우 이름은 그 사람의 영혼을 반영한다. 그렇기 때문에 '산산히 부서진 이름'은 죽은 사람의 영혼을 상징한다. '초혼'이라는 표제가 암시하듯이 이름을 부르는 것은 바로 그 사람의 혼을 부르는 행위와 동일시된다.

김남조의 경우 노래되는 것은 아직 이름이 주어지지 않은 아가이다. 이 시의 경우 이름이 주어진다는 것은 아가의 순수와 배반되는 일을 뜻한다. 이름과 대상 사이에는 간격이 있음을 알 수 있다. 그러나 김춘수의 경우 이름을 부르는 것은 바로 자아의 존재를 증명하는 일과 통한다. 따라서 이름이 주어질 때 모든 사물은 비로소 이 세계에 존재한다. 필자의 경우 이름은 김소월과 비슷한 의미를 띤다. '세월의 질주 끝에는/ 너의 이름만 남는다'는 시행은 숨가쁘게 세월이 흘러도 시인의 가슴속에는 한 사람의 모습, 혹은 영혼이 존재함을 의미한다.

이미지 Image

이미지는 통일성과 의미를 동반하는 구체적 형상을 의미한다. 이미지의 통일성은 전체가 그것을 구성하는 부분들의 총화보다 더욱 위대하다

는 형식론에 토대를 둔다. 사르트르의 경우 이미지가 저급한 형식의 지식을 의미한다면, 다른 심리학자들의 경우에는 고급스러운 형식의 지식을 의미한다. 왜냐하면 모든 지식은 시각적 종합(이미지)을 지향하기 때문이다. 또한 허버트 리드는 『도상과 관념』에서 이미지를 정신과 관련시켜 논한다. 그에 의하면 시각 예술의 경우 시각적 형태(이미지) 자체가 사고의 형식이며, 따라서 이런 형태는 지적·정신적 개념에 상응한다. 이런 이론에 의하면 세계는 우리의 읽기를 기다리는 광활한 기호들의 저장고로 인식되고 많은 이론가들이 이런 주장에 동의하고 있다.

> 너는 팔을 벌리어/ 너의 키다리의 이미지를/ 나에게 보인다.
> ― 살리나스, 「먼 곳으로의 질문」

> 아냐 그것도 틀려. 이미지 문제가 아닐세/ 놈들이 우리에게 바라는 것을/ 표현할 이미지가 있을 리 없지.
> ― 길르빅, 「무슨 이미지?」

> 그대가 호수에 어린 그대 자신을 보듯 그녀는 자신의 이미지가 자기의 눈동자에 비치는 것을 본다.
> ― 레가드, 「백합에게」

> 너의 지성은 고요하여/ 죽은 듯한 태양에 너는/ 너의 이미지를 찾지 못하고
> ― 박태진, 「무엇을 기다리는가」

살리나스의 경우 이미지는 '키다리의 이미지를/ 나에게 보인다'는 시행이 암시하듯 구체적 형상을 뜻한다. 길르빅의 경우 강조되는 것은 이미지에 대한 비판이다. 이미지로는 표현할 수 없는 것이 있다는 진술이 이런 사정을 밑받침한다. 레가드의 경우 이미지는 사고 형식으로 간주되며, 그것도 두 가지 측면에서 이야기된다. 하나는 '호수'에 비치는 영

상이라는 의미, 다른 하나는 자신의 눈동자에 비치는 영상이라는 의미이다. 박태진의 경우 이미지는 '너의 지성'이 '너의 이미지'와 등가 관계에 있다는 점에서 사고 형식, 지적·정신적 개념을 의미한다. 이 시에서는 '지성의 고요' 때문에 '이미지'를 찾지 못한다.

이방인 Stranger

이방인은 신화, 민담, 전설, 그리고 문학 작품 속에서 흔히 한 지역에서 다른 지역으로, 혹은 한 나라에서 다른 나라로 떠날 수밖에 없는 운명의 인간으로서, 보이지 않는 변화의 가능성, 현재가 되는 미래, 일반적인 변화를 상징한다.

> 이 지역 지나는/ 너는 한낱 이방인/ 부질없는 정경에 감상치 말라/······/ 구름에 끼룩 후조 올 때/ 꾸룩 횟배 울리며/ 어느 하늘이고 되돌아 보려함은 고아의 동정/ 아직 회오할 줄 아는 청년은 얼굴 묻고 창녀의 유방 위에/ 눈 오는 고향 산 꿈이나 꾸라/······그렇게 일러주고/ 이곳 지나면 다시 돌아오지 말라/ 너/ 영원한 무연의 이방인
>
> — 유정, 「이방인」

이 시에서 이방인은 지나가는 사람, 다시는 돌아오지 않는 사람으로 노래된다. 그는 변화를 꿈꿀 뿐 회상이나 회오를 부정한다. 그런 점에서 이방인은 여기서 어디에도 인연을 맺지 않으려는 '영원한 무연성'을 상징한다.

이브 Eve

이브는 생명의 물질적·형식적 양상, 혹은 모성을 상징한다. 정신적인 관점에 따르면 이브는 처녀 마리아 혹은 영혼의 어머니가 역전된 존재로, 이런 질서의 역전은 때때로 사랑의 신인 에로스와 전쟁, 파괴, 증오의 신인 아레스의 관계처럼 서로 대조되는 두 이름으로 나타난다.

사향 박하의 뒤안길이다./ 아름다운 배암―/ 을마나 크다란 슬픔으로 태어났기에/ 저리도 징그러운 몸뚱아리냐// 꽃다님 같다./ 너의 할아버지가 이브를 꼬여내든/ 달변의 혓바닥이/ 소리 잃은 채 낼룽그리는 붉은 아가리로/ 푸른 하늘이다―물어뜯어라 원통히 물어뜯어.// 달아나거라. 저 놈의 대가리!

— 서정주, 「화사」

여기서 이브는 뱀과 대비된다. 이브는 뱀의 유혹에 넘어가 처녀 마리아 혹은 영혼의 어머니가 역전된 존재로 드러난다. 이 시에서는 이브가 생명의 물리적·형식적 양상, 혹은 모성을 구현하게 된 과정이 회상의 논리에 의해 묘사된다.

이슬 Dew

비, 이슬, 운석, 천둥 등 하늘에서 내려오는 모든 것들은 성스러운 특성을 지닌다. 그러나 이 가운데에서도 이슬은 2중적 의미를 소유한다. 이슬은 신성 외에 정신적 계몽을 상징하기 때문이다. 이슬이 계몽을 상징하는 것은 이슬이 새벽, 곧 날이 밝아 올 때를 미리 알리기 때문이다. 이슬이 정신적 계몽, 영적 소생, 은총, 축복을 상징하는 것은 이런 이유 때문이다. 일부 전통에 따르면 투명하고 순수한 이슬 방울은 빛이라는 관념과 관계된다. 극동에는 이른바 '향기로운 이슬의 나무'가 있는 바, 이 나무는 세계-축을 상징하는 신성한 산 위에 서 있다. 빛은 이 나무로부터 나오며, 전설과 민담에서는 이 나무가 교감의 과정을 통해 인간에게 신비한 노래를 들려준다는 점에서 '노래하는 나무'로 인식된다.

한편 이슬은 쉽게 소멸한다는 점에서 변화, 환영幻影, 덧없음, 무상을 상징한다. 그러나 하늘에서 내려온 물이라는 점에서는 순수, 순결, 무구와 창조의 원동력을 상징한다. 도교에서 이슬이 선약仙藥이 되는 것은 이런 의미 때문이다.

> 매우 조심스럽게 빛나는 저녁 이슬/ 태양을 잃은 하늘의 눈물입니다.
> ― 스탠호프, 「가을에 한 숙녀에게 주는 충고」

> 아 나는 끝끝내/ 이 나의 이웃에 이름없이/ 맺혔다가 져버린 이슬들을/ 꽃이라 부르다가/ 보석이라 부르다가……
> ― 박성룡, 「이슬」

> 풀잎 끝에 맑은 아침 이슬방울/ 영롱하게 빛남은 곧 그의 행복이리./ 사라진 뒤에 추한 흔적 남기지 않는/ 아 나도 한 개 아침 이슬이고저.
> ― 이원수, 「가장 아름다운 것」

스탠호프의 경우 저녁 이슬이 '하늘의 눈물'로 노래되는 것은 새벽 이슬이 상징하는 신성과 빛이 사라지기 때문이다. 따라서 '하늘의 눈물'은 신성의 소멸, 빛의 소멸을 상징한다. 박성룡의 경우 이슬은 '꽃'과 '보석'에 비유된다. 꽃이나 보석은 아름다움을 상징하는데, 특히 보석은 보들레르의 시에서 노래되듯이 존재하면서 존재하지 않는 아름다움을 상징한다. 그런 점에서 보석에 비유되는 이슬은 존재와 부재, 혹은 생성과 소멸의 변증법을 암시한다. 이원수의 경우 이슬은 '영롱하게 빛남'으로 노래된다. 한마디로 이때 이슬은 빛을 상징한다.

인간, 남자 Man

　소우주인 인간은 대우주를 반영하며 4원소를 내포하는 바, 육체는 땅, 혈액은 물, 열은 불, 숨은 공기에 해당한다. 오스트리아 미술에는 동물들의 머리 위에 인간의 모습이 그려져 있다. 이런 그림은 인간이 동물보다 우월한 존재임을 암시한다. 그런가 하면 인도, 뉴기니 등의 미술에는 황소의 머리가 나타나고 두 개의 뿔 사이에는 인간의 형상이 그려져 있다. 이 경우 황소는 하늘을 지배하는 아버지를 상징하기 때문에 인간은 그의 아들이며 동시에 지상의 아들임을 의미하며 나아가 태양과 달의 아들임을 의미한다.
　'미세화로 그릴 때 인간은 이 세계에 대응하는 또 하나의 세계이며, 인간 속에는 태양과 달과 별들이 있다는 사실을 이해하라'는 오리겐의 말은 인간에 대한 전통적 상징론에 두루 드러난다. 이슬람의 비교주의 사상에 의하면 인간은 우주를 상징한다. 이런 유추적 관계는 『우파니샤드』에 명료하게 나타나는 바, 여기서 인간의 신체 기관과 우주의 유사성은 신체 기관과 감각의 대응으로 발전한다. 예컨대 신경 체계를 구성하는 요소들은 불에 대응하고, 피는 물에 대응한다. 이런 동양적인 개념이 서양에 처음 나타나는 것은 중세의 로마네스크 시대였다. 12세기경 오턴의 호노리우스는 인간의 살과 뼈는 땅에서 나오고, 피는 물에서 나오고, 숨결은 공기에서 나오고, 신체의 열은 불에서 나온다고 주장한다. 요컨대 신체의 각 부분들은 우주의 각 부분들에 대응한다. 말하자면 머리는 하늘에 대응하고, 숨결은 공기에 대응한다.

인간의 신체에 다섯 개의 감각 기관이 주어진 것은 유럽에서 형성된 체계, 특히 히브류인과 그리스인들의 체계에 의해서이다. 예컨대 이 시기의 힐데는 인간의 신체 기관이 다섯이라는 수에 의해 구성된다고 주장한다. 말하자면 인간의 신체는 높이와 둘레가 똑같이 다섯 부분으로 구성되며, 다섯 개의 감각 기관을 소유하며, 손이 다섯 개의 손가락으로 구성되듯 모두가 다섯 개의 성분으로 구성된다.

이로부터 5라는 수는 인간이라는 소우주의 기호가 된다. 네테스하임 Nettesheim의 아그리파Agripa는 이런 특성을 도상으로 나타낸 바, 예수의 몸에 난 다섯 부분의 상처와 밤하늘에 있는 다섯 개의 별 사이에 유추적인 관계가 있음을 강조한다.

한편 중세 유대 신비주의는 인간의 존재와 밀접한 관계를 띠는 수로 9를 주장한다. 이 9는 3을 토대로 한다. 이런 사상에 의하면 인간은 세 측면으로 나뉜다. 곧 신체, 영혼(생명), 정신의 측면이다. 각 측면들은 능동적 양상, 수동적 양상, 중립적 양상이라는 특성을 보여준다.

극동의 경우에도 인간의 상징에 대한 고찰은 매우 이른 시기에 나타난다. 고대 중국의 도교에서 강조하는 것 역시 3을 세제곱하는 원리이다. 또한 인간과 거북, 불사조, 용, 외뿔소 같은 원형적인 동물들 사이에도 유추적인 관계가 있다는 사실은 흥미롭다. 이 동물들은 인간이 세계의 중심인 것처럼 세계의 중심으로 인식된다.

구체적인 개인으로서의 인간과 우주 사이에는 또한 중간 단계로서의 우주라는 매개항이 존재한다. 흔히 말하는 '보편적 인간', 극동의 역사 속에 나오는 왕이 이 중간 단계의 우주에 해당한다. 이런 보편적 인간은 인간에게 개방된 모든 가능성을 상징한다. 보기에 따라서는 이런 개념은 융이 말하는 '집단 무의식'과도 관계된다. 라이프니치는 모든 '개별적 존재' 속에는, 비록 이미지로서이긴 하지만, 우주를 총체적으로 재현할 수 있는 잠재력이 내포되어 있다고 주장하는 바, 이는 한 알의 씨앗이 존재의 총체성을 내포하는 것과 같은 이유에서이다.

인도의 경우 '보편적 인간'은 주요한 일곱 항목으로 나누어진다. 첫째는 탁월한 영역, 광휘의 영역, 존재의 최고 상태이다. 둘째는 태양과 달의 원리를 표현하는 두 개의 눈, 셋째는 불의 원리를 표현하는 입, 넷째는 공간의 방향을 표현하는 귀, 다섯째는 대기를 표현하는 허파, 여섯째는 지상과 천상의 중간 지대인 위, 일곱째는 지상을 표현하는 신체의 낮은 부분이나 자연적 기능이다. 심장이 중시되지 않는 것은 심장이 인도 불교의 최고 원리에 해당하는 브라만이 거주하는 장소 혹은 중심으로 사물의 '수레', 곧 윤회를 초월하는 존재로 간주되기 때문이다.

'보편적 인간'이라는 개념은 또한 비록 명확한 것은 아니지만 양성주의를 암시한다. 왜냐하면 구체적·실존적 인간은 남성이나 여성이고, 따라서 인간의 총체성이 육체적인 의미뿐만 아니라 정신적인 의미에서도 양분되기 때문이다. 따라서『우파니샤드』에는 다음과 같은 말이 나온다. '진실로 보편적 인간은 처음에는 남성과 여성이 서로 껴안은 형태만큼 컸다. 그 후 그는 두 부분으로 나누어졌으며, 여기서 남편과 아내가 생겼다.'

서양의 도상에서 우리는 이와 유사한 이미지들을 자주 발견하게 된다. 짝 혹은 배우자들은 본질상 언제나 현실적으로 분리된 존재를 결합시키려는 충동을 상징한다. 서로 껴안고 있는 초상, 서로 손을 잡고 있는 초상, 그들을 원래 결합시켰던 뿌리에서 갈라져 나오는 모습으로 그린 초상 등은 모두 결합, 말하자면 '대립성 속의 조화'를 상징한다. 힌두교에는 남성과 여성의 결합이 불과 물의 결합과 관련되고 이것은 '결합될 수 없는 두 세계의 결합'을 재현하는 이미지로 선과 악, 높은 것과 낮은 것, 차가움과 뜨거움, 젖은 것과 마른 것처럼 서로 대립되는 요소들의 결합을 상징한다.

연금술의 경우 남성과 여성은 유황과 수은을 상징하며, 심리학의 경우 신체 부위를 중심으로 상징적 의미가 드러난다. 예컨대 바른쪽은 의식을 상징하고, 왼쪽은 무의식을 상징한다. 또한 신체의 부분들이 보여주는 형태는 그것들이 긍정적인가 부정적인가에 따라, 다시 말하면 그것들이 돌출한 형태인가 구멍이 난 형태인가에 따라 성을 상징한다. 그러나 이런 성의 상징은 또한 신체의 수준을 토대로 하는 수도 있다. 예컨대 머리는 보편적으로 남성적인 것을 상징한다. 신체가 취하는 태도 역시 중요한 상징적 의미를 띠는 바, 이는 이런 태도들이 삶의 도구이면서 동시에 상승과 확장을 지향하는 인간적 경향을 나타내기 때문이다. 양쪽으로 넓게 벌린 두 팔은 교차를 상징하고 X의 형태는 두 세계의 결합, 혹은 두 세계의 교차를 상징한다.

> 조화와 사랑에의 찬양은/ 최상의 것, 그 밖의 모든 것은 거짓이어라./ 사랑과 조화 속에서도 인간은 고독한 것.
> — 에버하트, 「인간은 고독한 존재이다」

> 인간과 세계 사이에 올려진 거부의 손들/ 복수와 회한의 투명한 손들/ 폭군이 그의 나약한 손가락 사이로 그의 손 사이에 흐르는/ 우주의 수백만 인간을 쳐다볼 때/ 세계에 대한 지울 수 없는 증오/……/ 나는 바로 그런 인간이다.
> — 에마뉘엘, 「나는 나를 찾았다」

에버하트의 경우 인간은 '조화와 사랑'을 지향하는 존재로 노래된다. 그러나 인간은 그런 '사랑과 조화' 속에서도 고독하다. 인간이 사랑과 조화를 지향하는 것은 '대립성 속의 조화'를 갈망하기 때문이며, 이런 조화 속에도 고독을 느끼는 것은 그것이 '결합 불가능에의 결합'을 지향하기 때문이다.

에마뉘엘의 경우 강조되는 것은 인간이 거부, 복수, 회한, 증오의 노예라는 점이지만 이 시에서 눈여겨볼 것은 '손 사이에 흐르는/ 우주의 수백만 인간'이라는 표현이다. 이런 표현은 인간과 우주의 유추적 관계를 암시한다. 말하자면 인간이 소우주에 해당된다면 우주는 대우주에 해당된다. 뿐만 아니라 이 두 우주는 대응 관계에 있기 때문에 '손 사이에 흐르는 우주'라는 표현이 가능하게 된다.

입 Mouth

입은 무엇인가를 먹어치운다는 점에서 위대한 어머니, 대지를 상징하고 둥글다는 점에서 태양을 상징하고 말을 한다는 점에서 말하는 능력, 곧 창조적 언어를 상징한다. 이집트 상형 문자에서 입은 창조력의 원시적인 발산을 상징한다. 이런 상형 문자와 밀접한 관계를 띠는 또 하나의 현상은 입이 태양의 형상을 한 원판의 형식으로 되어 있다는 사실이며, 이때 중요한 것은 태양을 상징하는 입이 눈과 관련된다는 점이다. 여기서 눈은 모두 푸른색으로 되어 있고 그 속에 작고 붉은 원을 간직한 푸른 입이 있다. 귀에논은 이 기호를 해석하면서 입이 총체적인 의식을 상징한다고 주장한다.

『구약성서』의 경우 입은 흔히 불과 관련된다. 입에 대해 말하면서 불과 관련되는 '삼키다'나 '소비하다' 같은 낱말들이 사용되기 때문이다. 많은 전설에 불을 토하는 동물들이 나오는 것 역시 이런 사정과 관련이 있다. 융은 입과 불이 관련되는 사실을 공감각이라는 개념으로 설명하며, 7현금을 들고 있는 태양의 신인 아폴로와 관계가 있다고 주장한다. 소리, 말, 빛, 불 등이 서로 관련되는 것은 소리를 색채로 경험하는 이른바 '채색된 듣기'로 알려진 현상을 근거로 한다. 이런 점에 유의할 때 인간을 다른 존재와 구별하는 두 가지 특성으로 말하는 능력과 불의 사용을 드는 견해는 완벽한 것이 못된다.

결과적으로 입은 불이 그렇듯이 창조와 파괴를 상징한다. 전자는 입과, 후자는 불과 관련된다. 물론 입은 외적 세계와 내적 세계가 만나는 지점이다. 두 세계, 곧 하늘과 지상, 혹은 지옥과 지상을 맞물리게 하는 위와 아래의 이를 지닌 '괴물의 입'이 상징적 의미를 띠는 것은 이런 사실과 관계된다. 중세의 도상 가운데는 내적 세계나 지하 세계로 갈 수 있는 용이나 거대한 물고기의 입이 나타나고 그런 점에서 입은 내적 세계와 지하 뱃속으로 들어가는 입구를 상징한다.

머리의 항문인 입

— 베케트, 「부정의 장」

행인이여, 나는 생각해 낸다. 군들 중의 여윈 사람들을 희망으로 꽉 짓눌린 목구멍, 고민의 모습을 남겨 둔 입술, 오직 사랑을 위해 키스하는 입, 잠들고도 잊지 않고 오랫동안 껴안고 기도하며 또한 힘을 다한 위대한 희망의 기록을. 그렇다. 군들의 입, 군들의 목구멍에 자국을 남겨 두고 있는 기록, 군들이 지나갈 때 나는 그것을 본 것이다.

— 샌드버그, 「행인」

베케트의 경우 입은 '머리의 항문'이라는 말이 암시하듯이 삼키는 기관이 아니라 뱉는 기관으로 기술된다. 이런 말은 입과 불이 환기하는 '삼키는 세계'에 대한 아이러니로 수용된다. 또한 머리가 배설한다는 말은 창조에 대한 아이러니로 수용된다. 결국 베케트의 경우 입은 전통적으로 수용되는 상징의 아이러니, 특히 창조 개념에 대한 아이러니로 받아들여진다. 샌드버그의 경우 입은 '오직 사랑을 위해 키스하는 입'이라는 시행이 암시하듯 외적 세계와 내적 세계의 만남, 특히 '나'와 '너'의 만남이 이루어지는 기관으로 인식된다. 그런가 하면 입은 여기서 '위대한 희망의 기록'을 속에 간직한 것으로 노래된다.

입방체, 정육면체 Cube

입방체는 4각형과 비슷한 의미를 소유한다. 이로부터 입방체는 지상 혹은 네 원소로 된 물질 세계를 상징하게 된다. 구球가 시원적 상태와 순환 운동을 상징함에 비해 입방체는 순환 운동의 끝과 정지 상태를 나타내고 따라서 안정성을 상징한다. 입방체가 흔히 덕목과 견고성의 알레고리로 사용되는 것과 왕위나 전차가 입방체의 형태를 띠는 것도 이런 이유에서다.

> 4각형의 내부의 4각형의 내부의 4각형의 내부의 4각형의 내부의 4각형./
> 4각이 난 원운동의 4각이 난 원운동의 4각이 난 원.
> ─ 이상, 「신기성의 백화점에서」

이 시의 경우 4각형은 원과 대립된다. '4각형의 내부의……' 처럼 무한히 반복될 때 4각형은 한 점에 가까워진다. 그런 뜻에서 4각은 무한소의 원 곧 2행에 나오는 '4각이 난 원'이 된다. 4각형이 안정이나 지상의 세계를 상징한다면 원은 이와 대립되는 유동이나 천상의 세계를 상징한다. 원이 순환 운동을 상징한다면 4각형은 이런 운동의 정지를 상징한다. 그런 점에서 이 시행은 견고성 속에 유동성이 존재하고, 지상의 세계에 천상의 세계가 존재하고, 정지 속에 운동이 존재하고 그런 세계가 마침내 '무한소의 원', 곧 4각이 난 원의 세계에 지나지 않음을 노래한다. 쉽게 말하면 4각형의 내부에는 원이 있으며, 또한 이 원은 4각이 난 상태로 인식된다. 이 시가 강조하는 것은 모든 물질이 견고하다는 전통적 인식의 파괴이다.

잉어 Carp

▲ 민화 잉어

잉어는 한자어 이어鯉魚의 음이 변한 말로 리鯉는 국어에서 두음 법칙에 의해 이鯉가 되고 어魚는 본래의 한자음에서 초성이 '이응'의 음가를 가졌으나 한글에서는 그 소리가 이鯉의 받침으로 옮겨져 '잉어'가 되었다. 곧 잉어는 리어-이어-잉어로 변한 것(진태하). '잉어 鯉'와 '이로울 利'는 동음으로 잉어에는 이롭다는 뜻이 있다. 아기를 안고 있는 여인에게 어부가 잉어를 파는 그림은 이득을 상징한다(차주환). 한편 우리 민속의 경우 잉어는 용의 유형에 들기 때문에 출세, 귀함, 효도 등을 상징한다.

아이들은 우물 속에 금빛 잉어가 산다는 내 말을 아무도 믿지 않았고 거짓말쟁이, 허풍쟁이라고 했지만 정옥이는 내 말을 믿어주었다. 게다가 '소원을 들어주는 잉어'일 거라고 덧붙였다.

— 오정희, 「옛 우물」

이 소설에서 잉어는 '금빛 잉어'이고 '소원을 들어주는 잉어'로 나타난다. 전자는 귀함을 상징하고 후자는 이득을 상징한다. 한편 우물을 강조하면 우물이 여성을 상징한다는 점에서 잉어는 남성을 상징한다.

자, 천칭, 저울Scale / 장갑Gloves / 장미Rose / 장승Devil post / 장식Ornamentation / 저녁Evening / 접목Grafting / 정원Garden / 제비Swallow / 조개, 조개 껍질Shell / 조화Concord / 좁은 골목Defile / 종Bell / 죽음Death / 중심Center / 쥐Rat, Mouse / 지구Earth / 지렁이Earthworm / 지팡이Stick / 진달래Azalea / 진주Pearl / 집House

자, 천칭, 저울 Scale

천칭은 균형, 평형, 평등, 조화, 하늘의 섭리, 정의를 상징하는 바, 그것은 천칭에 의해 두 사물의 평형과 조화가 측량되기 때문이다.

> 가벼운 무게가 하늘을/ 생각하게 하는/ 자의 우아는 무엇인가// 무엇이든지/ 재어 볼 수 있는 마음은/ 아무 것도 재지 못할 마음// 삶에 지친 자여/ 자를 보라/ 너의 무게를 알 것이다
> ― 김수영, 「자」

이 시의 경우 자는 우아한 것으로 인식되면서 '아무 것도 재지 못할 마음'으로 발전된다. 그러니까 여기서 자는 정의가 무엇인지 알 수 없게 된 삶을 상징한다.

장갑 Gloves

장갑은 손에 낀다는 점 때문에 손과 관계된다. 높은 지위, 왕, 혹은 제단 앞에서 장갑을 벗는 것은 존경과 성실을 상징하는 바 이때 장갑은 은폐를 상징한다. 곧 장갑을 벗는 것은 감춘 것이 없음, 무장 해제를 상징한다. 한편 오른쪽 장갑을 벗는 경우 오른쪽 손은 인간의 합리적 측면을 암시하기 때문에 자신의 마음을 정직하게 드러내는 것을 상징한다. 사제가 끼는 흰 장갑은 마음의 순수를 상징한다. 그러나 일반적으로 장갑을 끼는 것은 전쟁, 도전을 상징한다.

이 사람은 그들이 도박대에서 삼켜 버린 바로 그 사람/ 그들은 장갑을 끼고 곧 고기에 손을 대었다./ 이것은 전쟁의 열매이며 평화의 결과이고/ 발명의 성숙이며 새로운 어린 양이다.

— 베넷, 「독재를 위한 기도」

오 왜 그대는 그렇게도 많은 것을 놓치면서/ 장갑을 낀 채 들을 걸어가는가?/ 오 아마도 사랑해 주지 않는 뚱뚱한 백인 여자여,/ 왜 그대는 풀이 비둘기의 가슴처럼 부드러울 때/ 장갑을 끼고 들을 걸어가는가?

— 콘포드, 「기차에서 본 뚱뚱한 여자에게」

배넷의 경우 장갑은 도전을 상징한다. 콘포드의 경우 뚱뚱한 여자가 장갑을 끼고 들을 걸어가는 것은 자신의 마음을 솔직히 열지 않고 있음을 상징한다.

장미 Rose

장미는 완벽함, 완성, 완전한 성취를 상징한다. 따라서 이런 장미와 관련되는 신비한 중심, 심장, 에로스의 정원, 단테의 낙원, 연인, 비너스 등도 유사한 상징적 의미를 거느린다. 장미가 환기하는 보다 정확한 의미는 그 색과 꽃잎의 수와 관계된다. 붉은 장미는 욕망, 정념, 기쁨, 미를 상징하고 황금 장미, 혹은 노란 장미는 완전성을 상징하고 흰 장미는 빛, 순수, 처녀성, 매혹을 상징한다. 붉은 장미가 불을 상징한다면 흰 장미는 물을 상징한다. 따라서 붉은 장미와 흰 장미가 함께 있는 것은 불과 물의 합일, 대립물의 합일을 상징한다. 푸른 장미는 신비, 손에 넣을 수 없는 것, 불가능을 상징한다. 일곱 잎으로 된 장미는 이른바 일곱이 의미하는 것들, 곧 일곱 방향, 일주일, 일곱 개의 유성 등과 관련된다. 따라서 여덟 개의 잎으로 된 장미는 소생, 혹은 재생을 의미한다.

> 장미, 오오 순수한 모순이여, 이리도 많은/ 눈꺼풀 아래 그 누구의 잠도 아닌 기꺼움이여
>
> — 릴케, 「장미, 오오 순수한 모순이여」

> 어디에 이 내부에 대한/ 외부가 있는가? 어떤 아픔 위에/ 이 아마포는 놓이는가?/ 이 열려진 장미들의/ 이 근심 없는 장미들의/ 내부 호수에/ 비치는 것은 어느 하늘인가, 보아라
>
> — 릴케, 「장미의 내부」

> 오오 장미, 그대는 병들었도다/ 폭풍이 울부짖던 밤에 날아온/ 보이지 않는 그 벌레가/……/ 그대의 진홍빛 환희에 찬/ 침대를 찾아냈노라/ 그래서 그 어두운 비밀의 사랑이/ 그대 생명을 파괴했노라
>
> — 블레이크, 「병든 장미」

> 장미 밭이다/ 붉은 꽃잎 바로 옆에/ 푸른 잎이 우거져/ 가시도 햇살 받고/ 서슬이 푸르렀다/ 벌거숭이 그대로/ 춤을 추리라/ 장미 밭이다/ 핏방울 지면/ 꽃잎이 먹고/ 푸른 잎을 두르고/ 기진하며는/ 가시마다 살이 묻은/ 꽃이 피리라
>
> — 송욱, 「장미」

앞에 나오는 릴케의 시에서 장미는 '순수한 모순'이라는 말이 암시하듯이 사랑이나 신비한 삶의 중심을 상징한다. 순수한 모순은 그 어떤 종합도 용납하지 않는 모순, 그러니까 삶이나 사랑의 본질을 의미한다. 뒤에 나오는 시에서 장미는 외부와 내부의 경계가 해체된 존재를 상징한다. 그런 점에서 '열려진 장미'라는 이미지는 장미의 내부를 의미하면서 동시에 외부, 곧 하늘을 의미한다. 열려진 장미는 이른바 에로스의 정원

을 의미할 수도 있다.

블레이크의 경우 장미는 여러 의미를 거느리는 이미지로 나타난다. 그러나 '그대 생명'이라는 말을 중시할 때 이 장미는 신비한 삶의 중심을 상징한다고 볼 수 있다. 송욱의 경우 장미는 붉은 장미로 드러난다. 그런 점에서 이 장미는 붉은빛이 암시하는 정열, 심장, 희생 등을 상징한다. 한편 '핏방울 지면/ 꽃잎이 먹고'라는 이미지는 태양과 장미의 동일성을 암시한다.

장승 Devil post

장승은 장생長栍의 한글 표기로 긴[長] 나무 푯말[栍]을 뜻한다. 우리 민속에는 천하대장군, 지하여장군이라고 새겨진 장승이 마을 입구에 서 있고 이때 장승은 이정표 및 수호신을 상징한다. 한편 도교에서는 장승이 오래 산다는 장생長生과 관련되어 불로장생을 상징하고 정신분석에 의하면 남근을 상징한다. 얼굴이 무섭고 관점에 따라서는 우습고 멍청해 보이기 때문에 장승은 무서움과 어리석음도 상징한다.

> 성기는 계연의 이 말에 꿈을 깬 듯 마루에서 벌떡 일어나 계연의 앞으로 당황히 몇 걸음 어뜩 어뜩 걸어오다간 다시 정신이 나는 듯 그 자리에 화석처럼 발이 굳어버린 채 한참 동안 장승같이 계연의 얼굴만 멍청하게 바라보고 있었다.
>
> — 김동리, 「역마」

순사는 눈을 잔뜩 부릅뜨고 노파를 막아섰다. '여보 나리까지도 그러시우?' 가동 할멈은 장승같이 눈을 흘기더니 갑자기 또 '하하하!' 미친 웃음을 친다. '아이구 상한아! 상한아! 귀신도 모르게 죽은 내 새끼야—' 하고 할머니는 마치 노래나 하는 듯이

— 김정한, 「사하촌」

전자의 경우 장승은 '멍청하게 바라보는 행위'가 암시하듯이 멍청함을 상징하고 후자의 경우엔 이와 달리 '눈을 흘기는 모습'이 암시하듯이 무서움을 상징한다.

장식 Ornamentation

장식은 우주적 활동, 공간상의 발전, 맹목적 물질로 재현되는 혼돈으로부터의 탈출을 상징한다. 장식이 보여주는 요소, 혹은 반복적 단위들이 점진적으로 질서를 갖추는 양상은 우주의 진화나 발전의 점진적인 단계를 상징한다. 장식의 기본적인 요소는 나선형, S자형, 십자형, Z자형 등이다. 이런 장식적 단위들이 내포하는 기본적인 원리 가운데 일부는 도상적·공간적 상징과 관련된다. 장식적 예술, 특히 장식들이 기하학적 형식이나 식물들을 양식화한 경우 비유적 예술과 대립된다.

마호메트는 다음과 같이 말한 바 있다. '신이든 인간이든 그림으로 재현하는 경우에는 나무, 꽃, 생명이 없는 대상들로만 그리도록 하라.' 이런 말은 이슬람교의 경우 예술이 명상을 돕는 수단, 혹은 만다라의 일종, 곧 끝없는 무한으로의 개방, 혹은 정신적 기호들로 구성된 언어 형식임을 뜻한다. 따라서 예술은 실존 세계를 단순히 반영하는 것만은 아니다. 이슬람의 장식들의 기본적인 요소는 주름, 잎, 다각형, 아라베스크, 알파벳 문자들, 히아신스나 튤립 혹은 들장미나 복숭아꽃, 일부 가상적 동물들이다. 이런 무늬들은 상징적 그물을 형성하는 바, 인간이 지니는 무한

에의 열망과도 관련된다.

로마네스크 예술 같은 비유적 예술에서는 각 예술들이 자체의 고유한 상징적 의미를 소유함에 반해 그 무늬는 총체적으로 분명한 상징적 통사를 구성한다. 말하자면 그 무늬의 상징적 의미는 일정한 법칙을 따르고 있다.

여자가/ 장식을 하나씩/ 달아 가는 것은/ 젊음을 하나씩/ 잃어 가기 때문이다./ '씻은 무우' 같다든가/ '뛰는 생선' 같다든가/ '부대한 말이지만'/ 그렇게 젊은 날은/ '젊음' 하나만으로도/ 빛나는 장식이 아니었겠는가.
— 홍윤숙, 「장식론」

여기서 장식은 비본질적 겉치레를 상징한다. 따라서 비유적 예술과 대비되는 그런 의미를 읽을 수 있다.

저녁 Evening

저녁은 하루를 구성하는 새벽, 낮, 저녁, 밤 가운데 셋째 국면에 해당한다. 따라서 낮도 아니고 밤도 아닌 애매한 시간이다. 낮이 노동을 상징하고 밤이 휴식을 상징한다면 저녁은 노동과 휴식이 겹치는 시간이고 낮이 빛을 상징하고 밤이 암흑을 상징한다면 저녁은 빛과 암흑이 겹치는 시간이다. 그런 점에서 저녁은 낮과 밤, 의식과 무의식, 노동과 휴식, 남성과 여성의 중간을 상징하고 이런 중간 영역이 상상력, 몽상, 환상의 세계와 통한다. 석양이나 황혼에 우리가 체험하는 것은 이런 애매한 정신과 느낌의 세계이고 만물이 소멸하는 세계이고 그런 점에서 저녁은 계절의 국면에서는 가을에 해당하고 인생의 국면에서는 노쇠, 노년에 해당한다.

불 피어오르듯 하는 술/ 한숨에 키여도 아아 배고파라// 수줍은 듯 놓인 유리컵/ 바작 바작 씹는대도 배고프리// 네 눈은 고만高慢스런 흑단추/ 네 입술은 서운한 가을 수박 한점// 빨아도 빨아도 배고프리// 술집 창문에 붉은 저녁 햇살/ 연연하게 탄다. 아아 배고파라.

― 정지용, 「저녁 햇살」

이 시는 술집 창문에 어리는 저녁 햇살과 그 술집에서 술을 마시는 심정을 노래한다. '아아 배고파라'는 육체의 굶주림이 아니라 정신의 허기와 갈증을 의미하고 따라서 저녁은 정신의 갈증과 허기를 상징한다. 너의 눈은 검은 단추 같고 너의 입술은 가을 수박 같지만 시인이 강조하는 것은 '술집 창문에 타는 붉은 저녁 햇살'이다. 술은 물과 불이 결합된 이미지이고 다시 술집에 타는 저녁 햇살은 물(술집)과 불(저녁 햇살)이 결합된 이미지이다. 요컨대 이 시에서 저녁은 정신의 허기와 갈증을 상징하고 시적 이미지는 물과 불의 결합으로 나타난다.

접목 Grafting

접목은 자연적 질서에 대한 인공적 간섭을 상징하며, 또한 성적 의미도 지닌다. 시의 경우 접목은 다음과 같이 노래된다.

일없이 부러진 가지를 보면/ 그 다음의 가장이가 안됐다// 요행이도/ 전쟁에서 살아 남았을 땐/ 우리는 어쩌다 애꾸눈이 아니면 절름발이였고/ 다음엔/ 찢기운 가슴의/ 어느 모퉁이가 허물어졌을 것이다// 몇 번째나/ 등골이 싸느랗게 휘어졌다가는/ 도로/ 접목 같은 세월을 만났다

― 김광림, 「상심하는 접목」

여기서 접목의 의미는 '접목 같은 세월'이라는 시구가 암시하며 그것은 자연스러운 삶이 아닌, '부러진 가지'를 보충하는 바람직하지 않은 삶을 상징한다.

정원Garden

정원 속에서는 일체의 자연이 규칙에 복종하며, 질서를 지니게 되고, 따라서 패쇄적인 성격을 띠게 된다. 이런 사실 때문에 정원은 무의식을 상징하는 숲과는 달리 의식을 상징한다. 이런 사정은 바다가 무의식을 상징함에 반해 섬이 의식을 상징하는 것과 비슷하다. 동시에 담으로 둘러싸인 정원은 여성 원리, 나아가 처녀성을 상징한다. 신화를 전제로 할 때 정원은 낙원, 축복받은 자들의 공간을 상징한다. 일반적으로 낙원은 그 형태와 배치, 혹은 방향과 수준에 따라 다양한 상징적 의미를 나타낸다.

신은 한때 정원을 사랑하셨다고/ 우리는 성서에서 배운다./ 이제 봄빛이 가득한 정원을 바라볼 때/ 나는 그것을 믿을 수 있겠다.
— 레츠스, 「스텐턴의 풀밭」

그대 집은 정원이 매우 좋으니/ 솔과 대는 스스로 숲을 이루었네./ 바람 기운은 근래에 달라졌지만/ 산과 물은 저렇듯 높고 깊구나./ 새벽 기운 흔연히 물과 같고/ 어두운 빛은 쉽게도 그늘 생기네/ 본시부터 문을 닫은 사람이지만/ 그래도 양보음을 노래하누나.
— 정도전, 「삼봉집」

꽃들은/ 살로 터져서 웃고들 있고/ 물오른 가지와 엽맥들보다/ 그늘들의 밀도 위에/ 이슬들은 응결, 선회, 추락을 계속하고.// 바람도 아파하는/

무수한 가시 끝에 꽃들은 소리 없이/ 살로 터져서 웃고들 있고/ 돌틈에 묻은 뿌리/ 암맥을 더듬으면/ 창과 같이 피어나는 나뭇잎들은/ 쏟아지는 광망을 털고들 있고.// 꽃들은/ 아 다만/ 살로 터져서 웃고들 있고/ 물오른 가지와 엽맥들보다/ 적재되어 궁그는 포말들 위에, 그늘들도 응결, 선회, 추락을 계속하고.

— 박성룡, 「정원」

레츠스의 경우 정원은 신의 관념과 관련된다. 신이 최초로 정원을 만들고, 정원을 사랑한 것은 그 공간이 이른바 질서와 복종을 상징하기 때문이다. 정도전의 경우 정원은 '솔과 대는 스스로 숲을 이루었네', '본시부터 문을 닫은 사람'이라는 시행이 암시하듯 패쇄적인 공간을 상징한다. 박성룡의 경우 정원은 연결의 과정을 상징한다. 꽃들이 웃고 이슬들이 응결, 선회, 추락을 계속한다는 말이 이런 사정을 암시한다.

제비 Swallow

우리 풍속에 제비는 3월 3일(삼짇날)에 왔다가 9월 9일(중양절)에 가기 때문에 제비는 봄, 희망, 행운을 상징한다. 한편 제비는 많은 해충을 먹이로 하기 때문에 이로움, 상서로움을 상징하고 제비가 땅을 스치듯이 날면 비가 온다는 속설이 있다는 점에서 제비는 비, 풍요를 상징한다.

옛부터 현조는 금빛나는 검은머리/ 수녀같은 의상 차린 아름다운 새/ 마음씨 곱고 부지런한 흥부에게/ 보은의 박씨를 물어다 준 길조다// 해마다 우리 마을 찾아오던 제비/ 숫자가 하나 둘씩 줄어들더니/ 올해는 한 마리도 볼 수가 없다/ 우리집 문밖 도리가 텅 비어 있다

— 김경범, 「제비玄鳥」

제비는 검기 때문에 현조玄鳥라고도 한다. 이 시에선 흥부에게 박씨를 물어다 주었다는 속설을 전제로 제비는 희망과 행운을 상징하고 그런 제비가 차츰 사라진다고 노래한다.

조개, 조개 껍질 Shell

조개는 물과 관련되기 때문에 여성 원리, 곧 우주의 모태, 탄생, 재생, 결혼을 상징하고 그 형태는 여성의 생식기를 상징한다. 또한 조개나 달팽이같은 연체동물의 껍질은 달과 처녀성을 상징한다. 조개 껍질은 중국 불교의 경우 행운을 상징하는 표상 가운데 여덟 번째에 해당되고, 우화속에서는 왕권을 상징하며, 행복한 여행을

▲ 보티첼리의 〈비너스의 탄생〉

상징한다. 조개 껍질이 이런 행복의 의미를 나타내는 것은 그것이 물, 곧 풍요의 근원과 관련되기 때문이다. 그런가 하면 조개 껍질은 진주의 상징적 의미와 밀접한 관련을 띤다. 아프로디테가 조개 껍질에서 탄생했다는 것은 이런 상징성과 관련이 있다. 슈나이더에 의하면 조개 껍질은 앞 세대의 죽음으로부터 새롭게 태어나는 재생과 신비로운 번영을 상징한다. 그러나 조개 껍질은 물병이나 우물처럼 목마른 여행자 혹은 순례자와 관련되는 바, 이들은 마음속에 물을 담고 길을 떠나기 때문이다.

내 귀는 조개 껍데기/ 바닷물 소리를 그리워하오

— 콕토, 「귀」

바다엔/ 소라/ 저만이 외롭답니다// 허무한 희망에 몹시도 쓸쓸해지면/ 소라는 슬며시/ 물 속이 그립답니다// 해와 달이 지나갈수록/ 소라의 꿈도/ 바닷물에 묻어 간답니다// 큰 바다 기슭엔/ 온종일/ 소라/ 저만이 외롭답니다.
— 조병화, 「소라」

콕토의 경우 '귀'는 조개 껍질에 비유된다. 이런 비유는 형태상의 유추를 토대로 하며, 이때 조개 껍질은 '바닷물 소리'가 표상하는 생명에 대한 동경을 상징한다. 조병화의 경우 노래되는 것은 소라이다. 이 소라는 '물 속'을 그리며 바다 기슭에서 '바닷물'에 묻어 갈 뿐이다. 따라서 이때 소라, 혹은 조개는 '바다'가 표상하는 생명을 그리며, 동시에 그런 생명의 힘에 묻어 가는 삶을 상징한다.

조화 Concord

조화는 다양성 속의 일치, 화해, 상사성 혹은 다양한 힘들의 충돌, 혹은 다양한 존재들 사이에 성취된 평화의 상태를 상징한다. 이런 조화의 이미지로는 손을 맞잡고 있는 모습, 포옹, 섬세하게 짜맞춘 직물 등이 있다. 시인들의 경우 이런 이미지는 영혼의 투쟁을 상징한다.

어둡고 깊은 조화 속에서/ 멀리서 합치는 메아리처럼/ 밤처럼 그리고 광명처럼 한없이/ 향기와 색채와 음향이 서로 화답한다.
— 보들레르, 「교감」

그냥 헤어질 수는 없어야 했을 것이다./ 내 손으로 그의 손을 잡고/ 울든가 어쨌어야 했을 것이었다./ 나도 그랬고 그도 그랬을 것이 분명하다./ 그러나 손을 내밀지는 않았다./……/ 조국을 지키던 그 자리에/ 두 손을 그는 두고 온 것이었다.

— 박남수, 「손」

　보들레르의 경우 조화의 세계는 '어둡고 깊은 것'으로 노래된다. 이런 조화의 세계는 향기, 색채, 음향이 암시하는 후각, 시각, 청각의 세계가 서로 조응하는 그런 세계이다. 그런가 하면 박남수가 노래하는 것은 서로 조화될 수 없는 현실이다. 여기서 그는 전장에서 두 손을 잃은 사람과의 악수를 희망하지만 그것은 불가능하다. 따라서 이 시는 조화될 수 없는 삶의 안타까움과 그 비극성을 노래한다.

좁은 골목 Defile

　좁은 골목은 낯선 풍경에 해당된다. 그런 점에서 좁은 골목은 무의식, 악과 관련된다. 그러나 동굴, 혹은 산의 내부를 향해 뚫린 구멍이 무의식을 상징하고, 이 세계가 인간에게 알려지지 않거나 수수께끼로 남아 있고, 혹은 간접적으로만 경험된다면, 좁은 골목은 의식적 삶의 균열을 상징한다. 이 균열을 통해 우리들은 개인적 심리의 내적 유형 혹은 세계 영혼의 내적 유형을 엿볼 수 있다. 좁은 골목은 또한 위험을 상징하고 그것을 구성하는 산이나 바위나 흙덩어리를 강조하면 열등성을 상징한다. 그러나 이런 부정적 특성은 때때로 물이 좁은 골목 밑을 흐른다는 사실, 그리고 물이 탄생, 재생, 정화를 상징한다는 사실에 의해 부정된다. 좁은 골목이 모성을 상징하는 것은 이런 사정을 근거로 한다.

　13인의 아해가 도로로 질주하오./ (길은 막다른 골목이 적당하오)// 제1의 아해가 무섭다고 그리오./ 제2의 아해도 무섭다고 그리오./ 제3의 아해도 무섭다고 그리오./ 제4의 아해도 무섭다고 그리오./……/ (길은 뚫린 골목이라도 적당하오)/ 13인의 아해가 도로로 질주하지 아니하여도 좋소.

— 이상, 「오감도 시 제1호」

　　여기서 노래되는 것은 '막다른 골목'이다. 그러나 시의 후반에 오면 이 골목은 '뚫린 골목'일 수 있다고 노래된다. '막다른 골목'은 전망이 차단된 상태, 악을 상징한다. 한편 정신분석의 시각에 의하면 이 골목은 모성 혹은 어머니의 자궁을 암시할 수도 있고, 나아가 무의식을 상징할 수도 있다.

종 Bell

　　종은 높이 매달려 있기 때문에 하늘과 땅 사이를 잇는 소리로 신을 부른다는 상징적 의미가 있다. 일반적으로는 시간과 공간을 알리고 악신惡神을 물리치는 벽사辟邪의 기능이 있다. 한편 형태가 둥근 천장의 모양이라는 점에서 종은 하늘의 세계, 곧 천상의 세계를 상징한다. 불교의 경우 종은 완전한 지혜, 곧 반야般若의 교리가 울리는 깨끗한 소리를 상징하고 기독교의 경우엔 신자들을 부르고 악령을 쫓고 신앙심을 북돋우는 의미가 있다.

　　종소리는 천국에 가까운 음악이다.

— 램, 「제야」

　　밤에 들리는 종소리에/ 만사가 맑아진다.

— 두보

노을이 지는가./ 일모를 알리는/ 적막한 동굴같은 종이 우는가.
— 이형기, 「풍경에서」

램의 글에서는 종소리가 천상의 음악과 동일시되고, 두보의 시에서는 만사가 맑아지는 현상, 그러니까 새로운 세계의 창조를 상징한다. 이형기의 시에서는 노을과 관련되면서 하늘의 세계가 소멸하는 현상을 상징한다.

죽음 Death

죽음은 존재의 변화(삶과 죽음)를 상징하며 죽은 자는 모든 것을 본다는 의미에서 전지全知를 상징하고 영적 재생을 상징한다. 한편 로미오와 줄리엣, 트리스탄과 이졸데의 경우처럼 죽음은 자기 파괴에의 욕망, 혹은 희생을 상징한다. 신화에서 영웅이 젊은이를 죽이는 것과 왕을 죽이는 것은 이런 희생을 통해 새로운 세계가 도래한다는 믿음 때문이다. 물론 이때 왕이 투쟁에서 승리할 수 있다면 그는 살아 남을 수도 있다. 이런 의식儀式의 보기로 프레이저가 들고 있는 이른바 '위대한 희생'이라고 불리는 의식이 있고 이때 왕은 국가를 위해 희생된다.

삶은 죽음과 밀착되어 있기 때문에 죽음은 정신적 삶뿐만 아니라 물질적 소생의 근원이 된다. 인간들은 빛의 세계에 다시 태어나기 위해 어두운 감옥에서 죽어야 한다. 새턴 Saturn이 나무를 재생시키기 위해 그것을 벤 것처럼, 시바 Siva는 사물의 형식을 파괴함으로써 그 존재를 변형시킨다. 따라서 죽음은 긍정적인 의미와 부정적인 의미를 소유한다. 전자에 의하면 죽음은 모든 사물의 변형, 진화 과정, 비물질화를 상징하고 후자에 의하면 죽음은 우울한 해체, 일정한 시기의 종말, 따라서 시간적 단위의 종말을 상징한다.

그리스 신화의 경우 죽음은 밤의 딸이나 잠의 누이로 나타나고 베일, 뱀, 사자, 전갈, 재, 북 치는 사람 등은 죽음을 상징하는 이미지이다. 죽음은 또한 비료와 비슷한 상징적 의미를 나타낸다.

살 것인가 죽을 것인가, 이것이 문제이다/ 포악한 운명의 돌팔매와 화살을/ 마음속으로 참는 것이 더 고상한가?/ 아니면 고난의 바다에 대항하여 무기를 들어 반대함으로써 이를 근절시키는 것? 죽는 것은 잠자는 것,/ 그뿐이다. 만일 잠으로써 우리의 육체가 상속받은 마음의 고통과 수천 가지 피치 못할 충격을/ 끝낼 수 있다면, 그것이야말로 열렬히/ 원한 극치, 죽는 것은 잠드는 것, 잠들면 아마 꿈꾸겠지. 아 이게 곤란해
— 셰익스피어, 『햄릿』

죽음은 위대하다./ 우리는 웃고 있는/ 그의 입이다./ 우리가 생명의 복판에 있다고 생각할 때/ 죽음은 우리의 복판에서/ 감히 울기를 한다.
— 릴케, 「에필로그」

너는 어디로 갔느냐/ 그 어질고 안쓰럽고 다정한 눈짓을 하고./ 형님/ 부르는 목소리는 들리는데/ 내 목소리는 미치지 못하는/ 다만 여기는/ 열매가 떨어지면/ 툭 하는 소리가 들리는 세상.
— 박목월, 「하관」

셰익스피어의 경우 죽음은 시간적 단위의 종말을 상징하지만 또한 '잠'과 '꿈'이 표상하는 휴식과 황홀을 상징한다. 릴케의 경우 죽음은 삶의 중심으로 인식되고, 박목월의 경우에는 현세를 초월하는 영역으로 노래된다.

중심 Center

중심은 하나의 점으로 인식되고 모든 운동은 이 점에서 시작하고 이 점으로 회귀한다. 원심 운동과 구심 운동이 그렇듯이 중심은 시작이며 동시에 끝이라는 점에서 완전성, 절대, 순수한 존재, 만물의 기원 나아가 우주의 축을 상징한다. 한편 모든 사물이 그 주위를 돌고 점에서 태어난다는 점에서 성스러운 공간을 상징한다. 중심에서 주변으로 움직이는 것은 이른바 신비스런 현현顯現이고 반대로 주변에서 중심으로 움직일 때는 영적인 중심이 된다. 그러나 고요한 상태의 중심은 모든 대립물의 화해, 부동不動의 동動을 상징한다.

주변에서 중심으로 움직이는 것은 외부에서 내부로, 형식적인 세계에서 명상적인 세계로, 다중성에서 통일성으로, 공간에서 무공간으로, 시간에서 무시간으로 움직이는 것을 상징한다. 한편 신비로운 중심은 원초적인 '지복의 상태'를 상징하고 우주의 으뜸가는 원리를 상징한다.

우주의 체계에 의하면 창조자는 언제나 중심이 되는 곳에 자리한다. 따라서 그는 지상의 원과 천상의 원이 교차하는 원형, 혹은 복숭아 모양의 후광, 외부로 뻗어 나가는 동심원에 둘러싸인 모습으로 나타나며, 중국인들의 경우 무한한 존재는 외부로 뻗어 나가는 동심원을 지니는 빛의 교점으로 나타난다. 독수리의 머리 역시 외부로 뻗어 나가는 동심원을 지닌 빛의 세계를 상징한다. 많은 위대한 의식儀式이 노리는 것은 정신적 '중심'으로서의 공간을 발견하는 일이며, 이 공간은 그 자체로 정신적 '중심'이 거주하는 자리가 된다. 노자는 다음과 같은 중국의 전설을 이야기한다.

> 황제는 꿈을 꾸었다. 그는 화슈의 왕국으로 건너갔다. 그 왕국은 먼 서북쪽에 있다. 그 왕국은 주나라로부터 얼마나 먼 거리에 있는지 알려진 바

가 없고, 마차를 타고서도 갈 수 없고, 걸어서도 갈 수 없다. 오직 정신으로 날아가야만 그 나라에 갈 수 있을 뿐이다. 이 나라에는 다스리는 자가 없다. 모든 사람들은 자신의 내적 명령에 따라 행동한다. 또한 이 나라에는 법을 제정하는 자가 없다. 국민들은 자신의 내적 명령에 따라 행동한다. 이 나라에 사는 사람들은 생명의 즐거움도 죽음의 공포도 모른다. 자기 양보라는 것도 모르며, 친구들을 기피하는 것이 무엇인지도 모른다. 따라서 이 나라에는 사랑도 증오도 없다. 싫어하는 것에 대한 반동이 무엇인지 모르며, 쾌락의 추구가 무엇인지도 모른다. 따라서 이 나라에는 이익도 손해도 없다. 이 나라에서는 누구를 편애하지도 않으며 누구를 싫어하지도 않는다. 이 나라 사람들은 물 속으로 들어가도 빠져 죽지 않고 불 속으로 걸어가도 타죽지 않는다. 천둥 소리도 그들을 귀먹게 하지 않는다. 어떤 아름다움이나 추악함도 그들의 심장을 사로잡지 못한다. 어떤 산이나 협곡도 그들의 갈 길을 막지 못한다. 그들은 오직 정신으로 걸을 뿐이다.

물론 이 전설은 '죽음의 땅'과 관련된다. 이 '죽음의 땅'이라는 관념에서는 신비적 전통에서 읽을 수 있는 이른바 '상반성의 조화'라는 주제가 동양적 의미에서 중화를 의미하게 된다. 중심은 2차원의 세계에서 교차하는 두 점이 만나는 지점, 3차원의 세계에서는 두 팔이 만나는 지점에 위치한다. 이때 중심은 공간의 '무한한 깊이', 곧 공간의 차원과 동시에 유동하는 존재와 형식들의 영원한 순환의 씨앗을 상징한다.

태양이 우주의 중심인 것처럼 금속 중에는 금, 돌 중에는 보석, 식물 중에는 연꽃·백합·장미, 동물 중에는 사자, 새 중에는 독수리, 물고기 중에는 돌고래, 모든 생물 중에는 인간이 중심이다. 집에서는 난로, 사원에서는 제단이 중심이다. 불교의 경우 중심은 순수한 존재, 깨달음, 열반을 상징한다.

호텔의 오전은/ 호밀밭처럼 조용했다./ 간간히 문이 닫히고/ 또한 열리는 소리가 들렸다./ 먼 복도 끝에서,/ 나의 노트의 흰 스페이스는/ 눈부시게 정결했다./ 그/ 중심부에서/ 쩔렁쩔렁 울리는/ 지팡이 소리가 들렸다.
— 박목월, 「중심부에서」

타래지는 마음의 끝간 데/ 모른다 소용돌이 속/ 깊다 들어설수록 동구 밖은/ 고빗길 돌아가는 비탈진/ 생각 하늘 밖이라/ 소라 속 그만큼 비었다
— 김광림, 「소용돌이」

박목월의 경우 중심은 '쩔렁쩔렁 울리는/ 지팡이 소리'로 노래된다. 시인이 중심을 인식하는 것은 눈부시게 청결한 '노트의 흰 스페이스'에서이다. 이 공간의 중심에서 그가 듣는 것이 지팡이 소리이다. 이 지팡이는, 시의 문맥을 따르면, '세례 요한'과 '사도 바울'의 것이다. 그런 점에서 여기서 노래되는 중심은 창조자, 하느님의 이미지를 거느린다. 지팡이의 이미지는 또한 세계의 중심, 혹은 세계를 표상하는 이른바 세계-수樹라는 개념을 암시한다. 김광림의 경우 중심은 소용돌이의 이미지로 나타난다. 소용돌이 속에서 그가 발견하는 것은 깊이이며, 그것은 소라 속만큼 빈 세계로 인식된다. 이 빈 공간은 시간과 공간이 사라진 우주, 곧 원초적 지복의 상태를 상징한다고 할 수 있다.

쥐 Rat, Mouse

쥐는 병을 옮기고 무엇이든 갉아먹는다는 점에서 질병, 파괴, 죽음, 악을 상징한다. 그러나 우리나라 천지창조 신화에선 현자와 같은 영물靈物을 상징하고 민속에서의 흰 쥐는 신성神聖을 상징한다. 쥐는 부지런히 먹이를 모아놓기 때문에 재물을 상징한다. 불교의 경우엔 시간을 상징하는

바 「아함경」에는 다음과 같은 이야기가 나온다.

어떤 사람이 미친 코끼리에 쫓겨 덩굴을 타고 우물 속으로 내려갔으나 바닥엔 독사가 입을 벌리고 있었다. 다시 오르려 해도 코끼리가 입구에 버티고 있다. 의지할 것은 잡고 있는 덩굴뿐이다. 그러나 흰 쥐 한 마리와 검은 쥐 한 마리가 나타나 머리 위에서 갉기 시작한다. 그러나 이 순간에 그는 벌집에서 흐르는 꿀의 단맛에 취해 있었다.

이 이야기가 강조하는 것은 인간의 일생이다. 코끼리는 인간의 업고業苦, 곧 무명無明을 상징하고 독사는 무간 지옥, 꿀은 탐貪, 진瞋, 치痴 삼독三毒, 덩굴은 인간의 삶, 덩굴을 갉아먹는 쥐는 시간을 상징하며 흰 쥐는 낮, 검은 쥐는 밤을 상징한다. 한편 쥐는 남근을 상징하는 경우도 있다.

쥐가 한 마리 강둑 풀밭을/ 눅진한 배때기를 끌고 슬며시 지나갔다.
— 엘리엇, 「화교」

나는 아무리 좋은 뜻으로 말하여도/ 너는 작고 방정맞고 얄미운 쥐라고 밖에 할 수가 없다./ 너는 사람의 결혼 의상과 연회복을 낱낱이 조사하였다/ 너는 쌀궤와 먹거리를 다 쪼고 물어내었다./ 그 외에 모든 기구를 다 쪼아 놓았다/ 나는 쥐덫을 만들고 고양이를 길러서 너를 잡겠다.
— 한용운, 「쥐」

엘리엇의 경우 쥐는 죽음과 악을 상징하며, 한용운의 경우 쥐는 '작고 방정맞고 얄미운 쥐'라는 표현이 암시하듯이 바람직하지 않은 악의 세계를 상징한다.

지구 Earth

지구는 대지, 위대한 어머니, 다산多産을 상징한다. 지구의 북반구는 빛을 상징하며, 따라서 음양의 원리 가운데 긍정적 원리인 양에 상응하고 이와는 반대로 지구의 남반부는 어둠을 상징하며, 따라서 음의 원리에 상응한다. 이런 사실로부터 모든 문화가 북반부로부터 남반부로 이동한다는 견해가 성립한다.

지구는 받들어져 있다. 천의 손에게 천의 고통에게/ 지구는 쥐어져 있다. 만의 손에게 만의 절망에게/ 지구는 닫혀 있다. 억의 손에게 억의 공포에게/ 지구는 표류하고 있다. 무수한 결핍과 불모의 황폐의 투쟁 위에.
— 삼호풍일랑, 「우리들의 5월의 밤에 노래」

그때부터 우리는 손이 미치지 않는 수백 개의 별 가운데서 오직 하나인 진정한 별, 우리의 별, 홀로 눈에 익은 우리들의 풍경과, 우리들의 친근한 집들과, 우리들의 애정을 간직하고 있는 그 별을 찾아 우주의 공간을 헤매고 있는 것을 깨닫게 되었다.
— 생텍쥐페리, 『인간의 대지』

삼호풍일랑의 시에서 노래되는 지구는 고통, 절망, 공포, 결핍, 불모, 황폐의 관념으로 물든다. 말하자면 이 지구는 인간의 삶의 조건들을 그대로 반영한다. 따라서 우주 가운데 빛나는 하나의 별이라는 아름다운 신비가 사라진 삶의 공간, 곧 '닫히고 표류하는' 그런 지구로 노래된다. 그런가 하면 생텍쥐페리의 경우 지구는 이와 달리 수백 개의 별 가운데 '우리들의 풍경과, 우리들의 친근한 집들과, 우리들의 애정'을 간직하고 있는 유일한 별, 그의 말에 의하면 '진정한 별'로 인식된다. 우주의 공간을 헤매며 작가가 느끼는 것은 지구야말로 인간의 고향이라는 인식이다.

지렁이 Earthworm

지렁이는 한자어 지룡地龍에 접미사 '-이'가 붙어 된 말이다. 지룡이 암시하듯이 지렁이는 우리 민속에는 비를 내리게 하는 신으로 받들어 제사를 지내는 의식이 있다. 비는 풍요, 다산多産을 상징하는 바 이는 지렁이가 재생력이 뛰어나기 때문이다. 지렁이는 몸의 일부가 잘리면 그 부분을 원래의 몸과 같이 재생시킨다. 한편 지렁이는 한 몸이 암수 동체로 되어있기 때문에 신비로운 것으로 간주된다. 그러나 우리 속담에 '지렁이도 밟으면 꿈틀댄다'는 말이 있듯이 지렁이는 나약하고 미천한 인생을 상징한다.

> 아지 못해라. 검붉은 흙덩이 속에/ 나는 어찌하여 한 가닥 붉은 띠처럼/ 기인 허울을 쓰고 태어났는가.// …… // 남들이 좋다는 햇볕이 싫어/ 어둠의 나라 땅 밑에 번듯이 누워/ 흙물 달게 빨고 마시다가
> — 윤곤강, 「지렁이의 노래」

이 시에서 지렁이는 햇볕이 아니라 어둠 속의 삶을 상징하고 비 오는 날 땅 위로 기어 나오지만 '갈 곳도 없는 길'을 헤매는 존재이다.

지팡이 Stick

지팡이는 노인이 사용한다는 점에서 노인과 지혜를 상징하는데 노인이 연륜이 깊어 지혜롭기 때문이다. 한편 스님의 지팡이는 스님의 권위와 보살행을 상징한다. 지팡이는 우주수宇宙樹처럼 세계의 중심, 우주의 중심을 상징한다. 곧 지팡이를 꽂는 것은 혼돈의 세계에 중심을 만드는 신비한 능력을 상징한다. 모세의 지팡이가 그렇다. 그러나 지팡이는 우주수로서의 나무와 다른 특성을 보여주는 바, 우주수로서의 나무가 자연물임에 비해 지팡이는 인공적 사물이다. 한편 노인의 지팡이는 그의 의지처라는 점에서 삶의 중심을 상징한다.

늙고 병든 중에 가빈하니 벗이 없다/ 호화로이 다닐 제는 올 이 갈 이도 하도할샤/ 이제는 삼척 청려장이 지기론가 하노라.

— 김유규

여기서 알 수 있듯이 대체로 고전 문학의 경우 지팡이는 기댈 곳 없는 삶의 의지처, 노년의 외로움을 달래 주는 벗을 상징한다. 이런 상징적 의미는 현대 문학의 경우 좀 더 심화되면서 방향을 읽고 헤매는 삶에 중심을 마련하거나 세계의 축인 지팡이와 그 축을 모르는 인간의 대립으로 나타난다.

물을 건너고 산을 넘어 허덕허덕 홀로 갈 때 돌에 부딪히며 길에 끌리는 지팡이 소리만 고요한 나무 속에 평온한 공기를 울리었다.

— 최서해, 「고국」

비탈길을 올라갔다./ 별자리가 자리를 캐고 있는/ 새벽에./ 지팡이가 뒤

따라오며 투덜거렸다./ 새삼스럽게 무슨 푸념일까./ 고갯마루에 오르면/ 별자리가 자리를 캐고 있는 당인리 근처의/ 밤하늘처럼 깊은 물빛

— 박목월, 「지팡이」

최서해의 경우 '지팡이 소리'는 힘겨운 삶의 방향을 깨닫게 한다는 상징적 의미를 박목월의 투덜대는 지팡이는 세계의 중심을 별자리에서 찾으려는 인간의 어리석음을 나무라는 의미를 담고 있다.

진달래 Azalea

진달래는 참꽃, 철쭉은 개꽃으로 부르기도 하고 거꾸로 명명되기도 한다. 봄이면 척박한 산과 언덕에서도 잘 자라기 때문에 진달래는 생명력, 봄의 신명을 상징하고 그 빛깔이 곱기 때문에 아름다움을 상징한다. 전통적으로 진달래는 사랑의 마음, 정한을 상징하고 불 붙듯이 피는 모습은 산화하는 혼을 상징한다. 한때 북한에서 국화로 지정하기도 했다. 현재는 백목련.

붉은 바윗가에/ 암소 잡은 손을 놓으시고/ 나를 아니 부끄리시면/ 꽃을 꺾어 바치오리다.

— 견우 노인, 「헌화가」

신라 향가인 이 노래의 설화는 다음과 같다. 신라 제33대 성덕왕 때 순정공이 강릉 태수로 부임하던 도중 그의 아내 수로水路 부인이 절벽에 핀 척촉躑躅을 보고 너무 아름다워 옆 사람에게 꺾어 주기를 바란다. 그러나 아무도 꽃을 꺾어 바치지 못하자 한 노인이 암소를 끌고 가다 그 말을 듣

고 꽃을 꺾어 바치며 부른 노래다. 여기서 척촉은 철쭉으로 번역하나 김학주 교수에 의하면 진달래의 잘못으로 본다. 왜냐하면 우리나라 여성들이 좋아한 꽃은 철쭉이 아니라 진달래이기 때문이다. 이 향가에서 진달래는 아름다움을 상징한다.

> 나 보기가 역겨워/ 가실 때에는/ 말 없이 고이 보내 드리오리다.// 영변에 약산/ 진달래꽃/ 아름따다 가실 길에 뿌리오리다.// 가시는 걸음 걸음/ 놓인 그 꽃을/ 사뿐히 즈려밟고 가시옵소서.
> ― 김소월, 「진달래꽃」

이 시에서 진달래는 님을 사랑하는 마음을 상징한다. 님이 떠나는 상황을 전제로, 그러니까 현재 님이 떠나는 게 아니라 미래에 떠난다면 시의 화자는 말 없이 진달래꽃을 꺾어 바치겠다고 말한다. 그러나 '말 없이 고이 보내겠다'는 말이 '보내드릴 수 없다'는 말을 숨기고 있다는 점에서 진달래는 화자의 사랑하는 마음의 이중성, 곧 아이러니를 보여준다.

> 길가엔 진달래 몇 뿌리/ 꽃 펴 있고/ 바위 모서리엔 이름 모를 나비 하나/ 머물고 있었어요./ 잔디밭엔 장총 버려 던진 채/ 당신은 잠이 들었죠./ 햇빛 맑은 그 옛날/ 후고구렷적 장수들이/ 의형제를 묻던/ 거기가 바로/ 그 바위라고 하더군요.
> ― 신동엽, 「진달래 산천」

이 시의 배경은 6·25 전쟁이고 잔디밭에 장총 버리고 잠이 든 당신은 인민군이다. 시의 후반에 오면 '꽃다운 산골 비행기'가 기관포를 쏘고 잔디밭에 담뱃갑 던진 채 당신(인민군)은 피를 흘리며 죽는다. 이런 문맥을 전제로 하면 진달래는 길가에 핀 꽃이며 동시에 인민군이 죽어가며 흘리는 피와 중첩된다. 따라서 진달래는 조국의 산천과 인민군의 피를 상징한다.

진주Pearl

　진주는 바다의 조수潮水 현상을 지배하는 달의 인력, 바다의 여성 원리를 상징한다. 그 색과 형태를 강조하면 진주는 순수, 청순, 처녀성, 완전성을 상징하고 번갯불이 굴 껍질을 관통하여 만들어졌다는 점에서 불과 물의 결합, 통일을 상징하고 불타는 진주는 빛의 결정을 상징한다. 하얀 진주는 고귀함, 얻기 어려운 보물, 영혼, 광명, 지혜를 상징한다.

　노자는 다음과 같이 말한다. '선택된 사람은 조야한 옷을 입지만 가슴 속에는 귀중한 돌을 숨기고 있다.' 이런 말은 굴 껍질 속에 진주가 숨어 있음을 비유한다. 정신분석에서 진주가 신비한 중심과 승화를 상징한다고 말하는 것은 모두 이런 사정 때문이다. 여기서 말하는 승화란 비정상적인 사물이나 허약한 사물이 바람직한 사물로 변형됨을 의미한다.

　이슬람교도들의 경우 진주는 천상의 세계를 상징하는 바, 이는 모든 진주 속에 축복이 숨겨져 있으며, 각각의 진주는 자신들의 미인을 소유한다고 믿기 때문이다. 이런 사실은 플라톤이 말하는 양성 동체로 된 원초적이고 종국적인 '구형의 인간'과 밀접한 관련을 띠는 바 여기서 말하는 '구형의 인간'은 남성과 여성으로 분리되기 전의 원초적 인간을 의미한다. 또한 이슬람교도들은 진주를 불과물이 결합된 산물로 인식하며, 여기서 다시 우리는 플라톤이 말하는 '구형의 인간'과의 관계를 확증할 수 있다.

▲ 렘브란트의 〈플로라 모습의 헨드리키에〉

　진주는 또한 인간의 영혼을 상징한다. 대체로 많은 진주들은 서로 다른 특성들을 보여준다. 진주는 비싼 가치를 지님에도 불구하고 언제나 단순한 구슬에 지나지 않으며, 이 구슬들이 줄로 엮어지는 경우에는 목걸이의 상징과 유사한 의미를 소유한다. 그러나 이렇게 하나의 줄로 엮어진 구슬들이 흩어지는 경우에는 분산되어 존재하는 모든 사물들처럼 이른바 해체를 상징한다.

나는 여기서 이슬방울을 찾아/ 앵초의 귀에 진주를 매달기 위해/ 가야 한다.
— 셰익스피어, 「한여름 밤의 꿈」

나는 기억하노니 그의 눈은 진주로 변했나니라.
— 엘리엇, 「황무지」

바다가 그리운 날은/ 조개 껍질이라도/ 내어서 보자/ 이것인들/ 진정 얼마나 목마르리요?/사발 가득히/ 물을 떠다 담가 주자/ 아마 올리니/ 달밤에 구렁이 올 듯/ 제 고장 그리워 올리니/ 이 차갑고 딱딱한 것이/ 그리움에 어쩌면/ 진주를 배리니.
— 이원섭, 「진주」

우리들 고뇌의 술잔에도/ 이 아름다운 진주를 넣어라/ 그리고 그 빛을 마시고/ 아픔과 눈물이 굳어 버린/ 슬픔을 다 녹여라/ 그 생명의 술잔을 기울일 때/ 우리들의 피는 다시 파동치리라/ 바닷물처럼 진주의 조개를 흔들어 놓던/ 그 바닷물처럼/ 고뇌의 술잔에도 그 생명의/ 술잔에도/ 잔잔한 파도가 일리라.
— 이어령, 「우수의 사냥꾼」

셰익스피어의 경우 진주는 이슬방울에 비유된다. 이런 점을 중시할 때 진주는 이슬방울이 표상하는 하늘의 세계, 혹은 천상의 세계를 상징한다. 그런가 하면 엘리엇의 경우 진주는 '그의 눈은 진주로 변했나니라'는 시행이 암시하듯 '눈'에 비유된다. 이런 비유를 토대로 할 때 진주는 '눈'이 표상하는 인간의 영혼을 상징한다. 이원섭의 경우 진주는 '이 차갑고 딱딱한 것이/ 그리움에 어쩌면/ 진주를 배리니'라는 시행이 암시하듯 그리움의 산물로 인식된다. 말하자면 여기서 진주의 의미는 그리움이다.

이어령의 경우 진주는 물과 불의 결합을 암시하지만 그 관계는 새로운 특성을 보여준다. '그리고 그 빛을 마시고/ 아픔과 눈물이 굳어 버린/ 슬픔을 다 녹여라'는 말이 암시하는 것은 진주가 빛을 상징하되 그 빛은 아픔과 눈물이 굳어 버린 것, 곧 아픔과 눈물의 결정이라는 점이다. '빛'이 불의 세계를 표상하고 '아픔과 눈물'이 물의 세계를 표상한다는 점에 유의할 때, 진주는 물이 응결하여 태어나는 빛의 세계를 상징한다.

집 House

집은 바깥 세계로부터 인간을 지켜준다는 점에서 보호와 안식처를 상징하고 작은 우주에 비유된다. 신비주의자들의 견해에 의하면 전통적으로 상자, 집, 벽, 울타리를 친 정원은 우주의 여성적인 양상으로 인식된다. 집은 또한 모든 사물들이 들어 있다는 의미에서 지혜를 담고 있는 것, 곧 전통을 상징하고 신화에서는 우주의 모형, 신을 모시는 신전이다.

집은 정신분석에서는 인간의 육체, 인간의 사고, 인간의 삶을 상징한다. 예컨대 지상의 방은 의식, 지하의 방은 무의식을 상징한다. 한편 집의 외부는 인간의 외적 양상, 곧 그의 인격이나 외모를 상징하고. 집을 구성하는 여러 층들은 수직적·공간적인 상징성을 띤다. 지붕과 맨 위층은 머리와 정신, 그리고 자아 통제의 의식적 훈련을 상징한다. 이와 동일하게 지하실은 도시의 경우 하수구가 그렇듯이 무의식과 본능을 상징한다. 부엌은 음식 재료들이 변형된다는 점에서 연금술적 변형이 발생하는 공간이나 순간을 상징한다. 서로 오고 갈 수 있는 방들은 이런 상호 교통을 상징한다. 계단들은 정신의 다양한 수준들을 연결시킨다는 의미가 있지만 이들의 특수한 의미는 이들이 올라가는가, 내려가는가에 따라 다른 의미를 나타낸다.

집을 방문해 보지 않고서는 사람을 알기 쉽지 않다.
— 하이에트, 「재능과 천재」

집이란 여기서는 사람이 잠잘 때 그 주위를 둘러싸고 있는 네 벽을 의미한다는 말이었다.
— 그린, 「권력과 영광」

집이란 아직도 지하실 입구에 지어진 일종의 현관에 지나지 않는다.
— 소로, 「월든」

적산가옥 구석에 짤막한 층층계—/ 그 2층에서/ 나는 밤이 깊도록 글을 쓴다./ 써도 써도 가랑잎처럼 쌓이는/ 공허감./ 이것은 내일이면/ 지폐가 된다.//……// 아래층으로 내려가면/ 아래층은 단간방./ 온 가족은 잠이 깊다. 서글픈 것의/ 저 무심한 평안함/ 아아 나는 다시 2층으로 올라간다.
— 박목월, 「층층계」

너의 가슴엔/ 조그만 집이 있지/ 피로한 내가/ 잠시 들러/ 쉬어도 되겠지/ 너의 가슴에 있는/ 조그만 집은 따실 거야
— 이승훈, 「너의 가슴엔」

하이에트의 경우 집은 사람의 인격을 상징한다. 따라서 여기서 집과 사람은 동일시된다. 이런 의미는 집의 외양과 관련된다. 그린의 경우 집은 안락한 장소, 인간을 보호하는 여성 원리를 상징한다. 다시 소로의 경우 '지하실 입구에 지어진 일종의 현관'에 지나지 않는다는 말이 암시하듯, 집은 무의식과 본능의 세계로 들어가는 공간이라는 의미를 띤다.

박목월이 노래하는 것은 1층과 2층으로 된 집이다. 2층에서 시인은 글을 쓰고 밤에도 깨어 있다는 점에서 정신적 상승과 자아 통제의 의식적 훈련을 상징한다. 그러나 1층은 가족들이 자고 있는 공간으로 묘사된다. 여기서는 가족들이 함께 있는 공간이라는 사실이 강조될 필요가 있다. 그런 점에서 1층은 가족들의 상호 교통이 이루어지는 공간이라는 의미를 띤다. 필자의 경우 집은 여성 원리를 상징한다. '너의 가슴'에 한 채의 집이 있다는 말은 모든 여성이 한 채의 집을 속에 감추고 있음을 의미한다. 이 여성의 원리는 무의식중에 우리를 보호하고 키우는 그런 정신을 의미한다.

참새Sparrow / 참수Decapitation / 창Window / 창Lance / 창조Creation / 채찍Whip / 책Book / 천둥, 번개, 우뢰Thunderbolt / 천사Angel / 천정Zenith / 첨탑Minaret / 초상Effigy / 초생달, 초승달Crescent / 초원Meadow / 촛불Candlelight / 추위Cold / 축제Orgy / 춤, 무용-Dance

참새 Sparrow

▲ 변상벽의 〈묘작도〉

참새와 까치가 울면 기쁜 소식이 온다는 속설이 있듯이 참새는 기쁨을 상징한다. 참새를 뜻하는 작雀은 까치를 뜻하는 작鵲과 음이 같기 때문에 다 같이 기쁨을 뜻한다. 참새는 참된 새, 새 중의 새라는 뜻이고 그것은 참새가 비교적 지능이 높고 곡식을 먹기 때문이다. 그러나 참새들이 모여 울 때는 시끄럽고 재빠르고 하찮은 소리로 들리기 때문에 참새는 시끄러움, 하찮음, 경망스러움을 상징한다. 기독교에서는 참새가 악마를 상징하고 서양에서는 음란을 상징한다.

> 햇빛이 순하디 순하게 내리는/ 겨울 아침 참새떼 소리// 들판 미루나무 숲에 앉은/ 참새떼 소리// 먼 나뭇가지 주렁주렁 달린/ 참새떼 소리
> ― 최원규, 「참새떼 소리」

이 시에서 노래하는 것은 참새떼 소리이고 그 소리는 순한 겨울 아침 햇빛과 동일시되고 들판 미루나무 숲과 동일시되고 마침내 먼 나뭇가지에 주렁주렁 매달린 열매와 동일시된다. 따라서 시인은 시의 후반에서 참새떼의 소리가 쌓이면 햇빛이 되고 큰산이 된다고 노래한다. 여기서 참새는 순수와 기쁨을 상징한다.

참수 Decapitation

참수 의식儀式은 인간의 머리가 정신을 담는 그릇이라고 생각하던 전 역사적인 시대의 사고와 관련된다. 일부 원시인들이 실천한 것처럼 인간의 머리를 육체에서 분리해 매장한다는 것은 그의 정신을 매장한다는 의미를 띤다. 참수의 이런 상징적 의미는 아일랜드의 일부 천주교에서 보이듯 중세 사원의 특수한 지점에 조각된 인간의 머리를 장식으로 사용하는 데에도 나타난다.

> 12월의 북만 눈도 안 오고/ 오직 만물을 가각하는 흑룡강 말라빠진 바람에 헐벗은/ 이 적은 가성 네거리에/ 비적의 머리 두 개 높이 내걸려 있나니/ 그 검푸른 얼굴은 말라 소년같이 적고/ 반쯤 뜬 눈은/ 먼 한천에 모호히 저무는 삭북의 산하를 바라고 있도다/ 너희 죽어 율律의 처단의 어떠함을 알았느뇨
> ― 유치환, 「수首」

이 시에서 노래되는 것은 북만주의 네거리에 효수되어 높이 하늘에 내걸린 비적의 목이다. 여기서 그의 목을 네거리에 내다 거는 것은 이 잘린 목이 바로 그의 정신, 그러니까 비적으로서의 악마성과 잔인함을 상징하기 때문이다.

창 Window

창은 구멍이 뚫렸다는 점에서 관통, 가능성, 거리를 상징하며, 4각형으로 되어 있다는 점에서 합리성, 지상성을 상징한다. 한편 창은 하늘과

빛의 세계를 향한 열림을 상징하고 이때 열림은 지식을 상징하고 외부를 향한 개방은 외부와의 접촉을 상징한다. 그러나 창은 외부와 내부가 만나는 공간이라는 점에서 외부와 내부의 접촉을 상징한다. 흔히 창이 인간의 눈에 비유되는 것은 이런 이유 때문이고, 이때 창은 영혼, 정신을 상징한다. 탑의 꼭대기에 위치한 창은 인간의 육체의 경우가 그렇듯이 의식을 상징한다. 하나의 창이 아니라 몇 개로 구성된 창은 2차적 의미를 암시하는 바, 그것은 열린 창의 수, 혹은 불켜진 창의 수와 관련되며, 수의 상징과 관련된다.

밤에 홀로 유리를 닦는 것은/ 외로운 황홀한 심사이니/ 고운 폐혈관이 찢어진 채로/ 아아 늬는 산새처럼 날아갔구나!

— 정지용, 「유리창」

사랑이라는 것은 이와도 같이/ 외로운 시절의 편지라고 생각을 하며/ 차창에 기대어 추풍령을 넘으면

— 조병화, 「차창」

아무리 늦어도/ 늦어서 와도/ 불 밝힌 창이 있네./ 내가 그 창을 바라보기 전에/ 이미 그 창이 나를 보고 있네./ 불 밝힌 창이여/ 나의 이전이여/ 이제 창을 열어라/ 나의 암흑으로.

— 고은, 「창의 서정」

정지용의 경우 강조되는 것은 창이 아니라 그 창을 구성하는 유리이다. 그가 유리를 닦는 것은 유리창을 맑게 하기 위해서이며, 이때 창은 의식 혹은 바깥 세계를 뚫고 봄이라는 의미를 띤다. 그런가 하면 조병화의 경우 강조되는 것은 차창이며, 특히 그것은 4각형의 형태를 전제로 할 때 지상성, 말하자면 지상의 삶의 한계를 상징한다. 고은의 시에선 '불 밝힌 창'이 강조되며, 이 창은 시인이 보기 전에 이미 '나'를 본다고

노래된다. 따라서 여기서 창은 인간의 눈에 비유되며, 그 눈은 빛을 머금는다는 점에서 의식을 상징한다. 재미있는 것은 이 시의 경우 창을 '나의 이전'으로 부르는 점인 바, 이는 시인보다 먼저 창이 있다는 것을 의미한다.

창 Lance

창은 흔히 전쟁을 상징하지만 한편 남근, 남성적 힘, 태양을 상징하기도 한다. 창, 칼, 화살은 모두 태양 광선을 암시하나 칼이 천상과 관련된다면 창은 지상과 관련된다. 창이 남성을 상징한다면 잔, 컵은 여성을 상징한다. 일반적으로 창은 가지, 나무, 십자로, 세계의 축으로서의 나무가 암시하는 상징적 의미와 관계된다.

> 어둠의 만; E, 안개와 천막의 백색,/ 오만한 빙하의 창, 백발의 왕들, 산형화의 전율;/ I, 자주, 토한 피, 분노나/ 참회하는 주정의 아름다운 입술의 웃음
>
> — 랭보, 「모음」

이 시는 프랑스어의 모음을 모티프로 한 것이기 때문에 비록 '오만한 빙하의 창'이라는 시행이 나오기는 해도 그 상징적 의미는 쉽게 해명되지 않는다. 다만 여기서는 '빙하'와 '창'이 동일시된다는 점에만 유의하기로 한다. 이런 동일시는 그 기능이 아니라 형태를 근거로 하며, 따라서 평화가 아니라 전쟁, 통일이 아니라 분열을 상징한다고 볼 수 있다. 그리고 '빙하'가 그렇듯이 따뜻함보다는 냉혹함의 세계를 상징한다.

창조 Creation

　　이집트의 상형 문자 체계에 의하면 모든 창조 과정은 네 개의 기호로 표현된다. 첫째는 나선형으로 이것은 우주적 에너지를 상징한다. 둘째는 모난 나선형으로 이것은 우주적 에너지가 물질 속에서 움직이는 것을 상징한다. 셋째는 무형의 물질로 이것은 있는 그대로를 의미한다. 넷째는 정방형으로 이것은 물질의 유기성을 상징한다. 따라서 이론적으로 창조에는 중요한 두 가지 경로가 있게 된다. 하나는 추상적 에너지가 유기적인 힘으로 발전해 가는 경로, 다른 하나는 순수한 물질이 주어진 법칙에 지배되는 물질의 상태를 따르는 경로이다. 이런 점을 통해 우리는 모든 창조 과정을 두 개의 기본적인 양상으로 설명할 수 있다. 곧 하나는 에너지를 내포하는 과정, 다른 하나는 물질적 형태의 과정이다.

　　창조는 항상 불완전한 것으로서 부단한 변전 가운데 계속된다.
　　　　　　　　　　　　　　　　　　　　　　　　　　— A. 프랑스

　　미래의 인간을 위해 일하는 것을 단념하라! 힘들여 하는 일은 일절 그만두고 창조하라. 창조는 유희이며, 유희는 신성한 것이기 때문이다.
　　　　　　　　　　　　　　　　　　　　　　　　　　— 밀러

　　빨리 창조한다는 것은 생생하게 창조하기 위한 커다란 비결이다.
　　　　　　　　　　　　　　　　　　　　— 바슐라르, 「꿈꿀 권리」

　　이상의 글에서 읽을 수 있는 두드러진 특성은, 창조가 '부단한 변전'이 암시하듯 우주적 에너지의 운동, 혹은 '진흙'으로 사람을 빚는 이미지가 암시하듯 물질적 형태의 과정, 혹은 유희나 순간성이 암시하듯 추상적 에너지가 유기화된 에너지를 지향하는 운동으로 드러난다는 점이다.

채찍 Whip

채찍은 권위, 통치, 지배, 형벌, 남성적 힘을 상징한다. 채찍은 번개와 폭풍의 신과도 관계된다. 채찍은 매듭이나 활, 그리고 왕이 지니는 홀이라는 두 가지 이미지가 혼합된 상징적 의미를 나타내는 바, 이때 채찍은 승리, 탁월성을 상징하고 나아가 지휘봉이나 장갑처럼 추방을 의미하며, 또한 적을 포위하고 압도하는 힘을 상징한다. 이집트의 경우 채찍은 그 낱말이 번개와 관련된다는 점에서 바람의 신, 폭풍의 신을 상징한다. 이집트 왕들은 권력의 상징으로 흔히 채찍을 사용하고 로마인들은 전쟁에서 승리하는 경우 마차에 채찍을 걸어 둔다. 채찍이 비옥, 풍요를 상징하는 것은 채찍이 가축, 지팡이가 농업과 관련되기 때문이다.

> 무지개처럼/ 나는 팔이/ 소실한다.// 손을 들어/ 당신을/ 부르리라/ 먼 사람아// 당신을/ 부르는/ 내 손 끝에/ 일월의 순조로운 순환/ 아아/ 연한 채찍처럼/ 채찍이 운다/ 먼 사람아
>
> — 박목월, 「먼 사람에게」

이 시의 경우 채찍은 '연한 채찍'으로 노래되며, 그것은 '일월의 순조로운 순환'과 관련된다. 따라서 이 채찍은 시인의 삶, 나아가 운명을 지배하는 힘을 상징한다.

한편 채찍질은 고대인들의 경우 복수, 제지, 징벌을 의미하지 않고 순화와 용기를 상징한다. 고대 그리스 지방에서 사냥꾼이 빈손으로 돌아오는 경우 목양의 신을 그린 초상을 채찍으로 때리는 풍습이 있는 바, 이것

은 수렵을 방해하는 힘을 추방하려는 데에 목적이 있다. 세계에 존재하는 많은 의식儀式에서 채찍질은 무엇엔가 홀렸거나 매혹된 개인들을 회복시키는 데에 목적이 있고, 일반적으로는 육체적·정신적으로 무력하게 된 상황을 처리하는 데에 목적이 있다.

넋의 딱딱한 채찍이여, 그대 바라듯/ 잔치처럼 이글대는 그대 불타는 눈으로/ 야수를 먹다 남긴 이 누더기 불살라 주려무나
— 보들레르, 「지껄임」

이 시에서 채찍은 넋을 비유하며, 시인은 이 채찍으로 '야수를 먹다 남긴 누더기들'을 불살라 달라고 청원한다. 따라서 채찍질은 불사르는 일, 곧 정화나 순화를 상징한다. 한편 앞에 나온 박목월의 경우 채찍이 시인의 손끝에서 운다고 말함으로써, 이 채찍질은 '당신'에게 매혹된 시인의 영혼을 정상 상태로 회복시킨다는 상징적 의미를 지닌다.

책 Book

중국의 전통에 의하면 책은 악령을 퇴치하는 힘을 상징하는 여덟 가지 표상 가운데 하나로 인식된다. '내적인 쓰기이면서 동시에 외적인 쓰기'인 책, 정신적이면서 동시에 물질적인 책은 비밀스런 폐쇄성과 개방성의 알레고리로 인식되며, 인간의 입에서 투사되는 두 개의 날로 된 칼과 동일시된다. 광의로 해석할 때 책은, 귀에논도 말했듯이, 직물을 짜는 행위와 관계된다. 이런 관점에서 다음과 같은 해석이 가능하다.

세계는 무한한 한 권의 책이다. 책의 특성은 성스러운 펜이 동일한 잉크로 쓴 영원한 평면이라는 점에 있다. 이로부터 비밀 중의 비밀, 본질적이고 성스러운 현상은 '초월적 문자'가 된다. 이 초월적 문자, 곧 전지전능한 신성에 의해 허구적으로 형상화된 다음 모든 사물들은 성스러운 존재의 숨결에 따라 낮은 단계로 불려졌고, 거기서 그들에게 생명이 주어졌으며, 그들의 태어남과 동시에 세계가 드러나게 되었다.

육체는 슬프다. 아! 나는 모든 책을 읽어 버렸다./ 도망치자! 저 머얼리로 도망치자! 나는 느낀다 새들이/ 미지의 물거품과 하늘 사이에 있기에 취해 있음을!/ 아무 것도 눈에 비친 옛 정원도/ 이 바다에 젖은 마음을 억누르지는 못하리라
— 말라르메, 「바다의 미풍」

18사략史略이라고 하지만/ 중국의 하늘은 오천 년 동안/ 속눈썹이 자라서 지금쯤은 오르도스 오지까지/ 짙은 그늘을 드리우고 있었다.
— 김춘수, 「책」

먹물 뚝뚝/ 떨어지는 저녁 길에/ 달을 따 안 듯/ 한 권의 책을 샀다.
— 유안진, 「책방에서」

말라르메의 경우 책은 부정적인 것으로 노래된다. 왜냐하면 지상의 모든 책을 읽어도 육체는 슬프기 때문이다. 그러므로 그는 플라톤적 이데아를 표상하는 바다를 지향한다. 김춘수의 경우 책은 5천 년 동안 존재한, 유현한 중국 하늘의 세계를 상징한다. 그 세계는 우리의 삶의 원리가 되며, 그 원리는 오르도스 오지까지 짙게 물들이고 있다. 유안진의 경우 책은 세계를 상징한다. '달을 따 안 듯' 한 권의 책을 산다는 시행이 특히 그렇다. 책은 우주 곧 세계의 책이다.

천둥, 번개, 우뢰 Thunderbolt

　천둥은 한자어 천동天動에서 '동'이 '둥'으로 발음된 말이고 우뢰雨雷는 우레라고도 한다. 우레는 '울다'의 어근 '울'에 접미사 '게'가 붙어서 울게-울에-우레로 변한 것. 천둥은 하늘에서 나는 소리라는 점에서 신의 권능, 왕의 위엄을 상징하는 한편 하늘의 노여움, 징계를 상징한다. 우리나라에서는 천둥, 번개, 벼락이 구별되지만 중국에서는 천둥이 벼락을 치는지 번개가 벼락을 치는지 분명치 않다. 천둥과 함께 내리는 비는 임신, 다산多産을 상징한다. 한편 천둥, 벼락, 번개는 고통과 역동성을 내포하는 능동적인 힘, 신성한 불을 상징한다.
　그리스인들의 경우 하늘의 불은 탁월한 창조적인 힘을 상징하는 바, 제우스가 소유하는 것이 바로 이런 불이다. 또한 번개는 새벽과 계몽을 암시하는 바, 번개가 12궁의 첫 기호로 간주되며, 모든 순환의 첫 단계, 봄의 원리를 상징하는 것은 이런 사정과 관계가 있다. 천둥은 또한 주권을 상징하며, 날개 달린 천둥은 힘과 속도를 상징한다. 제우스는 세 개의 천둥을 소유하는 바, 그것은 우연, 운명, 섭리를 의미하며 이런 힘들은 새로운 미래를 창조한다.
　대부분의 종교에서는 갑자기 불이 터지며 신의 모습이 드러나고 신은 세계의 축을 상징한다. 그러나 십자가, 혹은 예수가 처형된 십자가, 계단, 희생을 상징하는 나무 등이 보다 높은 세계, 곧 천상을 향하는 행위라면 천둥은 이와는 달리 천상에서 지상을 향하는 행위이다. 천둥은 또한 시바의 세 번째 눈에 비유되며, 지상의 모든 물질을 파괴한다는 의미를 띤다.

　　그의 금빛 머리털은/ 오래 끄는 아름다운 번개/ 혹은 시들어 가는 장미
　꽃 속/ 흥청거리는 번갯불을 말하리라
　　　　　　　　　　　　── 아폴리네르, 「아름다운 빨강머리 애인」

이윽고 홀딱 지나간 번갯불에/ 능수버들이 선 개천가를 달리는 사나이가 어렸다

— 박남수, 「밤길」

너 때문에/ 이슬이 생기고/ 바람이 생기고/ 전율이 생겼다/ 너 때문에/ 바람이 생기고/ 탄식이 생기고/ 밤이 생기고/ 수많은 계단이 생기고/ 낮이 생기고/ 고통이 생겼다/ 너 때문에/ 어둠이 생기고/ 벼락이 생기고/ 어둠 속에 벼락이 치고/ 난 다시 태어났다/ 너 때문에/ 너 때문에

— 이승훈, 「너 때문에」

아폴리네르의 경우 '아름다운 번개'는 애인의 '금빛 머리털'을 비유하는 것으로 '금빛'과 관련되는 신성한 빛, 혹은 불을 암시한다. 박남수의 경우 강조되는 것은 번갯불이 지나가자 개천가를 달리는 한 사나이의 이미지이다. 달리는 사나이가 능동적 힘이나 역동적 힘을 상징하는 것은 번갯불의 이미지와 관련이 있다. 필자의 경우 강조되는 것은 '너'를 만났기 때문에 찾아오는 심리적 세계로, 그것은 크게 '이슬', '바람', '전율'이 상징하는 기쁨과 '탄식', '밤', '계단', '어둠' 등이 상징하는 고통의 세계이다. 그러나 이런 고통 속에 '벼락'이 치고, 시인은 다시 태어난다. 따라서 여기서 '벼락'은 고통과 역동성을 내포하는 능동적인 힘, 창조적 힘을 상징한다.

천사 Angel

천사는 눈에 보이지 않는 영적 존재로 신과 인간, 천상과 지상의 세계를 중개하는 힘을 상징한다. 연금술의 경우 천사는 승화, 곧 정신적 원리

에 의한 상승을 상징한다. 슈타이너Steiner에 의하면 천사들의 질서는 별들의 질서에 대응한다. 문화의 여명기부터 천사들의 모습은 조각 작품에 나타나며, 기원전의 시대에는 천사와 날개 달린 신성한 존재가 동일시되었다. 중세 고딕 예술의 경우에는 천사가 보호와 승화를 나타내며, 중세의 로마네스크 예술의 경우에는 이 세계가 아닌 다른 세계의 특성을 상징한다.

> 천사는 체중이 지극히 가벼운 존재다. 그들의 가벼움은 지상으로부터의 이탈을 의미한다.
> — 게오르규, 「25시에서 영원의 시간으로」

> 그들에겐 모두 피곤한 입이 있다/ 그리고 가엾은 밝은 영혼이/ 그러나 동경은 흡사 죄를 향한 것인 양/ 흔히 그들의 꿈을 뚫고 지나간다.
> — 릴케, 「천사」

게오르규의 경우 천사는 '가벼움'과 '지상으로부터의 이탈'을 상징한다. 이런 이탈은 한마디로 승화의 개념을 암시한다. 한편 릴케의 경우 천사는 '동경'을 표상하며, 이런 동경은 이 지상이 아닌 다른 세계로의 지향을 동기로 한다.

천정Zenith

천정天頂은 하늘의 첨단, 최고점을 상징하며 천정의 이미지로는 산, 피라미드, 첨탑, 기둥, 나무, 사원 등이 있다. 중국의 경우엔 하늘 중심에 뚫린 구멍을 상징한다. 신비 사상가들에 의하면 천정은 그들의 사고가 공간에서 무공간으로, 시간에서 무시간으로 들어가게 되는 점으로 인식된다. 따라서 천정은 구멍과 비슷한 상징적 의미를 띤다. 서양 사원의 천정 중앙에 열려 있는 창은 천창天窓이라 부른다.

첨탑Minaret

첨탑은 정신을 조명하는 횃불을 상징하는 바, 이는 첨탑이 높은 탑과 의식을 상징하는 전망대를 소유하기 때문이다. 따라서 첨탑은 지상의 세계를 초월하는 정신을 상징한다. 이런 의미를 전제로 첨탑은 또한 태양의 도시를 상징하고 그것은 지평선 높이 우뚝 솟은 탑으로 재현되기도 한다.

▲ 다비드 프리드리히의 〈교회가 있는 풍경〉

쫓아오던 햇빛인데/ 지금 교회당 꼭대기/ 십자가에 걸리었습니다.// 첨탑이 저렇게도 높은데/ 어떻게 올라갈 수 있을까요.// 종소리도 들려 오지 않는데/ 휘파람이나 불며 서성거리다가,// 괴로웠던 사나이/ 행복한 예수 그리스도에게처럼/ 십자가가 허락된다면// 모가지를 드리우고/ 꽃처럼 피어나는 피를/ 어두워 가는 하늘 밑에/ 조용히 흘리겠습니다.

— 윤동주, 「십자가」

이 시의 경우 첨탑은 구체적으로 교회당 꼭대기에 걸린 십자가를 의미한다. 따라서 그것은 지상의 세계를 초월하는 정신을 상징하고 나아가 십자가가 표상하는 삶의 원리를 상징한다.

초상 Effigy

모든 초상은 존재를 반영하는 이미지로 존재의 심리적 양상을 표현한다. 기념품과 초상화 역시 이런 사정을 토대로 설명된다. 곧 이런 것들은 현실적인 인간이 아니라 그가 우리에게 투사한 이미지와 연결된다. 요컨대 초상은 존재가 아니라 그 존재의 이미지를 상징한다.

> 감정을 기울여 그린 초상화는 모두 그 예술가의 초상화이며, 거기 앉아 있는 모델의 것은 아니다.
> — 와일드, 「도리언 그레이의 초상」

> 내 옛날 이 초상을 그려 받을 땐/ 푸릇푸릇 두 귀밑털에 봄이러니/ 이 그림이 몇 해나 여기저기 떠돌았나./ 다시금 만나 보니 정신 아직 그대로/ 이 보게 이 물건이 딴 물건이 아니로세./ 어와 내 정신이 바로 이 후신일세/ 아이와 손자들은 보고도 모르겠는지/ 날더러 이게 누구냐 자꾸 물어 보누나.
> — 이제현

> 진짜 나도 역시 나고 가짜 나도 역시 나다. 진짜 나도 역시 옳고 가짜 나도 역시 옳다. 진짜와 가짜 사이에는 어느 것이 나라고 할 수 없구나. 제석궁 구슬들 켜켜로 쌓였거늘 누가 능히 큰 구슬들 속에서 그 참모습을 가려낼 수 있을까.
> — 김정희, 「자제소조自題小照」

와일드의 경우 초상화는 모델의 것이 아니라 화가의 초상화로 인식된다. 이런 말은 모든 초상이 존재가 아니라 그 존재의 이미지라는 견해를 더욱 발전시킨 것으로 간주된다. 말하자면 화가가 누군가의 초상을 그리는 것은 그 모델을 재현한다기보다는 그 모델에 대한 화가의 이미지, 혹은 화가에게 투사된 이미지를 재현하고, 따라서 이 이미지는 모델과는 관계없는 화가의 정신 혹은 심리 상태를 상징한다. 이제현의 글에서 강조되는 것은 초상화가 물질이 아니라 정신이라는 자각이다. 많은 세월이 흐른 다음 자신의 초상화를 보면서 작가가 깨닫는 것은 육체가 늙었음에도 불구하고 정신은 옛날 초상화를 그려 받을 때와 다르지 않다는 사실이다. 초상화를 보면서 육체가 아니라 정신을 강조하는 것은 모든 초상이 그 존재의 심리적 양상을 반영한다는 사실을 동기로 한다.

김정희의 경우 강조되는 것은 '진짜의 나'와 '가짜의 나'의 관계이다. 그에 의하면 이 두 개의 나는 제대로 분별되지 않는다. 말하자면 현실적인 자아와 이미지로서의 자아 사이에는 동일성이 성취된다. 이런 주장은 세태의 어지러움과 관련이 있는 것 같다. 그러나 다른 시각에서 보면 현실적 존재보다는 그가 우리에게 투사한 기억과 정신적 현존, 혹은 인상이 세속적 삶 속에서는 더욱 마력을 발휘한다는 의미, 곧 마술과 정신이 실제로는 동일하다는 융의 견해를 환기한다.

초생달, 초승달Crescent

초승달은 달과 관련되는 경우 변화하는 현상, 수동적 여성 원리, 하늘의 처녀, 물과 관련되는 사물들을 상징한다. 서양의 경우 초승달은 암소나 수소의 뿔, 작은 배나 술잔의 모습으로 재현된다. 따라서 초승달은 밤하늘을 항해하는 배, 혹은 밤바다에 떠 있는 빛의 배이다. 중세 서양의 경우, 특히 별과 관련되면서 초승달은 낙원을 상징한다.

그믐달은 너무 요염하여 감히 손을 댈 수가 없고 말을 붙일 수도 없이 깜찍하게 예쁜 계집 같은 달인 동시에 가슴이 저리고 쓰리도록 가련한 달이다.

서산 위에 잠깐 나타났다 숨어 버리는 초승달은 세상을 후려 삼키려는 독부가 아니면 철모르는 처녀 같은 달이지만, 그믐달은 세상에 갖은 풍상을 다 겪고 나중에는 그 무슨 원한을 품고서 애처롭게 쓰러지는 원부怨婦와 같이 애절한 맛이 있다. 보름의 둥근 달은 모든 평화와 숭배를 받는 여왕 같은 달이지만 그믐달은 애인을 잃고 쫓겨남을 당한 공주와 같은 달이다.

— 나도향, 「그믐달」

이 글에서 초승달은 그믐달, 보름달과 비교된다. 초승달은 독부나 철모르는 처녀, 보름달은 여왕, 그믐달은 요염한 계집, 원부, 청상 과부에 비유된다. 초승달을 독부로 인식하는 것은 그 형태가 날카롭기 때문이다. 한편 '철모르는 처녀'의 이미지는 변화하는 현상 세계, 수동적·여성적 원리를 상징한다.

초원 Meadow

바슐라르에 의하면 강물이 키운 초원은 슬픔을 상징하며, 영혼의 초원에서는 수선화가 자랄 뿐이다. 또한 그에 의하면 초원에서는 어떤 바람소리도 나무를 울리지 못하고 오직 초원을 구성하는 풀잎들의 말 없는 파도만이 굽이친다. 그는 또한 '그릇된 운명의 초원'이라는 엠페도클레스의 말에 관심을 둔다.

풀, 여름 풀,/ 요요기들의/ 이슬에 젖은 너를/ 지금 내가 맨발로 사뿐사뿐 밟는다./ 애인의 입술에 입맞추는 마음으로./ 참으로 너는 땅의 입술이 아니냐?// 그러나 네가 이것을 야속타 하면/ 그러면 이렇게 하자/ 내가 죽으면 흙이 되마,/ 그래서 네 뿌리 밑에 가서/ 너를 북돋아 주마꾸나.// 그래도 야속타 하면/ 그러면 이렇게 하자/ 너나 나나 우리는/ 불사의 둘레를 돌아다니는 중생이다./ 그 영원의 역로에서 닥드려 만날 때에/ 마치 너는 내가 되고/ 나는 네가 될 때에/ 지금 내가 너를 사뿐 밟고 있는 것처럼/ 너도 나를 사뿐 밟아 주려무나.

— 남궁벽, 「풀」

풀—/ 너는 가을의 표정/ 우거졌으나/ 성큼하여 휘파람같이 쓸쓸하고/ 발 아래 벌레 소리도 외따를 뿐이고나// 둑 우엔/ 벙어리 된 가을 여신이/ 소적의 치마폭을 날리고 있다.

— 백국희, 「고적」

남궁벽의 경우 풀은 '땅의 입술'로 인식된다. 그렇기 때문에 그가 풀을 밟는 것은 땅의 입술과 입맞추는 행위가 된다. 그러나 그는 풀이 이런 입맞춤에도 야속함을 느낀다고 말한다. 그런 점에서 풀은 슬픔의 세계를 상징한다. 그 슬픔의 세계는 '너나 나나 우리는/ 불사의 둘레를 돌아다니는 중생'이라는 시행이 동기가 된다. 백국화의 경우 역시 풀은 슬픔을 상징한다.

촛불 Candlelight

촛불은 어둠 속의 빛, 광명, 태양의 생명력을 상징하고 쉽게 소멸한다는 점에서 생명의 불확실성, 덧없는 삶을 상징한다. 촛불은 화톳불과 달리 순화된 불이고 호롱불과 달리 종교적인 불로 현실적인 목적보다 고사, 축원, 제사, 기도, 불공 등 종교적 의례적인 목적으로 사용된다. 요컨대 촛불은 신령의 빛을 상징한다. 우리나라 민속에선 어둠을 몰아내고 세속의 때를 태워버리는 축귀, 곧 악귀를 몰아낸다는 의미가 있다. 유교에서는 기원을 상징하고 불교의 경우 법당에 밝혀진 촛불은 탐욕을 제거하고 불심을 심으려는 중생의 숙원과 어두운 사바 세계를 밝혀 중생을 제도하기 위해 비추는 광명을 상징한다.

그러나 일반적으로 촛불은 고독과 슬픔을 상징한다. 바슐라르에 의하면 촛불은 인간의 이미지로 절망과 체념을 내면으로 삼키며 애태우는 인간의 근원적 고독과 그리움을 상징한다. 한편 촛불은 램프처럼 개별화된 빛을 의미하며, 따라서 우주적이고 보편적인 생명에 대립되는 개인의 생명을 상징한다.

내 마음은 촛불이요/ 그대 저 문을 닫아 주오/ 나는 그대의 비단 옷자락에 떨며 고요히/ 최후의 한 방울도 남김없이 타오리다.
— 김동명, 「내 마음」

촛불을 켜면 면경의 유리알, 위롱의 나전, 어린것들의 눈망울과 입 언저리, 이런 것들이 하나씩 살아난다. 차차 촉심이 서고 불이 제 자리를 정하게 되면, 불빛은 방안에 그득히 원을 그리며 윤곽을 선명히 한다. 그러나 아직도 그 윤곽 안에 들어오지 않는 것이 있다. 들여다보면 한 바다의 수심과 같다. 고요하다. 너무 고요할 따름이다.
— 김춘수, 「어둠」

제야의 촛불처럼/ 나 혼자/ 황홀히 켜졌다간/ 꺼져 버리고 싶다.
— 이형기, 「그대」

김동명의 경우 촛불은 마음에 비유된다. 그 마음은 타오르는 빛, 그러니까 시인의 생명을 상징한다. 김춘수의 경우 촛불은 '이런 것들이 하나씩 살아난다'는 시행이 암시하듯 개별적인 생명을 상징하지만, 이런 촛불의 능력에 포섭되지 않는 세계가 있고 그 세계는 '한 바다의 수심'처럼 고요한 세계이다. 이형기의 경우 촛불은 황홀하게 켜졌다가 꺼져 가는 생명을 상징한다.

추위 Cold

바슐라르에 의하면 추위와 냉기는 고독이나 정신적 고양을 동경하거나 그런 상태에 있음을 상징한다. 니체는 『인간적인 너무나 인간적인』에서 '가을 해와 시든 사랑의 온기마저 희박해진 싸늘하고 야생적인 알프스 산맥'을 그리워하고 바슐라르는 다음처럼 말한다. '싸늘한 냉기, 공격의 미덕 속에 획득되는 공기여, 고마워라. 너는 육체를 벗어나는 정신, 인간적인 욕망에서 해방되는 비인간적인 삶이다. 얼어붙은 고장, 아주 높은 곳에서 우리는 또 다른 니체의 특성인 이른바 침묵을 발견한다.'

겨울의 칼날은 땅에 매장되었고/ 바람이 몰아쳐 새도 없는 나뭇가지를 / 찢는 울부짖음은/ 순수한 음악.
— 개스코인, 「겨울의 정원」

서러운 추위를 입맞추고/ 바다 위에 눈이 내리고 스스로 검고 있다.
— 고은, 「가을 노래 3」

방 거죽에 극한이 와 닿는다. 극한이 방 속을 넘본다. 방안은 견딘다. 나는 독서의 뜻과 함께 힘이 든다. 화로를 꽉 쥐고 집의 집중을 잡아당기면 유리창이 움푹해지면서 극한이 혹처럼 방을 누른다.
— 이상, 「화로」

네온사인은 섹스폰과 같이 수척하여 있다./……/ 보라! 네온사인이 저렇게 가만히 있는 것 같아 보여도 기실은 부단히 네온 가스가 흐르고 있는 게란다./ 폐병쟁이가 섹스폰을 불었더니 위험한 혈액이 검은 재와 같이/ 기실은 부단히 수명이 흐르고 있는 게란다.
— 이상, 「가구의 추위」

> 끝없는 추위, 영원히 멸망할 수밖에 없는 추위.
>   — 베케트, 「오 행복한 세월」

개스코인과 고은의 경우 추위는 정신적 고양을 상징한다. 전자의 경우 추위의 극한에서 읽는 것은 '순수한 음악'이며, 이 음악은 지상적 한계를 초월하는, 그러니까 정신적으로 고양된 삶의 경지를 암시한다. 고은의 경우 추위는 바다에 내리는 눈과 관계되며, 추위는 눈이 암시하듯이 지상의 가난이나 고독이 승화하는 삶을 상징한다. 이상의 경우 추위는 극한으로 표현되며, 현실적 고독과 가난을 상징한다. 그런가 하면 베케트의 경우 추위는 정신적 결핍, 침묵을 상징하며, 그는 이런 삶이 환기하는 절망에 대한 아이러니를 보여준다.

축제 Orgy

축제는 음주, 성적 무질서, 과잉, 성도착 등을 보여주는 바 '혼돈으로의 초대'를 상징한다. 이런 의미에서 축제는 일상적 삶의 규범에 대한 저항과 이탈을 상징하고 카니발은 단순히 쾌락을 지향하는 게 아니라 순간적인 분열을 통한 세계의 용해, 신성한 공간을 지향한다.

> 네 알몸이 소년인 내 눈을 핥으면/ 그것은 행복을 사냥하는 황홀이다.
>   — 엘뤼아르, 「달과 해 사이에서」

여기서 노래되는 것은 성적 도착이나 무질서가 환기하는 황홀이 아니라 한 여인의 나체를 보는 순간 맛보는 섬세한 황홀이다. 시인이 강조하는 것은 이런 황홀이 행복을 사냥한다는 점이다.

춤, 무용 Dance

춤의 어원이 '추켜올리다'에서 왔다고 주장한 학자가 있듯이, 춤은 하늘의 세계에 닿으려는 인간의 상승 의지를 상징한다. 그런 점에서 춤은 신을 맞이하는 의식과 관계되면서 이른바 신을 맞이하는 영신迎神을 상징하고 액귀를 물리치는 축귀逐鬼를 상징한다. 우리나라의 경우 신라 시대 처용무가 보여주는 처용의 춤과 노래는 신과 인간이 교통하는 의식으로 축귀를 상징한다. 굿에서 무당이 춤을 추는 것은 죽은 자의 한을 푸는 이른바 한풀이를 상징한다.

▲ 드가의 〈무희〉

한편 춤이 보여주는 둥근 모습과 리듬은 우주 창조, 시간의 공간화, 우주의 리듬을 상징하며 신의 창조 행위를 암시한다. 원무圓舞는 태양의 운동을 상징하며 가운데 성스러운 공간이 존재한다. 어떤 물건 주위를 도는 춤은 그 물건을 보호하고 강화한다는 의미가 있다. 그러나 일상적으로 추는 춤은 신명, 희노애락을 표현한다.

춤이 보여주는 상승 이미지는 신과의 동일성을 추구하고 마침내 춤을 통해 세계를 창조하고, 하늘과 땅의 결합, '나'와 '너'의 결합을 상징한다. 인간의 역사상 최초의 의식, 혹은 마술 가운데 한 형식이 춤이었다는 사실은 춤의 상징적 의미가 세계 창조라는 주장을 밑받침한다.

> 서울 밝은 달과 함께/ 밤들도록 노니다가/ 들어와 잠자리를 보니/ 가랑이가 넷이어라/ 둘은 내 다리였고/ 둘은 누구의 다리인가./ 본시 내 다리이지만/ 빼앗거늘 어찌하리
>
> —「처용가」

「처용가」의 경우 춤은 달과 관계되는 역신疫神 퇴치를 상징하며 신과 인간의 교통을 상징한다. 한마디로 현실적 삶의 조건을 초월하는 새로운 삶을 성취하려는 인간의 의지를 상징한다.

얇은 사 하이얀 고깔은/ 고이 접어서 나빌레라// 파르라니 깎은 머리/ 박사 고깔에 감추오고// 두 볼에 흐르는 빛이/ 정작으로 고와서 서러워라// ……// 소매는 길어서 하늘은 넓고/ 돌아설 듯 날아가며 사뿐히 접어 올린 외씨 버선이여!

— 조지훈, 「승무」

여울에 몰린 은어 떼./ 삐삐꽃 손들어 둘레를 짜면/ 달무리가 비잉빙 돈다./ 가아웅 가아웅 수우워얼래/ 목을 빼면 서름이 솟고……// 백장미 밭에 공작이 취했다.

— 이동주, 「강강술래」

기막힌 고독과 슬픔 속에 태어나 산 사람이 아니면 저런 춤이 나올 수가 없지. 흥안령 산속, 흑룡강성 기슭에서 사는 우리 식구는 가죽을 팔고 춤을 추었지. 그렇다고 즐겁게 살아온 것도 아니지. 뼈를 깎는 듯한 무서운 고독과 슬픔 때문에 우리도 독한 술을 마시고 춤을 추며 살아왔단 말이야. 외로운 반항의 몸짓이었지.

— 이봉구, 「모염慕炎」

조지훈의 경우 춤은 승무가 암시하듯이 세속의 번뇌를 초월하는 삶의 세계를 상징하고, 이동주의 경우는 자연과 인간의 합일, 나아가 세계와 인간의 합일을 상징하고, 이봉구의 소설에서는 춤이 현실에 대한 반항의 몸짓이며, 그것은 '기막힌 고독과 슬픔'을 동기로 한다는, 춤꾼의 내면 세계를 상징한다.

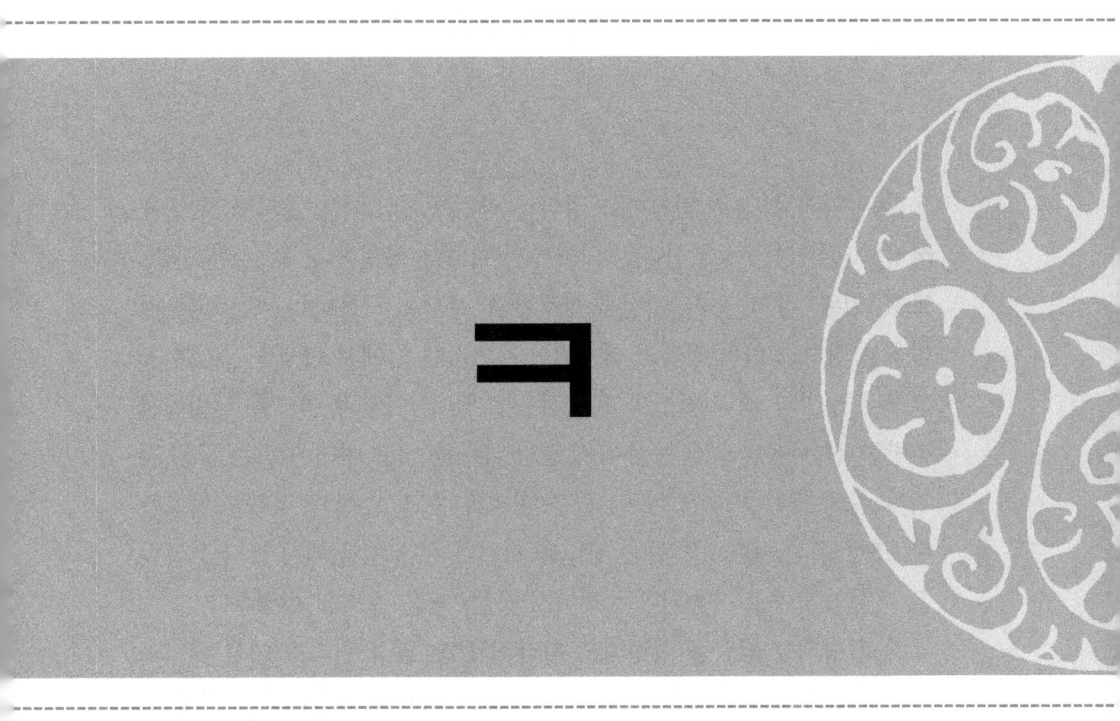

칼Sword / 코Nose / 코끼리Elephant / 클로버Clover

칼 Sword

칼은 악과 부정을 퇴치하고 정의와 평화를 창조하는 군사력, 왕권을 상징하고 국민을 보호한다는 의미에서 보호를 상징한다. 즉 칼은 권력, 보호, 권위, 정의, 용기, 강함을 상징한다. 무당이 사용하는 칼은 신의 위엄을 상징하고 한편 전쟁의 대표적인 무기라는 점에서 전쟁을 상징한다. 그러나 추방과 격리를 상징하는 경우도 있다. 아담과 이브를 낙원에서 추방한 신은 에덴 동산 동쪽에 생명의 나무를 심고 여기 이르는 길을 지키기 위해 불칼을 놓은 바 이 칼은 형벌과 순교, 추방과 격리를 상징한다. 또한 조선 시대 여인들은 정절을 지키기 위해 칼을 지니고 다녔고 칼은 자결의 도구로 사용된다는 점에서 정절, 자결, 순화를 상징한다.

칼의 형태는 남근을 상징하고 따라서 칼은 남성 원리로 여성 원리와 수용성을 상징하는 사슬과 대비된다. 칼은 물건을 자른다는 점에서 식별, 지성의 투철한 힘, 영적 결단을 상징한다. 한편 칼은 칼날과 손잡이로 구성되기 때문에 결합을 상징한다. 특히 중세에 칼은 교차의 형태를 띠는 경우가 많았다. 많은 원시인들의 경우 칼은 존경을 상징한다. 스키티아 사람들은 매년 칼로 말들을 희생시켰던 바, 이는 이들이 칼을 전쟁의 신으로 생각했기 때문이다. 로마인들이 칼, 혹은 쇠가 군신과 관련되기 때문에 악령들을 쫓을 수 있다고 믿는 것도 사정은 비슷하다.

고대 중국의 민담의 경우 도시를 세우는 자들은 칼을 옷처럼 걸치고 있다. 동양의 경우 아직도 중요한 의식 때 이런 양상이 나타난다. 그러나 칼이 환기하는 중요한 상징적 의미는 상처, 혹은 상처를 내는 힘이며, 칼이 자유와 힘을 상징하는 것도 이런 의미를 토대로 한다. 슈나이더에 의하면 칼은, 특히 석기 시대의 경우 여성과 대립된다. 말하자면 칼과 여성은 상대적으로 죽음과 풍요를 상징하는 바, 산과 들의 기본적인 상징적 의미도 그렇다.

　더욱 칼은 육체적 근절과 심리적 결단을 상징하고 정신과 신의 말을 상징하는 바, 특히 중세에는 칼이 신의 말을 상징한다. 영어의 경우 칼 sword과 낱말word 사이에 관련이 있다는 주장도 이런 사정과 관계된다. 칼의 상징에 사회학적 요소가 개입하는 것은 칼이 암흑의 힘으로부터 빛의 힘을 방어하는 기사들에게 매우 적절한 도구로 간주되기 때문이다. 그러나 칼은 역사의 여명기나 심지어 오늘날의 민담 속에서도 이와 비슷한 정신적 역할, 곧 '악의 시체'로 의인화되는 암흑의 세력을 쫓는 마술적 힘을 상징한다. 칼이 언제나 악귀를 추방하거나 춤에 나타나는 것은 이런 사정 때문이다.

　칼이 불이나 불꽃과 관련될 때, 곧 그 형태가 불꽃 모양이거나 눈부시게 반짝이는 모습일 때는 순화를 상징하게 된다. 슈나이더에 의하면 불과 칼이 순화를 상징함에 반해 채찍과 곤봉은 형벌을 상징하는 바, 이는 위의 의미를 전제로 한다. 연금술의 경우 칼은 순화시키는 불을 상징한다. 그리스 신화에 나오는 황금의 칼은 탁월한 정신, 혹은 그런 정신의 세계를 지향하는 심적 태도를 상징한다.

　서양의 경우 칼은 태양과 남성을 상징하는 바, 이는 날이 곧은 형태로 되어 있기 때문이다. 이와 달리 동양의 경우 칼은 달과 여성을 상징하는 바, 이는 날이 둥근 커브의 형태로 되어 있기 때문이다. 또한 칼은 육체적 근절을 암시한다는 점에서, 나무가 정신의 내적 발전을 상징한다면 칼은 정신의 외적 발전을 상징한다. 정신의 내적 발전이란 말은 나무가 물질 내부의 생명이 발전하는 모습을 암시하기 때문이다. 요컨대 칼은 외적 정신을, 나무는 내적 생명을 상징한다고 할 수 있다. 루드비히 클라게는 정신/생명의 2원론 가운데 정신보다 생명을 강조하고, 이와는 달리 노말리스는 '생명이란 정신의 무형 상태'에 지나지 않는다고 본다. 나무와 쇠, 혹은 나무와 칼이 여성/남성처럼 대립되는 특성을 보이는 것은 이런 2중성 때문이다. 나무가 증식 과정을 암시한다면 칼은 이와는 반대로 소멸 과정을 암시한다.

15세기의 책들을 보면 예수의 초상은 얼굴 왼쪽에는 나무, 혹은 나뭇가지가 나타나며, 바른쪽에는 칼이 나타난다. 칼과 나무가 관련이 있다는 생각은 매우 오래 되었다. 선사 시대의 독일에는 나뭇가지를 들고 있는 여성의 모습과 칼을 들고 있는 남성의 모습을 그린 부조가 있다. 이 부조는 평화와 전쟁을 암시한다. 에볼라에 의하면 칼은 군신과 관련되지만, 수직의 형태는 생명을, 수평의 형태는 죽음을 상징한다.

또한 칼은 강철과 관련되는 바, 이때 칼은 공격적이고 정복적인 정신이 표상하는 초월적 난폭성을 상징한다. 이른바 불의 칼은 칼, 강철, 군신軍神, 불 등의 상징과 서로 관련되며 '고통의 리듬'을 소유한다. 이와는 달리 불의 칼은 또한 불꽃의 열과 쇠의 차가움을 강조할 수도 있으며, 이때 칼은 화산이 그렇듯이 양가적 의미를 지니게 된다. 그런가 하면 불의 칼은 고통의 세계(지상)에서 사랑의 불(낙원)을 분리하는 무기를 의미할 수도 있다.

> 일곱의 서슬 푸른 칼 만들어, 회한에 찬 교형리 나는/ 사정없이 요술사처럼/ 그대 사랑의 가장 깊은 곳 과녁을 삼아/ 나 모조리 찌르고 말리 그대 헐떡이는 가슴속에/ 그대 흐느끼는 가슴, 피 철철 흐르는 가슴 한 복판에
> ― 보들레르, 「마돈나에게」

> 신은 밤의 칼집 속에서/ 그의 찬란히 빛나는 낮의 칼을 뽑는다./ 보라 새벽이다!
> ― 셔맨, 「새벽」

보들레르의 경우 칼은 '그대 사랑의 가장 깊은 곳'을 향하는 것으로 상처를 상징하면서 동시에 남성 원리를 상징한다. 셔맨의 경우 칼은 암흑을 퇴치하는 마술적 힘을 상징한다.

칼은 복수와 죽음을 상징할 뿐만 아니라 희생도 상징한다. 이런 사정을 전제로 작은 칼knife, 짧은 칼날은 그 칼을 휘두르는 사람의 본능적인 힘을 상징하고, 긴 칼, 긴 칼날은 정신적 고양을 상징한다.

나는/ 흥분하는 꿈을 꿨다./ 얼어붙은 피빛/ 속의 나이프……나의/ 마음의 벽에 매우/ 빠르게 움직이는 날이 날카로운……
— 기타무라 타로, 「조그만 눈동자」

그 환도를 찾아 갈라/ 비수를 찾아 갈라/ 식칼마저 모조리 시퍼렇게 내다 갈라
— 유치환, 「칼을 갈라」

타로의 경우 칼은 '흥분하는 꿈', '마음의 벽에 매우/ 빠르게 움직이는' 이라는 말들이 암시하듯이 시인의 본능적 힘을 상징하고 유치환의 경우 칼은 복수와 죽음을 상징한다.

코 Nose

코는 얼굴의 중앙에 있다는 점에서 얼굴의 중심, 나아가 얼굴 자체를 상징하고 높다는 점에서 자존심, 존엄성, 권위, 체면을 상징하고 숨을 쉰다는 점에서 생명을 상징한다. 한편 형태를 강조하면 남근을 상징한다. 우리 민속에는 '콧대가 세다'는 말도 있고 '형부의 코가 커서 언니는 좋겠네'라는 속요도 있다. 조선 영조 때는 유부녀를 강간한 자는 남근을 자르지 않고 코를 베는 형벌이 있었다. 한편 파스칼은 클레오파트라의 코가 한 치만 낮았다면 세계의 역사가 달라졌을 것이라고 말한다. 이때

코는 여성의 아름다움, 미의 기준이 된다.

> 캄캄한 공기를 마시면 폐에 해롭다. 폐벽에 끌음이 앉는다. 밤새도록 나는 몸살을 앓는다. 밤은 참 많기도 하더라. ……폐에도 아침이 켜진다. 밤 사이에 무엇이 없어졌나 살펴본다. 습관이 도로 와 있다. 다만 사치한 책이 여러 장 찢겼다. 초췌한 결론 위에 아침 햇살이 자세히 적힌다. 영원히 그 코 없는 밤은 다시 오지 않을 듯이.
>
> — 이상, 「아침」

> 어느 날/ 코가 앓기 시작했다./ 얼굴 중앙에 융기한/ 그 존대한 코가/ 콧물을 흘리며 신음했다./ 감기증세라지만/ 그것은 오진이었다. 부패한 공기 탓이다.
>
> — 박목월, 「삽화」

> 시멘트에 코를 박고/ 살아왔다./ 아아 시멘트에/ 코를 박다니?/ 그럼 나도 시멘트가/ 되어 버린 건가?/ 시멘트에 코를 박고/ '처음부터 이렇진 않았어'/ 하루가 간다 고요한/ 여름 뜨거운 햇살 속에/ '그 밖엔 하나도 가는 게 없어'/ 시멘트에 코를 박으면/ 코는 그대로 거대한/ 시멘트가 된다.
>
> — 이승훈, 「시멘트에 박힌 코」

이상의 경우 코는 생명을 상징한다. 그것은 코가 호흡을 담당하는 기관이기 때문이다. 따라서 '코 없는 밤'이란 호흡이 끊긴 밤, 생명이 사라진 밤을 의미한다. 박목월의 경우 코는 삶의 존엄성을 상징하지만, 시의 후반부에서는 삶의 자기 정체성과 관련된다. 코의 이런 상징적 의미는 필자의 시에서도 나타나며, 이때 코는 무기물로 도시를 상징하는 '시멘트'와 대비되는 유기적 생명, 혹은 남근을 상징한다.

코끼리Elephant

코끼리의 상징적 의미가 다소 복잡한 것은 그 신비한 특성 때문이다. 가장 보편적인 의미에서 코끼리는 성적 본능과 힘을 상징한다. 한편 코끼리는 충성, 인내, 지혜를 상징한다. 인도 전통에 의하면 코끼리는 우주를 받들고 있는 여성의 모습으로 된 기둥들로 인식된다. 코끼리들의 행진은 왕과 여왕의 운반과 관련이 있다. 코끼리가 보여주는 둥근 형태와 회색을 강조할 때 코끼리는 구름을 상징한다. 마술적 사고에 의하면 코끼리는 구름을 창조할 수 있고, 따라서 날개 달린 코끼리의 이미지가 가능하다. 윤곽이 코끼리와 비슷한 산정이나 구름은 우주의 축을 상징할 수 있다. 중세에 인간들은 코끼리를 이용하면서 그것을 지혜, 절제, 영원, 연민과 관련시켰다. 불교의 경우 코끼리는 성스러운 짐승이다. 흰 코끼리는 부처의 어머니인 마야 부인의 꿈에 나타나 이 세상을 구원할 왕의 탄생을 예견했다.

코끼리는 모든 동물 가운데서 가장 현명한 동물이다. 오직 코끼리만이 전생을 기억하는 것이다. 그렇기 때문에 코끼리는 오랫동안 그들 자신에 대해 명상하는 것이다.
— 『불경』

만일에 괴상하고 잡스럽고 우습고 기이하며, 그러면서도 거룩한 것을 구경하고자 한다면 무엇보다 선무문 안에 있는 상방에 가보아야 할 일이다.
— 박지원, 「코끼리에 대하여」

내 귀가 아프리카를 닮은 인연을 당신은 생각해 본 적이 계십니까.
— 황순원, 「골동품」

『불경』에 나오는 코끼리는 '현명한 동물'로 기술된다. 이런 인식은 인도의 전통과 관련이 있는 것으로, 이에 따르면 코끼리는 우주를 받치고 있는 여성의 모습으로 된 기둥들과 동일시된다. 따라서 코끼리는 우주의 비밀을 알고 있는 신비한 동물로 간주될 수 있다. 박지원의 경우 코끼리는 '거룩한 것'으로 기술된다. 이런 상징적 의미는 코끼리가 구름이나 산정과 동일시되면서 이른바 '우주의 축'이라는 상징적 의미를 환기하기 때문이다. 황순원의 경우 코끼리는, 특히 코끼리의 귀는 아프리카를 연상시킨다. 아프리카는 여기서 개화되지 않은, 그러니까 문명 이전의 삶을 표상한다. 따라서 코끼리의 귀가 아프리카를 연상시킨다는 말은 그것이 원시적·본능적 삶과 관계가 있음을 암시한다.

클로버 Clover

클로버는 세 잎으로 되어 있다는 점에서 생명의 세 가지 모습인 육체, 혼, 정신의 삼위일체를 상징한다. 산 위의 클로버는 희생이나 정신적 상승을 통해 획득되는 신성한 본질을 상징한다. 세 개의 기둥으로 받쳐진 고딕 건물의 궁륭 역시 이런 상징적 의미를 보여준다. 좀 더 광의로 말하면 3부로 구성된 모든 형식은 이런 의미를 띤다. 음악의 3부작이나 소설의 3부작이 모두 그렇다.

> 클로버는 벌에게 있어서 언제나 귀족이었다.
> ― 디킨슨, 「자연」

여름날 초장에 햇빛을 등지고/ 홀로 앉아서 클로버를 찾는데// '무엇을 찾으오' 하는 익숙한 음성에/ 홱 돌아보니 기다리던 벗이었소.// 말없이 휘파람으로 웃음 섞어 믿음, 소망, 사랑, 행복이라고/ 클로버 한 잎 손에 들고/ 뱅뱅 돌리며 노래해 주었소.

— 장정심, 「클로버」

위의 글에서 클로버는 모두 신성을 상징한다. 디킨슨의 경우엔 귀족적인 삶을 상징하는 바, 이때의 귀족성은 정신적 상승을 암시하며, 장정심의 경우엔 '믿음, 소망, 사랑, 행복'의 삶으로 부연된다. 이런 삶은 희생이나 힘든 노력을 통한 정신적 상승을 성취한다.

▲ 정신적 상승을 암시하는 클로버

탈, 가면Mask / 탑Tower / 태양, 해Sun / 태풍Hurricane / 털, 머리카락Hair / 토끼Rabbit

탈, 가면Mask

가면은 얼굴을 가린다는 점에서 보호, 은폐를 상징하고 다른 사람이 된다는 점에서 변신, 새로운 정체성을 상징한다. 특정한 가면을 씀으로써 그 가면과 자신을 동일시하기 때문이다. 한편 가면을 쓸 때 자신이 사라진다는 점에서 죽음을 상징하고 이런 죽음은 악마를 쫓는 힘을 상징할 수도 있다. 한편 모든 변형, 변신은 신비와 부끄러움이라는 양의성을 내포한다. 신비는 원래 자신이 소유했던 특성을 그대로 유지하면서 동시에 다른 것으로 변형되고 따라서 다의성과 모호성을 산출하기 때문이다. 부끄러운 것은 가면을 쓰는 행위가 자신을 은폐하고 싶은 심리 상태를 동기로 하기 때문이다. 그러나 모든 비밀은 변형을 지향하고 단순한 세계를 복잡하게 제시하며, 따라서 다양한 해석을 유발한다.

탈이 마술적인 특성을 띠는 것은 이런 점 때문이며, 그리스 연극의 탈과 아프리카의 종교적 탈이 그렇다. 탈과 번데기는 등가 관계에 있다. 프레이저는 대양주에 거주하는 사람들이 성년식 때 사용하는 특수한 탈에 관심을 둔 바 있다. 젊은이들은 눈을 감고 가루 반죽이나 백토로 된 탈로 얼굴을 가리고 나이 든 사람들이 외치는 소리를 짐짓 듣지 못하는 시늉을 한다. 다음날 그들의 얼굴을 가렸던 흙덩이를 씻어낸다. 이런 과정을 통해 성년식이 완결된다.

이런 기본적인 상징적 의미와는 달리 탈은 또한 탈 자체가 환기하는 다른 상징적 의미를 나타낸다. 이때 탈은 얼굴과 관련됨으로써 힘찬 생명, 혹은 태양을 상징한다. 짐머에 의하면 힌두교의 시바 신은 사자의 머리를 한 마른 괴물을 창조했으며, 이는 지칠 줄 모르는 탐욕을 상징한다. 이 괴물이 먹이를 요구할 때 신은 그에게 '너 자신의 몸을 먹으라'고 말하며 자신의 몸을 먹은 괴물은 단순한 탈로 남게 된다. 중국의 경우에도

'괴물의 탈'이라는 상징물이 있는 바, 그 기원은 이와 동일하다.

> 가면만 있으면 나는 팔려 가는 노예의 계집이든지, 잔 다르크든지, 늙은 왕이든지, 마법사든지 무엇이나 곧 될 것 같았다. 나는 가면의 필요성을 이해할 수가 있었다. 가면을 씌운 것처럼 특히 눈에 뜨이는 개가 한 마리 집에 있는 것을 생각하고, 나도 모르게 웃었다. 나는 그 개의 털투성이 얼굴 뒷구석에 언제나 그것을 바라보고 있는 내부의 눈을 상상하고 있었다.
> ― 릴케, 『말테의 수기』

> 퍼서낼리티의 어원은 가면, 즉 연기자가 쓰고 다닌 가면이라는 뜻이다. 가면은 언제나 하나의 굳어진 표정을 하고 있다. 그렇기 때문에 가면은 수시로 움직이는 인간의 성격이 될 때 자연히 거짓의 탈처럼 보여진다. 눈물을 흘릴 때에는 가면은 웃고, 웃고 있을 때에는 가면은 울고 있다.
> ― 이어령

릴케의 경우 탈은 숨기고 싶은 욕망의 신비를 상징한다. 뿐만 아니라 '가면을 쓴 것 같은 개'를 중심으로 할 때 그것은 존재의 양가성을 상징한다. 겉으로 드러난 존재와 그 존재를 내부에서 바라보는 또 하나의 존재가 그렇다. 이어령의 경우 역시 탈은 존재의 양가성을 상징한다. 인간이 울 때 가면은 웃고, 인간이 웃을 때 가면은 운다는 표현이 이런 사실을 암시한다.

탑 Tower

탑은 하늘, 높은 곳, 무한한 것에 대한 경외심을 상징한다. 고대부터 탑은 제천祭天 의식 때 하늘을 우러르며 신의 존재를 느끼고 구도하는 마음을 동기로 하고, 따라서 정성과 기원을 상징한다. 하늘에 닿으려는 심적 태도를 상징한다는 점에서 탑은 사다리와 비슷한 의미를 나타낸다. 서양의 경우 탑의 원형은 구약성서에 나오는 바벨탑이다. '하늘의 문'이라는 의미를 지닌 바벨탑은 신의 세계에 접근해 신과 같은 힘을 얻어 땅과 연결시키려는 인간의 상승 의지를 상징한다. 그러나 신은 이런 인간의 오만함을 벌주기 위해 언어를 혼란시켜 인간들을 세계 각처로 흩어져 살게 만든다. 한편 불교의 경우 불탑에는 사리 외에 부처님의 말씀인 불경을 안치함으로써 진리와 기원의 대상이 된다.

또한 탑은 높은 곳에 있는 망루처럼 인간의 세계를 굽어본다는 의미도 있고 처녀나 왕녀가 갇혀 있는 탑은 폐쇄된 공간으로 담으로 둘러싸인 정원과 같은 의미를 나타내고 상아탑은 근접할 수 없음을 상징하고 여성 원리나 처녀를 상징한다. 그러나 탑의 형태는 남성, 기능은 여성을 상징하기 때문에 양가적 의미도 있다.

탑이 암시하는 정신적 고양이나 상승이라는 의미는 변형과 진보라는 의미를 낳는 바, 연금술사의 화로가 탑의 형태로 된 것은 이와 관계가 있다. 이때의 화로는 상승하는 물질의 변형을 상징한다. 끝으로 탑과 인간의 유사성을 지적할 필요가 있다. 동물들이 보여주는 수평적 형태보다는 인간들이 보여주는 직립성, 곧 수직적 형태 때문에 나무와 탑은 동물보다 인간에 가깝다. 그런 점에서 나무, 인간, 탑은 유사한 상징성을 지닌다. 탑 꼭대기에 있는 창문이 인간의 눈과 마음을 상징하는 것은 이런 사정을 동기로 한다. 바벨탑이 정신적 무질서와 재난을 환기하는 것도 이런 의미 때문이다.

  폭풍이 몰아쳐도 끄덕 않는 견고한 탑처럼 우뚝 서라.
— 단테, 『신곡』

다비드의 탑, 여기 그대 보스의 탑이 있다./ 이 탑은 인자하고 정숙한 하늘을 향하여 올라간/ 이삭 중에서 가장 곧은 것이다./ 그것은 또한 그대 관 속의 가장 아름다운 꽃.
— 페기, 「샤르트르 성당에 보스의 평야를 바침」

단테의 경우 탑은 정신의 상승이나 고양을 상징한다. 따라서 '견고한 탑'이란 이런 정신의 견고성을 의미한다. 페기의 경우 탑은 '하늘을 향하여 올라간/ 이삭 중에서 가장 곧은 것'이라는 시행이 암시하듯이 지상과 천상을 연결하는 사다리와 비슷한 상징적 의미를 보여준다.

태양, 해 Sun

태양은 하늘의 중심, 나아가 우주의 중심에 있다는 점에서 우주의 지고한 힘, 만물을 꿰뚫어 보는 신, 우주의 심장, 존재의 중심을 상징한다. 한편 태양은 빛난다는 점에서 영광, 정의, 왕위를 상징한다. 태양이 위대한 아버지라면 달은 위대한 어머니이다. 이로부터 하늘은 아버지, 지상은 어머니를 상징하게 된다.

태양을 상징하는 이미지로는 회전하는 바퀴, 원반, 빛나는 얼굴 등이 있고 태양에 속하는 새와 동물로는 독수리, 매, 백조, 불사조, 수탉, 사자, 숫양, 백마, 금빛 말, 날개 달린 뱀, 용 등이 있다. 인도의 경우 태양은 바루나의 눈에 해당되며, 그리스의 경우엔 제우스, 혹은 우라누스의 눈에 해당된다.

천상의 신의 자식이라는 점에서 태양은 영웅과 관련되고 이런 사정을 전제로 하늘의 무기가 별들의 그물임에 반해 영웅의 무기는 칼로 드러나며, 이 칼은 상징적으로 불과 관련된다. 영웅들이 태양처럼 높은 곳으로 오르고 심지어 태양과 동일시되는 것은 이런 사정 때문이다. 그러나 프레이저는 아프리카, 오스트레일리아, 미국 등에서 수행되는 다양한 태양 의식을 지적한 바 있다. 태양 의식이 높은 단계로 발전한 것은 신세계, 특히 멕시코의 페루에서이다. 엘리아데에 의하면 콜럼버스가 발견하기 이전의 미국에서 태양 의식이 정치적 체계로 발전한 나라는 중남미이다. 또한 고대에 가장 강력한 정치력을 소유했으며 역사 의식을 최초로 보여 준 로마인들이 태양을 높이 평가했으며, 태양 의식이 빛을 숭배하는 미트라교의 의식과 결합되면서 다른 의식들을 지배했다는 사실을 간과해서는 안 된다.

태양이 암시하는 상징적 의미의 핵심은 영웅적인 힘, 용기, 창조적인 힘과 지도력이다. 이런 의미는 실제로 이집트의 열여덟 번째 왕조가 알려 주듯이 종교로 완성된다. 이 나라에서는 풍부한 서정성에 곁들여 태양을 찬송하는 것이 은혜로운 왕의 활동으로 수용되었다. 고대 이집트인들은 수평선에 떠 있는 태양이 자신들의 왕국을 지탱해 준다고 믿었다. 또한 원시인들은 하늘과 땅이 서로 연결되듯이 태양과 달은 서로 연결된다고 생각했다. 널리 알려진 것처럼 하늘은 남성 혹은 정신과 관련되는 능동성의 원리를 상징하고, 땅은 여성 혹은 물질과 관련되는 수동성의 원리를 상징한다.

이런 원리는 태양과 달의 경우에도 나타난다. 태양은 격정, 곧 영웅성과 맹렬함, 남성 원리를 상징하고, 창백하며 섬세한 달빛은 대양의 물과 관련됨으로써 여성 원리를 상징한다. 이런 의미는 물론 절대적인 것은 아니다. 그러나 예외적인 것이라고 해서 태양이 암시하는 이런 본질적 의미가 무시되는 것은 아니다. 물질적인 차원에서 달은 태양이 발산하는 빛들을 수동적으로 반영하는 역할만 한다. 여러 원시 종족들은 하늘의 눈이 태양이라고 생각했고 남아프리카 토인들은 태양을 탁월한 신의 눈이라고 생각한다. 그런가 하면 시베리아의 몽고족들은 태양과 달을 하늘의 눈이라 생각하며 태양은 선한 눈, 달은 악한 눈으로 간주한다. 여기서 우리는 태양과 달이라는 2원론이 확장하여 도덕적 양극성으로 발전한다는 사실을 깨닫게 된다.

달은 한 달을 단위로 소멸하기 때문에 분열을 상징하고 태양은 죽지 않는다는 믿음에 의해 '누구도 정복할 수 없는 태양'이라는 관념이 나타난다. 태양은 지옥으로 내려가 죽는 것이 아니라 지옥을 상징하는 대양이나 호수의 심연을 통과한다. 따라서 태양의 죽음은 필연적으로 부활을 암시하며 실제로는 죽음이 아닌 죽음으로 간주된다. 또한 조상 숭배가 태양 의식과 관련되며, 태양이 인간들을 상징적으로 보호하고 구원한다고 믿는 것 역시 이런 까닭에서이다. 석기 시대의 기념물들은 대체로 이런 두 가지 의미에 토대를 두고 있다.

따라서 가장 포괄적이고 정통적인 해석에 의하면 태양은 우주가 보여주는 남성적 힘, 달은 여성적 힘으로 간주된다. 따라서 인간에게는 태양이 상징하는 능동적인 능력, 곧 성찰, 훌륭한 판단, 권력 의지와 달이 상징하는 수동적인 능력, 곧 상상력, 감성, 지각 같은 두 가지 능력이 있다. 금속 가운데 태양에 조응하는 것은 금이며, 색깔로는 황색이다. 융에 의하면 태양은 생명의 근원, 인간의 궁극적 전체성을 상징한다. 그러나 이런 주장에는 다소 정확성이 결여되는 바, 전체성은 왕과 여왕, 형제와 자매 등의 결합이 그렇듯이 태양과 달의 결합을 의미하기 때문이다. 일부 전통에 따르면 탁월한 선은 '태양과 달의 결합'이라는 말로 암시된다.

이제까지 우리는 태양 상징의 주요한 항목들, 곧 영웅 이미지, 능동적 원리, 성스러운 눈, 생명의 근원 등에 대해 살펴보았다. 태양에는 이런 의미 외에 다른 특성이 있는 바, 그것은 태양의 보이지 않는 경로, 곧 이른바 '밤바다 건너기'와 관련된다. 이때 태양은 밤바다의 검은빛이 표상하는 내재성과 죄, 속죄, 은폐를 상징한다. 엘리아데에 의하면 『리그베다』에서 태양은 양가적인 의미를 나타내는 바, 그것은 '눈부시다'는 의미와 '검다' 혹은 눈에 보이지 않는다는 의미를 상징한다. 특히 후자의 경우 태양은 말, 뱀 같은 장례와 관련되는 동물과 연결된다.

이런 이미지는 특히 연금술사들이 강조하는 바, 그들에 의하면 이런 의미로서의 태양은 정적인 상태로서의 무의식, 혹은 '으뜸가는 물질'을 상징한다. 곧 태양은 세계의 심층, 보이지 않는 바닥에 존재하며, 이 심연으로부터 나와 서서히, 그리고 고통스럽게 하늘의 세계로 상승한다. 이런 불가피한 상승은, 비록 이미지로는 사용되지만, 태양이 보여주는 나날의 여정과는 관련이 없다. 따라서 태양은 태양 자체의 궤도가 그렇듯이 흰빛을 지나 붉은빛의 단계로 진행하면서 이른바 '으뜸가는 물질'인 금으로 변용되는 과정을 상징한다. 수평선 아래로 갑자기 저무는 태양은 삼손, 헤라클레스, 지그프리트 같은 영웅들의 갑작스런 죽음과 관련된다.

빈혈증의 적, 태양은 벌레와 장미에게 공평하게 생명을 부여해 주네.
— 보들레르, 「태양」

해야 솟아라, 해야 솟아라. 말갛게 씻은 얼굴 고운 해야 솟아라. 산 너머 산 너머서 어둠을 살라먹고, 산 너머서 밤새도록 어둠을 살라먹고, 이글이글 앳된 얼굴 고운 해야 솟아라.
— 박두진, 「해」

날이 저문다/ 먼 곳에서 빈 뜰이 넘어진다/ 무한천공 바람 겹겹이/ 사람은 혼자 펄럭이고/ 조금씩 파도 치는 거리의 집들 /끝까지 남아 있는 햇빛 하나가/ 어딜까 어딜까 도시를 끌고 간다
— 강은교, 「자전 1」

아랫방은 그래도 해가 든다. 아침결에 책보만한 해가 들었다가 오후에 손수건만해지면 나가 버린다.
— 이상, 「날개」

보들레르의 경우 태양은 '빈혈증의 적'이 암시하듯이 생명의 근원을 상징한다. 박두진의 경우 역시 비슷하다. 여기서 태양은 어둠과 대비되는 광명, 순수한 신성으로 노래된다. 강은교의 경우 강조되는 것은 저무는 태양으로, '끝까지 남아 있는 햇빛 하나가/ 어딜까 어딜까 도시를 끌고 간다'는 시행이 암시하듯이 사라지는 생명의 근원을 상징한다. 이상의 소설이 강조하는 것은 사라지는 생명의 세계, 영웅의 원리가 맥을 못 추는 삶, 능동의 원리가 아니라 수동의 원리에 지배되는 인간의 내면성이다.

태풍 Hurricane

▲ 태풍

인류학자들은 많은 도상적 상징의 기원이 태풍에 있음을 발견했다. 특히 미국의 경우가 그렇다. 예컨대 시그마(Σ)와 만자(卍)형이 그렇다. 그러나 태풍은 자신만의 고유한 상징적 의미를 소유한다. 오리츠에 의하면 태풍은 다른 천체와 마찬가지로 회전 운동과 측면 운동이라는 두 가지 중요한 운동을 소유하고, 측면 운동의 경우에는 절대적 고요가 형성되는 중간점이 있으며, 이는 흔히 '태풍의 눈'이라고 불린다.

미국 토착민들의 경우 태풍은 우주적 공동 작용을 의미하는 바, 이는 태풍이 불(광선), 공기(바람), 물(비)이라는 세 가지 요소를 속에 지니며, 넷째 요소인 땅을 혼란으로 몰아넣기 때문이다. 태풍이 숭배되는 것은 그것이 바람, 물, 하늘의 신성을 상징하기 때문이다. 특히 후자가 강조될 때 태풍은 중국인들이 말하는 옥으로 된 패, 곧 한가운데 구멍이 뚫린 고리와 상관된다. 이 고리는 축복받은 영원한 천체를 상징하며, 이 고리를 통해 우리는 시공의 세계를 벗어나 이른바 무공간, 무시간의 세계로 나갈 수 있는 공허와 만나며, 이 공허는 절정이라는 개념을 상징한다.

여기 기중기를 비치한 배에/ 우리 뱃사람들이 사랑하는/ 불쌍한 톰 볼링이 누워 있다./ 그는 이제 태풍이 부르짖는 소리를 듣지 못한다./ 죽음이 그를 데려갔으니.

— 디브딘, 「톰 볼링」

오오 주여, 그대 휘날리심이여!/ 주여 주여! 그대 질주하는 곳// 아무 것도 멎지 않고/ 모든 것이 산산이 부서져 흩어졌다.// 오오 십계의 돌도 부서지다…… 휘파람 날리는 지푸라기! 주여/ 이제는 부서진 표석마저 튀어나는가// 바위 틈에서 번갯불 맞고서/ 주여 벌레가, 그대 북이 뛰놂을/ 막지 못하리라./ 주여, 산봉우리는 왈가닥거리며/ 해초를 채찍질 쳐 흙빛 하늘이 뒤끓고/ 하늘 높이 내달으며 비명 지르는데/ 그대는 문으로 내달으시는가 주여!

— 크레인, 「태풍」

부재 8일에 돌아오니/ 내 그날 할 일없이 하루를 갇혔던 태풍이/ 우리집 길로 자란 나무들을 넘어뜨렸으니/ 홀연히 나타났다 홀연히 가버린/ 밑도 끝도 없는 이 수선스런 자여

— 유치환, 「태풍에게」

디브딘의 경우 태풍은 죽음과 대비된다. 그런 점에서 태풍은 이른바 우주적 공동 작용을 상징한다. 이런 작용은 우주의 살아 있는 원리를 의미하고, 따라서 '태풍이 부르짖는 소리'를 듣지 못한다는 시행은 삶의 원리를 듣지 못한다는 의미를 띤다. 그렇기 때문에 여기서 태풍은 죽음과 대비된다. 크레인의 경우 태풍은 '그대'로 불리는 '주'와 동일시된

다. 그런 점에서 태풍은 하늘의 신성을 상징한다. 그러나 '십계의 돌'도 부서지고, 마침내 '그대는 문으로 내달으시는가'라는 시행을 염두에 두면 그것은 신의 세계마저 파괴하는 무서운 파괴력을 상징하게 된다. 유치환의 경우 태풍은 '밑도 끝도 없는 이 수선스런 자여'라는 말이 암시하듯 지상의 세계를 혼란에 빠뜨리는 우주적 힘을 상징한다.

털, 머리카락 Hair

머리카락은 머리와 관련된다는 점에서 사고력, 고도의 힘, 생명력을 상징하지만 머리를 가린다는 점에서 악, 고뇌를 상징한다. 몸의 털, 이른바 체모가 낮은 수준의 정신이나 힘을 상징한다면 머리카락은 머리에 있기 때문에 높은 수준의 힘을 상징한다. 길게 늘어뜨린 머리카락은 자유를 상징하고 묶은 머리는 결혼과 복종을 상징하고 곤두선 머리카락은 마력, 신들린 상태, 공포를 상징하고 스님처럼 민머리는 금욕과 부처님에의 귀의를 상징한다. 그러나 민머리와 대머리의 의미는 다르다. 전자가 신성을 상징한다면 후자는 육체, 관능을 상징하기 때문이다.

그러나 일부 전통 속에서는 머리카락과 체모가 모두 악의 의미를 나타내는 수도 있고 두 가지 의미가 혼용되는 수도 있다. 에스티발리즈에 있는 중세 건물의 기둥에는 에덴 동산에서 추방되기 이전, 그러니까 타락하기 전의 아담은 수염이 전혀 없는 존재로 그려졌음에 반해 죄의 세계로 전락한 다음의 아담은 긴 머리털과 짐승스런 수염이 있는 존재로 그려지고 있다. 머리카락은 또한 비옥을 상징한다. 오리겐은 다음처럼 말한다. '나치리테스The Nazirites는 그들의 머리카락을 깎지 않는다. 왜냐하면 이렇게 하는 것이야말로 인간으로서의 번영을 상징하며 그들의

잎사귀가 떨어지지 않게 함을 의미하기 때문이다.'

한편 털로 가득 덮인 머리는 성공에의 의지와 연결되는, 이른바 '생의 비약'을 상징한다. 털은 또한 불과 상관됨으로써 원시적 힘의 번영을 상징한다. 갈색이나 검은색의 머리카락은 암흑 혹은 지상적 에너지를 상징하고 황금색은 햇살, 나아가 광활한 태양 상징과 관계되고 구릿빛 털은 비너스나 악마적 특성을 상징한다.

결국 이상에서 알 수 있듯이 털은 정신적 에너지를 상징한다. 활도에 의하면 '털은 인간의 정신적 재산을 재현하며, 남자든 여자든 풍요하고 아름다운 털은 정신적 발전을 상징한다. 따라서 털을 상실하는 것은 실패와 가난을 의미한다.' 그렇기 때문에 짐머에 의하면 철저한 금욕의 길을 걷기 위해 생명의 다산성을 거부하는 사람들은 그들의 머리카락을 짧게 깎는다. 고대 이집트의 경우처럼 일부 종교에서는 승려들이 모자 쓰는 것이 금지된다. 그러나 사마리아 사람들의 경우 머리카락, 가발, 수염 등은 연기가 그런 것처럼 악의 정신을 피하기 위한 수단이 된다.

최초의 새가 있었다. 시간의 면상에 붙은 털거품 하나.
— 트리스, 「최초에 새가 있었다」

대웅이여. 내려오라. 털투성이의 밤이여./ 구름의 모피를 입고, 늙은이의 눈을 가진 동물.
— 바하만, 「대웅성좌에게 말을 건다」

그 여인은 언젠가 흰 새를 한 마리/ 방 속으로 불러들여 목을 눌러 죽였다./ 그 새털로 그녀는 나를 장식해 줬는데 /한밤중에 나는 가끔 새의 비명을 듣고 잠을 깼다.
— 카로싸, 「환자」

> 선모를 뒤흔드는 바람에 폐를 앓고／ 바람에 휘날리는 선모는 모골이 송
> 연한 듯／ 도마뱀의 목줄기는 파리를 삼켜 풍선처럼 불었다.
> ─ 크레인, 「하늘에 자라는 식물」

트리스의 경우 털은 정신적 힘을 상징한다. 여기서 털은 새와 동일시 되며, 나아가 '털거품'이 암시하듯 물의 상징과 결합된다. 따라서 털은 새가 표상하는 정신적 힘 혹은 초월을 상징하지만 '시간의 면상에 붙은 털거품'이 암시하듯 이런 정신적 힘이 흘러가는 시간 속에서 거품처럼 허망함을 암시한다. 바하만의 경우 털은 '털투성이의 밤'이 암시하듯 악의 세계를 상징한다. 카로싸의 경우 털은 '새털'이 암시하듯 정신적 힘을 상징하고, 끝으로 크레인의 경우 털은 '선모'라는 점에서 우주의 비합리적 힘 혹은 본능적 삶을 상징한다. 선모란 식물이나 곤충의 몸의 표면에 난 것으로 독을 분비한다.

토끼 Rabbit

토끼는 달에 속하는 동물로 여성 원리를 상징한다. 우리 민속에는 토끼가 달에 살며 떡방아를 찧는다는 전설이 있고 달의 거무스레한 부분이 그것을 암시한다. 토끼는 다산多産을 상징한다. 거북이 느리고 우둔함에 반해 토끼는 재빠르고 교활하다. 이런 특성으로부터 토끼는 대체로 영리함과 교활함을 상징한다. 우리 고전 문학의 경우 판소리계 소설인 「토끼전」에 나오는 토끼가 그렇다. 「토생원전」, 「토별가」, 「별주부전」으로도 불리는 이 소설의 내용을 간단히 간추리면 다음과 같다. 남해 용왕이 병이 들어 토끼의 간을 먹어야 낫는다고 했다. 별주부(거북이)가 토끼를 속

여 용궁으로 데리고 갔으나 토끼는 용왕과 별주부를 속여 살아났다.

그러나 현대 문학의 경우에는 이런 교활함보다는 희생당하는 삶, 선량한 삶, 아름다움을 상징하는 작품들이 많다. 전후 소설의 경우 우화적인 기법으로 토끼를 다룬 대표작으로는 장용학의 「요한 시집」이 있다. 이 소설은 동굴 속에 갇힌 한 마리 토끼가 동굴을 빠져 나왔을 때 홍두깨같이 찌르는 빛의 충격에 눈이 멀어 버린다는 이야기로 시작된다. 이때 토끼가 빛의 충격에 눈이 멀어 버린다는 것은 인간이 자유를 갈망하지만 그 자유가 동시에 형벌이 된다는 실존주의적 사상을 암시한다. 여기서 토끼는 자유 앞에 희생당하는 자아를 상징한다고 할 수 있다. 그런가 하면 윤동주는 「토끼전」의 내용을 변형시켜 다음처럼 노래하고 있다.

> 바닷가 햇빛 바른 바위 우에/ 습한 간을 펴서 말리우자// 코카사쓰 산중에서 도망해 온 토끼처럼/ 둘러리를 빙빙 돌며 간을 지키자// 내가 오래 기르던 여윈 독수리야!/ 와서 뜯어먹어라, 시름 없이// 너는 살지고/ 나는 여위어야지, 그러나// 거북이야!/ 다시는 용궁의 유혹에 안 떨어진다.
> ― 윤동주, 「간」

여기서 노래되는 토끼는 독수리와 대비되는 삶, 어떤 유혹에도 떨어지지 않으려는 삶을 상징한다. 그런가 하면 다음과 같은 시에서는 토끼는 선량한 삶을 상징한다.

> 토끼똥이 알알이 흩어진/ 가장자리에 토끼란 놈이 뛰놀고 있다// 쉬고 있다.
> ― 김종삼, 「5월의 토끼똥, 꽃」

이집트의 상형 문자 체계 속에서 토끼hare, 특히 산토끼는 존재를 정의

▲ 뒤러의 〈산토끼〉

하는 결정적인 기호로 기본적인 존재를 상징한다. 일부 인디언의 경우 '위대한 토끼'는 이 세상을 창조한 동물로 인식된다. 이런 신화는 이집트에도 적용된다. 그리스의 경우 달의 여신인 아르테미스는 토끼와 관련된다. 독일의 경우에도 이와 비슷한 의미를 띠는 여신 하레크가 나온다. 일반적으로 토끼는 출산을 상징한다. 그러나 토끼는 도덕적이거나 비도덕적인 속성을 지니기 때문에 양가성을 띤다. 히브류인들은 토끼를 청결하지 못한 동물로 인식한다. 마우르스의 경우 토끼는 외설과 비옥을 상징한다. 그러나 중세의 경우 토끼는 특수한 의미를 지니는 표상으로 여러 무덤에서 발견되고 이때 토끼는 재빠름과 부지런한 심부름꾼을 상징한다. 토끼의 상징 가운데 중요한 것으로는 여성적 특성을 들 수 있다. 따라서 중국의 경우 토끼는 남성 원리를 상징하는 양의 힘과 대립되는 음의 힘을 상징한다. 중국인들은 토끼를 인간의 운명을 알려 주는 동물로 인식하며, 달의 세계에 산다고 믿는다.

그대는 수토끼와 같이/ 사랑하는 님과도 같이/ 탐색하고 웅졸하여서는 안 된다./ 그리고 그대 머리는/ 새끼를 배고 있으면서 또한 이중으로 새끼를 배는 암토끼와도 같아라.

— 아폴리네르, 「토끼」

불심이 선 것을 자랑하려고/ 여우와 원숭이와 토끼가/ 제석님을 찾아갔다./ 어쩌나 보느라고/ 시장기가 돈다 하니// 여우는 잉어 새끼를 물어오고/ 원숭이는 도토리 알을 들고 왔는데 /토끼만 빈손에 와서// 모닥불을 피우더니/ 불 속에 폴짝 뛰어들며/ 익거든 내 고기를 잡수시라 했다.// 제석님이 그 진심을 가상히 여겨/ 유해나마 길이 우러러보라고/ 달 속에 옮겨 놓아/

지금도 토끼가 달 속에 살고 있는 것은/ 헌신과 진심의 표상이기 때문이다.

— 김광섭, 「헌신」

토끼는 입으로 새끼를 뱉는다.// 토끼는 태어날 때부터/ 뛰는 훈련을 받는 그러한 운명에 있었다./ 그는 어미의 입에서 탄생과 동시에 타락을 선고받은 것이다.

— 김수영, 「토끼」

겨울 저녁/ 놀고 있는/ 아이들이 좋아/ 채소 가게에/ 놓여 있는/ 야채도 좋아/ 겨울 저녁/ 토끼 한 마리/ 염소 두 마리// 놀고 있는/ 아이들이 좋아

— 이승훈, 「아이들이 좋아」

아폴리네르의 경우 토끼는 외설과 출산을 상징한다. 그것은 '탐색'이라는 말과 '새끼를 배고 있으면서'라는 말이 암시한다. 김광섭의 경우 토끼는 헌신과 희생을 상징한다. 그리고 시인은 이런 이유로 토끼가 달 속에 살게 되었다고 말한다. 김수영의 경우 토끼는 출산과 재빠름을 상징한다. '입으로 새끼를 뱉는다'라는 시행과 '뛰는 훈련'이라는 말이 이런 의미를 암시한다. 필자의 경우 토끼는 '아이들', '야채', '염소'와 등가 관계에 있고, 그것은 순수한 존재, 기본적 존재를 상징한다.

파괴Destruction / 파도Wave / 파랑, 푸른색Blue / 팔Arm / 포도Grapes / 포플러Poplar / 폭풍Storm / 표범Leopard / 풀Grass, Herbs / 풍경Landscape / 풍요Fecundity / 프로메테우스Prometheus / 피Blood / 피라미드Pyramid / 피리Flute

파괴 Destruction

파괴의 상징적 의미는 양가성을 보여준다. 그것은 물 혹은 불과 관계되는 12궁의 기호 체계나 희생의 형식을 전제로 한다. 모든 시작 속에 종말이 내포되듯이 모든 종말은 시작을 내포한다. 슈나이더에 의하면 이런 사실은 이른바 '신비한 역전'을 상징한다. 따라서 그는 다음과 같이 말한다. 존재를 끊임없이 보다 높은 단계인 비존재로 변형시키는 것, 이것이 세계 창조의 목표이다. 우주의 과정은 영원한 투쟁 속에 있다. 이런 투쟁은 오직 모든 존재가 소멸할 때 끝날 것이다. 따라서 인간의 도덕적 삶은 우주적 파괴에 부분적으로 참여함으로써 구성된다. 이런 '파괴'에 의해 세계는 연금술의 과정이 그런 것처럼 현상 혹은 공간이 분리되고 새로운 시간으로 전환된다. 알렉산드레가 그의 시집 이름을 『파괴 혹은 사랑』이라고 붙인 것은 이런 이유에서이다.

> 누구의 짓인지는 모르지만 성급한 손으로 젖혀진 책갈피에서 장미 꽃잎이 떨어져 짓밟혔다. 자그마하고 부서지기 쉬운 물건들이 손에 잡히자 부서져 버리고, 그러면 다시 곧 제자리에 놓이고, ……연이어 무엇인지 모를 것들이 자꾸만 떨어졌다. ……언제나 소중하게 간수되어 온 탓인지 떨어지면 여지없이 깨져 버리고 마는 것이다. 이 모든 멸망의 원인은 '죽음' 그것이었던 것이다.
> — 릴케, 『말테의 수기』

> 파괴는 서럽고 슬프고, 그리고 아름다운 것이다. 파괴하고 다시 세워서 완성하고자 하는 꿈, 한번 파괴하면 영원히 완성의 날이 안 올지도 모르면서 파괴로 달려가는 그리움.
> — 다자이 오사무, 「사양斜陽」

릴케의 경우 파괴는 모든 사물과 인간이 지니고 있는 '죽음'이라는 존재론적 관념과 관련된다. 그에 의하면 모든 삶 속에는 하나의 씨앗처럼 죽음이 들어 있다. 따라서 파괴는 이런 죽음이 원인이 된다고 말한다. 오사무의 경우 파괴가 슬프면서 동시에 아름다운 것은 파괴의 양가적 의미 때문이다. 그것은 종말이 바로 시작이라는 이른바 양가적 상징성과 관련된다. 그러나 여기서 작가가 파괴를 슬픔으로 인식하는 것은 파괴 다음의 완성에 대한 불안감 때문이라고 할 수도 있다.

파도 Wave

파도는 멈추지 않고 움직인다는 점에서 변화를 상징하고 허망하게 거품이 되어 흩어진다는 점에서 허망, 환영幻影을 상징한다. 그러나 중국인들의 경우 파도는 용이 거주하는 곳으로 인식되며, 또한 순수를 상징한다. 이런 모순적인 의미는 파도가 보여주는 리듬, 혹은 리드미컬한 굽이침이 용의 모습을 연상시키는 한편, 하얀 거품은 순수를 상징하기 때문이다. 따라서 파도는 2중의 의미, 혹은 병치되는 의미를 보여준다.

> 어제는/ 밀려드는 파도를 바라보며/ 사람을 그리워하고// 오늘은/ 돌아가는 것을 생각한다/ 바다에 뜬 구름을 바라보며// 세상의 모든 것은/ 앉는 자리가 그의 자리다.
>
> ─ 박목월, 「무제」

> 아픈 가시나무에/ 한 추위가 또 지나가면서/ 흐린 하늘은 먼 산으로 뻗치고/ 파도는 어머니 목소리처럼 멀리서 들린다.
>
> ─ 이성교, 「눈 오는 날」

박목월의 경우 파도는 구름과 대비된다. 구름이 돌아감을 상징한다면 파도는 그리움, 미련을 상징한다. 특히 밀려오는 파도를 보면서 시인이 생각하는 것은 밀려옴/돌아감의 관계이다. 그런가 하면 이성교의 경우 파도는 '어머니 목소리'로 들린다. 이때 그 목소리는 머언 곳의 목소리로 어린 시절의 순수를 상징한다.

파랑, 푸른색Blue

모든 빛은 시각적 특성에 의해 진행의 느낌을 주는 것과 퇴각의 느낌을 주는 것으로 양분된다. 푸른빛은 후자에 속하며 쪽빛, 바이올렛 및 이런 색이 확장된 검은색과 함께 분리, 수동성, 쇠퇴를 상징한다. 같은 푸른색이라 하더라도 초록빛은 진행과 퇴각의 중간에 위치한다. 파랑은 같은 푸른빛에 속하지만 푸른 하늘과 바다를 연상케 한다. 하늘과 관련될 때 파랑은 동경과 사색을 상징하고 바다와 관련될 때는 여성 원리를 상징한다. 푸른 하늘과 바다를 그리워하는 것은 인간의 무의식적 욕망이다. 물로서의 파랑은 불로서의 빨강에 대립되고 차가움을 상징하고 신선함, 젊음을 상징한다.

> 열치고/ 나타난 달이/ 흰구름 쫓아 떠난 것이 아닌가./ 새파란 물가에/ 기랑의 얼굴이 있도다./ 은하수의 많은 물자갈에/ 낭이 지나시던/ 마음의 끝까지 쫓고자/ 아! 잣나무 가지 높아/ 서리 모르는 화랑이여
> — 충담사, 「찬기파랑가」

여기서 '새파란 물가'는 기랑에 대한 그리움과, 기랑의 이성적 삶을 상징한다. 푸른색의 이런 상징적 의미는 고전 문학에 두루 나타나며, 현

대 문학의 경우에도 계승된다.

> 거룩한 분노는/ 종교보다도 깊고/ 불붙는 정열은/ 사랑보다도 강하다/ 아! 강낭콩꽃보다도 더 푸른/ 그 물결 위에/ 양귀비꽃보다도 더 붉은/ 그 마음 흘러라
>
> ― 변영로, 「논개」

> 눈이 부시게 푸르른 날은/ 그리운 사람을 그리워하자// 저기 저기 저, 가을 꽃자리/ 초록이 지쳐 단풍 드는데// 눈이 나리면 어이하리야/ 봄이 또 오면 어이하리야
>
> ― 서정주, 「푸르른 날」

> 나는 처음 여기 도착하였을 때 이 신선한 초록빛에 놀랐고 사랑하였다. 그러나 닷새가 못되어서 이 일망무제한 초록색은 조물주의 몰취미와 신경의 조잡성으로 말미암은 무미건조한 지구의 여백인 것을 발견하고 다시금 놀라지 않을 수 없었다. 어쩔 작정으로 저렇게 퍼러냐. 하루 종일 저 푸른 빛은 아무 짓도 않는다. 오직 그 푸른 것에 백지처럼 만족하면서 푸른 채로 있다.
>
> ― 이상, 「권태」

변영로의 경우 푸른색은 이상적 죽음을 상징하고, 서정주의 경우엔 그리움과 동경을 상징한다. 그러나 이상의 경우 초록빛은 죽음과 삶이 동일시되는, 그러니까 퇴각과 진행이 하나로 어우러지는 권태의 삶을 상징한다. 초록빛은 초목과 관련되지만, 이상의 경우처럼 붉은빛과 푸른빛의 중간이 환기하는 삶을 표상하기도 한다.

팔 Arm

이집트 상형 문자의 경우 팔은 일반적으로 행위를 상징한다. 이런 1차적 의미를 토대로 노동, 제공, 방어, 기증 같은 다른 의미들이 도출된다. 두 팔을 들고 있는 모습은 애원, 기도, 방어, 항복을 상징한다. 구름으로부터 솟아오르거나 그림 속에 솟아오른 팔이 무기를 쥐고 있는 모습은 흔한 기법으로 복수를 상징한다. 또한 팔의 상징은 흔히 손과 관련된다.

> 그냥 헤어질 수는 없어야 했을 것이다./ 내 손으로 그의 손을 잡고/ 울든가 어쨌어야 했을 것이었다./ 나도 그랬고 그도 그랬을 것이 분명하다./ 그러나 손을 내밀지는 않았다./ 그도 도무지 그럴 수가 없었던 것이었다. ……/ 나는 헤어져 가며 부끄러운 손을 내려다보았을 뿐이다./ 조국을 지키던 그 자리에/ 그는 두 손을 두고 온 것이었다./ 그에게는 손이 없었던 것이다.
>
> — 박남수, 「손」

> 한때는 영영/ 내게서 떠나가던 사람에게까지/ 잡히지도 못하고 아끼웠던 손/ 한때는 또/ 내가 소유할 태양을 위하여/ 기를 쥐고 앞장서 흔들었던 손/ 그 손에서 지금은 자꾸만/ 낙엽이 질 뿐이다./ 손은 이제 차라리 절규보다는/ 독한 술잔을 높이 든다.
>
> — 박성룡, 「손」

박남수가 노래하는 손은 '조국을 지키던 손'으로 방어의 의미가 있고, 박성룡의 경우에는 떠나가는 사람에게 자신을 주는 제공의 의미, 그리고 기를 쥐고 흔들던 기원의 의미가 있다.

포도 Grapes

▲ 모네의 〈배와 포도가 있는 정물〉

흔히 포도는 풍요와 희생을 상징한다. 포도가 풍요를 상징하는 것은 그것이 농경신과 관계되고 포도주가 생명의 술을 암시하기 때문이고 희생을 상징하는 것은 포도로 포도주를 만들기 때문이다. 이때 포도주는 피의 빛을 나타내며, 따라서 피는 희생을 상징한다. 아담의 성기는 무화과 나뭇잎으로 가리고 이브의 성기는 포도송이로 가린다. 한편 포도주와 관련되어 포도는 환대, 잔치, 주정. 질탕, 청춘을 상징한다. .

열매들이 무르익도록 해주시옵시고/ 풍부한 포도주에 마지막 감미를 돋우워 주소서

— 릴케, 「가을날」

포도는 달빛이 스며 고웁다./ 포도는 달빛을 머금고 익는다.// 순이 포도 넝쿨 밑에 어린 잎새들이/ 달빛에 젖어 호젓하구나.

— 장만영, 「달·포도·잎사귀」

내 고장 칠월은/ 청포도가 익어 가는 시절// 이 마을 전설이 주저리 주저리 열리고/ 먼 데 하늘이 꿈꾸며 알알이 들어와 박혀// 하늘 밑 푸른 바다가 가슴을 열고/ 흰 돛단배가 곱게 밀려서 오면// 내가 바라는 손님은 고달픈 몸으로/ 청포를 입고 온다고 했으니// 내 그를 맞아 이 포도를 따먹으면/ 두 손은 함뿍 적셔도 좋으련

— 이육사, 「청포도」

릴케의 경우엔 포도가 아니라 포도주를 노래한다. 여기서 포도주는 희생이 아니라 풍요를 상징한다. 왜냐하면 그것은 '풍부한 포도주'로 노래되기 때문이다. 장만영의 경우 포도는 달빛의 이미지에 의해 신비한 성숙의 세계, 곧 신비한 풍요를 상징한다. 이육사의 경우 노래되는 것은 '청포도'이다. 따라서 푸른빛이 암시하는 푸른 하늘과 푸른 바다의 이미지가 상호 관련되는 독특한 상상 체계를 보여준다. 그러나 궁극적으로 여기서도 포도는 시간적으로는 인간의 긴 역사와, 공간적으로는 거대한 우주(하늘)를 내포하는 풍요를 상징하고 '청포를 입은 손님'을 강조하면 이상의 세계를 상징한다.

한편 포도주는 디오니소스 신처럼 양가적 의미를 띤다. 포도주, 특히 붉은 포도주는 희생과 피를 상징함에 반해 한편으로는 젊음과 영원한 삶을 상징한다. 그리스와 페르시아 시인들이 노래한 포도주는 영혼의 성스러운 황홀을 상징하고 덧없는 순간을 사는 인간들에게 신적인 존재를 체험케 한다.

> 포도주의 그윽한 기쁨, 누가 너를 몰라본 사람이 있었을까? 뉘우침을 가라앉히고, 추억을 불러일으키고, 괴로움을 잠재우고, 공중누각을 세우고 싶었던 사람들은 누구나, 요컨대 모든 사람들은 너에게 축원을 드려왔다. 포도의 섬유 속에 숨어 있는 신비로운 신이여.
> ─ 보들레르, 「인공 낙원」

이 시의 경우 포도주는 '그윽한 기쁨'이라는 말이 암시하듯이 영혼의 성스러운 황홀을 상징한다. 이런 성스러움은 나아가 이 시에서 '신비로운 신이여'라는 말이 암시하듯 신적인 존재로 찬양된다.

포플러 Poplar

포플러는 강, 호수와 연관되어 여성 원리를 상징하고 중국의 경우 잎의 겉(짙은 녹색)과 안(은색)이 다르기 때문에 음과 양, 달과 태양 등 2원적 세계를 상징한다. 한편 포플러 잎의 앞면과 뒷면은 동일한 초록빛으로 되어 있지만 그 농도가 서로 다르다는 사실을 근거로 하면 밝은 초록은 물, 곧 달을 상징하고, 어두운 초록은 불, 곧 태양을 상징한다. 요컨대 포플러는 2원성 양극성의 세계, 곧 긍정적이며 동시에 부정적인 의미를 거느린다.

우리는 비가 올 것을 알고 있다./ 포플러 나뭇잎이 흰빛으로 변했으니.
— 앨드리치, 「엉터리 음악」

신은 그날에 그의 가장 아름다운 시를 쓰고/ 최초의 키 큰 은빛 포플러 나무를 만드셨다.
— 크로웰, 「은빛 포플러」

개울과 똑같은 초록/ 가지에서 가지로 흡사히 음악을/ 포플러는 그것을 듣는 행복한/ 사람을 위하여 정답게 노래한다./ 물 속의 속삭임과/ 포플러 속의 푸가를/ 불어 예는 개울 따라/ 언덕을 가는 행복한 사람이여.
— 길리엔, 「개울이 있는 포플러 숲」

포플러가 흔들렸다/ 은빛의 잎이/ 상냥하게 쑤왈댔다./ 초록이 회색이었다/ 사랑이 태양이었다/ 대낮의 그때/ 새가 바람 속으로/ 노래를 녹여 넣었다.
— 길리엔, 「시계는 12시」

앨드리치의 경우 포플러는 물과 관계된다. 포플러 잎이 흰빛으로 변하면 비가 오리라는 것을 알게 되는 것은 일상적인 관찰을 토대로 한 것이지만 포플러 잎의 초록빛이 흰빛으로 변하고, 그때 비가 온다는 것은 포플러가 물, 혹은 달과 관련됨을 암시한다. 크로웰의 경우 '은빛 포플러'는 신과 관련된다. 따라서 포플러는 달(은빛)과 하늘(태양)의 이중성을 상징한다.

길리엔의 경우 전자의 시 역시 포플러는 물과 관련된다. 이는 '물 속의 속삭임'과 '포플러 속의 푸가'가 동일시되기 때문이다. 후자의 경우 포플러 잎은 은빛으로 노래된다. 그러나 은빛 잎(안)이 나타난 것은 포플러가 흔들렸기 때문이다. 그러므로 초록 잎(겉)이 회색 잎(은빛)이 되고 사랑(초록)이 태양(은빛)이 된다. 여기서 은빛은 태양을 암시하는데 그것은 은빛이 백색과 통하기 때문이다.

폭풍Storm

폭풍은 풍요의 비를 내린다는 점에서 창조력을 상징하고 벼락은 폭풍의 신이 내는 소리며 번개는 다산多産과 광명을 상징한다. 폭풍은 그리스 신화에서 제우스 신과 관련되며, 하늘에서 내려온다는 점에서 신성을 상징한다.

> 죄악의 폭풍/ 온 거리를 휩쓸어 볼 때/ 여신이여, 그대 나타났나니/ 괴로운 나선의 틈바귀의/ 길을 가리키는 별마냥
> — 보들레르, 「나의 프란시스카의 찬가」

확실히 우리는 그들을 설복시키고 그들을 정복할 수 있었다/ 왜냐하면
폭풍의 고통이 감명 깊기 때문이다/ 그렇다 폭풍은 금방 오려고 했다.
— 샤르, 「발명가들」

보들레르의 경우 폭풍은 '죄악의 폭풍'이라는 말이 암시하듯이 죄악을 상징한다. 이 폭풍은 하늘에서 내려온다기보다는 거리를 휩쓸고 있다. 한편 샤르의 경우 폭풍은 '발명가들'과 관련된다는 점에서 창조를 상징한다고 볼 수 있다.

표범 Leopard

표범은 잔인, 광포, 공격, 용기를 상징하고 기독교에선 악마, 사탄, 죄를 상징하는 바, 이는 표범의 호전성을 동기로 한다. 표범은 호랑이처럼 공격성과 힘을 상징하지만, 표범에게는 호랑이가 암시하는 태양의 이미지가 없다.

내가 대결해 온 그 숱한, 아프리카 맹수들 중에서 가장 두렵고, 위험하며, 조용하고, 영리하고, 용감하고, 날쌔며, 실수를 모르는 것, 그것은 사자도 호랑이도 아닌 바로 표범이라는 맹수이다.
— 헌트

그놈의 걸음걸인 광야 같은 자유/ 세계는 길게 떼어놓은 그 발꿈치 아래
오므라들고/ 우리 바닥 위로 지평선은 모인다.
— 휴즈, 「표범」

표범 눈초리는 쇠창살 지나치는 바람에/ 그만 지쳐 버렸고 아무 것도 눈에 들지 않는다./ 오직 창살만 백이고 천이고 어른거리고/ 그 창살 너머는 세계도 없는 것 같았다.// 힘차고 사뿐히 디디는 그 걸음걸이/ 한낱 비좁은 장소만을 돌고 돌아/ 위대한 의지 마비되어 서는/ 중심점을 싸고도는 힘의 무도였다.// 오직 간단히 동공의 장막/ 소리도 없이 열리면/ 물살이 동공으로 기어들어/ 사지의 긴장한 고요 속을 지나/ 심장으로 파고들어 사라진다.
― 릴케,「표범」

헌트의 경우 표범은 호랑이나 사자보다 무서운 동물로 잔인과 광포함을 상징한다. 그러나 휴즈의 경우 표범은 무한한 힘을 상징한다. 그 힘은 '광야 같은 자유', '발꿈치 아래 오므라드는 세계'라는 이미지가 암시한다. 그런가 하면 릴케가 노래하는 것은 우리 안에 갇힌 표범이다. 이 표범은 '마비된 의지', '힘의 무도', '사지의 긴장한 고요'라는 점이 암시하듯이 힘을 상징하지만 그 힘이 외부의 세계가 아니라 내부의 세계를 지향한다. 곧 그 힘은 동공을 통해 외부 세계를 흡수하면서 마침내 긴장되는 사지를 통해 심장으로 사라지는 그런 힘이다. 표범이 이런 힘을 상징하는 것은 그것이 쇠창살에 갇혔기 때문이다.

풀Grass, Herbs

풀은 먹이가 된다는 점에서 유용성, 밟힌다든 점에서 복종을 상징한다. 한 웅큼의 풀은 영토의 정복, 승리를 상징한다. 그러나 풀은 약으로 쓰이고 죽은 사람을 다시 살린다는 점에서 재생, 생명력, 풍요를 상징한다. 한편 유교에서 풀은 바람 부는 쪽으로 흔들린다는 점을 전제로 백성을 상징한다. 왜냐하면 백성은 통치자의 뜻에 따라 움직이기 때문이다.

민초民草라는 말이 그렇다. 한편 풀은 빨리 자라 곧 시들기 때문에 인생의 무상을 상징한다. 풀의 그리스어 어원인 neophytos를 강조할 때 풀은 인간을 상징한다. 또한 풀은 인간의 병을 치료하는 약초이면서 동시에 인간을 죽이는 독초라는 점에서 선과 악 양자를 포함하는 자연의 힘을 상징한다. 이런 의미는 전설과 민담에 자주 나타난다.

> 풀이 눕는다/ 비를 몰아오는 동풍에 나부껴/ 풀은 눕고/ 드디어 울었다/ 날이 흐려서 더 울다가/ 다시 누웠다// 풀이 눕는다/ 바람보다도 더 빨리 눕는다/ 바람보다도 더 빨리 울고/ 바람보다 먼저 일어난다// 날이 흐리고 풀이 눕는다
>
> ― 김수영, 「풀」

> 꽃보다/ 밝은 이름// 물방울보다/ 맑은 이름// 흙보다/ 가까운 이름// 칼끝보다/ 날카로운 이름/ 풀잎이여,/ 아 너 홀로 어디에고/ 살아 있는 이름이여
>
> ― 박성룡, 「풀잎」

김수영의 경우 풀은 백성, 인간, 자연의 힘을 상징한다. 일부 평론가들이 지적했듯이 여기서 풀은 민초, 민중을 상징할 수도 있고 고통, 악(바람)과 싸우는 자연의 힘을 상징할 수도 있다. 그러나 이 시에서 바람과 풀이 이른바 2항 대립의 관계가 아니라는 점에서 풀은 2항 대립의 해체를 상징한다. 박성룡의 경우 풀은 선을 내포하는 자연의 힘을 상징한다. 이런 해석은 '꽃보다/ 밝은 이름// 물방울보다/ 맑은 이름'이라는 시행이 암시한다.

풍경 Landscape

일반적으로 풍경은 시골 풍경이 그렇듯이 원래는 공간적인 특성이 없었던 역동적인 힘이 세속적으로 구현된 것이라 할 수 있다. 말하자면 내적인 힘은 그 자체로는 공간적인 특성이 없지만 내적 긴장을 소유하는 질적·양적 질서, 곧 풍경(공간)에 의해 그 역동성이 드러난다. 그런 점에서 풍경은 내적 힘의 구현을 상징한다.

예컨대 꿈에 나타나는 풍경들이 그렇다. 꿈에 나타나는 마을과 장면들은 모두가 내적 필연성이 있고, 꿈의 해석에 결정적인 영향을 주며, 꿈꾼 자의 무의식, 내적 힘을 상징한다. 말하자면 꿈 속의 풍경들은 다양한 강도로 다양하게 결합된 심적 세계를 상징한다. 따라서 상상력에 의해 환기되는 풍경들 역시 그것들을 불러일으킨 감정의 강도, 지속, 명료성에 의해서 해석될 필요가 있다. 요컨대 모든 형태, 풍경은 힘이 전개되는 길로 인식될 필요가 있다.

꿈에 나타나는 풍경에 대해 이제까지 말한 것들은 또한 우리의 무의식이 자동적으로 선택하고 보는 현실적 풍경의 경우에도 그대로 적용된다. 이런 풍경 속에서 우리는 휴식을 갈망하고 그 세계로 돌아가고 싶은 욕망을 느낀다. 따라서 중요한 것은 풍경을 정신의 투사물로 보는 것이 아니라 풍경의 특성과 관찰자의 정신을 잇는 내적 연결의 산물로 이해하는 일이다. 이런 행위는 주관적이지만 풍경의 상징을 살필 때는 객관적인 태도가 필요하며 이런 태도는 색채와 수의 상징적 의미를 살피는 경우에도 요구된다.

중국인들의 경우 이런 사정은 매우 분명하게 드러난다. 중국 예술은 언제나 인물보다는 풍경을 강조하고 미시적 풍경보다는 거시적 풍경을 강조해 왔다. 곽희는 다음과 같이 말한다.

위인들이 시골을 사랑하는 이유는 무엇인가. 시골에는 언덕과 정원이 있으며, 이 풍경이 자신의 원초적 본질을 갈고 닦으려는 위인들을 사로잡기 때문이다. 시골에 있는 산과 바위는 소요를 즐기는 위인들에게 언제나 한결같은 즐거움을 준다.

너무나 잘 알려진 상징 이론의 전통에 따르면 영역의 차별성은 존재의 차별성을 암시한다. 곧 상이한 세계나 영역은 상이한 존재의 상태를 암시한다. 따라서 '선택된 자리'는 그 장소에서 환기되는 성스러운 이미지를 소유한다. 그러나 이런 주장은, 비록 혁명적이기는 해도, 동형성의 원리나 형태 심리학에 의해 확증되지 않으면 안 된다. 따라서 엘리아데는 다음처럼 말한다. '사실 인간은 어떤 자리를 선택하는 것이 아니라 다만 발견할 뿐이다. 그리고 이런 발견을 가능케 하는 수단 가운데 하나는 공간성, 곧 방향이다.'

풍경의 상징적 의미를 파악하기 위해서는 그 풍경을 구성하는 지배적인 요소와 우연적인 요소, 그리고 풍경의 총체적인 특성과 구성 요소들의 특성을 구별할 필요가 있다. 지배적인 요소가 우주적인 특성을 띨 때 그것은 다른 구성 요소들을 하나로 묶는 힘이 있으며, 개별적 양상에 영향을 주는 것은 이 우주적 성분이다. 이런 우주적 성분을 나타내는 보기로는 바다, 사막, 비상, 산정, 구름, 하늘 등이 있다. 풍경을 구성하는 성분들이 보여주는 상징적 의미는 다양하고 서로 균형을 이룰 때는 더욱 조심스런 해석이 요구된다.

그런 점에서 우리는 다음과 같은 항목들을 조사하지 않으면 안 된다. 첫째로 특수하게 조직된 공간적 패턴을 찾아야 하는데 이런 패턴은 예술 작품이나 건물에 구조를 부여한다. 공간적 상징의 하나로 '수준의 상징'이 있다. 곧 높다-정상이다-낮다 세 가지 수준에 따라 풍경의 영역을 나누고 다시 배열하는 것을 의미한다. 다음으로는 '방향의 상징'이 있다. 곧 동-서와 남-북의 관계에 따라 풍경을 구성하는 우연적 요소들을 다시 배열하는 것을 의미한다.

둘째로 풍경이 보여주는 형식에 유념하지 않으면 안 된다. 이 형식이란 지형 혹은 지형의 패턴을 의미하며, 대체로 완한만 파도의 형식, 단절된 파편의 형식, 경사진 형식, 평면의 형식, 부드러운 형식, 견고한 형식 등으로 드러난다. 셋째로 특수한 영역의 위치에 유념해야 한다. 곧 어떤 영역이 총체성을 소유하는지 아니면 다른 영역을 둘러싸는 모습으로만 나타나는지를 살펴야 한다. 또한 이때 그 영역이 낮은 위치인지 높은 위치인지, 그리고 개방적인지 폐쇄적인지를 살펴야 한다. 넷째로 패턴을 조직하는 요소들이 자연적인 것인지 인공적인 것인지를 살펴야 한다. 이런 요소들로는 예컨대 나무, 관목, 식물, 호수, 분수, 담장, 바위, 모래톱, 집, 계단, 벤치, 동굴, 정원, 울타리, 문, 현관 등이 있다.

이때 또한 중요한 것은 풍경의 지배적인 색, 혹은 여러 색들의 충돌이며, 아니면 풍요/불모, 밝음/어둠, 질서/무질서의 느낌이다. 길들과 교차로는 매우 중요한 의미를 띠며, 냇물 역시 그렇다. 이제까지 우리가 열거한 요소들의 객관적인 의미에 대해서는 더 많은 말을 할 수 있다. 그러나 여기서는 간단히 지적하기로 한다. 일반적으로 험준한 풍경은 원시성과 퇴행을 상징하고 평면적인 마을은 묵시록적 종언, 힘과 죽음에의 동경을 상징한다. 페르시아인들에게는 세계의 종말이 올 때 모든 산들은 고른 높이를 지니게 되며, 모든 지상은 하나의 거대한 평야가 된다는 전통적 믿음이 있다. 이와 비슷한 관념은 이스라엘과 프랑스의 일부 지역에서도 나타난다.

건축과 마을 설계의 역사를 살펴보면, 이런 원리가 잠재 의식적으로 적용되고 있음을 쉽게 알 수 있다. 따라서 더욱 지적으로 분석하기 어려운 상징적 분위기를 거느리는 풍경들이 존재한다. 예컨대 단테의 『신곡』에 나오는 다음과 같은 구절들은 신비로 가득 찬 분위기를 환기한다. '이 작은 섬 주위의 가장 낮은 지대에는 파도에 부딪히며 갈대들이 부드러운 진흙 속에서 자라고 있다.'

풍경은 이렇게 우주적 의미를 암시할 뿐만 아니라 이와는 별도로 성적인 의미를 암시할 수도 있다. 물론 이 경우에는 풍경들이 매우 복잡한 상징적 의미를 띤다는 점에 유의해야 한다. 예컨대 낮게 누운 형식을 보여주는 풍경의 경우 다음과 같은 요소들이 작용한다. 첫째로 깊은 곳은 낮은 세계, 곧 토대를 의미하고 사악함이나 지옥을 상징한다. 둘째로 깊은 곳은 풍요를 상징하고, 셋째로 깊은 곳은 대지 자체, 곧 모성을 상징한다. 언제나 정확한 상징적 의미는 문맥에 의해서만 확정된다는 사실에 유의하지 않으면 안 된다.

여기서 우리가 또한 유념해야 할 것은 원형적 '이상적 시골 풍경' 이라는 원시적 개념이다. 슈나이더는 세계의 각지에 산재하는 여러 강과 산이 동일한 이름으로 불리는 것들이 많다는 사실에 놀라면서 이것을 석기시대적 사고 방식의 영향이라고 주장한다. 이런 사고 속에는 이상적인 모델이 있으며, 그것은 특수한 환경이 원시인들의 정신 속에 각인한 인상의 산물로 간주된다. 원시인들의 경우 어떤 환경은 통일성과 다양성을 소유하기 때문에 그들은 그곳에 영주하려는 욕망을 지닌다.

그런가 하면 이런 모델은 만다라(卍)나 4의 숫자로 조직되는 패턴과 관련되는 심리적 질서의 투사로도 설명될 수 있다. 인간들이 최초로 관심을 둔 것은 하늘과 땅이 보여주는 대립성이다. 인간들은 이런 대립성에 신과 괴물, 천사와 악마, 산과 골짜기의 투쟁이라는 의미를 부여했다. 다음 인간들은 그 신체적 조건들과 똑같이 태양의 궤도가 보여주는 네 지점에 근거한 이른바 '방향의 법칙' 에 의해 지구의 표면을 설명하기 시작했다. 그러나 이때의 네 지점은 그들의 경우 애매한 힘을 소유하는 바, 그것은 인간의 신체가 암시하는 네 지점, 곧 위와 아래, 왼쪽과 바른쪽이 그렇듯이 이 네 지점은 외적 사물에 대해 적대적이면서 동시에 인간과 사물의 경계를 지켜 주기 때문이다. 슈나이더는 다음과 같은 말을 첨가한다. '우주적 질서를 지키기 위해 신들은 우주가 창조되던 순간부터 태양을 삼키려고 했던 괴물들 및 거인들과 싸웠다. 신들은 천상의 산에 힘센 사자를 세웠다. 그리고 네 사람의 사수로 하여금 밤과 낮에 관계없이 우주의 질서를 혼란시키려는 존재가 있는지 감시토록 했다.'

엘리아데에 의하면 돌로 된 방파제나 돌담, 혹은 돌로 된 성은 모두 사원의 구성물 가운데 가장 오래 된 부분들이다. 이런 부분들은 인도 문명이 발생하기 전 단계에 나타난다. 이런 것들 역시 풍경이 암시하는 원초적 상징성, 곧 우주적 질서의 재편이라는 의미에 토대를 두고 있다. 한 개의 봉우리가 있는 산은 전체성을 암시하는 '하나', 곧 초월적 의지를 상징한다. 그러나 두 개의 봉우리가 있는 산은 쌍자궁과 관련되며, 나타남의 세계, 모든 삶의 형식이 보여주는 2원론을 상징한다. 이 두 개의 상징적 산은 원형적 풍경이라는 일반적 패턴과 관련되며, 그것은 긍정적인 국면을 지시하는 '생명의 강'과 부정적 국면을 지시하는 '망각의 강'으로 구성된다. 여기서 말하는 '망각의 강'은 형태가 일정하지 않은 불꽃의 바다를 통해 흐르며, 기원 혹은 탄생을 의미하는 단일한 근원으로부터 분출된다.

이런 체계에 의하면 모든 풍경은 재난과 축복의 두 가지 경향을 소유하며, 이 경향은 오고(탄생) 가는(죽음) 인간적 삶의 시간적 국면에 그대로 조응된다. 그러나 이상에서 말한 모든 내용과는 관계없이 풍경에 대한 상징적 해석은 다양하고 개별적인 해석들을 지배하는 법칙에 의존하며 동시에 그 총체적인 의미는 복잡한 의미로부터 그 속성들은 분리함으로써 도출된다. 풍경의 상징적 의미를 해석하는 여러 가능성 가운데 하나로 낮게 누운 풍경을 보기로 들 수 있다. 정원은 일반적으로 도시보다 낮은 지대에 존재하며, 도시에서 보면 식물들의 풍경으로 전개된다. 그리고 이런 풍경은 고대적이고 동양적인 분위기를 암시한다. 반면에 산으로 오르게 되는 거리들은 바람직한 축 위에 존재한다. 이런 경우 해석의 어려움은 별로 없다. 왜냐하면 이런 풍경들 속에는 원형적 풍경의 핵심적 양상들이 드러나기 때문이다.

이제 반짝이는 풍경은 시야에서 사라지고/ 모든 공기는 엄숙한 정적을 지니고 있다.
— 그레이, 「시골 묘지의 비가」

보다 더 따스한 풍경을/ 그대들에게서 꺼내 던지시라, 이 성숙한 풍경이/ 고향이 대기 속에서 빛나기까지
— 릴케, 「오르페우스에게 부치는 소네트」

너의 얼굴 너의 거동 너의 자태는/ 아름다운 풍경인 양 어여쁘구나/ 맑은 하늘의 시원한 바람인 양/ 웃음이 네 얼굴에 노닐고 있다
— 보들레르, 「너무나 쾌활한 여인에게」

하나의 도시, 하나의 촌락은 멀리서 바라보면 하나의 도시이고 하나의 촌락이다. 그러나 가까워지는 데 따라서 그것은 가옥, 수목, 기와, 나뭇잎, 풀, 개미, 개미의 다리 등 무수한 것이다. 이들 전부가 촌락의 이름 아래 포괄되어 있다.
— 파스칼, 『팡세』

그레이의 경우 풍경은 '반짝이는 풍경'이라는 말이 암시하듯이 내적인 힘을 상징한다. 죽음의 세계에는 이런 풍경이 없다. 엄숙한 정적을 지니는 공기는 이런 삶의 역동성이 사라진 세계를 암시한다. 릴케의 경우 풍경은 '그대들에게서 꺼내 던지시라'는 말이 암시하듯이 내적인 세계를 상징한다. 이 내적인 세계는 꿈속의 풍경이 그렇듯이 기억, 잔재, 연상 같은 심리적 경험을 상징한다. 그리고 이런 심적 공간을 상징하는 풍경은 다양한 집중성에 의해 삶에 대한 새로운 의미를 가한다. 여기서 노래되는 풍경은 이른바 내면 풍경이라고 할 수 있다. 보들레르의 경우 풍경은 '아름다운 풍경'이며 또한 한 여인에 비유된다. 이 여인은 표제가 암시하듯이 '쾌활한 여인'이므로 여기서 노래되는 풍경은 삶의 역동적 활력을 상징한다. 파스칼의 경우 풍경은 이른바 지배적 요소가 강조될

때와 구성적 요소가 강조될 때 변별성이 드러난다. 전자의 경우 풍경은 하나의 세계로 인식되며, 후자의 경우 그것은 다양한 사물들로 드러난다. 이런 사물들은 다시 자연적인 것과 인공적인 것으로 양분된다. 결국 여기서 파스칼이 강조하는 것은 하나로서의 풍경이 보여주는 추상성과 무수한 풍경들이 보여주는 구체성에 대한 자각이라고 할 수 있다.

풍요 Fecundity

우화 속에서 풍요는 흔히 양귀비로 재현되는 바, 그것은 이 꽃이 수없이 많은 씨앗을 소유하기 때문이다. 그러나 풍요는 또한 보리, 황소, 토끼 등으로 상징된다. 그런가 하면 물, 씨앗, 남근 형태 등도 풍요를 상징한다. 중국의 경우 결혼한 남녀가 사용하는 침대는 방의 가장 어두운 구석에 놓이는 바, 이것은 그 장소에 씨앗이 간직되어 있으며, 죽은 자들이 매장되어 있다고 믿기 때문이다. 엘리아데에 의하면 조상에 대한 제의, 수확, 성적 생활은 매우 밀접한 상관성을 띠기 때문에 이들 사이에 차별은 존재하지 않는다. 인도의 제의에서는 쌀알이 비옥의 상징으로 드러난다.

이제 모든 화초는 지심 속에 따스함을 찾아서 다 잠자고 있을 때 너 보리만은 그 억센 팔들을 내뻗치고 새말간 얼굴로 생명의 보금자리를 깊이 뿌리박고 자라 왔다. 날이 갈수록 해는 빛을 잃고 따스함을 잃었어도 너는 꿈쩍도 아니하고 그 푸른 얼굴을 잃지 않고 자라 왔다. 칼날같이 매서운 바람이 너의 등을 밀고 얼음같이 차디찬 눈이 너의 몸을 덮어 눌러도 너는 너의 푸른 생명을 잃지 않았었다. 지금 어둡고 찬 눈 밑에서도 너 보리는 장미꽃 향내를 풍겨 오는 그윽한 6월의 훈풍과 노고지리 우지지는 새파란 하늘과 산 밑을 훤히 비추어 주는 태양을 꿈꾸면서 오로지 기다림과 희망 속에서 아무 말없이 참고 견디어 왔으며 5월의 맑은 하늘 아래 아직도 쌀쌀한 바람에 자라고 있다.

— 한흑구, 「보리」

푸른 하늘에는 솜뭉치 같은 흰 구름이 부드러운 바람에 얹히어 남으로 남으로 퍼져 나가고 그 구름이 퍼져 나가는 하늘 가까이 훤히 벌어진 들판에는 이제 바야흐로 익어 가는 기름진 보리가 가득히 실려 있다. 보리가 장히 됐다 됐다 해도 칠십 평생에 처음 보는 보리요, 보리밭둑 구석 구석의 찔레꽃도 유난히 야단스럽다.

— 김동리, 「황토기」

한흑구의 경우 보리는 강인한 생명력과 동시에 무한한 삶의 풍요를 암시한다. 김동리의 경우 보리는 '바야흐로 익어 가는 기름진 보리'가 암시하듯이 풍요 혹은 비옥한 삶을 상징한다.

프로메테우스Prometheus

▲ 야콥 요르단의
〈결박당한 프로메테우스〉

피옵에 의하면 프로메테우스 신화는 승화를 상징하는 바, 이는 독수리와 매가 유사한 가족에 속하기 때문이며, 이런 가족 유사성은 휘발성과 고착성 사이에 유사한 관계가 존재한다는 연금술의 원리에 토대를 둔다. 동시에 프로메테우스가 보여주는 고통이 그렇듯이 모든 고통은 승화를 지향한다. 그것은 고통이 암시하는 붉은빛이 검은색과 흰색 다음에 오는 색이라는 연금술의 원리와 관련된다. 헤라클레스에 의해 프로메테우스가 구제되는 것은 승화의 과정이며, 그 결과라고 할 수 있다.

> 내가 오래 기르던 여윈 독수리야!/ 와서 뜯어먹어라, 시름 없이// 너는 살지고/ 나는 여위어야지, 그러나// 거북이야!/ 다시는 용궁의 유혹에 안 떨어진다.// 프로메테우스 불쌍한 프로메테우스/ 불 도적한 죄로 목에 맷돌을 달고/ 끝없이 침전하는 프로메테우스
> ─ 윤동주, 「간」

시의 앞 부분에는 '코카사쓰 산'에서 도망친 토끼처럼 바위 위에 펴서 말리는 간을 지키자는 말이 나온다. 독수리와 거북은 시의 문맥에 따르면 부정적인 이미지로 드러나며, 이와는 대조적으로 토끼와 프로메테우스는 긍정적인 의미로 드러난다. 구조적으로 독수리/프로메테우스, 거북/토끼가 대립된다. 그러나 시의 끝 부분에서 시인은 '불쌍한 프로메테우스'라고 말한다. 여기서 프로메테우스는 고통과 희생을 상징한다. 그러나 이런 고통이 이 시에서는 이른바 승화가 아니라 '끝없이 침전하는 프로메테우스'라는 말이 암시하듯 전락의 이미지로 노래된다. 자신의 삶의 중심을 상징하는 '간'을 지키는 토끼와 등가 관계에 있는 프로메테우스는 승화가 아니라 전락, 혹은 고통을 상징할 뿐이다.

피 Blood

피는 생명을 상징한다. 그러나 인간이나 동물이 죽을 때 피를 흘린다는 점에서 죽음, 희생을 상징한다. 한편 우리나라 무속에서 피를 뿌리는 것은 정화, 악귀 쫓기, 곧 축사逐邪를 상징한다. 시신을 매장할 때 몸에

붉은 흙을 뿌리는 것은 그 붉은색이 피와 생명을 암시하기 때문에 붉은 흙(피)은 재생을 상징한다. 한편 끓는 피는 폭력, 정열, 항거, 복수를 상징한다. 또한 피는 붉은빛과 관련되기 때문에 태양을 상징하고 색채 이론에 의하면 황금빛-초록빛(식물)-붉은빛의 단계로 발전하는 색채 계열의 끝에 해당된다. 이렇게 노랑-초록-빨강으로 발전한다는 관념은 철분의 증가와 관계된다. 피와 붉은빛이 관련되는 것은 둘이 비슷한 의미를 환기하기 때문이다. 곧 붉은빛의 특성인 격정은 피와 관련되고 피가 암시하는 활력은 붉은빛의 상징으로 나타난다.

물론 상처를 입어 흘리는 피는 희생을 상징한다. 꿀과 포도주는 고대에 죽은 자, 정신, 신에게 바쳐지는 것으로 값진 희생물과 제물이었다. 또한 고대에는 양, 돼지, 황소가 이런 희생을 상징하고 고대의 아시아, 아프리카, 그리고 토착 아메리카, 나아가 유럽인의 경우엔 인간의 피가 사용되었다. '피를 흘리면 위험이 사라진다'는 아랍 사람들의 말은 모든 희생의 중심 관념을 간결하게 표현한 것이다. 그들의 관점에 따르면 피를 바치는 것은 힘을 진정시키고 가장 고통스러운 벌을 무력하게 만든다. 희생의 메커니즘을 지배하는 힘은 두드러진 피의 상징적 특성으로 성스러운 합법성, 고통스러운 자기 진정에 영향을 주는 능력과 관련되는 내적 양심을 상징한다. 동일한 이유로 상처는 희생과 피와 비슷한 상징적 의미를 띤다.

붉은빛은 비합리적인 것에 사용될 때 피와 비슷한 의미를 환기한다. 곧 붉은빛이 신비롭게 침투하는 경우, 예컨대 연금술의 경우 물질이 흰빛의 단계에서 붉은빛의 단계로 이행할 때, 전설 속에서 군마와 괴물을 물리치는 격정적인 단계를 표현하는 '붉은 기사'의 이미지가 나올 때가 그렇다. 이런 전설에는 다음과 같은 구절이 있다.

> 붉은 대리석 조각이 칼에 찔려 물 위에 떠 있다. 그것을 격퇴할 능력이 있는 기사는 다비드 왕의 후계자가 될 것이다. 그 기사는 붉은 비단으로 된

코트를 입고, 그를 수행하는 노인은 그에게 흰 족제비 털로 선이 그어진 주홍빛 외투를 건네준다. ……파르시팔Parsifal은 붉은 갑옷이 모두 붉게 보이는 눈으로 변하는 어떤 기사를 만났다. 그가 들고 있는 도끼는 붉은빛이고, 그의 방패와 창은 불보다 더욱 붉다. 그는 손에 황금으로 된 잔을 들고 있으며, 그의 피부는 희고 머리칼은 붉다.

레비는 이 '붉은 기사'의 상징적 의미를 연구하면서 '그는 피로 물든 옷을 입었다'는 구절을 인용한다. 왜냐하면 그는 전쟁과 희생을 뚫고 살아왔기 때문이다. 또한 어원을 연구하면서 피네도가 인용하는 구절에도 많은 관심이 쏠린다. 그가 인용하는 구절은 「이사야서」에서 취한 것이다. 거기에는 '보즈라에서 물들인 옷을 입고 에돔에서 온 자는 누구인가? 그대의 옷 속의 붉은빛은 어디서 온 것인가?'라는 구절이 있다. 피네도의 설명은 다음과 같다. 에돔과 보즈라는 유대인이 아닌 이교도들의 국가를 의미한다. 에돔이란 단어는 붉은빛을 의미하고, 보즈라는 포도 짜는 기구를 의미한다. 이런 의미는 어째서 성부들이 '포도 짜는 기구'에서 나온 '붉은빛'에서 태어난 이가 다름 아닌 우리의 주 예수 그리스도라고 말하는 것에 대한 단서를 제공한다.

> 가락 맞춰 흐느껴 우는 샘물처럼/ 내 피 굽이쳐 흐르는 듯 여겨지는 때 있나니/……/ 경기장이런 듯 도시를 가로질러/ 피는 흘러가나니 아스팔트를 작은 섬으로 바꾸며/ 온갖 생물의 목마름 적셔 주며/ 가는 곳마다 자연을 붉게 물들이면서
> ― 보들레르, 「피의 샘물」

> 굴복하는 입술에 번쩍이는 피
> ― 발레리, 「해변의 묘지」

> 피는 그의 심장에서/ 버려진 땅속 깊이 스며/ 한 송이 고운 꽃대에 타올라
> ― 이우석, 「참 귀여운 아기가」

보들레르의 경우 피는 격정과 삶의 활력을 상징하고, 발레리의 경우 피는 희생과 상처를 상징한다. 이우석의 경우 피는 희생과 그 희생이 '고운 꽃대에 타오르는' 승화를 상징한다.

피라미드 Pyramid

태고의 성스러운 산은 네 개의 측면을 소유하는 바, 피라미드는 이런 성산聖山으로서 세계의 중심, 우주-축을 상징한다. 피라미드 꼭대기는 영적 최고의 단계를 상징하고 피라미드는 불, 불꽃, 태양을 상징하고 또한 남근을 상징한다.

그러나 피라미드는 모순되는 상징적 의미를 보여준다. 석기 시대 문화나 아직도 전승되는 유럽 민담 속에서 피라미드는 모성을 표상하는 대지를 상징한다. 더욱 크리스마스를 기리기 위해 장식용으로 사용되는 반짝이는 피라미드는 '위대한 어머니'와 관련되는 죽음과 불멸이라는 2중의 의미를 암시한다. 그러나 이런 의미는 오직 피라미드가 그 속이 빈 산이며, 그 속에는 조상들과 지상의 기념물들이 거주한다는 관점에서만 가능하다.

기하학적 형태의 돌로 된 피라미드는 극동에서는 불과 관련된다. 피라미드의 상징적 의미를 좀 더 정확하게 이해하기 위해 슈나이더는 피라미드를 상이한 형태들의 종합이라는 시각에서 접근한 바 있다. 곧 토대는 정방형으로 되어 있으며, 이는 지상을 상징한다. 피라미드의 첨단은 이른바 '신비로운 중심'으로 모든 사물의 출발점이며, 모든 과정이 완성되는 지점을 상징한다. 또한 첨단과 토대를 연결하면 3각형이 되며, 이는 피라미드의 얼굴로 불, 성스러운 현현, 창조가 암시하는 3중의 원리를 상징한다. 결국 피라미드는 이상의 세 가지 본질적 양상으로 수행되는 창조의 총체성을 상징한다.

> 피라미드는 분명히 이집트 사람들의 무상감과 고독감의 상징이다
> ― 윤오영, 「고독감」

이 글에서 피라미드는 무상감과 고독감을 상징한다. 무상감이란 지상의 삶이 보여주는 유한성과 관련이 있고, 고독감이란 하늘의 세계에 닿을 수 없다는 감정과 관련이 있다. 이집트인들이 피라미드를 세운 것은 이런 무상감과 고독감을 극복하기 위해서다. 곧 피라미드는 죽음과 불멸, 말하자면 죽으면서 동시에 영원히 살아 남으려는 태도를 상징한다. 그것은 피라미드에 '위대한 모성'을 상징하는 토대, 대지가 있고 속에는 조상들과 지상의 기념물들이 있고 정상은 신비로운 중심을 상징하기 때문이다. 피라미드는 시간적으로는 과거와 현재, 공간적으로는 지상과 천상을 연결한다.

피리 Flute

피리는 애욕, 고뇌, 격정을 상징한다. 피리의 상징적 의미가 복잡한 것은 그 형태를 중심으로 할 때 피리가 남근을 암시함에 비해 그 어조는 내적인, 여성적·직관적 감정과 관계되기 때문이다. 말하자면 그 어조는 여성적인 영혼에 해당하는 아니마와 관계된다. 피리는 또한 지팡이와 관계되며, 물과도 관계된다.

아닌 밤 달 밝은 제/ 그 뉘가 저笛를 불까/ 심규深閨엔 고등孤燈만도 쓸쓸하기 짝이 없거늘/ 아쉽고 그리운 마음 잠들 길이 있으리.
— 삼의당 김씨, 「적성笛聲」

보릿고개 너머로 양촛불이 타올랐다./ 진달래의 맥령 위에 뼈 색이는 피리 소리// 저 장지에 어린 시름의 웅어리/ 저 벽지에 서린 각혈의 피무늬/ 저것은/ 저것은 하염없는 젊음을/ 눈물로 피 삭이던/ 사타구니의 슬픔인가
— 이수화, 「모창사비곡」

달빛이 흐르는 바다를 고요히 바라보고 앉았던 나의 가슴은 흘러 오는 단소 소리에 아른아른 흔들렸다. 그 소리는 낮에 듣는 것보다 훨씬 처량하였다. 이어지는 듯 끊어지는 듯 굵고 가늘게 흘러 오는 그 소리는 밝은 달빛과 조화되어 단소 소린지 단소 소리가 달빛인지 바다와 산을 스쳐 먼 하늘가를 흐르는 그 소리는 때로 여울 소리같이 격하고 때로 먼 하늘의 기러기 소리같이 처량하였다.
— 최서해, 「누이동생을 따라」

삼의당 김씨의 경우 피리는 '아쉽고 그리운 마음', 곧 님에 대한 그리움, 애욕의 고뇌를 상징한다. 이런 상징적 의미는 이수화의 경우에도 나타난다. 이 시에서 피리는 '뼈 색이는 피리 소리'로 부연되지만, '시름'과 '각혈'의 의미를 내포하면서, 마침내 '사타구니의 슬픔'으로 정의된다. 따라서 피리는 성적인 사랑에 대한 고뇌를 상징한다. 한편 최서해의 경우 피리는 여성적 영혼의 세계를 상징한다. '달빛'과 조화되는 피리 소리, 혹은 피리 소리와 달빛의 경계가 해체되는 경지가 이런 사정을 반영한다. 그러나 인용한 글의 후반부에 오면 피리 소리는 '격함'과 '처량함'을 상징하며, 이것은 본능적인 고뇌와 죽음이 환기하는 고뇌라는 두 가지 상징적 의미를 암시한다.

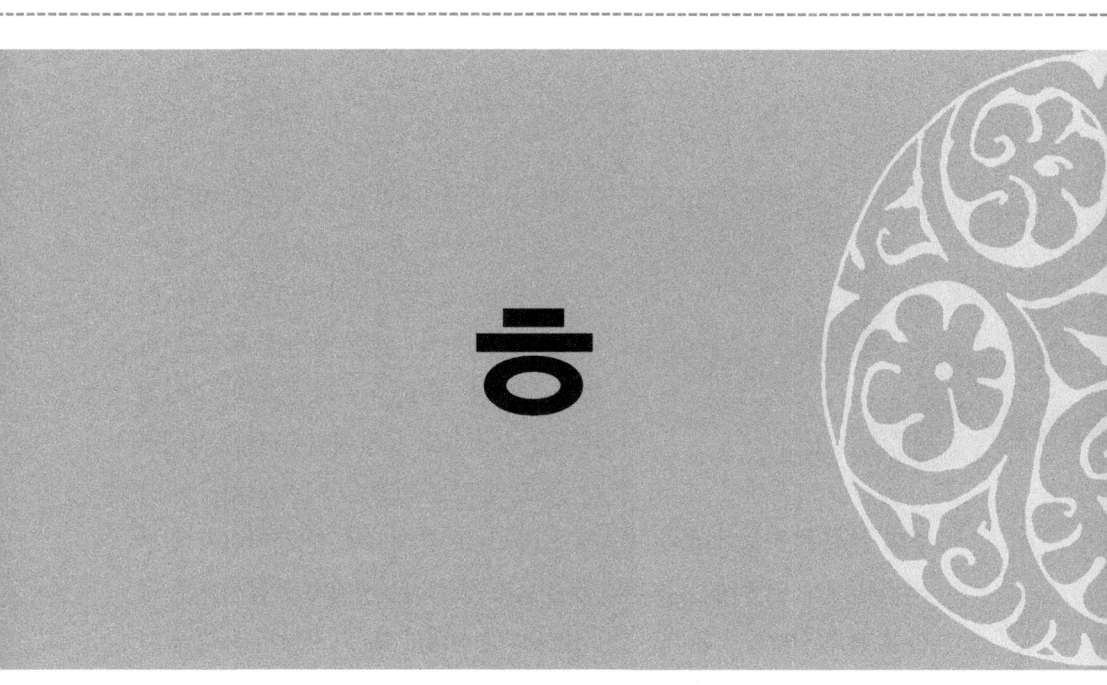

하늘Heaven / 하마Hippopotamus / 학, 두루미Crane / 항아리Urn / 향기Perfume / 호랑이Tiger / 호박Pumpkin / 호수Lake / 혼돈Chaos / 홍수Flood, Deluge / 화로, 난로Hearth / 화병, 꽃병, 병Vase / 화살Arrow / 화석Petrification / 화장Cremation / 황소Ox / 황제Emperor / 휴일Day of Rest / 흙, 땅, 대지Earth, Soil

하늘 Heaven

▲ 미켈란젤로의 〈천지창조〉

하늘은 땅과 대비된다. 하늘이 영혼을 상징한다면 땅은 물질을 상징하고 하늘이 부성, 아버지를 상징한다면 땅은 모성, 어머니를 상징한다. 이런 상징을 토대로 하늘은 하느님, 신성, 우주의 창조자, 초월적 존재를 상징하고 동양에선 조상을 상징한다. 유교의 경우 천명天命이 암시하듯이 사람의 본성은 하늘에서 부여받은 천리天理로 본래 순수한 것이지만 인간의 욕망으로 더럽혀진다. 따라서 경敬과 성誠으로 제거하고 본성으로 돌아갈 때 성인聖人이 된다. 진인사盡人事 대천명待天命은 사람의 도리를 다하고 하늘의 명을 기다린다는 뜻이다.

한편 『우파니샤드』에는 다음과 같은 말이 나온다. '최초에 우주는 무였다. 이 무에서 존재가 생겼다. 이 존재는 차츰 커지면서 알의 형태가 되었다. 이 알은 1년 동안 깨지지 않고 그대로 있었다. 1년이 지나자 이 알은 깨어지고, 두 조각으로 나누어졌다. 한 조각은 은으로 되어 있었으며, 다른 한 조각은 금으로 되어 있었다.' 이 말에 나오는 은은 땅에, 금은 하늘에 해당된다. 인도 조각의 경우 이 두 짝은 제단과 탑처럼 생긴 불교의 사당에 해당된다. 많은 신화는 이와 유사한 형식을 토대로 전개된다.

대체로 하늘은 남성적·능동적 원리, 정신을 상징하며 3이라는 수와 관련된다. 이와는 달리 땅은 여성적·수동적 원리, 정신이 아니라, 물질을 상징하며 4라는 수와 관련된다. 엘리아데에 의하면 하늘의 푸른색은 성스러운 신의 얼굴을 감추고 있는 베일이고 구름은 그의 옷이다. 하늘의 빛은 하늘이 자신의 거대한 몸에 바르는 고약이고 별들은 그의 눈에 해당된다.

동양인들의 경우 둥근 천장 같은 하늘의 형태는 유목민의 천막을 연상시키며, 따라서 하늘/땅이라는 연상으로부터 자유로워진다. 이들의 생각에 따르면 3차원적 공간은 인간이 신비로운 다른 세계로 드는 것을 방해하는 일종의 뚜껑일 뿐이다. 따라서 신성한 것으로 간주되는 천상의 공간은 사물을 담는 그릇이 된다.

또한 역사의 초기 단계에는 하늘이 여러 개의 하늘로 구성되었다는 사실을 기억하지 않으면 안 된다. 이런 사실은 중력과 중력장의 이론, 유기체의 법칙을 예견하며, 불연속적인 질과 연속적인 양의 관계를 해명하는 원시적 논리, 곧 개별적인 천체나 천체의 집단에 분리된 공간을 부여하고, 세포 형태의 공간을 부여하는 원시적 논리에 의존한다.

하늘은 아마도 이 세상에 대한 신의 감정이리라.
— 라르센

하늘의 놀라운 깊이와 견딜 수 없는 투명성! 이는 자연의 그윽한 깊이와 이데아의 견딜 수 없는 투명성이라고 볼 수 있다.
— 보들레르

언제나 하늘은 무슨 빛으로도 멈추지 못할 비애의 피를 흘린다.
— 프레이저, 「비가」

그 머리 위에는 하늘! 이 숨막히는 굴의 벽/ 어릿광대마다 피투성이 땅을 밟는/ 익살맞은 가극으로 조명된 천장/……/ 하늘! 이것은 눈에도 안 띄게 작은 막막한 작은 인류가/ 부글부글 끓는 거창한 냄비의 검은 뚜껑.
— 보들레르, 「뚜껑」

> 지리한 장마 끝에 서풍에 몰려가는 무서운 검은 구름의 터진 틈으로, 언뜻언뜻 보이는 푸른 하늘은 누구의 얼굴입니까?
> ― 한용운, 「알 수 없어요」

> 가만히 하늘은 들여다보면 눈썹에 파란 물감이 든다.
> ― 윤동주, 「소년」

> 궁륭! 새파란/ 새파란 저 하늘은 하나 남은 깃발/ 새파란 저 하늘은 우리의 이데아다/ 하나 남은 깃발은 찢겨지지 않는다.
> ― 박두진, 「8월」

 라르센의 경우 하늘은 신을 상징하고 보들레르의 경우 하늘은 '자연의 그윽한 깊이'와 '이데아의 투명성'을 상징하고 그것은 초월적 관념의 세계를 지향한다. 프레이저의 경우 하늘이 '비애의 피'를 흘리는 것은 지상의 삶과 천상의 세계 사이에 있는 뛰어넘을 수 없는 단절을 동기로 한다. 한편 보들레르의 「뚜껑」에서는 하늘이 뚜껑으로 묘사된다. 그러니까 여기서 하늘은 다른 세계를 꿈꾸지 못하게 우리를 방해하는 뚜껑이다. 보들레르는 그것을 '숨막히는 굴의 벽', '거창한 냄비의 뚜껑'으로 노래한다.
 한용운의 경우 하늘은 '구름의 터진 틈으로, 언뜻언뜻 보이는' 신의 얼굴, 혹은 절대자의 얼굴을 상징한다. 이는 하늘의 푸른색이 신의 얼굴을 감추고 있다는 믿음을 근거로 한다. 윤동주의 경우 하늘은 '파란 물감'이 표상하듯 신성, 동경, 그리움의 세계를 상징하고 하늘은 우물이나 강물과 등가 관계에 있다는 점에서 자아 반성을 상징할 수도 있다. 끝으로 박두진의 경우 하늘은 '이데아'를 상징한다. 여기서 말하는 이데아란 지상의 삶의 조건을 초월하는, 그리고 그런 삶의 근거가 되는 이른바 플라톤적 의미로서의 절대 관념을 의미한다.

하마 Hippopotamus

이집트 상징 체계에서 하마는 '강을 만들어 내는 여신'을 상징하고 하마 모습을 한 여신은 은혜와 보호를 상징한다. 하마는 강력한 힘과 활기를 상징하고 물과 관련된다는 점에서 비옥함, 풍요, 물을 상징하며, 결과적으로 어머니의 원리와 관련된다.

▲ 루벤스의 〈하마와 악어사냥〉

등이 넓은 하마는/ 진흙 속에 배를 깔고 쉰다/ 비록 그는 단단하게 보이지만 오로지 살과 피로 된 몸뚱이—

— 엘리엇, 「하마」

뚝한 얼굴이 짧은 발을 어기적거리며/ 내게로 다가온다/ 통성명을/ 하자는 것일까/ 인사를 하기에는/ 내 얼굴의 피부가 너무 투명하고/ 외면하기에는 그의 얼굴이/ 너무나 심정적이다.

— 박목월, 「하마」

엘리엇의 경우 하마는 '살과 피로 된 몸뚱이'가 암시하듯이 강력한 힘과 활력을 상징하고, 박목월의 경우에는 '외면하기에는 그의 얼굴이/ 너무나 심정적이다'라는 시행이 암시하듯이 어머니의 원리를 상징한다. 여기서 '심정적'이라는 낱말이 여성적인 특성을 암시하기 때문이다.

학, 두루미 Crane

학은 하늘과 관련되어 신의 사자, 신성, 하늘과 땅을 잇는 중개자를 상징한다. 중국의 경우 학은 정의, 장수, 선량함, 근면한 영혼을 상징한다.

저 학이 기운찬데/ 그 정기를 오직 양에 받았네/ 새하얀 이런 것이 있거니/ 오직 네가 떳떳하여라/ 희지도 않고 누렇지도 않나니
— 조익

천년 맺힌 시름을/ 출렁이는 물살도 없이/ 고운 강물이 흐르듯/ 학이 나른다.// 천년을 보던 눈이/ 천년을 파닥거리던 날개가/ 또 한 번 천애에 맞부딪노라.
— 서정주, 「학」

조익의 경우 학은 떳떳함, 곧 정의를 상징하고, 서정주의 경우 학은 고운 영혼을 상징한다.

항아리 Urn

항아리는 사물을 담는다는 점에서 여성적 수용을 상징한다. 금으로 된 항아리나 은으로 된 항아리는 흰 백합과 관련되어 처녀를 상징한다. 중국의 경우 뚜껑이 달린 항아리는 행운을 표상하는 여덟 가지 사물 가운데 하나이며, 하나로 통일된 세계를 상징하거나 탄생과 죽음을 지배하

는 탁월한 지성을 상징한다. 한편 헝겊으로 감싼 유골 단지는 죽음을 상징한다.

꽃다운 흰 구름 어리운 이 항아리는/ 하염없는 마음속에 외로움을 애시시 끌어안았어라.

— 구자운, 「화본초병」

무슨 흙으로 빚었기에/ 어느 여인의 살결이 이처럼 고울 수 있으랴/ 얇은 하늘빛 어리인 바탕에 그려진 것은 이슬 머금은 닭이풀이라/ 만지면 끊어질 듯 아련히 묻어 오는/ 차단한 기운이여// 네가 놓이는 자리는/ 아무데고 끝인 동시에/ 시작이 되는 너는 그런 하나의 중심이라/ 모든 것이 잠잠할 때에도 너는 끊임없이 숨쉬며 있는// 오 항아리. 너 그지없이 둥근 것이여/ 소리 없는 가락의 동결이여/ 물 위에 뜬 연꽃보다도 가벼우면서/ 모든 바위보다 오히려 무겁게 가라앉은 것// 네 살결 밖을 감돌다 사라지는/ 세월은 한갓 보이지 않는 물무늬인가/ 항아리 만든 손은 티끌로 돌아가도/ 불멸의 윤곽을 지니인 너 항시 우러른/ 그 안은 아무도 헤아릴 길이 없다.

— 박희진, 「항아리」

구자운의 경우 항아리는 '하염없는 마음속에 외로움을 애시시' 끌어안고 있는 여인의 이미지로 드러난다. 여기서 항아리는 밖의 것들을 속으로 안아주는 여성적 수용을 넘어 '외로움'을 상징한다. 그런가 하면 박희진의 경우 항아리는 여성, 신성을 상징하고 '네가 놓이는 자리는/ 아무데고 끝인 동시에/ 시작이 되는' 이라는 시행에서는 탄생과 죽음, 시작과 끝을 지배하는 지성을 상징하고 나아가 둥근 하늘을 상징한다.

향기 Perfume

바슐라르가 지적했듯이 향기는 공기와 관련되는 바, 물체가 대기를 경과하며 남기는 흔적이나 파동을 의미하며, 따라서 기억이나 잔상을 상징한다. 니체의 경우 높은 산봉우리에 있는 순수하고 차가운 공기가 영웅적이고 견고한 사상을 상징함에 반해 향기로운 대기는 정서와 향수로 물든 정신을 상징한다. 교감의 법칙을 지나치게 강조하는 이론은 모든 향기들의 상징적 의미를 매우 엄격하게 정의한다. 그러나 향기들이 보여주는 기본적이고 개성적인 의미들을 추출하고 이것들을 일정한 순서로 배열함으로써 그 상징적 의미를 찾는 일도 가능하다. 그렇게 함으로써 향기들의 상징적 의미는 하나의 통일성의 세계로부터 단계적인 차별성을 드러내는 색깔이나 형태들을 중심으로 체계화할 수 있다.

> 밤처럼 그리고 빛처럼 아득한/ 어둡고 그윽한 통합 속에/ 기인 메아리 멀리서 어울리듯/ 향기와 빛깔과 소리가 상통한다.// 그 향기들, 어린이 살결처럼 산뜻하고/ 오보에처럼 부드럽고 목장처럼 푸르고/ 또 그밖에 썩고 풍부하고 호기로운 향기 있어/ 호박, 사향, 안식향, 훈향처럼/ 무한한 것으로 퍼져 나가/ 정신과 관능의 열광을 노래한다.
> ― 보들레르, 「만물 조응」

> 거기엔 모두가 질서와 아름다움/ 호사와 고요, 그리고 쾌락// 세월에 닦여/ 빛나는 가구/ 우리 방을 장식하고/ 진귀한 꽃들/ 향그러운 냄새/ 어렴풋한 호박 향기와 어울리고/ 호화로운 천장/ 그윽한 거울/ 동양의 찬란한 광채/ 모두가 거기서/ 사람 마음에/ 정다운 제 고장 말을 속삭이리
> ― 보들레르, 「여행에의 권유」

> 사향 박하의 뒤안길이다./ 아름다운 배암—/ 을마나 크다란 슬픔으로 태어났기에/ 저리도 징그러운 몸뚱아리냐.// 꽃다님 같다./ 너의 할아버지가 이브를 꼬여내든/ 달변의 혓바닥이/ 소리 잃은 채 낼룽그리는 붉은 아가리로/ 푸른 하늘이다 —물어뜯어라 원통히 물어뜯어.
> ― 서정주,「화사」

보들레르의「만물 조응」에서 향기는 '빛깔'과 '소리'와 하나가 되는 세계로 노래된다. 말하자면 여기서 향기는 만물 조응의 세계를 구성하는 하나의 단위가 된다. 그러나 '어둡고 그윽한 통합' 속으로 어울려든다는 말이 암시하듯 여기서 향기는 또한 우주라는 심연, 그러니까 감각적 현상을 초월하는 세계에 대한 향수를 상징한다. 이런 향기들은 다시 몇 가지 양상으로 구분된다. '호기로운 향기'는 승리에 찬 향기를 뜻하고, '호박'은 용연향, 곧 수지 비슷한 향료로 우아한 느낌을 주고, '사향'은 사향노루 수컷에서 나는 것으로 관능을 상징하고, '안식향'은 때죽나무과의 낙엽 교목에서 나오는 것으로 훈향의 원료가 되며, '훈향'은 태워서 향기를 내는 향료를 의미한다. 이런 향기들을 시인은 '정신과 관능의 영광'이라는 말로 부연하고 있다.「여행에의 권유」에 나오는 향기는 동경을 상징한다. 이 시는 한가로이 사랑하고 사랑하다 죽고 싶은 시인의 심리 세계를 노래하는 바, 이런 그리움은 이 시에서 특히 '향그러운 냄새'와 '어렴풋한 호박 향기'로 제시되며, 이런 향기는 우아함을 상징한다.

서정주의 경우 향기는 '사향'과 '박하'로 구체화된다. 사향은 앞에서 말했듯이 관능을 상징하고, 박하는 시원함과 화려함을 상징한다. '아름다운 배암'을 노래하면서 이런 향기의 세계를 노래하는 것은 이 배암이 관능과 화려함을 동시에 상징하기 때문이다. 전자는 추나 악의 세계를, 후자는 미나 선의 세계를 상징한다. 그러니까 여기서 뱀은 선과 악, 관능과 정신을 동시에 상징하고 이런 뱀의 이미지는 보들레르가 노래한『악의 꽃』과 비슷한 상징적 의미를 띤다. '악의 꽃'은 악과 선, 추와 미가 동시에 존재함을 의미하기 때문이다.

호랑이 Tiger

▲ 김홍도의 〈죽하맹호도〉

호랑이는 태양과 달에 속하며 전자를 강조할 때는 창조, 후자를 강조할 때는 파괴를 상징한다. 중국의 경우 호랑이는 서양의 사자에 해당하며 양陽에 속하고 용기, 권위, 무용을 상징하고 어둠 속에 새로 솟는 달을 상징한다. 그런 점에서 호랑이는 빛, 양陽에 속하고 동시에 어둠, 음陰에 속하고 어둠 속의 달이라는 점에서 어둠과 달을 상징한다. 어둠은 영혼과 동일시되고, 추락, 비열한 본능을 상징한다. 그러므로 호랑이는 어둠이 상징하는 본능과, 이 본능의 세계에서 상승하는 힘, 곧 빛을 상징한다. 따라서 호랑이의 두 가지 상징은 서로 대립되는 것은 아니다.

한편 호랑이는 어두운 곳에서도 볼 수 있기 때문에 땅에 속한다. 그러나 오행五行 사상에 의하면 백호白虎는 서쪽을 지배하고 가을에 해당하고 금속[金]에 속하고, 청호靑虎는 동쪽을 지배하고 봄에 해당하고 식물[木]에 속하고, 적호赤虎는 남쪽을 지배하고 여름에 해당하고 불[火]에 속하고, 흑호黑虎는 북쪽을 지배하고 겨울에 해당하고 물[水]에 속한다. 끝으로 황금 호랑이는 태양에 속하고 지상에 거주하며 위의 모든 호랑이를 지배한다. 이 황금 호랑이는 중국이 세계의 중심에 자리하며 황제가 중국의 중심에 자리하듯 지상의 중심에 자리한다.

중국 신화에 나오는 다섯 마리의 호랑이는 기독교의 4각형이 암시하는 것과 비슷한 의미, 곧 혼돈의 힘에 저항하는 공간적 질서를 상징한다.

이상의 다섯 호랑이는 공간을 구성하는 동, 서, 남, 북이라는 사방에 중심이 첨가된 것으로 융이 말한 것처럼 원형적인 상황을 상징한다. 호랑이가 다른 동물들과 관련되는 경우에는 상대적 지위에 따라 그 상징적 의미가 변한다. 예컨대 파충류와 싸우는 호랑이는 탁월성을 상징하지만, 사자나 날개 달린 새들과 싸우는 경우에는 이와는 달리 열등성을 상징한다.

> 범은 착하고 성스럽고, 문채롭고도 싸움 잘하고, 인자롭고도 효성스럽고, 슬기롭고도 어질고, 엉큼스럽고도 날래고, 세차고도 사납기가 그야말로 천하에 대적할 자 없다.
> — 박지원, 「열하일기」

> 호랑이여! 호랑이여!/ 밤의 숲 속에서 번쩍번쩍 빛나는 그대여/ 그 어떤 불멸의 손과 눈이/ 그대의 무시무시한 조화를 이루어 냈는가?
> — 블레이크, 「호랑이」

> 오, 호랑이의 마음이 여자의 피부 속에 싸여 있구나!
> — 셰익스피어, 「헨리 6세」

박지원의 글에서 강조되는 것은 호랑이가 암시하는 복합적인 특성이다. 그러나 찬찬히 읽으면 모두 조화의 개념으로 요약된다. 호랑이는 착하지만 싸움을 잘하며, 어질지만 사납다는 말들이 그렇다. 이런 조화의 개념은 블레이크의 경우 더욱 두드러진다. 이 시에서 강조되는 것은 '무시무시한 조화'이며, 이런 조화는 '숲 속에서 번쩍번쩍 빛나는 그대'라는 이미지가 암시한다. 요컨대 호랑이는 어둠과 빛, 혹은 열악한 본능과 정신의 신비한 조화를 상징한다. 그런가 하면 셰익스피어의 경우 호랑이는 잔인함과 복수심을 상징한다.

호박Pumpkin

　중국의 경우 호박은 불멸을 상징하는 여덟 가지 이미지 가운데 둘째에 해당된다. 호박은 흔히 물시계, 짝을 이루는 두 개의 북, 십자가, X자처럼 두 세계, 곧 위의 세계와 아래의 세계의 연결을 상징하며, 또한 낮과 밤, 삶과 죽음, 숭고와 오명, 기쁨과 슬픔 같은 우주적 질서의 역전을 상징한다. 고대 중국에는 자신의 육체를 떠나 하늘의 세계를 방문했다는 인물이 나오며, 그는 이른바 '연기 기둥'을 상징한다. 그러나 이런 짝으로 된 호박은 극동과 서양에는 그렇게 흔하게 나타나지 않는다. 서양의 경우 허리가 잘룩하게 들어간 서양 호박, 혹은 표주박은 천계와 하계의 연결을 상징한다.

　연금술의 원리에 따르면 짝으로 된 호박은 그리스와 로마 시대에 나오는 족자리, 곧 좌우로 손잡이가 둘 달린 긴 항아리 두 개가 있는 형태와 비슷하며, 이런 형태는 앞에서 말한 '연기 기둥'을 암시하며, 이때 아래 항아리의 내부는 위의 항아리의 내부와 연결된다. 따라서 이런 경우에는 단일한 하나의 연기 기둥이 아니라 두 항아리의 주둥이 사이를 선회하는 둥그런 연기가 존재한다.

　　나무 울타리를 무성히 뒤덮는 파—란잎 사이로 노랗게 드러난 네 얼굴
　에는 두메에서 왔다는/ 순이의 순직한 얼굴이 또한 그 속에 있어 좋구나//
　날개 달린 놈이면 잉잉거리며 진득한 향을 듣고 누구나 오라/ 내 입술 그리
　고운 건 없어도 어서들 오라/ 이 가슴 속에다 깊숙이 문질러 주마
　　　　　　　　　　　　　　　　　　　　　　　— 박병순, 「호박꽃」

　　비 맞는 마른 덩굴에 늙은 마을이 달렸다.
　　　　　　　　　　　　　　　　　　　　　　　— 황순원, 「골동품」

박병순의 경우 호박은 위/아래의 두 세계를 잇는 중국적인 의미가 아니라 순박함을 상징하다. 황순원의 경우에도 호박은 '늙은 마을'이 암시하는 토속성과 전통적인 삶의 세계를 상징한다.

호수 Lake

호수와 늪은 흡수하는 여성적 원리를 상징하고 나아가 포용력을 갖춘 지혜, 습한 것과 수동적인 성질을 암시한다. 이집트 상형 문자 체계에서 호수는 신비한 구조적 형상을 보여준다. 이런 형상은 밤에 태양이 지나가야 하는 지하의 호수와 관련된다. 뿐만 아니라 이런 형상은 물이 언제나 표면적인 세계와 깊이 있는 세계를 연결한다는 점과 관련된다. 이런 점들을 토대로 할 때 호수는 투명한 유동체로 인식된다.

카르나크에 있는 아몬 신의 사원에는 '낮은 물'을 상징하는 인공 호수가 있다. 그리고 한 해의 어느 기간에는 보트를 타고 이 호수를 건너는 승려들의 행렬이 있는 바, 이런 방법에 의해 위에서 말한 밤을 지나는 태양의 운동이 재현된다. 폭넓게 말해서 여기서 말하는 상징은 '깊은 물'의 상징과 동일하다. 아일랜드와 프랑스의 브르타뉴 지방 사람들은 죽음의 땅이 호수나 대양의 밑바닥에 있다고 믿는 바, 이는 태양이 물 아래로 진다는 사실에 근거하는 것 같다.

그러나 위에서도 말했듯이 호수의 구조가 보여주는 이런 상징성은 이른바 수준level의 상징에서 도출되는 바, 공간적으로 낮은 수준에 있는 것들은 정신적으로 낮은 수준에 있는 것, 곧 부정적이며 파괴적이며 운명적인 것을 상징한다.

물의 상징이 심연의 상징과 관련된다는 점은 호수의 상징적 의미에 결정적인 역할을 한다. 이때 호수의 물은 생명과 죽음, 고체와 기체, 유형과 무형 사이의 전환을 상징하기 때문이다. 동시에 호수, 혹은 호수의 표면은 거울의 의미를 내포하는 바, 이때 호수는 자기 성찰, 의식, 계시를 상징한다.

영혼은 따스한 생각의 호수에서 멱감는다.
— 월버, 「애가의 계절에」

영원이여, 무여, 과거여, 어두운 동굴이여/ 삼켜 버린 모든 세월을 너는 어이할 테냐/ 말하라, 호수여, 네가 앗아간 지고한 도취의 순간들을/ 다시금 우리에게 돌려다오// 시간이 갈수록 젊어지는 호수, 시간의 흐름에 주름지지 않는 호수여,/ 말없는 동굴이여, 어두운 숲이여, 아름다운 자연이여/ 기억해다오 이 밤 우리들의 추억만이라도/ 아름다운 호수여, 너의 휴식 속에 너의 풍경 속에 너의 광활한 언덕의 풍경과/ 검은 전나무 숲에 물굽이를 핥는 거친 바위에—/ 살랑거리며 불고 가는 미풍/ 다시 돌아와 기슭을 씻는 파도의 음향/ 너의 수면을 부드러운 광채로 물들이는 은빛 별무리 속에 이 밤 우리의 기억을 기록케 하라/ 흐느끼는 바람 탄식하는 갈대/ 향기 어린 호수 그 대기의 향훈/ 듣고 보니 숨쉬는 대지의 모든 것들/ 모두 소리 높여 속삭여 주기를/ '그들은 사랑하였느니라'고……
— 라마르틴, 「호수」

호수여, 그후 일년의 역정이 끝났으니/ 그녀가 다시 보아야 할 그리운 물결 끝에/ 보라 바로 그녀 앉았던 돌 위에 나 홀로 와서 앉았노라
— 라마르틴, 「앙티로망의 예」

호수는 벽같이 서 있는 깜깜한 망고나무들 사이로 거대한 광선을 발사하고 있는 것 같아 보였다.
— 로렌스, 「날개 돋친 뱀」

어쩔 수 없는 약속처럼/ 나는 너를 기다리고 있다.// 나무와 같이 무성하던 청춘이/ 어느덧 잎 지는 이 호수 가에서/ 호수처럼 눈을 뜨고 밤을 새운다.// 이제 사랑은 나를 울리지 않는다/ 조용히 우러르는/ 눈이 있을 뿐이다./ 불고 가는 바람에도/ 불고 가는 바람처럼 떨던 것이/ 이렇게 잠잠해질 수 있는 신비는/ 어디서 오는가.// 참으로 기다림이란/ 이 차고 슬픈 호수 같은 것을/ 또 하나 마음속에 지니는 일이다.

— 이형기, 「호수」

월버의 경우 호수는 '따스한 생각'을 상징한다. 그리고 이런 생각 속에 '멱감는 영혼'이라는 표현은 호수의 신비성을 암시한다. 라마르틴의 경우 호수는 여러 가지 의미를 암시한다. 그러나 지배적인 의미는 '영원이여, 무여, 과거여, 어두운 동굴이여/ 삼켜 버린 모든 세월을 너는 어이할 테냐'라는 시행이 암시한다. 이 시행에 의하면 호수는 '영원'과 '무'의 세계, 곧 일종의 무의식을 상징한다. 이런 의미는 또한 '어두운 동굴'의 이미지가 환기하기도 한다. 그런가 하면 '삼켜 버린 모든 세월'이라는 시행에 의하면 호수는 심연을 상징할 수도 있다. 또 '시간이 갈수록 젊어지는 호수'라는 시행을 강조할 때 호수는 신비를 상징할 수도 있다. 그러나 '말없는 동굴이여, 어두운 숲이여, 아름다운 자연이여'라는 시행에서는 호수가 무의식을 상징하고, '아름다운 호수여, 너의 휴식 속에 너의 풍경 속에'라는 시행에 의하면 호수는 휴식을 상징한다. 그런가 하면 '향기 어린 호수'라는 표현에서는 호수가 향기의 세계를 상징한다. 결국 이 시에서 호수는 무의식, 심연, 신비, 휴식, 향기 등을 상징하는 바, 이런 의미들은 모두 광의의 무의식이라는 개념으로 요약할 수 있다.

라마르틴의 「앙티로망의 예」에서 호수는 아름다운 사랑의 추억을 상징하지만 '그녀 앉았던 돌' 위에 홀로 앉아 있는 화자가 체험하는 것은 옛날의 사랑을 회상하면서 자신을 되돌아보는 이른바 자기 성찰이라고 할 수 있다. 그런 점에서 호수는 자기 성찰을 상징하며 거울의 이미지와 동일시된다. 로렌스의 경우 호수는 '거대한 광선'을 발사한다는 말이 암시하듯이 지하의 물과 관련되며, 따라서 죽음을 상징한다. 앞에서도 말했 듯이 이런 의미는 태양이 물에 떨어지고 물 속을 통과한다는 해석이 동기가 된다. 이형기의 경우 호수는 크게 세 가지 의미를 암시한다. 첫째는 '호수처럼 눈을 뜨고 밤을 새운다'는 시행이 암시하며, 둘째는 '이렇게 잠잠해질 수 있는 신비'라는 시행이, 셋째는 '기다림'이란 시행이 암시한다. 이런 시행들을 중심으로 할 때, 이 시의 경우 호수는 조용한 고뇌, 신비, 기다림을 상징한다.

혼돈 Chaos

사실주의 철학자들은 혼돈을 세계에 존재한 최초의 비유기적인 상태로 인식하며, 이런 상태는 새로운 질서의 세계를 창조함으로써 의미를 지니게 된다고 본다. 예컨대 블라바스키는 다음과 같이 묻고 있다. '원초적 혼돈이란 우주를 창조하는 모든 씨앗, 모든 존재, 모든 형식을 그 속에 내포한 에테르가 아니고 무엇이겠는가?'

그런가 하면 플라톤과 피타고라스 학파들은 이 원초적 혼돈이 세계의 영혼이라고 주장한다. 따라서 혼돈은 무분별한 상태 속에서 서로 대립하는 일체의 힘을 포괄하는 세계로 간주된다. 힌두교의 전통에 따르면 원초적 혼돈 속에서 우리들은 불멸과 죽음, 혹은 악을 체험한다. 연금술의 경우 혼돈은 근원적 물질과 동일시되며 검은빛으로 인식된다. 뿐만 아니라 혼돈은 무의식과 동일시되기도 한다. 그러나 혼돈을 무의식의 조건에 선행하는 상태로 인식하는 것이 더욱 타당할 것이다.

마음과 몸을 온통 흔들어 놓는 것만 같아서 마치 배를 탄 사람이 배와 함께 아니 흔들릴 수 없는 모양으로 도저히 스스로 제 몸과 마음의 안정을 즐길 리 없다.

— 이광수, 「흙」

여기서 혼돈의 이미지는 몸과 마음이 분별되지 않는 상태로 나타난다. 한편 이런 상태는 동시에 '무분별한 상태 속에서 서로 대립하는 일체의 힘을 포괄하는 것'이라는 상징적 의미를 띤다.

홍수 Flood, Deluge

홍수는 죽음과 재생, 역사의 한 주기의 끝과 새로운 시작을 상징한다. 달과 물의 상징적 관계를 염두에 둘 때 엘리아데에 의하면, 홍수는 이른바 '달의 죽음'이 계속되는 사흘에 대응된다. 그러나 파국이라는 의미에서의 홍수는 최후를 의미하지는 않는다. 왜냐하면 홍수는 달의 순환, 그러니까 물이 표상하는 재생이라는 상징 체계 속에서 발생하기 때문이다.

▲ 시슬리의 〈포르 마를리의 홍수〉

홍수는 사물들을 파괴하지만 그 사물들의 힘을 파괴하지는 않는다. 따라서 생명이 거듭날 수 있는 길을 남겨 둔다. 결국 홍수는 순환의 최후 단계를 상징한다. 억수같이 쏟아지는 비는 홍수가 나타내는 상징적 의미를 내포한다. 모든 빗방울은 순화와 재생, 추방과 완성을 상징한다.

장마비는 그대로 초록 기름인 듯하다. 연 닷새를 거푸 맞고 난 볏모는 떡잎에까지 새파란 물이 들었다.

지루하던 장마가 들었다. 한 주일 동안이나 퍼붓던 비는 서울 한복판을 지글지글 끓이던 더위와 흐드분한 티끌을 한바탕 훑부시어 내었다. 얕은 하늘에 칡덩굴같이 서리었던 구름장은 선들바람에 쫓기어 바닷속의 풀잎 처럼 흐느적거리다가는 스러지는 저녁놀에 물이 들어서 산호 가지 같이 빨 갛게 타는 성싶다.

— 심훈, 「상록수」

이 소설에서 서술되는 것은 홍수가 아니라 장마지만 크게 보면 홍수와 관련된다. 홍수洪水는 비가 많이 와서 냇물이나 강물이 범람할 정도로 큰물이 지는 것을 뜻하기 때문이다. 이 소설에서 장마는 파국이 아니라 순화와 재생을 상징한다.

화로, 난로 Hearth

화로는 가정의 중심에 있다는 점에서 가정의 태양, 혹은 가정을 상징한다. 또한 화로는 불이 표상하는 남성 원리와 불을 담는다는 여성 원리가 결합됨을 상징하며, 따라서 사랑을 상징한다. 대지를 여성으로 간주하면 화로의 불은 여성 속의 남성을 상징하고, 불 자체를 강조하면 화로는 불의 대지적 측면, 곧 불의 여성적 측면을 상징한다. 대체로 화로와 난로는 온기, 평화를 상징한다.

화로가의 단란보다 즐거운 것은 없다.

— 키케로

사랑은 겨울에 할 것이다. 겨울에도 눈 오는 밤에. 눈 오는 밤이어든 모름지기 사랑하는 이와 노변에 속삭이는 행복된 시간을 가지라. 어떤 이는 사랑이 나란히 걷는 중에 생장한다고 말하며 혹시 봄밤의 꽃동산을 기리고 혹시 가을날의 단풍길을 좋다 하지마는 나는 단연코 설야의 노변을 주장할 것이다. 왜그러냐 하면, 아무리 사랑은 시간을 초월한다 해도 겨울밤의 기나긴 것은 어느 편이냐 하면 둘의 마음을 든든케 할 것이요, 더구나 노변의 그윽한 정조와 조용한 기분이여 설야에 내방자는 없으리라는 자신이 서로의 마음을 가라앉게 하기 때문이다.

— 양주동, 「사랑은 눈 오는 밤에」

방 거죽에 극한이 와 닿았다. 극한이 방 속을 넘본다. 방안은 견딘다. ……화로를 꽉 쥐고 집의 집중을 잡아당기면 유리창이 움푹해지면서 극한이 흑처럼 방을 누른다. 참다 못하여 화로는 식고 차갑기 때문에 나는 적당스러운 방안에서 쩔쩔맨다. 어느 바다에 조수가 이나 보다. 잘 다져진 방바닥에서 어머니가 생기고 어머니는 내 아픈 데에서 화로를 떼어 가지고 부엌으로 나가신다.

— 이상, 「화로」

키케로의 경우 화로는 단란을 상징한다. 그러나 양주동의 경우 화로는 이성간의 사랑을 상징하며, 글 속에서는 '그윽한 정조와 조용한 기분'이 동기를 이루지만, 무의식중에 화로는 두 사람의 결합, 그러니까 남성 원리와 여성 원리의 결합을 상징하기 때문이다. 이상의 경우 화로는 가정을 상징한다. 이는 '화로를 꽉 쥐고 집의 집중을 잡아당긴다'는 표현이 있고, 불 꺼진 추운 방에서 어머니가 화로를 들고 부엌으로 나가는 표현이 있기 때문이다. 결국 추운 겨울 불이 꺼진 화로는 가난에 시달리는 가정을 상징한다.

화병, 꽃병, 병Vase

화병이나 병은 여성 원리, 곧 수용, 포용, 풍요를 상징한다. 중국의 경우 꽃이 꽂혀 있는 화병은 조화와 장수를 상징하고 이집트의 상형 문자 체계에 따르면 휴식, 내재성, 수용의 신을 상징한다. 꽃으로 가득한 화병은 생명의 식물과 관련되어 비옥을 상징하고 흰 백합으로 가득 채운 화병은 흔히 처녀 마리아를 상징한다.

> 그는 나이 어린 임부 모양/ 아래가 불러 앉아 있었다// 모란이 화문을 이룬/ 붉고 또 푸른 커튼을 제치면/ 아침 햇살에는 사뭇 눈부신/ 빛깔을 머금고//……// 어느 아침 유달리 푸르러 있는/ 그 화병의 아래를 쓰다듬으며// 나는 차라리 풀잎 같은 물이 올라/ 어느 창변에 앉아 있었다
> ― 박성룡, 「화병 풍경」

> 무엇을 꽂을 것인가? 꽃, 물론 꽃을 꽂아야지. 그러나 좀 싱겁다. 너무나 상식적이다. 그럼 펜을 꽂자. 그것도 내가 가진 것은 지금 싫증이 난 물건이다. 그렇다고 비워 두기는 아깝다. 아 심장을, 능금알 같은 심장을 담아 두자. 그러나 그건 아플 것이다. 그리고 수정은 자니까 심장이 몸살이 날 것이다. 그럼 무엇을 꽂을 것인가. 이 고운 화병에 무엇을 꽂을 것인가.
> ― 신동문, 「수정 화병에 꽂힌 현대시」

박성룡의 경우 화병은 '나이 어린 임부'의 모습을 하고 있다. 그리고 시인은 그 화병의 아래를 쓰다듬으며 '풀잎 같은 물'이 오른다. 이런 사정을 전제로 할 때 여기서 화병은 생산성 혹은 비옥을 상징한다. 그러나 신동문의 경우 화병은 꽃이 없는 그런 화병이다. 따라서 시인이 '무엇을 꽂을 것인가'라고 망설이는 것은 화병이 상징하는 휴식, 내재성, 수용에

대한 지적 회의를 반영한다. 뿐만 아니라 '수정 화병에 꽂힌 현대시'라는 표제를 염두에 두면 이 시는 휴식과 내재성과 수용성을 강조하는, 그러니까 아름다운 수동성의 세계만을 노래하는 현대시에 대한 지적 회의를 보여준다.

화살 Arrow

화살은 육체나 사물을 찌른다는 점에서 남근, 남성 원리, 관통, 힘을 상징하고 이런 의미를 토대로 비, 번개, 다산多産을 상징한다. 왜냐하면 남근은 정력, 곧 다산과 관계되고 역시 다산과 풍요를 상징하기 때문이다. 요컨대 번개가 치면 비가 오고 비가 오면 대지는 풍요해지고 남근은 이런 풍요를 상징한다. 한편 대지에 비가 내리는 현상에서 남성과 여성의 성적 결합이 연상되기 때문에 남근은 비를 상징할 수도 있다. 한편 날아가는 화살은 천상으로의 상승을 상징하고 활시위를 떠난 화살은 되돌릴 수 없는 행위를 상징한다. 형태 면에서 화살은 태양 광선을 상징하고 동양에서 화살은 무력과 왕권을 상징한다.

화살은 활弓과 살矢의 합성어로 살은 나무를 뜻한다. 문살의 살도 나무를 뜻하고 떡의 무늬를 찍어내는 떡살의 살도 나무로 만들어졌다(서정범). 효시嚆矢는 사물의 시초를 뜻하는 바, 이는 기마 민족이 적진으로 돌진할 때 화살이 날아가는 소리 '효―'를 모방한 말이다(홍기삼).

우리 모두 화살이 되어/ 온몸으로 가자./ 허공 뚫고/ 온몸으로 가자./ 가서 돌아오지 말자./ 박혀서 박힌 아픔과 함께 썩어서 돌아오지 말자./ 우리 모두 숨 끊고 활시위를 떠나자./ 몇 십 년 동안 가진 것/ 몇 십 년 동안 누린 것/ 몇 십 년 동안 쌓은 것/ 행복이라던가/ 뭣이라던가/ 그런 것 다 넝마로 버리고/ 화살이 되어 온몸으로 가자.

— 고은, 「화살」

이 시에서 우리들의 몸은 화살에 비유되고 그것은 적들을 향해 돌진하는 힘, 되돌릴 수 없는 행위를 상징한다. 활시위를 떠나면 다시는 되돌아올 수 없는 죽음에의 결의와 결단을 재촉하는 시이다.

화석 Petrification

신화에는 인간이 돌로 만들어졌다는 이야기가 나오는 바, 많은 전설에는 이런 이야기가 역전되어 인간이 돌이 된다는 이야기가 있다. 인간이 돌이 되는 것, 곧 화석은 억류나 봉쇄를 상징한다. 신화에 나오는 마녀 메두사 이야기는 인간이 돌로 화한다는 이야기를 단적으로 보여준다. 어떤 동화에서는 사람들을 잠들게 하는 대신, 비록 그 상징적 의미는 비슷하지만, 돌이 되게 하여 조각처럼 보이게 하는 이야기도 있다.

『미인과 짐승』에는 주인공인 사악한 두 자매가 조각으로 화한다. 작가가 아름다운 요정의 입을 통해 하는 다음과 같은 말은 상징적 의미를 띠고 있다.

두 개의 조각이 되어라. 그러나 너희들을 감싸고 있는 돌 속에서 이성을 지키도록 하라. 너희들은 앞으로 너희들이 살던 궁전문을 지켜야 할 것이며, 내가 내리는 유일한 형벌은 너희들이 체험했던 행복을 말없이 바라보게 하는 일뿐이다. 너희들은 너희들이 저지른 삶의 오류를 깨닫기 전에는 결코 원상태로 되돌아올 수 없을 것이다.

이런 이야기를 전제로 할 때 화석은 도덕적 발전의 억압 혹은 영혼의 발전의 억압을 상징한다. 정신적 발전에 영향을 주는 것은 인간들의 죄이며, 비록 심연 속으로 처박지는 않지만, 죄는 인간을 돌로 화하게 하며, 인간의 육체를 썩게 만든다. 율리시즈가 지복의 땅을 상징하며, 시간적 존재로서의 삶을 초월하는 영원성을 상징하는 그의 고향 이타카로 돌아오면서 겪는 위기도 이와 비슷한 문맥을 거느린다.

> 걸레 같은 논리를 가득히 넘어선/ 제4빙하기 형이상의 산정에 기어올라/ 내 안 죽겠다고 절규하던/ 50만 년 그전의 네안델탈인./ 나라를 잃고 젊음을 잃고/ 나락의 깊이로 떠내려가는/ 아 식민의 싱그런 빙괴에 걸터앉아/ 덜렁거리는 인식표를 목에 걸고/ 목쉰 소리로 외치고 있는/ 그 무리들 속에서 나는 외로운/ 아 나는 네안델탈인.
>
> ― 허만하, 「네안델탈인」

> 눈물도 쓰라림도 달게 받으며 못난 구실로 나는 살아야 말 친구도 없이 그저 적적히 푸른 하늘의 태양을 바라보고 키 작은 대로 부드러운 것도 없이 무상한 역사를 노래하고 나는 나는 웃음 한 번 없이 굳어 버린 얼굴로 이 누리를 살아가야 살아가야.// 바보라고 비웃어라 사랑의 패배자라 비웃어라 그래도 잔디밭에 버섯처럼 피어 영원한 침묵 속에 못난 채 살아야 오랜 세월을 눈물 한 번 없이 살아야 웃음 한 번 없이 살아야// 너를 믿고 살아야 너를 믿고 살아야 하늘과 태양만 있으면 그뿐인 너를 믿고 살아야 계집애 같은 눈물과 웃음의 꾸밈도 없이 벙어리인 채 살아야 너를 믿고 이 목숨이 살아야.
>
> ― 박봉우, 「석상의 노래」

허만하의 경우 노래되는 것은 원생 인류의 하나로 제4빙하기에 생존했던 네안델탈인이다. 그러니까 이 시에서 강조되는 것은 상징보다 인간의 유해가 화석이 된다는 과학적 사실이다. 그러나 '걸레 같은 논리'를 넘어선 시기, 혹은 '나락의 깊이'로 떠내려간다는 시행들을 염두에 두면 화석은 단순히 인간의 유해라는 의미보다는 이른바 인간적 삶을 구성하는 '논리' 이전의 세계, 곧 이성적 사고의 부재를 상징한다.

그런가 하면 박봉우의 경우 노래되는 것은 '석상'이다. 석상은 민담이나 동화 속에서 죄를 지은 인간이 받는 형벌을 상징한다. 특히 조각이 문 앞에 서 있는 것은 자신이 산 세계를 지키고 바라보라는 암시가 담겨 있다. 이 시의 경우 석상은 '눈물도 쓰라림도 달게 받으며'라는 시행이 암시하듯 죄를 지었기 때문에 수용해야만 하는 형벌을 상징한다. 또한 '버섯처럼 피어'라는 시행이 암시하듯 석상은 영혼의 죽음을 상징하며, 이런 상징적 의미는 '눈물 한 번 없이 살아야 웃음 한 번 없이 살아야'라는 시행에서 더욱 분명하게 드러난다.

화장Cremation

화장은 죽음과 관련되며 불에 의한 희생의 완성을 상징한다. 한편 신비주의적 관점에 따르면 화장은 승화를 상징한다. 말하자면 좀 더 우월한 존재로 나가기 위해 존재의 토대를 파괴하는 행위, 곧 정신에 의한 정신의 구원을 상징한다. 이것이 헤라클레스의 자기 희생이 보여주는 의미이다. 이런 의미에서 화장은 연금술의 경우 가장 흔한 상징이 된다.

> 다시 살아나기를 원치 않는 사람들/ 다시 살아나기를 두려워하는 사람들/ 행여 살아날 수 없는 시체를/ 행여 또 한 번 태운다는 것이다// 영혼이 있으면 영혼도 죽어라/ 삶이란 얼마나 어려운 것이더냐/ 망각의 연기가 북망을 가리웠네/ 허허한 시공 위에 무엇이 남는고// 살아나기를 오히려 두려워하는 사람들/ 몇몇이 나란히 의좋게 누웠네.
>
> ― 이설주, 「화장장에서」

화장은 너무 참혹하고 토장은 슬픔이 너무 빤하게 나타나 보여서 싫어요. 차라리 물에 띄워서 흘러가는 대로 흘러가다가 육신이 산산이 흩어져 버리는 게 아무 형적도 남기지 않고 좋아요.

— 정비석, 「애정무한」

이설주의 경우 시체를 태우는 것은 영혼의 화장을 상징한다. 이 말은 육신의 죽음으로 끝나지 않고 영혼의 죽음까지를 강조함으로써 이른바 '정신에 의한 정신의 구원'을 상징한다. 그런가 하면 정비석의 경우 화장은 '너무 참혹한 것'으로 인식된다. 이런 인식은 '불'의 이미지를 토대로 한다. 불은 물과 대립되는 것으로 화장은 불에 의한 승화, 곧 무를 의미하고, 토장은 흙, 곧 유형의 세계를 암시한다. 그러나 수장은 불과 흙의 매개를 상징한다.

황소 Ox

황소는 우주적 힘을 상징한다. 이집트와 인도에서는 황소가 사자와 대비되고 수소와 대비되며 이때 황소는 희생, 고통, 인내, 노동을 상징한다. 로마의 경우 황소는 농업, 터잡기, 멍에를 상징한다. 몸통과 분리된 황소의 머리는 그 뿔의 형태나

▲ 이중섭의 〈흰소〉

기능에 따라 상이한 상징적 의미가 나타난다. 예컨대 그것은 왕관, 뿔을 감고 있는 뱀, 잔, 원형, 십자형, 초생달 등으로 나타난다. 달과 관련될

때 황소는 어둠과 밤을 상징하며 이는 태양을 상징하는 사자와 대비된다. 한편 검은 수소bull는 낮은 하늘, 곧 죽음을 상징한다.

넓은 벌 동쪽 끝으로/ 옛이야기 지즐대는 실개천이 휘돌아 나가고/ 얼룩배기 황소가/ 해설피 금빛 게으른 울음을 우는 곳// 그곳이 차마 꿈엔들 잊힐리야

— 정지용, 「향수」

정지용의 경우 황소는 농업을 상징하며 나아가 '금빛 게으른 울음'을 강조하면 희생, 고통, 인내, 노동을 상징한다.

황제 Emperor

▲ 제라드의 《나폴레옹 1세》

황제의 초상화를 보면 그는 황금으로 된 왕좌에 앉아 있고 그 위에는 독수리가 그려져 있다. 그의 손에는 세계를 상징하는 공과 홀이 들려 있다. 왕관에는 세계를 구성하는 네 요소를 상징하는 네 개로 된 삼각형 깃이 달려 있다. 그의 복장이 붉은색으로 된 것은 활활 타오르는 불, 혹은 활력을 상징한다. 이런 요소들을 전제로 황제는 긍정적인 측면에서는 위대성, 힘, 권력, 강함을 상징하고 부정적인 측면에서는 지배와 복종시킴을 상징한다.

밝고 밝은 덕 세상에 있으며/ 혁혁하게 하늘에 계시도다/ 덕 없이 하늘은 믿기 어려워/ 보존하기 어려울손 임금의 자리/ 천자 자리에 있던 은나라 적자/ 천하를 다스리지 못하였느니라

— 『시경』, 대아 대명편

여기서 왕의 덕은 하늘의 덕과 동일시된다. 그런 점에서 왕은 하늘을 지배하는 태양을 상징한다. 왕, 혹은 황제가 불이나 활력을 상징하는 것은 이런 사정과 관련이 있다.

휴일 Day of Rest

에리히 프롬에 의하면 히브류인들의 안식일은 건강을 위한 휴식이 아니고 그런 목적을 초월한다. 노동이 인간과 자연의 전쟁이라면 휴일은 인간과 지연의 평화를 상징한다. 일주일 중 하루는 인간과 자연의 완벽한 조화를 경험하기 위하여 반드시 남겨두어야 한다. 노동하지 않음으로써 인간은 역사의 토대인 변화의 질서를 파괴할 수 있고, 따라서 낙원의 상태로 돌아가기 위해 시간과 공간으로부터 자유로울 수 있다.

휴식은 무한한 푸르름이었다.

— 김종삼, 「올훼의 유니폼」

안식일이라는 시간은 단순히 휴식이나 휴양 때문에 있는 것은 아니다. 우리는 자기가 하는 일을 내부에서만이 아니라 외부에서도 바라보아야 한다.

— 비트겐슈타인, 「반철학적 단장」

김종삼의 경우 휴식은 '푸르름'으로 노래되는 바, 푸르름은 일상적 현실, 곧 노동에서 벗어나는 자유로운 심적 상태를 상징한다. 비트겐슈타인에 의하면 휴일은 자신의 삶에 대한 총체적 성찰을 가능케 하고 그런 점에서 일상적 삶에 대한 반성을 상징한다.

흙, 땅, 대지 Earth, Soil

대지는 하늘과 대비되는 정신적 힘을 상징한다. 하늘이 천상의 신성한 힘, 신, 시성, 아버지를 상징한다면 대지는 지상의 힘, 모신母神, 모태, 어머니를 상징한다. 따라서 대지는 지상의 존재들을 양육하는 양육자, 다산多産, 창조력을 상징한다. 인간은 흙에서 나서 흙

▲ 고흐의 〈밀밭〉

으로 돌아가기 때문에 흙, 땅, 대지는 탄생과 죽음을 상징하고 고향, 조국을 상징한다. 한편 인간이 대지에서 노동하기 때문에 대지는 노동을 상징하고, 흙은 인공의 흔적이 없기 때문에 자연을 상징한다.

> 지금은 남의 땅/ 빼앗긴 들에도 봄은 오는가?// 나는 온몸에 햇살을 받고/ 푸른 하늘 푸른 들이 맞붙은 곳으로/ 가르마 같은 논길을 따라 꿈속을 가듯 걸어만 간다.
> ― 이상화, 「빼앗긴 들에도 봄은 오는가」

이 시의 경우 땅은 조국을 상징하고 '가르마 같은 논길'은 어머니의 이미지다. 이 시는 '그러나 지금은 들을 빼앗겨 봄조차 빼앗기겠네'로 끝나고 따라서 봄은 자연으로서의 봄(시작)과 희망, 생명으로서의 봄(끝)을 뜻한다.

> 흙이 되기 위하여/ 흙으로 빚어진 그릇/ 언제인가 접시는/ 깨진다.// 생애의 영광을 잔치하는/ 순간에/ 바싹 깨지는 그릇/ 인간은 한 번/ 죽는다.// 물로 반죽하고 불에 그슬려서/ 비로소 살아 있는 흙/ 누구나 인간은/ 한번쯤 물에 젖고/ 불에 탄다./ 하나의 접시가 되리라.
> ― 오세영, 「모순의 흙」

이 시에서 흙은 그릇과 대비되고 그릇의 토대가 된다는 점에서 자연을 상징한다. 곧 흙은 자연이고 그릇은 인공의 세계이다. 그러나 그릇은 깨져 흙으로 돌아간다는 점에서 흙은 고향을 상징하고 흙이 되기 위해 흙으로 빚어진다는 점에서 흙은 '모순의 흙'이다.